貓頭鷹書房

有些書套著嚴肅的學術外衣，但內容平易近人，非常好讀；有些書討論近乎冷僻的主題，其實意蘊深遠，充滿閱讀的樂趣；還有些書大家時時掛在嘴邊，但我們卻從未看過……

如果沒有人推薦、提醒、出版，這些散發著智慧光芒的傑作，就會在我們的生命中錯失——因此我們有了**貓頭鷹書房**，作為這些書安身立命的家，也作為我們智性活動的主題樂園。

貓頭鷹書房——智者在此垂釣

從黎明到衰頹

二十世紀終極歷史鉅著，史學大師巴森帶你追溯西方文化五百年史

上

From DAWN *to* DECADENCE

1500 to the Present: 500 Years of Western Cultural Life

Jacques Barzun

巴森——著　鄭明萱——譯

從黎明到衰頹：二十世紀終極歷史鉅著，史學大師巴森帶你追溯西方文化五百年史（穿線精裝＋雙絲帶典藏版，上冊）

作　　者　巴森（Jacques Barzun）
譯　　者　鄭明萱
執行責編　張瑞芳（第四版）、李季鴻（第五版）
編輯協力　曾琬迪、曾時君
校　　對　林昌榮、魏秋綢、張瑞芳
版面構成　張靜怡
封面設計　莊謹銘
行銷統籌　張瑞芳
行銷專員　段人涵
出版協力　劉衿妤

總 編 輯　謝宜英
出 版 者　貓頭鷹出版

發 行 人　凃玉雲
發　　行　英屬蓋曼群島商家庭傳媒股份有限公司城邦分公司
　　　　　104 台北市中山區民生東路二段 141 號 11 樓
　　　　　畫撥帳號：19863813；戶名：書虫股份有限公司
城邦讀書花園：www.cite.com.tw　購書服務信箱：service@readingclub.com.tw
購書服務專線：02-2500-7718~9（週一至週五 09:30-12:30；13:30-18:00）
24 小時傳真專線：02-25001990~1
香港發行所　城邦（香港）出版集團／電話：852-2877-8606 ／傳真：852-2578-9337
馬新發行所　城邦（馬新）出版集團／電話：603-9056-3833 ／傳真：603-9057-6622
印 製 廠　中原造像股份有限公司
初　　版　2004 年 8 月／二版 2007 年 12 月／三版 2011 年 3 月／四版 2018 年 2 月
五　　版　2023 年 1 月
定　　價　新台幣 1450 元／港幣 483 元（上下冊不分售）
I S B N　978-986-262-603-0

讀者意見信箱　owl@cph.com.tw
投稿信箱　owl.book@gmail.com
貓頭鷹臉書　facebook.com/owlpublishing

【大量採購，請洽專線】02-2500-1919

城邦讀書花園
www.cite.com.tw

國家圖書館出版品預行編目資料

從黎明到衰頹：二十世紀終極歷史鉅著，史學大師巴森帶你追溯西方文化五百年史／巴森（Jacques Barzun）著；鄭明萱譯. -- 五版. -- 臺北市：貓頭鷹出版：英屬蓋曼群島商家庭傳媒股份有限公司城邦分公司發行, 2023.01
冊；　公分.
穿線精裝＋雙絲帶典藏版.
譯自：From Dawn to Decadence: 1500 to the Present-500 Years of Western Cultural Life
ISBN 978-986-262-603-0（上冊：精裝）
ISBN 978-986-262-604-7（下冊：精裝）

1. CST：西洋文化　2. CST：文明史　3. CST：生活史
4. CST：學術思想

740.3　　111020260

本書採用品質穩定的紙張與無毒環保油墨印刷，以利讀者閱讀與典藏。

■初版推薦序

一部文化史巨著

余英時

讀書的經驗因人而異，介紹公認的「必讀書」是很難的。從張之洞的《書目答問》，到一九二〇年代胡適和梁啟超開列的「國學書目」，都曾熱鬧過一時，但在專門研究國學圈外究竟有多少影響卻不容易估計；即使在專門圈內，其效果也難說得很。所以一九二五年魯迅答《京報副刊》關於「青年必讀書」的問卷，便諷刺地說：「從來沒有留心過，所以現在說不出。」我並不想學魯迅的筆調，不過對他的窘困卻是同情的。

現在只說我個人的經驗。我對於歷史、文化、思想之類的知識發生了追求的興趣，大概是一九四七至四八年間的事。當時閱讀的範圍很廣，但都是淺嘗即止。這種情況一直延續到我在一九五二年從香港新亞書院文史系畢業還沒有大變化。每一個人都受時代的影響。在我成長的歲月中，中國文化思想正處於最衝突、也最混亂的狀態。所以中國傳統的、西方自由主義的和馬克思派的書刊我大致都接觸過。《圍城》小說中的方鴻漸，讀書「興趣很廣，心得全無」，大概也是我早年的寫照。現在回想起來，唯一可報告的是我是帶著許多困惑和問題去泛觀群書的。而這些困惑和問題則都起於我必須解答關於自己的價值抉擇和人生取向。我不願意為當時混亂的思潮所淹沒，總想找到一條可以心安理得的道路，使自己可以清醒地走下去。這點想法是我們當時東摸西看的主要動力。但是在閱讀過程中，並沒有某一部或幾部書對我起過「頓悟」的作用，也沒一位或幾位古今中外的大師使我崇拜到五體投地的境界。在讀書世界中，我是一個「多神論者」，我觀賞許多名著，也佩服許多傑出的大師，從不敢存一絲狂妄的念頭。然而我要追尋的畢竟是自己的精神歸宿，這不是任何別人能給我的，無論他是多麼偉大。所以我的經驗可以用杜甫「轉益多師」這半句詩作為總結。不過讀書必須取法乎上，在任何一門學問中都要選取第一流的著作。青年人的興趣各有不同，只能各就所需，向識途徑者請教。這在今天並不是難事。

上面的說明雖是我的早年經歷，其實大體上也通用於中年以後進入專門研究領域的階段，不過有「多惑」與「少惑」之別而已。總之，我一生讀書只不過是一個多方面摸索的過程，「困知」、「日知」的感受很深，大徹大悟的境界則從未到達過，這也許是學術研究不同於宗教信仰的緣故，始終支持著這個摸索過程的動力則是一種與日俱增的求知樂趣。

最後，我也願意介紹一部書，但不是我早年所讀的名著，而是在偶然讀到的新作。西元兩千年美國出版了歐洲文化史大師巴森的《從黎明到衰頹》，寫的是五百年來西方文化生活的演變史。這不是一部普通的史書，更不是教科書，而是一位九十三歲高齡的博雅老人一生讀書和反思的最後結晶，他面對著西方文化價值受到全面質疑的今天，提出了他個人的觀察。我不可能在這裡介紹這部八百頁的大書，有興趣的讀者必須自己去發掘它豐富的內容。此書深入淺出，大可雅俗共賞。後現代派的讀者也許會覺得其中某些論點不甚相契，但這是不相干的。我推薦它是因為它可以讓我們窺測西方人文修養深厚的學人究竟是像什麼樣子。此書出版是當年美國文化界一件大事，報章和電視都有評論和訪問。中國人如果真要想重振「人文精神」，這是一塊大可借鑑的他山之石。順便介紹一下巴森，他出生在法國，十三歲移民美國，一直是哥倫比亞大學的史學教授和文科領袖，但已退休二十多年了。

這部令人百讀不厭的《從黎明到衰頹》，現在有中譯本了，這是使我十分興奮的事。這部中譯本完全對得起原著。我抽閱了譯本的有些篇章，並與原書比勘之後，我發現譯者的巧筆很能盡原文的曲折。這是一部很難譯的書，因為其中充滿著西方文化史上各方面的專門名詞和典故。但譯者都能反覆推敲，最後以流暢的文字表達出來。讀了這部譯本，不懂英文的人也可以對五百年來的西方文化演變，獲得一種有深度的認識。我願意鄭重推薦這本好書給中文的讀者。

余英時　當代思想史巨擘，曾任中央研究院院士、美國普林斯頓大學榮譽講座教授

■初版推薦序

知識分子的典範

郝譽翔

如果現在要我說出，我心目中知識分子的典範是誰？那麼，我的回答必定是《從黎明到衰頹》一書的作者：巴森。

當我打開這本書從頭讀起，就忍不住想要繼續閱讀下去，直到終卷，都還不能罷手，絲毫不會因為它內容的深厚，感到厭倦，或者是疲乏。余英時先生的推薦序，便是如此介紹這一本深入淺出、大可以雅俗共賞的巨著：「這不是一本普通的史書，更不是教科書，而是一位九十三歲高齡的博雅老人一生讀書和反思的最後結晶，他面對著西方文化價值受到全面質疑的今天，提出了他個人的觀察。」而「我推薦它是因為它可以讓我們窺測西方人文修養深厚的學人究竟是像什麼樣子。」

因此在《從黎明到衰頹》之中，沒有艱澀難懂的後現代理論，也沒有漫天飛舞的古怪術語，它向我們直率而熱情地展現出一種獨到的文明詮釋，而巴森時而運用譬喻，時而運用象徵，甚至還借用偵探推理小說的手法，故布懸疑。全書通讀下來，不僅洋溢著詩一般的簡潔有力，而且又充滿了引人入勝的敘事趣味。它彷彿是在讀者的面前，攤開來一大片燦爛的織錦，而巴森則是手握著放大鏡，在前方帶領讀者，一同進入這片織錦的紋路，找到交織在其中的針法、風格、線條的構成，以及美的神祕形式之所在。

譬如巴森以「『藝術家』誕生了」來看十六世紀的新與變；以「大百科世紀」來解讀十八世紀精神上的豐盈；以「物御人」來說明十九世紀科學和資本主義高度發展後，受到達爾文「演化論」和馬克思「唯物論」所影響，而產生的「物驅役人」的現象。至於，我們所切身經歷的二十世紀西方文明，巴森則是作出了最為悲觀的詮釋：這是一個「藝術家做先知、扮弄臣」的年代，俗人或俗物四處充斥，而愚昧的中產階級經過大戰的洗禮，也搖身一變，已煉成了「二十世紀中晚期的溫順消費者」。因此，巴森總結道：二十世紀是一個「常民生活與常民時代」，教育失敗，語言充滿了各式各樣的誤用，而似乎除了臃腫、矯情、虛偽、暴露、享樂與衰頹之外，這個時代，竟別無所有。

在全書末尾，巴森還模仿小說的筆法，借用一篇匿名作者的狂想曲，來作為全書的結論。在這一篇讓人不禁聯想起魯迅《狂人日記》的狂想曲當中，充滿了末世的慨嘆與哀音，而最後一段曖昧的、似是而非的、正言若反的，並且揉雜了希望與毀滅矛盾兩極的寓言體結尾，看似一則戲言，但卻是含意深沉。這其實正寄寓了巴森對於這個衰頹黑暗的年代，所期盼的一絲絲微弱曙光；同時也流露出他之所以要在九十多歲的高齡，仍然辛苦提筆為文，寫下這一本五百年西方文明史巨著的原因。在此，頗值得將它的全段摘錄，以見巴森那靈活、獨特而且一語多義的筆法：

> 一段時間之後，算來約有一世紀長，西方心靈又受到枯萎病的打擊——此即倦膩。病勢發作之猛，以致這些娛樂過度的人們，在少數上層來的男女率領之下，起來要求改革。最後

終以常見的手段強加施行，亦即不斷重複同一個想法理念。這些極端分子已經開始研讀被遺忘的古老文本，包括文字與照片，他們認為這些文字所記錄的生活顯然豐富完整多了。遂呼籲大家以新鮮的眼光，打量仍在四處閒置的遺物；他們重新打開一批批作品、藝術——長久以來，這些玩意兒都看來如此沉悶乏味，早就沒有人想要接近。他們開始區別其中的不同風格、辨別出現的年代——簡言之，他們發現了一個「過去」，並用它創造出一個新的現在。所幸，他們的模仿不精（除了少數食古不化之人），對手上的材料又持有特異看法，反而因此為我們這個新興的（或許應該說：復興的）文化奠下根基。它使有才氣的年輕人興奮再起、熱情重燃，不住地讚嘆道：啊，能活著是多麼快樂。

或許，在一個已經習慣了後現代思維的讀者眼中，巴森的敘述方式似乎太過菁英，也太過獨斷、獨裁。然而，我卻覺得這本鉅著的出版，才正是對於當前知識分子的一記警鐘。正當大夥兒陶陶然把知識當成一種時尚展演，以攻擊、破壞、解構、歪讀、戲耍、賣弄為樂事時，語言早就已經失去了它最初誕生時的旨意，也早就已經失去了它所負載的可貴的神聖性。因而當前所謂知識分子的墮落與庸俗，浮淺與自大，以撒謊為己任的本事，恐怕在歷史上是一種前所未見、足以令人嘖嘖稱奇的怪異現象。但荒謬的是，置身其中的我們，卻往往還渾然不覺。

巴森在論述二十世紀後半的〈常民生活與常民時代〉中，便不無悵然地說道：「走筆至此，不免想起一事：在那個常民氣息的最高潮期——二十世紀的下半時期，很難找到一位智識世界的人物，可以與先前曾經一一指名的前代人物並列。」確然，甚至在當代，我們也幾乎找不到一位如同巴森一般，精通音樂、文學、繪畫、當代思潮、歷史、社會、科學的全方位的博學鴻儒了。如今，每個人都被困鎖在學科的分類小格之中，以井觀天，而這不也正是文明的衰頹之兆嗎？

因此，巴森透過論述五百年的歷史，卻旨在反襯當前文明的困境，而字裡行間，也屢屢流露出一個知識分子的憂心忡忡。經濟蕭條、戰爭陰影、恐怖攻擊，二十世紀「滿目瘡痍、肢體殘破的慘狀，在腦海中久久不能隱去」。巴森十分贊同史賓格勒「西方的沒落」史觀，而論起文明的衰頹，他也不免要作出如下的安慰自嘲：「如果這就是西方文明的親手所為，西方文明之終，就不但確鑿，也沒什麼好可惜的。一些心頭未被藝術之愛占據、亦非滿心只想找樂子的憂思之人，此時便預測再來一場大戰，就是最後的末世哈米吉多頓大戰了。」

郝譽翔　國立台北教育大學語文與創作學系教授

■最新版推薦序

巴森：二十世紀的史學靈魂

涂豐恩

「四月是最殘酷的月份。」詩人艾略特曾經留下這麼一個著名的句子。而對一九六八年的哥倫比亞大學而言，四月就算不是最殘忍的月份，也絕對是最不安、最動盪的一段時間。

那一年，平靜的校園成了學生與校方的戰場，雙方的衝突隨著時間逐漸升溫，最終釀成了一場風暴。四月底，一群不滿的學生，在學校中發起了激烈抗爭，他們封鎖了圖書館、占領了校長室，甚至近乎綁架般，將一位教授留置了二十四小時，當作人質，用來與校方談判。這些舉動讓許多人感到詫異，也在校內引起正反不同的意見。有的年輕教師同情抗爭的學生，卻也有些學生急於和他們切割，認為抗爭者只不過是一小撮人，無法代表大多數的意見。

抗爭學生的動機各異，目標紛雜，但大致可以分為兩類。一個是抱持反戰的心態，不滿學校接受軍方資助、攜手研發戰爭武器。當時美國陷於越戰泥淖之中，反戰風氣熾烈，年輕學子尤其是急先鋒，不少人大呼：「只要做愛，不要作戰！」崇高的學院殿堂為軍事權力服務，真是是可忍孰不可忍。另外一股抗爭的力量，則來自六〇年代高漲的民權運動，而黑人在其中尤其扮演關鍵角色。哥倫比亞大學緊鄰紐約的哈林區，正是許多黑人的居住地，自然無法置身事外，校園中的黑人學生紛紛受到召喚，投身運動行列。他們認為，哥大名列美國菁英名校，對周遭不公不義卻不聞不問，毫無作為，令人氣憤。

反戰風潮碰上民權運動，點燃了校園裡反對權威、亟欲打倒既有體制的野火，燒向了大學的管理階層。學生們提出了改革方案，要求校方接受，而且沒有妥協餘地。激進的抗爭手法在校園內畫出了一條無形的線，將人們分成對立的兩邊，贊成與反對的各不相讓。

眼看抗爭愈演愈烈，哥大校方決定採取強硬手段。在校方的要求下，警察進入了校園，開始驅離抗議學生。但驅離的過程並不順利，學生們占領校長室和行政大樓已經一段時間，早已駐紮下來，豈能說走就走。警方的手段因此愈來愈強硬，而結果不難想見。這一決定猶如火上加油，讓衝突更為激烈，好幾十位學生因而受傷。

校園濺血，受傷的不只是學生，校方也難辭其咎，有人要求校長科克（Grayson Kirk）下台，以示負責。不過科克並未主動辭職，而是等到隔年才宣布退休，但他缺席了那年的畢業典禮，已經算是灰頭土臉。在接下來的幾年內，哥大收到的捐款數字和申請的學生人數都大幅下跌。衝突給這所名校留下一道深刻的傷口，需要很長時間復原。

哥倫比亞大學是巴森（Jacques Barzun）——我們的主角，《從黎明到衰頹》的作者——畢生學習與工作的主要地方。他從十五歲進入哥大大學部就讀，畢業後留校任教，教授「當代文明（Contemporary Civilization）」課程，並同時攻讀博士學位，而後便一直在此地工作，直到一九七五年退休。換句話說，巴森的大半人生都與這所學校緊緊聯繫在一起。

巴森的一生有著典型的學者的一面，生活圍繞著教學、研究和寫作。他自一九三四年起，與校內另一位著名的文學批評家崔林（Lionel Trilling）合授「經典名著討論課（Colloquium on Important Books，又稱Great Books）」，一教數十年，不僅兩人成為了思想上密切的夥伴，這門課也成為校園內的經典課程。巴森培養出許多優秀的學者，比如以《世紀末維也納》一書聞名的蕭思基（Carl Schoske）、歷史學者史騰（Fritz Stern）。在學生的印象中，他不是一位特別容易親近的老師，好像總是帶著一些距離，幾分令人敬畏，但他對教學的用心卻是無庸置疑。巴森也是一位特別傑出而多產的寫作者，在漫長的一生中，他出版了超過五十本書。而隨著他在學校的資歷漸深，巴森也開始接任行政主管的職務。一九五八年，他被校長任命為學務長。在位十年期間，他花了不少時間在會議、面談與校內事務的決策。

儘管曾經擔任學校高層主管，但一九六八年抗爭發生的當下，巴森人並不在校園裡頭。前一年，他剛剛卸下學務長的職務，休假一年，校方在處理學生運動時，也並沒有徵詢他的意見。不久之前，他剛被任命為大學講座教授（University Professor），這是在哥大當中最崇高的學術職位，在位者可以不受科系的限制，自由開課。對巴森個人而言，能夠置身於風暴之外，應該是幸運的。但巴森對抗爭事件自有定見，他既認為校方舉措失當，又指出學生過於天真，把世界想得太過單純，不了解校園現狀本就是各種勢力妥協的結果，不是一兩個改變、或一兩個人下台就能解決的問題。

一九六八年是全世界學生運動的高峰，紐約、巴黎、東京，處處都可見到騷動的年輕學生，他們對眼前的世界感到深刻的煩悶與不滿，往往為了心目中的理想而發起激烈的抗爭。這股運動風潮，在社會各處投下震撼彈。

在那之後，美國的學術界出現了明顯變化，往後數十年，是後現代思想風行的年代，啟蒙的進步與樂觀精神不再，取而代之的是懷疑主義日益高漲，人們對西方思想傳統開始提出尖銳的反省，各種經典作品也遭到嚴厲檢視，這些出自「中年白人男性」之手的作品，被批評充滿了偏見；另一方面，隨著「認同政治」的興盛，黑人與少數族裔研究、女性與性別研究等各種學門陸續興起，登堂入室，在校園內逐漸占據一席之地。學運開啟了一個顛覆的時代，秩序重新安排，邊緣才是中心。

這場關乎思想、權力與資源分配的文化戰爭，在接下來的時光裡，儘管不復當年激烈，但卻從未停歇。一九八七年，美國哲學家艾倫布魯姆（Allan Bloom）出版《美國心靈的封閉》（*The Closing of the American Mind*）一書，批評學運之後的美國青年亟欲搗毀神壇，忽略傳統，反而導致思想的膚淺。此番言論一出，引起不少回響，布魯姆的書一時洛陽紙貴，人人爭相閱讀。

相較於自詡為進步一方的自由派，布魯姆與他的同道人士，通常被視為保守派。自由派往往覺得改革尚未成功，充滿歷史遺留在各處的不公不義，依舊等待檢討和清理，保守派卻傾向認為，這場運動早已過了頭，讓人們陷入價值的混淆、方向的迷惘，社會走向相對主義與虛無主義，不知伊於胡底，連大學教育都失去了意義。一直到今天，都還不斷有新作仿效布魯姆，數落當代思潮為社會帶來的負面影響。他們批評學運世代出身的老師，看似崇尚多元、平等與自由，言必稱顛覆與反叛，其實是沒了標準和原則，怯於道德和美學的判斷，結果人人任意而行。

在思想與文化的光譜上，巴森也偏向保守派的立場。雖然他與多數深刻的思想家一樣，拒絕、也難以被貼上簡單的標籤，但他對當代文化走向確實帶著悲觀，社會大眾對於經典的漠視，對於教育的放任，還有對於語言的漫不用心，也在在讓他憂心。對一九六〇年代之後的美國高等教育，他同樣有所不滿，認為學院中充斥著太多瑣碎的研究，學術研究好似成為慈善事業，必須機會平等、人人有獎，至於課程則變成自助餐大雜燴，任憑學生恣意挑選，對於真正重要的問題反而視而不見。他不無嘲諷地說，當年那場學運風潮留下的最大影響，「在使學生對師長不敬成為當然。」

《從黎明到衰頹》一書的書名，表達了巴森如何評價我們所處的這個時代，他寫道：「此處的『衰頹』一詞，只表示『漸漸銷蝕』，並不暗示活在這等時光之中的人，失去了活力、才能或道德意識。反之，這個時段相當活躍，充滿了深刻關懷，但奇怪的是，同時也極其焦躁不安，因為清楚的前進動線不明。它所失去之物，乃是『可能性』。藝術的各種形式，作為生命似乎已然耗盡，一切發展階段似乎已經走完，各種建制痛苦地運作著，重複、挫折是不可忍受的後果。無聊、倦怠，成為巨大的歷史力量。」

這是我們的時代，處處都是衰頹的表徵。但巴森與其他高唱西方文明終結論者有些不同，他無意宣告一個時代的終結或是文明的滅亡，反而為我們留下了一個指引、一絲希望。巴森原本把他的書稿命名為《西方人的思想與作為：當代文明導論》（*Thoughts and Deeds of Western Man: An Introduction to Contemporary Civilization*），乍看之下不如最後的書名來得吸引人，卻似乎更能彰顯他的用心之所在：我們應該如何理解、乃至於超脫這樣一個衰頹的時代？他的答案是，閱讀一點歷史。

這本巨著是巴森對於時代的反響。和布魯姆不同，巴森沒有讓自己置身文化戰爭砲火交錯的最中央，他的回應更迂迴一點；它所批判的對象，也遠不止學運世代之後的西方社會。他把時間拉得很長，書寫過去五百年西方文化的起起落落，並探訪存留下來的經典與精華。他相信，治療西方心靈枯萎症的藥方，就在其中。

在這本書中，他既講述為人熟知的名作，也挖掘出早已被人遺忘的作者與作品，展現了驚人的博學。各式各樣的人與事，在他精心構築的章節中一一登場，交織成一篇篇豐富而緊湊、讓人欲罷不能的敘事。他曾說，歷史寫作應該要展現個人的獨特性與瑣事的力量，也要同時寫出人們的偉大與失敗。歷史不是公式、無法化約為幾條法則。他也重視思想的重要性，不過認為歷史學者有任務去研究和理解思想的時空環境與文化脈絡。在這本書中，他親身示範了這樣的理想如何實踐。

《從黎明到衰頹》於西元二〇〇〇年出版時，巴森已經是九十三歲高齡了。他半開玩笑的說，要寫出這樣一本大書，除了長壽之外，還要歸功於經常性的失眠。他也說，為了寫作這一本書，他用了一生做準備。這一點絕非虛言。

一九〇七年出生的巴森，在巴黎市郊度過了他的童年。他的父親是位詩人，熱愛藝術，往來的朋友都有著相同的興趣，他們時常聚在一起，高談闊論，地點還選在法國文學家巴爾札克曾經居住過的宅第。巴森從小跟著父母參與這些聚會，耳濡目染，對於文學藝術的愛好算是其來有自。

儘管有著美好回憶，巴森與他的父母卻在一九二〇年離開了故鄉。當時第一次世界大戰剛剛結束，留下殘破不堪的歐洲，前途黯淡，百廢待舉，往昔的榮光早已不復見。巴森一家人因此決定移居美國，在新大陸上展開新生。

一次世界大戰在巴森心中留下了深刻的陰影，戰爭期間，他一度陷入嚴重的憂鬱，甚至企圖自殺。為此，巴森的父母不得不選擇讓他中斷課業，靜心休養。利用這段時間，巴森閱讀了不少文學與哲學著作。而後巴森對戰爭絕無好感，他說，第一次世界大戰「所以稱大，是因其規模浩大，而非有任何價值偉大。」他也寫道，這場戰爭帶來的後果，是讓西方文明在「物質、道德兩面均飽受蹂躪，這份荒蕪與破壞扎得這麼深，已使創造精力轉向，走岔了路，先入輕浮虛巧，然後跟著投入自我毀滅之途。」

到了美國之後，巴森逐漸擺脫了憂鬱的症狀，並且開始在學業上展露頭角。在哥倫比亞大學期間，他讓自己浸淫在西方學術傳統中，並找到了終生熱愛的作家與思想家，包括蒙田（Montaigne）、伯納蕭（Bernard Shaw），與威廉詹姆斯（William James）。他也加入了文學社團，並開始擔任學校文藝刊物的主編。他才華洋溢，很快就受到矚目。在往後的日子裡，參與編輯刊物或書籍，會是他主要的工作之一。甚至在退休之後，他也曾接受邀請，擔任美國老牌知名出版社史格萊布納（Charles Scribner's Sons）的編輯顧問。

除了為人作嫁的編輯角色之外，巴森自己也是位充滿活力、雄心勃勃的寫作者。一九三二年，他以孟德斯鳩的思想為主題，完成博士學位，並在幾年後將這篇論文出版成書，名為《法國種族》（*The French "Race"*），成為他第一本正式的學術著作。與許多現代學者畢生鑽研一兩個課題，固守自己的專業領域不同，巴森對於人文知識彷彿有著無窮的好奇心，他的研究和寫作涵蓋了各式各樣領域，舉凡文學、藝術、哲學、歷史、音樂，無不是他關心的課題。

一九四一年，他出版了《達爾文、馬克思、華格納》（*Darwin, Marx, Wagner*）一書，批評這三個人的思想，把西方文明引上了錯誤的道路；一九五〇年，他出版《白遼士與浪漫主義世紀》（*Berlioz and the Romantic Century*），除了讓人們重新注意到這位音樂家，他也為時常被誤解的浪漫主義辯護，並開始後續一系列關於這個課題的探討。以上主題，在《從黎明到衰頹》中都有跡可循。長期在學院工作的他，對於高等教育也時常發表意見。一九六八年，就在哥大學生激烈抗爭的同一年，他出版了《美國大學：如何運作，往何處去》（*The American University: How It Runs, Where It Is going*），將他擔任多年學務長的經驗形諸文字，也探問高等教育的目的。

巴森不只喜愛閱讀經典文學，對於當代犯罪小說也興趣盎然，甚至曾與好友泰勒（Wendell Hertig Taylor）合力編纂作品選集。就連運動寫作也在他的守備範圍內，他曾留下一句名言：「任何想要理解美國心靈的人，都應該學習棒球，包括它的規則和實際的比賽。」這句話後來被刻在美國棒球名人堂的牆上，傳頌一時。

巴森廣泛的興趣與寫作題材，反映他對現代學術的態度。他雖然贊成專業化（specialization）有助於知識的推進，卻對現代學者們的專業主義（specialism）有所不滿。在他看來，前者意味著做學問時追求專注與透徹，後者則不過導致專家們閉關自守，對其他領域毫不用心，有百害而無一利。巴森也重視給一般讀者的寫作，將這看作是學者的責任，並認為歷史學者不應該與所處的社會文化脫節。他對文字格外講究，還曾出版《簡單而直接》（*Simple and Direct*）一書，專談寫作技巧。在這標準之下，他尤其推崇吉朋（Gibbon）、馬考雷（Macaulay）、布克哈特（Burckhardt）和蒙森（Mommsen）等四位西方歷史學者，將他們視為史家的典範。他說，「歷史首先是故事；『詮釋』則可有可無，有些歷史少了它也無所謂。」對於受到現代社會科學影響，而變得乾巴巴、缺乏「人味」的歷史寫作，他是敬謝不敏的。

《從黎明到衰頹》除了是巴森畢生學問的結晶，也是他對人文學術理念的實踐。

這本厚達千頁的大作，出版之後不只專業讀者的好評不斷，更引起一般讀者的回響，大賣數十萬本。還記得中譯本首次出版之際，我曾十分認真地讀過一遍，而今十多年過去，巴森也已經與世長辭，但他在書中處處流露的機鋒與智慧，而今看來依舊新鮮，毫無過時之感。這位活了一〇三歲的學者，已經在當代文化史上留下了不可磨滅的貢獻。

然而，在這個時代重讀此書，心中不免也有新的疑惑：巴森筆下的西方文化究竟為何，又會走向何方？雖然巴森在書中強調，西方文化本來是個大熔爐，不斷吸納各方的元素，但他在書中對於歐美以外的世界發展，幾乎少有著墨，西方歷史彷彿自成一格，與非西方世界毫不相涉。巴森擔任學務長期間，雖然十分支持非西方人文的研究，但在他心中，東方與西方乃是兩條不同的軸線，難以融通。他也明言，世界史的寫作不是個可行的目標，歷史學者往往無法理出通貫的敘事，只能東講一點、西講一點，落得支離破碎的結果。

對於一個活過二十世紀的史學靈魂，這點似乎殆無異議。但我不禁要想，如果我們的二十一世紀也有一位與巴森同樣博學而睿智的學者，當他或她在本世紀行將結束之際，回首過去五百年的文明歷史，是否還會同意巴森的說法？或者，屆時我們已經能用另一種的眼光，描繪出世界史的形狀？一百年後的歷史學者，又會將繼續喟嘆文化的衰微，還是能夠興奮地宣告新時代的來臨？凡此種種，已經不是巴森的問題，而是我們這一代人的課題了。

涂豐恩　哈佛大學東亞系博士，「故事 Story Studio」創辦人

■譯者贅言

是譯者，也是讀者

鄭明萱

譯者的最佳位置，應該是透明的，讓讀者幾乎感覺不到他的存在。

竟然有篇幅可以讓譯者發聲，尤其在這樣一本堪稱卷帙「浩繁」的當代巨作裡發聲，除去不世出的一代大譯家外，通常出於兩項可能：譯者本身也是專研書中主題的學者，或也是著作等身的作家，左手為譯，右手為學或為文。這樣的譯者，遂可以有自己的身分，而非隱形的文字工。

但以上條件均不適用之際，譯者竟然露面，原因很可能出在譯力譯功均不克達於透明境地，不得不出面說明翻譯採用的立場、原則、體例，以期減少讀者閱讀譯文的障礙。以下便是這樣的說明。

翻譯巴森這部縱橫五百年，體大思精、又兼具獨特觀點的巨著，只抱著一個心情，就是「**心虛的譯者，虛心的讀者**」，是讀者，也是譯者。「**心虛的譯者**」，身為小小譯者，如何能夠得窺學富五車的九旬作者之學問於分毫，因此心虛，因此所以該查的資料無一不查，該讀的背景能讀就讀。一字一詞一名之譯，雖未達旬日踟躕的地步，卻也極力斟酌，找出背後的其然與所以然，非可輕易下筆。所幸者，網路時代的譯者有搜索引擎相助，但搜索出來的五花八門結果，則需要運用辨識力才能做出決定。

因此在譯名的技術細節上，採用以下原則，並依所列先後次序而定：

一、**名從主人**：如天主教名詞如教皇之名，悉依天主教官方譯法。

二、**符合時代**：如日耳曼而非德國，英格蘭而非英國（避免與今英國一詞的意義混淆）。

三、**約定俗成**：大家都說哈姆雷特，只好捨「哈姆雷」就之。

四、**專家權威**：學術界譯法，百科全書。

五、**多數優先**：罕見譯名，採多數主義。

六、**譯者自定**：依音義而定，並盡量以原文發音為準，而非「英式」發音。

七、**區別人物**：極端必要時為區別同名之不同人，為免混淆，採不同譯名（但能免則免）。

在譯事的整體觀念上，翻譯不是解釋，不是詮釋，不是創作，卻也非機械的轉型。因此設下三大「最高」標準懸望：**意義對應**、**形式對應**、**風格對應**。時時提醒，求其萬分之一。

求意義之對應：查考再查考，求證再求證，並向原作者去函請教。**求形式之對應**：進行有心實驗，凡原文長句，凡力能處，盡量不以拆解法重組成頭重腳輕或獨立多句，卻改循「後掛式」中文語法，以期既合原生中文形態，又貼近原文句構。**求風格之對應**：巴老學富五車，一手漂亮文章，文白夾雜，長短句錯落，全文還帶點「意識流」：他的想法，書中人的想法，當時人的想法，讀者可能的想法，交錯出現，若正反對話，卻又娓娓道來，次序不亂而分明。如何換用另一種語言忠實展現，譯者力拙，不能表現其精於萬一。只能極力揣摩這位最後的貴族、世紀的大老、文藝復興人式大學者的行文身分。最低標準，萬勿讀來又是通篇「譯體」，或千書一貌的「某譯者風」。

「虛心的讀者」？指的也是譯者本身，用讀者的心情來譯書。翻譯是最精細的閱讀，翻譯下的閱讀，是讀字、讀詞、讀句、讀段、讀章、讀篇，絲毫不得走馬看花。譯者的任務，是替譯本的讀者擔任「首次代讀」，卻不能有真正讀者的自我引申發想權。放下自己，虛出己心，完全讓作者取得主權。亦如演員，完全融入劇中角色，讓作者附體發話。譯者有幸，替眾讀者先睹為快，得見好書，寓譯於讀，寓讀於譯。一人讀誤而眾誤，誤了作者，誤了讀者，能不慎乎！然譯者雖誠意有餘，卻學力不足，譯力不足，更何況巴老九十年讀書功力，準備了一生，

如何在譯者手中一年半內完成，而能意同形同神同？非卸責之詞，誠肺腑之言，因此最歡迎也最感謝各方的指正。

本書的譯事，雖在過程上盡己之所能，務求句句有出處，亦即不做背景不明的想當然之譯，但亦恪遵作者巴老原著精神，以盡量少添譯注為原則。譯文在此，僅任中英語文之橋梁，希望能令有興趣的中文讀者，一如原文的讀者，對書中人事物象另行做進一步的深入了解，是所至幸。此外因為全書處處專有名詞，為可讀性計，編輯與譯者商定正文內不附專有名詞原文，改在書末列以對照索引。如此編排，或見仁見智，亦請讀者海涵。

譯書中途，一河之隔，發生了驚動全球的九一一事件，撫今追昔，對照書中現象與作者觀點，令人無限省思。當時遙想譯成之際，世事不知如何？如今譯已成，書將出，全球又陷入美伊之戰的無奈與戰後的不可測之中。巴老認為西方文化已走入熟極而爛熟的關頭（書名的衰頹，非指衰落，而是熟極而繁複無活力之意），卻又預期它再度的「復興」，是耶？非耶？就非小小譯者所能洞見了。

感謝貓頭鷹陳穎青先生的信任，將這本原文八百餘頁的大書交託譯者，是苦差，更是享受。感謝吳妍儀與羅凡怡小姐在譯務上的聯絡、討論、溝通。感謝一年多來譯友的切磋、解疑、去難。感謝母親，永遠是我第一位也是最忠實的讀者。謹以此譯，獻與母親，紀念母親。

二〇〇三年五月

■作者正體中文版序

近代西方文明全景畫

很高興獲悉《從黎明到衰頹》即將有中文讀者，希望大家喜歡本書對這部分西方文明所做的全景介紹。正如我本人亦喜能透過吾友暨同事狄百瑞（Theodore de Bary）的著作，得以認識中華文明。各位或許聽說過狄百瑞，他是我們中間一位漢學大家，不但對漢學這項重大題目多有論述，著有學術作品，並曾整出一份「書單」，涵蓋文學、哲學、歷史各方面漢籍原典的譯作。

或許，在讀過本人這部綜覽式的速寫之後，台灣讀者亦能同樣為之所動，進而盡可能找出最佳原著版本，對西方世界的文學、歷史、哲學作品略加品嘗。如此，方才是本書介紹這一系文化及其傑出成就的真正目的——若有幸介紹得當，更是這本書能以帶來的最大收穫。

巴森

作者小記

只消看一眼年份，就知道二十世紀快要步人尾聲，但卻需要更深廣的檢視，才能看出過去五百年來的西方文化，也同時快屆盡頭。因為有此想法，使我認為回首半個千年，依序回顧其中的偉大成就與可嘆失敗，此時正是時候。

這份承擔，使我有機會以第一手方式，為有興趣的後來之人描述當前衰微世相之中，某些為人所忽略的層面，同時闡明這些事物其實與為人所知的其他層面有所關聯。不過多數篇幅，仍是以有生命的正面之事為主：本書是為喜歡閱讀藝術、思想、風俗、道德、宗教，及其社會背景的讀者而寫，也假定這類讀者偏好經過篩選、具批判力的言述，而非那種不置可否、無所不包的概論。我更進一步猜測他們的喜好，試用談話的口吻書寫，只除了這裡那裡，偶爾賣弄一點學問，以示本人也知道現代口味。

正因這部作品採用新的章法，因此不像那些大名鼎鼎的優秀史學大作，本書各部次序，必須加倍留意編排。相關事物的起承脈絡，在文化史尤其重要，因為文化是一張糾結萬端的大網，沒有任何一絲一股是由獨力紡成，也不能如同戰爭或政權更迭一般，在確定日期上硬生生斬斷。一般所謂在文化上畫下新思想、新方向的事件，其實不過是具強調作用的路標，而非涇渭分明的分水嶺。本書敘述之間，固然也穿插這類事件，分章斷節卻不由它們所定。反之，我先對過去這五百年重新考量，找出其中最清晰的形態，分章段落就自行浮現出來：以四大革命為架構——宗教、君主、自由、社會，彼此分別相隔百年左右——其目標、熱情，至今仍控制著我們的心靈與行為。

＊＊＊

寫作本書期間，朋友、同事不斷問我，共用了多少的時間準備。我只能如此回答：一生之久。一九二〇年代晚期起，我就對個別時期與人物進行研究；這些研究，為我揭露了意想不到的視野，導向與若干定見有異的結論。經過進一步研究，並回顧自己出版過的文字，似乎可以把我的發現串聯成一部故事。正如本書所示，一些值得知悉的人物，遂從湮沒之中重新浮現，另一些人物則顯示新的特色。耳熟能詳的思想，尤其是當前那些以為我們現今擁有的長處、痛處，到底是從何而來的流行看法，也得以重新評估。

我並不期望讀者對我的見解全盤表示領情。沒有人喜歡聽到早已根深柢固的見解受到挑戰，更遑論提出堂而皇之的理由，為某項一度雷厲風行，如今卻普遍為人譴責的原則或政策進行開脫，比方君權神授、宗教迫害。我們這個年代，思想是如此寬容，心胸是如此開闊，意識形態是如此厭棄暴力，若想為十六、七世紀那種時代氣質辯駁，必定會觸怒正義君子。然而，這類討人厭的事物若不加以揭露，對我們現代的思維與德性，就難以做全面的了解。

本人並非心儀王家主子，也不贊同迫害，或任何假定已為我們擺脫的邪惡弊病。所以引這些事例，是為暗示我無暇請教當前其他的成見，我立意追求史家超然的立場與悲憫的心情，因此單是應付自身先入為主的觀念，就忙得不可開交了。因為正如蘭克所言，從神的眼裡看來，每個時代都站得住腳，因此在人*眼中，至少也配得同情才是。

所謂超然，不見得就得質疑是否客觀。每個觀察者，多少都有所成見——這句話再重複就是廢話了。但是下面的說法也不能成立：成見難以防備、它們曲解事實的程度全部等同、有節制的成見還是跟宣傳一般糟糕云云。比方就藝術而言，能夠察覺出自己的盲點即可算得「客觀」——此即超然的第一步，第二步是盡量避免輕看自己沒有感覺的東西；其三則是其他有識之士的見解，也有忠實報導的責任。

漫漫時光之中，有些事件、人物給我的印象，與他們過去一向的模樣不同，因此在下不免偶以自家的看法發言，並提出理由佐證本人的「異端邪說」。我只希望這等責任歸屬的聲明，不致令某些論者忍不住為這部作品戴上「觀點非常個人」的標籤。否則我就要請問：哪本值得一讀的著作不是如此？如果亨利．亞當斯讀來只是吉朋的回聲，誰會看重這種模仿之作？

關於個人風格一事，威廉．詹姆斯思索後的結論如下：哲人交給我們的是世界「觀」，而非世界的謄本。同樣地，史家所提供者乃是「過去」觀。優秀的史觀不只言之成理，更奠基於無人能予辯駁

---

*Man 在本書，意指人類男女兩性，除非上下文清楚顯示係指此字的第二義：男性。本書為何遵守這種用字慣例，請見一三一—一三二頁提出的學術理由（中文讀者自然都知道中文的「人」不帶性別色彩，故無此慮）。

的史實。史實本身沒有個人化可言，擇選史料、組合史料，卻有個人成分在內。正是透過建立模型、授予意義，史觀得以彰顯——若論史家對一般史識能有任何增廣，此即其矣。多讀幾位史家，就愈能接近全面的複雜史相。過去到底發生何事，若要一份絕對版本，只能問神去要了。

提到這個「意義」，在此須就文中所用的方式、符號加以說明。首先，頁緣所列的引語，係為再現歷史劇中人物的「正身與原音」。形式而言，這類摘錄頗似熟見的雜誌「抽錄」——從正文摘出幾句，以吸引讀者閱讀正文。不過本書的摘句並非抽句，而是「外加」。以此方式插入，可以縮短文長，免掉平常的介紹手續：「正如伊拉斯謨斯致亨利八世信中所言……」、「正如馬克・吐溫論到貞德有言」云云——後面往往還得再加字句縫合截斷之處。這種小小別出心裁的並置法，也可以突顯對比或用以強調。待得全書閱畢，讀者還可能有品嘗了一席美味小點之感。

同樣為求精簡，我也使用 16C、19C 等一眼便可認出是何世紀的縮寫（中譯仍以十六、十九世紀表示）。連同**初期**、**中期**、**晚期**等字樣，進一步標明所述的時間段落。二位數以上的日期則盡量少用，因為人、事、物並不在亮相的那一剎那，便即造成文化的改變。讀者若希望知道創造文化大事者的確切時日，請看人物索引人名後所列的生卒年。

本書另一項做法也應予說明，亦即**主題線**（中譯以加粗字標示）的使用，亦即我認為某段年代裡面不斷浮現的思維或意向。至於思維與意向本身，則在事件或趨勢的描述中有所揭露、暗示。有關主題線的性質與涵蓋面，後文將再說明。

為進一步幫助讀者看出整體關係，本書亦使用（∧）、（∨）兩個附帶頁數的箭號，前者表示這個話題先前已有首述，後者表示這個話題進一步的介紹。此外，我亦不時插上「可讀……某書」字樣，以得更多光照，這些書篇幅幾乎都很短。如果介紹詞換作「可瀏覽……某書」，就表示該書卷帙較長，但還是值得抽樣品嘗。如此薦書方式，我覺得比通常在書後附列一張「延伸閱讀」更為好用。這些書多非近期之作，讀來卻不減其知識性與樂趣。科學也許愈新愈好，但在這裡可就錯了。除去以上所述，全書沒有其他注腳。至於來源參閱（有必要時）則放在書末後注，在正文則以（*）標示（作者後注，中譯以阿拉伯數字表示，譯注則以楷體字表示）。

＊＊＊

雖然本人係以慣常的作者口吻，談「我這本書」的內容，事實上它乃眾人合力之作。當我思及自己漫長的人生客旅之中，從其他心靈擷取的果實，受恩於多少來源：書本、師長、旅行，與學生、同仁、友人、素昧平生者所做的交談，自幼便操練我智、愉悅我心的藝術家——凡此種種，實令我感到不勝負荷之重。助我益我者如此之眾，若加詳列等於編一本名錄。但我執筆之際，腦中確然一再鮮明憶起我所受的恩惠。

這項偌大工程，也因時緣湊巧促成：家庭背景、出生時地，形成並引導了努力方向。失眠、長壽（純屬意外）也有助於瞬息的洞見凝聚成形，因為它們揮之不去地一再重現。所謂自以為自學成功，或獨力創出自己最具創意的思想理念，研究文化史的學子從來不敢做此妄想。威廉·詹姆斯有言：「每個思想、行動的樣貌，都歸功於你已然作古與仍然活著的眾兄弟。」他這話雖是為提醒自己，卻也界定了一位坦誠作者所面臨的處境，以及史書著作的書寫原則。

■開場白

從當前事務到本書主題

「我們的過去」，「我們的文化」，看見這樣的字句，讀者大可問道：「誰是『我們』？」答案則任人而定。然而沒有人能夠說出：本書敘述的這場演化歷程，到底有哪些個人或哪些群體，可以視自己為其中一部分——只看這一點，便顯示當前的失序。

這種狀況，源頭正來自這場演化歷程本身。我們的文化如今又陷入那種每隔一陣子就會出現的階段，亦即許多人覺得有迫切必要（當然有其理由）築起牆來，與過去畫清界限。彷彿老祖宗留下詛咒，使人見了當前事務就感不快。也有些人專挑某些時期加以抨擊或特意忽略，結果所謂國家民族、宗教文化，種種出身傳承都成了可以選擇的玩意，隨自己的高興、想像，找地方去「刨根子」。倉儲裡堆放的各式傳統和教義過豐，因為文化已年華老大，正有在分家拆夥的跡象。

恨不得趕快奔離解脫的心態，也說明了為什麼許多人覺得西方這玩意務須譴責，卻沒有人告訴我們，應該用什麼，或有什麼，可以拿來全面地取代西方。何況說起來，西方文化本來即非完整一塊，若做此想首先就與事實相反。西方也者，向來是一系列沒完沒了的對立事物——宗教上、政治上、藝術上、道德上、風土上，自首度遭逢衝突之時開始，至今多數依然糾結未休。因此斥責抨擊並不能使人自由，從恨惡的事物之中脫身；一如故意忽視過去，同樣無法擺脫它的影響。且看街頭的年輕小子，耳裡插著隨身聽的耳機聽著音樂——即與馬可尼以及此曲的作曲家發生關係。博物館的訪客，凝目注視林布蘭畫作，接收來自十七世紀的訊息。馬丁·路德·金恩的熱烈追隨者，亦不妨止步回想一下自家領袖大名：此名喚起了當年新教革命的思維，將二十世紀與十六世紀聯絡起來。

日常生活方面，不分國內外，若有任何人接受某種形式的社會安全福利，均係受惠於歷來眾多理論家與行動家的努力，這些人形形色色，從南丁格爾、聖西蒙到俾斯麥、蕭伯納，各有不同。政治避難者發現，比起自己逃離的那個國家，東道新國顯然更覺意趣相合，因此如今可以自由自在地呼吸，亦多虧千千萬萬的思想家和實行家的英勇作為所致；他們也許聞達於世，也許埋沒無名，有的是烈士，有的為普通小民，卻同為政治自由的大義而戰——雖然經常係彼此為敵，互相爭戰。

如果新出爐的公民，轉而批評他新選擇的國度，指責其政策及政客，卻能安然不受懲罰——他所以能享有這份特權式的休閒活動，正因為前有伏爾泰這類人之故。當年伏爾泰本人，便不得不溜過邊界避禍，方能繼續異議不休。甚至連那些恐怖分子，駕著一車炸藥，開進他們痛恨的某個國家的某座建築物——連他們自己，也不能自外於他們將要毀滅的事物：他的武器，是諾貝爾及內燃機引擎發明人的作品。就連他所獻身的大義，也曾有威爾遜總統等主張民族自決，索雷爾、俄羅斯無政府主義者巴枯寧等認為暴力有理，先後辯論宣揚。

看出這些個中關係，便得窺西方文化的果實——人權、社會福利、機關器械，並非如野草般自地裡冒出，卻是無數人手、人腦產製的作品。

我引用了一些眾所周知的大名，他們之前卻還有如今已遭人遺忘的前人，他們之後亦有來者將某個思想反覆訴說，才終得眾所首肯成真。這些前仆後繼的作為，影響力量持久，所謂「過去依然活著」之意即在於此，形成了如今稱為「文化」也者的實質內涵。

> 人類行事無他，全賴大小發明者開拓先創，其餘人等模倣效行。有才者指出路徑，立下典型法式，一部世界史，就是不同典型法式之間的相較競。
>
> ——威廉・詹姆斯[1]（一九〇八年）

文化——何等字眼！直到幾年以前，文化猶只意味著兩三件相關事物，容易懂又各自分明。如今卻成了全方位的多重術語，涵蓋一堆大雜燴，彼此相互重疊。人人談著寫著的所謂文化，幾乎包括社會任何環節。先是反文化，然後是許許多多次文化：族裔文化、公司文化、青少年文化、大眾通俗文化。《紐約時報》某篇社論甚至討論紐約市警察部門[2]的文化；旅遊版一文則區別搭機旅遊文化與巴士旅遊文化[3]之不同。同樣別忘了還有科學、人文兩「文化」的分道揚鑣，此事真正遺憾——正如夫妻因「文化不協」而致離婚一般。藝術家更感到誘惑——不，應該說是職責所在，非加入對抗性質的文化不可，因為藝術家天生就是「其文化之敵」，正如他是（同一份刊物的另一頁寫道）「其文化之產物」。教育界的最新流行是多元文化觀，娛樂界的最高讚語則頒予「跨文化事件」。世局舞台之上，專家們警告文化戰爭正在醞釀[4]。

壓在這一大落玩意兒底層的那個「文化」，意味著裝備完善之心靈的所謂文化，卻幾乎難以為繼。雖然近來已有四千項文化事項，以字典形式排列，浩浩蕩蕩光臨咖啡桌上[5]，卻難免令人懷疑：

這好不豐富的礦藏，單憑其一己之力，是否真能開拓那些久已廢耕的心靈，將之自日常的趣味提升而出，打磨光滑，去除那一身褊狹土氣。有位智者曾言：「把你當初立意所學[6]的一切全部忘掉之後，所餘者即是文化。」然而，卻是因為什麼緣故，竟使這種意義之下的文化，由「栽培之地」（agri-culture，農業的拉丁字源，agri 為田地、場，culture 為耕作、栽培）的這個簡單隱喻，失去其權威地位，反而負上了明明有其他字眼可以表達的雜七雜八意義？這類一時而興起的迷你文化，顯然俱屬虛構假想，卻再度反映前面提及的分裂現象。因為有太多的人在做太多的衝撞推擠——不論往哪裡去都只有壓迫侷促：陌生人、機器、官僚規定，都將它們的意志強加吾輩。因此生起一股欲望，只想和志同道合者聚攏在一起。

這等解脫救濟，卻只是烏托邦的希望，因為小群體亦非獨立存在。它們的「文化」成分，包括了當地的風俗傳統、個人或制度的積習、階級的作風與成見、語言或方言、成長背景或專業、教義理念，思想態度、習慣用法、時尚流行，還有迷信等等。至少，也不能免於氣質性情。若要以一詞涵括起這種種組合元素：**社會時代思潮**（ethos）可也。想來最愛起用希臘字做新詞的報業——遑論媒體，必定很快能使它成為家喻戶曉之言。

＊　＊　＊

可是這包羅萬有的文化，內容到底為何？循著五百年藝術、科學、宗教、哲學、社會思想的輪廓而去，在下希望可以藉此顯示：在這段時光裡面，西方人為世界帶來了一組思想和建制，先前沒有、別處亦無。正如上文所述，文化既統一又極具多樣性，向他鄉他方廣泛借取，因異議、原創繁茂興盛

——西方是最出類拔萃的混血文明。雖然拼拼湊湊、衝突時起，卻又追求著本身獨特的目的——亦即其調和統一。如今這些用意、目的，發揮到極致可能，卻帶來自己的終結。收場之態，正由我們這時代陷入的僵局顯出：國族主義、個人主義、高級藝術、嚴格的道德與宗教信仰，都有人贊成或予以反對。

如今已完全成長的「個人」，使出全套披甲的權利，包括不受權威所限、逕行「我自家之事」的權利。而且任何權利，任何活著的事物都應擁有：非法移民、學童、罪犯、嬰兒、動植物，無一例外。這種普及版的自主獨立，歷經無數戰鬥方才完成，是西方一大特色。自束縛之下**解放**，正是這段年月的一大文化主題，更可能是最為典型的一項。當然如此一來，反而需要更多限制，以防我的權利侵害到你的權利。

與此並行的另一主題線，則為**返璞歸回原初**。文化一旦精進，就變得過度複雜，遂生起渴望之心，想盡去這些繁複的安排設置，類此心態一再出現。事實上，宗教改革的主要動機即出於此，隨後又在對「高貴野蠻人」的崇拜之中再現，而且早在盧騷之前即已存在，一般以為此詞係他所發明。野蠻人信念單純，身心健康，具有高度道德，靜謐祥和，比文明人高貴多了；後者為求發達，非得用盡心機、欺瞞狡詐不可。十八世紀晚期重回這種烏托邦式的期待，十九世紀晚期在卡本特的《文明的起因與治療》中發出同樣心聲。二十世紀的一九六〇年代則在年輕人的革命中再度經歷，他們或在公社生活中尋找簡單質樸的生活，或作為「花朵一族」而深信：有愛，就能將社會結合成為一家。

五個世紀以來，像這類主題線呈現出來的約近一打。它們不是所謂的歷史「力量」或「因由」，卻只是名稱，代表著種種事件、運動背後的欲望、態度、用意，某些則具現於長久的建制之中。在此提出這些主題性的統合與延續，非循馬克思、史賓格勒、湯恩比等人的傳統，建議一種新的歷史哲學。馬、史、湯三氏認為，歷史是在單一力量的推動之下，朝單一目標前進。我則寧為史家，亦即只扮演說故事人，試將男人、女人、少年（這最後一員絕不可被忘卻）之行動所編織而成的糾葛情節，理出一個頭緒；他們的欲望，才正是歷史的驅動力量。又涉入了具體物質的條件，帶來的結果難料，最後的結局不一。

這樣的故事，自然不僅止限於事件、趨勢，也涉及人物、性格。因此通篇裡綴滿人像素描——有些應屬家喻戶曉，更多的時候，卻描寫常常被忽略之人。路德、達文西、拉伯雷、魯本斯等人當然必會遇到，但也有納瓦爾的瑪歌、古爾那的瑪利、瑞典的克莉絲汀娜，以及她們在歷世歷代中的姊妹。以上諸位都是以真人的形象出現，而非只是演員，因為歷史也者，最是具體、個別，而非概括、抽象。只是純為記憶方便之故，史家敘述史事，才提供綜論概象，命名「時期」、「主題」。真正的內容本身，則是那些一度活著之人的思想、行動。

可是，這篇故事為何會告終呢？當然，以字面意義而言，它並未歇業或毀去。此處的「衰頹」一詞，只表示「漸漸消蝕」，並不暗示活在這等時光之中的人，失去了活力、才能或道德意識。反之，這個時段相當活耀，充滿了深刻關懷，但奇怪的是，同時也極其焦躁不安，因為清楚的前進動線不明。它所失去之物，乃是「可能性」。藝術的各種形式，作為生命似乎已然耗盡，一切發展階段似乎已經走完，各種建制痛苦地運作著，重複、挫折是不可忍受的後果。無聊、倦怠，成為巨大的歷史力量。

有人不免會問，史家又怎麼知道衰頹何時已臨？從公開坦承的抑鬱心情看出，從四處尋找新的信仰看出。形形色色的崇拜樣式，近來已在西方的基督教世界興起：佛教、伊斯蘭教、瑜伽、先驗冥思、文鮮明的統一教，以及各式各樣的新興宗教，其中有些教派以集體自殺為務。對非宗教性的心靈來說，舊日的理想也或已陳舊或無指望，實際的目標則以暴力行動支持餵養：反核、反全球溫室效應、反墮胎；拯救生態保護其林相及動物相（「讓狼群回來！」）；鼓吹生機食品、反對加工食品，對科技不再表示支持。**回歸自然**的本能衝動，激起了這一切負面心態。

這類主張正可以在一個已然無法動彈的社會裡面，集中起行動欲望。豈不見每城每鎮、每鄉每郡、每國每地，只要政府為公益採取任何措施，方才提出就必立見反制。不僅是兩個，甚至可見三四個團體，或已有組織或臨時湊成，隨時準備好理由起來反對，其合情合理之處，不下於政府計畫的主事者。總而言之，對事情時時浮動著一種敵對心態，於是某些具有不以為然之意的字頭一再出現：**「反」**、**「後」**——反藝術、後現代主義，**重新發明**這個或那個建制的承諾也不斷可聞。如此希望，正是以為只要掃除了現狀，就得以自行生出新的生命。

＊　＊　＊

就算為討論之故，假定我們的「文化」也許真在結束之中，又為何單單切出這五百年來討論？是什麼因素，使它們成為一個統合體？起始之日採用的一五〇〇年，係從慣例，不知自何時開始，教科書上就將這個年代稱為現代紀元之始，前幾章裡，幾乎每一頁都可以找到如此斷代的適當理由。讀者會順帶注意到，還有**紀元**（era）一詞，係用以表示橫跨整個五百年或更長時期——長到足以使一個演進中的文化畢其一切可能。至於**時期**、**年代**，則指紀元之內各個較短的獨特時段。

這項嚴格界定，可以有助於釐清「現代」一詞的混淆，因它已被用來代表兩段時間：一是自中世紀以後的紀元，一是另一段界定不明、據稱因「現代主義」而肇始的時期——有一八八〇年、一九〇〇年、一九二〇年三種說法（1024>）（中譯為分辨故，有時以「近世」、「現代」兩詞，分別代表以上兩種意義）。本書對近世紀元之內的分期，亦與一般大專用書不同，後者題材多為通史。文化的角度則須建立不同的模式：前三段各約一百二十五年，大致帶著我們從路德到牛頓、從路易十四到斷頭台、再從歌德到紐約軍械廠藝展。第四段亦即最後一段，處理我們本世紀餘下時間。

如此分期，若非要提出理由不可，也許可以如下：四大階段，各有其主要壟斷議題——第一階段，一五〇〇至一六〇〇年間，是「宗教上應該相信什麼」；第二階段，一六六一至一七八九年間，是個人的地位與政體的形態應如何處理；第三階段，一七九〇至一九二〇年間，是社會與經濟的平等應如何達成。其餘則是所有這些努力混成的結果後效。

那麼又如何看出，新起了一個年代呢？可以從某項既定意向開始浮現或消逝看出。且向窗外一看：在街頭傳布政令者[7]到哪兒去了？那些觀看熊戲，或在瘋人院門口嘲笑的閒人到哪兒去了？再者，如今還有人用「貴族味」讚美人，或如羅斯金，以「高貴」區分藝術類別嗎？再打開一本新書，看看裡面的獻詞頁，為何不再有那三四頁長的阿諛費解之詞，獻予某位爵爺大人了？這些俱已不存，正是科技、道德態度、社會層級，以及文學贊助方式都已然發生改變的徵候。

有鑑於此，報紙最喜歡使用「歷史的垃圾箱」一詞，不過這個概念，其實並非如他們以為借自於馬克思，而是英國作家兼國會議員畢瑞爾[8]所言。然而仔細瞧去，垃圾箱中其實不似一般所想的滿。過去五百年裡，重複、重返的現象往往頻仍，姑舉一例可知：當前智識界忽然又對聖經文本及耶穌生平發生興趣。再想想另外一件殘存不去之物，照理已有資格進垃圾箱，卻始終沒被丟掉：報紙上的星象專欄。不同模式之間的較量，鮮少以一方完全獲勝而告終，被打敗的一方，往往活下來繼續掙扎——「相對物」永遠存在。

西方經驗既有如此多樣面貌——不顧後果地包攝各方民族、伸臂力及於新奇事物、主要哲思間無窮內部衝突、一再深刻地變遷足以產生獨特年代——卻又說這半個千年裡面，以「一個」文化的姿態遍歷其間，豈不有些自相矛盾？其實並無不一之處。殊不知統一性，並非意味畫一性，身分認同其實可與變異共容共存。一個人從嬰兒到老，仍是同一個人，沒有人質疑他的統一性。再者，在內戰當中，即使所有政治、社會的結合力都被打破，文化之網卻仍堅韌，將兩方連在一起。雙方說同樣的語言、為同一組議題起爭執，並記得同一個過去，只是一方看來全是錯，另一方看來卻對得很。活在同一層次的文明，家庭、政府形式、道德標準，也都保持類似。所用的武器相同，領軍的方式無二致，制服差不多，連軍階名稱、所掌旗幟，也顯示大家的做法皆有共同意義。

最後一問：思想理念真有力量嗎？某些人往往懷疑它們在歷史上發揮的作用。懷疑者說：「藝術、思想，應該擺在它們該有的位置。對一名現代英吉利人的日常生活來說，出於伊利莎白一世的影響，可比莎士比亞[9]為多。」深入考查他這個例子，批評者卻可看出，伊利莎白女王當時最頭痛的問題之一，就是如何對付思想理念的威脅——她那些新派子民的思想；後者正與信仰天主教的同胞爭鬥不已，亦皆出於思想理念之爭。

再者，如果過去五世紀呈現出一種單一文化的場面，也是因為記憶往往頑強不去，又有記錄成癡的習慣相助。我們對歷史的態度與眾不同，我們習慣就歷史辯解、我們喜歡將事件轉化成充滿著火力的思想。我們對「過去」的這種用法，正始自引進了「近世時期」的那段年月。

從黎明到衰頹：二十世紀終極歷史鉅著，史學大師巴森帶你追溯西方文化五百年史

目次

（上冊）

第二卷　從凡爾賽的泥沙到網球場

（下冊）

第三卷　從浮士德上部到「下著樓梯的裸女二號」

第四卷　從「大錯覺」到「西方文明，非滾不可」

第一卷

從路德的〈九十五條論綱〉
到波義耳的無形學院

第一章　西方在分裂

「近代」之始，極富典型特色，係以一場革命揭開序幕，一般稱之為「新教宗教改革」（直譯抗議宗，又稱更正教，即一般習稱之基督教）。然而這樁從十六世紀之初發端，前後持續一百多年方告結束的事件（姑且假定它已經真的結束了），事實上根本就是一場革命，具有革命的一切特色。我以為革命的特色，就在權力與資產因某種思維、理念之名，發生劇烈極端的轉移。

我們已經養成習慣喜歡凡事必稱革命，於是這也革命，那也革命。隨便一項新器物、一種新用途，改變了我們慣常襲用的事物或習慣，便要大驚小怪地嚷嚷：「革命性！」殊不知真正的革命，所改變者豈僅止於某項個人習慣或某種廣泛常規。革命為文化帶來嶄新面目；從一五〇〇年代這場大變動之後算起，一直走到當前，只有另外三大事件可歸入革命類別。沒錯，歷史書中冠上革命頭銜的變亂繁多，前後不下十數起，但若論其重大，卻只在其劇烈，而不在其革命性。更何況這些撼動其實都只是局部性的餘震。真正震央僅只有四：即十六世紀的宗教革命，十七世紀的君主政治革命，橫越十八、九兩世紀標榜自由主義、個人主義的「法國」革命，及二十世紀楬櫫社會主義、集體主義的「俄國」革命。

之所以用引號，意在表明所謂法國及俄國革命，只是一種沿用的習慣說法。因為在這兩場動亂爆發成戰事以前，背後的思維理念都早已分別在整個西方世界醞釀有年了。而通常所說的一七八九年及一九一七年，意義也只在標示出引爆的年分日期。須知四大革命一經發動，其後都歷經數十年歲月，才理出一個頭緒，釐清當初原始的意向及連帶產生的眾多副作用——而其主導的精神思想，作用甚至至今未歇。

在此，務必將十六世紀之際矛盾分裂的這個主體稱作**西方**，而非**歐洲**，因為「歐洲」一詞不盡精確。歐洲其實只是亞細亞大陸塊突出的一個半島，和大陸本土的連接明明沒有間斷，卻莫名其妙地獨立命名，變成另一個大陸。十六世紀革命的影響範圍，則只及於這塊半島的西隅：從日耳曼開始，經波蘭、奧地利、義大利，西迄大西洋岸。至於當時的巴爾幹地區，還在穆斯林土耳其治下；俄羅斯一帶則奉（東）正教，與羅馬公教（又譯天主教或舊教，以別於新教）無涉。因此在這項明確定義之下，所謂西方，也許用「西洋」（the Occident，拉丁原文意指日落之地，與東方 orient 日出相對）稱之為宜。

將四大革命裡的第一宗定位為宗教性質的革命，其實也不盡合適。誠然，經此一革，數百萬人因此改變了崇拜的形式，及對人生命定運數的看法。但是其中的變革處不僅止於此。透過這場革命洗禮，「多樣性」觀念因此提出，包括意見的多樣與信仰的多樣；國家國族的新情感因此養成；本國本地語言的地位因此提升；對工作、藝術、人性弱點的觀點亦因此改變。西方世界原有的那種一本同源、世系相傳的合一感也因此剝奪失去。後來影響所及，更藉著向海外新世界的移民，額外加強了西方一詞的意義與西方文明的力量。

＊＊＊

一五一七年十月三十一日，馬丁．路德在威登堡的眾聖堂大門上張貼出九十五項論綱。身為羅馬公教普世教會的一員（公教的「公」〔Catholic〕字，即代表著「普世共有」之意），這名薩克森尼礦工之子心裡此時完全無意引起教會分裂，也不想把自己的世界拆散成敵對攻訐的陣營。

這項公開質疑的動作，其實也不是什麼少見的異事。路德是名修士，正在新近設立的威登堡大學教授神學（哈姆雷特也在此校攻讀），當時教士常用這種形式發起辯論，就如同今日有人在學術刊物上刊登一篇具有挑釁意味的文章一般。不過最近也有德國學者認為，路德公開張貼之事全屬子虛烏有。無論是也不是，路德這〈九十五條論綱〉流傳極快，他自己就抄寫了好幾份分致友人，友人再騰再轉給更多的人。不久就從南日耳曼又回流路德手中，令他好不驚慮，因為這些回籠本已經變成**印刷版**了。

小小一樁事實，意義昭然若揭。若非印刷術發明，路德的改革願望很可能照樣步上失敗後塵，一如前此兩百年間諸多改革建議之命運。谷騰堡發明活字印刷，此時行世已有四十餘年，正是造成西方分裂一事的具體器物。不過關於這項新「術」1（techne，希臘字，指人手造物的技術或技藝），有一點值得注意：亦即徒有印刷之術不足成事，還得有更好的紙張、改良的油墨，以及一批經驗老到的印刷工人，才能充分發揮活字的影響。如今諸事齊備，宣傳小冊遂得快速、正確並大量地印製，而且成本亦較手抄低廉。

更正派人士撰寫散發的傳單張冊，常配有當時一流藝術家克拉那赫、杜勒等人繪製的木刻插畫，不識字者因此可以邊看圖畫，邊由友人唸出正文解說，因此更增宣傳效果。而且，更正派人士還使用通行的普通話寫作，不再只用神職人員才懂的拉丁文。於是十六世紀的聖經辯理與謾罵筆戰文字，便透過這堪稱首度出現的大眾媒體，展開了我們今日所謂的觀念通俗化與普及化。

這個稱作「書」的人造物品，力量之大，可以從以下估計看出：據計，及至十六世紀元年年底，發行的各類書種版本已達四萬——約合九百萬冊，印刷所則超過一百間。更正派奮鬥期間，有些城鎮同時有六七家印刷工廠日夜趕工，每過幾個鐘點，就有信差出門，斗篷下藏著一紮紮剛印好的紙張，墨瀋幾乎未乾，便急急送往各處可靠的分銷點去——這可說是第一個地下出版業（可讀 Lucien Febvre 和 Jean Martin 合著的 *The Coming of the Book*，中文版：《印刷書的誕生》，貓頭鷹出版）。

回說路德，如果他的確無心發動革命，那麼其目的何在？他「只是想探出懺悔聖事一事的真理真道而已」（懺悔是告明自己的罪過而求赦免，乃天主教徒七件聖事之一）。此問看似單純，其實問得正是時候，因為此時贖罪券的銷售正大行其道。贖罪券也者，幾近一種赦罪保證支票，由教皇開立，開票行庫則是「歷代教會聖者所累積的善功庫」。當時人相信，買了這張赦券，持券人的罪過便可技術調整，縮短在煉獄受苦的時間——甚至可以為親人友好代辦。路德想知道，真心的悔

> 贖罪券不能赦罪，教皇沒有這個權柄，赦罪的權柄全保留在神自己手中。
>
> 它對煉獄裡的靈魂毫無功效，教會所施的懲處僅能及於活人；教皇只能為煉獄裡的靈魂禱告。
>
> 基督徒凡真心悔改，就已從神得到恩赦，完全與贖罪券無關，因此無須贖罪券。
>
> ——路德〈九十五條論綱〉

改及贖罪的善工，難道真可以用外物取代，在公開交易下購得嗎？他認為，教會的寶庫裡面無他，只有福音是寶藏。

路德之外，另有許多人受到虔心感召，希望能不假外求，誠心誠意地事奉敬拜，而不必靠買路錢進天堂。他們的信心被喚醒，取得新的形式，其中一支叫做「現代敬拜」（*devotio moderna*），此名意義相當深長。其他如「同生兄弟會」等團體的成立，新式公學校的創設，日耳曼教士多瑪斯．肯皮斯所著的《效法基督》等作品的出現，及一般平信徒自發的信仰態度，都顯示前人種下的改革種子正在開花結果。

致力於改革的前人很多，從十四世紀英格蘭的威克里夫，到十五世紀波西米亞的赫斯，前仆後繼，都曾甘冒風險勇敢地做出「歸回起初教會」的努力，亦即回到早期基督徒質簡素樸的信仰。起初的教會，只有由眾人中間選出的長老一職。對他們而言，福音即是一切——因此應該永遠如是。

威克里夫被尊為「改革之晨星」，其實在他之前，早在十三世紀，法國南方城鎮阿爾比的四周全區，就已經開始實行這種簡單的信仰生活。阿爾比教派最後被完全撲滅，

如此眾多高帽
飾著雙緣飄飄
如此眾多絨帽
是我從所未見

如此眾多善誨
如此眾多佳道
如此稀少虔心
亦屬我所未見

——史基爾頓（英國詩人，以諷刺文見長，約一五〇〇年）

阿爾比教派之後的異端提倡者也都燒死在火刑柱上。至於在天主教會神職組織的內部，雖也屢有改革呼聲：「從頭到肢體都須改革」，但真正制度化的全面自我改革則絕無僅有。心裡雖然願意，固有的教會文化卻太頑強了。

就在這種背景氛圍之下，路德開門見山的直截主張立刻顯得爆炸性十足。他先把文章抄了一份送呈給梅茵茲的總主教，此人是一名粗鄙貪婪的年輕人，剛剛斥資買得主教職位，贖罪券三分之一的收益就是用來貼補他的本錢，因此路德之議自然與他息息攸關。不見回音之下，路德又呈送了一份給教皇，然後便逕去追求他的冥思默想了。

路德這一年三十四歲，已不再是血氣方剛的急躁小夥子。曾有七年的時光，他日夜苦惱，對自己的屬靈狀態常感失望不滿。他與肉體作戰（不僅對肉體的欲望，也包括恨惡與嫉羨的心思），卻總是軟弱不敵。這樣下去，哪有獲赦得贖的指望？然後有一天，同門一位修士唸誦信經，其中一句驀地打動了他：「我相信，罪得赦免。」立時豁然開朗，看見其中的啟示：「我覺得自己彷彿重新再生。」信心，猝然降臨到他身上，而且是不勞而獲，不必特意努力來配得。他那支離碎裂的自己，或所謂「有病的魂」，也就是美國心理學暨哲學家威廉·詹姆斯所謂「典型的宗教心靈經驗」，奧妙地霍然而癒。這個神祕的奧妙，就是神恩典的授臨。若沒有神的恩臨，罪人不會有信，不能走在救贖的道上。更正教的教義精神在此，更正教的信仰經驗亦在於此。

路德榻虀的奧祕立刻得到強烈快速的回應，可見與他同病者不在少數，甚至數以千計。同樣纖細易感的受苦靈魂，可能在田間扶犁，可能在城中買賣，可能在勃勃雄心的宮廷中，可能在傾頹廢修的城堡內，也可能在神聖幽微的祭壇前——可能就在這些貧憐的小農、遲鈍的商賈、雄圖的王公、沒落的騎士或虔誠的教士身上發現。當時在位的教皇，卻是酷好風雅，縱情奢欲的良十世。路德迸發的呼聲，自入不了他的耳：不過是又一名小小修士在賣弄學問而已。路德呈閱的文字，教皇發交教廷的神僚體系審查，咬文嚼字了三年，專挑裡面不合教義的異端說法。

不過路德可沒有在那裡按兵不動。六七年前，他曾代表所屬修會派赴羅馬，親眼目睹教廷現象，記憶猶新，如今再加上新得的恩典啟示，遂使他化約出另一項更單純的觀念：人人是神甫。這樣一個人，絕非天主教神甫任命儀式中所謂的「另一位基督」；可是，他卻也不需要羅馬教會的層級組織隔在中間做中介，他可以直接通神。教廷那種頭重腳輕的設置，對整個西方世界是種負荷，毫無用處。為進一步建立其主張的絕對性，路德更加上一項他稱之為「基督徒的自由」的基本原則：「基督徒完全自由，是自己的主人，不聽命任何人的轄制。」

「人人是神甫，個個做主人，教會站邊去」這項宣示，係用日耳曼語向日耳曼人公布，只能有一種解釋，一種領會，就是一種全新的人生方式。不過路德並無意製造出反抗威權、不要權威的亂民，他同時也提出基督徒自由作主的另一面：「基督徒也是世上最忠實最盡職的僕人，服從一切。」這裡的一切，意指由君王轄管的地上俗世社會。

如此一來，不但令世俗的掌權者安心，也為路德清楚規畫出他所選擇的道路。他下意識地側跨一步，避開了宗教預言家的危險，卻扮演著普遍受歡迎的「反」天主教神職組織的角色。這個定位號召了各方利益來歸。因為長久以來，打擊教皇一事一向屬於某種神聖的高調大業，更帶有勒索要脅的雙重作用。藉此手法，君王可索得政治上的好處，非君王者則可戴上樞機主教的冠帽。然而歷來打擊教皇之舉，卻絲毫不曾改革過教會。不錯，教會的諸般弊病務必革除，很多人都贊同；不過，革除可以

（每個人的態度也很堅定），可別革到我的頭上，把**我的**特權給革去了。

於是革命號角初響，就已經設定了革命對象：必去之害不是天主教本身，也不是其信眾，而是教宗其人，是教宗手下神職系統裡的員工，及他們弄出來的那套矇騙人的花樣，亦即天主教崇拜裡面的那些外在繁儀縟節。教皇諭令敕書終於來到，〈九十五條論綱〉裡有四十一條受到責難，正好給路德一個示威表現的機會：他公然把敕書燒了，擠在他身邊圍觀的威登堡大學學子自然大樂。這還不夠，為燒個完全，他還順便扔進一些教廷的聖座答書（教宗或有關主管以書面發布之措施、釋疑等應詢覆文），教宗克勉六世的教令集、《安傑立卡道德論集》，以及某位同仁厄克為教宗搖旗吶喊的著作數本。「燒劣書之風，自古即有之。」路德還不忘加上這麼一句。

＊　＊　＊

就如同一點波紋，造成滔天海嘯，一個尋常舉動，竟可以引爆成一場驚天動地的大革命，實在令世人稱奇不已。想當初，無論是一五一七年的路德，或一七八九年聚集在凡爾賽宮的群眾，對本身行動造成的至終後果，全都始料不及；而發起一九一七年革命的俄羅斯自由派人士，恐怕更想像不到旋踵而來的發展。這些始作俑者一如其餘茫茫眾生，全然蒙昧於多少的巨大毀滅將要隨之發生。他們也絲毫不能預見，革命不論大小短長，空氣中一旦瀰漫了它的火藥味，勢將激起何等的狂熱情緒及乖異舉止。

一開始，消息傳來：某事發生，某話云云，而且傳送速度之快，比平常更甚；因為事出必有因，不是消息剛好切中情況，就是大家心裡早就隱然有數：聽說，有位修士對贖罪券提出質疑，而且，他不是忽然無的放矢——因為此刻贖罪券的確又重新大量推出。既有販售之實，挑戰者又有名有姓，於是謠言、誇張、謬誤、假造遂開始滿天飛。眾人紛紛互詢，到底何者為真，到底怎麼回事。人心浮動，空氣中好像通了電似的，時間的脈動也開始產生變化、加速；模模糊糊，彷彿有些事情就快發生了。

氣氛實在太緊張，可能一時受不住，有人便在教堂喊了一聲，有人朝窗戶扔了一塊石頭，於是大家便打了起來（威登堡事件便是這麼點燃的），而且一發不可收拾，顯然不是普通的打架鬧事。不知是誰又熱烈地大放厥詞，或勸眾人保持冷靜，或竟是催促大家別光站在那兒張嘴發愣，該趕快幹點什麼事呀。風聲愈來愈多，人人都激動起來，對這檔已經弄得大家日子都不安寧的事情，一表贊成或反對的態度。可是，到底在吵什麼事呀？具體來說：少年人激昂慷慨，抓住點飄忽的理想餘緒滿懷憧憬；無聊人趁機湊熱鬧搗蛋好玩；積怨人逮住機會一洩胸中怨氣。各方神鬼全體出籠，神經病從深宅跑上街頭，江洋大盜從躲藏處現身，人人都出來大聲宣揚己見。

禮貌不顧了，習俗也打破了，若有人還拘泥這些，就都成了笑話。髒話、謾罵，全成家常便飯，才合當前激情氣氛；房屋遭塗鴉，圖像遭破壞，店鋪遭搶劫。印刷傳單從一手傳遞到另一手，有人讀了稱心，有人讀了發怒——聽聽這個，成什麼話！八百年早有定局的老話題，又被挖出來激烈爭辯：愛情自由！神父結婚、修士破戒！財物公有、妻子共享！消滅所有罪惡！掃除一切腐敗！全面！立刻！馬上！凡事汰舊換新、人間一片光明幸福！

一種知識水平忽然拉平的奇妙現象發生了：平時一般人根本不熟悉、沒興趣的字句觀念，此時卻琅琅上口，大家都像知識分子般煞有介事地討論不休。而另一批人也忘了自己的正事（藝術、哲學、學問），因為此時此刻，只有一個逼人注目的大話題，就是眼前燃燒正旺的革命大理念。至於有錢人及「正派」思想之人，則個個膽戰心驚，趕緊聯合起來，捍衛自己的所有物與生活形式；可是意見紛紛，又眼睜睜見自家年輕人竟然「誤入歧途」。當權者則嚴密觀察情勢，想要弄清狀況，不時還有念頭掠過，也許可以趁此亂中取利吧。意見領袖急於抓住一些不斷湧現的浮動說法，以期做成可供鼓吹效命的立場。他們將消除眾人疑慮，呼籲大家放膽，總而言之，鐵定會一馬當先，成為運動的龍頭人物。

呼聲愈來愈高亢，各種黨團開始組成，或自取黨名以明志，或遭他人冠上綽號嘲弄。朋友決裂，家人反目，類此傷感情的驚人之事層出不窮。隨著情勢發展，「變節」的罵名不斷出籠，事實上夜奔敵營的現象也所在多有。當局頭昏腦脹，各界領袖恩威並用，或脅或讓，總希望眼前禍事可如以往一般很快消散。但是這一回不一樣，萬般手段也挽不回權力資產要換手的狂瀾。而權力資產的轉移，正是革命的正字標記，至終則將建立起當令的「正字思維」。

> 不朽之神！何等世紀我見展開！
> 只願我亦能再度年少！
> ——伊拉斯謨斯致伯達（一五一七年）
>
> 至喜，是活於曙光，
> 青春，則如在天堂。
> ——華茲華斯憶法國大革命（一八〇五年）

英王亨利八世假改革、道德之名，公然將英格蘭各修院攫奪歸公，固是眾所周知的醜行。可是這種取教會資產而俗世化的動作，卻不限於英格蘭一地。舉十六世紀之際，除義大利、西班牙兩地，各國都在進行。巧取豪奪的移轉過程中，往往不出數年就重新立約，或再度確定，或推翻反轉前次的取奪，端視交戰各方的運氣而定。事情演變曲折反覆，外人遙觀，猶洪流急奔；當事人身在其中，如深陷漩渦打轉。

以上，就是革命大致予人的「感覺」。至於流血的所得與形式，細部上容或因事件不同而有參差，但是背後的動機組合卻大同小異：期望、野心、貪婪、懼怕、欲求、嫉妒、盲目狂熱的熱烈情緒、英雄捨己的奉獻投入、對秩序對藝術的恨惡，和對破壞對毀滅的嗜血。

因緣際會的時機巧合，有時也會湊上一腳。亨利八世真心以為，他與凱薩琳王后結縭犯下了亂倫之罪（凱為西班牙公主，英格蘭嗣子亞瑟之妻。亞瑟早逝，亨利登基即立嫂為后，生女瑪麗，即後來的瑪麗女王），才會無法誕育男嗣，於是奏請教皇宣布這樁婚姻無效，此時正是路德思想如火如荼散布之際。其實，前此亨利還曾大做文章，有模有樣地駁斥了路德一通，教皇感動之餘，特封亨利為「真信的衛道者」。沒想到情勢逆轉，當初的衛道者，如今竟一反前衷，公開與這名沒膽批准離婚的教皇決裂；原來凱薩琳是神聖羅馬帝國皇帝查理五世的姨媽，甥兒皇帝自然斷難同意此事。於是從一場如戲般的圖謀裡，卻為世上生出了一個新的教會，亦即英格蘭國教教派（即聖公會）。這個以國王而非教士為首的教派，從此永遠獨立於羅馬教廷之外。

> 當愛情能使君王變為明智之時，
> 佳音曙光首現於布琳之眸。
> （安布琳為英王亨利八世第二任妻子，伊利莎白女王之母，後遭斬首。亨利為其另創英國國教）
>
> ——格雷〈輓歌〉（Elegy）「喜新厭舊之樂」（On the Pleasures of Vicissitude）
>
> 論亨利八世的困境

事實上，英王此舉非關信仰，完全是為他自己、為王家勢力而來。亨利本人的基本信仰觀念未變，但是他將教會土地收歸己有，無形中卻等於在下一波的悄然革命裡跨出一步（357>）。

＊＊＊

我們也許會奇怪，當時的薩克森尼選侯腓特烈，為什麼不應教皇所請，出手制止管教路德等人的胡行呢？更何況教皇之請，是帶著金玫瑰勳章的大面子而來，應該頗能打動帝侯的心才是。腓特烈是路德的君侯，也是他的雇主，威登堡大學就是他一手創建，師資亦為其所聘。他又是虔誠的天主教徒，蒐集了許多聖人的遺骸遺物，據計為數約有八千之多，其中還包括耶穌誕生馬槽的秣草。儘管如此，終其一生，他卻始終保護著這名斗膽燒去教皇敕令的僧侶暨教授。

諸如此類違背教皇旨意的動作，可以察覺到當時俗世君王對教會統治者的抗拒、本土當局對中央威權的敵意、日耳曼國家意識的升高，以及對「外來」權利主張的惱火。在對抗教皇本人及其羅馬層級體制的衝突中，一些日耳曼人自然心生反感：那些「義大利佬」，竟來干預「我們的家務事」。也有人在古羅馬史家塔西陀所著的小書《日耳曼誌》中發現了本國本族的自豪——雖然此時事實上並無所謂日耳曼國存在。塔西陀筆下的羅馬，充滿了頹廢、奴役，而日耳曼各族則品德高尚又自由。薩克森尼的腓特烈，也許並不採信這種靠不住的對比，但是他護庇路德，卻另有一項私人感情成分在內：梵蒂岡官方竟然冒犯他心愛的大學，要大學中一名教師交代責任。這可得罪了腓特烈。

教皇這面猶不肯承認教會分離的事實，還在打處罰異端的混戰。見腓特烈不聽指揮，便徵召新當選的皇帝查理五世出馬。時方年少的查理滿懷俠義精神，立刻應允在下屆帝國會議上審訊威登堡這名製造禍端的傢伙。這就是有名的沃木斯日耳曼議會。審訊採剛柔並施策略，輪流以威相逼，以求相勸。受審人雖在第一天稍現軟化之意（小小點綴，頗合這個場面的悲情風格），次日卻又勇敢地堅持己意，不為所動。路德的固執，令腓特烈擔心事情可能會有不測，趕忙命人劫出路德，藏到渥特堡，此處今日已成旅遊勝地。

因此不論路德自己或是他提出的信條，都有賴俗世權力伸出臂膀護佑，方才得存；在某些地區，甚至立即生效。革命理念必須與看似「無關」的有力利益掛鉤，糾集其力量聲援，方有成功可能，而唯有軍事力量，才能確保其安全無恙。

雖然有撒但的粗暴噪音不時前來攪擾，深居在渥特堡的路德開始把新約聖經譯成德文，選用的是可以廣及最多人數[2]的方言；如果大家都能直接親閱福音，就知道他所言非假，因為一切都有福音證明。因此新教又有福音派之稱，而且此名通行甚久，一度更勝後來居上的「更正教」（抗議宗）名稱。至於更正一名的由來，則是因為某些新教代表，抗議一項與舊教所做的暫時性協定，偶然稱謂遂成定名。

於是路德進入這個意外的長年休假狀態，從此刻起，舉凡攸關宗教、道德、政治和社會的種種議題，都可見路德對日耳曼人發表他的看法。他不斷寫作，宣傳手冊、書籍著作、被受信人拿去「付印」的私人信札、聖經注釋、宣道講章和讚美詩歌，源源不絕地從他筆下流出。他的門生則忙著把他的德文作品譯成拉丁文，拉丁文作品譯成德文。這真是一個前所未有的密集文字宣傳火網，連珠彈般向各地傳講這項全國性的議題。反對者自然反脣相譏，大學裡紛紛演出遭遇戰，筆戰也層出不窮。有關真信之道、美好社會的白紙黑字大道理，如大雨滂沱打落在眾基督徒的頭頂上。這場脣槍舌劍的辯論，一直持續了三百五十年：直到一九〇〇年際，宗教出版品的數量（至少在英格蘭一地），才終於不再高於其他出版品的總和。

進入二十世紀末期，這場宗教意識大戰卻又重新開打。當今的基本教義派，精神上不啻延續著路德的「聖經絕對論」（又譯唯聖經論，認為聖經可解釋所有問題，一切以聖經為準為依歸的主張）（63; 389>）。而西方世界全地，各種宗派名目繁衍之盛，與四百五十年前相較亦不遑多讓——單在法國一地，登記在案的宗教派別就有一百七十二種之多，多數都屬基督教派。這種針對信仰的重新尋求，其結果亦如當年。不過現代的這些激情攪動，當然不比十六世紀完全、絕對；當年的主張，是要全面回復早期教會的模樣，當年發出的主題呼聲，是**歸回原初**——回到根本去！當年深日久，當人們感到建制原有的目的、使命，已為種種附加物與複雜性所淹沒掩埋；當所有的改革主張都已聽盡道盡，所有的改革嘗試都已一敗塗地；最富思想與行動精神的人，便開始決定應該「把病根，即文明，徹底鏟除」。現代世界一個極醒目的主題意識，就是**從束縛下解放出來**，路德提出的「基督徒自由」，顯然為這個觀念的來臨刮起了第一陣大風。

＊＊＊

到底，大家想把教會「從頭到肢體」的什麼東西革掉？其一，就是眾所皆知的諸般「墮落腐敗」：富可敵國的修院內那些貪婪的僧侶、不肯親駐所派教區的缺席主教、豢養著妻妾情婦的破戒教士等等皆是。可是表面道德行為的乖違，卻遮蓋住了深一層更嚴重的問題：這些職務、角色的意義，已經完全失去了。教士原該做教師作育眾人，如今卻是無知無識之徒；僧侶原該靠其虔行以救世人，如今卻為坐享現成的得利者；主教原係教區靈魂看顧工作的總督導，如今卻成政客與商人。偶爾或有一兩個虔敬篤學的例外——足證善可為也。可是更多時候，主教卻只是一名十二歲的童子，早在家世勢力操作下，為他安置好這個大好前途的美缺。整個運作體系都已經爛到根了。不是沒有人指出來，事實上一提再提，可是百足之蟲難去，積習難改。徒勞之下，大家只好接受無奈，把荒謬作為正常，把變態視為常態；到了這個地步，這個文化即處於衰頹狀態。衰頹一詞，實非謗詞，乃一技術性的名稱。一個衰頹的文化，正是諷詠家大顯身手的時機，於是十四、十五世紀之交，這號人物特多，其中尤有一位大家：

伊拉斯謨斯

杜勒筆下的伊拉斯謨斯肖像，五官線條平和，低眉歛首沉思，一派謙謙君子狀，這幅畫像相當有名。至於後來幾篇文字素描，也都把他描寫成謹小慎微、取法乎中的學者型人物，在當時宗教論戰裡謹守中庸之道。路德是強人，伊拉斯謨斯則是一介文人知識分子；因此起義反抗若有什麼好結果，往往都歸功給了強人。

事實上大謬不然。伊拉斯謨斯是一名有膽識、具獨立精神的鬥士，而且跟路德一樣，同富於易激易怒之德——如果說，怒氣也可算作一項革命美德的話。早在路德尚未思及任何改革主張之前，他就已經在猛力推動這項大義了。伊拉斯謨斯的學問比路德好，機智才華比路德高，而且完全是另一路的文學才子。他很早就開始抨擊修士、懷疑聖人，宣稱「基督徒幾乎都在盲目、無知下做奴隸」。

伊拉斯謨斯自己也是僧侶，卻非自願；他是私生子，生父對他雖非完全不顧，但他畢竟還是在監護人的擺弄下被迫受了清規。他和路德、喀爾文一樣，本都無意在教會發展仕途；路、喀兩人原皆選擇法律。不過伊拉斯謨斯很幸運，得到某位主教青睞，特准他不必入宿修院，而且終生免役——這一點又可看出當時神職紀律的鬆弛。於是這名明明是僧侶的年輕人，卻可以過起文藝復興人文主義者的日子來（119>）。

當時風氣之下，希臘文是新顯學，伊拉斯謨斯精通希臘文，自然成為寵兒，廣受亟於學習新知的王公貴人歡迎。於是他的意見儼然神諭，任何時興話題，有新思想有文化啟蒙的人都來向他請教。幾位教皇即曾先後請益，並以主教之位相候，甚至兩度奉上樞機主教的高帽。大學想聘他做教席，亨利八世殷殷留他在朝，查理五世採納他的建議，路德懇請他務必支持——結果被他拒絕，從此結仇。可是捧他的人多，貶他的也不少——就在尊榮禮遇之間，有僧侶修士齊聲高罵他，有教皇在羅馬教廷政策搖擺之時責難他，連老友也因他信中內容不合己意而冷淡他：當其時也，不論革命之前或革命期間，許多公開論戰都是以書信為之。伊拉斯謨斯筆下如此來得，其文字力量如此之大，連他自己也評道，他的威力不在任何頭銜，也不在黨同伐異的行動實踐，卻全在他一枝健筆。

> 此地空氣芳香宜人。男子通達有才，不乏學問之士，嫻熟經典。余未克往義大利一行，損失極微也。蓋英格蘭女子美若天仙，更有一不可多得良習。造訪所至，女子必吻禮相待。迎吻之，送吻之，返再吻之。柔唇香甜，一品之下，必與久居之意矣！
>
> ——伊拉斯謨斯論英格蘭[3]（一四九七年）

伊拉斯謨斯本來很贊同福音派運動，並

給予實際支持：不但編了一本希臘文新約，還寫了多種流傳甚廣的文字。他是頭一位靠寫作收入即可維生的人文主義者，由此可想見其影響力。伊拉斯謨斯左右當代言論之巨，堪稱後無來者，連後來的伏爾泰、蕭伯納都難望其項背。因為及至後者之世，新教運動已使僧侶教士與文人學者分為兩途，變成兩種截然不同的社群，知識分子思想家與廣大庶民之間的聯繫，早已因之斷裂。伊拉斯謨斯一生雖遭罵名無數，卻從沒有人指責他「高高在上賣弄學問」，要是換作今天，恐怕就很難逃過這個標籤上身。

代溝是思想戰中不可忽略的因素，伊拉斯謨斯年事已長（足足比路德約大上二十歲），自然不可能幡然變成福音派。他是名好基督徒，不過他對信仰並無熱情的親密經驗。身為學者，他對聖經的解讀也不相同；他相信經上所傳達的信息，對於其中記載的特定話語、事件，卻不完全採信——認為許多或只是詩化的陳述表達，或是傳說、寓言。他閱讀古希臘羅馬典籍，發現其中人物敬天愛人，竟幾近基督教倫理要求的高潔信德，不禁半開玩笑地驚嘆：「噢，聖蘇格拉底，請為我們祝禱！」

在路德眼裡，這簡直是大不敬、褻瀆神的輕浮舉動。福音派瞧不起人文主義者，雖然後者之中，有人早就已經棄置更正教徒猶在喋喋不休抨擊的舊觀念。最後在「自由意志」一點上相持不下，雙方遂告正式決裂；伊拉斯謨斯認為人有自由意志，路德堅決否認：因此伊拉斯謨斯鐵定是名無神論者——因為根據宗派中人的定義，若不相信接受我對信仰的看法，你就是不信神。

伊拉斯謨斯更是名幽默大師，看在那些一本正經的人眼裡，這是一種連嚴肅的事情也能拿來玩笑的傢伙。不過對於路德認為凡事皆為神所命定的說法，他的反駁態度卻極認真。路德主張人從永始以來，就受詛咒，命定要下地獄，只有極少數得以例外；而後者的好命，也不是因著自己今生的善行或努力而得，卻完全出自神不可解釋的救恩。憑神不憑人，我們今天若引用這句話，往往不太意識到背後那種幸與不幸、完全靠運氣的概念。但是當年英國宗教改革家百福特見死刑犯被帶到絞架台前，不禁有感而發呼叫：「若不是神的恩典，這會兒去死的就是我約翰·百福特了！」當時他可是從骨子裡面深信，神從起初就一定永定地分別了這兩個人的命運。這就是「神揀選預定」的觀念，至今猶盛，而且並不僅為新教教徒或具有宗教信仰者所獨有（46>）。

路德卻以為這種神祕安排，正是基督教信仰內容的中心，而且讓人覺得「安心」；伊拉斯謨斯則認為沒這回事，因為完全不合理性。他寫了一些喜劇小品文，描寫周遭人的際遇，在各種或好或壞的選擇、或智或愚的行動背後，分明可看出有著相當的人為自由意志在作用。這些《交談錄》極受歡迎，係以一般人對話的形式出現，內容都是日常生活的瑣碎煩惱——軍士解甲後的困境、尋常夫妻間的口角、煉金術士的詭詐伎倆，以及與法國相較，日耳曼旅舍服務有多麼糟糕等等。

雖然經常貧病交加，伊拉斯謨斯卻熱愛旅行，也喜好人生的美好樂事。所謂樂事，包括在巴黎、牛津、巴塞爾鎮等地，與飽學友人做你來我往迅如閃電的益智交談。巴塞爾是他最後寄居之地，也是最受他青睞的印刷出版商所在之處（可讀 James Anthony Froude 著 *Life and Letters of Erasmus*）。

伊拉斯謨斯一生思辨精華，都收在一本反諷傑作裡面：《愚人讚》。他的友人畫家小霍爾拜因對此書愛不釋手，特別在自己手上那本的書頁上畫了許多墨筆插畫，現代版本經常予以複製。擬人化的這位愚人小姐在書中親自發話，舉證歷歷，指出人不分階級職業，往往愛她甚於愛好「常識」。可是明明如此，卻老要給她惡名，愈蠢的傢伙還愈愛罵她。至少，她很誠實（毫不裝假），誰都可以一眼看穿她。她老爹是財富之神普魯特斯，世上一切物事都由他掌管（當今唾棄「唯物文化」的人士請注意了，拜物好物，可不是我們今日才有的發明）。愚人小姐的結論道，總而言之，愈癡傻愈愚昧，就愈幸福美滿。

拜伊拉斯謨斯的妙筆，這齣娛樂性十足的矛盾本相，更擴而直指時代的眾生世相。雖屬虛構，卻毫不造作勉強。可惜進入全書的下半段，技法雖仍有力，卻放棄了「故事」筆法，陷入對神職弊病及其他陋習做直接抨擊。事實的呈現依然生動，藝術性卻不再，向政治熱情低了頭。伊拉斯謨斯這番口誅筆伐，為時甚早，遠在路德對自己的教會、甚至對自己的靈魂開始感到動搖懷疑之前。從前者的《愚人讚》，到後者的〈九十五條論綱〉之間，時間上足足有八年之久。

—我跟你說：我才去過孔波斯特拉（西班牙北部）聖雅各教堂。
—我說，是為好奇去看囉？
—不不不，不是好奇，是還願。我老婆她娘發願，如果她女兒生下活蹦亂跳的小子，我這做半子的，就得親自去聖雅各朝謝。
—那你是用誰的名字上禮？你自己，還是岳母？
—用全家的名義。
—有沒有得到什麼答驗？
—一聲也沒應。我呈上禮，他老人家好像微微一笑，輕輕點了個頭。
—真是個親切的好聖人！待客、接生，都是好樣的！

——伊拉斯謨斯《交談錄》

＊＊＊

待得路德及其從人發動他們這一波猛烈轟擊，卻看不見這種動作勢必引發暴力後果（說不定根本也不在乎），雙方畢竟也有冷靜人，不斷尋求研商妥協之道。伊拉斯謨斯派的觀點，並不因路德砰然重擊便忽然消失。不止一位主教及樞機主教，一心想要改革，覺得福音派觀點頗合他們眼光。一些新教人士也願意中途相見，只要大和解這座中途站的房舍乾淨，與腐敗、「迷信」絕緣即可。即使在公開決裂之後，一名為路德所重的年輕徒弟，也是他的發言人墨蘭頓，還特地起草一篇聲明，希望大家能夠化解歧見，重新把教會聯合起來。結果雙方都斷然拒絕再議。不過有識之士，包括皇帝在內，都很擔心，不願見日耳曼興起內戰。一名朝臣向查理提到「人頭落地亂滾」，皇帝的反應是：「不不，我的愛卿，千萬別鬧出人頭。」選帝侯腓特烈亦說：「取一條性命很容易，但誰能讓它再活過來呢？」

教會高層神職人員之中，也有人力主懷柔斡旋。樞機主教干達利尼終其一生都在努力，想要贏回脫教而去的路德派信徒，並戮力改革所轄教會的種種弊端。他在這些事上如此敢言，甚至惹人疑竇，認為他暗地裡根本是新教信徒。不過他也是傑出的外交官，在老家威尼斯是受人敬重的政治人物兼政治理論家；查理的神聖羅馬帝國宮廷也永遠歡迎他的光臨；所以這些大風大浪，他都安然渡過，雖然始終未能重獲離群的羊群。

剛抓緊一個新思想，會使氣血上騰，足令某些人變得攻擊性十足。從大學到修院的安全角落遂可以聽見訴諸武力的呼聲，許多平信徒也不介意動武。他們引路德的話做理由：「人必須為真理而戰。」而一旦財物損失攸關，不管只是受到威脅，或真遭新教人士取走，武裝衝突勢難避免。講壇、教堂、宗教建物、城鎮公所的所有權，及附帶而有的一切特權、優惠，紛紛易手——而且不下一次地輪流轉替。地方上人心動向，連帶著權力孰大，往往決定財物歸屬。

神聖羅馬帝國的皇帝查理五世卻不曾立即派軍援助天主教一方王公，並熄滅革命烈火——這又是因為機緣巧合或不巧。他正在另一前線作戰，而且是攸關存亡、情況更緊急的戰事。當其時也，伊斯蘭大軍（土耳其部）已取得巴爾幹地區，他們的艦隊則有幹練的海盜助陣，控制了地中海。維也納位居進入西方的關卡，無時不受威脅。查理不但得在北非和中歐多面作戰，同時還得提防法國人和那些異端邪說者覬覦他在義大利地方及尼德蘭地區的領土。腹背受敵，他顯然實在無法在戰場上將那些僭越的更正派徒眾一舉成擒。

內戰終於爆發，戰火卻是由帝國騎士點燃，他們是無黨無派的一支人馬，久為貧窮所困，此時趁四方不寧打算藉機重奪財勢。他們的領導人伯利辛根更成日耳曼民族英雄，日後則在歌德劇中得到更進一步的美譽光輝。騎士造反，結果遭到敉平。但是另一位騎士中人胡滕的一篇諷刺文《蒙昧者書簡》，對僧侶極盡敵視、辱罵、嘲笑之能事，讓僧侶大為光火，戰爭狂熱遂一發不可收拾。

騎士事件兩年之後，輪到農民起來伸張權益，而且這一回更義正詞嚴。路德立刻同意他們的十二項要求有理，其中包括農民有權選擇自己的教長。其他幾項，則懇請王公貴人放過可憐小農，不要再無情剝削。陳情被斥回，在閔采爾帶頭下，幾千人開始燒殺搶掠。路德收回他的支持，而且以他性格中最嚴厲的一面加以斥責，呼籲王公立即敉平亂民。一場亂事過去，三萬餘戶人家不是被屠就是遭到放逐命運。

閔采爾贏得小農效命，靠的是一句口號：人生而平等，而且應永遠平等。這簡直是不可能的念頭，但多麼富暗示性！既有福音真理的質樸，又有自治自主的意涵，還有不受威權掣肘的信仰生活——一言以蔽之：就是**歸回原初**！一五三四年，一名人稱「萊登之約翰」的裁縫，會同其重洗派教眾在明斯特成立錫安王國。這批人就是打著平等之名，卻行恐怖之政，他們的平等，則是在置有後宮的專制暴君約翰治下的平等。這個王國倒是實現了西方心靈不時或有的一個夢想：亦即公產、共女。

有趣的是，後來在蘇維埃勢力之下的東德卻把閔采爾視為英雄；近期[4]《紐約時報》也刊出一篇文章，再度如此稱譽。至於萊登的約翰，他可以引新約證共產有理，引舊約證多妻無罪。他在一年後被推翻，並依這段福音年月的時代風氣，被人類可以設計想見的最最殘酷恐怖手段處決。這段事蹟後為德國作曲家麥亞白爾法式大歌劇《預言者》（一八四九）提供了劇本素材。

暴力事件在歐洲生活裡遂成常態，直到十七世紀方告段落。暴動、格鬥、攻城略鎮、火刑處死、自我放逐逃亡等等情事層出不窮，無時或減。日耳曼一地持續了二十三年戰事，其間僅容喘息空隙，使新教與舊教兩支內部陣營都不穩定的聯盟人馬，常時在戰場上捉對廝殺。尼德蘭地的拉鋸戰，進行時間較短。瑞士各省亦然，在那裡一名能幹領袖茨溫利，提出一套融容經濟改革的神學理論，激起了一場戰事，他自己則在陣中身亡。法國方面，十六世紀的最後三十年間，全用來投入八回合的內戰；沒有內戰的空檔，則突襲、行刺、屠殺事件不斷，包括發生在聖巴多羅買節慶日上那場有名的殺戮（成千上萬名法國更正派雨格諾教徒被屠）。至於也因宗派激情之爭而起的英國內戰，則保留到下世紀方才上演（392>）。路

> 安特衛普，一五八一年五月二日
>
> 八天前，比利時境內教堂、修院的圖畫和聖壇，全遭士兵和喀爾文派破壞淨盡。神職人員，以及近五百名天主教徒，全被驅逐出境，還有幾人下在獄裡。天主教信仰從此在布魯塞爾絕跡。
>
> 安特衛普，一五八一年五月六日
>
> 雕像、勒石、鳴鐘、銅器、聖像、蠟燭以及其他這類裝飾，都從教堂卸下，滿滿裝了四船，準備運往納瓦（今愛沙尼亞臨俄羅斯境）和莫斯科。承包商打算跟他們好好做一筆生意。
>
> ——富格新聞信

德以他一貫的率直坦白表示：「我從來無意發展到這個地步。」

伊拉斯謨斯則不改初衷，始終是一名改革者，事實上正是他的性情氣質，一直到非常近代都還在主導著基督教會的信仰方向。在他以後的幾個世紀裡，多數基督徒信仰裡的神祕氣氛與宗派之別都逐漸淡化，對經文的字面解釋及對地獄之火的相信，也不再那麼執迷。各大教會也漸向寬容的潮流認命，開始採用與人為善的社會性福音政策；在此同時，不斷擴張的世俗知識也為教會接受，被視為可與經文並行不悖。有趣的是，發動這一切宗派心態的始作俑者本人，卻徹頭徹尾完全不具宗派偏執之心。這項觀察所得的對象，係指：

路德

後世不察，對路德的印象就只是一個鄉下老粗，憑鹵勇、惡言，隨時準備把對手打得落花流水——有人揶揄他：「標準的日耳曼氣質」。誠然，路德自己也承認，他最好的傑作都是在盛怒之下寫出，而且，往往還特意強調自己小農出身（其實他父親是一名手工藝匠），儼然是一種逆向的勢利心態。有此心理作用需要，卻正可窺出路德性格中帶有比一般流傳[5]所說更為複雜的一面。

路德戰果輝煌，足與史上任何一位睥睨群倫、徒手打出天下的造時勢英雄並列（如凱撒、克倫威爾、拿破崙、俾斯麥），但路德也像這些人物一樣，也有其纖微細膩並富於創造想像力的一面；如果忽略了這一點，對他就只能算是一知半解。路德為自己的靈魂狀況日夜憂心，可以想見原因並不只出在其自覺性強，同時也顯示其想像力的活躍。不錯，我們看見他得理不饒人，氣勢洶洶，卻不可因此視而不見他的熱情溫暖及多才多藝。幸好，我們有路德那本《圍桌談話》可供得見其全貌，這本書，真該如包斯威爾所著的《約翰生傳》一般廣為流傳才是（最好的版本，是 Preserved Smith[6] 編的一本）。

與羅馬決裂之後，路德「把家打開」，像學生招待所般，接待各地來人：同道、門生、學者和流亡避難的，都來他家投止（多數是年輕人），而且往往不請自來，不宣而至，享用甚至濫用他的待客熱情。路德居處是先前為僧時的修院廂房，樓下大飯桌上，常見他就教義、時事和人事、人生各種話題發表意見。他的財務狀況時時捉襟見肘，其妻凱西抱怨免費食客太多，快把他們吃光喝盡了。路德自己則接些勞力活，或賣個銀酒杯，以貼補家用。這些常客之中，有八人倒不算白吃，在兩名祕書協助下，負責記錄「夫子」之言，並彼此相互審訂，算是抵繳食宿費用。從這些記載裡面，我們也可以看見這些熱心向學的青年人關心、討論的話題。

路德見識恢宏，是改革派人士中唯一可以與伊拉斯謨斯相提並論之人。儘管他謙卑虛懷若谷，倒也可以理直氣壯地宣稱：「神不能沒有智慧通達人。」日常生活裡的路德，通情達理，親切柔和。他娶妻，不是出於愛情，卻是為了心安；妻子相貌平凡，原是一位修女，因追隨他的道而離開修院無處容身。婚後的他，倚重她的忠心扶持日甚，愛她之心遂漸滋漸深。友誼於他，情深意重，幾成宗教狂熱。五十歲那年（在當時算是高齡）路德慟聞老友一個接一個撒手故去，簡直不知所措。待最親近的密友胡斯曼也離世了，路德傷痛難忍，茶飯無心，接連慟哭兩日。

言談溫和可親的墨蘭頓，很早就投入路德門下。路德比他年長十四歲，像父親一般待他，極重他的才氣，認為他比自己更強：「他言簡意賅，說理清晰，叫人明白。我卻喋喋不休，空有詞令，華而不實。」路德還表示，墨蘭頓是希臘文、拉丁文大家，他自己的拉丁文則嫌字彙不足，行文不夠雅馴。不過這位身為人文主義者的年輕徒弟，筆下的宣傳文字卻很尖銳：「我喜歡像小男生一樣亂揮拳頭。」意思就是說，這名「年輕男孩」，用的是成人謾罵的語言。他對猶太人的攻擊，簡直達到肆意辱罵的程度。十六世紀之際，以及接下來整整兩百年之久，學術辯論中夾帶言詞侮辱，是眾所認可的加料。連不苟言笑的彌爾頓、理性年代的諸驕子、評閱濟慈與雪萊詩文的彬彬君子人，也一樣隨意出口成髒。路德稱自己的大對頭厄克博士（Dr. Eck）為鵝夫子（Dr. Geck），算是他罵人話裡最客氣的嘲弄了。不過對於日耳曼人難登大雅的舉止，路德卻感到相當遺憾，還從德文 *grob*（粗糙）自造了一個半拉丁字 *Grobiana* 專為形容這種粗鄙不文的鄉下佬氣息。究其原因，出在日耳曼人常喝得酩酊大醉，他怒斥為「下流惡習」。

但是路德絕不假道學。他一再論到情欲一事，正見他通曉人情。他深悉情欲逼人難當，因為他有切身之痛：當年做修士時，為抗情欲之苦，曾經自虐己身，以石礫為床，結果只弄得欲火更烈。如他所說，「酡紅的雙頰，雪白的雙腿」，正是這些想入非非的念頭，誘得青年男子個個走上訂婚路。「少年的愛，熱情如醉酒，令我們雙眼蒙蔽，使我們身不由己。」因此早早用戒條把青年人縛住，叫他們發願禁欲守身，做教士、做僧侶、做修女，實在是不合理的殘忍行為。甚至在婚姻裡，人也難以守貞。人若屈服於大自然為衍孳後代而命定的吸引力，不應受到太嚴厲的懲治。

一個令他棘手的難題，卻來自何塞的腓力普。這位支持他改教主張甚力的君侯，想要重婚再娶。腓力普與原配性情不投，但是又絕不肯置納情婦。好好的一名福音派大將，路德當然要拉他一把，不願見他觸犯教規，因此搜索枯腸，總算在舊約裡找出以色列人上古先祖的事例，足證重婚之事正當可行。路德將經文出處指給腓力普看，並加上一句警告：「可以做，別張揚。」但紙哪能包得住火，更正教徒聞訊大加抨擊，天主教人抓住理字更是氣壯。

儘管有這個事例，我們卻絕不能定路德的罪，指責他向權貴屈膝。他對男女王公貴人發話，一向不假詞令，好像他們是調皮小孩（日後喀爾文、諾克斯也是如此作風）。革命雖革命，舊有作之師、作之尊的教士牧教風格，倒是一點未去——眾人豈不正因為他執掌道德權威，而稱一聲他「父」嗎？基於同樣精神，對那位護他最力的選帝侯腓特烈，兩人雖然從未謀面，只能靠一位總管居間傳話辦事，路德也照樣毫不見外，待他宛如密友，遇有怠慢疏漏，立時嚴詞責備，絕不客氣。

說起來，路德畢竟是一個強大團體的領袖，有人將他比作更正派教宗；教內大小事務，各方有問，自然都前來請他裁示。這個任務，路德覺得不勝其煩。「貴人，」他說，心裡顯然也包括他自己在內，「是負重擔、受試煉的神人；常人，卻只得福不受試煉。」他很佩服頭號大敵查理五世竟能一肩挑起那麼多苦差，而卻沉著自若，鎮靜如常。長達二十八年的時間裡，路德每逢周日必講道三至四篇，此外尚寫就前面所述的無數篇章、文冊、經釋、翻譯和書信。卷帙浩繁，收在英文標準版內，足有五十五巨冊。難怪他無暇他顧，將錢事與家事都交由凱西全權經管。

終日伏案奮筆疾書，路德靠大自然景色休憩解勞。他對自然界生命有一種熱愛，稱得上是一位自然觀察家。他擅吹笛，又會彈古吉他，還寫曲、作詞、為自己的詞文配樂，約有四十首聖詩係出自他的手筆，包括那首出色的〈上主是我堅固堡壘〉。當時人稱，他寫的詩歌，效力不下他寫的文字，對改革大業的推動同有深刻影響。事實上，對路德而言，音樂的地位「僅次於神學」。魔鬼恨惡音樂，因為音樂可以逐斥誘惑，驅走邪念」。路德曾希望為男女兒童辦學，在他的學校裡，不會唱歌的人不准教書，「我也不會讓他講道。」

狂熱的工作節奏，卻不時與突發的低落情緒，以及身體的不適（「結石」）交替而來；外加信仰本身要求的自律，路德必須強迫約束自己天生不羈的心靈與情感，好服從他在聖經裡面看見的教訓。他一年讀經兩遍，認為聖經真是完美完全，不過他也承認：「如果單憑理性，真是不能拳拳服膺我們所信的每條每律。」因為充滿了不可解的奧祕：「想去解釋清楚，就太傻了。」這使得傳講基督信仰的任務，不單艱難，而且是一條畏途：「我要早知道，就不會做一個傳道之人了。」

這番告白，竟出自這位重新發現福音真理的先行者之口，足證路德與多數後來者不同之處（我們很難想像喀爾文或諾克斯也會如此坦承），因此他的境界，實在與伊拉斯謨斯更接近，只是他自己不知道。不過，有一件事他卻非常肯定，就是自己絕非「身列先知」，他「並沒有聽見天上來的聲音」，甚至不認為自己已蒙「釋罪／稱義」——意即得蒙拯救。然而他卻在這裡，戮力做神的工，甚至不惜違背自己天性氣質。「是的，我擊打農民；他們的血全在我額上；但主神命令我這麼做。」他甚至很不以自己某些早期作品為然。因為接觸那看不見的事物，他不斷與魔鬼爭辯，與之勢不兩立。他認為巫者必須處死，而且要快快執行，以免禍害蔓延。這方面，官府不該太過拘泥。「想想看，當慈悲有憐憫的神，規定：『咒罵父母的，必要把他治死』之時，祂的律法也是多麼嚴苛。」

> 我不懂，這可惡的病痛到底是怎麼回事。我猜，一是人老了，自然變弱。二是我工作太累，體力不濟，用腦過度。三，也是最根本的原因，就是撒但的攪擾破壞。如果真是這樣，這病就天下無藥可醫了。
>
> ——路德（一五四三年）

路德這一面性情的反映，令人煩惱，卻正顯示他身處時代的一大特色。一旦按字面解釋經文的風氣根深柢固，凡可以想像的各種殘酷作風，道德的、社會的和政治的，都可以振振有詞在經文中找到依據。說到這一點，即使新舊兩約的精神南轅北轍——舊約嚴厲，新約慈愛，正如路德觀察所得，也不妨礙眾人斷章取義、各取所需地詮釋。一如日後那些要求信眾全然服從的俗世意識形態（如馬克思思想即是）如何解釋應用，全看你引哪卷聖經，哪段經文而定。更正教革命期間，新、舊兩約輪流支配一代又一代、一地又一地、一位又一位領導者的思想走向。有時候，也見新舊一起矛盾遵行，一會兒像基督般慈愛赦免，一會兒像耶和華般嚴厲懲處。為彰顯服膺神的公義，虔敬人即使慈悲為懷，也得犧牲壓抑這種天性；因此就天主教意義而言，處罰成為一種不得不為、痛苦的「善工」。

不過路德的熱心處罰有一特色，只專門保留給罪犯或與撒但結盟之人。至於其他人，則不應因其意見受責。喀爾文領導的日內瓦新教區的做法，路德頗不以為然。墨蘭頓喜研星象，還不斷預測皇帝死期；路德認為這是拜邪：「天上的星星，管不著我們。」不過他卻主張放過星象家和煉金術士，無須貶罰或甚至欺凌；哥白尼說太陽是天文中心，這是愚人發瘋話——不去管他就好了；人文主義派如伊拉斯謨斯者，根本是無神論，也自有他的下場；對那些「無可救藥的大問題」，過分嚴厲無濟於事。

＊＊＊

路德自有其幽默感，因此他對人性軟弱頗看得開（這一點和伊拉斯謨斯相同，卻與其他改革人士幾乎個個有異）。他深知自己同樣也有弱點：為配合福音教誨真義，他看重悔改罪人，甚於自以為義之人。事實上，有幾回他甚至開罵教訓「區區好人」。這種信德與道德對立衝突的現象，在西方文化裡一再展現。日後那種不屑於「布爾喬亞中產階級及其價值觀」的心態，就是另一種形式表現。體面可敬，較之罪性罪行，立顯無趣怯懦。就是在這種心情之下，路德準備了一篇有關挪亞的講章。這位以色列人的老祖宗，在聖經中因一醉而名傳千古。前一晚寫著講稿，路德「咕嚕嚥下一大口啤酒，不覺哈哈大笑」。

但是難處也正在於此。真信若要站立得住，聖經是唯一指南：經上每字每句，都是一枚「珍果」，道理單純無飾，意義通曉明白，絕不可任意以寓言詮釋，無神者的逆論就是這麼造成的。路德看不起那一夥人：「我就可以寫幾個寓言給他們瞧瞧。」然而在此同時，在這些由神啟示寫就的經文裡面，明明有多處矛盾，智慧誠實如路德者，不可能視而不見。當時他內心一定很掙扎，一方面引舊約經文為依據，囑何塞的腓力普可以（祕密）重婚；一方面又心知肚明，他個人最喜愛的兩位使徒，聖約翰及聖保羅，絕對不會寬恕這種妥協做法。至於提倡善工，作為真信熱心表現的聖雅各，路德則嗤之以鼻，認為他是「草芥福音」（沒有真正價值之意）。

末了的人生，一如起初的修院生涯，路德坦然承認，屬世情感與屬天信仰時時在他裡面衝突激鬥。他最愛的女兒死了，他不禁傷痛而喊：「哦莉娜乖寶貝兒！死了對妳好，我靈裡為妳高興，肉體卻悲傷啊。」一年一年過去，煩心之事愈多——有人背離新道歸返舊路、自己的影響力日微、人心貪婪日甚（「君王競謀利」）。世人「對真理的福音毫無感念」、土耳其人「勢不可當」、皇帝與新教陣營交手不斷占得上風。總而言之，他一生心血的工作似乎都在白忙一場。世界末日一定快到了。到處有人看見異象——血光、圖像、天空顯現火焰熊熊的十字架。日子快不長了，結束就在眼前。

路德自己人生的終點，在一五四六年來到，離他提出改教論綱還不到三十年。次年，威登堡受圍，當時在位的薩克森尼選侯亦被擄除爵。路德的革命，一時之間似大勢已去，必須再經過八年的掙扎苦鬥，日耳曼境內的擾攘才重歸平靜。和平底定，新教派的獨立獲得承認，卻是以集體的形式出之。日耳曼每位王公在信仰上都可自行選擇，或走福音路線，或留守天主教內（每城亦然），可是他的臣民卻無此特權，受限於主子的抉擇而移轉。但他們可以自由離開；於是自我放逐，遂成堅決不從者的命運。這最後一款規定，暗示著**個人精神**的存在，而且多少具幾分真實性。此事所成就者雖然有限，未能達於全面，革命畢竟已成事實，而西方生活的一大部分也已因此劇烈地改觀了。

第二章　展開新生活

瑞士歷史學者布克哈特在《歷史的反思》書中，對宗教改革一事下了一個扼要的總結：就是逃脫紀律的轄制。從束縛中**解放**出來，正是天下革命立即吸引人處。革命激動人心，令人覺得生活是無盡的綑綁，即佛洛伊德所說的「不滿足」[1]，盡皆種因於此。這種心情還搭配著另一種壓力，就是祖先傳下來的成法，已成沉重常規，而光靠伊拉斯謨斯式「愚人」的無拘無束，還不足解壓力。總之，苦悶、疲倦。

布克哈特的評斷卻提醒我們一件事：這層在十六世紀開始剝落破除的厚重習俗甲殼，其實並不只是陋俗惡習；革命帶來的實質利益，也不僅及於王公貴人。眾人同蒙其惠，人人肩頭上都除去一份重擔，也就是一些已經無法繼續忍受的義務。福音派抨擊所謂「善工」既費錢，又費時間精神，而且日日勞苦。彌撒本身雖然免費，但是人生其他大事（嬰兒命名洗禮、長大第一次領聖體、婚配禮、臨終禮，以及最後墓旁的行禮如儀），樣樣都要錢。告解認罪之後，為表悔改真心，還可能需要來一次長途跋涉，到某處聖壇聖地朝聖，或者獻上一些具體祭品。當然，還有最新推出的辦法：購一張贖罪券來消災解難。

做個好基督徒，一定得定時救濟捐輸、為病者或死者獻購還願香燭或舉辦特別彌撒。此外還有「伯鐸聖座獻金吏」上門索款，幫教皇重建聖伯鐸大教堂（即聖彼得，八世紀時英王倡議全國人民每人捐出一枚便士）；獻金吏後腳方走，又見托缽的修會士前來叩門。抬棺從城鎮這頭到那頭的墓園下葬，費用是一個金幣（合六先令），為逝者誦禱二十次也是這個價錢。有時候，若不便遵行教會某些規定（守齋戒日），就一定需要申領豁免。費用極貴，沒有它卻不行。更可怕的是看著自己獻出的十一獻（依所得課十分之一的教會捐），不是交到窮哈哈的堂區神甫手上，反而落入附近那座財源本已興隆的修院袋中。但院中的僧侶，可不曾為納捐人的靈魂得救出過半點力氣。

種種需要時間精力的工作，還包括告解、禁食、參加教會規定的許多宗教慶節遊行。一些富有又虔誠的信徒，可能覺得自己有義務贊助祈福，這是一種專為死者祈禱冥福的彌撒。也有富人見死期將近，甚至把身家土地悉數遺贈教會，剝奪了合法繼承人該有的繼承權利，也縮減了市場上應有的財貨流通。

種種善功事工，固為神職增富，卻也益增眾人對神職的反感。各地君侯眼見自己的版圖遭蠶食鯨吞，大規模的田產轉入早已領有教省轄地的主教手中。愈來愈多的教會聖人紀念日成為教會法定節期；須知每多一個節日，可供自由城鎮商人交易、技匠做活的日子就又少去一天。主教上任，第一年歲入按例得報繳教皇，小老百姓捐獻的那一文伯鐸獻金，遂朝同一方向而去。俗世君王自然警覺到貨幣外流，條條錢路奔羅馬。

各種熱心神工的奉獻表現無時或止，換來的結果真不知到底是真得安慰，還是焦慮更深？偶爾長途跋涉，遠赴西班牙最西端的孔波斯特拉聖雅各墓園朝聖（歐洲最重要朝聖地），或往附近大城朝拜聖髑聖物，對某些罪人來說，可能是樁打破日常單調常規的樂事；至於節慶、假日，也可算入此類休閒調劑。可是那些必須日復一日或固定實行的麻煩儀式：如祈禱、告解、周五必須吃魚等規定，就好像我們為了保健，不得不每天慢跑、隨時計算食物卡路里一般定規。出門往遠地朝聖，差可比擬專赴有名的梅約醫學中心就診。當然，這種類比只適用於沒有宗教狂熱卻必須行禮如儀的人——這種人的確占大多數。但是誰都知道，若不好好照顧自家靈魂，只有下地獄滅亡一途。經常操練可強化信仰，這一點頗合心理學理論。但等到整個系統淪落成一套粗糙赤裸的做法，遂成了一張資產（工）負債（罪）損益表，加加減減，到審判台前一算總帳，就毫無意義了。一旦這銀行式宗教作業崩盤，路德喜極而呼：「我們終又找回救主了！」

靠救主而不靠善功事工，事實上直等於改造現實，亦即重新打造文化與個人的行為準則。崇拜教會所立的聖者，其實近於多神崇拜，視他們為可供求告的神祇。每個人打從出生起，每件事、每個建制行業、每城每鎮每鄉，都獻在一位主保聖人名下，眾人也都知道本人、本事、本行、本城、本鎮、本鄉無時不活在這位男聖人或女聖人的守護中。即使在今天，歐洲許多天主教徒慶生，都不是慶祝自己真正出生的日子，而是本人教名聖人的專屬聖日（教名又稱洗名，洗禮時依教會聖人之名命名）。出門在外的旅人，主保聖人是聖基道，水手供奉聖艾爾摩，老小姐則拜聖凱薩琳。小孩生病，得向聖哲曼禱告；鑰匙不見了，快求聖塞斯；想趕走討人厭的丈夫？請找聖維吉菲特（此女立志不婚守貞，相傳忽然長出鬍鬚嚇跑了未來夫婿）。麻煩纏身，只有懇請聖猶達（耶穌十二門徒之一）出面。

這種分散式的崇拜，源起於早期教會向西方異教人口傳道採取的懷柔手段。為使教外之人明白並接受新信仰的教訓，基督教許多儀式、節期，都配合或採用既存的風俗習慣。教會聖人取代了當地原有的神祇，聖誕節、復活節、大祈禱日（羅馬舊習春來祭犬以求豐收，天主教以大祈禱日代之），也等於異教徒原有慶典的再現。因此清教徒很反對過聖誕節，十七世紀之際，麻薩諸塞當局甚至曾正式法禁達二十二年之久。即使在今天，南卡羅萊納州一百二十五名成員的聖幕真理派教徒依然不過聖誕節。一九八二年，他們還特別舉辦審判，判處聖誕老人以吊刑，藉此強調其反對立場。

但是崇拜童貞馬利亞的傳統太強，路德只好網開一面。中世紀晚期風氣，認為憐憫是母性專有特質，因此求寬恕、賜憐憫，遂都找馬利亞代求而不找基督。路德回憶少時，若有人在講道裡提及基督，會被人看作「女人氣」。不過路德絕對禁止信徒崇拜馬利亞的母親聖安娜，也不准向這支聖人隊伍裡其他任何成員祈禱。

路德之後，人間生活內容一新。以上種種細節卻點出一項極易為人忽略的要點：宗教革命，嚴格說來所改所革者非關宗教，卻在神學理論。基督教信仰並未被另一個**宗教**取代。西洋世界，還是繼續信奉著原有的那本古老經約，對經上所記之神聖事蹟的啟示深信不疑。地上眾人除了在田間、在街頭生活行動之外，也猶在一個肉眼看不見的危險世界裡時時戒慎恐懼，雖然在那裡掌權的，是一位公正、不朽的全能權柄，管理著每人每事，注意著每個靈魂之內的每個心思、動作。

因此，革命的顛覆不在宗教，卻在環繞於信仰的理念架構，亦即意識形態，慢慢升高成形。意識形態雖是個比較現代的名詞，卻有助於我們領會當時各宗派迸發的熱情怒火。每一派都各持己見，各有其修正主張。基督傳講眾人應如兄弟相愛，宗教戰爭竟以這位愛的基督之名而戰，看起來在道德上很弔詭，但若從意識形態之爭觀之，就可以了然。其實就這項兄弟愛的誡命而言，眾人倒還真是有志一同：「做我兄弟，不然我就宰了你。」

* * *

宗派之間黨同伐異，流血鬥爭，其爭並不只在實質利益。實質之爭固然開啟了戰端，但其中的宗教熱情更在收復失地及遂行報復之外。不過十六世紀的宗教信仰特質，今日實在很難重溫，因為幾百年來，世事變化太多，人心早已轉移，不再以靈魂得救為人生目的。信仰的意義已變，信眾分歧，信仰品質日漸淡薄。大家輕鬆愉快地聊起自己或他人的宗教「偏好」——彷彿宗教也者，跟飲食、運動一般，也是一種個人喜好。

對絕大多數西洋人而言，自然科學固然已經取代宗教，成為人類「希望與信賴的最大所託」，但是信仰之變卻非單單種因於此。真正原因出在今日每位信者四周，都環繞著兩種人：一是信奉著各式各樣教義的信者，一是完全不信之人。今日世界標榜容忍至上，凡事都有其值得相信之處，凡事都有其可稱「正確」一面。回到十六世紀或更早以前，世上固然也有無神論者，然而**不信**是一回事（不信，至少可以用乖張邪僻解釋），「疑惑少信」，卻更讓信者不安，更易製造混亂，尤其在「少信」成為常態之後。信仰的專一不再，信仰遂不再居生命中心，那種因知道眾人同此心、共此信而生的共同感遂亦不再。因為若身邊眾人基本理念一致，若眾人都以此理念為所當然，這份理念在眾人眼裡，便定非真理莫屬。對許多心靈來說，令人放心安然，莫過於此。

這並不是說新教革命落幕，一切信仰也隨之滅絕。即使在今天，上教堂的人數仍以百萬計，各種宗派上百成千，在在證明宗教旺盛的存活力（<16; 44>）。事實上近在一九九〇年代，還有信者對他們所稱的「俗世人文主義」開罵，攻擊之烈，致使宗教議題在長期銷聲之後，重新又在公共論壇取得一席之地（64-65>）。不過，新教思想畢竟摧毀了那樁古老的心理慰藉——也就是眾人同有一個真理，同有一個信仰——繼續在西方延續下去的可能。

當然，即使回到「信仰時代」，對這唯一信仰的認識與投入也往往因人而異。對某些人而言，救恩只意味著個人的安全保障，或者更少：僅為從眾。今昔宗教觀的關鍵差異，在於前人很少以「有著」或「屬於」哪一種宗教信仰自居。「有著」一詞在過去有各種不同應用。我們可以說，人「有」一個魂，卻不可以說，人「有一個神」。因為神以及與神相關的一切，就是「所是」（what is）。正如今天沒有人會說，我有「一個物理」；因為物理就是物理，物只有一個理，絕無你我之別，它就是真相真實的謄本。

信仰一詞進入二十世紀，顯然需要另尋新詞，重新充電，才能展現其全面意義。海明威寫西班牙，就曾做此嘗試：「這不是什麼他去信了的事，這根本就是他的信。」現代有神學家出於相同用意，將「相信」視為「真信受到打斷」的狀態——簡直幾近異端——因為既稱「相信」，就暗指「對於」真信的對象另有一種說詞、一種想法。去說，去想，就會分心，就不能自在涵泳於真信的實在之中，為真信所瀰漫充滿。這種觀點事實上可以回溯至五世紀的聖奧古斯汀。

但是不論虔心多寡，在宗教改革之前、之後，或其中的年代裡，眾人卻從未曾懷疑過，人生在世時時刻刻需要神的濟助。他們執筆作信，一定不忘祈神祝福對方，求神保守這罪惡世代，請神庇佑自己下一步出門或

> 天主教對基督教理想抱持一種概念：最好在世上什麼都不是。而更正教，卻是徹頭徹尾的屬世主義。
>
> ——齊克果（十九世紀新教徒）

行事的腳蹤。生意人立一本新帳，首頁也一定題獻「奉神與利之名」。驚人事件發生，必定是天示預警，或天有所命。當年路德修習法律，赴校途中，被電閃雷鳴的大風雨嚇到；他認為自己心生恐懼，是神要他獻身服事神的信號，於是青年路德當場立刻發願成為修士。

宗教一詞之定義（中世紀及現代初期）：修會組織。外在表現而非內在信仰。字根原意（多種）：蒐集，帶回。繫攏，縛在一起。精讀，熟讀。傳統。因畏生敬。謹小慎微。整飭振作自己。

——引自各種不同語言字典

舊日的宗教生活，規定一日數禱，就像我們今天每日務必洗浴的個人衛生一般，因為魔鬼和他的爪牙正如病毒，無所不在。撒但在各地行走，就像政客四處拜票做出競選承諾一般。根據路德自己出門在外的經驗，就常見撒但在樹叢中，在密雲裡，在荒場內出沒。他知道撒但的干擾，影響著福音運動的效果。因此那些近在身邊的小奸小惡如行巫術者，就算他們係為人治病，而且也確有過痊癒的例子，亦當注意提防。至於天主教徒，自然也有其獨門防身之道，就是呼求各式聖人、聖物之名，以抵抗撒但作為。因此不分新舊，說到兩宗基督信仰的實際面，卻都與那支稱作摩尼教的東方異端近似：天地間受善惡兩股勢力支配，惡務拒之，善務撫之。

善惡興衰交替，愈顯救贖之無價，因為一旦獲得救恩，所有煩惱俱消；有此保證，自是無上恩賜，遂有路德在神的揀選預定一事裡發現的「安心感」。藉由預定，蒙揀選之人得著救贖之保證。他們獲得恩典，而且是全然免費的賞賜，不靠任何行為努力。不過雖然打了包票，遇上生病、死亡邊緣，連最優秀的基督徒也不免擔心，自己到底是否真的已蒙揀選，得注定，有永生？所謂得贖，十六世紀人（包括以後很長一段時間在內）的領會是「肉身復活」——福音的應許，完全按字面解：亦即人的身體會重新活過來。飽學如聖奧古斯汀，就此對問者解釋道：生前脫落的毛髮，剪去的指甲，屆時也都會在屬天的新體[2]上全部長回來，雖然肉眼無法得見。

「靈魂不朽」是現代講法，應許的內容乃是一種比較不那麼明確、比較沒有具體面目、且與肉體實質比較無關的至福極樂大喜。這種觀念早年並不流行，至後世方始廣傳；自一五一三年起，靈魂不朽才成為天主教教義內容，並且係專以學者，而非一般人為對象，出發點全在反駁某種哲學論調。因為有一派哲學家提出所謂「靈智集一說」，意指一股藉此而從神發出的「靈源」，生靈成形於斯，亦歸聚於斯。此說可謂先行於十九世紀歐美的唯心論，其「絕對者」（the Absolute），既是神，又是生靈實體[3]之所貯。眾體合併，個體消失，這豈是福音派甚至天主教徒能忍受的狀況，前者尤其不容。威廉·詹姆斯稱福音派為「離群的更正派」，正因為他們堅持保有自己與神的個別交通。借用今天的說法，也就是每個人都有直接通神的「熱線」。

> 宗教改革，只刮去了鐐銬表面一點鏽，心靈卻仍受禁錮。
>
> ——赫胥黎（十九世紀不可知論者）
>
> 土耳其人告訴他們的百姓，天堂裡的快樂可以真正具體感受；地獄則有折磨，卻說不出是怎樣的折磨。
>
> 基督徒的講法正好相反。他們告訴我們，地獄裡的刑罰，可以真正具體感覺；在天堂則有享受，卻說不出是怎樣的享受。
>
> ——約翰·塞爾登（約一六五〇年）

某些十六世紀的信徒極看重個人的個別性，因此他們宣稱每個靈魂都係神分別所造。至於其他人，倒不介意集體源頭之說。前者被稱為「創造論者」，不過此名今日係指稱另一種人，他們攻擊進化論，認為整個人類都係在亞當、夏娃裡面，並經由亞當、夏娃受造而來。

＊ ＊ ＊

意識形態的討論，就到此為止。文化生活現實面遭宗教革命改變衝擊之處，猶有其他。更正教的教堂不再用作城鎮的集會所、節慶的盛會場地或道德劇的演出場所。再沒有滑稽戲在此上演，沒有愚人聖宴在此擺開——這原是為慶祝一年一度羅馬古農神節，讓眾人暫時放下戒律束縛的狂歡時刻，特由一名慶典之王——「失政王」主持。更正教新建的「聚會之所」，再也不像天主教大教堂般，在戰時收容婦女兒童避難，當然更不會在平時供罪犯做庇護之地。新教教堂純為宗教之用，過去作為日常生活中心與市民公用的功能已不復存。

隨著各種新教宗派起來改革，禮拜堂裝飾愈微。路德本人並不反對鮮花布置，也不像某些狂熱派執意要把古老教堂的彩色玻璃打破、把各種彫像搗毀。不過繪畫、祭台白麻布、香燭、聖髑、受難十架像等則務必全部出清，香火亦然。還有羅馬公教最擅長的各款祭衣、袍服，不同的色彩、質料，各式禮帽、禮巾，金銀鑲飾、滾邊，不但因階級場合而異，更是一種壯觀的排場，此時自然也難逃被逐命運。依英格蘭清教徒和長老教會的說法，這些都屬於一種「外飾的偶像崇拜」。其實仔細品味，個中不無道理：但凡多少受感官、外表吸引而信教者，天主教始終為其教會，而且歷代皆然，屢試不爽。但是對其餘人而言，教會與藝術之間那份長久以來密不可分的聯繫，則從此永遠地斬斷了。

新教會裡由宣教牧師牧會，可能家有妻小，身穿平常服裝奉職。至於教區負責牧師，也只是指派來服事其餘信眾的「普通人」而已，雖然這位「普通人」通常都會有點學問，或多或少經過正式任命。本堂信眾作為獨立群體，選定本堂教牧；隨著異議教派增多，信眾愈須供養教派的領導人及教中各項活動。路德派教會依然聘用「監督」（bishop，天主教譯為主教），有時係經選任，費用則由國家負擔。英國國教保留原有的神職階級制度，其他教會則以平信徒（俗稱教友，信友不具正式聖職身分）任執事、長老各職。最後，更有徹底派把路德（「人人是神甫」）的主張依照字面意義付諸實行；虔信派和貴格派乾脆不設任何專門神職人員，會眾自己盡職事，自己「牧養」自己。

新教禮拜中的聖樂部分也係自給自足，不再由唱經班或聖職人員代表為會眾獻上讚美。簡單的詞曲，由全體信徒齊聲唱出，雖非行家歌聲，卻也心真意誠。這些聖詩，有時也許係路德所作，或從舊約《詩篇》或從新約福音步韻成詞，發出警示或應許：「主，我們每向祢有付出，一定得報千倍。」不用下跪，也無須告白。人人領聖體，而且是「餅血二體皆領」（無酵餅代表救主被裂之身，葡萄酒代表救主所流之血）——餅就是一般的餅，有點陳，而非特別製作的祭餅。杯，以往只有祭司能飲，免得一般信徒不慎打翻基督寶血。過去曾有神職人員犯下這個大罪，大拇指被剁去以示懲處。

廢掉的禮拜規矩還有拉丁文。過去那種心不在焉的司鐸在上念念有詞、會眾在下不知所云的狀況不再。現在用日常語言，清清楚楚地講道——今稱證道。講章的長度，時至今日已隨歲月流逝而大幅縮短；回到當年，證道猶是福音派禮拜中主要項目之際，尤其遇上公共大事或節日，可能長達三個小時。甚至進入十九世紀已久，一堂只講解一兩句話經文的「課」往往也得耗上一個鐘頭；至於一天做兩堂禮拜，更屬每日常規。「英式禮拜天」遂成世間一項特別區段時間[4]。更正教徒沒有聖髑、聖像，他們上教堂只為參加禮拜（兒童則有主日學）。不似天主教徒一天當中隨時會走進教堂，或去祈禱或斂神退省，至今猶然。

在福音派手裡，人生幾大「聖禮」也不再似以往那麼莊嚴繁縟。臨終不再需要儀式，其他幾項大事，也僅在行禮如儀，不復神術奇蹟意味。領聖體的次數——前稱「聖禮聖事」，現在比彌撒還少，路德認為一年四次即已足夠，而且再不能為已故的家人親友派上任何用場。解放之事不止一端：更正教徒可以與嫡親的堂表親成婚，而且如果實在夠「前進」，還可拒絕立誓，或拒任地方治安官等。

影響最深遠重大的改變，則在如今新生活係從聖經中尋到精神與靈命之糧，這是文化上的一大步，堪與穆罕默德贈其民以《可蘭經》之舉相輝映。路德本人二十歲前從未見過聖經，雖受有徹底的宗教教育，所本卻全係歷來教父作品的彙編（初期教會的作者，以正統的教義和聖潔的生活著稱）。在他之前，即有不止一位思想大家欲還經於民，各種普通話譯本也不下一打。但是直至路德，這些努力方得大行，聖經終成全更正教徒之「書」——bible（聖經）即書之意——甚至使得天主教也不得不予以正視。

聖經向眾信徒開放，效果驚人。首先，全體更正教徒，從此擁有一個共同的知識背景，一個高度共享共有的文化。在此舉一個十九世紀的例子即知：柯立芝在倫敦講演，談英國大文學家，剛好提及約翰生博士一晚返家途中，見一妓不知因病抑醉倒臥溝渠。約翰生二話不說，寬肩扛起，帶回自己同樣貧寒的下處，供其棲身果腹。台下上流聽眾聞之色變，竊笑私語不置，男人面露嘲弄，女人做驚愕狀。柯立芝停語片刻，開口道：「在下提醒各位，別忘了好心撒瑪利亞人的比喻。」（新約聖經《路加福音》十章，耶穌以寓言比喻施援不看對象），全場立時噤聲。再多的道德教訓，也無法如此迅速、決絕地立現譴責教化的果效。

> 聖經攤開，驚異連來！
>
> ——喬治・赫伯特，〈罪〉（一六三三年）

聖經是全面的文學，是一部包羅萬象的文庫。它是一部文選，有詩歌、有短篇故事。除宇宙源起、倫理、神學外，它還教人歷史、傳記、哲學、生物學、地理學、政治學、心理學、衛生學、社會學（而且還是統計社會學）。一旦熟讀，永誌縈懷，因為聖經內容，就是一部有關人生人事的戲劇性報導。雖然全以敬神的宗教意義出發，卻照出眾生全景。涉事之多之廣，人生大小事無論居家居世，大概沒有在聖經上找不到的道德寓意事例。

那個時代的人家，全家可能只有一本書，就是聖經。恭敬地放在某處，首頁空白記載著家人出生婚喪等大事紀錄。同時存在的習慣，除每餐謝飯之外，家人還一日聚禱三數次。一家團坐，傭僕俱在場，一家之主的父親或祖父唸一段聖經故事，大家聽了心有所感，很自然地，又會以主禱文或其他適合當時氣氛的禱詞總結。俗世主義當道，宗教氛圍愈淡之後，多數人都不再讀經了，於是眾人共同心領神會的觀念想法與指涉引喻的背景也隨之而去。取而代之者，唯一可以想到的「普世性」代替品，恐怕只有每日報上的四格漫畫吧。

＊　＊　＊

從第一代福音主義始，近代之世各種更正教派如雨後春筍——目前約為三百二十五宗派，數字仍在變化中。內心有亮光，沉思經文有獨見，都是可以促成開門立派的有效原因。異議之處，或在信仰的規定，或在新先知的真偽，同樣也常出在實行的細節。差異可能極微，卻極具象徵意義。艾米許人拒用機器，門諾會眾拒用鈕釦。喬治・福克斯精神雖欠穩定，卻具天生領袖氣質。他主張眾信徒地位平等，規定貴格派人彼此稱呼一律用古稱的「汝」，而不准用「你」，並不得向任何人脫帽示敬。摩門教徒服膺一部當代增添的經卷，贊成多妻。基督教科學派信眾則依據時間上更近的一項預言啟示，否認疼痛存在，循此邏輯，自然也拒斥醫藥。進入我們這個世代，更有各種形形色色、藉集體自殺以求救贖的邪門宗派。

歧異所在，爭執最久、最烈者（並且還真因此而血花四濺者）首推聖體、三位一體說、洗禮、神恩、功德、預定的定義。有志一同處，則是都對羅馬公教，也就是他們眼中的「大巴比侖妓女」（舊約《啟示錄》十七章喻表，新教認為意指天主教會）深惡痛絕。宗派眾多，各持己見，只有史特拉斯堡處一個團體，由兩位能幹的思想家布沙與厄科蘭巴丟領導，主張大家應在基本教義上取得一致，別再做那要命的吹毛求疵。這群人遂被稱為根本教義派（與今日基本教義派意義不同），或稱「無關緊要派」即「反破壞主義者」更為貼切。結果除了少數有思想有見地的學者、政治家贊同之外，其他人都恨之入骨。因為當其時也，溫和睿智不合時代氛圍。時至今日，基本教義派之名已根本變質，不論在伊斯蘭或基督教世界裡面，都與當初史特拉斯堡派的氣質背道而馳，今天的基本教義派，不論語言或行為的表現，都可想而知非暴即烈。

這些宗教議題只是時代產物，只對當時之人有意義嗎？其實並不盡然。對於人類的經驗，今人的詮釋雖異於古人，仔細觀察卻可看出其中自有文化連續的脈絡。今昔的語言及社會環境固不同，並列比較，卻可顯明我們的來時路。

領聖體代表感恩，並紀念基督與門徒的最後晚餐。在第一代宗教改革人士眼中，這是最重要的一項聖禮，天主教徒亦然。可是天主教又把聖禮司祭放在行神蹟的地位：他把人造的酒、餅，轉變成真正的基督聖血與聖體——所謂「質變說」。更正派堅決反對此說。路德派主張「合質說」：既是聖體聖血，同時也是凡間物事；亦即耶穌的體、血，與作為人造的餅、酒同時存在。這種說法又稱「真實臨在」，雖屬奧祕之事，卻絕非像天主教那樣，由一位身穿法衣的凡人大變魔術。喀爾文派則視酒、餅純屬象徵物事，用意全在提醒眾人勿忘主的最後晚餐。有人以真實臨在相詢，喀爾文的答覆是基督既無所不在，自然亦在聖體聖禮當中。至此，神祕性可謂幾至無存。

> 我們別再用這些惡毒字眼、這些黨同伐異、這些分門別派的煽動用語——什麼路德派、雨格諾宗、教皇黨，別再為基督徒改名字了。
>
> ——一五六〇年三級會議開幕首相洛比達言

因此信徒定期感恩，以消滅自滿自我；較之其他宗派，喀爾文教派算是較能看出其中象徵詩意及心理功能的一派。自然派的詮釋，更徹底貫徹心理作用觀點，認為領聖體之際，真正發生變化者乃是罪人自身：罪得洗淨，為赦感恩，罪人產生奇妙大改變：其靈正如主靈。你說，這到底是不是一種神祕之事？實在很難下斷語。但是如果試想一下，那些在我們自己身上發生的重大變化——比方說，人體的自療功能，有時靠「仙丹」啟動，有時藉寬心劑發揮心理作用，有時甚至一驚之下不藥而癒。再說究竟又是什原因，使人心猝生巨變——意見之變，信念之變，情愛之變，更也許是所謂藝術家靈感突如其來之變？我們見到改變後的狀貌，所能掌握的卻只是一串因果論證之鏈的最末端一環，離最上頭繫之所在的那個鉤，還遠得很呢。

再論所謂「預定」。預定論下的人生，個人再努力也不能保證得贖，更沒有自由意志此物。預定說，是更正派傳布最廣最堅的一項教義，相信者眾，其中更不乏最具智慧之人。因此若全然貶為胡說亂想，笨的就是自己了；欲探其然，務必從它所以立足的經驗著手。路德就是最好的例證：七年掙扎無效，直到恩典解救了他。前面已經說過，其實許多不信之人，也同樣抱持預定之說的看法（<20）；說穿了，他們自己一定很驚訝。當然，他們並不信所謂許多人都會下地獄受永刑的那種預定，包括未受洗的嬰兒在內。他們卻都深信科學性的決定論——亦即一種打不破的因果次序關係；要知道，這也是一種事先的預定。凡從事實驗工作者，都持有這項假定；在因果律則之下，沒有自由意志可言。事實的任何現狀，採取的任何行動，都是一系列事件變化發展的必然後果，往前一直可以溯至誕生宇宙的大爆炸。

今日那些滿口基因、無意識、「人是化學機制」的社會學家甚或一般人，其實都跟路德、喀爾文差不多，以此來解釋他人與自身的種種作為行動。總而言之，一條不歸路在永始即已預定，一路行來，毫無抉擇餘地：意志也者，全屬幻覺。這種冥冥之中，受到一股外在力量驅策的感覺，其實相當普遍，在有大作為和創造力的人當中，感受最為強烈。某一類氣質、脾性，則似乎非帶宗教熱情不可——如腓特烈大帝即是，他日後雖脫去其喀爾文派的生長背景，卻始終如一，堅信凡事都是注定。至於現代犯罪學理論，不也著根於先天性格之說，社會上亦大致同意：犯罪者不應為其行為負責；他這是「制約化」的結果——都是因為命不好，恩典未臨身哪（不論是先天好遺傳或後天好環境）。

深植於十六世紀的觀念，其他尚有許多可在今天找到對照。存在主義者切切不能釋懷的**不安恐懼**，或說，那種對「人類處境」的絕望感，不下於路德對罪的苦悶焦慮。我們可以說，今日人心普遍有一種無法釋然的「罪咎」，尤其是那些飽受憂鬱折磨的患者。這種困擾一如路德當年，也可以靠內省的方式求治——躺在心理醫生的治療椅上，揭露真相，接受真相，終而獲癒。天主教徒告解，其實也正是一種速簡型的心理治療。

「罪」這個字，也始終不曾從文明啟蒙人的字典裡消失過。不止一位的現代小說家、詩人、社會理論家，將這個世代的混亂恐怖，都歸咎於人的原罪，雖然這原罪到底為何，卻都語焉不詳，不過基本上都假定人類本性中有著不可救藥的缺陷。這種版本遠比神學說法更不留情，既無救贖主將人自罪中贖回，也沒有洗禮可以發揮功效。救贖主及洗禮的雙雙存在，為十六世紀人挪去了可怕的罪擔。對我們這個世代而言，有人則覺得政治革命是他們的「科學」救贖。革命之後，歷史不再前進，社會將入無須律法之福境——換句話說，不正是重洗派等奮鬥百餘年的眾聖之國在人間（<23; 395>）。

文化不斷變遷，祖宗傳下來的思想情感也一再得到新的詮釋、轉換。記住這項原則，再來回味宗教改革人士的言行，考察他們面對各種神祕觀點時所做的取捨，就比較可以體會他們的心情。路德曾說，與其說他相信三位一體，不如說他乃是從經驗出發，驗證了三位一體的真實性。他這話是什麼意思？本世紀名作家賽兒絲女士（英國名偵探小說家，亦專研神學、古典文學），學養、見地深刻，曾有一段話，肯定了同樣說法（1065>）：父、子、靈，共管一切創造行為，包括藝術的，以及其他各樣的；三位格中的每一位，都扮演著一個獨特的角色（可讀其著《造者之心》6）。不錯，她的說法，正好是路德一向非難的寓意手法。但是若非單靠信心，也出於經驗而相信三位一體，他又還能怎麼辦呢？

路德當代，有人則大聲力主「神格唯一說」。西班牙醫生神學家塞維多斯，就因為不肯相信三位可以同時一體，在喀爾文派手裡送了性命。人稱他「真理殉士」，其實兩方半斤八兩，都熱中逼迫異己。而且喀爾文是在他以俗世行徑百般挑釁之下，方才勉強決定，處其死刑。回頭再論神的三位一體：另一對在波蘭避禍的叔姪索西尼，認為既然反對多神，又不准崇拜聖人，顯見神只有一個位格，絕非三位。他們的信眾，原稱索西尼派，屬於神格唯一派，對新英格蘭區的思想、文學傳統有深遠影響（734>）。從邏輯上來看，只有一神，不也意味著世上宗教雖多，實則為一。自伏爾泰始，以迄雨果、蕭伯納、甘地，無數思想大家都曾如此主張，對西方宗教建制卻無甚影響。

此處將十六世紀宗教思想與後世自然主義並陳對照，用意在顯明：人生種種幽祕的外在表達雖有遞嬗演變，內裡的意義卻歷久長存。自然主義的興起，雖使過去的觀點幽微，卻不曾使之滅去。誠然，這是一種抽象的延續，相似並不等於相同。我們所視所察的每一樁歷史事件，都有其獨特的打扮，展現其獨有的風貌。五百年前的更正教信徒及天主教徒，「無論怎麼說怎麼看」，當然都不是剛巧用上詩意語言（而非科學語言）的古之今人，他們絕不是我們的翻版雙身。至於索西尼派所說的神，也不是科學上的「統一性原則」；他們的神，乃是拯救罪人的主基督。種種類似形象之中，真正的共同點卻在那同樣的人心動機：宗教上切切只想敬拜一神，科學上汲汲希望將所有現象納入同一法則；這種必欲萬宗歸一、萬法同源的心態，可謂同種同源。

> 來客是平信徒，和牧師都屬更正宗，兩人愉快地聊著彼此教義的異同。這真是最美的一課寬容榜樣，正如牧師最後結論說得好：「沒錯，我們信的都是同一位神，你用你的方法，我用『祂』的方法。」
>
> ——新英格蘭相傳之言

＊＊＊

小輩一向缺乏耐心。不管任何運動，第二代總是躍躍欲試，不滿他們所承繼的現況，包括前輩先驅製造出來的一團混亂。於是當今之務，是建立一套系統，一個獨一的道統，才可以排除繼起的異議者、收編游移不定之人、召集一批忠心跟隨的徒眾。

組織大業，野心為第一要件，領袖由此而生。革命中沒有任何「法統」可言；權力人人可逐，唯有能者攫之。新到者中，誰最「純粹」、最嚴格、做事最有系統、方法，就最易取得權力。約翰·喀爾文正是這麼一號人物。他有政治家的眼光，律師的心思，在他眼裡，路德那種零星片段性質的神學論辯缺乏整體訴求，再加上如今人人可親炙聖經，勢必使得天下大亂，中無定主，危及宗教改革命脈。因為如此一來，只要識字，只要會看聖經，誰都可以自認為神「呼召」，為神建立真命教會。極端觀點，更易鼓動瘋子、狂想家、群眾煽動家。至於史特拉斯堡無關緊要派的教導，亦不可取，那是一種妥協，包容太廣，豈能無誤。某些轉向更正信仰，變成新教教牧的原天主教教士，其兼容並蓄的多元做法更走火入魔：他們為原有教眾行天主彌撒，為更正教眾做路德禮拜。

因此在一五三四年際，喀爾文推出第一本書。雖是小書一本，卻是喀爾文「派」教義的起源，使更正派一分為二成兩大派別。書名《基督教要義》，常被人拿來與中世紀神學家阿奎那的《神學總論》並論。其實兩者根本無法比較。我們今天手上的這本《要義》，一開始其實只是一篇文章，後經不斷增補，才成今貌。雖然最後全書成形，前後道理尚能一以貫之，畢竟不是一部廣博完整的哲學體系。全書只不過將福音派各項理念組織成章，並與新約經文接榫定錨，論其內容、目的，則不出作為教義問答學習教本的範疇。此書雖對一般信徒發生莫大影響，新說異見卻不曾從此噤聲。西方智性心靈的沃土，可是多產得很哪。

比方說，芬蘭的宗教改革家阿格里科拉，極富理論思考能力，就宣揚一種類似貴格教義的先聲。他認為路德拒斥「善功事工」，令人完全放棄以任何行為表現信仰的努力；其實如果人有真信，自然就會選擇出一套可以服膺的規矩。前面提過的布沙，則對宇宙人生有一種特別看法，兩百年後在自然神論名下廣遭採納：神創造世界，又賜基本法則使之自在長持，然後便袖手由其自行運作，不再監督干涉。天意既被剔除，所謂事情出岔乃天心不悅之說，也從此扔下海去。禱告行禮的重要性，自然也歸烏有了。

在這樣一群精采人物中，有一位特別出眾富魅力的卡斯提留（原姓夏泰留），生於法屬勃艮第。因在里昂修習人文，很快便走上更正信仰之路，並赴史特拉斯堡，在那裡認識了喀爾文。然後被他請到了日內瓦，年方二十五歲，即受任為學院院長。但是他對經文的解釋（他熟知拉丁、希臘和希伯來三種語文）卻因為太自由、太廣義，不為東家所喜，拒絕正式封立他任教牧。卡斯提留遷居巴塞爾，飽受貧困，最後總算得聘出任大學希臘文教授。

預定說、三位一體，是當時各地學者、教授都在論辯的題目，卡氏自也不能例外。他還指責喀爾文派，不該因三一命題處決塞維多斯；一項大哉問：「異端論者，應否予以追索」，遂透過這項辯論，首度以印刷形式面世。卡斯提留站在否定一方，時為一五五四年。他將整本聖經譯過，先用古典拉丁文，再用鮮活自然的法國本地語，最終卻難逃被迫害的命運；最後漂泊度日，貧困以終。但是其道不孤，蒙田與他的精神思想相通，深悉他的長處，《論文集》中對他頗有讚詞。

卡斯提留不寂寞，與他持同樣容忍異己觀點者不乏其人：如日耳曼人文者慕新即是，可算是上述意義之下的自然神論中人；他相信所有宗教皆一，因此看不出追索異己的必要。另一位聖經譯者丁道爾，也主張不應該以懼服人；令人因害怕而信服，有違基督教訓——不過「勉強人進來」一語，卻顯然是以力服人的例證（新約《路加福音》十四章二十三節）。一個個匹馬單槍的容忍派人士，被視為洪水猛獸——這些異議人士，完全不了解不論宗教、俗世，背後都有著驅向「定於一」的必要（404>）。

特立獨行之人，還有卡爾士達特，一度原是路德好友。突發奇想，認為自己做傳道者，應效法卑微中最卑微者的生活模樣，衣衫襤褸，「活像陋地農夫」（路德如此譏刺他）。卡爾士達特拒絕相信基督在聖體儀式中真實臨在，可算路德信眾中的喀爾文派。

性質最溫和的一派異議，被稱作虔信派（此名自然少不了外人常有的嘲弄口吻）。這一派的先知領導人是波米，原是鞋匠，將路德宣講的簡化觀念發揮到不能再簡化的極致。他說，神知道每一個人的虔心是否真誠。而且，既然心真意誠——什麼教牧、執事、教堂、禮拜，均屬多餘，甚至連取名以彰教派屬性也多此一舉。在家中，在任何現成方便的地方，虔心教友安靜聚集，眾人禱告，默想屬天真理。經上不是記著說，不論何處，兩三人聚在一起，主就也在那裡了嗎？虔信派影響悠久，幾支內聚力極強的宗派即受其感召成立，如今日仍殘存賓州的摩拉維亞兄弟會，以及家庭派（仿效基督聖家之名）和貴格派等皆是。還有曾在法國盛於一時的天主教神祕主義亦是，雖迅遭壓滅，卻曾令當代兩大文學巨匠起了激烈衝突（441>）。

在尼德蘭，則有人稱亞米念的赫曼茲提出一項理論，更令堅定分子頭痛：他主張基督的救贖是為著世上所有的靈魂，預定雖有條件，卻非絕對一成不變。眾人都可靠自身努力，與神同工，從而獲得憐憫救贖——因此，自由意志畢竟存在。此說與天主教「天然恩典」若合符節，結果到處不投緣，人人喊打，卻悄悄得到英國國教青睞，十八世紀並為衛斯理及其衛理公會信眾（又譯循道派或美以美會）所採納。

> 我們的教義是喀爾文派，儀式是教廷風，主事人員則是亞美尼亞教派。
>
> ——威廉·皮特，查德姆伯爵（約一七六〇年）

最後，還有一位日耳曼奇人士文克斐特不可不提。他說，如果每個靈魂都有其特定命運，那麼人人皆可在共同的基督教信仰之下，設定自身獨有的信條。命既有異，個人信仰亦應可量身訂做才是。時至今日，個人主義已從一時之命題轉為政治及社會的右派，士文克斐特這位先見人士，真可列為信眾聲勢最為浩大的大改革家——今日數百萬計的人，都可說是「無救主派」的士文克斐特派。這種一人教會最恰當的名稱應為「私教派」——如果其根本屬性，不禁止它掛上任何標籤名字的話。

眾派論過，就只剩下十六世紀最傑出的意識形態大家，亦即起來改革宗教改革之本身的大改革家——

喀爾文

路德就基督徒自由提出兩大主張：個人因信得贖，但個體隸屬社會（才不致陷入無政府亂象）；喀爾文的成就即在將之合併落實。第二款主張意味著由政府監控社會的道德禮教，係喀爾文無心插柳之下促成。原為法國鄉間律師的喀爾文，兼研人文主義之學，在巴黎接觸到路德思想。但索爾邦大學素為天主教正統思想重鎮，見此自然不容，遂轉赴當時更正派學說中心史特拉斯堡。沒多久，年方三十二歲的他便在日內瓦帶領靈魂，立規矩，行管教。也許有人會說，事情有此演變，全是因緣際會，怪不得他：他原只是行經日內瓦，卻為人懇請駐留，幫一支改革派小團體對抗城中大老勢力。歷史便從此改寫了。

一般印象，以為喀爾文熱中權力，其實不然。他身體不好，喜歡自己讀書做研究；日內瓦權力鬥爭，曾一度逐他出城，他也毫不在意，結果大家又馬上請他回來。從此，他便像宮中府中之爭裡的首相，對抗著王家勢力——在日內瓦即其市政當局。為保更正教派，喀爾文軟硬兼施，威逼、斡旋、引導，輪流使出各種手段。情勢如此艱難，自然要謹小慎微：任何細節，都難逃其法眼；任何小過，都觸犯其道德要求。但是他並不似目光短小死板的軍紀官或官僚，他有大理想、眼光，也知道如何說服人接受。其《要義》一書如今已成拉丁文及法文經典之作，從一五三五年到一五五九年二十餘年之間，隨著大批學人湧入日內瓦聽他教誨，不斷增補，以應教學所需。日內瓦因他，變成威登堡第二。

路、喀二賢，彼此敬重，互存戒心。喀爾文名聲開始遠播之際，離路德去世只有五年。垂垂老矣的路德看見對方得人日眾，所信之道與自己的教導也大同小異，卻打著另一家旗幟，自然不怎麼開心。但是更正派路線能夠脫離低潮時期，喀爾文功不可沒——他可說是更正教的列寧，一如路德是馬克思。路德逝後，查理五世在日耳曼戰場取得優勢，威登堡和薩克森選侯紛落敵手；同一時候，喀爾文教派卻在北方及西方欣欣向榮。

喀爾文教義吸引人處，自然不單在一本書的力量。他創立學院養成牧教人才，日內瓦因此成為歐洲學習重鎮；這所學校，日後成為日內瓦大學。於是新歸向更正教的信眾、年輕的尋道者、失落的靈魂，都來到這裡聆聽受教；學成之後，十之八九都投入傳道事奉。諾克斯就是其中一例，幾年以前，他還在地中海船上做奴隸，在喀爾文學院受訓之後，竟「征服」了愛丁堡。在愛丁堡，更派遣蘇格蘭年輕人前往日內瓦那個光源所在取經。日內瓦城，熙來攘往，熱熱鬧鬧擠滿了年齡不一的各方外地人。它是宗教狂、力求真理之人的麥加聖地，是流放者、亡命人的庇護所。

提到喀爾文、諾克斯，不得不聯想到清教徒這名稱（Puritan，嚴格、禁欲、清潔之意）。他們是英格蘭及美洲殖民地新英格蘭地區的教派，與瑞士、蘇格蘭無甚關係。這個稱號，一如世上其他許多外號，往往名過其實（390>）。論其教派特色，只有一項與喀爾文拉得上關係：就是對自制力的看重。這項要求本身，其實無足為奇——革命，往往很矛盾，始之許人以自由、解放，繼而轉壓制、「清心」，所以保名聲、抗反動也（627>）。建立純潔生活，首先必須忘卻其他目標；因此公私行為必須納入統一規畫，嚴密管控。革命的主題之所以是從束縛之下**解放**而非自由，原因即在於此。舊枷鎖脫去，高高扔入空際，卻又落下來轉為道德責任，重新上銬強制施行。

喀爾文治下的日內瓦，一天必須上兩次教堂。若有人逃「堂」、通姦、對神不敬，一經隨時密察的長老糾報，立即派人前往，看

> 教會除了不讓人參加主的最後晚餐，沒有別的處罰。它沒有刀劍施懲罰、行管束，它沒有帝國去統領，它沒有監獄，沒有其他任何刑罰。
>
> ——喀爾文《基督教要義》（一五三六年）
>
> 《避地獄火，享天家樂》
>
> ——神學博士海沃著，一六九六年
>
> 第十版，一七三三年三十三版

望這位誤入歧途的弟兄或姊妹，溫柔地告誡、勸求而非責斥。

不過，還是有「懲戒管教」。若屢勸不聽，執迷罪中不悟，就得送交市政當局處理了。通姦，可能就是死罪——好像當初主耶穌對待那名被人捉姦的女人，也是如此處理一般（《約翰福音》八章）。「褻瀆神」這個奇怪罪名，因為「敗壞神名」，更是罪無可逭。有時候，啊哈，出於政治原因，法律也會網開一面，社會壓力卻更甚法律，地獄之火的威脅也永遠存在。還有一招，就是下達絕禁令，也就是逐出教會開除教籍。一旦被驅逐出教，等於一切關係斷絕，無法在社會上立足。

有人曾說，喀爾文教義使眾人彼此為敵，甚至與自己為敵。誠然，其教條之嚴格，許多可憐的生命因此為之戒慎恐懼，終日惶惶，為己罪憂心焦懼。實例不止一項——基督教名著《天路歷程》作者本仁・約翰即曾陷在兩年的恐懼裡；英國詩人寇伯「知悉」自己的靈魂已經永遠失落不得拯救，屢次焦慮成狂；拜倫在嚴峻的喀爾文教派之下長大，終其一生，都堅持相信凡他以為「好」的事物，最後都成罪惡，因為往往都是錯事。最令人想不到的是盧騷，日內瓦

> 這兩件事一就是一，二就是二，沒有中間：地上生活，對我們若不是毫無意義，就是讓我們沉溺其中受到綑綁。
>
> 信徒應該學著輕看世上這一切，卻不該因此恨惡人生，或對神不存感激。這世界有很多吸引人處，充滿了歡愉、魅力、甜蜜。我們應該喜愛這些事物，把它們視作天賜的美好禮物，絕不可以加以蔑視。
>
> 如果天國是我們的家園，地上，除了只是放逐之所還能是什麼呢？讓我們渴望死，常常思想它。
>
> ——喀爾文〈思索來生〉
>
> （"Of Meditating on The Future Life"）

出生及成長的背景，甚至影響他對人生、對政府國家的哲學觀點。至於平常人，尤其青少年，英格蘭、美洲兩地不知有多少心靈，日夜受喀爾文派教牧講道內容的煎熬，更是可以想像。

喀爾文教義如此嚴格禁肅，不免令人覺得喀爾文簡直是一手滅絕了人間所有樂趣的大殺風景家。其實不然，至少在理論上如此。日內瓦的日常生活，眾人還是可以玩牌，其他娛樂也未見禁止。就一般人生樂事而言，他與路德，正如《包克斯與考克斯》（英國喜劇名，形容參商輪流互見）：路德曾寫下「基督人對世界死了」的警句，但是如我們所見，他卻又在自己心田裡，留下一大片園地給自然與生命的直觀；他享受生命，品嘗生命的美麗（<28）。孱弱多病的喀爾文，則難以欣賞品嘗生命；他的教導正好相反，自然於他，是封閉的，只留一道極窄的縫隙可供人一窺神的美善。

* * *

整體來看兩大教派的分布，及至十六世紀末，可以在地理上畫分成雖不精確卻相當分明的兩大區域。一般而言，日耳曼地的國家多從路德派，法蘭西及尼德蘭則有部分地區屬喀爾文教會。瑞典及其四周屬地是路德教徒，瑞士人則有三分之二追隨喀爾文教義。英格蘭自創一格，反教皇的意味更甚徹底改革的程度。蘇格蘭則是喀爾文派。大致上雖然如此，各地卻依然有著異端小團體及特立獨行的怪人，因此宗教迫害之徒始終不得閒，繼續忙碌了九代時光之久。

為求靈命自由，而自我壓抑控制，回響所及，並不限宗教內部。克己禁欲，遠可以上溯古希臘斯多噶學派禁欲思想。因此在喀爾文時代及其後一個世紀，許多人文主義者奉此信條為生活準則（83>），也就無足訝異了。顯然，這絕非喀爾文一人影響力造成，而是人同此心，才會同感自律自制契合自己的脾性。叛逆年月的豪情開闊過去，新文化的新鮮激情告一段落。巨變之後，人心思靜，舉止轉向嚴肅，頭腦也冷靜下來。妙的是，這種面對自我、處理自我的做法，到了我們這年代，則被認為可用來解釋一個經濟現象，即資本主義因何而起？這原是一個相當複雜的問題，卻有一種說法，認為資本主義之所以誕生、成功，全拜宗教改革者的道德教訓所賜。此說由兩名學者提出，一德一英，在人云亦云反覆陳述之下，已成思想上的陳腔。於是更正教的「工作倫理」，創造了興業精神人，也就是資本主義下我們所謂的經濟人。

可是，那畏神的新教徒（那焦灼飢渴的靈魂）真被神揀選注定，天生而有資本家的命嗎？德國社會學家韋伯和英國社會學家托尼，寫出幾乎居於準經典地位的作品，為這項假想的文化關係，做了當代背書；於是正中現代那些不滿資本主義者的下懷：資本主義體系及其種種弊端，原來與那「嚴苛刻板的道德觀」、「名譽掃地的神學理論」有所淵源。在此同時，馬克思主義裡的純粹派卻大感頭痛了：唯物的歷史進程，明明由物質作用推動，怎麼忽然換成了唯心的精神力量？

韋伯與托尼二人的理論，係立論於社會性與心理性的依據：更正派思想之下，信者對得贖一事缺乏把握，同時卻又覺得救恩有望。這種不敢肯定的徬徨心理，正好鞭策他行動有方。一舉一動，務必以得恩的選民自居——嚴肅冷靜，認真沉著，克勤克儉，苦幹實幹。這種道德規範，使他凡事都「精打細算」——正合標準生意人的最佳本色。於是不論在地上、天上，他都不屈不撓、剛毅堅忍地面對一切險阻；在此同時，則謀定後動，絕不輕舉妄為。相對於新教徒，天主教徒可真是隨遇而安，日子逍遙自在，一路走來，隨手做一些象徵性的「善功事工」（多半對世間生活沒有任何實質作用）以資償付即可。作為一名天主教徒，實實在在的真工作，他可毫不欣賞，只視為不得不為的苦差，乃當年亞當所受的詛咒也。借錢若講利息，立刻被教會定罪為放高利貸。模範人生，不是追求人世的物質成就；相反地，貧而謙卑，才是聖潔的表記。

韋、托二氏的探討，帶出許多有趣的見解，為生活與工作戴上了道德的衣帽。於是從清教徒的巴克斯特，到班哲明．富蘭克林，連他筆下那位精明謹慎的窮老查在內，都將生活與工作加以道德化。然而，他二人說理舉例的手法雖有小異，嚴格推究，卻都難以成立，禁不起批評論證。首先，韋伯說清教徒「禁欲苦修」，其實不論用詞與事實真相，都有誇大之嫌（390＞）。更重要的是，早在更正派起來革命以先，資本行為就已經出現，因此資本早就已有「精神」了。中世紀末葉，即已有人爭論，應否允許以資本方式進行放貸與商貿——事實上，實際從事這兩業者大有人在。連中世紀修院也不例外，院有餘資，便放債賺取利息。只要利息不高於十分，還可豁免於放利之罪。

至於大規模的銀行業務，在義大利更早已興旺（梅迪契一家就是最出色的例子），因此銀行也不是更正教的直接產物。說起來，新教在義大利的發展還最差哩。新教人物本身的言談，也在在反證所謂新教資本主義倫理說之不確：路德、喀爾文兩人，都抨擊牟利之不當，悲嘆「時代充滿了唯物拜物心態」（「物質主義」之患，顯見代代皆有，時時可嘆，非一時一代獨有）。喀爾文很勉強地才答應，在非常特定的狀況之下，方可以五分利錢放貸。他敦促帳下信徒，務必謙樸自持，清簡過日，如此才有餘力濟貧。因此，當十六世紀之時，不管正奔往資本大道者究竟何許人也，都絕非受到喀爾文或路德的教誨激勵所致。甚至到十七世紀，各地傳道者還依然大肆抨責放債、牟利有罪。

更何況那些新投入更正新教懷抱的國家，經濟表現並未在歐洲領先。尊奉天主教的法國，始終凌駕各國，直到十七世紀末那幾場勞民傷財的戰爭之後，其盛勢才遭頓挫。至於北日耳曼、尼德蘭和波羅的海的幾座商業大城，早在改革思想傳到以前就已經商業鼎盛。最後一點，更恰恰證明在我們這所謂「傳播通訊年代」裡，知識的滲透點滴卻如何緩不濟急：韋伯論到資本主義起源，新教倫理，其實只是他列舉的其中一項。「資本主義精神」7的促成，究竟有幾分可歸功於「新教倫理」？下定論之前，不妨進一步深究一下，一定會發現，與其他幾項因素也同樣大有關係。

＊　＊　＊

革命之後，激情過去，最大的困境就是如何重建社區，如何與你昨天猶在憎厭、詛咒，猶在無所不用其極做殊死戰的對手重新共處。不過，即使在三十年惡鬥之後，依然不時可聽見有心人發出折衷並存的呼聲。甚至晚至路德去世前一年，羅馬公教在威尼斯西北的特倫多城召開大公會議，也邀請新教派團參加，共商天主教教義與教理實行大計。這個難得的協商機會，卻被斷然拒絕了。

新教改革既稱革命，特倫多之會所策畫的天主教復興運動，既是針對改革所做的反制，自然可以稱作反革命了。誠然，特倫多會議就神學理論、行政事務兩方面所做的決議，不是革命，而是改革，而且是十六世紀唯一稱得上改革的改革——因為它是一個經過深思熟慮，精心策畫，避免流血暴力的大規模變革。與會眾主教，還真是用心良苦，深思熟慮，足足費去十八年光陰，歷經三大回合討論，方才達成共識，拍板定案。這種進度，確有天意：時間是最好的說客，可以把固執的舊派、老人，一個個辯論到墳墓裡去。

英格蘭代表樞機主教波爾筆下，為我們透露出大公會議的主旨：「根除異端邪說，修正神職紀律，改革道德倫理，最終則為尋求全教會之長治久安。以上目標，吾等務必留心致意，或謂：更應不懈禱告，求神憐憫，庶幾可成[8]。」

達到目標，必須有方法，其中一項就是重新把事情說清楚，要求定明白，規矩嚴格實施：於是信理教條、教理問答、彌撒用經，限用版的拉丁聖經通俗本，以及專管有違教義或道德的禁書書目之準則等等（由天主教會正式頒訂），俱以明文定規。專門審問異端的羅馬宗教法庭，此時也死灰復燃；這一回，更有主教親臨視察指導。並特在羅馬為各國設立神學院，每國一所。又賜各修會特定宣教任務，主要以新成立的司鐸祈禱會士與耶穌會士為授命對象。有一個有趣的時間巧合：羅耀拉創立耶穌會，旨在奪回落入新教手中的國家。在他開始行動的數月之前，喀爾文也正好為前赴北方宣教之人立下同類戒律規條。

為反制福音派的**歸回原初**主張，樞機主教巴隆尼斯特地執筆寫下一部早期教會歷史。這部經典作品因適逢羅馬地下穴窟出土，時人大感興趣，立即傳誦一時。地下穴窟是最早期受逼迫的基督徒在羅馬城地下的避難、埋骨之所。遺蹟問世，重新激起一股崇拜聖髑聖骸的風氣；同時也提醒了信眾，教會之所以得勝，正是前人犧牲殉道的結果，羅馬教宗的權力因此為之一振。而殉道前人，第一位就是聖伯鐸，殉道之處——**正在羅馬**。

特倫多決議卓有成效，果然為天主教收復許多失地，其中尤以波蘭為著。成功關鍵在於它能以大規模組織手法，摒除**個人主義**。旗下徵召的人馬，狂熱、強幹之處不下於當初第一批福音派健將，卻比其更能以團隊姿態實行共同計畫。其中一位大將就是西班牙人羅耀拉（天主教稱聖納爵），軍旅出身，自發皈依；有行政組織天才，自組了一個七人小隊伍（後增為十人），欲往聖地朝聖。卻遇帝國與土耳其在地中海上開戰，不克成行，遂動念成立一個積極行動性質的團體，來喚醒信仰的復甦，並動筆寫下他有名的《靈操》——一整套冥思、修煉之法。此書可稱一部應用心理學傑作，與在此之前的各種靈修指南大異其趣（事實上甚至相違）。他這套辦法規定靈修者操練之際，盡力以畫面想像此刻思想或祈禱的主題；透過心眼看見基督一生的行事；並在腦海摹想，把自己也放入這些任務行事的圖畫裡面。經過這種「感官應用術」訓練出來的宣教部隊，不唯靈性剛強，亦能與一般老百姓的豐富想像力聲氣相通。

特倫多會後的歷任教皇，個個也都是雄心大志的狂熱「福音人」。耶穌會終於獲得梵蒂岡的承認，成員立刻遍布，甚至遠出歐洲大門，在新世界和遠東地區為天主教吸收了許多新信眾，並捍衛他們，對抗征服者的貪婪野心。至於歐洲本土，人間新生活裡那種文化分裂的狀態更為具體可見：天主教一方的努力成果，起造了美輪美奐的新建築及藝術品；更正派的努力，則源源寫出文學作品與大量教義教理。信奉喀爾文派的王廷，尤尊學術，蘇格蘭則開辦民眾教育。天主教徒忙著建造、整修教堂，委製聖壇器飾、圖

> 做出信行，信心自來。
>
> ——羅耀拉《靈操》（一五四八年）
>
> 哪怕你失節了，也裝成貞潔的模樣吧……習慣養成了，天性也隨著改變了。
>
> ——哈姆雷特對其母言（一六〇二年，方平譯本）
>
> 信心若沒有行為就是死的。
>
> ——聖雅各的福音教訓（《雅各書》二章十七節）
>
> 只要冷血行事，彷彿如真，便與習慣、感情密合，生出如同信仰一般的感覺。
>
> ——威廉．詹姆斯，《心理學原理》9（一八九〇年）

畫，以及聖母、眾聖人的雕像——只看巴洛克藝術豐富多產的盛況，就是最佳明證。天主教用造型，新教用文字：《天路歷程》、彌爾頓和馬維爾的詩作，英國主教作家泰勒的《聖潔的生與死》，以及（後來）幾如氾濫的宗教文字等皆是，其中都贊成民治（395>）。

把祖宗傳下的這塊家法舊布，拿出來徹底地清洗、上光的同時，遺憾的是，特倫多會議卻眼光短淺，窄化了改革；就這方面而言，其實它也步上了**歸回原初**之路：改革目標專在糾正新教錯誤，結果卻把天主教信仰綁死在西元一五〇〇年，甚至更早之前的思想位置。這種做法其實有違傳統。論起教會傳統的真義，一向極富彈性，也就是除了中心思想攸關的信仰關鍵議題之外，其他都好商量，不必受聖經牽制，可以與時而易。因為在此之前，聖經不在一般人手中，只有神職之人識字，他們就是活躍、有思想的公意公論代表；他們的辯論、主張，正是西方心靈的前進腳步。

這種有妥協有讓步的做法，固能在大處上保持共識，卻無法保持密切的一致性。美國歷史學者亨利・亞當斯以為十三世紀的社會，一派幸福無邪，眾人同質同性，沒有多樣分歧之打擾，其實是烏托邦的托古幻想。須知最能綜眾家之成的大師阿奎那，就曾幾乎兩度遭教會開除；亞當斯不是故意忽略，就是忘了有這回事。在過去，指人異端是一種展開辯論的破題法；真知灼見卻從中獲得開展。

進入十六世紀，眾主教腦中的知識、意見，絕對比九世紀查理大帝時代前進。可惜十六世紀的教會，非但不肯大開智識之門，讓眾人逐漸同蒙教化，卻反而決定把思想之流阻絕起來。這個舉措純屬被動反應，全受

> 異端臨到我們，使我們不致永遠幼稚。因著他們發問，就可以有討論、下定義、做結論，使所信之事變為有條理。
>
> ——聖奧古斯汀

新教對頭左右而不自知。我們甚至可以說，伽利略的天文說之所以遭天主教會定罪，都是那些滿腦子聖經狂熱的革命分子輾轉造成。如果大公會議不曾採取按照字面解讀經文的立場（以示天主教也尊聖經），日後就不會有強科學以合乎創造論的必要。如今，連與宗教、道德絲毫無涉的思想也遭管制，大公會議不啻設下「宗教、科學從此對決」的大戰場；這場戰爭直到今天仍在繼續上演10。勢不兩立的二分法，只能為宗教製造出源源不絕的不信者，更有甚者（因為二分法強迫非此即彼的二選一）等於剝奪了許多人接受相信的機會。

輪到我們這個世紀結束，西方世界的天主教徒普遍湧現不滿情緒——主教間公然爭執口角；教士棄職，新人難覓；「自由派」教義在南美洲不斷湧現，或在天主教大學中公開講授，完全不顧教廷禁令。所有亂象，其實都來自特倫多改革之役太過成功所賜。不過，若以為諸如此類的行動或反動，正反映著當今世界不斷歸向俗世，大有接受科學大一統的趨勢，那可就大錯特錯。事實上情況正好相反；眾教會內部意見不和，暗示著人心思神，再度開始尋找那超乎一切的最高存在。今天的西方，政府、學校、報業、公眾生活都已與宗教分家；卻有愈來愈多的呼聲主張，應該重新與宗教聯繫起來。

呼聲之外，更有行動：不但要贏得靈魂，也要攻陷建制。基本教義派的聲量在各地都可聽見；宗教議題、宗教名人在媒體上的熱門程度，前所未見。隨便瞄一眼報紙標題，即不時可見各種有關宗教的消息：更正派的宣道工作，正在巴西、法國大有斬獲；英國境內，如今信仰國教的人數已落於天主教後，國教教會近日對地獄之苦有了新定義，不再包括「極端虐待」；韓國文鮮明教牧閣下，已於漢城主持過三萬六千對的集體配對婚禮，還在歐洲巡迴講演有關演化論的議題；撒但教在年輕人當中流行，而且不止一個國家；其他各種奇宗異派，冥思型、東方型、電視講道型、自殺獻祭型，更是五花八門，愈演愈烈。

在此同時，聖貞馬利亞也突然光臨精明世故、塵俗味十足的美國郊區，更有群眾聚集，等著瞻仰她二度顯現。姑不論異常現象，傳統的宗教行事也能造成萬人空巷。波蘭泰澤修會的年度盛會，可以吸引全歐七萬名年輕人湧往，都是要「為這機械社會，恢復一絲靈性生機」。教宗蒞訪，數十萬眾人頭攢動；三不五時便有新譯聖經問世；報端雜誌亦常見科學受到攻擊，出發點純為智性理性，毫不帶任何宗教動機。最後，伊斯蘭教（或其部分教派）又再度開始與西方爭戰；他們在攻掠之地的包容性，卻遠比十六世紀為低。總之，新教發動革命，顯然並未使眾人對信仰遍感漠然；舊教自我改革，也不曾一定永定，從此解決了教義之爭。

> 一九九〇年代的一大特色，就是大眾對心靈事物興趣甚濃，等於為出版商鎖定一批現成讀者，各種談天使、奇蹟、來世異象等話題的書籍，紛紛大賣。但是嚴肅一點的作品也有市場，比方有關耶穌的研究，更近則有專門探討童貞馬利亞的專書。
>
> ——一九九六年八月十七日《紐約時報》

＊　＊　＊

耶穌會活動觸及深廣，對文化的衝擊影響不僅在信仰一面。耶穌會的工作對象，是年輕人、頑固分子、遲疑不決的靈魂；因此從中發展出一套的「決疑術」，並深入家庭生活，還幾乎全然掌控了教育之事。「決疑辯解」和「耶穌會般」二詞，遂成同義，代表著迂迴、狡辯，卻模糊了另外一項重要事實。十六世紀的名辨疑家，如西班牙史家馬利亞納、英國國教主教泰勒，都是持有高貴道德情操與傑出智性的學者。決疑術，是「案例」辨疑之學：辨疑家的絕學就是將掌管行為的共通法則，應用於特定的道德難題之上——法官斷案決疑，必須援引普遍性的法則，裁決個別性的案件，道理其實相同。律師、醫生等現代各專業的自律行為守則，也具有這項特色，須施展個案辨疑功夫，才能將通則應用於個例之上。每個道德人，面對倫理、利益兩難之際，也都會發生這種辨疑、選擇、決斷和說服的心理活動過程。辨疑實在是一門難度極高的藝術。

耶穌會出，天主教這門老舊宗教的魅力再度大放，可惜其間卻出了某些作者，專寫高明點子教人詭辯鑽漏洞，規避一些明確卻麻煩的人生責任，耶穌會決疑術的名譽遂走上不幸。這類書中盡舉一些令人遐想的例子，而且多與性行為有關（這一點跟現代心理分析作品倒很接近），結果大受歡迎，反被許多讀者買來當作「劣」行指南。再者，在沒有精神醫學，也沒有雜誌文章討論心理問題的年代，人心裡若有需要，耶穌會士是最現成的輔導人才。耶穌會告解神父經過嚴格訓練，遂在世家大族府中變成常任專職。至於請不起專任告解的人家，也由他們擔任「良心指導」，家中成員經常前來請益，尤以婦女為然。法國劇作家莫里哀《偽君子》劇中，即對類此安排有所描寫。日子一久，難免流出弊病，識者、道德家均對之大加譴責（329; 509>）。

在此同時，耶穌會透過用心的思考設計，以及不斷改良的教學方法，開始在辦學上大放異彩，終成歷來教育界最明亮的一顆星。他們的學校除教導宗教教義之外，也講授俗世學問，而且對學生關心體諒，可謂無出其右。他們的成功主要在師資精良，稱得上最有成效的訓練。因為他們知道，天生之良師少，一如真正詩人稀有；沒有天然渾成美玉，就得謹慎選料，千錘百鍊，才能琢磨成材。因此其師資養成計畫，課程嚴格詳密，修業時間漫長，每個學程都進行不留情的篩選淘汰。

耶穌會創辦學校極多。及至十七世紀中期，歐洲學校與學生人數甚至比十九世紀中期還高——不久，果真有人開始講話，認為學校太多，供應過剩。只要可能，年輕孩子不分貧富，都想辦法送去上學，教育投資的回收，果效立見。一時人才輩出，思想的星空一片燦爛，從笛卡兒、伏爾泰，到許多優秀哲人、學者和科學家，都是耶穌會士一手教育出來的人才。這些才智聰敏的學生把師門所授的教理信條學得如此精通，有人接下來卻回頭倒打師門，他們遂成十八世紀啟蒙運動的領袖；在他們眼裡，教會是「無恥的玩意兒」，非把它打倒打爛不可（532>）。

> 巴黎大學反對耶穌會，不但只因後者來自外國，也因他們提供免費教育，對大學的受薪職形成競爭。只要團結一致，頭腦好，又有膽識，做大事一點不難。十個這樣的人，就可以影響其他十萬人。
>
> ——布克哈特，《歷史的反思》11

第三章　優秀的文采

及至目前為止，本故事所述的事件、理念，都暗含三大主題意識：即**回歸原初**、**個體性**和**解放**。第一與第三項主題在路德的基督徒自由裡聲聲可聞，在可以稱之為「福音無教會」的主張上建立基礎，至終則因此結束了西方在信仰上的合一。而個體性也從中隱隱成形。此處的個體性或個人主義，不是政治上或社會性的權利，而是指在宗派擴增繁衍的背後，顯然有一種個人化因素存在——門戶之爭，不正是個人不受任何約束，能夠直接通神的結果嗎？

這的確是一個破天荒的革命性概念。在此同時，另一項思想也在發動運作，震撼力同樣強大，亦即人文主義。因為人文主義出現，個人意識方才覺醒，個人價值始得升高。前此我們在討論幾位重要宗教革命人物特色之時，曾順道提及這個名詞。人文主義之生，也是因為與過去有關，但是這個過去，不是一個起初原始的過去。反之，卻是一個高度文明的過去；這個過去復甦所帶來的結果，不是一個更純粹的宗教，卻是更俗世的人間。

人文主義者這個稱呼聽來耳熟，一般卻語焉不詳。我們都聽到路德指稱伊拉斯謨斯目中無神，原因就在後者為人文主義者。他還罵人文主義者專把時間花在一些無聊功夫上面，卻又怨自己古典拉丁文欠通，而他的愛徒墨蘭頓，拉丁文程度之高，更不輸任何人文主義好手。再看喀爾文，他可受過正統的人文主義教育，也並沒有變成無神論者。可見人文主義者之名，從我們這個時代初露曙光之際，就已經意義多端，而且愈演愈多。冠在人文主義頭上的形容詞可多了：俗世人文主義、有神論人文主義、自然人文主義，甚至美學人文主義[1]。

更複雜的是，人文主義還跟「文藝復興」這個伸縮性同樣極大的字眼扯上關係。文藝復興一詞，許多書刊文章裡經常可見——不論是談繪畫、論外交，還是那多才多藝無所不能的天才——亦即一般所稱文藝復興人。但是此名真正的意義及時間起源，則眾說紛紜，真正莫衷一是。不過倒也非全不可考。我們如果願意回到事物的源頭，就可以端詳出一項文化新趣味之所以由生的脈絡，一種在時代意向與感覺上的轉變。追尋文藝復興的源頭，帶我們回到比現代紀元之前，更早的一百五十年前。

人文主義者之名，乃於十九世紀初由日耳曼學者首先提出，專用來指稱十四、十五世紀一批好古的文人。所謂好古，是指他們從古羅馬時期的經典作品所看到的文化，尤以拉丁文風格的作品為最。至於時間上距離他們最近的過去（中古），則嗤之以鼻。

人文主義這個名詞其實有點怪——作為人／有人性這事的**主義化**——不過倒也不是無中生有：一開始，人文主義一詞係用來形容古人的文風：拉丁原文是 *litterae humaniores*，亦即較有人味的文學，行文較典雅，用字較精簡，不似中古哲學那麼抽象乾澀。這些特色正是人文主義者喜稱的文采、佳文或優秀的文字素養（good letters）本色。相形之下，中世紀的學究文

> 哦世紀！哦文學！活著多麼快樂！
>
> ——胡滕致其友，皇帝的祕書波克漢默（一五一八年）

體就顯得粗鄙，只能用來討論神學；雖然也談「人」，卻都是硬邦邦的夾生邏輯，並把今生一切問題全放在來世考量。十四世紀的頭三十餘年裡，義大利出了好些天才作家，最著名者有佩脫拉克、薩留塔提、薄伽丘，他們都抱持這種厚古典、薄中古的基本心態，再經過門生信徒發揚光大，人文主義遂成以下數世紀的文化主流。

這種否定心態其實並不公平。人文主義者對「過去」欠下的情，比他們自己所知道或願意承認的多得多——說起來，否定前人作為，倒是創新者的共同作風。至於那些為人文主義者肯定的事物，的確直接塑造了幾百年來的西方思想行動，直到今天未止。從講究文體文風出發，竟而因此發展出**人文之學**這個概念，其間的流變發展，值得一探。即使現在，大家還開口閉口「人文」，動輒為人文不振憂心（看來人文似乎永遠都在岌岌可危之中），可是人文也者，到底為何物？又何有此稱，世人卻不見得很有把握。到底所謂人文，只是大學裡的人文科目呢，還是另外更有所指？

對當初最早的人文主義者而言，古典作品描事寫物，是以人為世間的中心。這些典籍（或詩、或劇、或史、或傳、或道德觀、或社會哲思）都是古人的生活指南。這些事物本身就很重要，不必跟什麼高於一切、把人生之樂一律延到審判之日決定的大經綸大設計扯上關係。重俗世、重今生的**現世主義**觀點，便從這樣一種人生觀裡逐漸浮現。

人文之學，亦即人文思想涉獵演練的學問，為人生打開了新視野。如今人生在世，可以擁有在地上即可達成的目標：個人得以自我開發，主動去行而非虔敬被動；這是一種新的人生，不但可以用理性、用意志去改善人世條件，並可藉此觀察並省思大自然教給我們的功課。人文主義者是學者，卻不是躲在象牙塔裡的學者，難怪西塞羅是他們眼中第一號文化英雄。西塞羅是羅馬大文豪，寫得一手好文章，又是大演說家、大政治家、道德哲學家，是捍衛羅馬共和的最後一人。這樣一號人物，集人文主義模範的美德才略於一身，只缺驍勇善戰一項。他的「不朽英名」直到一八九〇年左右，因自然科學把拉丁文擠出學校課程才終於開始見朽。在此之前，亦即悠悠五百年間，西塞羅講詞、文章裡的思想理念及精采警句金言，連同其他羅馬諸大家的作品，充溢於西方知識男女的心靈腦海——當然，先要度過少時在校的痛苦學習方為功。西方文字語言所表現的思想、論證的結構組成，俱深受西塞羅影響；而演說詞體，作為一種文學形式，更興盛了很長一段時間（81>）。

西塞羅外，李維用充滿愛國情操的口吻，敘述羅馬歷史以及羅馬與迦太基諸役始末；塔西陀的《羅馬編年史》、《日耳曼誌》（<14）；塞尼加的悲劇作品和道德宏文；普勞特斯和泰倫斯的喜劇；維吉爾、奧維德、魯克雷修斯、凱圖拉斯、賀瑞斯諸家的詩作，以及普林尼那部百科全書式的自然史（這方面就此一家孤本）構成了一幅完整齊全的文化巨圖，看在十四世紀尚古之人的眼裡，實在比當時他們自身所處的文化不知高明多少，不但更為壯麗，也遠為文明。

為什麼只提羅馬，不談希臘？誠然，柏拉圖、亞里斯多德的學說，長久以來一直為經院學派應用，對人文主義學者也頗重要；荷馬、修昔底德斯、德謨西尼斯等家作品亦然。不過，修習希臘文以直接閱讀這些典籍的風氣，一直要到後來土耳其人快攻陷君士坦丁堡的前夕，也就是十五世紀中期，方才逐漸興起。君士坦丁堡是拜占庭帝國（即東羅馬帝國）的國都，土耳其兵臨城下，飽學之士出城逃亡來到羅馬，教授希臘文為生。即使如此，閱讀希臘文始終未成一項普遍才能。人文主義作為智識

> 新授的科學學士學位，並不保證擁有這學位的人懂任何科學，只保證他絕對不懂拉丁文。
>
> ——哈佛學院院長布雷克茲（約一九〇〇年）

階級的共有資產，畢竟只限於古羅馬的範疇——這一點，只看英國國會的古老習俗便可知曉：袞袞諸公議場發言畢，出口就能引一句拉丁文作為收場總結，如果發錯了字母音節長短，還會馬上遭到同僚取笑。可是引用希臘文卻屬失禮之舉——因為不論保王權還是保民權，兩黨半斤八兩，可不是人人都懂希臘文。

不過人文主義者畢竟仍透過羅馬，窺見希臘。而那種強烈意識到希臘文化的存在，並對之禮敬膜拜的心態（巴特農神殿、培里克里斯、維納斯女神像）則到了我們這個時代（指近世）方才開始（747>）。接下來各個時期，不同的希臘概念也曾分別活絡一時。不過總的說來，受過高度教育者都一定得兼長兩種古文；至於教士階級，還得再加上一項希伯來文。綜觀一千多年以來，只有到了我們二十世紀，讀書人才不再被要求至少必須擁有雙語能力[2]，誠可謂二十世紀文化一項值得注目的特色。

＊＊＊

從重視文字素養出發，一路行來，發展到近世人文主義者這個身分（或為自由思考家，或為純學者），路徑雖然迂迴，卻始終連綿不斷。若去仔細察究，可以看出漫漫數世紀裡的歷代人文主義者，都擁有兩項共同事物：一套公認的傳世名家經典，一組共有的治學與辯論方法。兩樣加起來，更配合一項認知，亦即理性、自然，乃成理想人生的最佳指南。找出了這項大原則的設定，近世便曾有些人挑剔，認為早期人文主義者太過斤斤計較於文法、文字等小學。但是平心靜氣想想，若不先在語文細節上講究，做好文字上的準備，又怎能進一步對這些傾心名作做出體大思精的研究論述呢？前人披荊斬棘開創新局，後人走在現成路上，卻批評前人應該怎樣怎樣，好像沒什麼意思吧？

人文主義者的治學方法一直普遍沿用至今。創立的規矩已成各方一體遵守的常規——試看政府、企業、期刊雜誌，甚至學校課業，有誰逃得過「研究查證」這個大手續？誰膽敢在引用他人之言、標示日期時隨便疏失？誰敢不遵守詳考文獻、詳列出處與書目這些規定？又有誰敢省略勤加作注[3]這道手續？

至於公認的名家名單，則時有更迭，雖然都取自同一批來源。西塞羅的盛名興衰，前文已經提及；隨著時代氣氛轉換，原本不大為人所悉的名字嶄露頭角，甚至將原來高居榜首的大名擠下單去。新口味更替出現，指向一種循環出現的文化需求，可以稱之為「不足的元素」。因為此刻沒有，缺久則需；新偶像登場正好符合這種不足的感覺。一代告終，通常一場舊論戰也告結束，新人登場，提出新英雄的名單；有趣的是，代代都認為自己主張的英雄，才配稱千古流芳的英雄。時值今日，輪到整個西方正典都遭到質疑，許多人抨擊它過時、無用，但是這套正典之中到底有誰，卻又支吾其詞。

到了十五、十六世紀，因為有一種傳承文化正趨凋零的感覺，對古典作品的興奮熱情遂更強化了。忽然有這麼豐富的一組知識、理念在前，正好可以派上用場用來重建。這種心情，就像爬到閣樓上把那些半閒置的老骨董重新拿出來打光磨亮一般。這些作者、書名、題材，都這麼新奇、新鮮，一點也不像那些聽厭看膩的舊玩意兒。古典作品形成了一個前所未至的新視界、新發現，一個從未開發的寶藏，可供擁有文名雄心的人一顯身手。因此遂有大鑽故紙、熱心發掘古文獻的行動展開，救亡、考據、比較、編輯。學者四處跋涉，只為在古堡、修院仔細搜尋古籍；有錢的業餘愛好者，則派人前往君士坦丁堡、希臘諸城大肆搜購。其實修院僧侶孜孜不倦，一抄再抄並珍藏各種古本文獻，已經有一千年了，出發點卻完全不同。而且須知早在十二世紀，霍亨施陶芬王朝的腓特烈二世君臨那不勒斯，他的嗜好品味就已完全反映純正的人文主義趣味，範圍甚至延及阿拉伯文作品；不過，他只是一個特例。

但是，為什麼中古之人如此珍視古典作品，不惜以時間精力一再傳抄保存，卻不曾培養出人文主義這個品類呢？這一點需要以所謂「面向觀」來解釋。也就是說，我們觀物、察事，鮮少能各個角度全面兼備；正如一座山的容貌，呈現許多面向。但從外在動機出發，往往以片面為全部，這是一種文化通性。難怪同一位作家、思想家，在不同時代會有不同評價；同一段過去、史實，在不同史家筆下有不同的展現詮釋。主觀的人為偏好其實無足訝異，本來就是人生常見的實際狀況：人人從經驗中各「取」所見，抽取其中某些元素。品味、事業、評價和生命感，都受這個自然生發的選擇支配。

在早期人文主義者眼裡，古籍最具光華的層面就在其語言文字之美，以及一種已逝古文明散發出來的新鮮感。在這兩項作用之下，一種前所未有的新意識——歷史感，便油然而生；這種感悟，或可定義為同時體察到新舊之間，有異亦有同。然而，難道中世紀人就沒有歷史意識嗎？不錯，他們視自己為羅馬帝國嫡系後裔，他們尊崇第一位基督徒皇帝君士坦丁大帝及其封建時代傳人查理曼大帝。他們讀維吉爾，心裡以為維氏詩中這一位或那一位特洛伊英雄，分別是這一個或那一個西方國家的開國始祖。同樣這部詩也被借為占卜之用，隨手翻開一頁，讀到哪一句，就把哪一句當預卜未來解釋。因為詩人維吉爾當年也曾是魔法師。以上種種都可以一窺中古時代對所謂歷史的態度：他們古今不分，時地混合，事實、傳說、奇蹟全部大雜拌成一家。他們專注的焦點既是「永世」，遂以「不變與延續」為人生真相，視其比「發展與變遷」為更真實——因此，不具近代意義的歷史觀（352>）。

思想先進的人都有一份得意的自傲，人文主義者自不例外。能夠重新掌握一個偉大的過去，他們自認這本身簡直就是一項復興壯舉——亦即此事本身就等於文明重生。而緊接著才走的這個過去，則在語言、思想、見識上都質屬「哥德」（滅西羅馬的蠻族，後引申為野蠻之意）。這等誇耀自許的口吻，幾百年來都無異議，直到我們這個世紀才開始遭到質疑。一些近代的史學家不以為然，聽膩了眾口一詞對文藝復興人文主義的禮讚，轉向中古挖寶，結果發掘證據顯示，許多歸功於文藝復興的功績，事實上早在文藝復興之前即已扎根，包括某些科學思想在內。因此如果真有所謂文藝的復興，應該首發於十二世紀，然後又衍生出十三世紀[4]的高度中世紀文明。

這方面意見紛歧，非三言兩語所可解決。立場立論全看觀者如何取用那些已經公認無疑的史實。在此同時，其實也不必非「選」邊發言不可。因為首先，習稱的文藝復興本身，本來就是一場因情事不同而年代互異的流動盛宴。一般認為，十四世紀佩脫拉克是第一位真正的人文主義者。「文藝復興」繪畫，卻是十五世紀的偉大成就。伊拉斯謨斯、阿里奧斯托、塔索、拉伯雷、蒙田、莎士比亞，以及法國的七星詩社詩人，都被冠上文藝復興作家的頭銜，則屬十六世紀；文藝復興音樂亦然。前面也曾提及，一四九七年伊拉斯謨斯抵達英格蘭，很高興地發現當地學者如今都已嫻熟「文采」。簡單地說，所謂文藝復興現象的文化特徵，從義大利開始，逐漸向北、向西流傳，其間文化時差約兩個半世紀久。

以上所列時序可以讓大家稍安勿躁，不必太固執己見：既然一般認定近代或近世係於一五〇〇年左右開始，佩脫拉克又是公認的第一位人文主義者，因此文藝復興基本上可視為於十四、十五世紀，也就是近世揭幕前即在進行之事，亦即屬於中世紀文化之一部分；其籽萌芽於中古晚期，其果纍結於近世初期。從這個角度觀之，所謂黑暗時期、文藝復興的時代黑白對比，就可以免矣：這完全是創新者的自我幻覺，用以自期、自許。對我們後人而言，只有在擴大時間取樣之際，才能看出其間對比。比方說，比較一二五〇年與一五五〇年兩個年代之間的巨大差異——或論阿奎那與伊拉斯謨斯之別，或以法國夏爾特大教堂先後相差兩百年的雙塔並比，明顯的對照之下，差別才有意義。立足於這種觀照點，好奇心重的讀者方可以放心品味以下兩部大作，一是布克哈特的《文藝復興時期文明》，一是挑戰其觀點的荷蘭歷史學者赫伊津哈所著《中世紀的凋零》5——兩書都是討論文化史的傑作，意見雖有部分出入，卻足資參照互補。

時間，永遠帶來變遷。因此人文主義者的抽象身影，必須舉例才能落實。這是一個不斷演變遞嬗的理想理念，有著洶湧變化的文化背景。透過實例，其細微差別處方能俱現而還其原貌。第一步當然是從下面這位人士的作品著手，一窺人文主義對古典作者及古典文字的崇敬，此人亦即

佩脫拉克

少年法蘭西斯柯是翡冷翠一名公證人之子，生於一三〇四年，初習法律。後因其父為政事賈禍出亡法國南部，家道中落，遂改投神職為教士。不到三十歲，就以詩名大聞——名氣之高，一名羅馬參議員甚至以月桂葉為英雄加冕的古法，封他為「桂冠詩人」，他則以拉丁文引維吉爾句敬致謝詞。拉丁文造詣，不

> 試想，
> 如果蘿拉真成佩脫拉克妻室，
> 他還會寫一輩子的十四行詩？
>
> ——拜倫《唐璜》

過是其名氣之一端；今人一提佩脫拉克，就聯想到蘿拉，多少年裡，詩人寫了無數十四行詩（又譯商籟體）及頌賦獻給這位佳人，全是用義大利文寫成。順便提一句，他對蘿拉從未有過親密唐突之意。其實，連這些純屬文學的獻禮，都有極大殊異，學者甚至可以把這些詩分成〈親蘿拉篇〉、〈怨蘿拉篇〉、〈中立篇〉——還真是超級徹底的解構。

古早這等富於人文主義氣息的桂冠詩人禮，於今猶存，雖然不免淡化幾分。大家都知道，英國至今仍有終生桂冠詩人職，每逢重大場合，國人都指望他吟詠紀念一番。不過詩人這一行的出產，這些年卻少之又少。美國自一九八五年起，每年也分別選出一位桂冠大詩人，希望藉此表揚之舉，多少可以振興一下文學的地位。相形之下，當年佩脫拉克封冠大典的意義象徵就深長多了：意味著古羅馬的氛圍依舊在，暗示出隱隱欲來的文化新氣象。正是在他融新合舊，一面將「不足的元素」整合起來，一面又加上一兩項新意之下，佩脫拉克成為一代新人，激起後人起而效尤，無窮盡地師法他。

佩脫拉克父親手上，只傳下一樣具有金錢價值的東西，就是西塞羅的手稿。透過此書，佩脫拉克滿腦子都是古羅馬的事蹟理念，又親自去了一趟古城，這一生的眼光從此定焦。因為在羅馬，親見各處古蹟，那一度活生生存在、並完整自足的文化，留下來的實物殘跡可以眼見、可以手觸，他不禁為之目眩神搖。當時的羅馬剛巧不屬教皇治下，很可能更助長了他的這份眼界：因為一場教廷爭權分裂，教皇已出亡移駐法國亞維儂。佩脫拉克就在此城長大，對教廷內部的明爭暗鬥極為反感，因此終生拒受官職——甚至包括大學校長職銜在內。

佩脫拉克不做官，卻當作家，當然非靠鬻文為生。他先在樞機主教科隆那府中供職，成名後奉派出使各國。當時的外交工作只是偶一為之，各國之間並沒有常任大使，十六世紀才開始成為常設。十四世紀中期，只要善於詞令（拉丁詞令）都可以擔任特使，專程赴外就當前特別事項發表說詞。佩脫拉克就很擅長這方面需要的言詞，雖然他的高言鮮少發生實際效果，但是能有他閣下光臨敝國，接待國的王公就倍感面上有光了。王公往往還特地邀約嘉賓聆聽，聞者莫不視此為特級款待。

作為詩人，佩脫拉克想掙得長久詩名，遂開始著手用拉丁文寫一部史詩長篇，為羅馬英雄西庇阿作傳。西庇阿是羅馬對迦太基第二次戰爭的統帥——因此詩名〈阿非力加〉（非洲），卻一直不曾終篇。主要原因，在於佩脫拉克始終未能對古典格律得心應手——跟他的希臘文程度差不多，雖然他嘗試不止一次。因此他的功力實不及後來人文主義者的全幅表現精通，難怪一位近代學者，給他取了一個古趣的稱號，說他只是一名「領先新風氣者」[6]。

某次出遊歐洲各地，他又找到西塞羅另一部手跡——古詩人寫給友人的書信。這個熟悉體裁，他倒掌握得很精到，並因此蔚為流行。在此同時，他的義大利文詩（絕對不全是十四行體，也絕非悉數獻給蘿拉）在他精心創作之下，漸發展成一種豐滿勻稱的準敘述性作品，近似暗喻性的自傳體。這是一種全新的文體，同時也表現出他對自身的強烈興趣：「我異於我所知悉的任何人。」他宣示藝術乃個人之事，而不是專業中人都可以攀及的境界。「每個人都該用自己的風格寫作。」此處揭示的主題乃是**自覺意識**，雖與**個人主義**相關，卻有不同。因為它不是一種社會或政治狀況，而是精神／心靈狀態。一個人可以坐在監裡，個人特質幾乎完全湮沒消失，卻仍保有敏銳的自覺意識。個體性會因其他許多個體的存在而受制；自覺意識卻不受此限。幾個世紀以來，這項自覺感更愈探愈深，直入自我（ego）層次，幾不見任何局限。

佩脫拉克一生行止，還有另一異事：他曾爬登法國南部一處高山，為的是居高可以欣賞下臨的美景7。這種事縱使前有古人，至少史上從無記載。在他之前，對自然的討論可謂不絕，卻都只視為一種總體的概象，從不曾像他這般當成「景色」觀賞。佩脫拉克陶冶其獨特自我，還包括改名之舉，此事除追求美感外，實在找不出其他動機。他原名Francesco di Petracco，這幾個音節湊在一起，聽在詩人耳裡，覺得音調節奏感委實欠佳，於是去掉一個c，加上一個r以拉長中間那個a，最後，再把末端那個o改成a，遂成Petrarca——拉丁文的「poeta」（創作者），即以a結尾。這一番改動，實在精巧靈動，不比吟成一篇好詩遜色。

佩脫拉克的作品，無論韻詩、散文，事實上都直等於自傳。他還寫過一篇自傳意圖鮮明的文章〈致後世書〉。他寫給友人的信，敘述自己的所行所事；筆下的詩，則記錄所思所感。內觀之後又有自敘，再加上另一項新鮮特性——亦即他對身後名的明確渴望，遂在佩脫拉克身上聯絡成一氣。其實追求長久的名聲，也算是一項古習復興。只不過佩脫拉克所處的那個時代，此時仍在追求永恆之大喜，少有人能夠坦承自己有著好身後世名的熱情。但是從佩脫拉克開始，詩人都追隨他（以及賀瑞斯）的前例，要將自己的詩名訴諸後代，並把贊助恩公的大名也一併列進去，好與自己同享受不朽美名。

> 不論我們希望是靠著思想還是作品傳世，因此可以捕捉住這光陰流逝，延長這短暫人生，都得逃離開來，將我們僅餘的一點時間留給自己獨處。
>
> ——佩脫拉克《論獨處》（*On the Solitary Life*）

＊　＊　＊

佩脫拉克獻給蘿拉的詩，固然奏出個人曲調，其中的情感描摹也極新鮮生動，卻依然缺乏一種細節，可供我們感受到那種（比方說）英國作家梅瑞地茲詩作《現代情愛》所透出的獨特人物個性。「人物個性」（character）是後來才有的發明（209; 216>）。當然，正因為佩脫拉克對自我的觀念比較簡單，才使他如此容易仿效。在他之後以十四行詩體所作的相思情詩，在歐洲可謂層出不窮。公認為源出於佩脫拉克的這個詩種，今天被我們當作聖旨遵守：「汝等寫到十四行處即應停筆」，簡直像是西奈山上發出的誡命一般。殊不知此體之立，緣在湊巧，古來並沒有先例典範。而且在佩脫拉克時代，商籟體（意指**有聲**之詩，亦即用來唱的）各種長度不一。現在通行的十四行傳統其實最適用於小篇演說詞體——點題、鋪陳、總結。這種三段式的古典結構，經人文主義者如此細研力行，遂從公共演講，到詩歌、戲劇，甚至交響樂（614>），儼然成為規範西方文學藝術創作傳統的主要法式。

沒錯，十四行的長度不見得適用所有語言，因此（比方說）在法文裡，詩人就少用這種體式。但是借用十四行體反覆進行的發展序列，如佩脫拉克或莎士比亞所作，卻使一種依情節段落發展而成的敘事體成為可能，詩人無須如史詩體般，必須遵照「逢轉必韻」的規定。更有甚者，這種自由切換手法領先了電影電視剪輯技法五六百年。至於梅瑞地茲寫他的《現代情愛》商籟詩，則發現必須要有十六行方能盡意；因佩脫拉克而告廢除的體式選擇自由再度啟用，看來也無損梅瑞地茲筆下故事之偉大。

學佩脫拉克寫十四行情詩的人，以女性身影為偶像，誇張其愛戀悲嘆之情，不斷搞壞了情詩的名譽。日耳曼一度瘋狂迷戀佩脫拉克體文學，產量驚人，佩脫拉克派作家之稱竟成惡名。不過這一類型作品始終不衰，一再捲土重來，不只用在談情說愛，也常用來表達對自然的描繪，或道德上的省思與政治性的意見。

原本性喜靜思生命的詩人，在重大事件一驚之下，卻可能會轉而關心政治，佩脫拉克就是一個例子。一三四七年，一名平民黎恩吉揭竿起義，「恢復了羅馬共和」——為期只有數月（華格納早期有部歌劇，即以其人其事為題材）。佩脫拉克時當四十出頭，欣見又一古典制度復起，喜不自勝——雖然他未曾因此而放棄自己與義大利各地暴君的交情。分裂的事實並不能改變他的理想。一如前輩詩人但丁，以及許多未來之人，他渴見一個統一的義大利國。他的〈義大利頌〉以及其他作品，都揭示著他在李維筆下所讀過的同一種燦爛光輝。

這類烏托邦式願望，是人文主義者提出的又一新猷：知識男女開始尊崇嚮往共和羅馬，而不是那個曾如此激刺中古人心的帝國羅馬。為捍衛自由政府而戰的西塞羅，遂成模範公民，甚至連十六世紀王公治下的忠誠子民亦做此想。凱撒變成可恨的僭位者，刺殺凱撒的布魯特斯則是了不起的大英雄——看莎士比亞的《凱撒大帝》即知。一如對後世評價的看重，對政治理想展現的這股激情，也顯示出人文主義氣質對屬世事物的重視。

不過我們不能忽視其中的對立與矛盾。人文主義者對宗教依然熱情，也不打算以異教主張取代基督信仰。被稱為人文主義者的今日人士，也許會把神請出門去，而以人為萬事之準。可是佩脫拉克，就單說他好了，卻始終不改其宗教虔誠。一切俗世作品，他說，在福音之前都要居次，他尤其膜拜聖奧古斯汀，晚年還寫了一篇宗教文字專談〈輕看世界〉。此文可算是一篇罪的告白，與反蘿拉的系列詩可以並列。他甚至攻擊阿拉伯自然學家暨哲學家阿威羅伊的追隨者，說他們尚物質又拜異教。我們甚至可以想像一幅畫面，佩脫拉克老來一定是退居到一所人文主義式修院清修，如果真有這種地方的話。此時的他，只想全力專攻文采，好把「我這世代的現實摒擋於外」。

後人之所以不了解人文主義者對基督教的虔誠信仰，原因在佩脫拉克之後，各類作家都喜將異教的神話、歷史、地誌，與基督信仰混在一起。彌爾頓就是一個絕佳的例子。他的信仰絕對堅貞，詩中卻充滿了美麗仙子與遠古神話。詩人都喜歡用新鮮詞彙，異教神話裡的神仙、英雄、人地事物正好提供一組充滿圖像、聲音的新寶庫。人文主義者遂不受拘束地述及「柏拉圖大神」、「塞尼加大神」，有人還用朱比特（Jove，即Jupiter，羅馬神話的宇宙之神，希臘神話的宙斯）來意示神或耶威（Jehovah，猶太神耶和華），或乾脆不名，逕以「天意」稱呼荷馬史詩中出面保護某位戰士的神祇——這一切都與自由思想家、異端、無神的念頭完全無關。他們閱讀古人，愈讀愈覺得某些古人的言行思想簡直就是基督徒。伊拉斯謨斯不就屢祈「聖蘇格拉底」之助？許多人也深信，要不是福音的奧祕尚未揭示，柏拉圖一定也會是基督徒了。斯多噶派羅馬人塞尼加大受崇敬，也正因其嚴肅質樸的倫理主張，以及他認為宇宙全體都服膺在一神之下的看法。不過，塞尼加認為這位獨一之神與人距離遙遠，並不親近。

希臘羅馬古典與基督教信仰這兩大傳統，從此結合一家，難怪文藝復興人文主義之後，十七世紀接踵而來者，是一方面自居斯多噶學派、另一方面卻又毫不棄絕其基督徒身分的思想家。有鑑於此，今天我們老愛用的所謂「我們猶太、基督文化信仰遺產」的說法，就是一種不當的史論，還應加上異教或希臘羅馬才對。這不是用來表明另一股單獨分開的氣質，卻如猶太與基督教信仰一般，已經三合一融成一體。只舉一事即可明證：過去的五個世紀有一大特色，就是不斷努力改進社會，想要社會更好、更前進；而這正係源自希臘羅馬傳統的精神。提出此事旨在再度指明，人文主義的精神思想歷近世之期始終存在。

從佩脫拉克到伊拉斯謨斯，人文主義知識與品味的發展，主要發生在義大利境內。義大利眾大城及眾大學吸引各國富有冒險精神的心靈，一如威登堡、里昂、史特拉斯堡和日內瓦等地不斷吸引新信仰的各派信眾一般。年輕的才子和好奇心重、愛尋根究柢的旅人之所以受到吸引，並不僅在其學問研究與知識風氣，還有新式的畫作、雕刻，令人嘆為觀止的新技法，以及古老的遺蹟、廢墟，新起的教堂、宮室，在在發出莫大的魅力。另外也有人是受到義大利科學、法政和企業方法的先進思想吸引。最後，還可以加上一股最新潮流：對飲饌烹飪、用餐禮儀的重視（276>）。

* * *

待這些旅人訪義歸來，他們開始傳布關於義大利的新聞，各國也都把這個具備多面文明教化影響力的國家認定為文明重鎮，從「義大利——藝文之母」這個說法即可以想見。事實上，此稱應該改為「義大利——一切高度文化之母」才更貼切。這種優越的支配地位反映在今天我們依然沿用的語彙裡面。那些充斥在莎士比亞及英格蘭國內外當代作家筆下的義大利人名地名，就更不待言了。若沒有以下專門名詞：奏鳴曲（sonata）、迴旋曲（rondo）、返始詠嘆調（aria da capo）、對開（folio）、八開（octavo）、厚塗法（impasto）、明暗法（chiaroscuro）、三行詩（terza rima）、間奏／幕間劇（intermezzo）、獨唱／獨奏（solo）、顫音（tremolo）、大提琴（cello）、歌劇女主角（prima donna）、要得！（bravo）以及其他許許多多術語，我們該如何是好？歷代以來，義大利文始終是文學之士必學語言，直至即近方止：薄伽丘、塔索和阿里奧斯托的原文作品，都是文學之士的必讀，不但名列「正典」，也是眾多歌劇的靈感來源。而歌劇這個劇種也是義大利的發明，很長一段時間甚至為義大利所獨占（242; 264>）。

基於以上原因，十七、十八世紀各地富家子弟都一定得來上一次「大旅行」，其中最精采的高潮，就是在私人教師隨同指點下，親炙羅馬、翡冷翠的藝術光華與瀟灑生活，可能還附帶加上那不勒斯、威尼斯二地經驗。彌爾頓即因此旅，決定了他一生志業。有人曾說《失樂園》這部名作，拜《亞當的墮落》[8]作者卡都托之惠甚多，不無幾分道理。有心成藝術家者，更非往藝術源頭義大利，做「最後潤磨結業」不可。法國、美國至今沿用藝術研究院之名，為這些藝術修習者在羅馬設有下榻之處。

> 他們不關心音樂，也不關心修辭或格律之學。雄辯、詩文，幾乎聞所未聞。對他們來說，所有邏輯講究都是無謂之爭。你幾乎找不到任何人手上有亞里斯多德或其他哲人的作品。新式大學裡的學生多半工夫都用在玩樂，貪愛美食美酒，也不受任何紀律約束。白天黑夜，到處遊蕩打擾市民，被無恥女人完全沖昏了頭。
>
> ——教皇庇護二世論維也納（約一四五八年）

歐洲其他各國都心悅誠服自居化外之民，奉義大利為文化正朔。這種心態其實並不是一種平衡的價值判斷，而是有一種汲汲鑽營者嫌棄自己出身，卻赴外取經，以養成正確高尚品味、言行的味道。帶點外國味以示時髦是西方世界一再出現的現象。義大利後，曾輪到西班牙放光，然後是法國風當行，再下來是英國味，而且還時興過兩次（532; 724>）。英、法境內，一度也流行過日耳曼風，不過為時甚短。之後換東方情調上場；最後，美國成勢不可當的景仰模範，即使在受到抨擊的同時，也照樣廣為風從。

除了義大利這個首例不同之外，其他這些流行崇拜風氣多隨偶像國在政治、經濟上大展雄風之後而來。這個現象很值得好奇，因為文化迷醉風潮之起，往往是由藝術家、知識分子領頭造成，他們一向卻又以超脫於現實俗事之上而著稱。

一波又一波的「文藝復興時期」開始在義大利西方及北方出現。義大利的詩歌、戲劇和散文體虛構小說（prose fiction）被視為模範典型，連同人文主義治學方法，這種注重文字的風氣，也同時帶動影響法律、政治和宗教的開明思想。比照各種來源、查證日期、衡鑑證據及證詞的效度，以確立版本，並分析文詞的使用；種種做法，使歐洲有識之士開始注意到時間對史料真偽性的影響。他們開始以批評的眼光閱讀各種歷史文獻，口傳的傳說除非經過證實否則不予採信。識字之必要的時代於焉開始。這種組織性懷疑態度的首宗果實，由洛倫佐·瓦拉提出，他舉證證明所謂的〈君士坦丁賜敕書〉根本是一份偽造文件。長久以來，教廷都說這份文件出自羅馬第一位基督徒皇帝之手，是他頒賜教皇領地的授權書，遂使教廷在宗教權力之外，又享有俗世權力。瓦拉指出這份文件的用字、引事，都比君士坦丁年代為晚。

這項論證，改教者聽了好不舒坦：他們的大敵教皇果然在地上如在天上，都是僭位的篡奪者。福音派雖然瞧不起人文主義在字句上追根究柢的小道，虔誠的聖經學者卻也不得不如法炮製。若無此法，許多新版新譯的聖經根本不可能成形問世。這些作品，便成聖經批評校勘的主要所本。旋即便有稱作兩約「高等批判學」出現：先疑其字，繼疑其要義（529＞）。這門科目至今仍在進行，而且那種不顧忌的開放程度，一定會嚇得當年開創此學的先驅先賢目瞪口呆。專門期刊討論的問題，包括：「到底有沒有過大衛王其人？」「撒拉（亞伯拉罕之妻，多年不孕後方生子以撒）是否射精[9]？」（該文作者指稱：根據聖經文字所示，古人認為女子亦射精，父精母精並合而孕）總而言之，十六世紀的學術研究加強了更正教的信念，即認為教理之源是福音，而非教會。欲知真理，應往源頭去求，不能聽論者、釋者之見；這是人文主義精神的知識原則。簡言之，人文與改教雖非盟友，卻在朝向共同目標點上匯合。十六世紀文化，一向以「文藝復興與宗教改革」並稱，端看以上事實，這個標籤似乎足以成立。

＊　＊　＊

領一代風潮的人文主義大師，當然不曾共享那份福音派的熱情。眾位文藝復興教皇，如果不是以作品，至少在品味上屬人文主義，更鄙視更正派為偏執狂及異端分子。然而，人文主義者真是無神論者嗎？如若不然，他們的信仰又是什麼呢？我們知道，伊拉斯謨斯很肯定自己是個好基督徒，佩脫拉克則由信守進展成為虔誠篤信，從起初的追逐世名，到後來想要棄絕世名。這兩項代表性立場的差異所在，乃是一種神學觀點、一種意識形態之別，各自根據福音書裡不同的部分：基督前來赦罪，激策人在世上過正確的生活；這是由道德、社會層面考量。但是基督也教人放棄世界，這是靈魂得贖的先決條件。一個人能同時遵行這兩項命令嗎？

宗教與道德往往相左，這個事實鮮少為人認知。也許原因出在這兩項冀求在人心裡的強烈程度相同，分別反映社會與個人的需求。罪人悔改——比方說，聖經上浪子回頭的比喻，比一味謹守道德的角色更可貴；這種教導極受歡迎。一如路德，一般看法都喜歡馴化後的惡棍，比起那種抗拒誘惑、循規蹈矩的老實人有趣多了。但如果大多數人都用這種態度心情過日子，社會上可就一天也安寧不得了。

義大利人文主義者曾親眼目睹過一股福音狂熱爆發，在他們來說，這就已經太夠了。十五世紀末，翡冷翠有一位僧侶薩伏那洛拉，曾激動當地人大發虔心，最高潮時曾造成有名的「火焚一切浮華虛榮」（燒去他認為猥褻的書畫）這種標榜高蹈理想的緊張狀態，地方上當然消受不起跟著他起舞太久，於是一場壓力崩解之後，這名先知被定罪為異端，在火刑柱上燒死，大家都覺得應該。薩伏那洛拉的問題，在他使用基督的話語教導群眾皈依之時，太按字面解釋——也就是太「福音化」了（過度狂熱鼓吹之意）。

> 若沒法解釋人子再臨與聖靈所從出有何不同，難道就不能做基督徒嗎？如果我相信三位一體，就不想聽任何爭論。如果我不信，道理再充分也說服不了我。宗教之道在和平，只有在定義盡可能地少、在許多議題上放任意見自由之下，才愈有可能和平。有人說，我們目前的爭議，得等到下次大公會議才能解決。最好讓他們去等，直到我們面對面見神那一天。
>
> ——伊拉斯謨斯（一五二二年）

所謂的人文主義好基督徒，固是傳統型的道德人，但是他們那受過人文主義訓練的心智，卻要求得更多：他們希望有一種以古典名詞出之的形上學，可以用來重新解述羅馬天主教神學，至少與其類似。許多人在柏拉圖學說裡找到這份理想。柏拉圖曾說，人類有如身居洞穴，背對洞口，眼看洞牆，牆上則微弱地反映著洞外的真實天地。進一步加以闡釋，這段話意味著，生命那恆久的「形式」，藉著感官，我們只能得到一份不完美的印象副本。這是人類注意力一般所及，固然沒錯；但經過不斷努力，人可以將他的視界、眼光，從愛世間俗事，提升到愛永恆之美；而永恆之美正是由那些純粹的形式組成。這就是柏拉圖式的恩典與救贖。

或許因為這個觀點失之乾澀抽象，有些新柏拉圖派便又向猶太教神祕哲學卡巴拉、以及所謂「白巫術」（做好事的法術）等傳統借來各式各樣的信仰，加以點飾一番。柏拉圖便被他們一變而成神學家，甚至還占了亞里斯多德的上風，將他趕出門去；亞氏原是學院派神學的大支柱，如今卻遭見棄。亞里斯多德是自然學者、生物學家、社會科學家和美學家，他所提出的系統以物質為基本要件。他教導財富、友情、安適，都是美好人生一部分，也是德性的先決條件；因為任何理想都得建立在某個自然（亦即物質性）基礎上才有可能。柏拉圖通往永恆形式的天梯，固然較接近基督信仰的抱負，人文主義者之中卻有一批少數，由於受到科學新發現的吸引，依然堅守亞里斯多德派哲學，尤其在亞氏原文呈現其原貌之後（新學術又一成就果實），更受看重。

從那個時候開始，兩派（或說，兩種不同氣質心性？）便一直就「物質」與「理念」這個問題爭論不休，不過並非旗鼓相當。在接下來的時代裡，前者總是獨占上風，並滲入每一種智性活動，包括自然科學本身在內。而物質主義的對立面，則取用了生機論這個名稱（957>）。你來我往拉鋸論戰，卻結出豐碩果實；傾覆舊正統造成的激刺效果，乃是一項文化常態（可讀 Paul Oskar Kristeller 著 *Renaissance Thought*）。

對於天性近神祕主義者來說，柏拉圖（以及後來為之作注闡釋的新柏拉圖派哲學家波弗里，他教人如何提升眼光，突破感官之美，而至抽象之美）可以滿足一種強烈欲望，類似改教人士對純粹信仰的渴欲。比方米開蘭基羅，他的雙手有如挖溝人，被迫與泥土物質打交道。我們今天欣賞他的作品，是為其藝術造詣；他則不然，他看重的是他放到作品裡的理想之美。對他而言，正是這種理想境界的美，使作品失去其物質性。米氏題獻給女詩人科隆那的商籟體情詩，也是在崇拜她身上同一種不可名狀的永恆質性。

對於這一切，物質派一方反駁道，理想不能離自然而獨在，抽象不能脫具象而自存。說起來，所謂「柏拉圖式戀愛」的流行說法，通常只意味著沒有性關係，實在可惜了這個現成的好名詞。這麼解釋只是把一項重要概念給縮小簡化了，不能用來指稱西化文化裡面一種反覆出現的掙扎努力，也就是對「純粹」的渴望。歷世歷代以來，一再有許許多多的個人或運動（不一定都根源自宗教或形上學）宣示著他們對純粹的愛、純粹的思想、純粹的藝術形式的追求或成就（894; 919-923>）。這是一份與**歸回原初**屬於同一性質的渴慕。

> 我渴慕的眼不再為必朽之物迷戀
> 當我發現她美麗容顏的完美詳謐
> 就在最深處那全然神聖方寸之地
> 我靈感受到愛，那是她在天上同儕
>
> ——米開蘭基羅，第五十二首十四行詩

* * *

人文主義者將信仰與哲學融成一體，另外還生出了一個副產品，可稱之為「因心不在焉而容忍焉」。一個徹底人文主義化了的教會神職中人，遂能以欣賞不同的宗教經驗，沒有了那種如薩伏那洛拉的極端派，更可以包容多樣的存在。畢竟在熱心的柏拉圖派當中，有很多人根本就是身奉聖職，卻覺得自己的角色自在無礙。洛倫佐．瓦拉就是一個很好的例子：他揭露賜敕書的真相，深恐羅馬處罰，遂出奔那不勒斯。在那裡，他一本人文主義者本色，開設了一間專授演說詞體的學堂。但即使在那樣一個早年，教皇還是原宥了他，還為他找了一份書記職。

瓦拉本人，既不偏好柏拉圖，也不青睞亞里斯多德，他甚至被列為路德的先驅之一[10]。他的興趣主要在歷史，因此將希羅多德、修昔底德斯的作品翻譯成拉丁文，因為當時多數讀者還不能直接看希臘文。這倒提醒我們一件事：在人文主義者覺醒之後很長一段時間裡，論起古代世界及其智慧寶藏，半數仍面目模糊，或得透過二手知識。希臘文得以登堂入室，擠進滿腦子溢流著西塞羅拉丁文的心靈裡面，可說是一項引人注目的大事，也是義大利又一獨家斬獲。希臘文來了，隨後便有柏拉圖打扮成剛才介紹過的裝束進門。而透過以下這位與瓦拉同時代人的功業及著作，亦即

費其諾

我們更可以近距離一窺人生的軌跡，係如何與文化齧合。費其諾是翡冷翠學院的主要促成者，是眾多詩人、政治家的靈感來源，又是傳奇人物皮柯．米蘭多拉的導師，在他的時代被尊為超級大師。然後，很長一段時間無人問津，至今多數作品猶未譯為外文。

十五世紀中期，費其諾六歲那年，拜占庭皇帝來到羅馬，隨行有一位在他朝上的學者，八十歲的浦利奏。東羅馬皇帝此來是為尋找同盟，以對抗當時正向拜占庭首都君士坦丁堡挺進的土耳其人。希臘、羅馬兩教會，本也可以藉此機會重談修好，卻沒有任何結論。浦利奏在羅馬設壇開講，露出他對柏拉圖的一手知識，聽者咸感吃驚；當其時也，一般猶視柏氏為不信的異教徒。拜占庭本身本來就已經被視為「分裂教會者」了：他們不接受聖靈是三一神裡同等的一位，他們紀念復活節的日子也錯了，其他彆扭乖僻的地方更還不止一處。

因此，當浦利奏談柏拉圖，立刻被疑為魔鬼現身來誘惑信者。可是翡冷翠最富有的銀行家兼政治頭目，梅迪契二世柯西莫，卻決定碰個運氣。他宴請浦利奏晚餐；席畢，柯西莫便決定成立一所教授希臘思想的學校。想法醞釀了好一會，一四五三年君士坦丁堡陷落，四年之後學校開張。柯西莫稱此校為 *Accademia*，以紀念當初柏拉圖在雅典開帳授徒之處，原是一叢紀念英雄阿卡德謨斯（Academos）的小樹林。於是一個代表著學校、大學，以及知識學習的官方保護者的近世新名詞，於焉誕生。雖然「學院派的」（academic）一詞，在美藝及社會意見領域裡，路途多有波折（不過 *Academe* 只是 *Academos* 另一種拼法，並非 academy 同義字）。柯西莫創立的這家學府，由一批自我選拔的學者組成，他們定期聚會，以便熟悉彼此心得動態。學院需要有人管理，柯西莫將職位指派給其子的大夫之子：喬凡尼．梅迪契與小費其諾是密友。小費其諾雖然年方二十五，卻已是拉丁文大家。他也熱愛音樂，好奇心旺盛無邊。

約略其時，另一位逃避土耳其統治的拜占庭人氏阿吉若波勒斯，也打算以講學維生。他原本接受的是「亞里斯多德公開解說者」聘職，不過在百般要求下，改授柏拉圖，同時也教古典希臘文。費其諾原已就接受了傳統的亞里斯多德教誨，現在也來上這門語文課，又聽了有關柏拉圖的講授，立刻發生良心道德危機。他的基督教信仰開始動搖，可是這會兒自己卻正在受訓要成教士呢。他告解自白；神學院校長不准他再去上那些課，又打發他回家。回到家鄉的費其諾，老爹卻又發現他還在讀伊比鳩魯物質主義派魯克雷修斯的著作，於是又趕他收拾鋪蓋往波隆那學習法律。這個節骨眼上，柯西莫介入了，正告做父親的：「你治身體，他卻將醫靈魂。」

作為柯西莫在卡瑞奇別莊的「家丁」（門客性質），費其諾用濕壁畫法在牆上飾滿天文圖像以及希臘自然哲學家德謨克利特、赫拉克里特斯的形象，這兩名對手（根據流傳的說法）一人老在笑，另一人總是哭。牆上卻完全不見亞里斯多德的身影。接下來，費其諾開始翻譯柏拉圖，身邊聚滿了學生、藝術家、銀行家和政治人物，進行我們所稱的研討會，專門探究柏拉圖派學說，以及「後」柏拉圖派思想——後者包括波弗里、普羅提諾斯，還有大魔法師特里斯梅季塔斯。當時流行的氣氛是神祕主義，柯西莫臨終之際，還要這位年輕愛將唸這類作品給他聽。不久，費其諾完成的論釋《柏拉圖式神學》，遂為人文主義同好提供了一套新的神學體系，他們遂可以用柏式的神祕主義，取代天主教道統的神學，而仍不失為一名好基督徒。

不過費其諾血脈裡的自然主義因子，並未因柏拉圖式神祕迷霧而消形。他的《生活之書》是專為思想者與文人所寫的身體與精神衛生學。書分三部分：一談學子健康守則，二論延長壽命之法，三談遵天象生活行事。費其諾相信星象之學，這點與其他許多人文主義者毫無二致。他們都把占星學當作一門科學，而非迷信；因為占星學來自觀察計算，而可以依此料事。這種觀點不獨他有，過去的科學家們也都這麼以為，包括哥白尼、喀卜勒，及其他當代人士在內。

《生活之書》中給腦力工作者的忠告，

有人會說：「費其諾不是個教士嗎？教士和醫學有什麼干係？而且又怎麼扯到星象天文？基督徒怎麼會搞起法術、圖像來了？」

「可是，來來來，告訴我們為什麼你定罪使用星象之人？難道觀星象奪去自由意志，有違敬拜一神嗎？讓我告訴你，那我也定你的罪，也瞧不起你做的事。何況，費其諾所言亦非魔鬼邪教的法術，他所說的乃是自天地之間，取來對人健康有益的自然之術。」

——費其諾《生活之書》

即使在今天看也不過時：飲食合中道，睡眠要良好，笑口常開，心情愉快，性欲則勿抑亦勿縱。費其諾表示，這些規誡是必要的，因為讀書人容易有沮喪憂鬱的傾向——時稱黑膽汁病（melancholy，引申為憂鬱），「這是一種會摧毀身心的疾病」（334>）。

柯西莫所見果然沒錯，費其諾也醫治靈魂。他重拾神學，正式受命成教士，雖然仍居卡瑞奇別莊，卻被任為拿科里一間教堂的司鐸。當然，這是沒有職責的虛職。正是天主教中這段人文主義時期，隨著十五世紀結束，讓即將要起的改教革命壯大了聲勢：公開對現世現地表示喜愛之情，抵銷了那份對基督信仰的靜思默愛；又有教會當局公開容許這些知識分子，讓他們不駐教區卻得俸祿，犧牲的是牧養羊群的責任。

這種人事、天事並存不悖的態度，在當時廣被接受，端看皮柯・米蘭多拉生前即聲名大噪，便可見一斑。此人是一名貴族伯爵，從小就是天才，早被認定必走教會之路。十歲就被指派在教廷任職，主要是嘉勉鼓勵之意。他在波隆那、帕度亞和翡冷翠等地大學研究文采之學，又自習希伯來文與阿拉伯文。二十三歲那年，寫下〈九百條論綱〉，教皇指斥其中七條，對另外六條亦有微詞。皮柯不智地公開發表辯駁，不得不到巴黎避風頭，卻在那裡下獄。幸有幾名義大利王公貴族運用關係，把他放了出來，之後他便在翡冷翠定居著述，並與

> 願每個深思的心靈都感謝神，讓我們生在這個新時代，如此充滿希望、應許，早已喜見許多高貴、天賦的靈魂，人才之盛，是過去千年所未見。
>
> ——馬提歐・巴密里（Matteo Palmieri，佛羅倫斯的政治家、史家）
>
> 《論市民生活》（*On Civic Life*，一四四〇年）

「學院院士」往來論交，直到三十一歲英年早逝。

在拉丁系歐洲一項奇特的傳統下，皮柯的大名被恭奉為（至少在過去如此）中學生的典範：他被視為一名活動百科全書式人物，學子應以他為榜樣效法（在我求學的年代，對於這種理想典範——成為「道地皮柯式才子」，教師與學生之間看法卻頗有歧異）。皮柯之所以卓越，除學問淵博之外，也在其信仰的新意，兼具人文主義與基督教思想，卻又不限於福音與時髦的柏拉圖。不過，他對亞里斯多德確頗排斥，但正如他在詩、文中所解釋，又在其演說詞體雄文〈論人性尊嚴〉中所總結：其實所有神學家與哲學家，都只看見了一部分的真理，他卻要博採各家，調和眾言：包括那兩位有名的希臘人、新柏拉圖派神祕主義者、阿奎那、卡巴拉派的諸猶太作者，甚至加進波斯人瑣羅亞斯德之說。

這種無所不包的廣度，過去卻有人覺得，這就是懂太多種語言的壞處。今天，我們認為他說得有理，雖然這些語言我們幾乎一個也不懂。皮柯主張，人的這份「尊嚴」，屬乎人墮落以前神就賜予亞當的範疇之內，並經救贖再度復原。作為人文主義者，應該也會思及古羅馬劇作家普勞特斯的古老銘言：「我是人。人之一切，於我都非異事。」福音叫人謙卑，而人有罪性；「尊嚴」一字，當然可以闡釋成對這兩事的嘲弄與否認。因此，人文主義被安上以下罪名：它把人神關係顛倒，主張無神論，又將社會俗世化了。

其實，最完滿豐富的人文主義精神，真正暗示拒斥的對象（或直接或暗示），乃是那種壓抑肉體與精神的苦修理想。禁欲苦行常被視為違反人性，其實它與縱欲一般，都是一種人性傾向。苦行之人，多為感官論者達到自身極限之後轉成。不管怎麼說，**有人性**或**沒人性**兩詞，我們都用得太隨便、太反覆；往往自己臉上貼金，專門把人性用來形容我們天性中的好事，或乾脆以之表示我們贊同的事物。史家卻不能這麼濫用，因為他太清楚了：殘忍、兇殺、屠害，都是最典型的人性行為。

拒絕禁欲苦行，甚至較溫和的自責方式也不願意，人文主義遂解放了那個點燃**個人主義**的心理推動力。這項欲求不只在自覺到本身的才情，還更進一步，要求有更多空間，以發展這些才能。一個良好的社會，可以培養出皮柯那種覺得有無限可能的意識。個體主義的精神，於是又向近世最精華的大主題邁進；亦即自束縛之下**解放**。

> 哦天父崇高的慷慨！哦人最高至奇的福氣！凡他所願都賜予他。父賜他各樣種籽、各種生命之源。每個人不管種什麼，都會在他裡面生長得實。那麼，誰能不為人這多變之物而稱奇呢？雅典的阿克勒比斯（**Asclepius**，阿波羅之子，希臘神話醫神）說，人因有這項多變能力，能將自己的天性轉換；人，在神話裡由普羅米修斯（**Prometheus**）象徵代表。
>
> ——皮柯《論人的尊嚴》（*On the Dignity of Man*，一四八六年）

＊　＊　＊

如果說，有一樣東西是與文字素養有關，那就是書，而且是印刷書。誠然，在印刷書問世之前，新思想、新理念、新發現，也都在神職人員之中傳布。但是抄本流傳，畢竟又慢又靠不住；用手抄寫是謬誤之母，其流通又受成本限制。前曾提過，因有印刷，原本只是一個異論的說法，卻竟演成革命（<5）。思想傳布快速，這速度營造出一種高亢激動的空氣。此外，寫在上等牛皮紙或原始紙張上的手寫卷帙，既不易閱讀，也不便處理、收藏。編目檢索也一直是大問題，不是付之闕如，就是不盡

如意，因為中古人反對依字母次序編排——認為這種序法「不自然」、「不合理」，因為 abcd 等字母次序，背後根本沒有一個法則。對近世愛書人來說，印刷的產物是一件令我們生出深刻情愫的物事，看到杜勒炭筆素描所繪的那隻持書的手，不由得令人想到，畫家本人對書本必擁有同樣眷慕之情。書就像自行車，是一個已臻完美的形式。

印刷術出，同一部作品可以有許許多多本，新作品又源源不絕快速出現，學習閱讀的誘因自然也增加了。不過印刷有一個缺點，就是整齊劃一、不再變更的白紙黑字，令天真之人以為，書上供奉的每一個字，都是神聖不可懷疑的真理權威。但是當這部書跟那部書述說的真理也開始彼此不同（因為寫作、出版的誘因也同時增加了），智識生活便發生改變。原本大概可以算為二選一式的決鬥，現在一變而成大家一起來，誰都可以各說各話。混戰場面把理念弄得面目模糊，如今卻被視為常數恆態；眾人還更喜孜孜地深信，正如自由市場的運作，如此這般才是篩濾出真理的理想方法。

義大利又在這項轉型中做了先驅。十五世紀末，威尼斯有一位富發明精神的人文主義者印刷商，自稱阿爾杜斯．蒙紐梯斯，成立了一家印刷廠，在其後一個世紀，以最佳版式源源印行希臘、拉丁原典。一部阿爾杜斯版本，一向代表最精美之極致，是今天收藏家蒐集的對象。阿爾杜斯也設計一些較簡單的版式，以及各種字型，最有名的就是義式斜體（italic），傳統說法，認為係根據佩脫拉克筆跡11而來。至於非斜體的正常字體，則稱羅馬體（roman）（又是一個巧妙的命名），只是這個字的 r 不大寫。在

聖經「對」大教堂
「這個」會置「那個」於死地。
——雨果省思巴黎聖母院的故事牆與彩玻璃（一八三一年）

這些如今熟見的字型出現以前，印刷廠都係仿最時新的手抄書好手字體鑄字，印出來稱「黑體」版（black letter，即哥德體），在收藏家眼裡更屬珍貴。此外還有連寫字體（ligature，如 a e 成 a），以及同一字母因前後字母不同而又有特別字體。有一種字體，就聽說有兩百四十套不同字型變化。書頁裝幀繪飾也美輪美奐，卻很難閱讀，尤其是剛才學會認字者更難。修正型黑體字，在德國幾乎一直使用到二十世紀中葉。

阿爾杜斯不是唯一的大印刷家及設計家。各國都提得出幾位旗鼓相當的人才，如法國有埃斯第安兄弟，荷蘭有埃爾澤弗。今日閱讀上的許多便利發明，我們都欠他們集體的情：如標點符號、羅曼語系的重音標示、字句段落之間形成意義單位的空白距離，再加上字首大寫更增意義清晰度等等。標準化拼字的呼聲，也在那個時期首度發出，目的亦相同。

另一位影響極大的印刷大家是卡斯克頓。經商出身，致富後將興趣轉至文學，開始翻譯，並動手寫了一本暢銷作品。可是他的「筆漸乏了」——如他自己的說法，因此棄筆從印，在柯隆設立一家印刷廠從事出版，兩年後以發行者身分轉回英格蘭。從這個時候開始，他就與其他同行不同，只用當地語言譯書、印書。前後幾乎囊括了現存最好的英語作品，最值得注意的有喬叟的《坎特伯里故事》，以及馬洛禮的《亞瑟王之死》。卡斯克頓自己的文字並不很流暢，可是他選定一種英語方言，而且源源不斷為貴族、鄉紳、教士讀者提供作品，為英語[12]至終的標準化做出貢獻。

這些第一代國際出版家並不只印書、賣書，他們本身也是學者，並贊助學術，不但親譯經典，培養指導旗下作者，自己也有原創著作。他們不斷改進、不斷設計印刷字體，一門新藝術「印刷排版學」於焉誕生。一五〇〇年以來，無數優秀的藝術家為各種用途發明出新型字體，舊字體也不曾報廢。在鑑賞家眼裡，每本書都有其特定的時期風格，可以從字體判斷出印書年代。不過即使在今天，依然有新版書係用卡斯龍體（Caslon）、堅森體（Jenson）、伽拉蒙體（Garamond），以及其他依這些早期發明人之名命名的老式字體印行。只有到了非常晚近，才又搞出一種其醜無比的雜種字體（以及支票上印的那種數字）——因非人的「讀字機」無聲壓力所迫，不得不發明出來的怪物。

總體而言，早期的高品質印刷書乃是一件藝術品。書頁如構圖——因此排字者（typesetter）又稱排版者（compositor）——書緣留白，行間留距，首行縮進，字頭大寫，都經過精心配置。木刻配圖更是名家手筆——霍爾拜因、杜勒、克拉那赫，是作品最豐富多產的幾位。講究書頁美觀，其實並不是新作風，而是中古傳統的延續，並在一項因素上不及前人，就是字首字母不再有繪金彩飾。不過這個缺憾，如今有精美的書名頁補償，此頁列出作者大名，往往還有介紹：「費其諾，翡冷翠名醫暨大哲。」另外又加上初級的廣告介紹文字：「（此書係）論學子及從事文字工作者保健之道。」接下來是題獻給贊助金主的獻詞，他們的資金是作者的主要收入來源。獻詞實在是天才發明：可以用來稱謝已成事實的惠贈，也可以期盼美譽以圖將來，不但藉此得到一名保護人，也可能真正予其「不朽聲名」。金主和作者雙方都可自這樁好買賣中得利（談到利，版權觀念也是在十五世紀末期開始隱隱出現輪廓）。

作為一個具體物事，人文主義年代印刷出版的書，在好幾面向上與如今都市人書架上擠滿的現代書籍大不相同。我們如今常用的八開本，雖然也是阿爾杜斯的另一發明，對十六世紀學者而言，卻似乎太過袖珍。他們用的是一種又厚又重的對開本，十五吋長，十二吋寬，甚至更大。對開是指大張印刷用布漿紙對摺一次，可成四頁的尺寸，用真皮或上等牛皮紙外包的書板裝訂起來——這可是真正的木製板。然後用一個金屬夾子，在書腰中點夾起來合上；布質封面至今只有一百七十五年的歷史。通常為防失盜保管，書上還繫有一條鍊子；嗯，居然會有人偷書——想想還是個怪念頭！甚至晚到一七五〇年代，耶魯大學圖書館還可見到一本這樣拴在誦經台上的書，一部對開莎氏樂府。還特貼有告示聲明，此書僅供學子攻讀閱覽室其他真正經典之餘的「消遣」之用。

書之「用」，近世還有幾項獨創新猷。如今眾人開始默讀、獨閱13。以前那種進餐之際，僧侶修士在食堂席上誦讀給同院兄弟聽書的畫面不再復見。同樣地，講師（lecturer）這名詞的意義也變了。及至當時為止，這個頭銜都只意味「讀師」（reader，今指高級講師）。中古學子沒有能力擁有自己的昂貴手抄典籍，圖書館不是很遠，就是難以登堂入室。中古好辯，與此大有關係，乃書籍稀有之下的副產品。至十七世紀，印刷品出，書冊頓成常物，任何人對同僚有不同意見，都可以火速印文反駁。

出版商及書商是文學人的友人，是他們可以透露祕密的心腹知己，也往往是保護人，經常因此印出一些大膽作品，內容聳動而銷路甚佳。為此，他們也付出各種代價。其中如杜雷更為特出，最後竟然在火刑架上，和他印的書一起被焚——堪稱是「書的烈士」。他原是作家，對西塞羅熱情崇拜，卻不是一名人道的人文主義者。反之，他本人也很殘忍，精神有些錯亂，據悉曾因怒打架殺人，跟班·強生一樣。於是書，書，到處是書，就像今天的家用電腦般。但是口述傳統的習慣卻隱隱猶存：人文主義者特別喜愛使用對話體付印其論點，可見一斑。這種筆法係模仿古人古體，也是中古遺風，分正反兩方進行口頭辯論。這種體裁看似公平，可是贏的一方，總是作為主角人物的作者。至於演說詞體，多係文字印行而非親口發表，也同受人文主義者愛用，同樣也是以古典作品為典型，語氣則模仿說話用字。

從書的這些不同層面，可以推演出一個重要結果：印刷為學術意見交流帶來更大的精確性——同一部書，每本都一模一樣，直接引述某頁某字，用對手本人使用的字眼，就可以使他狼狽萬分，尷尬得辯不下去了。有方便，就有代價：書，使個人與集體的記憶都變弱了；也把智識之廣廈分成許多小窄間，學科專業分門別類多如春筍牛毛。甚至在一科之內，材料資料之多，就可以把學者讀死累死。過去古典學者可以肯定自己已經就本門學問「讀遍所有文獻」（因為資料來源有定數），這種日子再也不會有了。所以文學家佛斯特曾稱，任何不涉古典經典的學問為「假學術」——相當赤裸地承認了現代學術的窘狀。最後，從經典文本以及文藝復興時代的出版品中，也可以察覺到「書」之一字，定義漸變含糊。十六世紀及以後很長一段時間，作品名稱往往包含共有幾「書」，比方說博丹的《國家六書》（336>）。用「書」（book）意「部」（part），用「篇章」（chapter）意「段項」（section），這個古風在在提醒我們，當年作為「書」的羊皮紙或葉鞘，不可能太長或太厚，否則必然體積龐大笨重難於使用。因此一部作品裡面，才會有好幾「書」呢。

＊＊＊

人文主義者不見得全是專職文人，最熱心者還包括教皇，由十五世紀中期尼閣五世首開風氣。尼閣五世信仰虔誠，在他治下，教廷成為藝術中心，並聘建築大師阿爾貝蒂繪製藍圖，不只要重建梵蒂岡，也包括其時簡陋的長方形聖伯鐸大教堂。一向以來，這座舊堂並不是教皇本堂，不過位置卻正在這座最早的基督徒墓地上方。而那位主基督親自指定，命他帶領其教會羊群的門徒，據推測就埋骨於此。因此在這座教堂重建一事背後（為了此事，北方信徒獻出了如此眾多的一分錢），其實有著人文主義的精神居中作用。

時隔幾年，又來了另一位人文主義教皇碧岳二世（即庇護二世），也是一本不同凡響的自傳的作者，他要人依維吉爾史詩英雄碧岳．埃涅阿斯（*pius aeneas*，pius 即 pious 拉丁字源，虔誠、忠實之意）之名稱他做埃涅阿斯。同樣地，教皇亞歷山大六世之名也非源自某位教中聖人，卻是亞歷山大大帝。碧岳二世和亞歷山大六世兩任之間則由一名反人文主義者擔任教皇，不過他的負面作為失敗。姑不論他們各有出入的道德水準，諸「文藝復興教皇」最出名的地方，就是他們藉石頭、油彩留下的遺產。不過他們也頗好詩歌、音樂、戲劇、哲學辯論，並喜蒐集奇禽異獸裝點他們的動物園14。這類王侯式的揮霍展示，自然所費不貲，並為講究文化修養的宮廷生活立下模式。

及至本世紀的第三末葉，猶利二世（即朱利斯二世）已坐在教皇位上——他是有名的漁人與戰士，在戰場上常奏凱歌，奪回不少教廷領土。他的判斷極精，既善識藝術家的人，也善鑑他們的作品。聖伯鐸大教堂就是在他手裡開始了真正重建工程。他在梵蒂岡創設了一座雕刻園，以那「超級雕像」貝爾福德的阿波羅，以及同樣有名的拉奧孔群像為中心；後者於一五〇六年發掘出土。猶利一心一意，想把羅馬再建成美麗大都，聘布拉曼特與米開蘭基羅為他設計。贖罪券的主意也是他的精心發明，在他的後任良十世任上發生反作用（即路德宗教改革）。良十世是一名內行的鑑賞家，拉斐爾最偉大的畫作就是由他委製。

以上，就是令年輕路德心生反感的時代場景。從他眼裡看去，人文主義不過是俗世物欲的一個別名。教會高階人士的道德低落，更讓他覺得自己的評判有理。但是整體而言，比起一般庸碌的教士、僧侶，以及那些將生存寄託於暴力，卻自以為因信得救的狂熱福音派，人文主義者其實還可能更像名真正的基督徒呢。就舉一事為例，人文主義者的心靈裡面，因為充滿兩大古文明的事蹟，不得不正視一個永遠不去的問題。這個問題先於宗教信仰之前，亦即：生命是為著什麼？人的本分與命定是什麼？死亡的意義又是什麼？

第四章 「藝術家」誕生了

凡事求新求奇，自詡滿腹新知，再加上自負治學有道、研究有方，如今又挾著印刷科技，於是一代又一代的人文主義者，開始著手教導這世界一切有關人文與科學之事。從解剖學到算學，從繪畫到冶金術，印刷機上不斷吐出一批又一批的文字論述。出版日期愈晚，用拉丁文書寫的可能性就愈低。本國通行的文字不但比較好印，讀者大眾也不再僅限於教士階級。

這並不表示回到中世紀時，實用性知識的進展就不能廣傳，但是的確受當時社會制度的限制。中古工匠行會往往把本行訣竅視為業務機密，它們可是寶貝資產，正如今天的專利與版權。在法文裡，「手藝」一字是 *métier*，過去一般誤以為源自神祕一字（*mistère*，英文 mystery），倒是一種下意識的雙關語作用了。中世紀的科學中人（煉金士及星象家）也為厚利暗自競爭。從十五世紀晚期起，個人主義初露曙光，行會精神漸衰，所有這些頭腦工作者的服務價值，都愈來愈得靠個人的才賦保障，行業機密的作用漸低。既然從別人的發明得了益處，於是他們也把自己的心得發表到最新的技術手冊上，以廣周知。

十五世紀中期的雕刻家吉伯提，就是最先感到有這種迫切需要的人之一。他也首倡記錄藝術家的生平，以為其技藝做見證。手工藝活動有了這種新觀點，一個新興的社會類型，亦即藝術家，就在其中開始萌生了。藝術家不再只是一員尋常的行業中人，執行著師徒相傳的制式手藝，也不再受團體規範約束；卻是一個**不比**尋常的個人，任其自由創新發揮。用文字寫成的專門論述，遂使藝術家一族隨時得知這些最新技巧的動態。

吉伯提之後，這股新潮愈發蔚為風氣，幾成氾濫。繼起之人中，最了不起、最多產者，要數十五世紀建築家阿爾貝蒂。他認為自己這門藝術，與雕刻、繪畫同為一家，遂據此理念寫下許多文字。新建築需要裝潢，老建築需要重整，四壁要新添人物雕飾，牆上要繪以彩畫，而且比以往更加生動，更令人嘆為觀止。和當代其他許多理論同道一般，阿爾貝蒂也非光說不練。他設計的藍圖經布拉曼特、米開蘭基羅、馬德諾和貝里尼採用，稍事修改，為近世羅馬造出了最巍峨壯觀的紀念地標建築，亦即聖伯鐸大教堂。這項大工程，被後世視為「羅馬再生」之始，與西方心靈的再生同時並行（心靈再生這一點，比較可議）（<74）。他是一個真正的樣樣通，為畫家細說透視規則，為生意人細解演算、記帳之法。他論建築的拉丁文大作，被譯成法文、義大利文、西班牙和英文。這一點，又見印刷術的莫大效益。

另一位義大利畫家瓦薩利，受到那個年代的藝術爆發力所撼，乾脆把自己的時間精力，分在兩項工作之上：一面在翡冷翠當畫家兼建築師，一面為三大設計藝術領域中的近世大師作傳。他的《藝術家生平》系列巨作，不但讀來可喜，同時也是獨一無二的文化史材料。在一個研究調查尚無組織工具的年代，這真是不得了的壯舉——既無館際圖書流通，也無專業聯合書目，更沒有訪問相關人士的習慣，遑論手上還拿錄音機呢。

瓦薩利想記錄的內容，不只是那些偉大作品委託製作的始末、日期，或小故事，他還描述作品的技巧工法，討論其優點與難處。品評之餘，更提出一套理論，指出地點、氣候和環境對藝術創作的影響。他的結論是羅馬不適人居，對作品也不利（空氣不好，人和作品都老得快）；各方面都最理想的是翡冷翠。「佳畫」一如「佳文」，反映出人類功力的提升；瓦薩利循循善誘，務要讀者能夠品味出他稱之為「好畫」的作品中所帶有的這股新力量。

透過書本文字，竟可以把技法、成果，講解得如此透亮，此風遂從此一發不可收拾。技術每有進展，就很難不成文字氾濫：各種指南、手冊、富教育性的「生平」等等，簡直供應過剩。文藝復興時期的文字產量之豐，除阿爾貝蒂外，尚有許多如今已成經典的作品：計有契里尼的自傳，以及兩篇論小件雕刻與金飾藝術的專文[1]、帕拉底歐論營造、法蘭契斯卡論設計、杜勒對繪畫與人體比例的概論，以及達文西內容廣泛的《札記》。

藝術家又兼理論家者，也有一些在今天只能勾起朦朧回響的名字：塞理歐、費拉雷特、羅馬素、朱卡羅、阿曼那提、曼

> 我們鑄像的，經常得找來一般鑄匠幫忙，可是他們經驗不足，又不小心，往往愈幫愈忙，弄得慘劇發生，就像有一回我的珀耳修斯（Perseus，希臘神話殺死蛇髮女妖的大英雄）就差點發生這種事。這座像高超過五肘，姿態很難，細節甚富。我因此得做很多氣孔和灌嘴，都從背後下方的主口逸出。所有這些小處都是這行手藝的一部分。可是因為我的方法和一般不同，他們沒照顧到鍋爐，結果金屬開始凝固，沒人知道怎麼挽救這個差錯。
>
> ——契里尼《論金飾藝術與雕刻專文兩篇》

德爾、馮・桑德拉特——討論的也都是同一類的題目，而且，幾乎都少不了介紹那門最新技法：透視。有的還詳細交代它的幾何原則，另外還不時雜以各種小建議，從研磨顏料的最佳方式，到如何處理學徒事宜，真可謂五花八門，不一而足。

若叫現代的教科書出版商來看這些著作，最突出的一點是：書中竟挪出大量篇幅，專為討論藝術家的信仰務必要真、操守務必要嚴的重要性。有德才能有好的藝術，二者不可分。作品反映藝術家的頭腦，也反映他的靈魂，這是公認的道理。但更重要的是，藝術品的內在秩序務必如鏡反照，映出真實世界的層級秩序；而這個秩序乃是一個道德秩序。不論是透過本能直覺，還是約定俗成，藝術家務必要曉得如何把這份真實面傳達出來。因此，難怪這些文章常會冒出一些（在我們眼裡）看似無關的諄諄告誡。比方說，達文西在他的《札記》裡面（可讀此書）[2]雖然特別解釋他不是作家，可是卻不妨他處處顯出自己是道德哲學家、是心理學家、是半神祕比喻的創作者。所有藝術都必須是道德的，這是一項金科玉律；作品要有道德意義，創作者的個性要合乎道德，公眾對藝術家及藝術品也都有道德的期待。一直要到十九世紀，藝術才開始斬斷了這份與道德的牽連（693; 887>）。

＊　＊　＊

單看文藝復興時期論述之多，就可一見文化運動的性質，「文藝復興」一詞給人的印象，往往是有這麼一批屈指可數的天才，四周眾星拱月圍著仰慕者、贊助人、能言善道的助陣者；後面這些人的名字（姑且這麼說吧）往往以小號字體附做注解出現。實則不然，文藝復興乃是由眾多極具天賦者一起做成——人多，才能成事；此乃通則。而且這些共同參與者也都得是真正的人才，而非冒牌充數。

他們的創造生涯也許不完整，或運氣欠佳；他們的名字也許始終不聞，或轉為黯淡，但回顧起來，我們可以看見這一位貢獻了一個原創構想，那一位首先啟用這種或那種最新發明。有了他們這一切所行、所言，藝術生產力的亢奮狀態才能持續激動。因著他們的存在，刺激出了他們當中的天才，他們是一季蓬勃花樹樹底不可缺少的護根之物。

我們經常想不透，到底是什麼條件，引發出偉大藝術時代的誕生；看似毫無規則，這裡那裡，忽然一下子冒出來，短短一陣之後，頓又消失沉息。有了前述認識，或可稍微解答這個疑問。有人以為，偉大藝術力量的爆發，是因為市面繁榮、或政府英明倡導、或世道和平，實則不然——翡冷翠最盛時期，內憂外患無時或止。真正的必要條件，首先當然是渴慕藝術的心靈集聚一地；也許不是一開始就全體到齊，但是莫名其妙地，他們從各地聚攏來了。風聞到外地有驚人文化大事發生，有某項決定性技術突破，遂將這些人紛紛吸引到發生地點。一如革命空氣的傳布，火熱的興趣、反對的、贊成的、別苗頭的，藝術工作者創作、比較、激辯，造成一種熱度，提高了藝術表現，水準超出了常態。要有好幾百名有才華者，才能出五六名曠世大師。至於那些運氣不好、必須在遠地獨力創作的天才，即使日後終被發現，孤伶之中僥倖得存，卻令人感到悲哀，而且往往因此有所斲傷。

在最精采的藝術大豐收期，往往實務先行於理論——作品先於概念。但同樣也是在最好的年代裡，透過從作品引申出來的理論，我們也可以約略（雖非全然）得知當時一流藝術家的創作意圖，以及適用於其作品的批評準繩。這些看似老生常談之論，不能因為要討好今天的藝評風氣，就被譏棄如敝屣；當今藝評人的意圖，就是不理會藝術家的創作意圖（893; 1086>）。文藝復興的藝術論述宣稱，藝術家的職責（因此也就是其創作意圖），除道德任務外，就是模擬自然。他必須精細地觀察

「神的腳凳」，這乃是敬拜神的又一方式。這等嚴格的職業守則，直步科學家；當時也確有不止一位的藝術家自居「自然哲學家」。當其時也，可還沒有所謂「兩種文化」（指科學與人文的對立、陌生、不相涉，英國科學家暨作家斯諾於二十世紀中提出），將人類最優秀的心靈撕裂成兩派。

中古時代的繪畫藝術家，雖然也師法自然，卻不覺得有義務忠實描模自然。人文主義者則因為研讀古籍，對自然產生了具體具象的興趣，創作意圖遂變。賀瑞斯的《詩藝》便說到文學的理想境界在模寫自然，與繪畫同。任誰都可以看出，同一原則也適用其他藝術。今日倖存的古典時期雕像，比起飾滿中古哥德式大教堂門簷的制式聖像，顯然生動多了，也就是比較「像人」（*humanior*）。希臘人可不介意把他們的男女眾神，用完美的人體形象表現。羅馬城大興土木挖地基時發現的殘破雕像，看在人文主義者眼裡，真是最耀眼的「自然」本色。

慣見事物，以新眼光「取」看，此事正是最佳例證。古神廟、大競技場、偉大的紀念拱門，多少世紀以來，不就站在那裡，一點兒也不稀奇，抬眼就可見到。如今忽然舊物新看，不再是異教崇拜留下來的可憐殘跡，而是搖身一變，成為可供研究、臨摹的宏偉鉅鑄。北歐的建築風格，如今一律打上野蠻戳記，貶稱為哥德式，不過這類建築形式本來就不曾在義大利盛行過。此地的氣候

> 國王在布魯塞爾的宮室後方，有噴泉、迷宮、獸園，我還沒見過比此更美、更悅目、更如天堂之物。在班尼西斯先生家替我寫祈請書的小個子，名叫伊拉斯謨斯。晚上我就著燭光，畫了幅像，還用炭筆畫了賴帕特醫生的公子和女主人。
>
> ——杜勒《旅途日記》
>
> （*Travel Diary*，一五二〇年）

宜於大窗、圓拱，內部空間也不似那些只適於灰濛濛北方冬天的造型。因此當佩脫拉克的年代，變革的需要興起，就有現成的新風格元素可資應用。義大利帕維亞的奇托沙修道院，並非擬古照抄，而是創意活用古典特色；這幢建築十足就是一個新舊交替、過渡時期的標本，好像專為文化史學者打造之用。

繪畫也需要改變。瓦薩利的解釋是，好的藝術因戰亂動盪而湮沒遺忘，只剩下「希臘佬的粗劣畫風」（意指拜占庭）；渠等在義大利東部城鎮留下的中古鑲嵌細工畫，本來就無意看似「自然」[3]。至於畫風開始大轉彎，一般相信是在十三世紀末葉，翡冷翠畫家奇馬布耶循嚴峻傳統作過一陣畫後，改用比較柔和的線條，繪了一幅聖處女像，「頗具近世風格之態——美不勝言，真是前所未見」。接下來，瓦薩利又講述翡冷翠人如何為之傾倒，抬著這張畫，從畫家住處一路浩浩蕩蕩遊行到聖母堂；此畫即為此堂而作。

奇馬布耶的愛徒喬托，再往前跨出一步，以瓦薩利所稱的「真正準確的人形」為本，盡可能原貌重現。透過佩脫拉克式對石頭、樹木的愛好，自然又更進一步進入畫中成為背景：喬托那張聖方濟受主十架五痕名畫的後方，不再是淡淡灰濛一片，卻一派鄉間景色。

新的風格有時被表為「寫實」、「真實」或「實際」。這個形容詞以及它的相反詞，此後不但成為多門藝術的批評用語，也成日常生活爭執中最常見的反駁：「那太不實際了！」「拜託實際一點！」實際或不實際的說法兩皆不妥，都假定了那個難解之題已有答案：到底什麼是實？藝術家與一般大眾都花費許多心思找答案——我所看見所覺為何？什麼又才是事實？如果說，文藝復興繪畫「終於還我真實世界」，為什麼米開蘭基羅筆下的真實世界，竟與拉斐爾如此不同？而且還愈來愈分歧：

自然（或說真實）是魯本斯，還是林布蘭？是雷諾茲還是布雷克？是科普利還是阿爾士頓？是馬奈還是莫內？

誠然，除去繪畫藝術本身的共同點外，這些藝術家筆下的世界，也都呈現著可供辨認的特色。可是整體效果卻大異其趣，對應出各個不同心靈（畫家或非畫家）對真實所蘊存的不同觀照。省思過這些跡象，使我們不禁要大膽提出一個概括性的總則，就是：真實存於這一切作品之中，以及其他所有作品裡面。所有藝術形式與風格都是「寫實的」，都指向經驗的不同面向與各種設想。這些面向、設想，都擁有真實性，否則根本就不致令藝術家發生興趣，也不會在觀者心中激起共鳴。「實」既有多方，可見得「取」角觀看一節，於生活分量之重。寫實主義（連同它所意味的絕對真理）是西方語言裡一個重量級字眼，跟理性、自然一般，簡直沒法子下確切定義，本書後面還會再予討論（797>）。在此只須對它打一個問號即可。如果一定要區辨所謂「肖似」與「象徵」作品的異同，不如改採「自然主義的」一詞，誤導程度較低——也許。

不管哪一個詞才正確，文藝復興藝術家深信他們已經找到藝術唯一的真目標了，而且是基於「科學」理由。這一點，我們馬上會有所討論。但是有理無理，凡有分量的藝術家，不管哪一時、哪一派，都**確知**自己係向正確的目標走去。這是正常且必須的信念，要有好作品，就得有這份信念。

至於所謂**自然**、**描摹**等名詞，我們一定會問，到底在事物本體與表述再現之間，時間與地點（亦即周遭文化氛圍）居中的作用有多大？答案是多少難免，但不全然。藝術家會師法同行；某種風格或情調，或因其技巧的分量、情感的價值，或因為正好對應了需求叫座，一旦被採納通用，就對藝術家、對觀賞者，都變成「自然」了。威尼斯畫家筆下的「神聖之愛與世俗之愛」[4]在鮮亮的三原色裡灩灩流光，雖然畫家作畫所在地點的氣候，不見得長年都比羅馬或翡冷翠陽光燦爛。在北方，佛蘭德斯畫家則用不失精細的暗色調，展現沉靜的室內、市民的生活、高桅的大船，對自然又造出一種截然不同的感覺。日耳曼畫家則介乎其間，記錄人地風貌，都保留一種陰暗的「哥德式」線條與氣質。

同樣忠實的模擬，因油彩異而貌不同，更沒有任何顏料能夠比擬真實光線的明亮。畫家好用某些顏色來創造他筆下的幻象，或重彩或淡染，配合他愛見的實物色彩，達成這種相對真實的技法甚多。畫家更用所謂功能性線條製造強調，而非一絲不苟地遵守透視法則；他也可以用其他微妙手法加以扭曲，突顯戲劇效果，如達文西的〈最後的晚餐〉融合了兩個視點，或如魯本斯常喜用兩個不同方向的光源。透視法其實並不「科學」，它乃是經過「精密計算」的錯覺。用得好，逼真到一個程度，可以欺眼（*trompe l'oeil*），如此「真實」，觀者甚至會伸手一觸畫中之物。或把前縮法用得如此精妙，從下方望上去，提也波洛畫在天花板上的形體，其遠近立體感簡直栩栩如生[5]。

文藝復興時代認為，平面藝術必須主題明確——沒錯，就是在娛眼目、構圖佳，並遵守透視法之外，務要向觀者「述說」一些事情。古典神話題材自然極受歡迎，不過基督教主題也未見失勢。尤其因天主教發動反改教革命，特意大興土木，新教堂要裝飾、舊教堂要整修。宗教、道德的教誨循誘，開始大搬家（姑且這麼說吧），從教堂大門和窗玻璃上，遷到內牆、聖壇、天花板：中古「以石說法」，如今換作「藉畫講道」。

聖經故事、聖人事蹟，依然是人物、場景的題材來源，不過在許多方面卻也俗世化

> 欣賞繪畫，樂趣不下讀一本歷史好書。事實上它們都是圖畫，一以文字，一用色彩。
>
> ——阿爾貝蒂《論建築》
> （*On Architecture*，一四五二年）

了：聖處女如今看來像名村姑，服飾是當代的，景致是當地的。佛隆尼斯更過火，竟然在他那幅〈最後的晚餐〉畫中放進幾名醉漢和一隻狗，結果以褻瀆罪名被傳出庭，嚴加拷問許久，好在最後輕鬆過關（122>）。

＊＊＊

藝術家獨立了，專務藝術；而藝術本身也開始成為一個完全有異於工作、思想、信仰和社會性意涵的自在本體。十六世紀的藝術尚未完全誓與道德兩立，也不能完全忽略已存的欣賞趣味，不過自主自決的精神已經開始扎根。當一幅壁畫或一件祭壇後方裝飾，不再以其是否發出虔信光華，是否適合裝飾場地的觀點，而是以我們現在所稱的美感價值來評價時，為藝術而藝術的旭日，就快從地平線下方冉冉而升了。美感的欣賞領悟，不只是那種未經思索就自然喜歡的感覺，徒有一雙慧眼細察出精確的表現亦嫌不夠，必須還要能夠品鑑風格、技巧、原創性質，並就此「侃侃而談」才行。一個新型的公眾人物角色，遂應這項需求而生：亦即藝評人。這門未來專業的出現，一開始純粹只是一些頗有天分的藝術愛好者，鑑賞比較、精析細品，並為自己觀察體會之用，逐漸發展出一套語彙。他和他這一族同類，並不是理論家，他們是鑑賞家，至終成為專家。

身分地位既升，終造成懂與不懂之分，後者知其然不知其所以然，只「知道自己喜歡這個」。聽說，這種分野在文藝復興的翡冷翠猶未存在（那個年代，人人生來都懂得欣賞），古雅典亦然。其實，這只是我們的以為——或我們的希望。至於十六世紀其他地方，兩群不同的觀者倒能和平共存，因為對於藝術的社會角色同有一致看法。於是這些人或買或評，一起決定流行、指揮品味。從那時起，直到十八世紀結束，一般意見都仍以為宗教畫與歷史畫乃是最高尚的品類。前者教化，後者鑑往，又同具裝飾作用。人像畫次之，風景畫遙遙在後，因為純為喜愛自然本身的風氣尚未興起。文藝復興早期，自然景觀只用來做背景；即使如此，還得在自然之中，加廟添柱，或其他殘瓦斷垣（連同人物）施以「人性人文化」的點綴。到了十六世紀末，又有其他主題出現，通稱風俗類型畫（這名字有點怪），畫出日常生活各種層面，還有零星「靜物」的組合：一隻有欠自然的死鳥、一把獵號、陶杯瓦盞。

隨著時間過去，人間事主題比重愈高，部分原因係一項新技巧的問世：以油帶彩，在帆布上作畫。米開蘭基羅嘲笑這種新把戲，「只能給女人和小孩玩玩」。因為此法一出，不論外行人或差勁的職業畫家，畫不好都可以輕易修改——只要刮掉再畫一次就成了。油畫出現以前，顏料先要在純水或石灰水裡化開，再畫在畫家已經用灰泥抹過的牆面上；要不然，就得加上蛋黃與水調勻，畫在白楊木或他種木板上面。畫這種畫，手要穩，胸要有成竹，絕不能出錯。每一筆都是最後一筆，就像今天的水彩畫。

不過，油畫確有一項長處：可以搬運攜帶；從此藝術進了家門。及至十七世紀，有錢的公民如果信仰虔誠，或喜觀自己的尊容，都可以專門訂做或直接購買現成；一張尺寸適中的油畫掛在家中，立時滿室生輝。主題內容，或宗教神聖，或熟悉場景——海港漁船、少女縫紉、警衛巡夜、農家假日喧鬧之樂。「個人化」的作品，則顯示市議會袞袞諸公，披掛光鮮、顧盼自得；或是買主本人妻兒環繞，外帶狗兒一隻，時而並有書一本。這些藝術用途預見了後世照相機的功能，以及它那源源不絕的量產：人的臉蛋，地的景致。但是有一點不同：早期肖像畫似乎不興畫得比本人漂亮——看霍爾拜因繪亨利八世即知。十六世紀沒有時髦攝影師妙手生花，借噴槍美化自然。

崇尚複製「原貌」之風，也推動了另外兩項藝術：一是書本插畫——先為木刻，厚粗的線條正配早期書頁上的凝重字型，然後是鋼版蝕刻，恰合精細的新式字體。其二是同樣受歡迎的織錦畫氈，既可裝飾美化，又能保暖絕緣，需求量甚高。

既好忠實模擬，意味著必須不憚其煩地一再研究人體結構，以及各種無生命物的形狀、紋理。裸體遂成為畫面主題及訓練養成的固定內容。但是一幅畫還必須是一個有組織的整體，方成其藝術。為求構圖感與和諧性，更為求戲劇張力，筆下的「自然」務須重新安排組合。於是除用傳統的表徵來標示聖人、來暗指我們畫中大公民的職業之外，也得就畫中人物及其布局配置，以及藉光影、色彩顯示的相互關係，做一番扭曲調整。簡單地說，畫家必須要思考。

所謂「雖擬真卻不可以形役」這句格言，真義即在於此。這項警告遂為各種想像力大開方便之門。它意味著藝術家的目標可以是美，那神聖的屬性。而美，作為一種預設理念，需要與自然提供給我們的原始材料折衷。米開蘭基羅就明確地拒斥一味抄襲外象。柏拉圖派如他，自每樣自然物事中抽取出其最完美、最超越其物質性的典式；而亞里斯多德派則在理想的形式中看見了物質若欲成真，必須達到的完滿境界。兩派哲學殊途同歸，都導向同屬可塑的目的。

至於斯多噶及伊比鳩魯派，也認為自然提供給人生一種務必盡力達到的理想模型。

> 繪畫是心靈之事（*cosa mentale*）。畫家若只靠練習、眼力，而不用理性作畫，就像一面鏡子，徒然複製放在面前的所有物品，卻不知道它們是什麼玩意。
>
> ——達文西《札記》6

但是有鑑於自然不斷地毀壞又再創造個別事物，他們遂認為模仿這些無常之物並沒有太大意思。不過如果要做，就冷靜清醒地做。諸如此類有關自然的概念（自然做典範、做碼尺），早在文藝復興之前即已存在，至今也繼續模造著人的信念與行為：「照著自然做，保你不會錯」像這樣的說法，一再出現，言者信心十足絕無赧然。可是這「自然」的內容、或「自然」的指示到底為何，卻各說各話猶在未決之中。更常見的情況是，不管正在敦促的事情是什麼，只管把「自然的」一詞祭出，事情就好像不證自明了。

文藝復興畫家之所以如此肯定，認為他們所走的路確是藝術的唯一正道，是因為他們有了透視法這偉大的發現創新。他們是如此自豪，一如文學人對他們那條真道一般得意萬分。透視法出，對某些人來說，「自然」被重新發現了；對另一些人來說，文明被再度恢復了。透視之存在，是基於人有兩眼。因此我們視物，係藉兩道光在遠處一點上交會而界定；亦即畫家在遠方地平線上會合的那個「消失點」。既然這兩條線形成一個銳角，平面幾何便可顯示畫中任何物件在任何距離下必定占有的尺寸方位，因此看起來，也就會像畫外實物該有的模樣一般逼真了。

另一種理解透視的方法，是想像一座金字塔，塔尖在視線交會處，塔底觸鼻。然後在塔身任取橫切面，此即遠方人或物若要在畫布上看來如「實」，就一定該有的相對面積。或再來，當噴射機快要著陸之際，若往下看，離地面愈近，高速公路上的汽車看起來就愈來愈大，因為機中人是朝金字塔底逼近（姑且言之）。朝一個固定平面看過去，在平面之前的事物，大小會隨距離遠近而相對增減，絕對精準。因此文藝復興有一篇早期論述即曾表示，繪畫有三事：繪製、測量和色彩[7]。色彩的用途之一，也在創出「空際透視感」。淡色的藍灰，可以使畫中的遠物看來朦朧，就像真實生活中因大氣厚度產生的視覺感。兩項透視技巧合起來，深度錯覺遂生，即在平表面上建立起三度空間的「真實」。事實上，平常我們看東西有所謂長寬高的「深度」，也是錯覺。因為若無觸覺讓我們察覺到實物的立體，並因此而產生的習慣性預期心理，從機上往下看到的事物，勢將跟壁紙上的花樣一般扁平。可是人生之初，我們就已將手眼所得的發現合一，並從暗示著三度空間的符號裡重構了周遭世界。

＊＊＊

在任何藝術裡面，一項有力新技巧的出現，往往會導致許多始料不及的用途和想法。生動逼真之下，繪畫的自主性漸強，愈來愈脫離表彰宗教理念的社會性用途。現在不管畫什麼，都可以自在自存。觀賞者不再需要大量想像來猜測其意圖，因此可繪的題材愈發無止境地擴大，並將觀注興趣還諸事物本身。而既有如此眾多的相關知識寫下來、傳出去，又有如此多工作者與贊助者熱心投入，協力產製新品，技巧與風格終於漸從嘗試錯誤而建立心得，而漸轉為保證有效的成方。密切研究古代遺物，尤其是建築法式，更使這些靈感來源變成抄襲仿製的範本。結果是僵滯呆板無生氣——充其量也只能是冷靜典雅。文化裡有種通象，返古之初，往往收穫最豐，此時興趣關注所在係理念而非技巧。愈到後來，知識經驗愈精，原創力就愈低；靈感遞減，完美遞增。

在繪畫藝術裡，藝術濃密度呈走低之勢的這道曲線，有個極具暗示意味的稱呼：矯飾主義或形式主義。一部藝術史中，適用這個名詞的時刻不止一次。其實矯飾主義者不應被蔑視，雖然其高超的功力是個二手貨，是從他人轉學而來，而非自我創發。矯飾主義者的藝術不見得缺乏個性，在某些方家眼裡，甚至還特具技巧精湛之趣，一種隨傳隨到現成實力的發揮。可是對批評家來說，卻是一個謎：

為什麼猶在發展的創作力，竟比熟極而流的現成功力更具吸引力？也許沒有答案，倒有一個推論可用，亦即：完美不見得就是最偉大藝術的必要特色。

任何十六世紀之人，若回看佩脫拉克、喬托、威克里夫，再對照近來的文學與平面藝術作品，或學術與宗教思想，必定覺得這一連串可喜的累積成果，分明意味著「進步」。進步一詞，以及有關進步的理論於焉大興[8]，提供了一項價值判定的新標準：我們在改進嗎？有些改變被視為前進，有的後退；變而倒退，自屬無謂。如此發展下去，便出現了如今我們熟知的這些標籤：進步的、保守的、反動的。因此進步之教條，可不是如一般以為，純屬十八世紀哲學家的愚蠢狂想，再經十九世紀藉工業的大邁進，做成綱領教條。雖說事到如今，這個觀念被普遍譴責（「嘿，藝術無所謂進步，人的道德性情亦然。」）但不妨回看一眼它在十六世紀的根源，就可以了然為什麼這把文化新尺，在當初看來是多麼合理、多麼有用、多麼難以抗拒了。

首先，出在人文主義根本的由衷信念——「更合人性」，因此當然比那中世紀的見識、行為和語言，都要勝上一籌了。其次，當時的人又自覺到功夫技巧顯然較前「先進高階」——繪畫有透視法，音樂有複式樂法（240>），實用技術與科學也都各有長進。最後還有風度舉止的精緻感覺，以及福音派革命為新舊教會兩方都帶來的宗教淨化意識。在聖巴多羅買節大屠殺中遇害的拉米斯，即曾很有把握地認為，方才過去的這個世紀，在「人與作品」上獲致的增進，都比之前一千四百年加起來為多。另一位觀察家波斯特爾曾遠行東方，也看見未來必會持續進步、世界終將合一——除非天意要降下天災人禍，讓戰亂、瘟疫毀去書本上貯藏的[9]一切知識。否則，最新必定最好。

既然意識到進步，就表示也會察覺到是什麼人在成就新事，又是誰在鼓吹新意。個人身價遂增：

世界滿是飽學之士、有學問的教師，以及大型圖書館。我相信，不論在柏拉圖還是西塞羅的時代，都沒有像現在這麼多研究設施。
——拉伯雷（高康大寫信給其子胖大高）
（一五三二年）

誰誰誰是個該聘、該談、該讚的人才——或是從較量觀點應該攻擊的對象。文藝復興的興奮激情，遂將藝術家愈抬愈高，勢成一種愈來愈非比尋常的人物，愈來愈可以不受習俗與法則所限。藝術家的前身是藝匠（任何用雙手工作之人），如今地位擢升——如果他從事的乃是任何一門「精緻藝術」的話（fine arts，即一般所稱美術，為繪畫、雕刻等總稱）；而所謂精緻藝術，又是新出的一項區別。不過這一切並非一夜之間建立，因為藝匠那雙髒手給人的印象一時很難抹去。西班牙腓力普四世以家具裝飾設計師名義，將大畫家委拉斯圭斯列入員工名冊，顯然是為安撫其他傭僕——包括府中的主計在內（可讀 H. Ruhemann[10] 著 *Artists and Craftsman*）。

新型藝術人的標誌卻不因此減其鮮明。藝術家不再像他在中世紀的同行老是姓名不詳（與寫作之人對照，後者的手不算髒）。營建者、雕塑者、繪畫者如今都在作品上簽名，或在文字印刷裡歸功於其大名。再者，他也可以挑選主顧，一如主顧挑他。市政當局和體面市民只能就特定任務聘僱他；哪裡有利有名等他，他就出門往哪裡應聘。至少，哪裡有名有利作餌誘他，他就上鉤而去；因為答應他的款項常常很難收取，請他時，話說得又漂亮又慷慨，該付錢了，卻慳吝剋扣或阮囊羞澀（492>）。自由自在、憑自己高興接案，因此即使兩名主顧正在交戰，藝術家也可以同時提供服務而無礙。藝術家的用處還可以因此更大：如果他的個性正好對味，甚至可以代表此國往彼國出使。魯本斯就是一個藝術家兼政治家的最佳例證，兩個角色都扮演得極為出色（492>）。

藝術家獨立了，最清楚的跡象，就是當付錢的東家（或他的大管事）強出主意，想把自己的想法放到設計裡去，得到的回應卻是：不要隨便干涉他不懂的事情。遲早，雇主再也不可能強迫，或甚至指導「他的」藝術家了。

藝術家偶爾也可能是作家。他形容他的作品、觀點，他講述他的掙扎、奮鬥，他出版告諸天下他的牢騷、冤屈，他給他的雇主打分數（契里尼就把教宗克勉七世判了個不及格），並且一如佩脫拉克，他也求諸後世的認同欣賞（可瀏覽契里尼自傳）。

> 再者，我若能為您宗座效勞，懇請您但凡與在下藝術有關者，都不要設下權威管轄。請給我完全的信託，讓我放手去做。
>
> ——米開蘭基羅，雕塑家，翡冷翠（一五二四年）

> 只要是正直可靠、做過高貴事體，或任何好事的人，不分上下，人人有責，都應該用自己的話，把自己的一生行止記錄下來。不過這項光榮任務，必須等到四十歲後方可動手。
>
> ——契里尼，自傳開宗明義第一句（一五五八年左右）

＊＊＊

特倫多大公會議之後，各種形式的宗教意見，或多或少都在教會當局偵伺監視之下，藝術作品自也不免遭到檢查管制。先前曾提及佛隆尼斯所繪〈最後晚餐〉一例，可說是藝術檢查事例中惡名最昭彰的一宗。審訊經過，顯示這位畫家充分相信，身為藝術家，在執行其藝術之際，他所扮演是一個不受號令約束的自由經辦人。審判庭詰逼甚嚴，卻始終不曾動搖他於分毫。首先問他職業，被告答道：

「我畫人物，並做人物構圖。」嚴詞詰問展開：

問：你可知道，你為何被傳喚出庭嗎？

答：我大可以猜想得到。您大人們已經下令，要修院院長把抹大拉馬利亞畫進〈主的最後晚餐〉那幅畫裡，不要那隻狗。我告訴他，為了我自己、還有那幅畫的名譽，我什麼都肯幹。不過，我可不認為在那兒畫進一個抹大拉，怎麼會合適。

問：除了這一幅，你另外還畫過其他〈最後晚餐〉圖嗎？

答：是的，各位大人（他提到共有五幅）。

問：那個鼻子流血的男人，有什麼特別的意義作用呢？還有那些穿著打扮是日耳曼人的武裝男子？

答：我是想畫一個僕人，他的鼻子因為出點事在流血。我們畫家，跟詩人一樣，可以有我們的破格。我畫了兩名士兵，一個在喝酒，一個坐在樓梯上吃東西，因為有人告訴我那屋主很有錢，家裡會有這樣的僕役。

問：聖伯鐸在做什麼？

答：切羊肉，好傳給桌子另一頭用。

問：坐在他旁邊的人呢？

答：他在用牙籤剔牙。

問：有任何人委託你，在這幅畫裡畫一些日耳曼人、丑角，還有其他類似的玩意嗎？

答：沒有，大人，他們只叫我把那塊空處裝飾起來。
問：這些另加的裝飾，不也該合適才是嗎？
答：我畫我認為恰當，以及我的才能容許我畫的東西。
問：你難道不知道，在日耳曼，還有其他那些被異端邪說汙染的地方，圖畫都故意嘲弄、侮辱神聖天主教會，好把那些壞教導壞說法，教給無知的人嗎？
答：我知道。那些是不對的。可是我再說，比我高明的藝術大家怎麼做，我也只得照做。
問：他們做了什麼？
答：米開蘭基羅在羅馬畫主、主的母親、聖人，還有天使天軍，身子都是光著——甚至，連聖處女也是。

審判官大人們裁定，此畫一定得在三個月內重新改過，改畫費用由畫家負擔。最後，畫家一筆未改，只把畫名改了。

千萬別以為，既成藝術家，畫家和他們的同類就從此洗手，不再為具體意義之下的手工藝匠了。非也，畫家、雕塑家、版畫家、建築家並沒有扔去他們的工作袍，把兩手保持得像坐在桌前的作家一樣乾淨。平面繪畫藝術，根植於物質；最起碼的本事，也得具備有關顏料、油彩、膠、木、臘、灰泥等物的技巧與知識——還得知道如何處理生雞蛋（可讀 Ralph Mayer 著 *The Artist's Handbook*）。雕塑家更直接等於是名技匠，他的手因銼石而粗糙，他的髮沾滿了石膏灰屑。建築家則督管石匠、水泥工，清楚他們的工作程序，在鷹架上跑來跑去——就像壁畫家一樣。

他也得學習繪畫專用化學，在文藝復興時代，以及接下來兩個世紀，藝術家的訓練是依照中古行會傳下來的學徒制。十六世紀若像我們現在這般，將藝術的傳授移到大學學府或專門學校，那可就太蠢了。十六世紀藝術家需要一批練習生做助手，幫他做一些例行的手工或體力工作；教堂、市府委託的超大型製作，也需要靠他們來「補白」。這個體制極其有效，卻害苦了今天的博物館典藏委員和藝術商，令他們苦思發狂：到底，這是林布蘭本人的真蹟呢？還是眾所皆知他那名最好助手之一，某某某的得意之作？大師授徒，同時也傳授了大師的筆觸。正因為學師父學得如此微妙微肖，那位「代筆」的林布蘭，竟不知不覺實行了中古標準法則，亦即好的藝匠，要一絲不苟完完全全複製範本，不管是一幅要掛在行會公所牆上的繪畫，還是一頂為市長大人製作的氈帽。藝術家卻正好相反：他跟隨自己所好，創造自己風格，如佩脫拉克所推薦的做法。一段時間之後，他就**非有**獨家創意不可，如果不想被人視為墨守成規的話。甚至在凡事尚「新」的風氣出現之前（244>），新式技法的使用者就已經在廣為宣傳他們的「新藝術」（*ars nova*）、甜蜜新風格（*dolce stil*

> 吾鬚翹向天，吾項朝向地，
> 直抵吾脊。吾胸骨可見
> 已長成豎琴；豐富裝飾
> 綴滿吾面，墨彩滴滴濃與稀。
> 吾腰入吾腹，如活塞磨，
> 吾股如馬鞍，支持吾重。
> 吾足無方，來回走，
> 交叉蹲踞，彎如弓。
> 來乎，強尼
> 幫吾保畫並保名，
> 吾形何其陋，作畫使吾恥吾形。
>
> ——米開蘭基羅，
> （畫〈西斯汀小禮拜堂〉記）

nuovo）或「現代式」（*via moderna*）了。

從行會成規解放出來，藝術家變成依合同行事的獨立作業者。他與人打交道，可以由自己訂條件；然而不管願不願意，他也得是一名生意人，這是一個有時會與其藝術家性情扞格的角色。困難的現實狀況，限制了這新得的自由——但凡解放，都不免如此。若要贏得聲名，藝術家一定得顯示出一種獨特風格，若同時又得面對激烈競爭，極可能耗盡他的創意。為獲富人青睞，不但得培養他們的審美趣味，還得贏取領導潮流的藝評掌聲，更要奪得藝術商的投機性評估眼光；後者也是於十六世紀首度出現。在此同時，社會雖然就一般而言，是一個欣然並有心的客戶，卻笨手笨腳地摸索那難解的問題，亦即藝術的贊助出資問題（494>）。

一四九八年八月七日聖母慟子像（Piet）合同

……最可敬的聖迪尼左樞機主教大人同意，米開蘭基羅大師傅，翡冷翠雕刻家，將塑一座大理石聖母慟子像，顯示童貞女馬利亞披袍像，懷抱已逝基督。真人尺寸。價格四百五十金幣，開工前先付定洋一百五十。本人蓋羅，擔保上述米開蘭基羅君於一年內完成此像，將勝過今日羅馬可見之任何大理石作品。

——羅，古物收藏家，為米氏居間經紀

* * *

拜某個可喜的習俗之賜（可以追溯到上個世紀），一位腦外科名醫若也能拉小提琴、駕船，又會讀最新出版作品不落人後，在他的友朋之間，就會以文藝復興式全才／文藝復興人之名見稱。當然，他竟能與**專門主義**風氣抗衡，絕對應該美譽。不過他據以榮獲這項榮銜的資格才華，若與（比方說）

阿爾貝蒂相較，卻又嫌稍差幾分。後者不但會畫畫，會蓋房子，會談理論，而且又是詩人、劇作家、音樂家（風琴家），而且是個談神學、論哲學的作家。

皮柯認為人可以從中發展出自身才能者，以及後來義大利外交家暨作家卡斯提里歐尼形容為文明之朝的完美產物者（136>），俱包括所謂心智的能力在內——遂有「全才」（uomo universale）之稱。可是此中至少要具有人文主義的基本才能，亦即「文字素養」。這也就是今日異口同聲高舉為「文藝復興人」的那位代表性人物：達文西，之所以實在配不上這個尊銜的緣故。他所以中選，顯然是出於迎合我們最感興趣的兩樣東西：藝術與科學。作為超絕群倫的藝術大師，他還心繫工程、飛航，頗好科學觀察。他造的機器都不靈光，可是他為之打的草圖和計算卻的確不凡。「兩種文化」，竟能聚在一人身上，看在我們眼裡真是驚為天人，他那鍥而不捨的「研究調查」也同樣令人肅然起敬。其實在同時代人當中，他是唯一不屬文藝復興人原意的天才特例：也就是他缺乏文字素養。他也自承這方面確有不足；他不在乎希臘文、拉丁文，他從未寫過詩或演說體的雄文。他對哲學、神學乏善可陳，他對歷史沒有興趣。為翡冷翠總督宮畫幅壁畫，他還得借用馬基維利對一場著名之戰所做的注釋。他也不是建築家、雕塑家。最糟糕的是，他看不出音樂有何用處，（他說）音樂有兩大缺點——一為致命傷：曲終樂亡，曲子一奏完，音樂就停止存在。一被他稱為「濫用」：不斷地重複，真「令人瞧不起」。

嚴格序起位來，路德的名次還要比達文西高，因為路德是一位大作家、雄辯家（雖然古典學問的功夫不怎麼樣），又是音樂家、神學家，他也實地觀察自然，而且（如前所見）樂意運用感官品嘗生命（<26）。反之對達文西而言，只有畫才是最富表達力的藝術，比其他任何藝術的產品都更全面；

但即使在繪畫上，他的產出也很有限。這番比較非為貶低達文西，他的天才橫溢豈能盡道，也非打算將他請出名人堂，改迎那位百科全書大才子阿爾貝蒂代之。只不過為了正名，讓那個如今動不動就被胡亂加冠的榮銜恢復原意罷了。某本一度很受歡迎的著作，即曾以馬基維利、卡斯提里歐尼、義大利諷刺作家阿雷蒂諾、薩伏那洛拉等人為文藝復興人一銜的代表11。這幾位雖也非最佳人選，卻暗示著其中那種跨越學科門限的通識心靈。像這種文化人物的類型，今人只覺稀奇，卻不能真正欣賞領略。真碰上這樣的實例，反而可能會聽到「樣樣通，樣樣鬆」、看似萬能實則無一精通的竊評。

> 如果你（詩人）稱繪畫為「啞詩」，那畫家將稱詩人的藝術為「盲畫」。想想哪一種病更可悲，盲還是啞？
>
> ——達文西《札記》

事實上，所謂真正的文藝復興人這個類型，不應以天才界定之，天才此物世間稀；甚至也不該以阿爾貝蒂式多才多藝作為標準。最好的定義，是從其人多樣的興趣，以及作為業餘修養的素養出發。一名文藝復興男（**或女**）既能賦詩，又能奏之、歌之；他能品佳文、賞好畫，又能辨羅馬古物、鑑新式建築；對各種哲學門派，亦有一定的嫻熟。所有這些素養而外，一定得再加上一項，就是風度舉止具備公侯王庭之上最新實行的美姿儀。王庭之上，男男女女都被期待言詞吐屬要文雅，舉手投足須合宜，既能優雅地翩翩起舞，又能正式登場扮假面劇，還要有非正式即興演出的能耐。社交生活於他們是一門為彼此找樂子而做的正經功課，其中一項動機，就在摒擋無聊。男子還必須是戰士，兩性都嫻擅政治。簡單地說，與我們今天凡事講究專攻的知識專門主義、社會專門主義正相反，跟我們那些現成即用的預鑄嗜好與娛樂，也完全反轉過來。

當然，回到十六、十七世紀，做一個包辦型的藝術通才，或就某種程度而言，做一名科學通才，可比今天容易多了（287>）。容易非指當時這些學問比較易學，而是指理較易明，而且各學之間，也尚未畫下壁壘分明的界線。甚至可以說，那時的生命生活本身，就是籠統的，概括的。外表看來各具特色，多彩多姿，實質裡當道盛行的文化態度與配置，卻都大同小異，不論在羅馬、翡冷翠、威尼斯、帕度亞，還是巴黎、倫敦、安特衛普、里斯本。一群人數相當可觀的上層階級人士，開門延聘人才，後者等於是駐府性質的「門客」。如此這般，都是在以最新傳來的最新形式，「從事高級文化」；隨時準備就緒，一聽見不管哪一處最活躍的創新中心傳來的最新風吹草動，也都立即快跑跟隨。

僅次這種思想長腳到處流傳的現象，是旅行之頻之盛，令人咋舌，雖然當時出門在外既辛苦、風險又高。學者周遊學府，藝術家湧向最有生氣的藝術重鎮，紳士淑女競往通都大市（皆是未經組織的行動）無時或止。這種現象，與一種兼擅多國語言的心靈架構同時存在；當其時也，所謂現代民族國家觀念，尚未使心思情感專注於一國、一語。在羅馬、在巴黎，見有外地人走來，連乞丐都會用好幾種語言求討。

這批繞著地球跑的旅人既身分高貴（因此人數還不致太多），出門在外便不怕沒有著落，篤定會受到當地同道接待，不必事先通知，也不用原本認識，甚至進了小鄉鎮也無庸擔心。某某上流人士光臨本地的消息，會從客棧老闆傳到當地鄉鎮長或仕紳耳裡，敬邀的帖子便會立刻送到（此類旅記可讀蒙田《一五八〇～八一年日記》）[12]。藝術家，除非有大名氣，則隨身攜有介紹信函。

這類活動的先決要件是要有閒。貴族大家及他們供養的藝術家，既非被朝九晚五綑綁的工作者，於是一天之中，遂不時有暇享受自由，而且是分散的片段，而非集中的指定時段。今天藝術家被人欣羨，也基於同樣理由。可是這種閒暇，絕不似表面看來的單純。十六世紀的文化贊助人，整天都捲在政治、私情、世仇的愛恨情仇之中。他們要上戰場打仗，要負起管理家產的慣常重擔，再加上複雜的婚姻安排，還有曠日耗時的交涉折衝、討價還價。他們可不是無所事事，也非無憂無慮，但是他們卻做出一些看起來只有**無所事事**（*far niente*）才能辦到的事。如此矛盾，只有一個解釋：所謂休閒，是一種心理狀態，而且若無社會風氣、心態的認可與青睞，勢難存在。當一般生活程序及公眾普遍的認可，都只在一味助長「工作」，休閒就變成破例，一個逃離現實壓力的出口，必須一而再、再而三地籌畫張羅，才終能成事。休閒至此，就成為一項個別的恩准，而非通行的習俗，也因此生出了我們這時代各類專門化消遣的項目與上癮性嗜好。

至於在府中宮中服務的藝術家，同樣也忙於非關其藝術之事。他們必須設計不斷舉辦的娛樂節目，並也不免擔任一些比較卑屈的任務。「家具裝飾師」委拉斯圭斯，就必須監管國王腓力普的內廷人員。不過擁有這類人事配備（十六、十七世紀一個屋簷之下，經常住有百餘人員），辦起一些喜慶

> 旅行對年輕傢伙而言，是教育的一部分；對老傢伙，則是經驗的一部分。去他國之前，若未曾涉獵該國語言，那是去上學，不是去旅行。要看的事包括：王公宮廷、法庭、教堂、紀念建築、牆垣、城堡、港口、古蹟、殘墟、圖書館、學院、船泊、海軍、宮室花園、軍械庫、兵工廠、交易所、倉庫、馬術練習、劍術、軍士訓練、高級喜劇、首飾珍玩、袍服、稀物，以及盛會、化妝舞會、歡宴、婚禮，和死刑。
>
> ——培根〈談旅行〉（一六二六年）

取樂的活動，的確方便不少。滿滿一屋子的家臣，命令下達溝通既快，又可以直接動手辦事，不假外求。籌畫一場大舞會或假面劇，老爺一聲令下，詩人、樂師、木匠，立即一體執行，沒有籌辦委員會審思慎行的麻煩。此外，生活、工作俱在一起，也淡化了階級的明顯區別。任何反感、敵對，若有也屬個人恩怨而非階級成見，雖然上層階級的傲慢自大，與以下各次階級的欣羨之情，也難免滋生機會尋隙。既非一家也非宗族，「府第」也者，卻依然是一種保護性的建制。在這個群體裡面，不論其階級、才幹，或教育程度，人人有他的角色、有他的生計。既是主人家的「人」，穿戴著主人的旗號制服，他們可以仰仗主人在內支持其生計，在外給予保護。這是一個具體而微的小社會（可讀《費加洛的婚姻》——法國作家博馬舍的劇本[13]，而非達龐特為莫札特歌劇寫的劇詞）。

我們會很想把另一種新的社會類型，也歸諸於文藝復興的功勞：亦即新聞人或報人。不過這就有點在玩弄「類型」（type）一詞的嫌疑了：那個年代只產生過一個所謂報人的標本，而非整整一個類型：阿雷蒂諾。而且這個唯一樣本，還不甚合今日報業作者的寫作良心。他是名鞋匠之子，完全靠自學起家，利用他超乎尋常的敘事本領，或在信中或在單面大幅紙上，以當地話供應人人爭讀的新聞，因為內容經常是駭人聽聞的醜事。高階人士與政治動態，是他挖瘡的目標；有人也認為，他甚至還利用內幕消息勒索要脅。他可以稱讚人，也可以譏諷人，並因此收到安撫示好的贈禮，其中一件，就來自法王法蘭西斯一世。詩人阿里奧斯托還把阿雷蒂諾放進他的喜劇史詩《狂怒的奧蘭多》裡去（224>），並取了從此留名的一個外號：「王公剋星」。時至今日，得僱上一整批隊伍通風報信，才辦得了一份八卦報，作為文藝復興人，他卻單槍匹馬地辦到了。

阿雷蒂諾先後跟過好幾名王侯，卻很少持久，直到事業生涯中途，才在威尼斯住下來，開始定時出版他的書信集。他寫劇本，也寫對話文體，今日都被視為高級情色作品。他有一批畫家朋友，對他們有不渝的情誼（尤其是提香），並帶領公眾欣賞認識他們的價值。寫作生涯最後（可以預期的）係以兩部奉獻給神的作品結束。

* * *

前面建議「文藝復興人」一詞種種之時，除文藝復興（男）人外，還曾用斜體字附上**女人**，以示文藝復興也有女性參與。這絕不是事後才想到的加筆，而是為向大家預告一個真相。亦即十六世紀社會之鑄成，背後還有一群才氣聰穎不下男子、有時甚至威力更勝鬚眉的女子，在那裡指揮、影響（136>）。先前我曾特為說明，在本書中，除非有必要釐清分別，我都會恪遵長久以來**「人」**（man）的沿用習慣，亦即用此字意味著人類全體（human being）（即**眾人**〔*people*〕），男女都包括在內。那麼，為什麼卻還特地標出文藝復興女，如果早已涵蓋在文藝復興（男）人一詞裡了？首先，是為了強調我們正在討論的這個群體中間，有一些我們將要在本章會晤的女子。其次，是為引入下面這幾頁對於man之一字使用法的討論。以下就是。

離題論「man」（因中英有別，此段凡有關男女關鍵字，俱以英文為主以示原形原意）

此字始終受青睞沿用的原因有四：為語源故、為方便故、為「男女」（man and woman）一詞潛在的意義不完整故，以及為文學傳統故。

先由最後一個理由開始。遥棄一個長久以來已經積習成俗、又為大家熟悉的用法，而不先回看一下它的服務紀錄，是一種不聰明的做法。舊約《創世記》裡，我們讀到：「神造 man，造男造女。」簡單地說，在一六二一年以及更早以前，man 之一字就已經意味著人類全體了。多少世紀以來，動物學家都用 man 來代表我們這個物種：「man 棲住在各種氣候區。」論理學家也說道：「man 是會朽壞的。」哲學家則誇稱「man 那不可征服的心靈」。詩人韋伯斯特寫道：「man 只在他的生時繁茂。」（And man does flourish but his time.）在所有這些使用裡面，man 這個字都不可能只指「男性」。可是若贅加上 woman，不但不能添加任何意義，反而聽來可笑。因此 man 這個字，一如其他許多字，具有兩種相關意涵，上下文可以顯示得很清楚。

何況，意指人類全體的包括型用法，也非任意武斷的發明。梵語字根 man，manu，就只意味著人類而已，而且造字如此傑出，與「我思」（I think）這個梵字同一語根。一些被認為帶有差別意味的複合字眼（如 spokesman〔發言〕、chairman〔主席〕等等），其中的 man，都保有代表人類的原意；一如 woman 這個字更是明證，在語源上係表示「為妻之人」（wife-human being）。Wo 這個字頭（*waef* 的短化形），似乎應該令狂熱派加倍地難以接受 woman 一字才是，可是看樣子一時沒有他字可以替換。同樣地，專有名詞如 Carman 則是由 car 加 man 而成，car 指男性，man 則為其慣常意義：人的通稱也。Car 字原為 carl 或 kerl，指最低層的 freeman（自由民），多為鄉下粗人（Carl 這個字源，又更進一步給了我們 Charles〔查理〕及 churlish〔粗鄙的〕這兩個字）。

英文裡用來表示不同年齡、職業的字詞，隨時間已改換過性別，甚至失去了原有性別指稱。因此 girl 一字原指男童或女童，maid（今指少女或女僕等）原只意味著「成人」。而以 -ster 結尾的字如

spinster（未婚女子）、webster（編織者，今已不用），則係專指女人。但如今在 gangster（歹徒）、roadster（風塵僕僕之人或輕便車）裡面，卻已不再如此。暗示性的含意也移轉了。在拉丁文裡 homo 是人類，vir 是男性，所以 virtue 係指戰鬥中的英勇；在英文裡，長久以來卻代表女性的貞潔。這種混淆的紀錄告訴我們，最好讓它去，不要堅持己見，把一個原本大家都很清楚明白的通用字眼，硬用片面闡釋弄亂了。

有人也許會以一句「沒關係，誰還懂，還在乎過去呢。man 這個字，反正就是不像話」，而把我們從新舊用法學得的經驗教訓掃到一邊。在這一點上，務請改革者正視實際需要。每隔幾段話就不斷重複「man and woman」，後面又跟上 his and her（他的與她的），實在太臃腫了吧。不但破壞了句子的節奏與平順，也在無必要處製造多餘的強調。man 最常見的用途，往往是因為好文章、好文字需要一個又快又短的中性字。可惜英文不再有那麼一個特別字眼，可以用來承擔如法文 on（= one）所擔任的任務。其實 on 這個字，根本只是縮寫了 hom (me)——又是 man。

同樣的中立用法，德文有 man，這可是真正忠於梵文原意，意指人類。英文本來也有做同樣用途的同一個字，直到一一〇〇年左右方止。德文另外還有 Mensch 一字，代表人類的意思。所以追根究柢，法、德二文同樣帶有英文 man 字的雙重意義，只是更容易一眼看穿。這實在是唯一可以權宜使用的概括字眼，除非有心人故意曲解。畢竟落筆為文，起碼得像個樣子，為求通暢，就得排除那種再三出現的怪句子，也不可過分堅持只有（比方說）法律文字才需要的細節。此外，那些自命用字改革者的人士，又往往發出自相衝突的命令。又要凡在 man 字出現的地方，也非搭配上 woman 不可，又呼籲全面禁用帶有女性指稱的字眼，如 actress（女演員）。

事實上，任何具有性別意識的做法，若把思考方向領上岔路，搞成社會議題（當然，那也是非常重要的大事），反而因此壞了自己的事。其實即使就社會議題而言，如果以為把字拿來敲敲打打修改一下，就能在一向毫不尊重女性的社會裡面提高對女性的尊重，或以為因此就可以在偏見甚深的地方提升女性的權力地位與收入，言之實在難以成理。

最後，如果說必須一一點名，把人類所有分門別類的稱呼都照顧到，才能對大家以示公平，那麼單單列出「men and women」豈非有欠均衡，還得包括「teenagers」（十三到十九歲的青少年）才行。青少年，在世界上角色可很吃重，在「men and women」一詞裡卻不曾清楚辨識出來。再進一步想想，還有兒童這一分子呢；音樂神童，就是其中一個小族。而且別忘了還有八歲、十歲、十二歲級：他們（有時更有女童喬裝假扮）過去曾在西方陸海軍中，或任鼓笛手或充船上侍僮。哥倫布船隊上就有這麼一支小人兒隊伍；每一位新世界大探險家，船上也都少不了這批人數相當多、被眾人辛苦驅役的小小幫手。馬奈畫中的小吹笛手，還有愛娃・貢薩列斯筆下的那一位，在在提醒著我們，甚至在十九世紀中期以後，這些無家無主的小流浪兒還在派上這等用場。最後一位被人如此紀念的兒童，也許是美國風俗類型畫畫家強生筆下的「受傷鼓童」[14]；此畫係描繪美國內戰最激烈的高潮時期。

西方文化欠兒童的情，還包括另一項比較不這麼殘酷的方式，即教堂起用男童合唱團的古老制度。文藝復興時代的英格蘭，所謂「男童演員」都是正式演員，完全不似今日學校演戲那般外行，他們是專業人員，有正式劇團組織。其中一團還是莎翁劇團的嚴肅對手。

至於青少年的文化貢獻，種類更多，紀錄也較完善。思及此，便不由得想到我們這個時代較之過去，對年齡的看法實在太不同了。十九世紀小說家喬治・桑二十八歲便宣布自己太老不能嫁了（其實若照習俗，她一到二十五歲便已經是老處女）。英王理查二世才十四歲，就單獨在大戰場上面對著瓦特・泰勒領導的農民叛軍，並以一番話便安撫了他們。這些態度想法，在今天我們難以想像，在當時卻都理所當然。即使近在我們這世紀快開始前，社會上依然給予少年人以正式的社會責任。羅西尼十四歲便指揮管弦樂團，十八歲即帶領波隆那愛樂交響樂團。德國音樂家韋伯擔任類似職位時，年紀甚至更輕。

在戰事中和政府內負有指揮大任的領導職務，也是少年即得。亞歷山大・漢彌爾頓十四歲，就在聖克魯瓦島為一些與他的雇主貿易往來的船長立下規矩；十九歲，即在華盛頓將軍麾下擔任侍從副官。英國的小彼特任首相時才二十三歲。法國數學家拉格朗日在杜林皇家砲校出任數學教授時才十九歲。在卡斯提里歐尼所著的文藝復興禮儀手冊《朝臣》一書裡（136>），魅力人物之一就是羅維雷，教皇之姪，十七歲便出任教廷大將，旋即又任「羅馬將軍」。在這本書裡，他剛打了敗仗，可是友人敬他依舊。他的階級、地位，他的迷人、心靈，都保證他一開口，人人聆聽，彷彿他是名成熟老到的哲人。少年人可以帶兵打仗，因為在年紀較長的戰士帳下擔任侍僮，可能十二歲就被立為騎士。一旦才華初露，不必經過層層階級爬升，立可升級，直達頂層——見拿破崙帳下幾名元帥的際遇即可知。

這類「英雄出少年」的文化期許，係基於當時人壽命不長。期待高，也促使年輕人早早爭取達到這些目標。墨蘭頓不到十四歲就寫成一部挺不錯的劇本，巴斯噶十五歲即為文論圓錐曲線，贏得萊布尼茲和其他數學家的讚賞。哈雷（後因其彗星聞名）十歲上就已是正式的天文學家。同樣現象也適用在女性身上。梅迪契家的凱薩琳小小年紀，就嫁給法國王位繼承人亨利，此時她才十四歲（只比莎士比亞的茱麗葉大一點），新郎則比妻子大了幾個禮拜。這項婚姻係由教皇一手安排，是一項複雜的政治安排裡的一部分。為使這計畫安全成功，凱薩琳還應儘速生子。當情況顯示，亨利不能勝任這項要求時，教皇用以下的話挑戰凱薩琳：「一個聰明的女孩子家，當然想得出法子讓自己懷孕囉。」我們不久就會在她最盛之時，一晤這位了不起的女政治家（138>）。

＊＊＊

《朝臣》此書，與路德的〈九十五條論綱〉幾乎同時。一讀之下，就會立刻注意到其中兩個角色，加斯巴（Gaspar）和奧克塔維安（Octavian），被宣布為女性之敵，其他人都一直反駁他倆。書中多數人的意見，都認為女性無論在理解力、德性、能力上，有時還包括體力表現，都不比男性遜色。女性還被顯示出曾是英明君主、大詩人和談話藝術家。書中對談者包括四位女性，其中兩位係居間主持，她們做出的決定，在在顯示她們對於討論題目擁有的相關知識，與男子一般豐富。女人希望（也是書中的描寫）自己的舉止保有溫柔特質，因此同樣的事，她們可能會用一些異於男子的方法。這一點固然不錯，但是殊途同歸，結果卻更見精采。至於男子，雖也受女子的文明教化薰陶感染，卻不該因為講究修養文雅，而失去他們那種精力充沛的進取心；這是男子與生俱來，也是他們達成男人特有的任務所需有的特質。

為女人辯護表白，可不只是卡斯提里歐尼腦中的抽象概念；當時足以支持其主張的證據，俯拾即是。與男子平起平坐、真正發揮才幹的女子，十六世紀不勝枚舉，任請大家觀看、評判。文藝復興教皇治下的梵蒂岡，滿是女政治人物——掌權人的女性親戚，也有其他關係較遠的親戚。眾女之間，互相較勁爭權奪利。其中一兩位還擔任最後決策者多年。宮廷陰謀鬥爭的世界帶出了她們無比的才能，換作另一個背景，必可以成功統治一個近代國家。

其實女性當國的場景也確有其事，而且表現優異。西班牙國成形的重要關鍵期間，卡斯提爾女王伊莎貝拉於治理西班牙一事上，就一再證明了她的的確確是其夫費迪南**更好的**另一半，我們下章即可一睹其事（154>）。後來在同一個世紀裡面，腓力普手中雖然牢握西班牙，卻為自己這個幅員過廣的帝國大感頭痛，他需要一個代表，去統領不聽話的尼德蘭，遂指派了其私生姊妹帕爾瑪的瑪格麗特出任總督。她統治這塊喧囂反叛之地共九年，調停手腕靈活，叛事的爆發因此後延。她之所以未被後人紀念表揚，是因為她「站錯邊」，同時也因為她的繼任者阿爾伐公爵使用高壓手段殘酷鎮壓。現代自由主義式的情感，往往為荷蘭人喝采，把所有曾經妨礙它解放的人冠上罪名。可是奮鬥的因由，以及最後的勝負，並不能用來衡量當事人雙方的才能。公平的評斷應該遵從像美國內戰的榜樣，不介意視南方的李將軍為英雄，雖然他打的這場敗仗，是為著保持蓄奴制度而戰。

另一位十六世紀的女政治家，也極值得注目，她是薩伏衣的路易絲（也是名十四歲的新娘）。若沒有她，她兒子法蘭西斯一世很可能當不上法國國王，因為這一脈王位繼承資格其實有所爭議。但是她溺愛這名虛榮自溺的年輕人，遂一展她的外交天才，手段之高，竟真把他拱到王座上去。一旦登基，此子表現還不算差。但為什麼路易絲的大名，卻不曾列入歷史書上的造王人名單內呢？一五二九年結束法西之戰的《坎布里和約》，又為何不曾提及她才是幕後協調交涉的談判人呢？這個和約其實不久就被稱為《女士和約》，因為另一方立約者是奧地利的瑪格麗特，查理五世的姑母。至於英格蘭的伊利莎白女王，歷史早已給予她應有的地位功績，此處就不必再贅述她延遲或化解危機的技巧如何高竿。可是我們卻不可不知，她也是當時學識最淵博的人之一——這型知識人物，傳統上都被稱為男性氣質。她的公關組織手腕亦極高明。

其他還有許多在十六世紀政治居領導地位的女性，也都值得一提。此處再介紹一位即足：前面曾提過那位十幾歲就結婚的娃娃新娘凱薩琳，她的名聲不佳，原因也在她所服務的利益不合我們的口味。可是先後作為法國王后及王太后，她力導維繫君權、保全王國完整的政策。她面對無情的黨派分裂，包括更正派的雨格諾宗。她被後人責以聖巴多羅買日大屠殺的罪名，可是此事到底是不是她的責任，其實並不清楚——要知道雨格諾宗也曾在聖彌格節（St. Michael's，天使長米迦勒）上屠殺過天主教徒，我們卻從未曾聽說過「聖彌格節大屠殺（Michelade）」這個字眼（指此次屠殺事件）（可讀巴爾札克的半虛構小說 *Catherine de Médicis*）。

凱薩琳朝上有許多義大利人任職，這些外來者為當地人所憎恨。但在她領導之下，影響所至，許多文雅事務從他們的家鄉進入法國人的生活（法語至今還保存了他們留下的一抹異痕：把r發成s這種時髦說法，顯然就是模仿他們的腔調。結果法語的椅子，原本是很合情合理的 *chaire*，卻變成如今的 *chaise*）。

再看比較柔和的一類，我們又遇上另一顆「珍珠」，納瓦爾的瑪歌——亦稱安古蘭的瑪歌，她是法蘭西斯一世的姊妹，拉伯雷的保護人。在她位於法國西南的宮中，她招待作家、各類思想家，有一段時間還包括喀爾文在內。她鼓勵商貿、獎勵藝術，她也寫詩，並曾試著調停天主教徒與雨格教派的

> 英格蘭伊利莎白女王吩咐立星期四為熊戲日，並下令戲院不得於該日開門，否則「大大有損專為她陛下取樂而設置的各類活動」。掌熊官徵用各地熊、狗，以為她娛樂之用。（熊頸或熊腿綁在柱上，放狗去咬熊鼻，咬到為勝，一五六五年）

紛爭。她的出色傑作《七日談》，步薄伽丘的《十日談》，共有七十二篇故事。不過氣氛情調上卻匠心獨運，也因時間上相差了兩個半世紀，風格舉止都有所不同。此書曾被稱為「一流的色情文學」，內容當然是關於性愛：都是一些愛情故事，講述談情說愛的把戲和曲折。多數也有違禮教，可是今天的色情販子，若想在其中尋找今日不拘高級低級小說都已成家常便飯的具體情節，可就要大失所望了。

瑪歌的同代人，認為她「跟她的美麗一樣好心，又跟她的好心一般聰穎」。她所說的故事也極其真摯地讚美正直高尚的愛情與貞潔。那些姦情、謀殺、教士納妾的情節，並非用來逗引人的性幻想，卻可能只是記錄作者對當代生活真相的觀察所得。當她的語氣嚴肅時，案情可就是一宗大罪，隨後便會有懲罰來到。書的末了（全書並未完成，原計畫要寫一百個故事），她更瀕於一種嚴肅的自然主義傾向，此時愛情仍是驅動的力量，性愛卻消失了。她的文筆可列入當時之最；素樸單純（沒有任何需要大發哲學抽象議論的地方），因此明白曉暢。

古爾那的瑪利收養了蒙田做父親（因為真是**她**收養了**他**），則的確進入哲學領域。她是一名博學多聞的女子，巴黎所有的頂尖名家都與她時相過從。她編過兩大冊蒙田《論文集》，寫過一篇〈詩辯〉，一篇論述〈論法蘭西語文〉，一篇專文談〈貴族為輕〉。更重要的是，她寫下了〈男女平等〉。在最後這件事上，應該加一句，她有其他人的支持，這些人是男性，尤以日耳曼人阿格里帕為最。他為「女性[15]超級出色」說話。蒙田逝後，瑪利更曾考驗自己的自立能力，獨自橫越法國去拜訪叩慰蒙田家人。

另一位十六世紀藝術家露薏・萊貝，個性獨特令人印象深刻，不下前面幾位。她是詩人、音樂家，又精通馬術及其他多項運動，擅長數種語言——這些才能都是她十六歲起即與其父服務軍中之後習得。最在當時屬難能可貴者，她還是布爾喬亞階級出身，可能也召聚詩家、藝術家於身邊形成所謂**沙龍**的第一人。沙龍也者，等同布爾喬亞的宮廷。她的著作包括十四行詩與哀歌，至今仍有選集問世，還有一部極不尋常的散文作品《愚與愛的辯論》。

相當於露薏・萊貝這樣的女才人，在英格蘭有一位潘布羅克夫人。她應得的地位名聲，已為人紀念述說，英國詩人**斯賓塞**列她為當代最偉大詩人之一。以尤萊尼亞（天文之繆斯）之名傳世，她贊助詩人、劇作家，並與其兄詩人席德尼一起將舊約《詩篇》編上格律。一般也認為席德尼那部高貴動人的作品《世外桃源阿卡迪亞》，有她發出的一點女性主義聲音（235>），聽說她還修改了其中一些「太露骨」的片段。

雖說以上女性除一位外，都屬貴族階級，我們卻不可因此就假定，其時女子的藝術天分、管理才幹，只存在於社會的最上層，或者說只有在那裡才能發生作用。事實上，各個階級都曾有過（而且一直有著）數以百計的女子，對她們周遭的人事物，是實際上的統治者（有時甚至還是女暴君呢），至於寫詩作文、自彈自唱，或從事這類那類裝飾性手工藝的才女也所在多有。有一種觀念，以為過去這半個千年以來，除去最後的五十年，女子的才華、人格，普遍受到壓抑；這種印象其實完全是錯覺。而且，前此女人也不是都沒有受教育或自我改造的機會。財富地位固然是先決條件；以前是，以後也將一直會是。但事實的真相是，自由也者，絕不可以用非有即無的二分法來下定論。任何判斷都得出以比較才是。個別的例子更顯示，文化中的真實狀況往往有異於我們以為照理會發生的情況。事情的可能性不一定都聽習俗絕對支配。

女人的身分地位，也可以用同時代男子的地位身分來判定。在十六世紀以及日後同類的嚴密階級社會裡面，男人也被剝奪了許多機會（受教育的機會、發揮才幹的工作機會、離開他們為之流汗賣命的狹小空間的機會），因此平行移動的可能極少，甚至全無，更別提向上移動了。在文藝復興時代，這種緊壓的感覺比前更甚，因為教士階級的聲望漸失。反之回到中古時代，即使出身最卑微的男孩子，至少還有機會受教育，並因此有望升至教會或政府的高位。宗教改革之後，這些位置愈來愈由非神職人士占有。因此在很長的一段時間裡面，男子其實也處於一種受壓受制的狀態，與十九世紀約翰·彌爾所稱的女性備受壓制的狀況不相上下。再者，既然彌爾腦中所想的對象，是他那個時代的女性，而她們中間也確有不少位嶄露頭角獲得公眾注意，或竟然取得權力，因此也許可以再做另一種形式的比較，亦即與穆罕默德國家的女性地位進行對照。

妨害自我發展的障礙，不論發生在任何時代，或針對任何人而設，都不合理；因此此中的文化意義，並不在為這些障礙的存在找理由，卻在指出社會常態與文化真實之間的落差。如果說，我們看見文藝復興時期的「藝術家」，開始以一種可以決定自己方向的獨立人格姿態浮現，可以向雇主說：「別插手，閉嘴。我的工作我知道得比你清楚。」這就暗示前此他受到雇主（以及行會的）壓迫轄制。事實上這種受制的狀況永遠也不會完全消失：經紀人、贊助人、大眾，直到今天都還在繼續限制、妨礙著藝術上的自由意志。

這也就是說，文化沒有所謂的絕對性，正反兩面皆無。請看目前為止已經介紹過的文藝復興人物，並沒有任何一人因見女性揚名出眾而大吃一驚。這裡提及的幾個名字，只不過是優秀女性名單上的一小部分。其他幾位也非無名無姓，她們的生平也都有詳細記載，有詩、有信，還有其他各種讚譽、哀悼的表示，紀念著她們的離世。《朝臣》一書展示的辯論，暗示著真實狀況永遠領先於刻板印象。正因為這個事實，因此刺激鼓舞了主張兩性平等的言論。

過去四世紀裡，社會結構、經濟生活，以及文化期許都發生許多改變，一步步都朝向自束縛之下**解放**出來，同時並使**個人主義**成為一種**自覺**的共同展現。藝術家，就是其中最顯眼、精神氣質最相投的例子。可是那種完全為我的任我行境界，卻仍是一個有待達成的目標，而非免費的賜贈。在任何體制之下，任何人若想實現自我，除了必須要有才，並知道如何運用這份才之外，還必須長期發揮意志力。然而每天可見的狀況卻是，即使付出如此心力，許多人還是失敗了，於是他們抱怨「備受壓制」。在此同時，絕大多數人卻不覺得有出名或表達自我的需要；這並不表示他們就得不到任何敬意，或難有可容其發揮小小才能的餘地。至於人人適才適所，又能獲得他或她應得認可的理想社會，尚有待設計並使之生效。

第五章　時代的橫剖面：一五四〇年前後從馬德里看世界

本書所述的時代橫剖面，是假借一名觀察敏銳者，從特定時空角度，所可能察見或聽聞的形形色色事件及思想。一個「好人家出身」的少年人（姑不論好人家的定義為何）如果頭腦夠清楚，通常長到十二三歲，就會開始察覺到身邊那廣大的世界。舉凡最近這段過去的種種，此時也都在他們心裡自動消化吸收。因為對他們雖是過去，對其父母卻是「現在」，一個父母不斷提及的現在。期間發生的驚人事件、出現的駭人觀念，便透過側聽大人言談，似乎已成為少年本身經驗的一部分。有了這個開頭，他的心靈遂不斷地保持時代最新動態；而人的心靈，正是文化生發存在的所在——至少是其中一個所在。這樣一名觀察者，假定可以再活上四十歲（對十六世紀而言，這已經算很慷慨了），那麼至少就擁有半個世紀的世間風景可觀——其中三十年，是直接的一手知識，另外二十年左右，則是由周遭環境的集體記憶集成；後面這項知識，在某些關鍵點上，還可能無限回推到無窮的過去。

至於選定來進行觀天下的城市，則都與截至目前為止所討論的文化主題，有著時間上的關聯。並為行文清楚故，這些橫剖面篇章的先後次序，大致都有連貫性。不過真實人生，一如英國散文家哈茲里特提醒我們，是「一團混雜」，由一大堆顯然不相干的偶發事件以及莫名動向攪在一起，因此這個世界，每天都有著不同橫剖面。為反映這種什錦式的人生印象，彷彿世事聚合純屬偶然，此處自不免加以仿效。但為求筆畫明晰，也交代一些背景說明。

首先，介紹一下這第一篇橫剖觀察的所在之地：馬德里。此城正如我們已經探討過的許多事物一般，也是一個十六世紀的新創。近世之前，它只是西班牙中央的一處村落，棲處六百呎的高原，海拔二千一百呎，直到一五四〇年，才頗有一展而成歐洲一大都會之態。這一年，查理五世剛滿四十，為痛風所苦，說不定還有瘧疾，遂來此靜養；心想此地空氣冷冽清新，前兩次留下良好印象，想來對他健康有益。

其他就乏善可陳了，而且多年沒有改進。土質差，樹又少，水也不足。泥磚造的房舍又狹又醜，滿街泥濘、垃圾，沿路豬隻亂奔——有當地主保聖人撐腰嘛。就連馬德里這個名字，涵義也不明確：阿拉伯文原意，可以是「有風之處」，也可以是「流水」，或乾脆就是「要塞」；三千左右的人口既不增也不旺，直到欽命在此建都方才改觀。這最後一點又與俄羅斯同；兩國之間有很多奇妙的相似處，都同附於西方世界的邊緣。

沒有真正的河流，卻只有一條好像在炎炎夏日下會隨時消失的小溪，馬德里與外地來往交通不便。待半世紀內人口增為三萬，糧食就得靠連綿不絕的騾隊運進來了。西班牙本國人和外來「移民」遷來此地，全因欽定此城為「忠臣與王上的朝廷唯一所在」。但是一五四三年間，倒也有過訪客形容它的好處——一座可喜的大園子，錦衣麗人與其護花使者漫步其間。妓院都搬除了，有一些漂亮的公私建築可供欣賞。新來者卻也有人認為，馬德里有「九個月冬天，另外三個月是地獄」。

這地方，差不多就這樣了。本來並沒人在找新都；國都地點可謂不勝枚舉：卡斯提爾的瓦拉朵麗，西哥德人與摩爾人的托雷多，羅馬人與摩爾人的撒拉古撒，羅馬人、汪達爾人、西哥德人和卡斯提爾的塞維亞——在在證明西班牙向來分分合合的歷史。於是心懷這些細節，當十六世紀瀕近中期之際，一名馬德里居民，不論新來或舊到，心中最常想的會是什麼？首先，當然就是一手創建馬德里的那人，亦即

查理五世

到了一五四〇年這時候，西班牙人都已經很習慣他了。但在二十年前，他以國王與神聖羅馬帝國皇帝的身分初來乍到，卻是一個未知數，一名剛滿二十歲不久的青澀少年；而且是外地人，一個不會說西班牙話的佛蘭德斯人。他帶了一名勃艮第顧問同來，以及一隊依附他的佛蘭德斯食客：這種君王，簡直不可能得到民心。但是這位年輕人富正義感，學習又快。養成教育良好，既有現代新知，又具中古倫理；也就是說，他擁有俠義精神的理想：對神忠心，在世重視名譽，看不起貪心與狡詐。

然而作為那一對天才夫妻檔，卡斯提爾女王伊莎貝拉與亞拉崗王費迪南的外孫，查理既承祖業，除靈性責任外亦兼負俗世義務。當年外祖父母聯姻結合再加上攜手努力，已為西班牙半島統一大業展開第一步。可是他的身分處境很難：他不是西班牙的國王，這樣一個政治實體尚未存在。他事實上統治四個王國：納

> 我得授帝冠，不是為取得更多領土，而且為保證基督徒世界的和平，並因此聯合一切力量，為基督信仰的榮光，抵禦土耳其人。
>
> ——查理五世（一五二一年）

瓦爾、瓦倫西亞、亞拉崗－卡斯提爾、加泰隆尼亞，每國各有其議會，以及某種形式的自主權。甚至到今天加泰隆尼亞仍和中央政府不和，納瓦爾地方的巴斯克人更是造反家與恐怖分子。而且真要講究起來，查理連君主的身分都不具，他母親西班牙公主喬安娜才是，可是她因精神失常已被幽禁（可讀 Rupert Croft-Cooke 著 *Through Spain with Don Quixote*）。

亞拉崗加冕之際，有人就讓這名年輕人明白，他這個角色不好做。加冕典禮上，議會宣稱他們是共和國，國王經選舉產生。這就等於知會他：「是這不比你差的我們，讓那不比我們強的你，擔任我們的國王。而且除非你遵守我們的法律與風俗，我們才對你真正效忠；否則，門都沒有。」難怪查理當政多年之後，歐洲消息靈通人士談到西班牙，都仍用複數「西班牙諸國」，一如他們也用複數稱「日耳曼諸國」。

但是及至一五四〇年際，從馬德里看出去，查理其人、其疆、其治，氣象俱臻恢宏盛大。他是一個南及義大利，北至尼德蘭，東從西班牙起，跨海越洋直到墨西哥、祕魯，還包括地中海上數十小島在內的廣大帝國之元首，又是日耳曼各侯國以及西半球無垠地帶的太上君主。疆域之大，是古羅馬帝國的二十倍；有史以來第一次能以「吾土之內，太陽永不西落」炫耀的誇稱，亦因此而發出。西班牙遂成歐洲第一強國。馬德里的泥濘，亞拉崗人的傲慢，都不打緊了：透過王位繼承而聚集組成的列國大集合，讓人有理由希望著查理曼的帝國終有可能再建，但丁「天下共主」的夢想亦終能實現。

但是這麼大的權勢、在歐洲擁有這麼遼闊的疆土，勢難免戰事連綿，為的是決定歐陸應由哪家國王稱霸。一定得說國王，而非國家，因為當其時也，國家這個政治新發明，還不是一個明確或穩固的實際存在物。日後被稱為民族國家主義的這份感情，此時多僅屬負面——憎厭朝廷上那些外來顧問而已。事實上外國人竟可以在朝做官，正顯示當時國家觀念多麼有限。而且除司令官與參謀幕僚是本國人外，為法、西兩國國王上場交戰的軍隊，也根本不是法蘭西人或西班牙人，而是日耳曼人與瑞士人（149>）。

還有另一個細節，我們這名觀察查理大業的人士，應該也不會感到驚奇：這些爭霸之戰（都沒有結果）多在義大利境內開打，雖然作戰的目標是為控制勃艮第公國——本來在查理祖上，就差點將之納入歐洲的中王國。他的對敵法王法蘭西斯一世，卻也對其中部分地區聲張主權，理由很實際：如果落到查理手裡，法蘭西斯王國豈不就被包抄起來了。沿著萊因河兩岸的那片土地，佛蘭德斯、亞爾薩斯、洛林，以及勃艮第本境——事實上歷來都是歐洲兵家必爭之地，又繁榮又具戰略性，難怪今天它仍是歐盟最活絡的中心地帶，歐盟主要機關都坐落在區內的布魯塞爾和史特拉斯堡。

十六世紀的戰爭舞台是義大利，因為此地傳統以來就是戰場（一如後來的日耳曼），原因出在它的分割狀態，造成各種結盟——教皇、威尼斯共和國、米蘭大公國等等，合縱連橫，變化多端。領土屬地、外交策略，俱以統治者之間的政治聯姻為基礎，結果更使領地的所有權重疊，一團混亂，又因預計之外的猝亡以及呱呱落地，弄得更加複雜，遂成爭奪不斷再起的肇因。

衝突不斷，除與王朝、戰略攸關，個人身受的程度可從世紀中期一個小插曲看出來；這件事，當時馬德里居民都記得很清楚。一五二五年，查理五世在義大利帕維亞一場大戰役裡擊敗法蘭西斯一世，陰錯陽差，法蘭西斯竟成了階下囚。這位法王寫信給他深諳政治的母親，薩伏衣的路易絲：「什麼都沒了，只有命和榮譽¹還在。」查理不好意思竟以人為戰利品，遂把他送到馬德里一座監獄古堡阿卡薩，以貴賓之禮相待。

仗打敗了，人也被俘了，還有何榮譽可言，這是我們今天難以理解的觀念。不過一如先前所提，中古觀念此時仍具影響力，對查理的腦袋尤然。封建時代的戰爭概念，是兩名騎士之間，在友人及僕從協助下對抗競技。打歸打，卻都同有一項認知：只要打得精采，或勝或負，動搖不了榮譽分毫。輸的一方照樣回家，包紮傷口，重新開始。雖然雙方都是為產業而鬥，心裡卻以為是為（法定）權利而戰，也從來不曾以為自己是代表一個國家。這也是雖敗卻無損顏面的另一個原因。

西班牙當地人也是這種看法。當年查理初來乍到，他們以一場比武大賽接風，他也加入過招，弄得一身是傷，骨折無數。帕維亞役後又一場危機，他甚至主動請纓，要與法蘭西斯直接單挑，以免去另一場勢必勞民傷財的戰事。有鑑於此，查理很快就學會欣賞西班牙的國粹鬥牛，甚至親自下場，可以玩得更盡興，也就不足奇了（可讀 José Castillejo 著 *Wars of Ideas in Spain*）。

帕維亞的局面對他來說，似乎不過也是另一次騎士性的一對一。他去拜訪他的階下囚，發現人犯躺在床上。法蘭西斯掙扎站起。查理脫下帽子，給他一個擁抱。法蘭西斯說：「閣下，你看，我是你的囚奴。」查理回道：「不不，你是我的好兄弟，是我自由不受拘束的朋友。」「不，」對方再次表示，「我是你的囚奴。」查理也再度稱他為「我自由自在的朋友與兄弟」。事實上他對「法蘭西王室」尊敬已極，並下命務對法王備盡禮遇。可是法蘭西斯心裡，如他不久將有的行為顯示，卻對戰爭似乎懷有一點較現代、較近國家觀念的想法，而且他極感沮喪。他自殺了，負責監護他的西班牙軍事首領阿拉爾孔救下了他。可是他心裡還是一直發愁：釋放他的條件會是什麼？

中世紀的解決之道，應該是付一筆贖金。法蘭西斯的姊妹才女瑪歌，其宮廷是藝術文學中心（<139），向查理求情，放她兄弟走，彷彿一場戰役只不過一回比武而已。懇求無效，法蘭西斯決

定「扮成黑奴」逃出去（天知道這所謂黑奴裝扮是什麼意思），雖然他承諾絕不輕舉妄動。他顯然真覺得自己是被囚的奴隸，而非比輸的騎士。結果途中被抓，查理震驚，簡直不敢相信。一名基督徒彬彬紳士，怎可食言如流氓小人？由高貴的王者風範，變為國家生存理由（raison d'état），從個人騎士變成國家元首，從中古變移現代，這轉換的過程，真是不易，真痛苦啊。

接下來的《馬德里和約》再度證明其中滋味：法蘭西斯交出兩個兒子做人質，以示他對義大利及勃艮第兩地放棄一切權利主張的誠意。但是一旦抵家，他便拒不承認，聲稱這些條件是在監禁威脅之下被迫答允。戰火再起，持續了兩年。戰事高潮期間發生一事，令所有基督教世界憤慨震怒：查理大軍竟然肆虐羅馬，燒殺擄掠的恐怖行為為時甚久。查理本人和領軍的波旁指揮官，都不原諒這個暴行。但部隊根本難以控制，他們的餉銀已經太久沒發了。在此，又顯出國族觀念模糊的時代表徵：一支傭兵部隊，由一名來自法蘭西南方的公爵統帥，竟在戰場上與一支所謂「法」軍交戰，而後者行伍之中，亦鮮少有真正的法蘭西人在內。

就是在這場戰役其間，那位「大無畏又無汙點的騎士」貝雅，「是」法蘭西本國人，聽說在瀕死之際，溫言責備波旁指揮官不該背叛自己的國家。這件小小軼事，隱隱暗示有一種效忠本國之心，雖然整個時代對此仍感淡薄，即使在最高貴最有尊榮者中間也不例外。這種狀況還要再歷三百年：軍人、政治家，可以毫不罪咎地為非自己本國的君王與國家效勞。至於那些每隔幾年，便全區一再換手的地域，更無所謂充分界定的國家可言，也沒有「公民地位」，只有「屬民」身分，依戰爭勝算走向被整批換來換去地易手。

這場戰役，卻在一個少見的方式下結束：和談任務，係由兩名女子出面：法蘭西斯的媽媽路易絲和查理的姑母瑪格麗特。我們前面曾看見（<137），和約立刻被冠上《女士和約》之名。法蘭西斯換回兩個兒子，毫髮無傷；已被選為皇帝十年之久的查理，也終得由教宗正式加冕為帝。

其實連當年那次選舉，也因女子出力方才成事。查理的姊妹，另一位瑪格麗特，曾幫著分送賄賂——向好心的日耳曼金融世家富格借來百萬銀錢（<24），半數直接交給七名選帝侯，其餘則送到一些可能會出來礙事的王侯手上。瑪格麗特後來又再度出馬助查理一臂之力，出任尼德蘭攝政：他自然不可能親自在每一處坐鎮。而那場與法蘭西斯直等於永遠打不完的戰爭，也非他心頭手邊唯一要事。他還得力抗那打不死也打不退的土耳其人。在東，有其弟費迪南把關，守住維也納與匈牙利門戶，抵擋土耳其人侵入。可是這些異教徒在海上也是一大威脅，土軍甚至與一名非常厲害的海盜巴巴羅薩聯手——基地在阿爾吉爾。為鏟除這名大患，查理計畫征服北非，也實現了一部分。可是貿易行旅遭受的威脅，卻要到十九世紀初期，美國海軍終於擊敗了北非「巴巴里海盜」之後才算真正減輕。

看見查理以上多項活動，我們這名來自馬德里的觀察人士，可能會奇怪（而且有些著急）皇帝顯然忘了日耳曼的大事。那兒正有異端氾濫，嘲弄真信，卻竟能不受懲罰。可是查理雖虔誠，卻不狹隘。在宗教事上他請教並謹從伊拉斯謨斯之道。路德在沃木斯以及後來的反叛言詞，也未稍改查理的容忍心腸，更何況在他印象裡面，福音派做法其實與溫和派天主教差異不大，因此其心更堅。有很長一段時間，他以為大和解，亦即合歸一個教會甚有可為。但是教皇務居教會首位一事，終成唯一去除不掉的障礙。然而除此之外，又還有日耳曼哪一國，該由哪一人擁有並統治的頭痛問題。這問題一定要解決。接近世紀中期，何塞的腓力普叛出新教，在他協助下，查理藉一場決定性的慕爾堡戰役，幾乎盡殲更正教。其後不久，遂有協議王侯可自選教派，並可統治心向同教的百姓；查理同情包容的立場遂告完全終結（<32）。他見兩方都有這麼多的王公，純為貪奪土地而背信改宗，感到深痛惡絕。

＊＊＊

馬德里（以及其他許多地方）的居民，都知道查理五世不只是一個大帝國的元首，他還嫻熟政治之道，可以跟三教九流對話，雙方都不會感到尷尬。他學會了西班牙文、義大利文、法文，又把他的佛蘭德斯話改成德語形式，所以在他疆域之內，他到哪裡都可以表現得像是本地長大。他的體形好，儀表莊嚴，雖然談不上英俊。哈布斯堡家的下巴（提香毫不恭維照實繪出），給了他一張馬臉，使他大智若愚，聰明不外露。沒關係，查理在射擊狩獵場上本領高強，在宮廷之上又多才多藝溫文儒雅（<145; 152>），已使他廣受歡迎。他做人正直，有為有守，人皆感佩，甚至連他的頑敵也不例外：路德對他的統治術欽讚有加（有一回，甚至還袒護他），由此即可見一斑。登基之初，他曾面對西班牙某地叛變，規模可比日耳曼那場農民起義（<23），其他幾處也有類似暴亂騷動。「西班牙城市民變」也像其餘亂事一般遭到敉平，但是查理一直為他不在場時進行的處決而扼腕。此念縈懷多年，因為他深知人民為什麼起來作亂。

查理談過兩次戀愛，一在早年，並多年不渝，係與一名佛蘭德斯貴族女子，生有一女；一是與奧地利中產階級之女，生有一子。這兩名兒女，帕爾瑪的瑪格麗特、奧地利的約翰，結果證明比他的王位繼承人，日後的腓力普二世，不但都更能幹，也與老爸更親。腓力普則是一名正直謹誠卻頑固偏執的傢伙，天生官僚。在其御下，西班牙無敵艦隊起造，西班牙國勢也步上衰退之途。

但是查理視為己任、務使之堅強穩固的帝國式大一統歐洲，其實已經行不通了（他對統治海外不熟悉的土地，則頗感躊躇），雖然此時尚無人預見。這份心願是另一個中古式的渴望，承自古羅馬與查理大帝。新式的民族國家理念，雖也在君王腦中朦朧閃現，卻仍與帝國之情混淆不分，而且就眼前而言，後者似乎更為可行——一塊塊疆土都還在那裡，各省各城舊襲的權限也都可與帝國體制相合並行，卻與國家式觀念有欠相容。不過查理之世，也曾出現過一抹清晰的國族立論意味；世紀中期一項協定，將梅茲、都爾、凡爾登的主教轄區交予法蘭西，因為「此三地說法語」。有了這種說法，任何帝國都難逃分裂命運。

查理這語言龐雜的超大疆域，不但難於保衛，也無法治理。他有一個很好的代理人網，以及一個還算不錯的交通與通訊體系，可是行政與戰爭的開銷都太昂貴。最後也是錢的問題，使他終於退位。為應付開銷，他每年得借貸二至四百萬金幣。稅捐無可避免地缺乏制度隨需隨徵，稅額則討價還價爭執不下，一再分別與各城各區逐一講價。六年赤字之後，不像二十世紀總統大人，查理終於精神不支。三十五年的憂勞、自抑，終於使他病倒。他自覺死亡在即，決定退位。不過一旦脫棄重擔，健康卻迅即恢復。他將西班牙和新西班牙（西班牙在美洲的領土）交給兒子腓力普，卻把中歐，連同帝位，送給其弟斐迪南；於是從斐迪南始，帝位便由奧地利哈布斯堡家族獨家承襲。

退隱的消息傳出，眾人驚愕失措；當他接見一批布魯塞爾來人，回顧其一生治國大事，更有多人泣下。他的言詞（以及一篇前不久寫就的〈政治遺書〉）連同書信，為實務性政治又加一份重要文獻。

在尤斯特的聖菊斯德修道院（近托雷多）三年退修期間，查理可不是過著隱士生活。他珍惜這份靜謐生活，享受自己最喜愛的休閒嗜好——蒔花植草、射擊狩獵，欣賞藝術——他的音樂造詣甚高，同時喜歡談天論道。他身邊精選聚集了一批同好。回看查理，倒真與另一名同樣盡職負責、又愛思想的好皇帝奧勒利烏斯先後輝映，只是他不似奧勒利烏斯那麼苦己修行。

＊＊＊

若說歐洲大帝國與查理同告結束，似乎與西班牙帝國明明在亞美利加洲繼續存在的事實相矛盾。而且至今不提那個新大陸的發現，也好像令我們這位馬德里仁兄顯得觀察不力。十五世紀告終之際，哥倫布也完成四次遠航，因此而造成的文化後續影響，想來應該不久就會感受到才是。實則不然。我們遲遲不提這段經過，正反映事實上發生的延遲現象。對此成就，雖則歐洲航海界立時咸感興奮，一般人卻很慢才理解到，一四九二年十月十二日，哥倫布登陸加勒比海某島[2]到底發生了或意味著什麼。茲舉一例，一直要到一五一三年，西班牙探險家暨殖民地總督巴爾博亞（而非如濟慈十四行詩中誤以為的西班牙殖民軍將領科特茲）首次目睹太平洋，才有人知道原來在歐洲和遠東之間，還另有一個大陸。而且更遲至一五二二年（哥倫布後整整一代）麥哲倫航繞地球，才恍然地球究竟有多大，以及諸地塊的所在方位。直到此時之前，亞美利加洲都還就是印度；古巴、加利福尼亞則是日本。

哥倫布之前，固然也早就有過登陸發現紀錄，拿來討論卻無甚意義。先前至少有過一打左右可信或不可信的事蹟[3]，不過其中沒有一次可稱為「歐洲」（整個西方）發現了一個新的世界。幾十年來，從一四一五年葡萄牙王子亨利在薩格雷斯設立研究調查中心起（亨利被稱為大航海家，其實他本人從未離開過陸地），探險家

> 「老天！」我說，「有一個新世界？」
> ——拉伯雷，《胖大高》（一五三二年）

即已沿非洲海岸南航，並往西至亞速群島。研究中心累藏的眾多知識及航海圖，至世紀末激發了諸般壯舉。自希臘人以來大家就知道地球是圓的，可是哥倫布卻大大低估了地球的腰圍——幸虧如此。因為有此錯估，方才加強了他一片癡心，雖飽受葡萄牙人及法蘭西當局各種難以置信的冷落與延誤，卻能咬牙撐過而不挫。西班牙女王伊莎貝拉雖然確可當得最後真正贊助的美名而無愧，但她畢竟也如他人多次拒絕哥倫布所請，因為她指派的委員會認為：哥倫布是個吹牛大王、無聊漢子，而且頭腦有點不正常。神若有意讓人找到一處新地，怎可能把它掩藏得那麼久呢？

她也請教高級教士，他們的意見卻比非神職人員正面（有一回還包括兩名猶太醫生），因為哥倫布一看就是個虔敬的坦白人。他的一番話，以及尊貴的舉止，令他們印象深刻。更何況他又不是在找那個什麼失去的亞特蘭提斯大陸；他只是想去遠東，和當地人貿易，叫他們信教，而且（誰知道？）也許還真能找到那傳說中傳教人約翰建立的基督徒王國呢，不正可以把不信的異教徒四圍包抄？最後，女王的私人帳房也指出，這名水手的請求，總加起來還不及招待一位皇家貴客的費用。他敦請她允予撥款。

這位哥倫布，無疑資格既充分，經驗又足夠。他是熱那亞人，家世頗富，十歲就第一次出海，看起來耐苦強健。有一回掉到海裡，浮游了六哩回到岸邊。娶葡萄牙世族之女為妻，與薩格雷斯的專家一同研製海圖，甚至說服了一位西班牙伯爵船主，也來資助他的探險大計。可是女王堅持此事如果必行，非屬西班牙王家獨門事業不可，因此十二年作業裡面，最終有六年延誤。

出航的準備工作，直臻藝術之境。一種輕快型的帆船中選，速度快、駛控易，又可靠。說也奇怪，當年這型船隻的藍圖或沉船真本，直到最近才被找到。成員有職業水手也有貴族，船上雜使小僮月薪合四塊六毛錢，專僱來唸誦〈主禱文〉，並負責翻轉時鐘沙漏，一面唱著聖歌：「五時剛過，六時將至。若神允許，時辰不盡。」隨船還有一位醫生，以及一名阿拉伯翻譯，以便與中國、日本當地人以物易物換東西。還有一些定讞重犯，幾名被逐的猶太人——全船人數加起來剛剛不到一百（可讀 Samuel Eliot Morison 著 *Christopher Columbus, Mariner*）。

整個英雄事蹟經過，包括船員心懷猜疑、領導人有意欺瞞[4]；事件核心的種種失誤成敗；二次航行期間以及之後的先是歌謳後卻恥辱（我們的英雄被綁上鎖鍊歸國）；堅持到底最後卻受冷落貧困以終——哥倫布一生事業裡的每一特色，都屬於一種典型的模式。西方人偉大成就裡面，卻有許多（雖非全部）都必然走這同樣痛苦迂迴的路程，對大有為者或多或少都會施以粗暴冷酷的回報。這項「傳統」並非乖張變態所致，也非眾人愚昧一人獨慧的衝突牴觸：審查哥倫布計畫的人員並沒有錯，他們質疑他對印度距離的計算有誤：比實際一萬零六百哩確實少了兩千四百哩。何況像他這類仁兄，推銷起他們絕新無比的主意，說話行事往往不幸還真有點怪，而且不是誤表就是弄錯他們的目標。他們的行為常常也很傲慢，或許因不耐那謹小慎微之人而看似高傲。但是縱有得罪，他們最後所得的待遇（羞辱、貧困）卻也太過頭了。不過這也表現文化有自衛其理性行為的需要，以摒擋真正的怪人，並避免太快衝入未知未試之境。說起來當今我們為資助創新發明所設的體制（不論公家補助款或基金會獎項）也不見得就比過去那些王、后的設置高明：同樣的委員會，同樣坐守在門口把關。

哥倫布發現新大陸五百周年[5]，美國境內發出強烈倒采，將我們帶回一五四〇年左右的馬德里。一般以為，早年剝削利用當地原住土著的舉動，只有今人才開始關懷，其實不然，幾乎早在西班牙殖民行動方一開始，即已出現這種關切。伊莎貝拉女王本人，就定罪這種濫行，曾下詔嚴禁，查理五世亦然。抗議最力者西班牙傳教士拉斯卡薩斯（天主教譯名為加祿茂），更不斷直達天聽進至陛前，並以其熱情文字激起公眾反對情緒。在「新西班牙」本地，教士及修會人士，道明會與耶穌會，也都積極公開反對強迫性的苦役與無法的惡行。查理立法，這暴行遂成正式罪行，也有確切的罰則訂立。但執法是最大的難題，全視在地官員的品格而定。「印地安人」不是紅皮膚的魔鬼，雖非基督徒，卻同是為神所愛的人類同胞；但是這類真理教導只能打動少數人心。須知離鄉赴美洲的男男女女成員複雜，動機也不一；哥倫布二度出航，就有「十名定讞的殺人兇犯，以及兩名吉普賽女人」同行。

> 我是基督的聲音，對你說話，你們都在必死的罪裡，因為你們殘忍壓迫這無辜之民。這些印地安人不也是人嗎？他們難道沒有靈魂，難道不用理性嗎？
>
> ——僧侶孟德西諾（西班牙道明會士，在美洲傳教，一五一一年）

西班牙征服者的第一要務，總結一句就是「黃金、榮光，與佳音[6]」。黃金與榮光，任何時候都不是敬天愛人的玩意兒，連佳音有時也會犯罪。當地廣人稀，當通訊交通緩慢，當治安似有若無，這三者就一起做下了最糟糕的壞事。如果我們回想美國西部邊荒初開發，直到一八九〇年之際，也同樣會發現，當時光景雖非全屬無政府亂象，卻充斥無法無天的任意胡為，無辜的生命財產橫遭損失，使得不止一位冒險傢伙倉皇而退，回到相形之下還算比較具公共秩序的中西部去。

西班牙殖民人士貪婪無度，外帶種族歧視眼光，犯下了罪無可逭的滔天罪行。但是怪罪到哥倫布的頭上，卻等於回頭又凌遲他一次。他並不是教唆這一切惡行的首腦。而且若因為當地人受苦受難，就認定他們都是和平無邪的老實人，更是大錯特錯。哥倫布首次登陸西印度群島遇上的加利布人，即曾打敗並趕走了原本住在那些島嶼上的阿那瓦卡（Anawaks）族。科特茲征服的阿茲特克人，則是從北方下到此地，毀滅了原先的文明。往北，往東，許多部族更彼此長年征戰，強者剝削凌虐弱者，好幾族（最有名者為伊洛垮人）都蓄有奴隸。簡單地說，在這新發現的半球，近世初期發生的種種情事，其實都只是舊半球過去所作所為的延續：古希臘時，外來部族由北方向南挺進；同樣情況，也發生在當羅馬帝國形成之時；在羅馬人、盎格魯人、撒克森人、朱特人、丹麥人和諾曼人先後進據移殖不列顛群島之際，在法蘭克人、諾曼人、倫巴底人、西哥德人、東哥德人，以及後來阿拉伯人在法蘭西、義大利、西班牙，也都如出一轍。到處都上演著同樣的故事：侵略、燒殺、強姦、虜掠、占據原屬於被征服者的土地。時至今日這種以死亡及毀滅手段，強行使人類、文化合併或流離四散的恐怖行為，在原則上人神共憤，事實上卻依然猖行。非洲、中東、遠東、南中歐，依然搬演著征服屠殺的戲碼。這可不是哥倫布的責任吧。

＊＊＊

人口西移同時，食物也開始東來，兩地動植物亦同時進行雙向移植。葡萄牙人、西班牙人西行目的之一，即在取得比傳統陸路駝馬商隊更快、更便捷的通路以抵達香料、絲綢、寶石的原產地——亦即遠東。新的通路也可以打破威尼斯對這些商品貿易的壟斷。常有人說，這條陸路自十五世紀中期，土耳其人攻下君士坦丁堡後，便被切斷了。此說之可笑，八十年前[7]有一名美國學者曾予以指出。土耳其人哪有這麼笨，若可以坐收稅捐，幹麼要阻斷這條商路？

提到食物，實在搞不懂古早之時，為何對香料需求如此之大，竟令得商人、水手願意穿越大漠、橫渡海洋。有人說，就是舊地圖上所示的印度古里緊旁邊寫了一行小注，激使葡萄牙人達伽馬投身這項香料大冒險。小注寫著：「此即胡椒誕生之處。」通常的解釋（說胡椒可以掩蓋壞掉的肉味，並為一天到晚上桌的無味食物加添花樣）似乎也不太有說服力。雖然聽說十六世紀的馬德里菜色很少，看來也難激起食慾，但若每道菜都撒上胡椒，豈不也太膩味？若以那些新穎特別的香料拌菜，想來也不甚合適吧——難道把肉桂撒在包心菜上？而且除此之外，歐洲明明也自產各味香料藥草，卻從來沒聽人說過。

增進我們文明教化的食譜，其時尚未存在；常被歸於十六世紀的「烹飪革命」，也實屬下一世紀（276>）；不過美洲來的進口貨，可能確實替革命加了一把力吧。馬鈴薯、番茄、南瓜、豆類——白豆、腰豆、萊豆（即皇帝豆或稱利馬豆）、香草、酪梨、鳳梨、「野生米」和美洲玉蜀黍，在在開始可人意地擴展十七世紀菜單的花樣。被誤名為「土耳其」（火雞）的大鳥也露面了——法文則喚 *d'inde*，意指「來自印度」，有一段時間在不列顛亦稱火雞為「印度禽」。這些名稱再度顯示眾人對美洲事物長久的隔閡。

> 別談巧克力！
> 別說茶！
> 做來當藥——你家的神的——你見到了
> 可不是我的藥。
> 我寧可吃下毒藥，
> 也不肯看一眼那杯
> 苦澀東西，你們喚做
> 咖啡的玩意
>
> ——雷迪（義大利生物學家），十七世紀中期

奇奇怪怪的新食物，並非立被大家欣然接受。法蘭西抗拒馬鈴薯，認為有毒，因其

屬龍葵屬植物。其他菜蔬，則始終為奢侈食物。第一樣普遍流行的新鮮事物是飲料：茶、咖啡和巧克力，雖然反對異議維持甚久。這些東西都屬柔性癮品，但是生活中沒有它們可怎麼過？這些柔性癮品又另外帶來了一項不知不覺滲透宰制我們的暴君：糖——這些苦東西要加糖，固態食物裡要有糖，糖糖糖，到處都得有糖。甘蔗已經為愛爾蘭殖民者帶到西印度群島的蒙特塞拉特，甘蔗在那兒長得更大更快，也又被帶到其他島嶼上去。甘蔗可以製糖又能做酒，既便宜又有賺頭。糖不但引誘味蕾，弄壞牙齒，鼓勵奴隸制度，而且如一名現代學者指出，糖的貿易還敗壞政治[8]。

這些精細講究的新玩意兒中，最好的（或最壞的）是菸草。菸草先以菸筒形式進來——印地安人敬上他們的沉思菸筒以示好，然後漸漸地，吸菸的花樣才愈變愈多，在一定時期各領風騷，原因令人不解：比方說，十八世紀那些好嗅鼻菸的人，如今到哪兒去了？菸草也是南美最早的一項獲利出口，而且從一開始，就在歐洲激起兩極的強烈情感。詩歌、散文[9]，歌謳讚美之，同時也抨擊斥責之。

不獨歐洲發生文化變遷，新世界也同有改易。「印地」除狗、貓外，家畜原本甚少。野豬、北美野牛在北方嬉遊，南方則有駱馬（美洲駝）、野生駝馬已被馴服飼養。可是牛？卻從未聽說過；第一匹馬，則是隨哥倫布來到。就像大家（也許）都記得的故事，就是科特茲的那些馬，把墨西哥人嚇得以為侵入者是天神。皮薩羅對祕魯的印加人，也占的是同樣便宜。

沒有以上及其他更多種類動植物的輸入，西班牙人不可能如此快速就在新大陸西境建立起他們的統治與文化，廣延南北兩半洲。牛群、豬隻、騾匹、綿羊、山羊、兔子和歐洲種的狗兒，布滿了新的天地之間，使之成為殖民者的家園。植物則比較難飄洋過海，適應一個多屬熱帶的新氣候。不過小麥、葡萄、甘蔗、橄欖、檸檬、香蕉、各式各樣甜的酸的橘子，以及懷著造絲希望攜來的桑樹，都成功在美洲扎根。其中少數幾樣也許可以在當地野生品種中發現，可是卻非立即可用。

這些生活細節，清楚顯示西班牙人不只是掠奪剝削者，同時也是貨真價實在殖民，在開拓定居。他們是這片新發現大地上的第一波歐洲文明；他們之後，貨品、習俗繼續交換交流，新舊兩世界愈來愈相似，兩半球種種特性調和摻融到一個地步，我們在大西洋兩岸見到的事物，都同被視為西方文化。

> 菸草、瓊漿、悲劇之泉（Thespian spring）。
> 猶如路德的啤酒，對此我要放歌。
> 我們當放懷品嘗，卻佐以中道適度。
>
> ——班．強生〈邀友晚餐〉（Inviting a Friend to Supper）
>
> 這是個刺眼、衝鼻、傷腦、害肺的習慣，濃黑惡臭的薰煙味，因此是最像那無底深淵、恐怖冥河煙霧的玩意。
>
> ——英格蘭詹姆士一世（一六〇四年）

* * *

查理西班牙王廷上的朝臣、神職人員、殖民省長和文人學者於是在兩岸大量來往，不斷提供各種消息、傳聞：新西班牙的生活種種，葡萄牙在印度、馬來亞、日本設置的「駐外據點」（即貿易站），其他國家也下海初試這場被稱為歐洲大擴張的新興大業。可是在一般人心中，何為事實，何為虛構，卻很難分辨。同樣情況，也適用於那些看來比較可靠的資訊來源（也就是書）所產生的影響效果。從世紀中期開始，便有以本國語言寫就、至終建立「旅遊書」文類的作品開始盛行（相關論文可讀 Oliver Warner[10] 著 *English Maritime Writing from Hakluyt to Cook*）。這第一批樣書通行所至，自然僅限於本國語地區。可是慕思特的大作《宇宙論》，一五四四年首度出版，一五五〇年再度發行之後，一躍而成大暢銷書，迻譯成六種文字，到世紀結束連出三十六版。（英國推理名家賽兒絲的短篇故事"The Adventure of Uncle Meleager's Will"，即對此書做了有趣描寫。）《宇宙論》一書中，有事實也有大量幻想。至於仔細全面的描述，則要到日後方才出現；正確觀念的知識滲透極慢。

最有名的根據來源，是一五八四年英國地理學者海克路特的《航旅見聞》。接下來十年，該書更逐步擴張成三部大型開本，簡直像特地寫給莎士比亞之用。不過這名求知欲旺盛的好學者，卻極少在其劇中運用這項資料。對他本人以及對他在一五九六年的觀眾而言（此時距哥倫布已經整整一個世紀以上了），當行的仍是《威尼斯商人》，而非卡迪茲商人（直布羅陀西北港口，哥倫布在此二次出航赴新大陸）或倫敦、鹿特丹商人。幾年之前，在莎士比亞喜劇《錯盡錯絕》，「美洲、西印度」等台詞仍可以造成驚嘆，接下來也必定是一堆豐富卻純屬想像的定義：「……只見紅綠寶石、翡翠瑪瑙，鑲滿了她那個鼻子11——從上邊的鼻梁往下直鑲嵌到鼻孔眼兒。那兒噴出了熱辣辣的氣息——原來西班牙派出大批艦隊來掠奪那說不盡的寶貝了。」（方平譯本）直到再過二十年後，才又在《暴風雨》中看見那有名的稱呼「美麗新世界」，連同那「依然波濤洶湧」的百慕達，以及一個打趣烏托邦理想的場景（191>）。

資訊的傳布既這般誤打誤撞、道聽塗說，難怪人名地名一直大大混淆不清。哥倫布張冠李戴，遂有了「印地」、「西印地」這種地名，而且流傳下來竟以印度人（Indians，即中譯印地安人）之名稱呼當地居民——人類學家所用的 *Amerind* 實在早該出現通用了（Amer〔ican〕+ Ind〔ian〕，美國印安地人）。印行義大利航海探險家維斯浦奇第四部報告的威尼斯印書商，想出一個不尋常的名字「新世界」為其書名。哥倫布則用過「另外那個世界」。至於新大陸怎麼會採用維斯浦奇之名亞美利哥稱為「亞美利加」，則是因地圖師沃爾德塞姆勒誤以為他是最先登陸之人。幾年以後，維斯浦奇自己也採用印書商的「新世界」一詞，報導了第一宗吃人習俗（頗為可疑）。由於其作品大獲成功（世紀結束前印行三十版），再用美利堅以外任何名稱，都已成為不可能了[12]。

事實上此名也的確合宜。哥倫布雖是及至目前為止最偉大的航行家，是一位真正的英雄，獨一的開拓先驅，終其一生卻始終不知道自己到底發現了什麼。維斯浦奇則是第一位也是第一手知道巴西海岸乃是一個尚未探知的新大陸海岸的人。再者，「美國人或美國的」一詞，作為指稱美利堅合眾國的名詞與形容詞，也係因必要而生的用法，絕無占為己用的不當。何況，即使合眾國改採他名，加拿大、墨西哥，以及其他拉丁美洲國家的公民，也不可能放棄加拿大或加拿大的、墨西哥人或墨西哥的、祕魯人或祕魯的等稱謂。十九世紀之初，當哥倫布之名因一七九二年周年紀念而開始流行之際，有些人決定要表揚他，並把維斯浦奇趕下寶座。美國作家華盛頓．歐文，就是為力捧哥倫布，並主張以哥倫比亞為新大陸洲名喊話最熱烈的崇拜者之一。一場爭辯雖然激烈，卻從此拍板定案。不久之後，那位西班牙小姐亞美利加．維斯蒲奇女士，探險家的直系後代，來美向國會請願，要求金錢報償，以酬其祖把大名送給新大陸命名之惠，卻被禮貌地回絕了。

＊＊＊

輝煌燦爛的帝國、惱人的土耳其，以及他們在北非的海盜夥伴，還有那就囚在馬德里此地的無禮法王、劫掠羅馬的丟臉行為、女士之約——這些浮在十六世紀下半期馬德里居民心頭腦海的種種圖像，當然也伴隨著對西班牙軍屢奏凱歌的光榮感。兩大軍事勝利尤其突出：一在陸上，一五四三年在慕爾堡對異端更正聯盟大捷；一在海上，一五七一年在勒班圖。前者由查理皇帝御駕親征，後者由他疼愛的私生子奧地利約翰領軍。

西班牙步兵隊（infantry）到處聞名，卓越表現則拜該世紀另一新發明之賜：亦即由步兵取代馬兵，作為戰鬥的決定主力（請注意 infant 此字在 infantry 一字中的意義——意指「小型」徒步兵）。騎兵（cavalry）和騎士制度（chivalry），在意義上為同源語根，在性格上質屬中古，遂一起衰走下坡。雖然「步兵」一字的原形infantera是西班牙語，新的戰術家則是瑞士人——因需要而生，因為他們的地勢不便騎馬。他們設計出這支新部隊的紀律與運用方式。不久，北日耳曼的武士傭兵隊（*landsknecht*）已開始與瑞士傭兵匹敵。新的戰鬥隊形，係由揮舞超級長矛的人員排成緊密的正方形，擊破前此決定性的馬隊衝刺（欲得長槍手的生動描述印象，可讀委拉斯圭斯所繪的 "The Surrender at Breda"）。

除回頭重用這種古希臘方陣戰法外，十六世紀還加上火槍。火藥已為人知並為人所用達兩百年之久，卻直到這偉大世紀的下半期才真正發揮大效。如今戰場上動用幾管砲，就可以攻城破垣，一五五二年在梅茲就是這種情況。有了手槍，馬兵殺起人來比劍或矛更得心應手。如此裝備之下，輕騎兵在開場廝殺便派上新的用場，並可在側翼掩護步兵。砲隊的出現，迫使各城各區重建要塞，為此徵用的工程師，常常是能夠應用最新科學發現的藝術家或數學家（363; 463>）。達文西，就是這項新專業特長的先驅者。

帝國軍功既盛，西班牙軍官遂被視為「天生軍人」，而且天下無敵。不過這個頭銜的得主一再換人：一個世紀後由法軍繼承，再過兩世紀又由日耳曼人接班。所謂「天生」其實是一種比喻，不同的生存環境（以及不同的企圖心）激發出人人皆有的某種才幹。比如到了我們這個世紀，一度被認為「天生商人」、有著商人怕事妥協氣質的以色列人，卻一變而成尚武。回到十六世紀的西班牙人，他們之所以生龍活虎，有其悠久的環境條件與企圖心所致：居住在這塊半島中、北部之民，八百年來都在打仗，有時自己人開打，更多時候是與南邊的敵人摩爾族對打。摩爾人宗教上是伊斯蘭，血統上則源自北非或阿拉伯人（而非《奧塞羅》中被錯認為的黑人）。

摩爾人在半島上建立的格拉那達王國具有高度文明，信奉天主的西班牙人對之展開最後的「收復失地運動」，係在哥倫布登陸遙遠新大陸的同一年。西班牙的戰鬥精神，因此根植於一種宗教仇恨，包括對猶太人的仇視。後者人數眾多，不但受阿拉伯人包容，並在他們中間極具影響力。如今回、猶兩教被征服了，雖可改投征服者的信仰（稱**西班牙摩爾人**〔指改信基督教者〕），卻始終被疑裝假，迫害遂無時或止，最後往往難逃「宗教裁判」而被逐或處死。在此同時，卻也有相當多通婚情況，一些地位最高、最自豪的西班牙世家大族，必定也有著摩爾人或猶太人血統在內。

> 溫柔的河，溫柔的河
> 看，你的流水染滿了血
> 多少英勇、高貴的船長，
> 沿你垂柳的岸邊飄流。
> 都在你清徹明淨的水旁
> 都在你如此閃亮的沙邊，
> 摩爾人的酋長、基督徒的武士
> 一起投入慘烈致命的戰鬥
>
> ——西班牙民謠

此地某項歷史悠久的傳統，發展出一種文化類型，看起來簡直像是先天基因遺傳：亦即「伊達爾戈」，此稱據說是「不是無名小卒之子」的意思。而西班牙一般農民，既非戰士，想來必是無名小卒之子。伊達爾戈輩具現尚武好鬥精神，放在日常私生活裡，便意味著一句話不快就要勃然大怒，最後則是決鬥相見。他們當中，也有品位最尊貴的一等爵；尊貴之處，非關豐酬厚祿，純指在王族面前擁有不脫帽的特權。完全以形式風采派頭為滿足，而非以實質，這真是一種不尋常的特質。「伊達爾戈」作為高爵大公，有資格擺出傲慢嚴峻的氣派，這是他們的精神報酬，並甘心認命貧窮——有時明顯可以看出營養不良。他很窮，或因為從新西班牙流回的金銀造成通貨膨脹，削減了他的收租價值（166＞），或因漫不經心的管理以及當地的戰火而蕩然無存。

這一級人物的脾性，包括瞧不起工作與實務，他們只能從兩項職業中做選擇：一是從軍，二是做教士，也就是穿紅或著黑中二選一，或這兩項職業的其他變種——如當探險家或任公務員，前者算是軍人，後者也稱得上「文員」，意即能讀能寫。這種完全遠離世俗的高姿態目標，提供了一種至少部分係屬「反物質主義」社會的奇觀，在西方可謂少有。這一點，西班牙又很像舊俄（十六世紀的莫斯可夫），缺乏活潑熙攘的中產階級，因此注定抗拒新思想，因為新思想經常係以副產品的身分與貿易一起來到，並當作好東西給提出來。那些抨擊「布爾喬亞價值觀」的人，實在應該好好思索一下西班牙的例子，以及它與歐洲主流發展長期隔絕的狀況。一直要到十八、十九世紀之交，戰敗於新興美國之後，帝國的驕傲光榮從此告終，西班牙才開始再度繁榮，並踏上尋求現代化之路（可讀奧德嘉・嘉塞著 *Invertebrate Spain*）。

至於十六世紀的西班牙普通老百姓，他們當然在為生計而忙著幹活，甚至可以找到一些因該國工業而致富的巨商大賈之例：亦即養殖綿羊輸出羊毛的綿羊業。美士達（Mesta）是巨型的綿羊業主行會，大小綿羊業主，都得都加入半年一度的長途跋涉之旅，從中央高原，羊兒度夏之處，走到四百哩外冬季比較不那麼寒冷的南方，然後又再回去，往返遷徙不斷。羊毛出口後在佛蘭德斯織成布匹，再回頭輸入。但不管羊毛業規模再大，連同其他少量出口，還是跟不上源源不絕的美洲貴重金屬正在不斷鑄成的錢幣量。因此不可避免的後果便是通貨膨脹。

銀量成災，原因是一五四五年波多西發現銀礦。在上祕魯區，今波利維亞，有當地人追逐山羊途中，跑進一座銀礦山區。礦藏之富，證實更甚於傳言中那處黃金王國艾爾多拉多——眾人都以為若找到艾爾多拉多便可以大發橫財，卻始終苦尋不得。現在一夜之間，波多西變成一座礦城，一個人口超過十五萬的繁榮城市。日耳曼又傳來消息，發現一個奇妙方法可以用水銀提煉出銀的成分；各國各種人遂湧入波多西，探礦人、賭徒、小偷、窯姐兒、監管奴工的工頭，紛紛來到；這股熱潮，只有十九世紀中期美西邊區的掘金熱可堪比擬。不過在波多西，當地土著往往因被迫做苦工而致死或傷殘。今天的波多西城，是一處由聯合國教科文組織保護的博物館。銀礦仍在小規模地開採，不過種古柯樹卻是更好的生財之源。

在馬德里，運銀船隊安全返航，是定期的歡慶大事。英格蘭海盜雖然誇口經常得手，甚至竟敢冒險犯岸，來「捋西班牙王的虎鬚」，但半世紀來，這支偉大的護送隊伍其實只有兩次不克回港。西班牙王家從這個來源獲致的歲入（差不多有四百萬鎊）高達英國伊利莎白女王的十六倍。但是真正的災難則是通貨膨脹波及全歐。物價長期居高不下，使所有靠固定收入生活者都陷入貧困，雖不包括全部地主，但所有工人和手藝匠人無一倖免。

苦況年久日深，遂刺激了經濟思想。蕭條不振之因，有人主張是出口過剩，有人則以為是人口減少、是生活奢華，或是貨幣貶值造成。兩名西班牙人，諾瓦洛以及修士馬卡多，稍微瞥見了一點真相。最後，以後我們再會遇到的一名法蘭西政法學家博丹（366>），正確地指出了財貨流量與貨幣流量之間的關係，因此奠定了「貨幣數量論」的基礎。這一理論經過多年修正推敲，今天依然被各國中央銀行奉為法寶，據以細調利率抵制通貨膨脹。此外，貴重金屬突然增加，影響所及，也使物物交易終為金錢取代，並因此導致十七世紀各國相繼採行重商主義。商人觀點於是遍及整個國家（433>）；關稅與出口獎助，正是它在近世的後裔，至今仍在爭辯之中，也始終沒有定論。

＊　＊　＊

拉斯卡薩斯等人，為保護被虐土著，在馬德里與新西班牙發動的靈魂、身體大戰，造成一個古老觀念的復活。後人都會記得，羅馬史家塔西陀筆下，曾如此描繪第一世紀的日耳曼部落，足令羅馬公民自慚（<14）。日耳曼人生活簡單，坦率、真誠、英勇且忠實，就如同文明人往往虛偽、欺瞞、背叛、膽小而怕死。這種對比，在十六世紀人眼裡更因眾多美洲部落的實例獲得實證——至少對三千哩外的觀察者來說，似乎頗能成立。於是激發出一種所謂高貴野蠻人的形象，一波又一波的**歸回原初**理念從此活絡不已。

請注意這新起的趨勢可以直溯哥倫布，在他初期的報告裡面，就帶有些微土著生活簡單清新的暗示。

有關這一類情事增多之下，遂激發了以後所有烏托邦的想像，由英國學者湯瑪斯·摩爾在十六世紀第一個十年揭開序幕（181>）。因此之故，所謂高貴野蠻人的觀念，其實並不從盧騷始，他要到離此兩百年後方才活躍，而且他也並不贊同這種想像式的形象（564>）。

塔西陀筆下的優秀蠻族，在路德時代的日耳曼就被用來作為模範，以激刺對羅馬外來權威的憎恨。於是這兩種青睞印地安人與日耳曼族的心態，遂合起來改變了西方人對自己來源的概念。一千年來，他們原都同是古羅馬人的羅馬兒女，如今開始有不同「種族」的新想法，取代了前此共同的一脈相傳。這項轉變的意義非常明確：與帝國告終、國家代興的趨勢並行。種族觀念使合亦使分：合成我們，與他們分。因此十六世紀的英吉利人，開始像宗教一般迷戀盎格魯撒克遜主義，這使他們與日耳曼人成為一家，卻與他們原屬羅馬的那段過去分離（可讀 Hugh A. MacDougal 所著的小書 *Racial Myth in English History*）。我們也將看見，類似的觀念如何影響著法蘭西的政治，直至一七八九年革命[13]，甚至更久（369; 438>）。

> 我派了兩個人上去。他們走了三天，發現不少居民和房舍，可是規模都很小，也沒有政府當局；因此他們又折回頭。
>
> ——哥倫布，第一封從新世界發出的報告信（一四九三年三月十四日）

從這不一樣的種族觀中，遂興起一批新的字眼盛行，不只有日耳曼、撒克遜、盎格魯，還有朱特、丹人、高盧、居爾特，以及法蘭克、諾曼、倫巴底、東哥德和西哥德。這種想法更進一步發展，遂以為一族的民族性乃屬天生，非後天所可改變。如果某族的特徵看來怪異或可恨，在種族理論之下，對之永遠仇視敵對自然便天公地道。於是我們這個年代熟知的種種偏見、敵意，就這麼一步步演變發生了。「種族」一事，遂在異教徒有別於基督徒的神學性不同之外，現在又加上一層屬於俗世性質的天生有異。

在一般人心裡，宗教裁判一事幾與西班牙成為一體，遂以為這種異端迫害、送他們前往更好世界的勾當，在其他地方都不曾發生。事實完全相反。沒錯，如我們前面所見，西班牙宗教裁判確有特定對象令他們疑心——摩爾人和猶太人，外表改了信仰，說不準陽奉陰違，有些人也真係如此。也沒錯，聲名狼藉的「信仰之行動」（auto-da-fé）係用公審劇的方式，公開折磨被審者，是一種頗受歡迎的娛樂。可是除西班牙一地以外，事實上宗教裁判在全歐都很盛行。在新教的蘇格蘭與日內瓦，這種行為被稱為「懲戒管教」，也就是訴諸俗世權力，對違抗者如塞維多斯等施予處罰（<48）。英格蘭也有火刑，先後三朝裡輪流燒死了好些更正教徒及天主教徒，都依同一條法令充分合法：「基於燒死異端之責。」

至於法蘭西，則有巴黎大學，即索爾邦，專門負責迫害任務——前文所述人文主義者印刷商杜雷，就是其鎮壓異端下的犧牲者。在義大利，教廷政府甚至就宗教審判設有專司；至於追索迫害的實際精力表現，則依城市而異：在羅馬特別嚴格，卻效率低落；在威尼斯則傾向寬和，告誡規勸即已足；其各省省長總督，則不希望擾及多數係來自新教國家的貿易商人。畢竟讓他們繼續存在，對這個商業性質濃厚的共和國舉足輕重。

同樣的思想迫害，方法及嚴重性縱然今昔有別，作為一種建制卻至今猶存。許多二十世紀的獨裁政權便都訴諸這類手段，即使在自由國度也偶或見興——一次大戰期間，追捕同情德國者；二次大戰期間，拘留日裔美人；冷戰時期，大興思想獄，窮索共黨同路人等皆是。目前美國學府盛行的「政治正確性」運作，以及那些語言警察，就專找個人或大公司的不是，指其觸犯一些「敏感性」話題（這形容詞還頗有古趣），正是一種宗教裁判精神永遠不死的當代展示。

宗教、帝國、高騰的物價而外，馬德里有多少人還會想到其他事務，就很難猜測了。可是照一般情況而定，一定還會有不少人關心文學、藝術吧。這一點我們敢予肯定，因為本世紀的下半時期，正是西班牙人稱為文化黃金年代的開始。可惜這些偉大人物的名字，除畫家外，都只限為專門研究這方面領域的學者專家所知。主要原因則在西班牙帝國榮光褪色以後，便處於孤立隔離狀態。

* * *

這種橫遭忽略冷落的待遇，其實並不只限西班牙產製的作品。若以為「只要真是好東西」，就一定會跨越疆界，找到它應得的地位，那可就大錯特錯了。一些國家如葡萄牙、北歐、尼德蘭、匈牙利、波蘭，以及其他斯拉夫部分，都珍藏有至今仍只限本土境內的經典作品。十六世紀最主要的例子，就是有關歐洲向西擴張的史詩《葡國魂》（又譯《盧濟塔尼亞人之歌》），作者是葡萄牙詩人卡蒙斯，他本人也是一位探險家及人文主義者（171>）。然而「名氣」女神為什麼竟如此難以捉摸？說來任何國家都一樣，能否受這位女神青睞，全因剛好得到某一批而非另一批批評人士注意而定，或於恰當時機恰好被恰當之人瘋狂喜愛投入所致。而且作品之中必有某些成分，恰與此時此刻的關注焦點起了共鳴。

至於文學作品，還得有恰當的譯者適時出現。拉丁文沒落，使十六世紀成為本國語譯本層出的偉大時代，可是何者譯、何者不譯，卻完全是偶然偏好的選擇結果。有些傑作不克外銷，因此未能譯成五大語文讓讀者親炙。又像某些酒，某些書也不利遠行。事實上，歌德所設想的「世界文學」觀念（一如今天「巨著」或「正典」這類標籤），只是一個得到部分實現的理想。當我們這世紀不斷敦促，要有全球觀點，應擴大我們的書單，加上遠東與第三世界的貢獻之際，最好也別忘了，連歐洲自家產製的作品，都還沒有完全發現齊全呢。

西班牙在十六世紀的文化成就，包括加爾西拉索．維加、博斯坎、蒙特梅爾的詩作，威韋斯、維多列的政治理論，羅貝．維加早期詩意劇。在隨後的年月裡，戲劇繼續鼎盛，影響法、英作家；同一時間，繪畫與音樂也臻新高峰（493＞）。繪畫音樂這兩項藝術，比起文學，較易越過邊界獲致外人認可。

加爾西拉索，三十歲即英年早逝於普羅旺斯戰場，早已被稱為那個年代[14]最偉大的詩人。姑不論此一年代是否包括全歐，抑或只限西班牙，單此美稱，就足以標示其卓越之處了。他與友人博斯坎合出過一部西班牙民謠歌集。民歌是一項豐富的詩歌遺產，激發了歷代西班牙詩人的詩情，直到我們這個時代的詩人羅卡。簡潔、悲愴，混合著憤怒的憎恨，是它敲動的心弦；一如西班牙另一項藝術類型，佛朗明哥舞蹈，歌與舞有力結合，表現出庶民感情。

威韋斯是伊拉斯謨斯的門生，寫有許多作品，其中一篇論述專門推廣婦女教育。他曾任亨利八世之女瑪麗的師傅——這是在這名不快樂的女子因迫害宗教異己，因而替自己招致「血腥」惡名之前。其餘作品則談論美好生活、國際和平、窮人紓困等題目。最令今日的我們感興趣者，則屬他對巴黎大學哲學人的攻擊批評。後者花費太多時間（根據威韋斯所見）來分析意義的意義、推論的過程，有人甚至想把現象也予以量化。他不是反對這些研究項目本身，而是反對過度專注於此。這種狹隘風氣，顯然是受到一名蘇格蘭人梅傑的影響；卻把那些困惑每代思想家的偉大哲學問題，扔到一旁不顧。在威韋斯身上，可以發現一抹未來那種培根式的科學精神氣息。他力主多加觀察自然，也呼籲當代應更有自信，他駁斥當時哲學家的陳腔濫調，什麼這一代是「站在巨人肩上的侏儒」。

維多列與威韋斯屬同一年代，是國際法研究一直未被正視的先驅。他是道明會的修士，來自巴斯克鄉間。在巴黎研讀，編過阿奎那的著作，最後在新近改革的薩拉曼卡大學，擔任最為人欣羨的講席（此處「改革」一詞，有著採取人文主義觀及人文主義治學方法的意味）。在這個背景之下，維多列為查理五世造出了殖民地法律的骨架，收聚了一批弟子。維多列逝後，就是這些弟子出版了他們平日聽講的筆記，概論政府，專論戰時法與平時法。戰時法和平時法這項主題，七十五年之後亦見於一向尊為國際法之父的荷蘭學者格老修斯之論述。此事雖然非關剽竊，但是若以立論高下周延定先後，則創始榮銜非維多列莫屬。一九二六年際，荷蘭的格老修斯學會也承認了這項事實，特贈一紀念維多列的金質獎章給薩拉曼卡大學。

國際法，聽來好像是一個自相矛盾的名詞：誰能來強制執行這些法律，叫那些自鳴獨立、為所欲為的強國聽命呢？聯合國雖然對某些原則意見一致（原則上一致），可是卻發現很難達預期標準。維多列作為自然法的鼓吹者，堅稱社會不是奠基於協定或習俗，卻是一組必要的關係。這些關係，在神之下，平等地保護所有人的權利。維多列對此信條提出的應用，為普世承認（但是又再度只在原則上承認：亦即國際社會具有與國家社會相同的權利義務結構）；各個國家，都有權作為獨立平等體而存在，除非實在無法自我治理。平等國家有其義務，就是維繫自由的溝通與貿易。干擾到這些自由，就有理由發動戰爭。插手干涉以保護一民一族免於暴君壓制，或向無故受強鄰欺凌的弱國伸出援手，也屬於正當戰爭。可是戰爭畢竟屬最後手段；而且一旦戰起，其結果亦不可壓過作為目標的正確始意。防衛性的戰爭則均屬正當；為求勝利，可用任何手段。勝負既定，勝利者便應一本基督徒的溫和適度精神行事。自維多列（以及格老修斯）時代以來，雖然許多西方思想家提出各種計畫，若干法庭、聯盟、審判庭也已建立（967; 1087>），這些「公法」的執行，進展卻始終甚微（可讀 Theodore Caplow 著 *Peace Games*）。

＊　＊　＊

正是這個時期的另一位西班牙作家，為一種新的文類：小說，勾勒出了第一張圖像。可不是塞萬提斯，如某些文評家堅稱；而是《小癩子》一書的佚名作者。為什麼塞萬提斯的巨作不屬小說，待會兒就會分明。而且不管怎麼說，《唐吉訶德》一書的出現，比《小癩子》一書又晚了一個世代。這個故事，係講一名無親無故流浪兒，接連服事過六位主人，都是社會上常見的類型——修士、教士、鄉紳、販售贖罪券者，諸如此類。每換一位主人，主人家個人的缺點，以及社會整體的缺陷，就隨大小事件浮現，讓小癩子吃盡苦頭，同時卻也刺激他變得精乖，愈來愈會保護自己，最後成為政令公告人。本書雖短，卻是一本真正的小說，原因就出在它具有的雙重主題：角色性格與社會場景，都用一種實在的口吻，並具批判性推論的態度處理（譯本可讀 W. S. Merwin）。而《唐吉訶德》雖然也確有某些足以構成小說特有主題事務的成分，可是卻又把它們與寓言、哲思合併。它不受真有那麼回事的原則拘束；而小說，卻正要假裝史上真有其事，所講的都是實人實地（<171; 518>）。

在此同時，《小癩子》為一種新的次文類揭開序幕，即以無賴或流浪漢為題材的傳奇型故事（picaresque），此稱由小流氓（*picaro*）一字而來——即後來費加洛（*Figaro*）的字根。這是一種人生原沒有前途展望的小夥子，純靠自己的機智闖江湖，隨著他每一步，照亮了人性關係的本相，揭穿習俗所以為的外貌。以後的幾個世紀裡面，歹徒故事成為「教育小說」，主角多為一名雖有才幹卻天真未鑿的年輕男子，不一定是窮人，如何透過嘗試錯誤，學習到世情世道——費爾汀筆下的湯姆・瓊斯、托爾斯泰《戰爭與和平》中的皮爾均屬此類。

十六世紀另有一類故事（事實加上幻想）比前述這部第一本小說擁有更廣大的讀者；誰聽了這個故事，不是害怕得毛骨悚然，就是自覺大義凜然。故事是說一名日耳曼的浮士德醫生，半正半邪，既是德高望重的賢人，卻又帶江湖郎中氣質，就在一五四〇年這一年突然暴卒——而且真是罪有應得。原來他竟把靈魂賣給了魔鬼，魔鬼討債，可是說一不二嚴厲得很。為什麼會有這筆交易？為了三事：頭一件，是十六世紀天下蒼生不用說明立可理解的要緊事：為能吃飽喝足。當時遍地貧窮，不只西班牙一地，即使在其他比較受老天爺照顧的土地上，也是豐年與饑年相間而來。可是每隔一陣必有饑荒出現，則無處倖免。如此陰魂不散，一名現代學者甚至提出一種看法，認為十六世紀之人，多數都一直活在一種永久飢餓的狀態之下，因此也常有幻覺恍惚15。

浮士德所要者不只食物：他還要有足夠的錢買好衣服穿，又要有能力「在群星之間飛翔」。這位醫生，顯然想望超越肉體福祉的玩意兒。值得注意的是，原本的故事裡面，壓根兒也未曾提及向一名美麗女子求愛——不管是純潔的紡織女格麗卿還是特洛伊的海倫。這些變奏，要等到世紀末印成書出版之後方才出現。大家也都知道，浮士德這筆交易的故事，可謂流之久遠，變化豐富。不只是人文主義自豪之情的表記，也是一樁偉大的西方迷思。要「在群星之間飛翔」，正代表著那種蠢動不安、不滿足於區區為人、區區人性的心情；同時也代表著任何無比高闊、遠大的志向，為達成不惜以人最寶貴的所有以之交換。英國劇作家馬羅在十六世紀末的劇本，只不過是這項迷思首度以哲思包裝繡飾。

他之後，更有詩歌、戲劇、音樂、繪畫和舞蹈16，各種的形式加以製作再製作、表現再表現。在費爾汀年代的英格蘭，浮士德還以木偶劇出現，與他筆下的嘲諷喜劇相抗衡。而且就是木偶劇這種輕薄短小的戲劇形式（祖母送的一套木偶劇道具），首度激發了少年歌德年輕的想像力（700>）。

＊ ＊ ＊

我們這位觀察人士的眼光，又往西班牙域外掃去，發現除了前述這個頗具道德教化意味的日耳曼傳說外，其他尚有許多新奇事物。有幾項值得在此快速一覽，因為可與西班牙抵抗新事物的現象做一對比。隔鄰越過庇里牛斯山，法蘭西斯一世此時的心思，似乎並不全被煩人的戰爭及朝中的無聊瑣事霸占，卻有餘力盡情沉醉於他真心愛好的藝術與思想。他大量地請進義大利藝術家，其中包括契里尼、普熱美斯，還有達文西。這最後一位大家，就在其國王東家最喜愛的宮室楓丹白露內逝世。法蘭西斯一世重新裝修羅浮宮，起造大型鄉間別墅，包括盧瓦爾河上那座堂皇巍峨的香波堡。他擁有人文主義式的「先進」心靈，贊助許多學者如伯達，任用那位賢明的自由派賴菲甫爾任其首席大臣。並為抵銷索爾邦不容忍態度的勢力，特別成立法蘭西學院，至今仍是呈現非官方思想的論壇。

一如其姊妹瑪歌，法蘭西斯也想要容忍更正派，但是不理這些宗派，他們卻還不樂意呢。他們的攻擊是如此激烈、如此粗糙（比如在「布告事件」那天，巴黎到處招貼了對教會及教宗的無禮辱罵），如此桀驁挑釁，是可忍孰不可忍（喀爾文還天真地以為可以被放過呢）。於是嚴厲處罰隨之而來，容忍政策失去了支持者。

在行政上法蘭西斯也是一名現代化改革者。除去加緊對各省代理人的控制外（這是向君主革命又進一步），他還下令法庭必須改用本國語，不得再用拉丁文做成判決。他又察覺到人口的加增及流動，遂下詔人人都得有姓，自己取或由官家派定。約略在此同時，亨利八世也為其英吉利子民做出同樣決定。有名不足，又要有姓，個人因此擴大延伸；其中含有一個值得玩味的社會意涵。普通小民的位格因此獲升，近乎貴族老爺，貴族老爺則向有家族、個人紋章以資識別，清楚完整地標示出吾何人也、何身分也。今天的傾向，卻是回歸部落式的簡化單一：這是小班，湯瑪斯的兒子。陌生人初次見面，十秒鐘不到就蘇珊、約翰地直呼其名；公眾人物也羞用全名。要受歡迎，國家元首以及其他任何政客，都一定得是吉米、貝絲、比爾，絕不帶姓。

十六世紀必須用姓，是人與本鄉本土斷離關係的結果。許多中世紀晚期及文藝復興的詩人、藝術家，都不帶姓只以其名傳世，直至今日：拉斐爾、李歐納多（達文西〔da Vinci〕意指「文西地方的」）、米開蘭基羅等皆是。但丁甚至只是一個暱稱，是但蘭提的縮寫形。遇上為免混淆，不得不與另一位同名有所辨別之時，只消加上地名即可：於是遂有烏賓諾的拉斐爾、文西的李歐納多。至於農民或工匠，僧侶或產婆，有一個洗禮名即心滿意足，只要別亂跑，不出自家經常活動的地面就行了。可是等到旅行（以及流放）變得較前頻繁，再加稅徵轉嚴，又有宗教一體聽從的需要，各個層級的統治者便都需要將子民精確無誤地登記在冊。西班牙人則早有姓氏，根本無須王家敕令。因與猶太人、摩爾人長期衝突（以及通婚）之下，已使血統家系一事，成為一種不尋常的自豪心理，而且經常更是一種特權主張的宣示。由此遂產生西班牙人有名有姓的習俗，有時候甚至還好幾個姓，顯示父系、母系、頭銜，及原籍——Miguel de Cervantes y Saavedra（塞萬提斯全名），而且愈長愈好：Maria Teresa Velez del Hoyo y Sotomayor。

至於其他國家，當朝廷下令，大家都得冠上姓氏以資識別，問題就變成到哪兒去找一個好姓了。主要想出四種法子：一是鄰人給的綽號——Bright（伶俐人）、Stout（結實仔）。二是住處：Hill（坡地）、Woods（林子）。三為行業或職務：Smith（匠）、Marshall（帥）。四為父名：John (son)（約翰子），或MacShane，意思也是約翰的兒子。這最後一姓，使*Mary Johnson*（瑪麗・強森／即瑪麗・約翰子）之名大起矛盾，但正顯示字有生命，可以違反其衍生起源（可讀James Pennethorne Hughes 著 *Is Thy Name Wart?*）

命名務必清楚明確，這項需要大可視為西方文化一大趨勢的早期事例；這趨勢本身尚無名稱，姑喚之「正身愈明化」。前此的封建諸侯，可能不識字，借用視覺符號、紋章盾牌，來表明己為何人。現代的普通人都會拼字，有姓有名，還加上一個中名的字頭縮寫；精確的名稱指定，正合個人主義的加強，可是隨著巨量的人口、繁增的角色與需求，單用名字區別還不夠呢，尤其當今識字率又在下降。為在茫茫人海中顯著標明本人，一定得再烙上一串數字號碼，並記之誦之，才能讓別人知道我是誰，才能叫人家理會我們，給予我們服務，允准我們繼續過我們的日子。

務必正名之舉，也應用於事事物物。於是舉凡藝術、「術」（techne，見第一章）、科學和工業，都漸漸染上這種習慣，為每事每物命名：從星球、割草機、到系列

—你爹叫什麼名字？Grig？那你就姓Gregory吧

——哦不成，我們已經有一個Gregory了。我們就叫你Samuel Grigson（Grig之子）。

—你做哪行的？謝謝，那就叫William Chapman（小販之意）吧。

——亨利八世轄下教區官吏，執行王命，要大家取得姓氏[17]

畫作，統統給標上籤號。其實發現發明眾多的十六世紀，早就忙著這個命名把戲了。比方說，帕度亞大學一向致力醫學研究，義大利兩名解剖學家歐斯塔基奧、法羅比歐描述人體內一對重要的管腺之餘，順帶附送上自家大名（輸卵管、耳咽管）。他們的工作，承比利時解剖學家維薩留斯的拓荒努力在前。維薩留斯當時還必須與教會的權威及一般人的偏見纏鬥，為的是能使解剖得到認可，成為醫學訓練的一部分（299>）。因此在下個世紀裡面，林布蘭才可以畫出那幅嚴肅認真的〈杜爾普醫生的解剖學課〉，而不會嚇壞任何人，只有頑固派例外。在此同時，物理學、天文學、植物學，以及應用藝術如冶金，各行各業的工作人員都不斷貢獻新名詞，至今依然沿用為專業術語及命名系統的一部分。

一如今日的醫生，十六世紀的前輩也忽然面臨著一個駭人的新疫情。那個熟悉的惡疾——腺鼠疫，每隔幾年就蹂躪城鎮，死人無數，卻始終無法可治，已經夠可怕了。至於這新來的禍害，一開始義大利人叫它「法蘭西禍害」，法蘭西人稱它「義大利禍害」，兩個名字都滿合邏輯，因為此病首度為人注意，係於十五世紀晚期某次法人侵入義大利之時。第一批染上此病者是兵員，帶著病四處散播。此病之恐怖及其全貌，首先為詩人醫生法拉卡斯托洛予以紀念表揚（如果可以用這個字眼的話），他這篇史詩共分三章，充滿了驚人醒目的圖像，以及拉丁韻文優雅的抑揚頓挫。此詩係依劇中男主角的名字西菲力士（Syphilus，愛豬之意，即梅毒）名篇。不過，他的名字並未取代前面那兩個借用國名的侮辱性稱號，詩人自己也用「論高盧病」之名做副標題。法拉卡斯托洛是個有天分的人，或者該說有天分的少年人，十八歲那年便在帕度亞開始其教書生涯。授業之外，也開業行醫，後成教宗保祿三世的首席御醫，被派往特倫多城任與會主教的醫療顧問。其著作還包括哲學、宇宙學的作品，以及一篇論狂犬病療法的專文。

科學也許會減少迷信，卻不能將之抹卻。帕度亞科學家力之所及之處以外，出現了一部名為《百詩預言集》的書，係自稱諾斯查達馬斯的法蘭西人所著。此書長年暢銷不衰。這是一本預言書，至今仍未絕版，並以多國文字印行。最近更有一部作者傳記，引用書中諸多預測，並與過去、目前種種事件相印證，從頭到尾，幾乎都未對其效驗[18]發出半點疑心。諾斯查達馬斯摻雜混用法文、義文、拉丁文和希臘文，寫下他假充詩體的四行詩。據他自己表示，還特用「混濁不明、扭曲的句子」，含混其詞在等待著人類的恐怖禍事，「免得嚇壞大家」。嗜讀諾氏預言的人當中，解迷之風至今猶盛，一再指出書中某行某句，正對世上某事某例。欲知未來的強烈欲望，愛好神祕事物的搜奇心理，因此同時獲得滿足。

諾斯查達馬斯不只是預言家，他也是醫生、曆書製作者、魔術師、星象學者、靈媒和美容師。他第一本著作，於世紀中出版，是一本叫做《修飾之道》的美容書，其中好大篇幅還包括了「愛情靈藥」和果醬。化妝品與保養霜的製作調製，不論文藝復興時代或今天，可都是一樁同樣嚴肅正經的營生。說也奇怪，人文主義雖然愛煞了自然，卻從未阻止人類往臉上塗顏抹色。有些男子，以及所有自重自愛的女子，除去那些低等人或農家女外，

> 不幸福的婚姻，
> 將歡天喜地地慶祝，
> 卻將始終不幸福。
> 瑪麗和她的婆婆，將嫌惡彼此
> 待得非比一死，那姻親就會更慘了。
>
> ——諾斯查達馬斯，這段話可能預言蘇格蘭女王瑪麗的命運（一五五五年）

都愛往自家頭臉塗上一層又一層的厚重油彩粉飾。英格蘭伊利莎白女王和她的女官們，（據說）還抹上用蘋果泥（因此遂有潤油〔*pomade*，衍自拉丁文蘋果〕一字）、玫瑰水、豬油拌成的玩意兒。不過女王既然又喜歡自己的臉蛋雪白雪白，看來這個美容堆肥裡面，顯然有白堊做主要成分。她還可以使用當時的又一新創，也就是我們今天所知的鏡子（這項新器具係在透明玻璃後面加一層裱背而成）來檢查其效果。她對自然的改善還不只如此，尚有另外兩招總其大成，就是把頭髮全部染紅（日後改戴假髮，效果相同），並把眉毛拔得一根不剩：如此一來，再不會有人冷不防瞥見她吃驚意外的表情了——這是她永遠的表情；對任何統治者，尤其是一個打算做專制獨裁主的統治者來說，這無疑是一項資產。

第六章 書寫「優」托邦

留心的讀者一見本章標題，會想：「嗯，印錯了。」或者更糟：「哈，拼錯字。」都不是，這小小驚嚇，係特為使各位記住以下要做的一番說明。此事不僅具文化意涵，更屬文學性的評議。

烏托邦（*Utopia*）一詞，係湯瑪斯・摩爾爵士以其同名名著自創，此時正是路德〈九十五條論綱〉的前一年。他從希臘字根「烏有之鄉」（no place，ou 為「不」，topos 為「地」）造出此詞，從此在所有語言裡面，都代表專為形容理想國度的一類著述。其形容詞 *utopian*（烏托邦式）又另有一層「空想難行」的意義；儘管如此，摩爾以來的作家卻不曾因此停止過各式幸福社會的設計（856>）。書寫烏托邦，是一項西方傳統，不僅直接描述想像的國度，也以其他文類展現。但凡社會正義的討論，從柏拉圖到馬克思，再到羅爾斯對我們這個時代[1]的論述，都不出類似宗旨。因此，何不稱他們為優托邦人（Eutopian），更動一下希臘字首而成「美好之地」呢？誠所謂「優托之邦，美福之鄉」（Eutopias for Euphoria，希臘字根eu-意指美好），也許正是所有這些作家的銘言呢，其中包括好幾位本章即將介紹的小說家（190>）。

文藝復興時代，最開門見山也最著名的三大優托邦，分別是湯瑪斯・摩爾的《烏托邦》、康帕內拉的《太陽城》、法蘭西斯．培根的《新亞特蘭提斯》提出。從開路先鋒摩爾到後面這兩位，時間上差距一百年，其中康帕內拉其人需要稍做介紹。他是詩人，十四行詩寫得極好，足令西蒙將之譯出，與米開蘭基羅的詩作放在一起出版。他也是新一代科學家，寫過文章為伽利略辯護，又寫過一篇論述兼論生理學與心理學。此作在美國文學留下一絲蹤跡：愛倫．坡的〈失竊的信函〉曾予引用，卻非第一手資料，乃是引自柏克的宏文《探雄渾與優美之因》（610>），後者所引則可能直接來自原作。

> 文學，就是我的烏托邦。
>
> ——海倫．凱勒（一九〇八年）

常看戲的人從英國劇作家博爾特的《良相佐國》都知道，摩爾是英格蘭亨利八世的上議院大臣。一次出使安特衛普，想起亞美利哥．維斯浦奇《第四次出航記》的記述，加以見到當前種種不平，遂心生想法，開始用拉丁文寫下這部他稱為「記載共福國盛境與烏托邦新島之真金好書」的作品，這個故事後來成為今版的第二部分。他把進行中的文稿拿給友人看，他們跟摩爾一樣，都熟知柏拉圖的《理想國》，一見這部可以與之比擬的現代版，大為興奮；於是他們九個人，其中最有名者為伊拉斯謨斯，也紛紛貢獻書信、詩作，以供摩爾在適當時機收納到故事中去。

《烏托邦》因此是一部百分百的文藝復興著作。很快就在不同城市出了四版。可是全書第一部分（介紹書中那位擔任口述的探險家，以及他發現的島嶼）對英格蘭當時的社會經濟弊病描述如此嚴厲，一直到作者逝世十五年後方得出版，離此部寫成已有四十年。全書經羅賓遜迷人譯筆，如今已成英文經典名著。

摩爾的立論簡單又直接：人世處處只見「富人搞詭計」圖謀對窮人不利，因此稱一國為「共福國」（*commonwealth*）未免太可笑了（類似說法日後也曾聽聞）。由此出發，理想的社會便務必奠立於眾人同財共產之上。共產思想，同樣也是康帕內拉，那座位於非洲赤道之南的太陽城立城之基。至於培根，則立意使他的「賓生能島」成為一所大型研究院，對財產事不置一詞；但是從「那快樂幸福大地」遍地的祥和寧靜推想，那裡一定沒有貧窮，也沒有階級鬥爭。

所有這些烏托邦作品，想來都是在訴說當時所認為的好事。這三個十六世紀烏托邦，都是宗教性極強的社會，依基督真理的啟示，或透過奇蹟獲致，或受地方靈感激發，進行道德教化之治。一如摩爾，康帕內拉對其他宗教亦持開放態度；各宗教先知所傳的道理，看來也如出一轍。康帕內拉以及摩爾書中的共產思想，更有當年使徒們立下的榜樣。在此同時，康帕內拉不相信世界創自無有，也不相信它恆常存在：科學家的他，就這樣時不時跳出來探個頭。

財物共有，那麼妻子也應共有嗎，如同柏拉圖所設計？康帕內拉舉出早期教會在聖克勉與特士良間的那段爭議，前者認為可也，後者則主張：「一切共有，妻子除外。」既贊成優生繁殖，康帕內拉遂報導太陽城子民的立場與聖克勉一致（第一代重洗派也如此主張）。可是他又趕緊為自己留下後步，說他們其實沒弄懂這場爭辯的意思。

摩爾主張一妻制，可是他也如康帕內拉、培根，視婚姻為攸關國家經濟的事務。看見圈地畜羊的政策帶給英格蘭如許災難，地主發財佃戶無家，摩爾不禁在想，也許有人口過剩這麼回事？在死亡率高的時代，大家庭是福氣——年輕幫手可以幫忙幹活，長大後更可養活年老父母。在《烏托邦》裡一家平均有二十口人，想想有僕人、學徒、三代親眷，這算低的了。以此推算，全部五十四城總人口六百五十萬，比十六世紀英格蘭實際人口約多出一百萬。貿易（羊毛貿易）既不可免，為求全體階級正義，摩爾的對策是由國家管制一切實業。

至於婚姻的個人面，三位作者都認為婚姻是一個予人痛苦約束的制度。摩爾要讓婚姻更有吸引力，方法是讓打算結婚的準新人裸裎相見，非常嚴肅地，分為幾次，由一位親戚老人家在場主持。一個世紀之後的培根讀了《烏托邦》，則認為「如此親密相見之後」，萬一一方事後拒絕成親，這樣的習俗豈不太過殘忍？反正此舉的用意全在及早察覺隱疾或畸形，培根遂主張不如雙方各派一名友人，觀看對方在潭中裸游。婚姻的競逐，顯然會永遠持續下去，但康帕內拉可不能讓那些人擁有完全的選擇自由。雙方一定得匹配才行。可是他也預見到難處：假定一對年輕人陷入愛河怎麼辦：好，他們可以自由見面、講話，卻不可更進一步。還有，漂亮的女人魅力也較大，又怎麼辦？世間永遠沒有足夠的美女滿足人類對美女的需要；此時就必須借用好意的欺瞞，以防失望、嫉妒。何況，太陽城中沒有一人長相醜陋。就是這類糾纏不清的麻煩事，令新制度的眾創建者大傷腦筋。至於婚後是否美滿，大家就得碰運氣了。離婚，是最後不得已的手段。只有在地方官長時間調查之後方可批准，通姦是其中一項有效理由，摩爾還特別慈悲地加上一項，兩造極度不協亦可申請離

> 普天之下，沒有一國如此貞正純潔。它是人世的處女。沒有妓院，沒有淫蕩所在，沒有專事權貴的妓女，沒有任何這類東西。不，他們訝異，帶著嫌憎，看你們歐洲，竟允許這等事物存在。因此在你們中間，有那些無數不婚男子，選擇過著放蕩不潔的單身生活，不願負上婚姻的軛。有許多的確也結了婚，卻結得晚，婚姻對他們只是一樁交易，不為謀盟，就為求名，還帶點求子嗣的心（幾乎漠然），而不是為夫妻結合的堅貞始義。
>
> ——培根《新亞特蘭提斯》（約一六二四年）

異。

這類細節，以及提出的種種原由，是一組綜合指標。不僅就當時文化常態透露幾分消息，也傳遞出批評者本人的奇想怪癖。為使人活得更好（對這三位人文主義人士而言，並不意味更敬天愛神，卻是更幸福更快活），他們分別提出一個主要目標待努力。摩爾要的是通過民主平等達成公義，培根要經由科學研究取得進步，康帕內拉則要以理性之思、兄弟之愛、優生之法通往永久的和平、健康、富足。至於另一項西方人遲遲方才採納的原則：人人必須工作，三人則意見一致。待此實現之日，康帕內拉估計，一天工作四小時即已足使全民樂利，留下充分休閒時間（他建議）供聽演講。

三人中只有康帕內拉，對女性持有宏大的眼光。女人適任男人一切所為（摩爾則主張女人可為教士）。康帕內拉書中，女人甚至可以訓練成武裝戰士，尤擅投擲火球。男人除非年老，凡事均可勝任，老來可替政府充任密探。可是所有優托邦論者都厭惡戰爭，除非出於自衛，或（有過一例）為解放被壓迫的人民。對康帕內拉來說，戰爭既可因貿易而起，貿易之事便應限制在絕對必要之處。最理想的狀態是完全地**自給自足**（*autarky*），意即：「無須金錢」。

他們筆下的優托邦，法條少而簡單，而且張貼出來讓大家看個明白。律師這號人物，沒聽過；有事，人人自己申辯。整治罪犯，三位都顯出大好心腸：先以責備勸誡，繼以勞動苦工，死刑絕無僅有。但戰犯一律自動為奴；這是一個奇怪的返古作風，因為奴隸制已在西歐消失千年。優托邦者減輕其制，規定奴隸子女（也是自動）皆為自由公民。如此異想天開的矛盾在在提醒我們，這些人文主義者執筆為文之際，眼光一直盯著柏拉圖。他們提出的種種制度，都在《理想國》中——公有共產，共妻式優生，不再有貧窮，不再有階級妒羨之心；雖然那永久的階級本分與階級之間的區分卻不曾終結。

在教導年輕人方面，他們發出的聲音在我們這半個千年裡一再反響不已：教育養成，應是教導事物事理，而非字句；而且一定要讓人愛聽愛學。在康帕內拉書中，整座城被設計成一個包羅各種藝術、科學的展覽場，藉此環境力可以輔助教學。在這方面它可謂先於教育改革家柯門紐斯的名作（272>）。

在培根的設計裡，思考科學乃人生目標，而且科學多有趣味啊！卻只有康帕內拉心繫機關器動（以「風帆與傳動裝置」帶動的車輛，由「不可思議的絕妙機關」推動的船隻），不過到底如何運作卻語焉不詳（亞里斯多德更早有先見之明，一旦有了必備機器，奴隸就不再需要了）。

至於道德教育，在所有優托邦裡，均由精心設置的宗教與公民儀文提供，藉此亦可透過愛國情操團結眾人。在我們今日，用什麼偉大的口氣、音樂來慶祝紀念，已是落伍之舉；什麼威風、愛國心這等字眼，只會招人取笑。可是好幾個世紀以來，這類公開提醒揄揚社區意義的方式，卻是舉國同歡與傳統延續不可或缺之事。

> 第一圈內牆上鮮明地漆著所有算式，用符號標示，並有小韻文工整地解釋，包括定理、命題，諸如此類等等。外牆上則畫有好大一個地球全圖，接著是一圖又一圖，分列各國公私奇風異俗、法律、人民來源、能力、字母，都陳列在太陽城本身圖表的上方。
>
> ——康帕內拉《太陽城》（一六二三年）

一點不錯，十六世紀優托邦大量使用音樂，正來自當時真實人生的一大醒目特色。空氣中時時處處瀰漫著音樂（236>），在家中、在教堂、在街頭、在節日、在行會慶典、在婚葬喜慶；也在特別場合如王公、官府、使節光臨本城之際。聲樂、號角、鑼鼓，與演說一來一往做著對話[2]。音樂在此，可不是日後演變成的那種附飾（在某種程度上至今依然如此），而是分成不同樂種，供不同群體在方便時依個人選擇享受。

優托邦作者好堆砌大量文字形容房舍、寺廟、衣著和家居習俗，也喜歡告訴我們，他們筆下的眾民是多麼健康俊美、善良親切，而且明辨事理。比方說，他們幹活既帶勁又實在，因為他們都已打量清楚，馬虎行事只會減少共有財產，害大家一起吃虧。蘇維埃經驗卻已顯示，這等精細複雜的理性想法，可不見得必然發生。

> 那不勒斯有民七萬，其中幹活者幾乎不到一萬或一萬五千，都因過勞而瘦弱不堪。其餘人口多陷於懶散、貪婪、體虧、淫蕩、高利貸等種種罪惡，並為己利苦役他人，破壞了許多家庭。反觀太陽城裡，義務、工作，人人有份，每人每日工作四小時，其餘時間用來快樂地學習：辯論、閱讀、寫作、背誦，走路、鍛鍊身心，以及遊戲等等，卻不從事任何坐著玩的賽戲。
>
> ——康帕內拉《太陽城》（一六二三年）

再者，雖說這些優托邦公民顯然個個**生來**健壯敏慧，歐洲疫疾的鬼影幽靈，卻無法因此拋諸腦外。不知為何康帕內拉特別掛心癲癇，他也是唯一提及要經常洗身、遵從醫囑的大師。優托邦裡，無可避免必有免費醫療，也得有醫生不斷尋覓新藥、研製人造藥物。只有培根，對這等凡俗瑣事不大感興趣，他只假定「那幸福之地」的眾民「有虔心、富人性」，生活安排組織得如此井然有序，「事事有條不紊」。

優托邦假定眾人時時心悅誠服於理性要求，但優托邦之所以烏托與空想，關鍵正在於此。誠然，多數人不用再為餬口、少數人也不用再為富貴而盲目掙扎的這種境界，看起來似乎確可助成社會的安和樂利。而且作者筆下也一再確定，有功必得認可表揚，有勞定獲豐名厚利；如此既飽足又有獎賞，人人自當心滿意足、效忠政府。奇怪的是，對於那些引發鄰人爭執、家族宿怨、種族仇恨的種種小事，優托邦眾民毫無愛憎之情。風俗習慣也許能使眾人服膺某些制式行為而不表異議，可是得同在一張桌上，一起吃那優托邦的伙食；或務必參加所有國定典禮，隨時由衷欣喜高歌，難道竟不會引起半點嘀咕或抵抗嗎？在這三大優托邦的三百張書頁裡，只觸及到一點心理層面：太陽城中的少年人，不介意服事他們的長者，但他們可是「哼，非常不樂意地」彼此相互服事呢。

＊＊＊

讀優托邦書，一定要小心分辨（如前所議）何者係被優托邦反襯的當時時代真相，何者為特定作者自身的奇思異想。比方摩爾建議，如果好心善待傻子，也就是瘋子，那麼借用「他們的愚昧之言、可笑之行」娛人娛眾，就應該無可厚非；反而更可保障他們受重視、得恩待。十六世紀的聰明傻子（小丑弄臣）就因他們沒有忌諱的說話行事方式，常為國王、貴人所豢養（448 >）。可是除非村子裡只有一名「天然人」（即白癡），其他一般精神病例，不論是任病人亂跑還是圈在「瘋人院」內，都不免任人誘騙、嘲弄、苛待。摩爾的好意，在此卻使他顯得麻木不仁了。

再看他一生行事，更令人奇怪他怎能一方面心懷宗教寬容，欲行優托邦之治；一方面真正實際掌權，卻竟然主動追索異端。這還不算，其實這一代偉人暨仁人的大好名聲，也係拜女婿執筆的傳記之賜而告開始；又因殉道，最終被教會封為聖人因而更上層樓。近代那部敘述摩爾生平的劇本，也肯定這一切正面觀點。一個令人不安的事實，於是為多數讀者所不察：在某部作品裡面，摩爾若非杜撰，就是有意讓自己代為傳布那個「大謊言」，用以偏袒他效力的都鐸王室——亦即謊稱都鐸朝亨利七世推翻的前王理查三世，不但是一個畸形怪物，還謀殺了他的親姪兒，兩名囚在倫敦塔內的少年王子。自十八世紀晚期沃波爾提出質疑以來，多位學者都逐漸相信理查其人其實正與傳說相反——既英俊又能幹，也未犯下流血罪行。而且，如今大家也不記得了，其實那個用來恭維摩爾的頭銜「四時皆宜之人」（a man for all seasons，正面引申為全才全德者），在過去可是用來形容機會主義者的嘴臉。

巧的是，沃波爾的作品在歐陸引發極大騷動，並得殊榮譯為法文（當時的世界語），譯者不是別人，正是堂堂法王路易十六（可讀約瑟芬．鐵伊的小說記事《時間的女兒》。這樁公案目前的狀況，可讀今人 Charles Ross 著《理查三世》）。當然，有了莎士比亞那齣曠世大悲劇版《理查三世》，此事很難再做翻案文章。事實上，這也屬於文化史的一部。

＊＊＊

不論是以上這種正式的完美國度，或如拉伯雷、蒙田、莎士比亞、斯威夫特筆下可見的小型烏托邦——諸作者執筆的主要原動力，都在「自當前苦況**解放**出來」此一主題意識。不過另外至少還有一項時間因素，可以用來解釋這類作品之所以集中在十六世紀出現的緣由。哥倫布之後的一代裡，有關新世界及其住民的知識，開始改變了西方心靈對本身文化的看法。探險家的航行，已成一種文學形式，對此優托邦作者詳加仿效。他們描寫船隻偏離航線，描寫那遙遠的島嶼，描寫土著對外來船員的態度，一開始難以接近，然後便變為親切友善。而且優托邦一定得遺世孤立，方能解釋此地何以從未為人所知，同時也為避免它被世上其他地方的惡習敗壞——這一點，卻暗示著一個美好的共福國度顯然相當脆弱。

這些有關異邦異俗的新知識，造成了**自我意識**的誕生。這是一個事實，也是一個主題意識：一旦有比較，自身的習俗看來就不再那麼注定、那麼必然了。誠然，四鄰之民，還有我們的敵人，作風一向與我們有異，但那是因為他們根本就有毛病。但是等到大家發現遠處那兩三個文化竟也與我們大不相同，腦中不免油然生疑：如果說他們的日常舉止可以如此不同，為什麼我們自己就一定要這樣做呢？刻意去改去變的念頭，於是便誕生了；社會改造工程就在轉角等著到來，並已開始進入文學，在其中找到表達出口。

先前曾經提及，在想像旅遊文學之外，優托邦式著作還有他種文類。卡斯提里歐尼書中的人物在起坐間辯談「朝臣」（<137），其景就多屬想像；所言所述，雖係描繪一種理想典型，事實上也係以真實狀況為本，雖然實況的形式並不完美。然而如果類此優良典範的朝臣夠多，社會之進境必不可限量：此書可算是一小規模的優托邦。此外在拉伯雷那部散文體史詩、蒙田的散文裡，雖然絲毫不掩真實世界的亂象，作者立意主張的理想世界，卻也時時並現。因此在兩位作者筆下，人間的陰影都有著一個具體而微的優托邦加以補足（194; 214>）。

唐吉訶德也呼出同樣氣息。塞萬提斯藉書中人物角色，將這虛構的小說世界分成兩個部分。騎士一族始終本其高貴情操，鄉紳地主雖非下流，卻以世俗粗鄙行事。唐吉訶

> 接下來航行三日，都不曾發現任何事物。
>
> ——（拉伯雷取笑探險家），
> 《胖大高》（一五三二年）

德的愚行，並不曾玷汙他的明理、正義原則；仔細聆聽他發出的規誡與指責即可了然；尤其到書中精采的第二部，當他把這些道理集中起來變成慷慨陳詞之際尤然。兩項美德，界定了完全的倫理人，正保存在「唐吉訶德式」這個字裡面；此字非指狂想，卻是理想化之意——即優托邦也。從《湯姆．瓊斯》到狄更斯、喬治．艾略特、托爾斯泰、哈代諸家作品，再往後到勞倫斯、紀德、喬艾思、費茲傑羅，長長一串偉大小說書單，或略筆或暗筆，都不難看出隱隱含有優托邦的色彩。

> 各位進來了——我們打心裡歡迎——
> 尊貴熠耀，神采奕奕溫文。
> 在此榮美之地，必將高尚地
> 令你們全體滿意。
> 女士們進來了，個個高雅，
> 姿容美麗，性情愉悅無羈；
> 這隱蔭之處，是一溫柔騎士做成，
> 女士們，為你及純真之喜而用。
>
> ——拉伯雷，喜樂美修院入口銘刻
> （一五六二年）

莎士比亞亦然，他筆下曾忠實復現的一切罪惡（除一事外）都在其劇作生涯末了的《暴風雨》中清除得一乾二淨。貢札羅（劇中耿直的老臣）是他的代言人，宣布道（帶有幾分反諷）：

> 在這個共和國，我實行的一切辦法
> 可與眾不同；什麼經營買賣，
> 我一概禁止；用不到地方長官；
> 都不懂得學問；再不分富貴貧賤，

那主人、僕人；再沒……
再不用做事幹活了，都閒著雙手，
婦女們也這樣，可是又天真又純潔；
沒有君主——

（方平譯本）

可是作為戲劇家的那個莎士比亞也從不歇息，於是另外又有人插嘴道：

他（指貢札羅）卻要做島上的國王呢。

貢札羅聽了卻毫不動搖，繼續追求他的夢想，下令凡物共有，婚姻作廢，全然豐饒。聞此眾人大喊：「貢札羅萬歲[3]！」

弔詭的是共同福祉之實現，在多數優托邦裡（拉伯雷例外）均係透過強迫的一致性達成，因此感覺上似乎比壞社會還要嚴格。優托邦以減輕身體飢餓與心靈焦慮為目的，著眼的應許不是抽象之自由，而是具體免於特權階級剝削之自由。其為社會正義所做的奮鬥，全係針對貧窮與階級暴政而戰。至於如何防範弊病的再起，則靠習慣養成的自然。不過作者也承認，偶爾亦須官府介入；有時，甚至令人感覺有那麼一位獨裁之主高高在上，綜管一切以保無虞，此可謂十八世紀開明專制君主的先聲。

正確的行為如何長保？常用的偉大說法是：「師法自然。自然永無誤，人忘自然，人就犯錯。」

自然在此，取代了神的誡命——雖然自然這位小姐原是神手所造，祂的誡命，也比她的口諭清楚明白多了。在整部西方歷史裡面，遂一再可聞訴諸自然法、以其為「最大絕對」的呼聲，但是具體的指導路線卻因人闡釋而異；而且在優托邦裡一如在其他地方，社群的生活都操縱於統治階群之手。誠然，優托邦內的有司係選自耆老與賢者，又有定期全民大會解決政策等事宜。可是這些政治面的權力，卻管不到人心的起伏、暴力的反常、天才或青春期的不穩。三位優托邦大工程師中，竟無一人提及「笑」這件事，確是意味深長——總共只有過一次，卻是用來嘲笑西方某項習俗。

儘管有此編制組織的味道，**個人主義**也是「抱怨」文學背後的另一項動機，一股辛酸，多係針對貴族、神職而發。及至十六世紀中期，更不僅徒自悲憤，也憎恨起命運與主子；這樣的人，遂已取得了**自我意識**，而自我意識正是個人化的一部分。所謂優托邦國民特色的那股驚人自制力與理性，也以此為先決條件。在此同時，早期優托邦文學則是一種「渴望」的文學。自十五世紀步入西方世界衰頹期，其後一百五十年又宗派戰爭連連，西方心靈都盼望再能一統，各類優托邦作品正各自表達此中心聲。此時西歐人再不能以基督教羅馬帝國之後自居，民族國家統一的安心感也尚未出現（358 >）。第三項也是最後一項動機：人文主義者愛戀今生今地，天家與永世的真實性漸變模糊；在此同時，學術界也開始懷疑過去有一個黃金年代的說法。現代紀元，只不過是眾多計畫、芻議中之一元，對未來至上的堅持，可稱得上幾近偏執。

＊　＊　＊

類此期待心態的轉變，發生在文藝復興晚期，一反文藝復興本身務要摹古、崇古的最高信條。構成後期這一組修正觀點的思想，遂被稱為「反文藝復興」[4]。如今古人已古，「現代」一詞除表示「現時當今」之外，更全面取得讚譽意涵。於是「進步」、「最新科學」、「先進思想」、「最新、最近的」，在在標明出這一波文化心態移轉的變化。不過尊今抑古之說，並非全無遭到反對；足足有一個半世紀之久（姑且就說直到伏爾泰時代吧），全歐都在一片「古今人之爭」之下。影響了文學，打亂了宗教、哲學，並經常決定了特定作品及作者的命運（305; 513 >）。只有自然科學一門及至十七世紀即已大勢底定：亦即凡是最新最近的，就一定是最真最實的。

基於由一種無意識的文字遊戲，「科學乃最佳真理」此教條，遂與「師法自然」彼教條融為一體；科學，就是要去解讀自然為人類持守的意義。在這種前進式的觀點啟示之下，「現代」一詞含有的權威性，遂同樣賜予了「自然」：於是天然食品最健康，自自然然比忸怩作態相宜，自然環境及其動植物相是最大的寶藏，自然法是人造之法及政府的最佳鑑定。

十六世紀有關新世界住民的種種傳說，正與這類已經存在的觀念諧鳴。渠地之民，既不具西方任何弊病，亦無西方種種複雜糾葛；他們如此美妙自然，因此有許多東西可以教導我們。蒙田筆下的優托邦，就是描寫這樣一個部落，標題雖是〈且談食人族〉，卻絲毫不減我們應該油然而生的羨嘆之情。在書中，在當時其他種種記述裡面，我們遇見了先前曾經提過的那件西方創造品：「高貴的野蠻人」。此銜之封雖於稍後，其人之貌初始即已齊全。他無畏無懼，健康地棲息在他那未受汙染的天地之間，他自然自發地敬拜「自然」這唯一之神。他也許對敵人殘酷，但他處親待敵之道卻絕對道德。他完全不知有國王、朝廷，沒聽過教宗、教會，因此他不需要美姿美儀手冊如卡斯提里歐尼之作，來改進他的言談舉止以臻無瑕。這樣的一個形象，吸引著西方人，因為一個老舊僵硬的文化喜歡把簡單的生存當成容易的生活。羅馬晚期的塔西陀即曾如此深信，我們前面已經見過。日耳曼諸部族於塔西陀，正是「野性的印地安人」之於蒙田——或等於十二使徒之於路德與湯瑪斯・摩爾。**歸真返璞回到原初**，以各種不同形式出現。

＊＊＊

優托邦的毛病在誤以為只要情況公平合理，人人就都會通情達理，甚至理性到一個地步，怎麼樣都行得通。不過這個顯而易見的缺點，必須再加以說明。一般的印象，總以為優托邦無非癡人說夢，其實恰與事實相反。在他們天馬行空的想像之中，這批文豪設想出了所有可行的制度。舉凡現代的福利設施、「社會安全」制度，都屬小型的優托邦。官僚體系為之設下的層層指導方針，也都令人想起優托邦作者為求逼真而愛用的絮絮細節。二十世紀為保人人如意，不僅立下各項法令主管健康、營生、教育、均平，還苦口婆心給予法律以外的諄諄勸告；種種努力，正是為實行優托邦的中心理念。優托邦理想與行善濟貧正相反（貧病之人似乎永遠都有），而它向上提升的力量幾世紀來也一直始終不斷。至於現代社會是否就因此比前快樂，或反而因為種種效果不一定見彰的規條而惱

> 你們當中有很多貴族，如雄蜂般好吃懶做，靠別人勞動養活，為己之用，剝削佃戶到了極點。除此之外，身邊還另外帶著一大群吃閒飯的傢伙，這些寄生蟲，從來不曾學過任何一技之長謀生，一旦主子死了，便被趕出門去，性情變得非常激烈，搶起東西來更是如此，不然他們還能怎麼辦呢？
>
> ——旅人對摩爾語《烏托邦》（一五一六年）

火，這個問題無法解答。哪一個時期的社會比較幸福？測量工具尚未發明。

若問優托邦思想留與後世的遺產究竟為何，可以綜合成五點：一是社會平等，比社會分級合乎人性（這一點，反文藝復興者可謂與柏拉圖完全背道而馳）。其次，人人必須工作，生計與榮譽都是**掙得**而非白得之物。再來，統治者應以民選，人民才可能比較樂於服從。此外，婚姻的離合須合乎實際的經驗：無可挽回的分手原因，非僅僅姦情一項。最後，現有的秩序法則，不是老天不可更改的旨意，也非原罪注定的惡果。只要思想清明、意志堅定，終可改善人類的命運。人文主義認為，這份屬世目標分屬理所當然之事。

回頭省思，應該把共產主義也列入優托邦作者的貢獻；有一段時間，我們的世紀已親見共產主義行於相當廣大的地區，只有一點出入：這些優托邦作者當然完全想像不到日後機器工業的出現。在他們筆下眾人都務農，而對農人而言，以久旱、洪水、蟲災、土蝕形式出現的天意，生動活現，比起大自然過程日受人為控制的年代直接多了。因此祈禱與義行，仍是優托邦作者心中的兩大社會柱石。他們腦中從未想像過可以有一種無神的社會——他們甚至從未想過，會有一種完全無涉於任何宗派理念的俗世政府。社會秩序，需要以宗教為支柱，以支持律法的力量；這個連帶的信念，在西方可謂根深柢固，死而不僵——如果這個信念真的已經死去的話。

優托邦派的道德觀，顯示現代某些批評多麼不正確；這些人老是抱怨，科學雖使物質生活有長足進步，於倫理道德卻無甚進展。事實上，科學根本無能為力。公義、正直、寬容、大度，是人類從古以來就知道應守的原則。但是能否據此而行，則是另一回事——甚至連一些身體小事，科學的結論再肯定，我們也難遵行：且看在這樣一個已經向吸菸宣戰，又早已不再共用毛巾、杯子的年代，豈不早就該嚴禁握手才是。

在此另應予以致意的是，優托邦作者還費盡苦心，務要使他們筆下的故事讀來煞有介事——這是他們有別於柏拉圖《理想國》的又一處。這些近代作者，在告訴我們主角的船隻如何偏離航道之後，又描述這處新發現之地的地理位置，其上的城市、建築，以及（最重要的）其防禦工事要塞。卻是一些更小的細節，指涉出實況；我們聽到很多瑣細小事：「他們用麻布比毛料多；他們判定布質高下，麻布要白，毛料要淨，卻不計較織線是否精細。」還有水果的顏色與滋味（「比我們的稍甜」），普通物件的尺寸，各種場合的用語、衣物、手勢，在在為一個否則將無甚說服力的敘述添上了幾分逼真氣息。要看實例，只消打開下面這位作者所寫的冒險經歷一閱，即見分曉：

拉伯雷

「**拉柏雷風格**」（*Rabelaisian*）一詞，現在都只指其表面含意，卻與其真正意涵幾乎完全相反。拉伯雷值得我們正視，可不是因為其詞猥褻、其文挖糞。誤以為此而去他書中尋找「精采」片段的年輕人，會發現其實這些內容並沒有那麼「爽」。然而，錯誤印象始終不去，多以為拉氏作品唯尚下流，又以為這位作者本人也屬於一種文壇上的法斯塔夫（莎士比亞劇中肥胖機智愛吹牛的爵士）。但是只消看一眼那幅留傳下來的拉伯雷畫像，所有臆測就立刻推翻。此像也許是依相傳而非照真人所繪，其實這樣更好，更能點出作者的真實心靈。我們看見的乃是一張稍窄的長方臉，五官勻稱；亮晶晶的眼神，透露內心點趣，配著嘴上一抹淺淺笑影——精神、肉體，都不見任何粗糙之處。

而且別忘了拉伯雷不僅是位作家，一如其他多位知名人士，他也有段不尋常的歷史，對了解他可有幫助。他是個沒人要的小孩，一如伊拉斯謨斯，也被迫進入修院：如此一來，家產就不必多分掉一份了；年輕的拉伯雷因此「在民法下就等於死了」。多虧具影響力的外來之助，他得以攻讀醫學，不久就在同行裡成為頂尖人物。他公開進行人體解剖，此時此舉還是一種危險的新鮮事。他成為那最新惡疾梅毒的專家，對歇斯底里症也很有研究。他在當時法蘭西的文化中心里昂教學，任醫學與占星教授；他出版曆書，也發表科學論文。他還發明了治療疝氣與骨裂的器材。

除此之外，他兼擅希臘文、拉丁文、希伯來文，廣涉史地及一般文學作品。又長於法學，在權門布雷家任職，處理政治與他項事務。簡單地說，他屬於當代最有學問之人；此外又剛好是名文學天才，對社會、道德議題懷抱極大熱情，寫下了近代紀元裡氣象最寬廣的人生觀照之一。

拉伯雷顯然認為，若以論述方式書寫他的思想，既不安全也不易及於廣大讀者。於是捨此途徑，他逐步發展出一個敘事文體，講述巨人、探險的故事，摻雜進低俗軼聞。這三道不同的開胃小菜，取材一本同源：巨人高康大有一個藍本可循，「航行記事」當令盛行，那些改編自舊笑話的粗口也永遠有人愛聽。就是在這個消遣故事的大小事件之間，藉著對角色的描述，並在其滿紙文采、機智的前言裡，拉伯雷迂迴暗諷出他的激進意見。有些時候，他則開門見山直言無諱；此外也常常透過動作情節與偶發事件或目的或結果點明真意。因此，書中人潘好急和英吉利人湯麻程（即指湯瑪斯．摩爾）之間的那場大辯論，就完全用符號、手勢進行；用意在於：字句無法表達人類生活所想所感的全部。但是他抨擊起僧侶或索爾邦的神學教授，則一點兒也不委婉：「理性？我們這兒從不用這玩意。」

這位令人欽佩的胖大高，乃巨人高康大之子，巨公高大古之孫，揚帆遠航，為尋找一道神諭——

「聖瓶」所發的神諭。就像書中一再出現的那道指令「喝！」，以及作者經常提及的「他所愛的眾酒徒們」，這都是一些可能會造成困惑或誤導的象徵手法。

一如巨人吃飯這件事（得宰掉好幾千頭牛才夠），書中一再提及身體功能及其滿足，都只有一個用意：人類生活之本（因此也是人類所有更高追求努力的根本）在於肉身。這類「粗鄙性質」，是拉伯雷用來抨擊僧侶禁欲理想的手法之一——所以稱為「理想」，是因為修院的真面目其實大不相同（透過伊拉斯謨斯及路德的例子，我們已有所見）。然而事實雖已不存，理想之名卻依然時有斬獲——遂有拉伯雷的頻頻出擊。肉身道德的精義，乃在人性乃善，而非敗壞（如此異端邪說，難怪喀爾文痛斥此書作者）。因為如果人無藥可救，脫離不了天助，那什麼公民教育、社會改革就毫無用處。至於後面這兩項大題目，拉伯雷可有滿腦子的點子。

爹爹高康大的教育背景，如同拉伯雷本人乃是僧侶式的；兒子胖大高的教育，卻自運動、嬉戲以鍛鍊健康身體始。接下去則是觀察事物——所有事物。「自然」提供了數不盡的實物為教材；至於人所製造的事物，則以質疑態度探查。在此，又見「教導事物，而非字句」的教學精神，獨立思考，而非現成意見。在拉伯雷的故事裡，一場大革命使得 Papefigue（影射更正教）與 Papimanes（影射天主教）兩派為敵，正證明那些激烈卻不可信的人為意見造成多大傷害。這名醫生作家與當時新科學的精神同調；透過實地細節，他提出自家的「師法自然」版本。更

《胖大高》這部作品，是法國文學裡一大佳作。關於此書作者，有過無數可笑流言。拉伯雷其人，其實非常清醒，除水外滴酒不沾，卻被誤認為是個好吃好喝、不折不扣的酒鬼。

——巴爾札克（一八四〇年）

有甚者，師法自然還包括了笑，因為「笑是人的天性」這句金言，即出於他。

這套人生哲學——有個拗口的笨名字「胖大高式的詼諧諷刺」（Pantagruelism），並非在故事某處一下子全部蹦出來，而是在專記我們這位可敬胖大高英雄事蹟與金口嘉言的卷三裡，一點點逐漸發展成形。這一卷，係拉伯雷在交相誦傳成名後，首度以本名發表。為回報他大力美譽法蘭西斯一世熱心贊助文化，拉伯雷獲王家特許（即版權）十年。此作係獻予法王之姊妹納瓦爾的瑪歌，她是拉伯雷的朋友也是他的保護人（<138）。

胖大高主義，根植於心靈中一項高貴品質：不把任何事看成壞的。拉伯雷象徵性地將此能力歸功於一株植物「胖大高草」，從這杜撰的希臘名可以看出，這個植物乃是一切美好事物的賜予者——知識、自我改進、太空旅行，尤其是安然滿足。

無奇不有的驚險、奇遇，臨及前往尋找聖瓶的各路旅人；胖大高在其間表現的行動與意見，也一再實地展現拉伯雷式的人生哲學。不斷出現的「喝！」，就是一種象徵性的邀約，藉痛飲正確的源頭，使人愈臻完美。拉伯雷特意選用潘朵拉的「瓶子」（而非原名**盒子**），此瓶永飲不竭。其實潘朵拉（Pan-dora）之名本意「泛賜——全是禮物」，現代用法卻只記得壞的一面。而拉伯雷的瓶子，更裝滿了好東西。每門學識的智慧都在其中，又佐以機智之鹽，浮游笑聲之上。

> 人所求、所做、所為之揚帆遠航、爭戰奮鬥的每樣事，胖大高草這植物都能提供完全的保證、難以置信的解放。
>
> ——《胖大高》（一五三二年）

即使在明明告誡的語氣裡，其人生哲理也務必保有抉擇之自由，從者亦萬萬不可變成狂熱派。「喝啊，但是別醉鬧成日耳曼人那德性。」美好生活，沒有固定公式，拉伯雷也不能被限定為樂觀派或悲觀派。他知道人生在世，即使連自己最相信的原則都難做到，而且原則的僵硬性，更使原則本意盡失。從卷三開始，潘好急此人成焦點，活生生地為這項人生真理做證。他的名字意思是「全行動」，衝動、躁進，靜不下來，渾身是勁卻又不用大腦。其實他也用腦筋，可是總在事後。他只關心他自己。欺騙、撒謊、對人玩骯髒把戲，又是個懦夫。但是他也非笨蛋，經常還頗為討喜——這種人常有這種伶俐本事，頻頻沾染麻煩，卻又能靈巧脫身讓人覺得可愛。胖大高願意忍受他，並且樂意幫助他，正為這個緣故。因為對他來說，潘好急其人，也是一種可供研究觀察的對象。正是那個我們每個人裡面的潘好急，需要被模造成胖大高啊。

發展到這個節骨眼上，故事中種種巨大特點已然消失，開始圍在人的身上打轉，雖然藉誇張以挖苦的筆調不改——或許純為好玩。拉伯雷每件事都喜歡加大尺碼衡量。在巴黎做學生的時節，胖大高曾貼出〈九千七百六十四條論綱〉。新發現地域的航程與人口、武裝遭遇中的英雄作為與傷亡數字，也都用天文數字表達。這等豐沛的高額量，是拉伯雷用以顯示生命真相的手法——人世間處處迸現著形形色色的物事，多不勝數，亂無可擋，各自為政，尋找永久的安身立命。因此他堅持加斯特爺，即「胃大爺」才是那最終的力量，一切重要事物（社會、藝術、詩詞、戰爭）的源頭——順便提一句，「他的」戰爭，是說道德說教戰，正派人得免得助，殘暴人則遭制遭滅。

拉伯雷筆下的人造物清單也是碩大無朋，與自然事物的豐沛旗鼓相當（如聖維篤圖書館裡的神妙收藏即是一例），在在展繪出人手的無限創造。各式各樣用來表達思想、感知、身體部位的同義字詞氾濫，聞所未聞以希臘文、拉丁文、法文創出的合成字，都標示著豐富、旺盛——以及永無饜足的胃口。這是一種獨特的文學手法，憑空想像出一種人生世界的觀照。

可是思索這「虛無之中的驢鳴狗吠」（拉伯雷書中假擬的研究專文名，暗諷中古經院學派討論的繁瑣無謂）本身並非目的。卻在喚起意志，想要去馴服這一片亂烘烘——正係透過社會秩序、詩、科學、藝術等手段。社會秩序，則有賴於喜樂美修院達於登峰造極之境的各種胖大高式美德。在那裡，唯一的戒規就是「隨你所欲」（<190）。這是拉伯雷的優托邦，一共有四頁長。所以是修院，為要令真實世界裡的男女僧眾羞愧。也為此同樣原因，這家修院裡住有男修道也有女修道。那裡的生活，最令人稱道處是彼此之間彬彬有禮又相互尊重。行為舉止的高雅，與環境背景的優雅相稱，這表示在卡斯提里歐尼式的朝臣風度談吐之外，人與人的關係也必須全然高尚正派——卻不一定務必合乎「貞德」。因此肉體感官之事，也可以「純淨」、「無邪」，而不必遵守苦修派的教導去刻苦戒制。那些苦修禁欲的僧侶（喀爾文派亦然），係透過窺孔管蠡人生，因此恨惡人生；拉伯雷也回敬他們以憎厭。

他描寫理想的人際關係，蘊涵著一份人間深情，一如他對高康大、胖大高父子天倫的描述。拉伯雷本身曾喪子，喜多兩歲上便早夭。至於喜樂美修院的理想情境，一如巨人世界以及其他種種文字誇張，也非完全脫離十六世紀的現實，都圍繞著當時真人實事及實地打轉，或以形諸筆端的喜愛之情予以命名、描繪，或用毫不掩飾的辯證加以批評。書中討論的爭執情節（比方說賣餅小販的爭吵）即取材自眾所周知的事實寫就。而潘好急四處請教到底應否成家的議論，靈感則得自那場「女性論戰」（Querelle des Dames）；批評、衛護女性的正反雙方當時吵了很久。書中所載的許多小事，也都有事實依據。但是不論真實、虛構，這些形形色色的細節勾勒出了一個一如我們今天可以在報章、現代小說上看見的人世百相。一位批評家說得好，拉伯雷預示了法國文學日後的全貌，是哉斯言；意指拉伯雷為所有文學形式提供了精采範本，從寓言、警句，到戲劇性的對話體與挖苦的諷刺語。這最後一項文學元素，通常係提萃成一個三字語，添加在一段原本看似無害也無意的句子之後，立刻奇峰突起。另外還有一點，這位批評家卻未指出；亦即老有人說法蘭西的文學才情，只擅於古典式的秩序與對稱（就好像那些明明可見的哥德式大教堂，竟還駁不倒這種陳腔濫調似的），拉伯雷這五卷書也正是反證。

拉伯雷的威力，在國外也屢屢感受。斯威夫特的《格列佛遊記》、史特恩的《項狄傳》，以及皮考克意態可喜的「小說」（816>），立時進入腦海；他們都屬於曾「坐在拉伯雷安樂椅中笑倒」的作家。日耳曼的黎希特，學自拉伯雷的技巧多於旨趣，但是巴爾札克則兩者兼取，甚至用幾分肖似拉伯雷的語法，寫了一套模仿作品《滑稽故事》。我們也會奇怪，為何詹姆斯．喬艾思在《尤利西斯》中，竟使摩莉．布盧姆說出她不喜歡拉伯雷的話來；其實《尤利西斯》本身，就在暗示著一種拉伯雷風格，只不過是一種心情陰暗、反面的拉伯雷：暴露社會最骯髒的角落，譏仿各種行業，並以平板語氣一再談及身體的需要與行為。這一切，都不僅在想要步拉伯雷的文字遊戲而已。當然兩書之間，其異更勝其似。拉伯雷讀畢使人精神一振，一如欣賞希臘悲劇之後的感覺。《尤利西斯》閱後則令人心情沮喪，一如觀看現代劇如《推銷員之死》之後的心情。這正是十六世紀與二十世紀的大不同處，也是一個新文化處於黎明期與幻滅期的差異。

兩書最典型的反差，是有關身體的處理，尤其是性方面。在以布盧姆、其妻摩莉、穆利根三人為代表的喬艾思裡，身體是低下卑賤的、鬼祟隱密的、不曾滿足的、使人作嘔的；主要原因，是因為在此係以嚴肅的態度展示身體的重要性。在這裡身體被觀察，一如自然主義者觀察其他動物，而且是與其他較高級的事物放在一旁評比。就這一點，喬艾思果然稱得上是時代的詮釋者：我們這個時代，有著性與色情的「問題」。我們試著要界定何謂色情、猥褻——卻力不從心，我們贊成、反對、爭辯生活中或影片裡對色情的使用或濫用。我們誤用「性」這個字，說什麼我們 have sex（有性），意思其實是指有性交；卻好像變成我們這男男女女平常都無性似的。這種混淆的用法，正是老舊文明典型的思想氾濫之端。喬艾思書中的詩人史蒂芬・戴德勒斯，遂只能在這一團迷惘的一旁站著，而不能如胖大高般，可以超乎其上。

拉伯雷（我們知道）卻將具體的肉身面，視為一股刺激人去達成所有功業的力量。一旦把這些成就（社會、藝術，以及喜樂美修院的幸福境界）放到檯面上，胃大爺還有欲娘娘，看來就變得很好玩，也沒有那麼等而下得不體面了。我們為滿足肚腹以及那兩枚玩意兒而從事的種種古怪動作，荒謬不堪、妙不可言、真真叫人笑破肚皮。最最好笑的一面，可能就在即使看見它們是多麼荒唐之後，我們還是照做不誤，繼續重複那些舉動——每日吞下三餐，明知吃後的結果；又隨興之所至扮演著那種有兩個背部的動物之狀（拉伯雷語，意指性交中的伴侶）。

拉伯雷的人生觀，其實正維護了人的尊嚴，看似弔詭——實則不然。只要不斷把看事的角度比例放對，就可以清楚看出，自然的肉體面不會汙染精神的心靈面。說不定甚至可以藉笑解壓，紓解某些人靈魂深處、因誤把性的激情與真正罪惡感混為一談的焦慮感。

拉伯雷這種改造「人」而非改革國的打算，可非人人見了欣然。那些密謀跟伊拉斯謨斯過不去的僧侶，此時仍有勢力，也至少成功地陷害過拉伯雷一次；害他不得不走避梅斯，而他的贊助人也是他的朋友布雷樞機主教便在那兒救了他。可是一般而言，此書並無招致強烈反對，多虧有那些附帶的花招，令一般讀者看不出作者的真正用意：驚世駭俗的主張、幾近瘋狂的建議，比方放寬婚姻法、接納宗教卻不為神學所障等等。拉伯雷最後在地近巴黎的莫登任牧師終老，不寫作也不行醫，卻只教導年輕人學習素歌（格雷果頌歌式的無伴奏宗教歌曲）。

他的巨作，寫成五「書」；有人懷疑第五書或是偽作，因為是在他逝後出版。但是竟有人能冒名把他的風格、思想、情節、架構，模仿到如此維妙維肖的地步擺在我們眼前，既說不通也不可信。寫作不似繪畫，可以用機械面的技巧欺矇過去。至於眾英譯拉伯雷中，最早由蘇格蘭作家厄克特與莫圖合作的譯本，至少應瀏覽一遍。雖然不完全是信本，卻是唯一能夠重現原書那種豐沛文字氛圍的譯本（可讀諾克[5]著 *A Journey Into Rabelais' France*。不過要注意，作者誤把書中一角稱作漏斗約翰〔John of the Funnels〕。*Jean des Entommeurs* 並非 *des Entonnoirs*：請改為殺手約翰〔John of the Hacker〕）。

＊　＊　＊

下面這位人物，時間上後於拉伯雷，重要性卻不次於他，此即

蒙田

我們所有做讀者的，都受字的拼法所役；而且，不管會不會說法文，都把這個鼎鼎大名裡的 *ai* 發成 *eh*，跟 mais 或 *j'ai* 裡的 *ai* 音一般。事實上，這個名字根本就是常見的 *montagne*，即山，而且在

當年這位作者之時，也是如此發音。蒙田這個名字，以及其他許多今天都用單母音 a 的字，當時都喜拼雙母音 *ai*。

記下了這個小掌故，就不免將他想成一位山中的智慧老人，把他的《論文集》形容成「峰巒連綿」（mountainous）——一連串高低參差的山峰，一如拉伯雷的作品，完全違反一般以為局限住法蘭西才情的規律化形式。就連書名 *Essays*（論文），蒙田獨家所創，都是對一定的形式規定做出反駁。此字的泛義，也是蒙田的中心本意，乃是嘗試企圖之意。Essayer 在法文即指嘗試，與英文 assay（嘗試、化驗）同源，意指測之度之以判其質。那麼，蒙田論文所試所圖者何？他測之度之又所示者何？

答案就在「致讀者」的第一頁：也就是「他本人」也。可是這本書並非自傳。它的自傳性質，只出現在那些沿著自我剖示而抒寫的小段落中：告白自己的過錯，列舉自己的意見、品味、情感，引述從古至今歷史上的事件，來描述人類社會中這件標本——他。這可是前無古人的第一樁，而且在不止一項層面上皆屬創舉；不像（比方說）聖奧古斯汀的《懺悔錄》，或本仁的自傳，此書目的就在「描述」本身，別無他圖。其他那些作品則不同，是為了暴露在作者終於悟道得到「真理」之前，所受的種種精神分娩之苦而作。而在蒙田，真理就是作者本人的畫像。

然而，難道他不是一名懷疑家嗎，他奉以為座右銘的「我知道啥？」（*Que sçais-je?*）——不正拒斥真理的可能性嗎？窮辯這個問題，其實無益。不妨將他這本書讀下去：裡面有著成百上千條正面性的主張。除了那些大題目（信理、情愛、詩文、經驗、政治、教育、歷史、老年、死亡），被蒙田用各種不同情境一絲不漏論述淨盡之外，他也蜻蜓點水，向許多附帶話題掃下一絲靈光：房舍、凱撒、貓兒、毒藥、海島等等「不一而足」——就像今天商品目錄上喜歡用的講法。

蒙田因此並不是那種不置可否、帶著一種寬容有趣的哲人心情，來瀏覽人世的所謂「懷疑者」。他的懷疑心，是那種「若無證據就不予置信」的讀者心，是那種不接受任何真理為最後真理的學者心。這種人生觀，絕不妨礙人擁有深厚信念。只舉一事為例，蒙田就非常肯定，人不該為信仰而遭活活燒死。

蒙田所在的年代，到處布滿了一種人，他們以為自己（只有自己）擁有真理，而且是直接從神而來的真理——但是這些捧有真理的使者，卻誰也不同意誰。用更大的自知，在更廣的事實點上反思，蒙田苦心孤詣要指明一件事，也就是日後克倫威爾那句一針見血的妙語：「藉著基督的慈悲，拜託你想想，也許你錯了。」6

《論文集》一書，已被譽為最佳的床頭書——它邀你隨意翻閱瀏覽。可是卻有一個更大、更微妙的樂趣，回報能夠從頭讀起、跟隨這幅自畫像一路到底的讀者。因為只有全餐，才能顯示出這樣一個心靈在哲思之路上從負而正的轉折嬗變。作為一個好的人文主義者，蒙田剛一開始，係相信「哲學思考，乃是學如何死」。古時斯多噶派（塞尼加、艾皮科蒂塔斯）亦如是言；宗教氣息不是那麼濃厚的文藝復興思想家，正在這些古人身上發現了一種清明節制的道德哲學，既與基督教的信仰若合符節，又無須在人生真正結束以前就「向著世界死了」。反之，人活著，服膺自然，順天亦順神，命運縱帶來艱難苦楚，也認命而不逆命，卻不必有福音派那種渴求恩赦的焦慮感。

因此蒙田初出發之際，係帶著這種背景心態。漸漸地（而非幡然頓悟）他卻開始看見了哲學思考，乃是學習如何活著。為何有此改變，只能純用推測：也許這轉變之來，是因為他愈來愈鮮明地感受到人最內在的那份本我，以及這份本我竟頻頻獨立於智性之外的事實——這個推論似乎還滿合理。學著死，是一個精神工程，來自於俗世性的觀察；學著活，也是一項工程，卻容括「深度與多樣」，也就是蒙田所說的那個「弱點」——他將自己的意見心性，甚至經驗整體的本質，都歸到這個原因上。

我，不做其他表白，只能說：在我自己身上，發現了如此無盡的深度與多樣，因此只學得了一件事，就是了悟到尚有多少待學。我之所以有此不足，這是常常可見的，我想原因就在我意見冷靜，不喜歡那種氣勢洶洶、好爭傲慢之心，那種全然只相信自己的態度，實乃修養與真理的大敵。

——蒙田〈有關經驗〉（一五八八年）

自我意識這個主題，在此遂再明白也沒有了；它在《論文集》中具現，還具有一份重要的文化意義，向來卻少為人所認知：亦即蒙田發現了人物個性一事。我的意思是指，他以 *ondoyant et divers* 一詞來稱「人」——此詞之義如此精確，簡直沒法翻譯；勉強可以譯作「如波起伏又多變」（wavelike and varying，中文譯者也只有勉力為之！）——直等於把「個人」，用一種更深刻、更豐富的概念取代了。

在他之前，一般接受的想法是人的氣質性情受體內一種「體液」左右。男人、女人、小孩，都分屬四種基本體液型：膽汁質型即衝動易怒型，多血質型即樂天型，黏液質型即冷鈍型，黑膽汁型即憂鬱型四種。人一切行為、態度、心情，都依此先天稟性而定。這套系統——一如在勃頓的傑作中即可見到（334>）——設計相當精細，亦有容一時誤差出入的空間，基本上相當合乎我們從自家鄰人身上得來的印象：他們傾向以某種方式回應我們，我們也傾向以某種方式對待他們。而家人間同樣作風久而久之，也會產生一種這個人就是這樣的感覺──「瞧瞧他（她），又來了。」一成不變的性情，偶有異狀打破，此時就會用「這人簡直不是自己了」的說法解釋。

體液（也被稱為主要性情）之說的心理學，其來已久，維持了好長一段時間的權威。十七世紀班．強生即據此寫過兩部劇作《各依其性》、《各易其性》；近至十八世紀初期，大詩人波普還把兩部劇作改寫成韻。甚至直到今天，大眾小說的供應人都還想不出比這種分類更好的法子；不過對一般消費者而言，此已足矣。

在此同時，蒙田則在〈論吾人行動之不一致〉一文中，指出人物類型（type）之所以異於人物個性（character）的元素。人物類型，固然有其癖好、口味、姿態，使之與眾不同，使其可供辨認，但是他的「立足點」卻始終不變，始終是「典型的」（typical），是這個類型的標準作風。人物個性卻不同，它乃是（像我們說的那樣）多面的（「峰巒連綿」），所謂觀人觀其「全面全貌」的說法，就是這個道理。就實際用途而言，人物的角色個性，只在文學中存在；因為沒有任何人有時間，或有機會，能夠像蒙田觀看自己一般，如此「面面」俱到地去看任何一個別人。

類型與個性之間既有如此對比，一如我們在真實人生與虛構小說中所見，難怪許多傳記作品的作者，會宣稱其傳主乃是「一大堆矛盾的組合」。他們腦中浮起這句老詞，都是因為在調查傳主生平之際，遇上那種屬於個性而非類型才有的變調：傳主先生或女士對陌生人、對慈善事業慷慨大方，怎麼對自己家人卻一毛不拔。矛盾！其實一點也不，只是「不一」罷了。矛盾，不容其反面存在；不一，卻可同時並存，在不同情況下做不同反應。人若完全不變通，怎能在一個多變的世界生存？豈不見冬天得喝熱湯，夏日須進冷飲；至於其他有些需要，外表看來可能沒有這麼明顯，比方一個人明明大方怎麼又變為小氣。這個轉變的必要性，對行為者本人卻千真萬確：或許，他變得不喜歡他的家人；或許，他的家人未能給予他可以從外人口裡得到的讚美之詞；又或許因與某項現實的接觸，改變了這「如波起伏又多變之我」的姿態心境。

邏輯與行動之間的落差，使得蒙田看懂了歷史；他是一名熱心的史學研究者。人的個性〈依其定義〉，與歷史同屬一個真實的兩面：是一種轉成（becoming），如他自己所稱：「我不描述『既成』（being），卻描述『變化』（passing，從一事變成另一事）。」（《論文集》中的大量觀察，都有取自歷史與傳記的有力事實為佐證。文中不時引述古希臘、羅馬的名家名句以調味增色，而且每隨新版問世而增多；名家名句正是堆積如山的證據，在在指向他所稱的「人間處境」。我們現代都用這個名詞來意味著人類黯淡的命運，其實大錯特錯；原本只表示周遭環境的力量——不論好壞正邪。環境與個性一同作用，說明了歷史為何渾沌，為何變化莫測；種種曲折，不能全用動機論來解釋。有人問他，何以與拉勃提如此深交，蒙田的回答，不是提出一張抽象的特色清單，卻是：「因為他是他，我是我。」人事複雜糾纏，心思、意志多重，後果不確難定；人的意見看法，必須永遠可容更改，原因正在於此。

＊＊＊

> 沒有任何事，能像無聊散慢更對我的健康有害了。憂鬱令我致命，每每令我發怒。
>
> ——蒙田《旅行日記》
>
> （*Travel Diary*，一五八〇年）

蒙田不似伊拉斯謨斯或拉伯雷，他的童年愉快，人生起步順遂：沒有人強迫他進修道院。他很愛父親，父親則以無比溫柔關心教他養他——甚至安排一名僕人以笛聲輕喚他起床。位於法蘭西西南部的家業，足可供年輕的蒙田過一個小貴之家的舒服生活，靠著收租過日，史上亦無須留名。但是他的性子是活躍的，他的好奇心是濃烈的；他瞧不起安逸懶怠，感覺到自己負有責任。

他不但做了兩任波爾多市長（不是他謀來的差事，法王亨利三世命他出任），也為法王提供建言，協助談判事宜。在此同時，他也推崇原信奉雨格諾宗的納瓦爾之亨利，後者藉戰爭與改宗手段，贏得王位是為亨利四世。蒙田內省的心靈，也勝任俗世的事務——當時有一派人因主張結束宗教戰爭、重新統一法國而被稱為「政治派」（*politique*），如果硬要將蒙田歸類，可算作該黨的同情分子。在那宗教戰爭期間，蒙田堅拒黨同任何路線；然而無黨無派，危險性其實不下於有黨有派。有一回路上碰到一支流動的武裝「紳士」隊伍，蒙田表示自己不傾向任何一方，他們覺得真是奇怪極了。他雖然也逃避別人加害，卻絕不掩飾隱藏。他一再證明他的勇敢，瘟疫期間也依然堅守市長職位不離。

活力充沛又性喜沉思，這兩項稀有組合，不但使觀點持平，也帶給他一種屬於強者——亦即胖大高式的仁慈心腸；更保證自我表白的誠信度。像他這樣，還有什麼可怕可懼，而不能「全部抖出來」的？而且一位作家，如果既無須賣書，又不必擔心書評人，更不用顧忌保有良好的公眾「形象」，懇切說真話的機率自然極大（可讀蒙田紀遊的短篇日記，所記將令讀者驚奇連連，其中之一是在羅馬舉行的一場同性戀婚禮）。

同時代有人批評他太虛榮，這麼愛談自己，這麼瑣碎，老注意那些私密、日常的細節。誰在乎呢——他們質問——蒙田生病時是不是得待在馬背上才最舒服呢？至於我們今日的道德意見，一方面雖然承認他的天才及原創力，一方面卻困惑像他這樣一位懷疑論者，竟深信某些事情；而且這樣一名極端派，卻又具保守傾向。如此觀點，實未能掌握這種雙重心靈的本色——也就是那種能夠同時看見一山兩側的能力。這一型的思想家極少：狄德羅、白芝特、威廉．詹姆斯，是少數幾個躍入腦海的例子。他們不可被一筆歸成那種猶疑未決或左右搖擺之人。他們的心靈特質無他，既多重又能透視：蒙田玩他的貓，心裡就想，說不定，是貓在玩他呢。

若要舉一個更具意義的例子，馬上想到的就是《論文集》中最長的一篇〈為雷蒙德．塞朋德辯〉，此人是西班牙一名神學家，首倡「自然宗教」，此派主張人可以透過觀看神手所做的工而認識神。蒙田先是遵父囑翻譯其作，後又應一位瓦維亞王室公主所請，為此書的立論提出辯護。結果蒙田辯護的結論，卻僅是勉強承認：當此眾人宗派心重、狂熱褊狹，而非真正篤信虔誠之際，塞朋德的理念對宗教或許有些益處。但就整體而言，他卻顯示塞朋德根本走岔了路。然後此文就把塞朋德放在一旁，逕自繼續去討論人類理性的自大、人類知識的價值有限。這種態度，正是拉伯雷以其打帶跑方式同樣表達過的看法。它楬櫫了一個大哉問：知識，是否必定導致美德並終至於幸福？

> 老實說，知識此物既偉大又有用，瞧不起知識的人，正足以顯示他們自家的愚昧。不過有些人對知識的評價又太極端，我也不敢苟同。比方哲學家赫瑞勒斯（斯多噶學派古希臘哲人），便在其中發現無上之好，認為它能使我們賢智、幸福。
>
> ——蒙田〈為雷蒙德．塞朋德辯〉（一五六九年）

我們這個世紀擁有的學識，比起蒙田、拉伯雷可及者更不知高出多少。但是，我們真的就等比例得更明智、更幸福嗎？今天甚至有一派主張認為，我們之所以不快樂，正是因為我們擁有的知識。前述稱為雙重境界的那種心靈，照邏輯應會渴求更多的知識，一如任何高舉「進步」大旗的鼓吹者；但是在此同時，這個雙重心靈卻又深深體認，獲得知識不見得就能改進生活品質。原子分裂、基因干擾（利用基因工程程序改變基因組成，比方打亂癌細胞或病毒的運作）的知識，就是一把兩刃利劍。蒙田對火藥就有一種敏銳的不祥之感。

不過，他還是花了五十頁篇幅暢論兒童教育。在那篇文章裡面，他比盧騷更先提出延師的必要。他也承認教師養成極其不易，因為他不肯明示教師應具備何種資歷。不過既然自然是最好的指南，教學之道就務在開發天然的性向；為此故，老師對學生務必觀其行，聽其言，而非不停地「把字句吼進他的耳朵，好像將水注入漏斗般」。一個好好教出來的心靈，在「造得好，而不在填得好」。

對求學者而言，學習之道也不再是背誦、反芻。母親大人為之延師求教的這名學生，既是年輕貴人，就該調教成治國之才，而非為辯證之論。不過課業仍應嚴肅認真。扎實的學問，是「一妙用無窮的工具」；而哲學一門，又是解放心身的藝術——雖然時至今日（蒙田言道）已成「空洞的饒舌，一個無用或無價值的玩意兒」。可想而知，一旦心靈裝配了出色的常識，這項教學計畫又加之以運動、武術、比賽、騎馬——以及跳舞，以確保身體的健康與體力。在一個完善周全的教育裡面，事事有益，事事可為師；而且學習到的好東西若要長久，就必須時時複習不輟——成為習慣性的使用。可是一般師傅的管教都太嚴苛，只會令學生儘快把所學扔得一乾二淨。正確的途徑，應是（以雙重心靈的風格來說）「嚴厲而溫和」。

蒙田筆下的優托邦，不是他的想像，而是綜合一名研究過「食人族」舉止、制度的探險家報告。

在許多點上，當然不脫異想天開，但是其中給我們的教訓卻很清楚：那些與我們天差地別的生活方式，自有其優點。這個特定部落展現的簡單樸實，容許了天然美德自由發揮運作。反之，我們的天然卻受壓抑，因為必須克服舊社會特有的重重障礙與複雜糾結。為打通這些關節，我們設謀、說謊、欺騙，一路不停地玩手段。我們的殘忍，其實不下於那些被我們稱為野蠻之人的殘忍，我們的理由、藉口卻更少。在這篇文章裡面，蒙田一再調轉筆鋒，責備西方的生活方式。

> 我們村子的葡萄藤凍僵了，我們的教士便推斷，是神的憤怒臨到人間。再看看我們的內戰，誰不驚呼這一切亂七八糟，審判就要來到了。卻不想想多少更糟的事情曾經發生，而且出了我們這裡，世上其他百分之九十九的地方，正過得很快活呢。
>
> ——蒙田〈論教育兒童〉（一五八八年）

但是蒙田絕非要歐洲人去模仿海外野人。我們的知識既如此不確定，去說服別人接受我們的觀點又如此困難，那麼最聰明的法子，莫過於遵循既有的為德與為政之道。習俗的力量強大，可致和平、可建秩序；但是王權之行應有牽制，社會等級亦難合理成立——人，正因其多樣而平等；人既無法用尺度量，人就不能被分等級。在精神上，蒙田是一真正的世界主義者，與一國一族的自尊自大相反。但是他也愛他的國，也忠於他的王、他的教會；有他們在，眼前的自由才得保障。在激烈的福音派革命出現以前，有法律維持公共秩序安寧，有基督教常規適切地矯正世風。

蒙田與拉伯雷，俱是優托邦論者，也是人文主義者，兩人都藉諸歷史以及當代事物的意義，發展出一種哲學的實用主義（958>）。不過有一項外在差異，卻分別了他們的作品。今天凡受過教育的法國國民，都可以讀蒙田，只須偶爾藉注釋之力，以了解一兩個已不再用的古字。讀拉伯雷則需要更多輔佐，才能弄懂他的字彙與結構，尤其因為他常常借用拉丁文、希臘文和希伯來文，自創一些不見於其他作者作品的字詞。而蒙田體散文，此時也尚未發展出半世紀後的那種透明感、節奏感，以及優雅感（329>）。他的句構，仍帶有拉丁句法的人文主義特徵，他還故意做出一種不特意咬文嚼字的隨意氛圍，打趣「某些人笨得要命，竟得跑上一哩去追一個好字」。儘管如此，他畢竟還是要「因事用字，以詞配事」，他也的確修改更動過自己的文章。有時候會讀不懂他，多半是因為他突如其來的聯想，造成跳躍式的行文。然而，正因為這文字的跳躍，使得他值得一讀再讀永遠不感索然；自然生發的新鮮感，永不褪色。

> 我應該會這麼對柏拉圖說：「這裡有一個國家，沒有所謂生意，沒有文學知識，沒有數字科學，沒有任何形容大小官吏、政治人物的稱呼，用不著奴隸，也不需財富、貧乏，沒有合同契約，沒有遺產繼承，沒有職業卻只有閒散，對父母也只有一般性的尊敬，沒有衣著，沒有農業，沒有金屬，也用不到酒或小麥。連用來表示虛謊、變節、欺騙、貪婪、妒羨、誹謗、原宥的字眼，也聽都沒聽說過。這等完美境界，與他想像中的理想國，不知他覺得差得多遠呢！」
>
> ——蒙田〈關於食人族〉（一五八八年）

* * *

蒙田一路行來，「順手」就為他自己解決了如此眾多生動鮮活的問題，以致《論文集》區區一書，就等於某些哲學家的全部著作——倫理學、美學、社會學，以及其他眾多學問。正因如此，遂使其影響雖大，卻難追蹤。後世孟德斯鳩、伏爾泰，以及多位哲學家都普遍深受其惠。離他時代最近的受惠人，則有巴斯噶（我們在以後將會見到）以及

莎士比亞

前面所引的那些《暴風雨》台詞，暗示這位大詩翁並不是很認真地看待優托邦的細節。然而也一如前面曾經指出，這整齣劇都屬於優托邦式的產品，形式與氣氛皆然。由一樁船難揭幕，生還者登上一處先天受老天愛顧的小島，從此開始，每件事都快樂順遂地發展，只稍帶一點最低限度的阻撓。可是這一切，都是魔法的作為，而非人力籌謀所成。那句「依然波濤洶湧的百慕達」之語，就是一個符號，顯示這位劇作家將幸福人生與新世界連在一起。這也是他唯一確實提到[7]新世界之處（<191）。

蒙田的腳蹤，在劇中處處可見，藏也藏不住。蒙田記食人族的那些文字，足足借用了幾十行，幾乎一字不改，逐字照抄在第二幕第一景中。而那個畸形怪物卡力班（Caliban），其名更是更動食人族（cannibal）一字的字母次序而來；毫無疑問，也是特意做成一字雙關。兩位作者之間，有一位真人佛勒瑞歐居間聯繫，因他迻譯的《論文集》，蒙田很快在英格蘭有了名氣。莎士比亞之所以缺乏積極正面的信條（因此蕭伯納還責備過他）多少有點受到《論文集》的影響。不管怎麼說，莎士比亞確在蒙田找到一種氣味相投的氣質（可讀 Jacob Feis 著 *Shakespeare and Montaigne*，此書充滿了敵意，怪罪都是後者帶壞了前者的心靈）。

蒙、莎兩人，係屬同質，最強有力的證據就在他們都發明了「人物個性」一事（而且毫無疑問，

係各自獨立發明）。蒙田首創在先——如我們前面所見，將人視為「如波起伏又多變」，是自我與環境交互作用之下的變種（<208）。人物個性成為一支新思想，不僅造成這門足堪與體液說生理學較量的學問——心理學。兩人同系同源的事實，更在莎士比亞之前的戲劇，根本沒有人物角色，只有類型。過去文學中呈現的偉大人物，全靠一兩項明顯特徵加以區別，卻沒有複雜度造成的獨特個性。

這並不是說莎氏之前，戲劇人物就都是沒有生命的「厚紙樣版」。他們也絕非中古劇般的抽象概念——中古劇裡，「邪惡」甚至是劇中人物之一。但是這些角色往往係單軌發展，劇中人的行為皆因他人的行動而移轉，相互牽制衝擊控制。人與人間的這種影響折衝，固然足供劇作家寫盡人類多般情愫及其致命後果；對希臘的戲劇、伊利莎白的時代、法國的古典劇等而言，也足以讓觀眾屏息了。可是我們卻不能說，我們對伊底帕斯或費德兒的認識，跟我們對李爾王或馬克白夫人的了解一般深入。後二者的性格面貌充滿變化，正如我們也覺得自己老是變來變去。前面兩者則非；在類型裡，不相關的東西（姑且這樣說吧）往往是不存在的。

莎士比亞又是如何創造出角色性格的豐滿全面呢？他用一連串的人際關係，暴露出人物角度的多面。浦隆尼阿斯作為朝臣，阿諛奉承；任王家顧問，過度自信；做父親，對女兒無動於衷到盲目地步；對待兒子，則親情流露智慧賢明。這種多元對應手法的後續影響宏大，自蒙田、莎士比亞以來，戲劇、小說、傳記，各種文學在西方人心靈裡充溢了數不盡的人物個性角色，我們對他們的認識了解，比對我們自己或鄰人還更多。我們會說，她簡直就是個簡愛，或包法利夫人化身；他活脫脫就是個感人肺腑的比利・巴德（梅爾維爾小說），或是個十足的偽善皮克斯尼夫（Pecksniff，狄更斯筆下人物，直譯為吹毛求疵——嗤之以鼻）。請注意，雖然大家都懂佛洛伊德所謂的伊底帕斯戀母情結是怎麼回事，但是當他殺父娶母之際，心裡到底怎麼感覺，沒有人有半點概念。他後來升起的罪惡感，也只是一般性非針對特定事。也請注意亞里斯多德論到希臘悲劇，也認為情節，即布局，才是最重要的一環；至於角色性格、人物個性就不用管了。簡單地說，**個人主義**這個主調，尚未充分吹奏出來。

＊＊＊

講到蒙田和莎士比亞之間的關聯，還需要指出一事。也就是在這個西方文化的故事裡面，莎士比亞其人，分屬於兩個距離頗為遙遠的先後時間點。在十六與十九這兩個世紀裡面，他可說是完全不同的兩個人。在前面那個世紀，他是一位百分之百意義下的文藝復興人：關心宇宙間所有事物。他也是半優托邦人，不過是負面的：他把世間的壞東西都描述盡了——然後，他就等於完全被世人遺忘。沉潛兩個世紀，到了十九世紀即將揭幕之際，忽地又以天地間頭號詩翁的身分全面冒了出來（750>）。這個莎士比亞，就是今天活躍在教科書裡、提供無數好素材給演員取用、現成可供廣告當作卓越象徵的莎士比亞。

這位在十六世紀度過三分之二人生的人物，是一名活躍、也滿賺錢的劇作家，極受同行愛戴，不免也有些遭忌，卻贏得其一大競爭對手班·強生的友誼。當時人對他的最佳讚美，是嘉許那兩篇敘事詩〈維納斯與安東尼斯〉、〈貞女劫〉為「甜美的詩篇」；後來又稱道他一些「摻了蜜糖的十四行詩」。他的劇本裡面是有些不錯的詩，不過我們卻不清楚他的劇作本身（甚至他的劇本寫作）在當時的評價如何，是否也具有今日我們所賦予的這般無與倫比的重要意義。寫劇本這一行，帶著點鬻文的味道；職業寫作，可非紳士之為[8]。高級的紳士先生們（或在王侯宮邸，或在牛津學府）吟哦作詩純為消遣，或用以為書翰格式，或用之恭維致贈，卻從不為金錢報酬而作。再說劇本此物，是個粗糙東西，被演員、導演、印刷商多人經手亂搞，哪能是精煉優雅的藝術作品。何況莎士比亞的劇本還有一項短處，竟不遵照古典定律。班．強生則規矩多了，評價也比較高。

種種情況，限制了莎士比亞在當代的名聲，卻增進其友身價；可以從下一世紀對他們各別作品的褒貶見其一斑。有關他們的評論已有人製表一覽[9]：班．強生不但被評等為首位偉大的英語劇作家，而且其大名出現的頻率，比另外那位不如他的對手足足多出三倍。莎氏身後，其劇本演出甚微，本書將會指出這等低評價的緣由何在（524>）。

班．強生回憶故友，發之以讚美，憶之以友愛；卻正是在這些憶友之詞裡面，他說出了那句經常被世人引用的「真希望」名言：真希望莎士比亞當初曾「刪去千行」。這個願望，甚至可以當成一種有趣的室內遊戲，大家圍坐桌前，桌上是莎氏原文，比賽有哪一行應該去掉。雖然十九世紀起即有「莎士比亞崇拜」現象（這個名稱取得不錯），但是自那時以來的讀者，都曾在莎氏作品中發現許多他們希望最好能夠去掉的東西，卻不敢公開批評。十九世紀英國批評家赫頓則為自己的勇氣提出正當理由：如果他有資格讚賞大詩人的好處，那麼他也應有資格責備大詩人欠佳之處——而且這些欠佳之處，並非不夠好，而是根本糟透了。

糟透了的毛病，玩弄字句破壞氣氛可算其一，比方在那首以「健壯小伙、美麗姑娘、掃煙囪夫，人人歸塵土」（《辛白林》）收尾的歌裡即是。再來，又有那些殘酷的字眼，比方講到歐菲莉亞溺斃：「太多的水淹了妳」（《哈姆雷特》），或愚蠢的異想天開：「抬起你那鑲著一圈流蘇的眼簾」（《暴風雨》），意即睜開你的眼。還有一些地方根本就不合理——多到讓人不可能把這些問題全怪到抄本淩亂手民誤排上。最後，還有一些「恐怖已極」之處，甚至令崇拜讚嘆如伏爾泰（伏爾泰會讀英文原本）也說他簡直是野蠻人的心思——比方在舞台上剜出葛樂斯德（《李爾王》）的眼睛，或是「熊追，退場」（《冬天的故事》）。

歷史上有兩個不同的莎士比亞，在此特意指出第一個莎士比亞遭議之處，意在提醒大家一個常被忘卻的文化史實。並用這個令人印象深刻的實例，顯示文化史中一個反覆出現的重要現象：亦即不同時期對人與作品的評價，往往有一種極端的、黑白分明的、高低往復的循環變化。這種現象，已被恰適地名為「品味如走馬」，此詞本身，正好暗指莎氏某名句[10]。對文藝復興時代來說，西塞羅是文學超人，今天他卻連教室的門都進不去。一直到一九二〇年代之際，約翰·唐恩這個名字都只限於不期而遇，主要出現在其他詩人如柯立芝的筆下。而後忽然之間，他變成偉大的詩人，被「新派批評家」認為更勝莎士比亞，因他哲學味較濃，「結構較佳」。這種蒙田式的不一致性，同樣也落在「時期」本身：在橫遭一百五十年鄙夷之後，巴洛克時期——尤其是這個時期的音樂——開始翻身為人看重，變成一種值得擁有的好東西了。於是，品味便如此這般永無止境地起落循環下去。

第七章　史詩與笑劇、詩詞與音樂、批評與公眾

二十世紀有一位讀者眾多的小說家，頗具寫犯罪偵探故事的天分，偶爾也動筆為之，他稱這類故事為「娛樂」。至於他的「正經」小說，則嚴肅處理道德與宗教議題。這種不尋常的雙重角色，正反映中世紀晚期及現代紀元早期的文學場景：當其時也，作家寫作（其實多為詩人）不出兩項目的，一以娛文友、貴人、君王，二為道德教化，希望藉此拯救那些不知悔改的傢伙，甚至因此產生出大寫的「文學」（指嚴肅正經有分量可傳世之作）。

但是在這位小說家葛林與文藝復興詩人之間，畢竟還有一大不同：今天所謂娛樂性著作（不論出自葛林或任何人的筆下）都被視為一種比較不入流的作品，即使寫得再當行出色也不例外。然而回到近代的早期，卻沒有這種差別待遇。因為幾世紀以來，吟詩作賦、說故道事的目的無他，唯娛樂而已。除了唱誦、聆聽，根本沒有其他排遣時間、打發無聊的法子。甚至連消遣方式本身，也被用來當作寫作策略：薄伽丘《十日談》中那些有名的情色故事，就是借用一群離城避瘟的翡冷翠人以故事自娛的方式，呈現在讀者眼前。兩百年後納瓦爾的瑪歌也用同樣框架，說出她的《七日談》（<138）。

但是與薄伽丘同時的佩脫拉克，寫義大利十四行詩卻是為「表達自己」，還寫了一部拉丁史詩，

效法古人建立文名。於是娛人與業餘的身分，不知不覺變成職業或專業化了。這些眾所公認的職銜：詩人、劇作家、論文家、小說家等，暗示著一種**專門主義**的主題，此時正開始露面。人文主義者意識到古人存在，更大大推動了這項轉型；既然希臘人、羅馬人這些古人，擁有一種正式意義之下的文學，我們今人自然也得以此為榜樣，建立一套可以及於自己的朋友圈、同朝權貴之外的作品；大寫的文學，豈在一時，乃千秋之業。

舊的角色卻也不曾立即（或全部）讓位。下到十九世紀，都還有詩人只為自己圈中人而寫，所謂圈中人，也許是贊助金主家中的成員、家臣（也可能是陛前的桂冠大詩人），因此有「應景詩」之稱，意指為某場合而作的詩。至於業餘作者也未銷聲匿跡，尤其是貴族中人，一定得故作瀟灑不羈，隨便寫寫就能拋出幾首十四行詩或牧歌，誰叫他血統高貴天賦異稟嘛。拜倫爵爺就是這一系貴族詩人的最後一人，不過他隨手拋出的果子，可比十四行詩來得大。然而無論詩人或音樂家，都還不能靠自己的作品出版維生。當時可沒有像現代出版這種經紀、編輯、版稅和重印權等重重糾結複雜的迷宮，雖然某種形式的版權正開始成形：亦即一種「王家特許權」，持有者可享有獨家印售某部作品的權利，通常為期十年（<200）——這套設計，對文字檢查也頗為管用。作者以固定金額，將此權與作品一次賣斷給出版商，十七世紀晚期彌爾頓的《失樂園》就賣了十鎊——此時這種做法雖非定例卻已尋常。

以上種種，說明了直到近期之前都還有的一種現象：一部作品正式問世，卻聲明前此已有手稿在未經作者知悉或同意之下付印——但是裡面充滿了謬誤，現在這一本才是真正該有的正版云云。對盜印商人或不誠實的朋友來說，作者喜將詩文手稿，甚或哲學、科學文章交予友人傳看的老習慣，始終都是一個誘惑。

簡言之，組織化的書寫與出版制度，以及他種藝術的類似設置，近世之初都只粗具輪廓。然而即使時至今日，創作之路已從當初的私家贊助，演變為具有法律保護的公開銷售，或由政府、基金會出資的年度獎助，藝術家卻依然不能搖身一變，成為一支檢定合格的專業人員，既有證書，又有技能，可以從此期待一份適當合理的生計。

* * *

人文主義者相信，所有文學形式裡面以長篇史詩為最高。但正因其長，維持高水準就不易。史詩之難，曾叫佩脫拉克吃過苦頭，結果他的拉丁文程度心有餘而力不足（<78）。這個文類，雖有古人範本（荷馬與維吉爾就是傑出的一對），為數卻極少。亞里斯多德提供的規則更幾於無；他只說過最要緊的，是史詩必要有一位真正的英雄人物，意指徒有一些大小事件與風景細節，不足維繫讀興。

中世紀初期有許多英雄詩文，從《羅蘭之歌》到日耳曼、冰島的傳奇冒險皆是；文藝復興時期的史詩則捨此不為（或云予以忽略），卻是一種奇特的合成品，為四位義大利詩人所作：博亞爾多、浦爾契、阿里奧斯托與塔索。前兩位屬十五世紀，後面一對則是十六世紀，他們一度於西方家喻戶曉，正如莎士比亞、歌德在今天。但是這四位詩人的大名與榮光，如今卻只尚存於他們的原產國，威尼斯貢多拉（一種平底船）船夫為觀光客高歌的曲兒，很可能就是塔索史詩的小小片段。然而遲至十九世紀之初，有教養有學識的歐洲人都還津津有味地閱讀、引用、欣賞阿里奧斯托和塔索。在此同時，今日名列「巨著」之列的但丁《神曲》，同為歷險類的史詩，當時則被貶成「哥德式未開化」的中古蒙味之作。那麼，這四部義大利史詩「較具人文味」的題材又是什麼呢？頭三部帶有傳奇故事的味道，取材自查理大帝麾下的十二聖騎士，他們的神聖使命就是要打倒異教撒拉森人；卻被大壞蛋背叛者蓋恩出賣，在庇里牛斯山間敗於那出名的羅瑟斯凡爾斯一役。中世紀初期以古法文寫就的《羅蘭之歌》，交代細節的口氣平鋪直敘；博亞爾多、浦爾契和阿里奧斯托則加上了愛情成分，又有魔法介入作用。新史詩一改舊史詩那種靜肅哀傷的鬥士氣質，為優雅的朝臣與講究的人文主義者帶來了刺激的愛情場面，以及被稱作「奇妙之事」的精采妙趣。所謂奇妙之事，是指黑白巫術行出的奇蹟異事。

形形色色的大巫仙、小精靈、迷人的女妖，並不是為要叫人相信；奇異的法力、惡意的把戲，純為娛樂效果，而且最後都沒有好下場。種種都是天馬行空的幻想：阿里奧斯托《狂怒的奧蘭多》裡的那名巫仙，頭砍了竟然不死；浦爾契筆下的巨人摩根，因見一隻猴兒穿靴，笑得太厲害竟笑死了。塔索寫一名聖騎士前去清理一處附了魔的樹林，結果已逝情人竟然出現：原來她是其中一棵樹。擁有高度道德、體力的女子，在這些冒險傳奇中占了很大篇幅，尤其是民謠裡流傳的亞馬遜英勇女戰士，也在此被轉成女主角與愛人。甚至連施魔法的迷人阿米達，雖然曾幫助異教的回教徒，一旦被愛感化，照樣贏得我們的愛慕欽佩。

這一切乍看之下，似乎與拒斥中古迷信、青睞人性與寫實的文藝復興主張背道而馳。實際上，這些史詩中的魔法角色，扮演的正是古希臘羅馬史詩中的男女眾神；而勇士們的所行所是，則是卡斯提里歐尼禮儀書中的紳士朝臣。切記十六世紀之時，基督徒與回教徒之間的戰事仍在進行，中古的撒拉森人，此時為近世的土耳其人取代；而阿里奧斯托的《狂怒的奧蘭多》，最後以劇中英雄殺死了阿爾吉爾王收場——正是查理五世一直想做的大事。

四部史詩中有三部（博亞爾多的《愛中的奧蘭多》、浦爾契的《巨人摩根》、阿里奧斯托續博亞爾多所寫的續集《狂怒的奧蘭多》）詩中主人翁都在追求好幾項目標，結果卻各自不同。奧蘭多（Orlando）此名，順便提一句，是由羅蘭（Roland）字母顛倒置換而成。他的狂症只是偶爾發作，而且是因愛生妒成狂。可是在這裡，情節布局並不重要，卻在其多彩多姿的魅力無窮。

比阿里奧斯托晚上一代的塔索，在其《聖城得贖》中選用了一個新題材，不過仍然糅合了狂熱的宗教情緒與愛情。他的男主角是歷史上第一次東征的十字軍領袖，布宜庸的戈弗雷；至於故事的高潮：攻陷聖城，也同屬歷史事件。東征眾騎士都紛紛陷入愛情，只有戈弗雷例外；他作為「仁慈」的化身即已足矣——與歷史上真正的戈弗雷可真是大異其趣。至於其他騎士的風流逸事，都技巧地交織融入戰爭布局，因此東征大事的目標並未因愛失焦，只是有些延誤而已。

> 愛恨交織，糾纏未已
> 證明她的火苗仍旺，雖然隱藏；
> 三次她的膀臂伸張欲射，
> 三次瞄準，三次她的膀臂收回，
> 最後終於棄絕：紫杉之弓
> 她以急切張臂、毫不畏縮
> 再度彎弓，弓弦砰響，箭身疾飛——
> 疾飛呀箭矢，但隨矢有此符咒：
> 是她隨之吐露：「神啊請允准
> 它不成傷害！」
>
> ——阿米達在塔索的《聖城得贖》中
> 與理南多作戰（一五八一年）

當然，正是這類談情說愛的閒事，以及戰爭場面，令二十世紀讀者覺得難以消受。可是若要公平論斷這些詩作，就必須記得讀者對象是誰。當其時也，即使在「書」此物問世之後，書本所提供的樂趣，仍係採取一人朗讀、眾人同聽的形式。現代人獨自靜讀的習慣猶未扎根，遑論以中央空調與穩定光源為前提的臥讀之癖。史詩故事必須在熟悉的主題上不斷變化，方最能維持讀興。當時之人不像我們，受過各式各樣大量娛樂的訓練，可以接受任何完全出人意表、不合常規的奇事。因此這些義大利詩時有離題之舉，或不斷加進一段其他故事；但是額外的穿插，以及長篇大論的演說，絲毫不致破壞故事的懸疑性。事實上，故事之中帶故事的手法壽命頗長，一直到狄更斯手裡都在使用。至於愛情（或乾脆說追求）更是任何年代都少不了的閒情；一如只要品級爵位仍有任何意義，作戰便是名門之子消磨時光的法子一般。宮中府中的高貴人士，永遠不會厭倦他們的文學裡面有愛情與戰爭這兩樣東西。

徵諸以上事實，這些義大利史詩可謂百分百跟得上當時時代腳步。最好的證明，就是它們一問世，幾乎都大受歡迎，而且四部皆是。與詩人同時代、位居高位的讀者，更讚美這些作品為曠世傑作，時時引用彷彿真理之泉；而這正是史詩之為用。即以伽利略為例，就能熟背阿里奧斯托，更因愛到極點，甚至還說另外那名暴發小子的壞話，此人即

塔索

就社會地位而言，這位詩人一點也不暴發：出身倫巴底貴族後裔；家族浩大，系布全歐，尤以日耳曼塔西（Taxis）一脈最為有名。拉丁文裡，*taxus* 的意思是獾或紫杉。塔索家族的盾牌紋章上畫的是動物的獾，不過我們的詩人則偏愛植物的杉；而他的一生，顯然更合於這個象徵著哀傷的表記。文

藝復興詩人之中，他的命運始終令人感到興趣，也往往用來代表藝術家遭社會誤待的典型際遇。因為他的贊助人費拉拉公爵阿方索將他監禁在一處瘋人院裡長達七年，歷來詩人都同情他，用嘲弄譏刺狠狠地教訓他的贊助人及「社會」。歌德便寫過一個劇本，暗示大公出此下策是為懲罰這位天才，氣他竟敢大膽贏得大公之妹的芳心。拜倫造訪他的「囚籠」，作詩描寫這位可憐受害者精神受虐的苦況。李斯特寫了兩個樂章，以交響樂一雪他的冤情，一名〈悲吟〉，一名〈凱旋〉。

> ……我使
> 目前囚處，成我未來殿宇，
> 各國將為我前來造訪。
> 而你，費拉拉，當你城中
> 不再有大公首長居住，卻將塌倒，
> 而你那崩解碎散景象，是你那
> 冰冷廳堂——
> 詩人花環，將是你唯一冠冕，
> 詩人幽室，是你最出名所在。
>
> ——拜倫〈塔索悲歌〉（一八一七年）

不過這個詩人傳奇，不可未加分辨就照單全收。開放給遊客參觀的所謂土牢，根本不是塔索度過七年時光的地方。在他真正的套間裡，他賦詩、做文章，寫出了無數書信，也接待訪客（包括蒙田），更收到其他作家（以及那些有爵銜的業餘作家）送給他的禮物與讚美。他的一生，還有他那無容置疑的不幸境遇，正展示出天才與贊助金主之間一種微妙關係。費拉拉公爵阿方索是一個愛表現、難討好、永遠都意識自己身分高貴的東家。塔索則是一名帶有偏執妄想傾向的憂鬱患者；如此躁動不安，七年幽居，除去最初十年在費拉拉的生涯之外，是他這輩子待在同一地最長的一段時間。他的成長背景，使他養成了流浪不定的癖性。塔索之父，也是他自己那個年代裡的有名詩人，貧而不羈，這裡那裡四處找事做事，帶著兒子（也是老么）同行，卻把妻子留在家裡。小男孩塔索十三歲上母親去世，卻不憎厭這破碎家庭的生活，而且（一如蒙田、莫札特和白遼士）終其一生都愛戴其父。

十六歲生日後沒多久，這名年輕人就被送到帕度亞大學修習法律。在那裡他寫了一篇浪漫冒險詩《理南多》，旋即在威尼斯出版。十九歲，開始寫作他的史詩《聖城得贖》。在帕度亞他還加入其友貢薩格創立的縹緲學會，此人後日是一有名的樞機主教，也是塔索的救難友人。當時的所謂學院，純係業餘人士組成的非正式團體，多為年輕人，聚在一起談講時論，包括智識與宗教議題。他們研讀柏拉圖，相互品評彼此的詩文。每一個看得起自己的義大利城，至少都有這麼一所學院，也都冠上一個啟人深思的名稱。在國外仿效之下，這些以文會友的聚集，逐漸發展成十七、八世紀之際由王家贊助的學會，然後又再演變成十九世紀專門性的學術學會。

塔索為縹緲學會寫了三篇論文，論英雄詩這個文學類型——理論稍先於實務。此時，做父親的已經看開了，任兒子荒廢法律學業，塔索遂往波隆那研習「文采之學」。他才貌雙全，身材高大，樞機主教艾斯特便一眼看中他收為隨員，《理南多》就是題獻給這位樞機大人。這份差事，將二十一歲的年輕人帶到費拉拉——先在曼圖亞養了一年的病；費拉拉為艾斯特家邑所在，與梅迪契家為死敵。公爵阿方索的兩名姊妹立刻與青年詩人交上朋友，詩人則在公爵大人身上看見了他史詩裡的英雄：阿方索隨時準備助皇帝一臂之力，以其三百騎士，全身天鵝絨與黃金裝備，上場與土耳其人作戰。

塔索在帕度亞留有初戀，如今二度陷入愛河，愛上了美麗的班妮迪多。可是她沒有回報他的追求，卻嫁給馬基維利。塔索的愛人可真多，無疑是他從一地又到一地不安定變動下的副產品。新環境之所以新鮮，同時也因為又有一樁新的愛情可資征服。但是這些愛情事件，看來多屬紙上之戀而非真正動情。作上幾首十四行好詩，記錄下新的熱情，就足以抒發這股愛的欲望了。這是當時的風氣——在韻中相思憔悴，在詞裡為愛煎熬；發洩完畢，重新削尖了鵝毛筆，再進攻下一位愛的目標。年輕的塔索，輕浮自負，寫詩讚遍了四周的公主、小姐、夫人。還參加一場半真半假的辯論三天之久，大論「有關愛情的五十項結論」，混雜了強詞奪理與情色言詞之大成，也造出了多位猜忌吃醋的男女。

某一次，樞機主教帶塔索出使覲見法王查理九世。這位國王對詩的鑑賞力不錯，塔索渴求讚譽之心大得滿足。可是詩人見法王廷上竟對新教徒如此優容，說了句不該說的話。樞機主教從此辭退了他，從那時起（雖然並無因果關係），塔索的麻煩就開始了。縱有名聲、榮寵、讚美，他卻總是高興不起來，他看每件事都是假的。這段時期他曾寫了一齣田園劇《阿敏它》，在費拉拉及某鄰城演出人人讚不絕口。劇中公然抨責宮廷生活：說它是「無聊話之堂」，在那裡「看見的事都是假象」。

他甚至對自己的成功也疑心起來。得到恭維愈多，愈想像有敵人跟他作對，讓他得不到應得的真正讚美。他也擔心自己那《聖城得贖》史詩是否合乎正統，便想取得一張教宗核可執照，於是呈送梵蒂岡接受檢查，在那裡檢查人員花了兩年工夫挑毛病，寫了一堆批駁意見取笑。特倫多敕令的規定，全都被拿來用上了。塔索變得更狂暴易怒，要人家注意他，又向批評他的人提出挑戰。還曾為了一個侮辱性的字眼，當場公然和人打了起來。既怕人家暗殺他，然後又吹牛自己打退好大一批刺客。很長一段時間費拉拉以外的人都深信真有此事——事情發生的前後次序，聽來還真像有這麼回事呢。可是塔索最嚴重的過錯，竟是私下透過友人貢薩格，安排梅迪契家邀他前去羅馬，這可是艾斯特家的死對頭。

邀約真的來了，條件如此優渥，結果他的疑慮又全部發作：對方是真心、真誠邀請他嗎，還只是為了跟艾斯特家過不去？他拒絕了邀聘，再回到費拉拉，愛上又一名新來的美人，深信大公會燒了他尚未完成的偉大詩作，用刀攻擊一名僕人。阿方索用最溫和的手段將他禁錮在他的套間裡，又延醫治療。塔索寫信給一些友人，說他得到兄弟般的照顧；對另外一些朋友，卻又說「得到罪犯般的待遇」。在此同時，大公也想盡辦法防範塔索的史詩在其他城市被人盜印。

塔索第一度離開費拉拉之後發生的事，若一一贅敘就未免太瑣碎了。反正都是同一個模式：懇求另一城的朋友接待他，人家如其所請；待了不到兩個月，他又要走了。跟我們這個世紀的勞倫斯也是一樣，剛住下來的幾個禮拜，一切都很滿意，希望都滿足了；然後，就是：「這地方不好。」塔索渴望回到費拉拉去。大公也願意原諒接納他——而且不止一次。又投奔一處修院，發誓要做修士。然後卻逃到寡居在那不勒斯的姊姊那裡。為單獨上路安全，去時打扮成牧羊人，上門時形容憔悴到她都認不出他來了。姊姊無比溫柔地照顧他，可是不行，他一定得上羅馬去。於是循環反覆又再開始：每個地方待上幾個月，羅馬、曼圖亞、那不勒斯、杜林、烏比諾，然後又回到費拉拉。最後在那裡，終於，三十五歲的他想，可以為那部十字軍攻下耶路撒冷的偉大故事加上最後完工的一筆了。

不幸，此時大公正忙著三度結婚，大公本人和他的隨員都太忙碌，沒有工夫對這位歸來的大天才致上應有的注意力。他可氣瘋了，公然大罵，口出惡言：阿方索和他廷上的傢伙，全是些不知感恩的浪蕩人和膽小鬼。塔索被送到專收容貧人和瘋子的聖安娜醫院去。這一擊實在太重，意想不到。他求大公放他出來，可是卻得了妄想症又有幻覺。他看見童貞女馬利亞，他大吃大喝「這樣才睡得著」。他求他求醫生別把藥弄得那麼苦。可是他也照樣寫十四行詩，並能理智清醒且很有學問地回覆別人對他作品的評論。因為此時《聖城得贖》也終於印行了，雖然是一部凌亂錯漏的版本，他迫不及待閱讀所有評論意見。詩人於一五九五年去世，教宗此時已準備在羅馬封予他桂冠榮譽。

＊ ＊ ＊

一如之前的三部史詩，《聖城得贖》也綜合了聖戰與愛情事件，以及生動的冒險與魔法的符咒。決鬥與戰役的場面，充滿了生氣又有說服力。還有一隻會說話的鳥兒，一名能走在水上的巫仙。魔鬼現身，頭長角，後有尾，該有的一樣不缺。前面也提過，到了故事末了，那位可愛的女巫阿米達，原本用邪法為異教出力，結果卻愛上了她的死對頭而受到感召。奧蘭多本人則以精明、感人的面目輪流出現。那些不可思議的「奇妙之事」更是精采萬分，如果氣氛情緒正對，頗能產生現代人閱讀科幻小說時的趣味。

此詩曾被稱為愛人的史詩，相當合適。查理大帝的聖騎士一定會感到噁心，古人則會稱它為浪漫冒險傳奇而非史詩。義大利人調製這味情色、奇事小菜的手段確乎高明，自有「大歌劇」這個劇種開始（264>），因為有這類義式小菜，平添了各色人物與情節安排，歷幾世紀不衰直至歌劇興起；也就是說，從蒙特威爾第、韓德爾、葛路克、羅西尼一直到麥亞白爾（725; 726>）。

如果說（批評家們似乎也都同意）**史詩**這個文類，意味著英雄風格，義大利詩人在這方面的嘗試確屬失敗，不然就得另外歸類（可讀 W. P. Ker 著 *Epic and Romance*）。這些作者都知道亞里斯多德已經立下鐵律：亦即史詩的趣味來源，全在一個「品格之人」的角色身上；這幾位義大利詩人卻不管，或許竟是誤解了。須知英雄遇到危難，必須堅定不移，絕不稍離他的任務。因此阿基里斯在《伊利亞德》開場的背叛，是權力爭奪的一部；埃涅阿斯也敢誇口：「我是信實的埃涅阿斯」，意即對他的任務信實——因此對愛人黛朵就沒法信實了。這項藝術性的原則，排除了相思情傷的自我沉溺。當然，荷馬的《奧德賽》和維吉爾的《埃涅依德》裡也有幾段愛情場面，可是篇幅既少，內容又簡短，而且都表現成一種妨礙，而不是優先要務。至於八世紀的《羅蘭之歌》，一共也只有半節詩提及一名戀愛中的女子（羅蘭的未婚妻奧黛），並且是描述她聽說愛人被殺而悲傷死去。反之，在這些自稱史詩的義大利作品裡面，女子卻比男子更好更強——這是另一個跡象，顯示這些詩頗與時代同步。

然而，再怎麼說他們走偏了方向，再怎麼把這些錯誤列為缺失，我們卻都知道，這些作品始終對最有資格評判的行家發揮著迷人魅力，一直下到十九世紀的前二十五年。其中有一個文化上的原因，如今已被人忘記：義大利文，是過去受過教育者都一定會的語言，僅次於法文：藝術之母，豈敢忽略。因此我們發現（拜倫、歌德之外再舉幾位大名）伏爾泰、蘭道爾和皮考克，都能憑記憶引誦這些義大利詩人之作，並驚嘆如今湮沒不為人知的美。雪萊也是熱愛者之一，在其《為詩辯》裡面，恭舉塔索為第一位將詩人比作創造者的人；他是否真說過這個大膽比喻，研究塔索的學者尚未找到實據。不過，如今也已成陳腔了。

曾為經典，竟成黯然，背後緣由很難確定。塔索、阿里奧斯托的名聲退居母國境內，與西方重新發現日耳曼文化約在同一時期。文化人既發現了日耳曼，就需要學習日耳曼文，甚至有可能前往日耳曼一行。然而這時間上的巧合，也許純屬意外。另外一個比較可能的理由，也許出在塔索及其列位前輩的長處，在文學性而不在智性與道德性。它們從未有過理想的譯本；而但丁和他那套思想體系，卻不斷激引外國人翻譯他的作品。

再者，還有那永遠虎視眈眈的「倦怠煩膩」，在那裡隨時準備打擊、破壞，凡是已經品嘗太多，宣揚太過的東西一律遭到出清。而且，當真正的新意供應豐富——如浪漫主義時期亦然，單以其數額之重，就可以把舊物壓得不能抬頭。最後，還有社會演化的壓力。半個千年裡面，文類代出，各領風騷，正與個人邁往平等的步伐平行並進。其次序如下：史詩、悲劇、抒發自我心聲的抒情詩，以及用散文批判生活的小說與戲劇。這也就是說，從領袖全體的英雄出發，次及悲劇英雄，再到普通人中的英雄，最後終成「反英雄」。

＊＊＊

正當塔索正在收貯各方對其作品的讚美，另一位南方詩人則在動筆寫一部真正的史詩。如果卡蒙斯此人，以及《盧濟塔尼亞人之歌》此名，無法令人一眼認出，那又是因為語言隔閡之故：葡萄牙文在它位於歐、美兩洲的本土範圍之外，很少為人所識或研究。卡蒙斯選擇的題材，較查理大帝的聖騎士更具真實性；比起義大利同儕詩人，他也擁有可以派上史詩寫作用場的親身經歷。他當過兵，做過水手，在北非打過摩爾人，作戰中負傷失去右眼，後又重新入伍，往西印度尋找冒險，在那兒成為軍官，專管一處貿易站。被控侵占公款下獄，想法子得到釋放搭船回鄉。到家之後，如同任何拿得住一枝筆桿的人，他編劇本、作十四行詩，並開始寫下那部使他成為民族大詩人的史詩——真可說是一位「速成的」（*tout court*）偉大詩人。

他的題材是當代的：葡萄牙人征服海洋。而他那位表面上的英雄，也是一位近期的歷史人物，達伽馬。真正的英雄，則是葡萄牙人民，「盧濟塔尼亞的光明勇者」。這個古羅馬省份的名字（即今葡萄牙），重現於書名《盧濟塔尼亞人之歌》。主人翁作為個人英雄與全民英雄的種種冒險奇遇，是大探險家東方回航途中遭遇的真實事件或具有寓意的事件。期間發生的大小奇事，非出於魔法的施展，而是古代某些知名男女眾神的作為。因此在愛情島上的那段情節裡（此乃愛神維納斯的轄區，水手們在此抓到美麗的海精作為新娘），達伽馬成為愛情島女王西蒂斯的愛人，在此之前，誰都得不到女王的芳心。達伽馬則係在那名噁心巨妖阿達馬斯它（代表葡萄牙的那些敵人）失敗之後求愛成功。天仙美女與勇敢的人間英雄結合的結果，就是生出葡萄牙未來的眾英雄。在希臘神話裡，海精西蒂斯為愛所征服，生出了大無畏的阿基里斯。

以上這段情節取樣，足以顯示《盧濟塔尼亞人之歌》是一部人文主義氣質的史詩。女神之外，人間女子也在好幾個主要場景中扮演舉足輕重的角色。其中一則是卡斯朵的故事，以抒情的風格溫柔敘說。歷史上確有卡斯朵其人，她是葡萄牙王子派德羅的情婦，王子的貼身顧問迫使王子將她處死。在語氣與觀念上，這首詩都異於民間歌謠與文人戲仿的譏刺之作。有人責備他把異教、基督教的神話混在一起，然而這正是人文主義的標準作風（<83）。這種做法，絕非瀆神，卻是一種精神上的同義。在《盧濟塔尼亞人之歌》裡，具象的行動、情節在寓意、歷史的空間之間穿梭，充滿了源源不絕的活力與生動的細節。對一個如今雖係腳踏「實地」（terra firma）寫作，當年卻曾在甲板上度過許多風雨日子的人來說，這種風格自然流露筆端。卡蒙斯以無比熱情歌謳葡萄牙人的征服壯舉，先是征服了海洋，繞過非洲南端[1]的暴風岬；然後又征服了東印度（印尼），包括當地的土著與貿易。這股熱情，使得他的詩成為第一首也是最後一首國族史詩——這是一個所謂西方現代國家猶在成形的時節；此詩足可與維吉爾的帝國史詩《埃涅依德》媲美。卡蒙斯的詩行比義大利史詩長，因此更可以達到巍峨壯麗的效果，演講詞中尤然。他的作品又染有一股常見於古人與家族傳奇類作品的氣氛，可以稱之

為史詩悲情。有人也認為，他是葡萄牙最偉大的抒情詩人，葡萄牙文因他的文字而定形。《盧濟塔尼亞人之歌》曾四度譯成英文，最近一譯是散文體格式（可讀則是 Leonard Bacon 的韻體譯本）。譯本之外，任何人若通曉西班牙文，在此強力推薦另一種直接接觸這部作品之法：以比較文法的方式，研究西、葡兩種文字的形式有何固定不同之處，然後再一頭鑽進這首詩，手邊備上字典。

西班牙自身也有可資素材的好探險，絕不比卡蒙斯遜色；但他們在這方面只出過一部作品，埃爾西利的《阿勞加納》，且將事件場景放在南美，許多批評家也認為其中只有一個段落具備史詩氣息：亦即當地土著對殖民者[2]所做的反抗。法國在以下兩個世紀不斷嘗試這型文類，用意與卡蒙斯相同——歌謳「國家」這個如今已然完全長成的觀念。可是表現比西、義更糟。在此同時，日耳曼更只有民俗歌謠以及《提爾的惡作劇》這部滑稽的歷險記。於是只剩下伊利莎白時代的英格蘭詩人可以一談了。至少，他們讀過阿里奧斯托，也分別受到他不同程度的影響——也許對他們有害呢。斯賓塞的《仙后》是一篇讚美伊利莎白女王的敘事長詩，詩中寓意卻不曾發出任何國家性質的情感。此詩的趣味，全在以高妙的手法，傳遞豐富多姿的景觀、高度道德的氣息，卻沒有任何稱得上具有史詩冒險特色的成分。甚至有人說，詩中所用的語言根本不是真正的英文，意指非當地當代。但是推崇濟慈的讀者，倒可以讀讀他這位老師的詩——如果您原本不知道他的話。

較生動、變化也較多者，則有席德尼爵士《世外桃源阿卡迪亞》，也許可稱為「具史詩風」吧。此作半韻半散，雖然這個田園氣息的詩名係步自義大詩人桑那札羅的作品，詩中卻有鮮明的人物個性角色、可取的情節布局。更有一大特色，就是其中部分段落，是出自作者的姊妹，那位學識風度迷人的智性美女潘布羅克伯爵夫人之手。一開始，席德尼並未將此作視為一部古典體的史詩，他認為是應屬浪漫傳奇。可是待得漸次加入冒險場面，英雄成分遂轉濃了，可惜各種長篇大論太多，政治的、道德的，論美、論自殺、論神的存在，又把英雄史詩的味道壓下去了。這部作品充滿創作者本人的騎士俠義氣息。他確是一名「完美的、斯文騎士」，因見另一名隊長拒穿堅固護甲，便也學樣取下自己的護腿因而陣亡。

＊＊＊

直到二十世紀中期，長時黑膠唱片問世，一般大眾才對文藝復興音樂的豐富美感稍有一些概念。十九紀中期，雨果曾寫過一篇長詩，題為〈始於十六世紀的音樂〉。如此斬釘截鐵，似乎道盡一向以來在這方面的認識；當然絕不盡然，應該說「近世」音樂才是。事實上，這首詩連音樂都談得很少（雨果自己也非音樂家[3]），對十六世紀藝術與藝術家卻著墨甚多。更複雜的是，文藝復興時期音樂的創新程度，各方意見分歧，一如文藝復興這個時期本身[4]，也難有共同界定一般（<76）。倒也不必因此訝異：音樂此物，譜在紙上具有多面性，聽在耳裡又充滿不定性，本來就容易導致矛盾。此外如前所示，任何所謂創新，往往都可以找到前例。因此真正的新事物或新藝術，必須具備清楚可見的強大原創力，而不只是個別隔離的事例。

基於這項前提，有幾個重點可以肯定：首先，文藝復興的確為音樂發現了新的「標題安排」（program）。「標題安排」一詞，這裡是特意使用，也為以下一個即將浮現重要目的而用（919>）。所有音樂都有其計畫安排，規定形式也規定功能。作曲家聚音譜曲，一定有其用意——或為配合舞步，或為配合歌詞，或為配合宗教儀式裡面各個步驟應有的特性，或是為其他任何激發了音樂家想像力的目標。也許來自外在，應命、因事而作；也許純發於心，受一個念頭或回憶觸動——動機的範圍可以無窮盡。音樂遂能與其他藝術同臻化境。

十五世紀晚期及其後的音樂，安排愈趨俗世化，正與當時看重人間思想行動感情的思潮相同。如前指出（<187），宮廷有事務、城市愛慶典、大小人家需要娛樂、詩的產量又大盛（佩脫拉克的作品此時也再度流行），再加上人文主義者熱情仿效古希臘人，都造成這類音樂安排的出現。在古希臘人筆下，音樂是生活中一個主要的成分。

音樂在宮廷裡的用途，包括婚禮、官宴、葬禮、競賽、戰爭。我們發現雅內坎（比方說）便作過一首合唱曲〈瑪利儂之役〉，也作過一般曲目如〈狩獵〉、〈巴黎在吶喊〉——大型的分部合唱，正暗示出這種亂中有序之下可以達成的模仿效果。於是在歌聲混成的音色明暗裡，在音量變化、節奏抑揚、和聲交錯的組織變化中，十六世紀的合唱隊預示了後日的交響樂團，不在其實際組成，而在其音樂效果——段落之間的對話、音色音質的多樣，以及具體的衝擊感。

這也是音樂大幅擴張的時期——教堂有大型詠唱隊，管風琴愈來愈大也愈好，樂器「眾家族」日益龐大，城中樂隊的樂手也愈發不可勝數，這一切，更有人數日增的藝術

> 他們的音樂，聲樂或器樂，全都作來模擬、表達熱情，而且如此巧妙適用於每個場合，以致詩歌的主題不論是快樂，是用來平撫或打亂心靈，還是用以表露哀傷、痛悔，都能以樂聲取得表彰之事物的印象，打動、點燃這些熱情，並將情愫深深植於聆者心中。
>
> ——湯瑪斯．摩爾《烏托邦》（一五一六年）

贊助者在一起鼓勵助陣。卡斯提里歐尼在其《朝臣》一書，即規定紳士淑女務必嫻熟樂器，並為休閒方式立下標準場景：無論男女，凡密友相聚，談話之間應停下來穿插音樂助興。更有人柏拉圖式地主張，藝術可以助長私人生活與國家生活的秩序、和諧。好幾座義大利城池，因有某大公或某才女熱心提倡，新音樂更見蓬勃發展，城中男女對音樂的要求自然更高，不僅在隨意聆賞覺得有趣而已。於是在羅馬、翡冷翠、威尼斯、費拉拉、曼圖亞、烏比諾、那不勒斯等地，詩人、音樂家、數學家，熱烈辯論音樂。他們思索新形式、設計新技巧、書寫新理論，並把自己的新發明試驗在業餘者身上。這些業餘的音樂愛好者，也像學者、哲學家般紛紛成立學會。

因此而產生的作品，千姿百態，變化多端。宮廷駐在詩人寫出一段段前後關聯的田園或寓言故事詩，需要音樂配樂；也許是抒情的，也許是戲劇的，也許更間有舞曲。此時再度受到青睞5的佩脫拉克，早已為這種在同一主題上寫作系列詩的形式提供了一個範本。文藝復興作曲家遂有樣學樣，編出一組組牧歌，或圍繞同一主題打轉，或逐漸開展出一個故事；義大利音樂家維奇將其中一種曲式命名為「和諧喜劇」（*commedia harmonica*）。我們立刻聯想到那兩位聯篇歌曲或套曲（song cycle）的大師：舒曼與舒伯特。十六世紀的義大利，在詩、曲的結合上發展出無數變化，是後日清唱劇、神劇等形式的先聲——還有一種一猜便知，下面馬上就會介紹。

至於教堂禮拜儀式，一向用音樂提高敬虔氣氛，如今也在適時適地用樂之名下大事改革。作曲家藉彌撒場合來發表作品，行之早已有年；如今更重新編曲，務要使彌撒樂每個段落都能詞曲配合。更要小心避免把一個字斷成兩截，或破壞了咬字的抑揚頓挫。

這個音樂問題，更正派處理得不錯，乾脆會眾齊聲合唱讚美。但是種種實務改變，可以總結成一個現象：普遍都在努力將感情放入音樂，藉音樂表達感情。這個傾向，本身就是一種現代性藝術氣質的流露，亦即不再以「一般」為目標，而轉向「特定」；同時並集中一切火力、心力，專求描繪那獨一無二的**個人**。

＊＊＊

若想對文藝復興時期的音樂新發明有全面了解，難免得用上專有名詞並實地譜解說明。不過如果先做一點簡短回顧，也許就可以只用文字，概略介紹出其中重大改變的輪廓。

中世紀多數時間裡面，教會音樂係由格利高里聖歌構成——全部儀式的用語，只配有一行旋律。當然大量流傳的民間與家常音樂，也都是具有旋律性——單聲。十二世紀藝術、思想之花盛放，發現可以將兩個或以上的旋律悅耳地合在一起，雖然如此一來，歌詞就聽不清了。接下來兩個世紀，「新藝術」（第一位為之建立理論的音樂理論家維特利如此命名）又加上不同聲部，遂使得法蘭西北部、比利時和尼德蘭等地的作曲家紛紛把玩嘗試這個新法，純為

> 在學院或修院都是一樣：音樂，沒有別的，只有音樂。今天字句已沒有意義，只是敲擊在耳鼓上的聲音，大家還得放下工作，去教堂聆聽這些噪音，比希臘、羅馬劇場所曾聽過的最噪之音還更糟糕。這還不夠，又得募款買風琴、訓練男童嘶啼。
>
> ——伊拉斯謨斯（一五一三年）

> 字詞本身背後的思想，隱藏有一種力量，因此當人默想，並一再嚴肅地考量之際，正確的音調便莫名地自發呈現。
>
> ——拜爾得《格利都利亞》彌撒序言（一六〇七年）

探討開發各種新可能的樂趣。這門複雜的藝術絢爛豐富地發展，卻妨礙了情感的流露。狂熱為發現而非為應用的這種現象，在所有藝術中都一再重複出現。

維特利也發明記譜符號，並用數目顯示拍子長短（二分、四分，以此類推）。有了這一整套符號，佛蘭德斯樂派才得以一展長才，並立下了複式樂法的規則。複式樂法又稱為水平曲式，意象非常顯然：作曲家寫下旋律譜線，同時沿著四條、六條，甚至更多條路線向前進展。在這樣的組合裡面，多數時間眾音協鳴頗為悅耳──因此又有另一個名字：對位旋律，一音與一音**互襯為背景**擠在一起。可是不斷堆疊之下，偶然總會發出粗糙甚或不堪忍受的雜音。於是從這種窘況之中，又來了「垂直曲式」的主意，也就是設法解決平行線之間可能產生的衝撞。這種樂式的名稱也是一目了然：和聲法。聽者若用肉眼想像，就好像上層有一條旋律飄揚（雖然所有音符其實都與地心等距），「底下」又有一群音符，即和弦，都是精心選就，以免驚嚇到聽覺──就算一時有刺耳之音，也瞬間即去，快快再「消融」回和諧狀態。這兩種曲式，複音與和聲，都同樣能傳情表意，雖然和聲法更適於抒情、個別的歌聲，以及其中精微的情感變化。音樂史上和聲與複音形成拉鋸，正是因應外在需求而做的典型反應；而過度使用造成的疲勞與厭倦，也一再推動著改變。

十六世紀在技術上的創新，則融合兩大樂式對位與和諧的元素。合併之下，產生了好些新的形式，有清唱也有樂器伴唱。最主要的一種是牧歌，格式比中古遊唱詩人（流浪歌手）所唱的敘事詩、六行詩等更具彈性。然而正如此時依然不斷有人寫也有人唱的民間歌曲，十六世紀抒情歌詠的內容也不出那些永恆不變的事物──情、愁、死亡、春光和酒。牧歌的配樂變化多端，可以隨詩分節而有不同；而且更如我們前面已見，甚至可以將這型詩一系列串在一起，變成一種有劇情進展的半戲劇品。

中間卻沒有反覆的疊句，也沒有一字不易的重複詞句，用以暫停思緒的前進。牧歌雖源起於義大利，有許多天賦好手加以開發培養，卻也在英格蘭啟發了一派才氣煥發的作曲家（245>），從十六世紀中期，一直活躍到下個世紀的初期。之後雖然長久遭到忘懷，卻又以大師身分重回我們這個世紀。

> 哀傷的和音與緩慢的節奏，與愉悅的詞句不合，愉悅的和音與輕快的節奏，也同樣不能搭配充滿了淚水的傷懷。（作曲者）寫曲配樂，務必配合歌詞，歌詞若有冷酷、無情之味，音樂也得相仿，而無衝犯之虞。
>
> ——威尼斯的查理諾《和聲要則》
>
> （文藝復興時期音樂理論家，一五五八年）

十六世紀的其他音樂形式，如田園曲、假面劇、**古芭蕾**（為我們今日同名藝術形式的先祖，有舞蹈也有道白），都為體現同一用意。亦即不論是田園牧歌中的牧人與牧羊女之愛，或是古芭蕾、假面劇中的異教男女眾神，劇中曲中用音樂強調襯托的情感，都是人世心，而非慣見的宗教情。因此同樣也必須制定出一套新的規則，用以規範這種新音樂，使其可以恰當合適。

另外一個待解決的問題，則來自人文主義者熱烈尊古好古已極，一再督促大家設計出某種效法希臘戲劇典範的形式。要知道希臘劇（其實這也人盡皆知了）都是音樂劇，有對白、有歌，還有舞。**悲劇**一字，其實意指「山羊之歌」，不免提醒了我們希臘戲劇的兩大源頭：物靈與音樂。一千年後，想要再度重現這種模樣，近世音樂便必須既富表情，又能一目了然：因此，劇中歌詞只能弄得不清不楚才行。

如此多重任務有待達成，於是理論家、實務家都下海參戰開打。主要衝突發生在重詞的抒情詩人與重曲的作曲家之間。詩人寶貝他無限情感的歌詞，認為字字珠璣；作曲家酷愛音樂本身的繁複性，著迷於對位的盛宴，四種八種一直多達十六種不同音部；他們竭力辯稱，歌聲的整體效果，不就充分帶有表情能力嘛。拉索、德普瑞、帕勒斯替那、維多利亞的彌撒樂與俗世作品，歷歷證明著兩派僵持不下的痕跡。十六世紀，遂給了世界最豐富的純聲樂遺產，兼具複音與表情的風格。

結果攻擊複音的一方是贏家。他們心裡想要的音樂，不僅是那種為宮廷之用的演劇形式，同時也包括前面提及的公共用途。情感表達得愈清楚，歡慶場合的用效就愈佳。抒情詩人自然站在他們這一邊，因為他的角色也已改變了。詩人已經（象徵性地說）放下了他抒情的七弦琴。前此，那吟遊的抒情詩人，自唱自彈，唱的也是自己的歌，就算另外有一兩吟遊樂手（*jongleurs*）在旁撥弄琴弦6伴奏，表演的曲目也仍然全是他自己的心聲——一如我們今天的流行、搖滾、饒舌，及其他爆炸型音樂一般。新一型的詩人雖然只管作詞，卻還是渴望表演，因此當他的詩配上了曲，當然要其中的文字美充分為人領略才行——因此哪能有複音呢。

口舌之爭，不如實際創作，有人嘗試各種不同的音樂戲劇，又用一種被稱之為「字畫效果」的方式，為詩與教會儀文配樂（這個名字實在糟糕，因為其效果非在視覺而是搗人肺腑的。<920>）。因此天文學家伽利略的父親溫琴佐，將但丁《神曲》〈煉獄〉篇裡的烏果里諾獨白配上曲；其他人則向塔索取材。更有人（在法蘭西）發明了歌舞雜耍，這是一種由許多節詩組成的故事歌。而英格蘭那一派的田園牧歌

> 樂曲的旋律，切不可只描述歌詞書面的圖像細節，而須闡釋整段文字中蘊藏的情感。
>
> ——卡契尼（文藝復興時期作曲家，一六〇一年）

作者（如前所提）更製作了一整套質量均屬一流的作品。簡言之，縱有那無休止的搜尋，要找出最完美的戲劇音樂形式，充滿感情的單獨歌聲，卻也始終流連不去。待得世紀告終，搜尋也宣告結束，一個新的類型興起：歌劇（264>）。

* * *

於是詩人與音樂人從此離異了，前者安於自己書寫然後出版，後者寫曲配上他剛好滿喜愛的詩詞，這項分工如今已走上了不歸路。我們今天使用的名詞，也正對映了這個事實：我們提及音樂劇的歌詞（lyrics，原指配樂而唱的抒情詩），意思也僅指歌詞，與曲無關；至於配和著歌詞出現的音樂（一如過去吟遊詩人身後的吟遊樂手）我們則稱之為配樂。這裡另外還暗示了一個主題意識，即從束縛中解放出來。十六世紀的音樂，將自己由佛蘭德斯複音的嚴格僵化下解放出來。詩家與音樂家的功能分開，使雙方都得有更大空間活動。合唱聲域加上了前此不常納入的男低音，同時大膽探入半音體系的領域——變換音階以豐富曲子的「色感」，由什麼都敢於一試的傑蘇亞多最先開拓。傑蘇亞多使樂器脫離歌聲獨立演奏一事成為自然：交響樂團的誕生，很可能始於一四七〇年[7]。它揭開了大型音樂節的序幕：噶布里埃利叔姪二人，使威尼斯的聖馬可響徹專為大批樂手、歌手所作的樂曲，越過一個開放的大空間，你來我往做充滿戲劇效果的對奏對唱。又有一個新名詞「協奏」（協力而奏），意指各種不同形式尺寸的樂器之組合。當然還有那不可抑的奔放表情，也得找到各種表情記號安身，樂曲方能表現出速度與情緒：如眾所周知的慢板、快板、顫音等等，不一而足——義大利文似乎天生注定，要負起表達這些專門名詞的任務。

義大利音樂家充分意識到自己在這新領域裡開疆闢土，日益精進。他們的樂曲出版後都在曲名頁上寫著「新音樂」或其他同等字樣。有件事很有意思，也可能有些關聯：當時是西方文化一大繁盛中心的里昂城裡，一家專印樂譜的出版商出了一套值得注意的新式音樂「喜樂之樂」（*Musicque de Joye*，一種中世紀音樂）。他的大名正叫「Jacques Moderne」（其姓直譯即「現代」）。不知是真名呢，還是巧妙的廣告宣傳手腕。總之，這個一向被人以為直到近來[8]才興起的「拜新教」，原來其來久矣，至少可以回溯到維特利之際——足足七百年之久。

當然，新事物不見得立時風行全地，一些舊有的形式、用途，也慢慢才會消失。複式樂法難以摧毀，而詩人兼音樂家或音樂家兼詩人也殘存不去。尤其在業餘者中，他們或如英格蘭詩人兼音樂家坎培恩，高貴地運用其雙重天賦；或如日耳曼樂匠薩克斯，機械地利用這兩樣才能。後面這位老兄堪稱多產，速度亦極驚人：竟然寫了四千兩百七十五首歌曲，一千七百首詩，兩百零八部戲。

文藝復興音樂當然也有敵人，有的只是愛挑剔，有的卻非常極端。極端的這一種，尤以那名宗教狂熱革命家薩伏那洛拉為烈。他把所有他能找著的樂器全部付之一炬。在北方，也有同樣的意見（卻沒有他這般效力），則激使荷蘭畫家博斯（真乃蕭伯納的前輩）兩度把樂器打入他的地獄全景圖裡去。這些態度，正暗合文藝復興文化底下的一股暗流，也許可稱為這個時期的黑暗思想。傑蘇亞多的歌詞裡就經常訴諸死亡。憂鬱家與道德家，以及宗教狂，判讀這是個即將滅亡的邪惡時代。戰爭不斷，疫疾頻仍，新臨的詛咒梅毒，為利、為仇時時起殺人惡心（都常常出現在〈死亡之舞〉畫中），皆更肯定了這股悲觀陰鬱的想法。那句所謂「音樂使人行事溫柔」（*Emollit musica mores*）的名言，看來不管用在哪個時期都難以令人置信。挑剔非難者中，則包括特倫多的大主教們，他們頒布宗教音樂應守的規條，因此又引發了一個吵不完的爭議：可以用音樂，為禮拜儀式製造戲劇化的氣氛嗎？還是說敬虔之心不可二用，祈禱務必靜肅，甚至面對最後審判之際也不例外——到底是白遼士，還是福瑞的安魂曲呢？

眾主教鎮壓整飭，有其原因。早期有些複式音樂家，甚至毫不避忌，竟然用起俚俗的曲調（原曲歌詞常屬猥褻）作為教堂音樂的主題。虔誠的信徒自然大感沮喪；聽出這些曲調的來源，禮拜就變成了一場笑劇。可是潔癖派更進一步：有人甚至說只有純粹清唱（無器樂伴奏）才宜於崇拜使用。羅馬聖伯鐸大教堂，就持這種看法，雖然教皇自己的小禮拜堂卻容許風琴伴奏。西班牙腓力普二世除格利高里聖歌之外，嚴禁一切曲式。除了俚俗歌曲當然絕對不可採用之外，教會音樂這項爭議，舉用任何理由都難有定論。

文藝復興音樂還有另外一項事實值得注意：它不但大膽創新，並在某些樂類上獨步後世；它還是國際性的。許多音樂來自義大利，但是英格蘭、尼德蘭、法蘭西、西班牙、葡萄牙，都有可以得意的大師。就舉一處為例，英格蘭的牧歌作曲家道蘭、拜爾得、泰利斯、莫里、紀邦士、威克斯以及其他多位，將阿里奧斯托、班．強生、斯賓塞、席德尼、唐恩、羅利爵士等人的詩配上曲；這些藝術家如一組燦爛星河，他們的優秀卓越，所有夠資格的鑑賞家均同聲承認（業餘的音樂家們，可讀實用導覽 Edmund H. Fellows 著 *The English Madrigal School*）。

> 許多邪惡、頹廢之人，誤將音樂當作一種興奮物，用來投入屬世歡娛，而不是藉之提升自己，以達思想神、讚美神的榮光。
>
> ——維多利亞（十六世紀西班牙最偉大作曲家，作品極其令人興奮，一五八一年）

一般印象以為，音樂民族非日耳曼人「莫屬」，尤其是維也納城內與四周的那支音樂大隊；這個觀念至今猶存，需要好好糾正。回到近世早期，日耳曼地可絕非音樂的先鋒部隊；他們的民歌出產若與其他人口比較，可謂相當貧乏。為什麼每個地方的人，都有義務在所有的藝術上發光發熱？豈不知「風隨著意思吹」乎（新約《約翰福音》三章八節）？

＊＊＊

只要去看看散見在莎士比亞劇中的詩歌，就能想見文藝復興詩人真覺得自己可放手一為了。不管詩人腦中是否仍有曲調，他都已經從中古那種專為音樂而設的詩節格式中解放出來了。解放的結果，泉湧出熱情洋溢的詩句，尤以英、法兩地為最精美。英格蘭文藝復興的收穫如此豐美、如此出名，在此只消一提無須贅述；雖然從席德尼那雄辯滔滔的《為詩辯》裡，我們了解這項藝術當時只為選民欣賞。但是無論如何，從懷厄特、薩利到班・強生、唐恩，偉大詩人名單繼續不斷，隨時光的流逝愈來愈長。十四行詩、單篇或成列，頌賦、牧歌、重述古典神話的敘事體詩，蔓延宮廷、學府、戲院、權貴之家——以及魚雁之中。因為今日幾已絕跡的文類之一，就是以詩作信或短箋，致友人東家，賀生辰婚禮，邀約晚餐或交換意見。任何人，每一個人，都可能產製這類即興文字。有時甚至只是即席的一聲感嘆而已。

十四行情詩以及其他愛情詩詞的數量之多，遠超其他形式、內容；更為談情說愛之詠立下套例，如此狹隘，竟能延續這麼久還真是奇蹟。三百年來，詩人在詩中求懇那位難侍候的意中人，她面貌多端變幻無常：一會兒漠然，一會兒狠心，一會兒風情萬種，一會兒又無情、無義。愛恨相生，於是有寫不完的詩：因為真到你憐我愛，詩也就寫不長了。所愛之人的特徵，也在這些詩中標準化，使用一定色彩、形態的形容詞，比作特定的自然事物，尤其是果實、花朵。結果除必須擁有真正的詩才詩藝之外，還得挖空心思，找遍新鮮方法來遵循既定格式。挑戰如此之大，難怪有如此多的相思，向著那些遙遠甚或不存在的諸位西莉亞與黛莉亞口頭示愛（十四世紀以降至十六、十七世紀，「流行」佩脫拉克式的情詩，詩人常以這類具異國情調的浪漫名字，為詩中歌詠怨懟的那位意中人命名，佩脫拉克的「蘿拉」詩是這類名字的另一例）。

> 哦，命運！你震顫不安的狀態
> 使我困擾的心充滿掛懷！
> 眼前牢獄，天命
> 使之為證，是我失去歡樂。
>
> ——伊利莎白女王（登基前被其姊瑪麗女王）軟禁於伍德斯托克，用木炭寫在木板套窗9之上（一五五四年）

最後這項細節，並不見得降低這一類詩的價值，雖然讀者還是比較偏愛那些來自靈魂深處的吶喊，亦即如莎士比亞十四行詩中那種因妒咬齧的劇痛，或如英國詩人狄克朗那種待死刑前的絕望冷靜（可讀奧登、Norman Holmes Pearson 合編 *The English Poets*，卷二：〈馬羅到馬維爾〉）。

＊＊＊

可以相提並論的法蘭西詩人，人數較少，卻可能是第一批將自己視為一「派」的詩人。他們一開始稱自己為一「旅」；然後隨著詩名加增，旅內人數減少，遂取「昴宿詩派」之名（*Pléiades*，或譯七星詩社），英文為 Pleiade，依希臘七星神話以及天文學家因此命名的那個星座而名。二十世紀有出版商發行了一套法國經典，編得極佳，也是用此名為書系名稱，以示書質之優，與七星詩人並駕齊驅。可是這種優秀意涵的指涉，其實在相當近期方才發生；七位詩人，在他們當代極受推崇，到了世紀之交名聲就消蝕了。因為出了幾個原因，使法國邁入政治、社會的新紀元（281>）。

在他們寫給彼此的詩中，我們可看見這七人自視為革命家，一心立意要翻新詩中一切所有。他們豐富地意識到新與奇，精通地掌握了形與式，因此他們知道自己在藝術上是「前衛的」（*avant-garde*）。這個暗喻，剛好也為他們的同時代人，社會歷史學家巴斯奇耶[10]所首用。有一段時間，七子中有人想要重新起用古詩格律，不以抑揚改用音量（quantity，指母音與音節的長度）。泰爾為此提供一個理論，同時在英、義兩地，也有類似的嘗試獨立出現。但是近代語拒絕合作：因為在重音的壓力下，近代語言的音節變為不定。

儘管如此，語言與格律的創新，確是昂宿七子的功績，在七子之首洪薩的作品中得到最充分的展現。他面對一大困難：早期人文主義的熱情，讓法國語彙痛苦不堪。原本清爽俐落的字詞，被一些希臘、羅馬字根組成的新字取代。比方說，中世紀人早期即已將拉丁文的「potionem」，縮減成「poison」（毒）。文藝復興卻又把「potion」（劑量）介紹進來。兩字各有所指，所以這個例子算是又添了一個新字。但是在其他更多時候，新字卻取代了舊字（英語也有類似經驗，新字大量湧入，使得英語字數倍增：比方同指母職的 motherhood 與 maternity）。在法文裡更糟糕的是，如拉伯雷的用字遣詞所示，一大串希羅混血的合成字氾濫成災，使法文文學語彙膨脹臃腫，讀來一片學究之氣，抽象、可笑、含糊籠統。其實英文所以會有那些ph、th、y，也拜同樣來源之賜，原本只用f、t、i或u就足夠了。

七子中的伯雷，寫了一篇《法語辯》，為要點明一事：再想用拉丁文與古人較技，已是「過時」（*passé*）之舉；現代的本國語詞彙豐富，足夠應付所有需要。為做到這一點，洪薩與其他六子平衡取用當時通行話裡的新舊元素，產生了一組作品，所用者即為現代法語之始。其中多數為洪薩作，他比諸友都長壽，開發嘗試每一種詩體：頌賦體、十四行詩、輓歌、情詩、書信體和雋語。繼流暢、輕鬆、義大利風的馬赫之後，洪薩的長篇詩作，尤其是《讚美詩集》，為壯麗雄偉的詩體格式提供了許多典範。

就是為寫這些詩，洪薩重新發掘並改良了一種稱作亞歷山大體的格律，此格係步一首詠亞歷山大大帝的中古詩而得稱。這型格律，其時早廢棄多時。洪薩為它重新改裝，賦予一種貴氣，並顯示它可以用來吟詠許多七子寶愛的題材：愛情當然是其一，可是也包括自然、歷史、信仰，及其他所有屬於人生的七個時期之事（嬰兒、學童、愛人、戰士、居官、老年、死去）。在以下三個世紀裡面，亞歷山大詩行體的規格雖然變得比七子所定為嚴，卻始終是法詩中用得最多的一種格律。

這個韻格長十二音節，中有停格，兩兩對句成韻（可讀巴森著 *An Essay on French Verse for Readers of English Poetry*）。有趣的是在此同時，英格蘭詩人卻決定採用十音節的無韻詩，認為這才是最適合偉大主題的詩行，用在劇中的快速對白與長篇大論也很好用。馬羅在其《帖木兒大帝》劇中，便為此體帶來速度、節奏，使它有別於亞歷山大詩行體，也異於它在十八世紀的對應詩體，那韻格如法語的英雄雙行體。

這兩大主要詩行格式早期的歷史，迂迴漫長。背後的原始典型則源起於十二世紀的普羅旺斯遊唱抒情詩人。這個原始典型傳到義大利，奠立了但丁、佩脫拉克等人使用的十音節詩行，然後傳入法蘭西北境，又加上了兩個音節。在此同時，義大利詩行則為英格蘭人取用，為喬叟效力，此時依然有韻。之後為應劇作需要又轉成無韻工具，自此已在莎士比亞、彌爾頓、華茲華斯眾家手中，做出各種不同目的與姿態的表現。

＊＊＊

戲劇在十六世紀的地位，以及戲劇作品的品質，是一個很難解釋的現象。大家都知道，十六世紀後半期英格蘭無數的劇作家，充滿了熱情與詩意，風行社會各個階層。伊利莎白時代最佳的作品，至今依然演出。在西班牙，羅貝的驚人出品也才開始。但是其他地方的戲劇表現，則始終令人失望。在義大利，田園劇當行，睥睨其他一切劇種。牧人的愛情，或美滿或雖不幸而感人，都具有一種不能抗拒的吸引力，也難怪了。阿卡迪亞式的世外桃源風光，對當時正飽受內憂外患的翡冷翠城，以及同樣處於騷亂不安的諸姊妹城來說，也算是一種不同的調劑。田園劇在此，遂提供了一種心理治療式的**返璞歸真**作用。好幾十年之間，法蘭西劇作家頻頻翻譯義大利喜劇（comedy），或本分地依循古代主題寫作悲劇，然而他們做出的成績，是認真盡職的努力，卻非藝術。

不過要記得，文藝復興之際（日後亦偶然如此）**喜劇**一詞，意指任何演劇——有情節的戲劇（drama）。即使在今天，法文*comédien*一字也只是演員之意。而且，絕不會有人把但丁《神曲》（*Divine Comedy*）裡的「劇」（Comedy）當成令人發笑的喜劇意味吧。這個用法告訴我們，在近代劇場興起之前，戲劇其實並無一套固定的命名系統。前代戲劇，多係宗教故事或民間場景，前為道德教訓，後為笑鬧打趣。到了十六世紀，開始傾向劇種分明，喜劇遂開始意味著一種相當複雜的日常尷尬場面，結局則算得上歡喜收場。這類作品出了一部大傑作，問世甚早：此即馬基維利的《曼陀羅華》，內容布局之複雜錯綜，使人聯想到近期那部電影《危險關係》（根據十八世紀法國諷世小說改編）。

《曼陀羅華》屬「現代」之作，一如馬基維利另外那本《君王論》（382>）。其他的喜劇作者，則白費力氣想在羅馬劇作家普勞特斯、泰倫斯的基礎上做出新意來，其實連這兩位古羅馬劇作家本身，也係仿自希臘前人米南德。仿本的仿本的仿本，注定貧弱。真正能在義大利保持生氣活力的劇種，則屬即興喜劇（*commedia dell'arte*），是一種爆笑型的滑稽劇，劇中有傳統的制式角色，在舞台上沿著可以預測的台詞即興演出。一路發展下來，到了十八世紀遂有高多尼的精采喜劇，將這種極受歡迎的大眾藝術形式改編成高級喜劇。

另一喜趣形式，是將嚴肅劇種「嘲謔化」。史詩最能改造成這種形式，因為它的氣質模樣常常近於嘲謔。事實在浦爾契劇裡，就有特意編入的輕鬆時刻。不過卻要到十六世紀義大利的貝尼手裡，對博亞爾多玩笑戲謔，才正式顯示出如何嘲弄英雄，同時卻又融以嚴肅的省思。其後，又有法蘭西的斯卡隆使用同樣做法，調配出他那首成功諷刺模仿詩《喬裝打扮的維吉爾》；我們因此可以推斷新古典時期的讀者並非都無幽默感。不過貝尼式技巧下的最佳產品，卻是時間、空間上都屬最為遙遠的一部：拜倫從義大利範本學得此招，又研讀過塔索和阿里奧斯托，還譯過浦爾契部分詩作，遂牛刀小試作了一部短篇作品《培伯》，練練諷刺史詩的寫法，可說是其曠世傑作《唐璜》的暖身之作（709>）。

在此同時，詩人與批評家也都在討論悲劇詩人若欲成功務必服膺的法則。這些法則係承自亞里斯多德的《詩學》以及賀瑞斯的《詩的技巧》。《詩學》遍考希臘戲劇，《詩的技巧》則詳論為詩之道，務在生動、有誠，才能解除那永遠威脅不去的厭煩大毒。心心念念，放不下亞氏詩規，實在很矛盾：事實上也有不止一位的理論家腦筋清明，站出來駁斥其中某些規定，認為根本沒有必要，或完全被人誤解。有人甚至主張，《詩學》不能涵蓋當前各種寫詩的方法。但是還是有許多作家，繼續對這些論點爭辯不休了好幾代——短短一篇《詩學》，卻招來了長篇累牘的意見。一段時間之後，連看戲的觀眾也滿口「三一律」起來，並據此品評劇作家，視其是否遵從或違反「規矩」而定。

亞里斯多德到底說了什麼？他說一齣悲劇，一定要顯示出英雄的敗亡係因本身行為的偏差而造成。情節、布局，最為重要，而不是衝突中的人物。情節必須單一、直截，

> 我敢說，這些劇本，單純由聰敏的演員演出，使用毫無拉丁味的語言，不賣弄學識，卻直截了當，咬字毫無懼意，將是大人物放鷹打獵之餘，來此城休息時最愉快的消閒樂事。
>
> ——泰爾（正文所述泰爾之兄，亦為劇作家，一五四八年）

> 我不喜歡這些兩小時內就打完的戰役、圍攻；也看不下去那麼個謹慎持重的詩人，竟然一下子就能從德爾斐（Delphi，希臘古都，阿波羅神預言祭司所在地）跑到雅典。
>
> ——伽利日（義大利學者，一五六一年）

> 不管誰人，若小心研讀最偉大的古人之作，都會發現劇情詩的情節，往往在一天之內完成——最多不長過兩日。
>
> ——明圖爾諾（義大利文藝理論家，一五六三年）

效果才強——絕不可有次要劇情。此乃後日三一律理論家的第一個統一律。英雄的毀滅既是條不歸路，演出之際觀眾就又憐又懼，憐憫為劇中英雄遭遇，懼怕為自已物傷其類；劇終焦慮滌淨，波動的情緒遂回復平靜地走開。真正的悲劇（而非只是一場感傷的戲）能使人身心清爽精神一振；這是基於經驗的事實。

批評家們也辯論另外一項概念：悲劇必須在一地一天之內發生完畢——至於一天的長度，則在十二小時與二十四小時之間搖擺不定。只有符合了這兩條統一律，演來才比較可信（彷彿戲台上的三小時，可以演成像二十小時，但是卻像不了三十小時，十天八天之久更絕無可能），這倒是有點奇怪。至於那些英格蘭、西班牙的觀眾，照樣高高興興，大看特看打破這三條金科玉律中每一律的作品；連氣氛風格也不一致，悲劇、喜劇場面全部混於一劇。這些實際現象，卻打不進兩國之外的戲劇大論戰。

決心遵循古風（或自以為的古法），顯然卻不包括遵循希臘劇有歌亦有舞的規定。這項省略，確使演來較為逼真；事實也證明生動逼真一事，與形式正確的吸引力同樣強烈。近世的觀眾要求情節可

> 情節時間，絕不可超出十二小時之限。
>
> ——卡斯特爾韋特羅（義大利文藝理論家，一五七〇年）
>
> 第一景還是襁褓中的小孩，第二景就變成有鬍鬚的男子，還有比這個更可笑的嗎？
>
> ——塞萬提斯《唐吉訶德》（一六〇三年）
>
> 悲劇混以喜劇——泰倫斯（羅馬喜劇作家）加上塞尼加（羅馬悲劇作家）——可帶來極大樂趣。自然就是最好的範例，透過如此眾多美麗的樣貌。
>
> ——羅貝．維加（一六〇九年）

信，因此歷史劇比神話劇為佳。他們要看台上的血肉凡人，而非聖經人物或中古式的抽象角色——真理、善、惡。

另一位為文學定下規矩的大師賀瑞斯，則定了一個根本主張：「詩當如畫。」因此用作戲劇的詩必須呈現出真實的情境。可是戲台之上何為真？觀劇者當然都知道，台上的演員並不是真的王、后、將、相，或年輕的愛人、可惡的無賴。但是優秀的劇作家（批評人回道），卻能創造出全然錯覺，讓人以為這些都是真的。他能達成這項任務，是因為他既取古人經驗之長以為己用，又能恪守規定而不離法則。今人忍不住要發話駁斥這條死規矩，但是且住，務請謹記「戲劇」於十六世紀初萌之際，必須要「真」要「像」，才能說服觀者這是一齣好戲。不像數世紀之後的我們，程度品味高級複雜到可以全然相信藝術本身。美感美學，才是我們的金科玉律，美感之下，我們接受任何以「真」、以「重要」姿態呈現的作品。規矩、法則，已經不再是問題；而且正好相反，能否打破規條，變成了真正藝術的最後檢驗。

＊　＊　＊

第一代的近世批評家，並未把時間全部用來討論悲劇作品。其他形式的詩，也受到他們無微不至的注意，多數還是謹遵賀瑞斯的箴言觀之。而引用這套既定法則為批評標準，正是批評學當時的定義，直到十九世紀方才改觀。這種批評法的過程，係分析性並檢定式的。就彷彿在作品上罩一層剪紙模型，然後一一記下哪一處紙洞露出了正確花樣。分數愈高，作品愈佳（可讀 J. E. Spingarn 11 著 *Literary Criticism in the Renaissance*）。

且說分析此物，乃是將全部打破成部分，正是科學的根本，可是這道手續若用來品評藝術作品，就比較難確定了：何謂一個故事、一首十四行詩，或一幅畫的所謂自然「部分」？製作者的目的，乃是藉其所造，投射其心眼所見；而他所造，不是一個由部分合成的全部，由零件組成的機械，卻是一個天衣無縫的合一整體，屬於一個有生命的生機體。這種用分析法所做的系統式批評，任舉一個早期實例（比方說，但丁對他自己一首十四行系列詩《新生》所做的評論分析）就可以看出，他最多也只能做到如此而已：就是把頭兩句詩的意思，用散文體再重複一遍，然後移往下面三行分析，如此這般，一小塊一小塊地拆解走完全篇。我們也許可以因此對詩中這裡那裡的原意，了解得清楚一點；然而在此同時，卻模糊地感覺到這一套麻煩手續，似乎有點多餘又不大合適。細思之下，我們知道了原因：種種析解說明加了起來，並不能等於這幾首詩義的總和。一言以蔽之：分析是減法。但是自分析法在自然科學申請專利成功一炮而紅以來，更進而變為一普世價值萬能方法，不僅用來對付未知或困難的事物，也用來調弄一切趣事——**簡直好像**趣事也成了難事一般。於是分析亦成一大主旋律，亦即主題意義。視其特定效果，也可以名為**化約或減項主義**。

至於文學之外的藝術，專業化、專門化的藝評人一直要到後來大約十八世紀中期，方才出現。直到那時之前，合格的批評意見，都來自藝術工作者的同業。不過若遇上某種風格爭執的戰火正烈，有時業餘藝術人士也來加一把勁，甚至連報人，也出面為某位特定的藝術家助戰。

第八章　時代的橫剖面：一六五〇年前後從威尼斯看世界

美國幽默作家賓契里頭一回到威尼斯，驚奇不已，打電報回紐約向友人報告一件稀奇新聞：這裡的街上全是水。沒錯，這座偉大的城裡，街道上真的都是水；五世紀日耳曼部族侵入北義大利，陸上難民逃入潟湖避難，整座城便在湖上建起。在此之前，威尼斯不過是一處小村落，從此漸次成為近東貿易的水運中心。及至一四〇〇年，北方、西方的歐洲人（包括英格蘭在內）日益豪奢的生活，部分就靠這條大型管道供應的貨源滿足。

中世紀的十字軍之旅，已讓西方人大開眼界，看見地中海東岸東方生活的種種舒適便利。透過從大型海外運動歸來的朝聖者，野蠻的西方激起一股廣大的欲求：金銀錦緞、棉布、絲綢、細棉布（源自伊拉克語的 Mosul）；玻璃器皿、磁器、大馬士革鐵鑄刀劍；橘、杏、無花果、塞浦路斯葡萄酒；地毯、寶石、藥物、胡椒、薰香、香水。威尼斯地扼亞得里亞海頂端，地理上比熱那亞更具優勢，後者已經一再想從義大利的另一側來分這多邊貿易的一杯羹。葡萄牙發現了往東方去的海路（<160），威尼斯不再獨家，但是某些昂貴商品依然為它獨占。事實上正因眼紅威尼斯的財富，才刺激了葡萄牙人探險；而那位向葡萄牙王求助以實現西航熱望的哥倫布，也正是一名熱那亞來的水

手。及至一六五〇年，威尼斯漸走下坡，不過很緩慢；它的產品依然有利可圖，它的海上勢力仍然堅不可破。威尼斯人以及威尼斯內陸的居民，並未察覺有何改變，唯一不同只是如今競爭比以前增加；他們很知道自己仍是世界一大奇蹟。奇蹟的原因之一，在威尼斯的政府組織，不但形式獨特，效率上也同樣驚人。

大家都聽說過「總督」（Doge），這位共和國元首每年行禮如儀，將權戒扔入海中，象徵威尼斯與這個賜其生命的自然環境共誓婚盟。可是早在十七世紀中期以前，總督就已經變成有名無實的領袖，一個憲法上的虛位君主，唯一的權力是透過個人影響力——如果他剛好具有品格、頭腦，足以造成影響力的話。實際國政則由一套環環相扣、壟斷在世家大族手裡的議會組織推動，他們是商人組成的貴族。也只有威尼斯的紳士，經商治國一肩雙挑，歐洲其他上流社會都沒有這回事。

政府金字塔的底層是大議會，這是一個自行延任的世襲組織，由二十五歲以上的世家子弟出任。再由大議會分別選出或指派其他官員：參議員、「十人會」、聖馬可行政官（聖馬可是威尼斯城的主保聖人）、法官、特別委員會，以及賢人院——全部成員約三百人，每周日定期開會，只負責選甄人事，卻不討論政策，除非有嚴重緊急狀況。

哦威尼斯！威尼斯！當你的大理石牆
與水面齊平，將會有
眾國為你沉滅的廳堂呼號，
大聲的悲慟，沿著你漫溢的海水！……
哦極大的苦痛！後世光陰，將再也得不到
更圓滿的收成！
一千三百年歲月的怒氣、榮光，
只成塵埃、淚水……

——拜倫〈威尼斯頌〉（一八一五年）

以上安排尚屬平常，真正稀奇之處，則在這些官吏遵行的規定與慣例。十人會（行政部門，每年一選）是治安也是國防部門，職掌道德、風化、內亂和外患。風流才子卡薩諾瓦回憶錄的讀者，當記得他的放浪冒險生涯，係如何始自逃出那稱為「鉛頂」的威尼斯監獄——因位於總督宮旁一建築物屋頂下而得名。卡薩諾瓦多彩多姿的故事，甚至傳奇到這個地步：漆黑的夜晚，一張匿名字條投進聖馬可獅子口中，第二天保證字條上的那人再也不知去向。這類傳說，已留給十人會一個執法獨斷無情的名聲。

這些傳說，純屬傳說。「嘆息橋」確有其橋，卻不一定悲情。威尼斯有十一所初審法庭，兩所上訴法庭；雖無陪審團，被告卻可以有辯護顧問，其制比英國及其他刑事法系早了好幾世紀。法院審理貴族也審理常民，十人會更極受歡迎。老百姓可以向他們請願，並得其保護不受官府壓制。司法過程很快（案發一月內就審判決案），依據當代標準，也不算太嚴厲：重犯處死，偽造者去一手，強暴、犯淫去手去眼；死刑案一共有五種處決方式，意味著一般死刑為溺斃。用刑問供，一如當時各地所為，不過法有明文立下嚴格限制——至於是否照辦，就很難說了。

為掌管各部政事，十人中又選出三人為首，每月輪值，其他部會則有值日。在其任內，「統領大人」（Capo）不得入城，也不得與任何公民交談。如此隔離措施，為要確實保障人民不涉政治。為此十人會亦派出密探，以防患於未然。當義大利各地長年陰謀背叛不斷，流亡暗殺層出不窮，暴力統治者彼此相互屠殺的同時，只有威尼斯卻能免於「紛擾的年代」達五世紀之久。

其他政治措施，有一項專用以確保為官者忠於職守——至少係用以確保總督大人的忠誠度；他身家如此之富，正是理想的調查對象。方法是在他逝後檢討其在職表現，如果檢查報告不利，繼承人會受到罰款或其他處置。總督大人可不敢指派任何親戚任職，生時在位甚至還有六名「公爵級委員」時時監視，尤其在他拆閱信件的時候。

更重要的是，所有職位都由受過直接訓練的人選出任。世家子弟若少即有才，十幾歲就被徵召入朝見習，觀察大議會行事，一旦具任用資格，即以連串職位予以考驗。任何人都不准拒職也不准辭職。任期既短，輪調又速，居高位者對各部會的工作便都有所了解，單位間相互鬥法的樂趣亦大為減少。外觀僵板，內則警飭，可能正是威尼斯共和國的立國之準，頗類似羅馬初期之所以偉大的同樣作風。先後兩個共和，都為世人欽佩卻都無人仿效。相形之下，其他國家體制——包括現代民主政體在內——對國事似乎都不夠認真，沒有他們這般嚴格敬肅。

總體言之，威尼斯可謂最接近柏拉圖的理念，統治者以義務與奉獻的精神嚴肅認真地治國，老百姓雖不得介入，卻高高興興並無二話。並非威尼斯人讀過《理想國》，他們的靈感來自貿易大事，加以孤懸島上難免脆弱。而且也不像柏拉圖的烏托邦，威尼斯既不隔絕也不狹隘。該城允許外人自行其是，有自己的崇拜處所（希臘正教、更正派、亞美尼亞教派、斯洛文尼亞教派、阿爾巴尼亞教派和猶太教），在此同時，也堅抗教會干涉其城國的法務。教宗派員須經總督批准，行事也須向其報告。宗教裁判廷雖在勉強同意之下設立，也只准審訊天主教徒。總而言之，這是一個貿易擴展心胸的明例。

可是貿易的手段，以及公民的福祉，卻同受嚴密規範管制。度量衡、造幣設有專人督察，商事糾紛與雇傭、學徒的投訴亦有仲裁制度。店鋪招牌、旅棧酒館、手藝品管各有檢查機關，工資設定、稅捐稽徵有專員，催債收款有法務顧問，此外還有一大堆專管海事的人員。身為地主，接待來自地中海各處的航海人，自然又需要一個時時警戒的衛生單位；也要有休閒招待處所，在這方面威尼斯表現之佳天下聞名。所有這些官僚，皆經精心訓練，不下於眾參議員、參政大員的培養。各項法案與執行也有會計稽核人員一再反覆細查。

兩大機構（鑄幣及軍械廠）出產精良全歐知名。幾世紀來，威尼斯鑄造的金幣（一二八四年首鑄）均以面值流通各地——可謂其時的「歐元」，及至十九世紀方為英國金鎊短暫替代。更早之前，威尼斯曾於十二世紀創立公債，稅負因此低於全歐；連教宗也紛紛投資這些評等甚高的債券，不過參院可能會拒絕某些他們不想要的申購人。十六世紀中期，威尼斯城還首創第一所國立銀行。軍械廠生產船艦及各式軍火配備。特建來護航「圓形」貨船的長形大帆船，可載二百五十名軍士，以及必備的一組樂師。至於其大敵除一度為貿易對手的熱那亞外，向來是土耳其人及海盜。

威尼斯在法學理論上也遙遙領先他國。為本身之需，發展了一套海事法；身為帕度亞大學的贊助者，也教導其他國家的學生羅馬法及各系民法。可惜不得不提一事：本城某些公民竟不守自家法律，從事明令禁止的販奴行為。他們自俄羅斯、斯拉夫擄來男女奴隸（斯拉夫即意奴隸），男性賣至埃及，女性留在西方。戰俘也是販賣物，不過及至十七世紀均已告終。

為維持和平以利貿易，威尼斯派有一支龐大使節團。如前所見，回到十四世紀佩脫拉克擔任特使的時節，外交工作係由演說家出任。他們必須儀表堂堂，必須能一娛出使的宮廷，然後便打道回府。至於長駐大使，以及其職責、豁免權、密碼、敘位，在許多反覆改變之後偶然亦可見成為慣例（可讀尼可森[1]著 *Diplomacy*）。及至十七世紀，此制已告相當確立，遂有威尼斯駐外使節的每日報告書（*Relazioni*），成為這段時期最完整的史料來源之一。

在本章查考的年代裡面，威尼斯正捲入一場長達二十五年之久的戰事，雖非衰退之因，卻是敗象之一。共和國已失其東方前哨站塞浦路斯，那是在一五七一年；一六四五年一支以馬爾他為巢穴的海盜，俘擄了一艘從阿爾吉爾來的土耳其船，船載三十名蘇丹後宮，（據稱）還包括蘇丹最寵愛的一名妃子。土耳其人以此為藉口攻擊克里特島，克島於威尼斯，一如古巴對美國的戰略位置，一個絕對不可讓敵人占有的據點。威尼斯城軍情緊急；歲收已大量失於大西洋線上的貿易對手，國庫異常短缺。為徵募財源防守克里特島，政府採取前所未聞的鬻官之舉；更糟糕的是，連貴族名銜也出售換取現銀。戰事經過顯示，威尼斯人的智勇依然旺盛；甚至遲至十七世紀結束，威尼斯仍在圍攻雅典。可是一場長戰告終，克里特畢竟失陷，以下的一百二十五年，共和國日走下坡，終難挽回。

> 在這一股股發展前進的燦爛光芒中，又有一股質樸的商業外交概念，透過人與人間的理性交易進行管理。可靠的外交工作，正是中產階級之民的發明。
>
> ——尼可森（英國會議員暨作家，一九三九年）

＊＊＊

正如生活在一六五〇年左右的威尼斯人自己所見，或從訪客及駐外人員所聽聞，外面的世界的確充滿了新奇事物，不止於西向探險以拓貿易一端。在那新興勢力的法蘭西國，大運河布里亞爾已經通航，聯繫了中、北兩個地區；地中海則經由南運河直通了大西洋。在巴黎，新造的王室橋是法蘭西土木工程復興又一標記。可是國家之首路易十三及首相黎塞留最近先後逝世，黨派紛爭一團混亂（主要在巴黎）威脅著王位繼承。嗣孫路易十四猶是少年，尚未準備好擺出那奢誇場面，但是許多工程都在起造。一名天才橫溢的建築師曼薩爾，更重興了那型如今以其大名見稱的屋頂形式。

科學、數學活動也在各處異常發達。法蘭西的巴斯噶發明了一部計算機器；另外也有發明裝置與種種發現，令一群固定通信聯絡的各國研究人士興奮不已（311 >）。這些科學活動，使當時人注意到伽利略及笛卡兒的死訊；其實牛頓也在伽利略逝世同日出生（還是同年？），這項巧合稍後才弄清楚。月分日期的混淆在所難免：英格蘭一直拒用格里新曆，舊曆比歐陸慢上十一天，兩地之間日期對照錯誤頻仍[2]。有人又說，英格蘭王國正瀕臨內戰邊緣；在此同時，該國已自荷蘭輸入人工疏浚沼地。

在新世界，麻薩諸塞灣上英人設立的那處小殖民地，同樣如母國般因政治、宗教問題激盪不安，互分派系。總督溫斯洛普激烈反對進一步民主化的措施：理由是缺乏聖經依據。同一年裡，麻薩諸塞殖民地（連同南邊的維吉尼亞）通過法律成立學校，教導純正信仰並推廣讀經。新英格蘭刊行的第一本書，是一六四〇年的《灣區詩篇》，也為鼓勵同一目的。

可是這些遙遠事物的消息，一如南太平洋上發現了塔斯馬尼亞一般，可能都要經過一些時日耽擱方才抵達亞得里亞海上的這座城市。一般以為，凡為歷史記載成大事的事件，當時之人自當知悉，其實純屬無稽；因此整體而言，歷史對過去的看法較為持平，正為此故。任何時候，對於任何過去或當前的事體，一般人知悉的多寡，往往因潮流而異，憑機率而增減。如今誰會把威尼斯想成政治科學的最高創造者？威尼斯此名今天只喚起美的概念，甚至連此都欠完整：僅止於威尼斯的繪畫和建築而已——集體記憶到此為止。這兩樣東西是看得見的實物，又經人大量書寫談論——羅斯金的著作《威尼斯之石》本身，就是一不朽的紀念物。可是顛峰時期的威尼斯，對世界文學卻無貢獻——此事甚奇，因為塔索及阿里奧斯托的大本營費拉拉（<230），離此只有一天行程。這項缺失，也許可以解釋世人對威尼斯貢獻的遺忘，因為透過詩歌、故事、劇作，而非繪畫，人生細節才得傳諸後世。

不過威尼斯確曾出過一位優秀史家薩批，只是他研究的主題為特倫多主教大會。十八世紀之際也出了兩大喜劇作家高多尼與高基，使用威尼斯當地方言寫作；這是一種連義大利人聽來也宛如外國話的語言。為此隔閡，不只威尼斯盛產的政治家、外交使節都不為後人所聞，連第一批大印刷出版家（堅森、阿爾杜斯．蒙紐梯斯、范特利，他們為後來所有的製書業者〔<97〕創出了字體與版型）都乾脆彷彿不存在了。因此一般看法以為，「書」之一物，就只意味著谷騰堡；也就是說，從谷騰堡聖經，一下子就跳到今日的平裝本，其間幾乎乏善可陳。

集體記憶還有更可惡的壞事：完全忘卻了歌劇誕生的搖籃；正是威尼斯人對歌劇的愛好與滋養，才使之成為一個擁有無限可能的劇種。連帶遭到遺忘的，還有如前所提威尼斯在音樂上的其他創新發明（<244）。誠然，歌劇最早出現（樂曲倖存至今）在翡冷翠。但卻是業餘者的作品，遵循沿襲自崇古一派的理論，以重現希臘悲劇為目的（<241）。當時就有人批評這些作品太過單調，殊為允當。為使劇情逐字分明，這類歌劇的音樂限於幾首獨唱，其餘皆為吟誦或宣敘。但是真正的歌劇是音樂作品，不是舞台劇——誰會以讀歌劇劇詞為樂？——而且為表達其中的戲劇性，歌劇樂曲務必出於多才多藝的大師之手。因此蒙特威爾第被正確地推為歌劇劇種的創始人。

蒙特威爾第所寫的第一齣歌劇《奧菲歐》，在曼圖亞首演，時為十七世紀初葉。不久受命指揮聖馬可大教堂詩班，從此在威尼斯度其餘生。《奧菲歐》後，他又為這個新劇種製作了十八部作品，其中兩部《尤利西斯歸來》、《教皇加冕》寫於世紀中期，乃是兩大傑作，與現代都會首府經常上演的熟悉劇目並駕齊驅。

同樣的話，卻不能用來誇讚《奧菲歐》之後不計其數的「宮廷歌劇」，尤以羅馬為盛。這些是自家觀賞的內部製作，純為貴冑之家娛樂與頌揚，禁不起舊戲重映；因此公開演出並能欣賞體會這種不凡創作的首名應歸威尼斯。巧的是，歌劇（opera）此字，非如一般以為係拉丁文「工作」（*opus*）的複數形；其實源自另一個拉丁字「甘願」（*opera*）工作，複數為 *operae*，而非如 *opus* 暗示的那種必須或被迫性質的勞動。延伸意義下，古羅馬人也用 *opera* 來代表任何複雜精細的任務或承擔，意思正如我們說「一齣製作」（a production）。這個字，顯然正如大歌劇院歷史所做的形容，很吻合這類作品舞台的幕後實況：在最後角色、意志暫趨一致之前，先有一場你死我活的爭奪戰。

蒙特威爾第的天才，在發現了表現角色性格與情境的方法，同時又能滿足音樂形式的需求。在所有這類形式之中（朗誦宣敘調、詠嘆調，或全體合唱），為傳遞適當的意義氣氛，作曲家始之以旋律，繼之以和音的轉換，長時音、節奏、模進（sequences），以及其他各種音樂表現手法，並俱以豐富的器樂配合。

我們今日的聽眾，正逐漸適應十七世紀音樂的某些特色，多虧某幾位學者兼指揮家的努力——比方對假聲男高音的使用即是。這項音域早先係由具天賦的少年去勢達成（閹唱），當時之人喜愛高音域，因為習聽教堂詩班的少男歌聲。又如蒙特威爾第的交響樂，主由弦樂的和弦組成，稍帶一點管樂，絕無敲打樂器。造成一種單薄的「錫鳴」金屬音，初聆頗感不順，聽慣後察覺其中真正的細微變化方才改觀——再次證明音樂非同質一物，可以讓所有方家入耳即能欣賞。

這項觀察也適用於歌劇劇種本身。直到二十世紀中期左右之前，自認熱愛音樂者往往瞧不起歌劇觀眾；不錯，後者除歌劇外，通常對他種音樂亦乏興趣。長時間黑膠唱片問世，帶來了簡直有如一紙信仰自由法案的效果，迫使雙方終於都看清那明明可見之事：歌劇上了唱片，沒有舞台演出，也是一種純音樂；而其他樂種，同樣也可充作戲劇性的音樂，跟歌劇一般充滿了悸動快感。不過歌劇挑選的題材，也是這類劇種前此名聲不佳的原因。早期歌劇誕生於文藝復興的古典氣質，酷愛古代神話再撒上一星田園點綴。然後為新鮮故，開始自古今歷史擷取題材。來到十八世紀，又加上奇幻成分，旋踵至十九世紀又再度使用歷史故事。自此之後，任何題目或時期、任何當代劇或小說，都可能用來改編成歌劇以展現其兩大孿生成分：虛榮與暴力。

提及這些成分，為指出歌劇的文學面常為甜蜜通俗的感傷劇，而非悲劇性，更非社會批評或理念劇；因為這三項都需要字句，才能使其中智性與道德之意味穿透舞台腳燈而彰明。托爾斯泰寫過一篇嚴厲的文字，批評歌劇天生的荒謬不近情理[3]。歌劇對白與情節所傳遞的人事物關係，往往粗糙無趣，只能做刻板制式的演出——激烈否認、高視闊步、猛一轉身、突地奪信、對著一杯毒酒掙扎僵持不下、帶著滿腔蔑視、憤怒、仇恨力唱不已。而歌劇的演唱——不論是二重唱、三重唱，一路直到七重唱，常常一路高升至——啊，根本就成吼叫。我們當代一名歌劇演唱家，即把自己高八度的唱腔形容成一種「控制下的吶喊」。除此之外，劇中的衝突情境也常常太過複雜、太死板僵化、太武斷無解：男主角、女主角、君王、對頭，人人絕不讓步，所據理由也往往顯示純為自我（個人或朝廷的自我）亦即虛榮作祟。十七世紀晚期歌劇中引入芭蕾，場面更添壯觀；但是同時也可能從那一團混亂中鬆一口氣，雖然歌劇作詞者也常用舞者來代表劇中大反派召來的地獄群魔。

那麼愛情呢，還有滑稽歌劇呢？滑稽劇種，嘲弄著嚴肅劇種裡展現的困境。一如一本正經的嚴肅歌劇，種種同屬想像的障礙，也延誤最後和平幸福的到來，但結局往往是圓滿收場而非死去。至於大歌劇裡的愛情，的確有一兩首詠嘆調高歌頌揚，可是真正用意，往往係用來激起妒心與詭計。這些標準特色，雖屬最受人輕看的文藝形式，卻不曾有礙偉大的歌劇作品做出各種多彩多姿的表現，一如其他文類。從蒙特威爾第的《教皇加冕》起，一一想到拉摩的歌劇芭蕾《英勇的西印度民》、韓德爾的《薛西斯》、葛路克的兩齣《伊菲吉尼》、莫札特的半打作品、貝多芬的《菲德里奧》、史邦替尼的《灶神的女祭司》、韋伯的《魔彈射手》、白遼士的《特洛伊人》、羅西尼的《歐利伯爵》、華格納的《崔斯坦》、威爾第的《奧塞羅》、穆索斯基的《沙皇鮑里斯》、夏布里埃的《關多林》、布瑞頓的《比利．勃德》，不得不承認歌劇藝術早已在西方人心靈留駐了一組圖像與情愫，任誰一旦擁有就不會欣然放棄。許多完全被湮忘的作品及其作曲家今日重新問世，正顯示這個劇種的豐富多彩，尚未全然為人所悉。

誠然，有一事值得注意：歌劇三要素，詞、曲、景，往往輪流呈拉鋸之勢，由其中一項獨霸另外兩項元素。可是歌劇創造出的整股神話氣息的圖像力——卻全拜音樂家之賜。他們受到這個劇種重複性架構的不同激發，賦予僵冷的概念以溫暖、賜予空洞的字句以生命——凡此種種，從一開始就在蒙特威爾第的威尼斯，在聖約翰和聖保祿劇院裡開花盛放；在那裡，《教皇加冕》於一六四二年秋首度公演。

> 想到這麼多的美物，竟沉默地埋於過去，這麼多事物，曾大大取悅我們的先人，如今卻已成昨日黃花，真令人感到悲哀。
>
> ——美國音樂史學者格羅特，取自其《歌劇史》最後一段（一九六五年）

＊＊＊

這十年間，威尼斯人向海外望去，除自家與土耳其之戰外，同時也可以看見其他幾場戰事的幸與不幸。在日耳曼地，二十多年前即已發動的爭鬥，此時正進入最後決戰階段；不出幾年，就可以冠上三十年戰爭的頭銜了。在英格蘭，內戰終於爆發；在法蘭西，王家勢力一派也面對各類敵人，大小事件不斷，堪稱內戰邊緣（439＞）。在此同時，法國軍人正沿西班牙邊界進行小規模衝突戰；其中一人名達太安（日後在《三劍客》中得到美化歌謳）正為保衛家鄉加斯孔尼[4]而戰。

日耳曼地的戰事，係因改教革命衝突續起的宗教戰，結果卻成中歐的王朝爭霸戰。奧地利的皇室哈布斯堡家族，發現自己竟與更正派瑞典、天主教法國這意想不到的聯手對陣，兩國都有意於領土的斬獲。瑞典已躍升強國地位，在北日耳曼擁有土地，卻還想要更多；樞機主教黎塞留為法國擬定的政策，則是使萊因河為其東疆。各方都幾乎成功，如此便可使日耳曼在宗教上重歸一信；然而雙方將領同樣精幹，始終勢均力敵相持不下，直到瑞典國王古斯塔夫一役身亡，一年後捷克的瓦倫斯坦亦被其軍官刺殺——他正打算倒戈換邊到瑞典一方去。最後，原先在改教時輸給更正派的某些地區，為天主教一方奪回，情勢遂對奧地利有利。

戰後出現的一部文學作品，告訴我們有關此戰的第一手資料。此即格里美豪森的流浪漢小說《老實頭》，故事由作者親自口述，講述一名出身寒微、未受過任何教育的男孩（因此書名即「簡單至極」之意），官兵劫掠了他的村落，燒毀了他的家園，只好在世上漂泊。他逃到最近的林子裡去，在那裡遇見一個林中人，依附其小屋安身。從此人處，小男孩對外面的大世界有了一點認識；救命恩人一死，便一頭栽進其中。下一個救主在朝為官，把男孩變成了他的宮廷小丑，亦即身邊的弄臣。這個角色開發了男孩的巧智。然而任職難久，官兵再度打破他的生活，這回把他也帶走了。人生浮沉，他自己也變成軍士，歷經各式冒險，刻畫出戰火的恐怖之下，個人道德纖維日趨粗硬，所有階層遭受悲慘境遇，心靈在戰鬥中漸變麻木——當戰爭曠日持久，相鬥者根本忘了當初為何而戰。

此作大為風行，促使格里美豪森在原來五集之外又加一集，因此不能稱為傑作：後加的部分係受當時羅曼史傳奇影響而作。《老實頭》變成名副其實的英雄：贏得榮銜，遠赴土耳其；沿著這一路，他吸引人的特性漸失，我們對他的興趣也漸消。

戰事快告尾聲，法蘭西終於擊敗了無敵的西班牙步兵大軍。如今法國是歐洲最大、最富、人口最多也最好戰的軍事大國了。法國係依循勝者為王的傳統政策（稱作共主）而行事：亦即意欲稱霸歐陸。但是最後證明，三十年戰爭根本白忙一場。意義真正比較深長者，事實上也更為重要者，乃是世紀中期立下的條約，以及此戰造成的文化後果。

戰役、圍攻、進軍、反進軍，將日耳曼廣大地區破壞殆盡，村莊十室九空，城鎮荒涼貧窮，無數邦國從此一蹶不振。結局是下兩世紀裡面，分裂的日耳曼地變成戰爭舞台，是歐洲各大勢力捉對廝打一決王朝競爭的指定場地。日耳曼民變成有人卻沒有國的一群人。對其他人而言，他們看來（也部分確是）沉悶、忍耐、無自衛能力、只知一味埋頭苦幹。他們的腦袋瓜裡充滿了奇思怪想，以及朦朧渾沌的哲學；他們的藝術、語言，還有行為舉止，既落後又粗糙。長期羞辱的記憶，加強了向世界展示的決心，一顯與這一切懦怯氣質完全相反的性情。這一刻終於到來；十七、八世紀強加的溫馴，滋生出了十九、二十世紀的自律、公民職責心，以及強大的軍事力量。

三十年戰爭，是「宗教戰爭」的最後一戰，打著打著，卻已變成君主國式的戰爭。結束此戰的條約，正隱隱默認了國家觀念，宣稱尼德蘭與瑞士為基本上屬更正教的獨立國家。獨立一字意味著主權，主權又意味著國家利益優先，超過對教宗、對國家教會的任何宗教效忠。基於同樣原因（國家生存理由），若與宗教信仰不同的國家結盟，便不再招致指責。威尼斯一度即曾求土耳其人出力，助其抵抗由教宗領軍的一大聯盟；而教宗本身也做過同樣的事，自異教徒手中取得濟助。簡言之，及至十七世紀中期以及戰爭末了，西方公共生活的俗世化已經邁出了一大步。

這種現象，遂與祖宗的歐洲一家觀念有了決定性的分道揚鑣；帶著這項改變，歐陸變成一群各自分明多頭的社會，要在其語言、法律、舉止和藝術上各走各的路。這些各自為政又相互同等的主權國中，無秩序的險象如此明顯，遂在法律與秩序上刺激出一種放諸四海而皆準的治世思想。義大利諸邦的例子最令人不安；彼此相攻無時或止，即使大家所信同宗也無法遏止。威尼斯必須無休止地與四大強鄰對抗，其中還包括教宗勢力。格老修斯在其新生的荷蘭國中，沉思最近的這段過去，寫下了國際公法的原則——在他之前，曾有過西班牙學者維多列的先行，其名卻極少人知（<172）。兩人都必須面對一個沒有答案的問題：主權也者（君權或國權）按定義即不受法律支配。不錯，有神的道德律法，可是誰來強制誰來執行？律法只能靠大家同意，並出於自利，才能一體遵行。格老修斯的大作《戰爭與和平法》是這類公開協議的首度嘗試；最近一次，則為聯合國的憲章。

同時，另一場也可以自威尼斯觀得的戰爭，是英格蘭的內戰。此戰包括了宗教與政治兩面，也就是說，爭議的主題在於與國教不同的異議，以及對君權行使的限制。七年流血戰爭，中途一度暫歇，並未能解決兩大議題中任何一樁，反而帶出其他社會與經濟議題，使得這場爭鬥遠比日耳曼相互折磨的三十年光陰著有成效。

與英格蘭、日耳曼兩地戰爭恰成反襯，則發生了第一波瘋狂投機風潮，造成禍延國際的崩盤：此即鬱金香熱。此花來自近東，十六世紀中期首度在歐洲亮相，尤為中歐與尼德蘭人所愛；並略過威尼斯，繼續由君士坦丁堡直接送抵愛花人手中。擁有一片鬱金香園，遂變成身分象徵；購買、栽種鬱金香的欲望，遍及荷蘭各個階層。及至一六三五年際，需求量之大已使花價飆到令人暈眩的高度；據聞有一名哈倫商人，甚至以半數身家，交換區區一只球莖——可不為轉手賣出，純為用以炫耀示人。

> 鬱金香隨之登場，歡樂滿滿，
> 而又放浪，十足驕傲，興味盎然；
> 世界顯不出一絲半色，但有此地一席——
> 不，依仗新的配種，她可以改換
> 容顏……她營營苟苟，為的是取悅雙眼
> 並及羞煞群豔。
>
> ——考利（英國詩人，一六五六年）

有些精明人開始看出，買進賣出可能比擁有更具賺頭，不久，冷淡遲鈍的荷蘭佬開始把球莖當成公司股份般買進賣出。交易市場在好幾個城市成立；掮客經紀（「鬱金香公證人」）根據各種花球名目、顏色和重量報價；買空賣空、期貨交易也開發出來，並大為活絡。財富瞬間到手，窮人一夜致富。一度，名為「麗富詩金海軍上將」的品種甚至高值四千四百個金幣，或等於「全套床鋪連同所有被褥總價的四十四倍」。狂潮熱了兩年，連倫敦、巴黎郊區都顯示出程度較低的狂熱。待得荷蘭人終於恢復正常，市場崩盤，政府及法院只有力謀公平之道，解決各種糾纏不清的糾紛——買者無力償債、賣者提出控告，而破產者在獄中呻吟。辯論數月，裁決無數，俱歸惘然。基於這種投機冒險的性質使然，沒有一個辦法看來公正，也沒有一個辦法可以真正強制執行。

同一戰爭，卻生出了另一支不同的文化支脈。這部作品出自一名兩度為戰燹焚其家屋、掠其所有、毀其手稿之人。捷克思想家

＊＊＊

柯門紐斯

生於一摩拉維亞家庭，信仰虔誠，可是他起來反對耶穌會教師高度成功的教學法（＜66），卻非出於宗教的熱心。一生流離，四處流浪的生涯帶他來到了波蘭，依己法建立了一所學校；然後又到瑞典，最後來到英格蘭。在此他的理念激發了彌爾頓、洛克的思想；也就是在這裡，他接到溫斯洛普的邀請主持哈佛學院。

四處流離，卻寫了許多著作，最有名者為《寰宇圖繪》（直譯《直觀的圖畫世界》）——將世界描繪給感官直覺認識，世紀正中之年出版。他的其他教本也被廣泛使用，譯成一打不同文字，包括阿拉伯文、波斯文、土耳其文和蒙古文。新教一方，雖有路德很早就籲請成立免費公立學校，教導更正派兒童，卻鮮少創設，也沒有任何可與耶穌會匹敵的教育哲學；柯門紐斯正補足了這項不足——歷來多少教育改革家，雖然做法各有其趣，卻總不脫同一宗旨；柯門紐斯正是其中一人，這是他們命定的角色。學校的本質既屬僵化，就務須定時灌入生氣；活力之失，出在學校就像一所小型政府；教育目標在塑成共同心靈，一如施政旨在形成共同意志。兩者都需要定期大做翻修，重新注入失陷於例行程

序之下的原創思想。

在這個關鍵點上，任何與教育密切相關，或任何曾涉獵教育史的人士，都可以猜到柯門紐斯怎麼說：他說「實物，而非字句」——因此遂有教科書的「直觀化」，將學校由監獄改造成遊戲場地（*scholae ludus*），在此好奇心挑起並得滿足。停止鞭打體罰，減少機械性的記誦。透過音樂、遊戲、實物操作、提出問題（設計教學法）引發學童興趣。並以戲劇性描述，介紹廣大世界，激發想像力。《寰宇圖繪》教授人、事、物、地，係以圖畫進行研究、討論，同時配以文字，可謂有那麼一點首度視聽教學的味道。柯門紐斯還教導一種可與近代科學共容的普世宗教觀：「泛智體系」。所有兒童都應由國家出資接受教育，極早就在一個充滿愛心的環境開始：亦即專收四至六歲的托兒所。他甚至加上一句如今在二十世紀已成陳腔的精義：學無止盡，活到老學到老。

這項教育大計，激起英格蘭哈特萊的熱情，著手要將之出版，卻因內戰後延，最後終在一六六〇年代露面，與當時由科學家（或自稱科學家者）推出的當令改革觀點相抗衡。就在這個時候，彌爾頓寫下他的〈致哈特萊書〉——部分內容有點朦朧，之所以名列教育論述名文，全拜作者大名之賜，而非其見解之優。彌爾頓主張各城設置某種類似營房的學校，每間可容一百二十名男孩，年齡在十二到二十一歲之間，透過書本學習事物，再透過這些事物取得關於神的知識與模成神的形象。如此，彌爾頓說，才是教育的目的。藉此，人得能正當熟練地履行公私兩面的本分，包括戰爭在內。哈特萊的教改聖戰，恐怕卻很難因這套說法而得到任何激勵。

柯門紐斯並不將自己局限於學校改革。他也主張女權、反戰，又是一位政治科學家與博愛家。他推薦產前診療、婚姻輔導和老人病學。他相信人可以改進，並如皮亞．貝勒及十八世紀的百科全書家

（531>），認為啟蒙之「光」可以帶來和平與和諧。成年之後，這一生裡看見的戰爭慘狀（柯門紐斯自言），促使他提倡這些理念。這位教育改革家又進而身體力行，實現自己的改革主張，更勝大多數教育理論家。不論去在何處，柯門紐斯都設立學校，並親自任教；更常常受邀往別處去，再度重複其成功作為。他的教學法為各地採用，他的某些教科書一直用到十九世紀中期。瑞士兒童心理學家皮亞傑在一九五七年的一篇論文裡，力主這位偉大先師在所有重要關鍵點[5]上都正確不誤。可是盛名卻未在柯門紐斯身上駐留，一如李希屯伯格，以及其他某些位同等才器之人（643>）。時、地，與國籍，往往授予或壓抑了一人該得的名聲。

> 我開始集中我的構思，專致於調和整個人類。如果能讓大家看見完整、真切的好處，他們自會受其吸引。如果更進一步，顯示他們達到這些成就的正確方法，一個無所不容、皆大歡喜的哲學、宗教、治術，就終於可以獲致。
>
> ——柯門紐斯（約一六六〇年）

＊　＊　＊

以上的概述，使我們由公共場域轉向私人生活面。十六世紀晚期的觀察人士，也看見禮儀舉止與家居生活的改變——不全發生在潟湖之上，而是臨及全歐四處這裡那裡的變化。在此，義大利再居母位，這一回是以高雅講究母儀天下。此時除威尼斯外，所謂其他繁榮大城——倫敦、巴黎、阿姆斯特丹、史特拉斯堡、日內瓦，依近世標準，其實都不比泥濘爛洞好到哪裡去。地面上交叉排列著一幢幢房舍，狹窄的街道上方，兩側的樓層危懸在頂，幾乎相觸；路面不佳或根本未曾鋪過，正成樓上傾倒廢物的臭水溝。威尼斯設有衛生局，可是其他大都，除了一兩條主要大道之外，卻無人視察那些漫流過所有甬道的惡臭汙水。

上等人家的房舍，四周都有地作為保護，但是令今日遊客咋舌的巨大空間，事實上很擁擠，不但住滿了三親六戚，還有僕人、食客無數——後者涵蓋了被保護人、私家教師、三流作家，其中可能有一位真正的大藝術家，透過一項特別勞務賺取生活。一座宮室事實上住著一個宗族或氏族；**府**、**宅**（*house*）意味著家中成員，也包括府中擁有並供養的一切人等。

進入室內，不論是貴人宮室抑中產住宅，十七世紀中期的房間都比從前多出許多。過去那間全功能的大廳，如今已被隔成多間，至少有簾幔相隔，並有不止一個煙囪在吐霧噴煙。可是窗戶還是很少，又窄，也不全鑲有玻璃；在某些地方，窗子還被當作奢侈物課以重稅。一間「大室」（chamber）仍是工作、休息，與閒暇的中心，也是出生與死去的所在。家具裝潢則有改進：椅子有把手、有高背，還有固定的椅墊。過去只能視為盒子的櫥櫃，也多變成有抽屜的五斗櫃。

在這間主房裡，女士猶在梳洗打扮甚至仍在床上就接待訪客，雖然房間一邊可能有凹處放置睡床。當某些男女友人變成常客之後，床鋪與室牆之間的「空道」（*ruelle*）或空處，就成固定的談話場地；這就是「沙龍」（*salon*）的起源。男主人同樣也在寢室內處理事務，因此此字——而非**辦公室**（*office*）一字——遂在許多用語中留傳下來：比如內庭法官（judge in chambers）、商會（the chamber of commerce）、眾議院（the chamber of deputies，法、義等國）。

這種家居生活形態，暗示著一種相對於「異於吾等的他人」的自我意識。想想看那張床，很大，又離地面很高，四圍隔有簾幔擋風，上方還有掛有一襲頂罩蓋住下方睡覺的人——睡覺的人是多數，因為一張床上可能睡著一家子好幾人，裸身而眠，不過褥子下面卻各用薄單以某種費解的方式裹起身子。老人家則穿睡袍，戴睡帽。有時也在床上挪出空位，讓來訪的友人與家人共擠。同樣地，醫院的病貧，客棧的旅人，也都有與人共鋪的打算。這種做法，在美國還延續了很長一段時間，從林肯的書信中即可得知。

吃飯則在廚房或寢室，用一張可以搬動的支腳架桌子，桌上（除義大利外）可能沒有個人用碟，當然更沒有叉子。這種荏弱的新玩意兒，只有到該世紀接近尾聲方才變為普遍；甚至在那時，所謂叉子，也只是把食物舀來送到跟前，而非為個人進食：不然，手指是用來幹麼的？匙子也屬大型，用來上菜分菜；大家自個兒帶刀吃肉，切下的肉則放在一大片厚麵包上，法文稱 *tranchoir*，此字意指菜板，於是又給了我們意味著「健啖老饕」（*trencherman*）的一字。飲料盛在各種不同金屬做成的杯器裡，輪流傳遞飲用。至於肉類以外的其他食物，則用木碗盛著，通常二人共用一碗。進餐時唯一沾得上優雅邊緣的一事，是飯前飯後均有洗手的習慣。

至於飲食內容，文獻已使我們熟知那類大型宴飲，聽說菜肴堆疊得滿坑滿谷，但是這類盛宴雖為公共慶典必備，居家卻不常有。豪飲豪宴是為標示豐年好收成，亦用以大張旗鼓彌補記憶猶新的饑荒。各樣好菜，並非人人吃得。僕役穿著制服，站在菜櫥之旁，隨桌上的主人傳喚端菜上桌；剩菜留給僕人或送給窮人。對於日常用餐的內容，我們所知較少，不過在殷實的中產之家，似乎可以高達八道，從湯開始，然後是幾道肉，再來是像烤布丁的玩意兒、魚、水果和甜點。一六五〇年代的餐桌，鮮少見到蔬菜，素食者更絕無僅有。這方面的權威瑞威爾表示，那段時期的飲食，即將由治理三餐過渡到烹調之法，即美食烹飪[6]（gastronomy）是也。也許在美食家菜單與歌劇美聲唱法之間（當時正在威尼斯發展之中）具有某種文化上的聯繫吧。

飯時洗手，則是人生當中唯一一項會重複做的衛生動作。一輩子只洗三次澡，出生、婚禮之前、死後。這個奠定了科學基礎的世紀，同時卻也是去除了公共浴堂設施以及固定洗浴觀念的世紀。中古之際以及文藝復興之世，甚至連小城小鎮也設有澡堂，里昂一地就有二十八間。如今卻在歐洲各地紛紛關閉，皆出於一種也許因梅毒而升高的道德考量：為控制賣淫以及其他不端行為。英格蘭境內對「澡堂」（妓院）發動的襲擊，也許可怪到清教徒頭上，但是歐洲大陸可沒有這樣的清教徒；一切都是時代風氣使然。即使洗澡如儀，也未能阻礙瘟疫的蔓延；老鼠、跳蚤傳帶的疫疾，每隔十五到二十年就突然襲來，各城鎮死人無數，居民紛紛下鄉避難。此處的瘟疫，係指燒死人的熱病，以三種形式出現，最常見的是淋巴腺腫腺鼠疫（即黑死病），病狀是橫痃（即環狀紅腫）。狄福在《瘟疫年紀事》中描述的倫敦疫情，不比一六三〇年的米蘭疫情更不尋常，兩地都災情慘重。

另一經常發生的災難是火災。前面形容過的那種房舍壅塞的城鎮，救火逃生都很困難。一六六六年倫敦大火，迫使二十萬人流離失所；大火延燒五天，全露宿在附近田野。可是在冊的紀錄卻顯示，當時之人不怎麼賣力救自己，也不去搶救家中的東西——尤其當事先有過某位席頓大娘或其他各式預言，警告一場災難乃是神降的責罰之際，態度更為消極。湊巧的是，本章查考的二十年間，有十五年安然無恙度過。

至於衣著，則層層厚裹，難以清洗，自然也不健康。穿衣這回事，向來不屬理性範疇，除在大溪地是為例外。甚至連羅馬人的寬袍，看來舒適寬鬆，也需要另外兩人幫忙才能穿上，而且也只是典禮場合才穿的正式服裝。到了一六五〇年左右，兩性服裝雖然依舊可以表現個人的奇想，但是過往那種豐富繁複卻不再了，前此鮮豔的色彩如今由墨黑、暗褐、深綠取代。女人繼續穿束腹，現在由鯨骨而非金屬製作，裙幅外張的幅度則較前為小。晚宴盛裝，飾以金銀穗邊、精緻蕾絲，或鑲綴珍貴寶石。男人那兩條腿也不再裹上緊身褲炫示，卻藏在如今稱作膝下四吋裁法的一種半長褲裡。至於西班牙發明的那種胯前小袋，用來裝零碎物事的難看玩意兒，如今也不復見——可是卻竟然在一九九七年捲土重來[7]。胯前小袋在女人服裝上的對等物，是一條可用來綴掛東西的寬大腰帶，此時也已縮窄為純裝飾；男人則需要腰帶，垂掛少不了的隨身劍。

如今男女兩性都放棄了荷葉襞襟的站領，轉而青睞范代克式平面領。鞋子、靴子也趨穩重——不再有那種又長又尖的鞋頭，雖然有些女子卻開始在加高的鞋跟上搖顫而行。戶外用的靴筒變高以防泥漿汙跡；但是不管怎樣，靴子都是必需品，因為馬匹仍是唯一的快速交通工具。世紀中期，兩項創新出現大大流行，不為速度，卻為舒適。一為轎椅（*chaise*）——座椅兩旁把手安上抬竿，坐者安坐其中，前後各有一名僕人抬起行走。另一項是轎式馬車（coach），係由鄉間牛車改裝設計而成，不過此時車體尚未懸在鐵條或彈簧上緩和行進間的顛簸。即令如此，兩項發明都招致抨擊，指其使道德軟弱；在日耳曼更被斷然禁止，卻無甚效果。

鬚髮之事，任何時代都意義重大，因為它顯示階級、展現品味，或突顯反叛性格。其修飾裝點，經常改換，有時完全出乎偶然，竟使流行趣味一變。昔年黎塞留當家之際，路易十三閒來無事，決定王家侍衛應把鬍子刮掉。於是不久，前此滿臉或剪成圓形的大鬍子，都被鼻下小髭及下巴上一小撮毛取代了。至於頭上的毛髮，還好恩准可以留長，或直、或捲，視愛美之心或年紀大小而定。這種髮式持續到一六六〇年左右，卻因某種奇怪的原因，突然悄悄出現了各種尺寸、式樣的假髮，漸次發展成一種頂上用品與襯臉畫框的綜合物。法王這一時興起的念頭，甚至有遙遠的回響：十七世紀稍後，俄羅斯的彼得決定使他的國家現代化，下令抽蓄鬚捐。在此同時，女子的髮式還只是梳成前額一排瀏海（此時尚無那種向後高梳露額的各種複雜花式），兩側再懸下瀑布般一束束鬈髮，通常還編上線圈做成扇形。如果頭髮不呈波浪捲，卻毛蓬蓬的，便稱作 *á la moutonne*，意指像綿羊身上的鬈毛。

＊＊＊

品味流行各異，再加上實質環境物力限制，難怪當時的社會行為既粗糙又精細了。比方說，作信致意務必高雅正式，制式的客套與即興的自創並用，語氣亦摻和著謙卑與摯誠：「你恭順的僕人敬上。」舊日封建領主與家臣主從關係的感情，此時尚未轉變成全然形式，亦即我們今天在信上以「Dear」開端，以「Yours」落款的虛禮。但是從當時的《禮儀指南大全》裡，卻可以看出今日社交人際往來視為基本的「身體」禮貌卻鮮少實行。若想知道這些「可悲」的細節，可看當時人寫的八卦回憶錄[8]，或從以下事實推斷：一六〇〇年間，法王只得五條手帕，王后三條，王的情婦兩條。此外，博物館中收藏的那些小巧、精緻的香水瓶——人群擁擠的場合，隨身攜帶作「防身」之用——也給我們一種暗示。

不顧人體「天然」可能造成的冒犯的同時，其他事情卻件件敏感已極——決鬥因此盛行。誠然，與其冤冤相報世代不休，決鬥可謂一大改進。然而，正如明理人會說，劍術之技，怎能用來做公義之裁？對那種很容易得罪人（或喜歡橫行霸道）的人而言，「名譽攸關」，如此脆弱敏感，隨便一眼就可能激成決鬥。亨利四世的總理大臣緒利公爵一六三八年出版了一本《回憶錄》，估計過去十二年中，約有八千名紳士在決鬥中身亡——平均每周超過十二名。他的繼任者黎塞留，強制實施王家禁令，違者嚴罰，可是風氣不改。再次可讀《三劍客》一書——或者若要更生動有力的證言，可讀當代人言當代事：科爾內耶的悲劇作品《領袖》中，就有兩樁了不起的決鬥。榮譽優先，愛情居次；當然，決鬥常係肇因於爭奪女人，而女人可能為虛榮鼓勵這種行為。然而決鬥的結果往往兩敗俱傷，害人而不利己：因為一個死，一個逃；出亡國外，想要的女子得不到手，反成其他愛慕者競逐的獵物。

* * *

同樣這些年裡，另一個題目也可聞精采說法，卻同樣無人留心，而且同樣也非新鮮話題：此即兩性之間的平等。十六世紀已出過一批不凡女子，如繁星燦爛——伊利莎白女王、薩伏衣的路易絲、帕爾瑪的瑪格麗特，詩人、小說家則有露薏・萊貝、納瓦爾的瑪歌，不一而足；至於在梵蒂岡制定朝綱的眾義大利女政治家，更不在話下（<136）。這些例證歷歷俱在，不由得發人深省。一六四〇年代又有數名女子及兩名教士著書，討論女性被視為劣等、拒讓她們受教育的種種不公待遇。如前所見，當時最激猛也是最好的說法，古爾那的瑪利，蒙田的「女兒」，在他身後為他編出了那本《論文集》（<207）。但是她與其他意見相同者面對一大難題：根深柢固的教條思想（基於那樁與伊甸園一般古老的先例）認為女性的心智、道德俱皆薄弱。一名虔信的基督徒，怎能質疑並反對經上所記呢？瑪利以及另一位同樣心胸寬廣的教士（此人寫過最長、也是最有學問的一篇為女性爭取權利的呼籲）設法避開神學障礙[9]，另找角度做文章。

帕度亞及波隆那兩地大學，顯然也另闢蹊徑。帕度亞頒授榮譽學位給有名的安娜・馮舒爾曼；波隆那則延請她教學。她是那個年代最有學問的女子，精通七種語言，包括敘利亞語、迦勒底語和衣索匹亞語；她也在十五篇無懈可擊的論綱裡為女性伸張權利。另外還有一名才智超人的女子，也不得不令人正視：瑞典的克莉絲汀娜女王。早在她一六五〇年放棄王位，以全力投注於研究學問之前，就以嚴肅思想家之名著稱（312>）。更早，還有巴拉丁公主依麗莎白自科學家兼哲學家的笛卡兒筆下，引發出他某些最嚴肅的哲學議題思考。笛卡兒寫給她的信，含有在他其他著作裡面找不到的內容，若欲知道這些問題的答案，一定要參考這卷書。

離瑞典及巴拉丁遙遠之處，在崎嶇險惡的新英格蘭，此時也正有一名女子力爭自己有權利進入男子的場地，與他們一較高下。哈金森是一名傳道人，持有開放的宗教觀點，令麻薩諸塞灣這處神學觀念強烈的殖民地有分裂之虞。最後判她有八十條錯誤意見，驅逐出境。遂往普維敦斯，前不久才為羅傑·威廉斯在自己也遭逐之後所建。她之後又赴紐約一處叫「地獄門」的地方，在那兒被印地安人殺害。

就是在諸多女性的理念與影響下，本世紀中期的法蘭西，開始在舉止禮節上有了重大的改變。蘭布雷侯爵夫人在身邊聚集了一群志同道合的朋友（包括少數幾位男士），通過他們廣受宣傳的交談方式，以下風氣頓成時髦：言談精準、不出粗言，人際往來行事（婚姻生活亦然）務必體恤他人感覺。這群特選的圈中人儼然立下文明法制，規定了文法與用詞，界定了談情說愛與待人接物的準則，並使善順人意成為自尊之本。卡斯提里歐尼《朝臣》以書本形式呼籲的內容（<136），在此身體力行成為實際；另外又加上因時代演進，以及實行者本身的想像力所帶來的增益改進。

這一小圈人，後人視為無聊派（Précieuses），日後又為莫里哀打趣為「可笑派」，遂使故作風雅一事得到這種負面意義。但是莫里哀之時，風雅化運動的善工已經大功告成，後期追隨者誇張作態，使原本的細緻優雅變成了故作風雅的矯揉造作。因其過分過度，因而荒謬可笑：避用粗口，變成了不能用正常名目稱呼一般物事，否則就大失體面；桌子、椅子、門，都得找出牽強附會的委婉說法替代。可是有一項事實，卻不能因此蒙昧：即將支配路易十四王廷的彬彬文雅之風，正因為有蘭布雷別莊的事先演練。而且在以下三世紀裡，不論在宮廷、在沙龍、在客廳裡，也都是由女人，以及她們的品味，主宰了何為適當的言談態度、正確的舉止進退。

另外還有一項巧合，雖然怪異卻可能意味深長。當無聊派一族正致力於其善工之際，漢堡則有一群人士由詩人蔡曾領軍，一躍就達到了「可笑」之境。他們一心一意，要淨化日耳曼語言，簡直達到可嘆可鄙的民族主義地步：凡外來語或源自外語的字彙，即使早已為人接納，都得一律出清，拐彎抹角另鑄新字新詞替代——因此「自然」（*Natur*）一字，變成了片語「作育造化之母」（nurturing mother）。所有希臘、羅馬神祇，也都得重新取名：維納斯改成 *Lustinne*（肉體的逸樂之意）。十七世紀中期真是苦心孤詣，不辭勞苦地致力於自我改造的苦工。

除去這些高尚偉大的消遣外，也有單純的運動娛樂，其中一項，就是愈來愈不受歡迎的（至少在法國如此）王家網球遊戲。球戲在室內球場進行，安置有複雜的牆壁與天花板，都與截擊及得分有關。一開始，是用手掌心擊球，一五〇〇年代才發明了球拍。當時巴黎約有兩百五十處球場，半世紀後，只剩下一百一十四間；然而在法國漸走下坡的同時，卻開始向歐洲各處遍布。

荷蘭式溜冰也很受歡迎，一種相關遊戲也隨之盛行，有些像今天的冰上曲棍球。天暖冰解，賽戲就移到多草的草地上，棄冰上圓餅改用 *kolf*（荷蘭語木棍〔*club*〕之意）擊球；遂以此形式，由王公貴人取來作為他們高貴的運動。至於鄉下老百姓，也有其年代來源不一的各種遊戲：吹脹起一張動物皮，扔之、踢之，或帶到某個目標終點去。一年一度，又組織有五月節慶典，由一對五月王與后，圍著五月節花柱，帶領出一場半演劇性質的華麗盛會，有對白、有歌、有舞。每人都有角色，從擠牛奶的女工——她總是美麗快活，到掃煙囪的人——他總是一張黑臉滑稽可笑。

網球——眾賽之賽與王者之戲——莎士比亞將之置於文學地圖上的兩百年前，喬叟便曾提及。而伊拉斯謨斯也將一篇對話獻與網球，拉伯雷的胖大高亦曾在奧爾良打網球。眾人玩網球，更是史威登柏格筆下天國景象的一大特色。並有一張版畫，顯示兩歲的法王查理九世手執球拍。

——帕特，《危險追逐》（推理小說，一九六四年）

同性質的室內活動，則有上層階級的假面劇，由一系列詩歌組成，誦之、唱之、舞之。整個表演，都繫於一條薄弱的故事路線進行——或古典神話、或田園戀情，但一定都合乎道德寓意（可讀彌爾頓的〈考墨斯〉〔希臘司酒宴之神〕做樣本）。布景、道具、戲裝，都極其講究昂貴；作詞作曲，由貴人家中多才多藝的門客執筆，有時更由爵爺、夫人親力親為，而且一定在劇中擔綱演出。其他消閒時間，則多以跳舞為樂；可選擇的舞步甚多，雖然總有這一款、那一式忽然紅得發紫，其他就被貶到無聊乏味的地位。

新舞步中，小步舞（三拍子的慢舞蹈）於一六五〇年到達巴黎，並且盛行甚久。此舞源自普瓦圖地區的一種快板舞；因其步小，遂以得名，亦因此被視為具有優雅、高貴、莊嚴之姿——一言以蔽之，具王者之態。路易十四的宮廷音樂家呂利作小步舞曲，莫里哀以之為劇中間奏；這個音樂形式，日後又成古典交響樂的一元。其他舞步——庫朗特、嘉雅、捷格、帕凡、布朗利（即快板舞）、貝加莫（來自威尼斯區的貝格摩鎮），也各領風騷，流行一時。在歐洲某些地區，甚至各個行業也有其專門舞步；如日耳曼釀酒人便在這同一個世紀裡面，借用華爾滋舞步，配上日耳曼民歌〈哦，親愛的奧古斯汀〉旋律，在當地跳了長達兩百年（727>）。西班牙的貴族大公，則只肯屈就莊嚴緩慢的舞步；那種輕快活潑的舞曲，比方以響板伴奏的加爾加舞，是給低下階層跳的，隨著音樂愈來愈快，舞步亦愈趨瘋狂，卻還可以保持幾分尊嚴。

不分階級，大家都愛看戲（506>）。眾人或多或少地擠在一起，因共同樂趣而齊聚一堂。可是上流仕女戴有面具，以免被人認出；男士可能也如法炮製，除非他們特意要亮出臉孔也亮出一身盛裝，便可以選擇坐在台上，這是他們作為高貴贊助人的權利。一六四二年英格蘭清教徒強迫戲院關閉（此事早已大受非議），禁令延續了二十年，直到斯圖亞特王朝復位方才解禁。禁演，非為對戲劇抱有敵意（劇本一直有人在寫，也一直在大學裡由導師、學生粉墨登場，在律師院裡由法律專家登台演出），而是針對淪為幽會場所的戲院，以及品行不良可議的演員為目標。而且就在關門令前不久，道德絕對高尚的查理一世與其法國王后還安坐寶座之際，曾有一班法蘭西劇團受邀往倫敦演出。他們劇中的女角就由女人扮演，而非如英國習俗以男孩反串。結果被噓聲趕下舞台，一如早先本地一家劇團的遭遇，因為他們的演出表中也有女性。

在此應該再加一句，正是在本世紀的一六四〇年代，莎士比亞其人及其作品聲勢開始大衰，一蹶不振以致名譽掃地為人湮忘。而班・強生則甚為人喜愛（<219），渥勒成為頭號詩人。

這一股忽然發作、將戲院與澡堂雙雙解決的道德熱情，並非一時表面的矯情做作，而是滲透甚廣，在許多方面均可窺出：服色趨保守素淨，詞藻語氣轉緩淡，舉止更謹飭守禮。也許，還顯露在霍布斯那無歡無樂的人生觀裡，在林布蘭後期作品那光影對照的明暗法中。總之，當時時興的哲學是斯多噶的素樸禁欲思想。瑞典的克莉絲汀娜改皈天主教前，巴斯噶因意外事件變成狂熱基督徒前，都是斯多噶派。其他還有許多位，雖不曾讀過艾皮科蒂塔斯筆下的斯多噶教義，卻也都與其清醒嚴肅的觀點契合。

這些改變，也許可以歸因於社會態度的正常變幅——「品味如走馬」，或換句話說，又是過度而致的疲憊與煩膩作祟。中歐的戰事打了整整一代，英格蘭、法蘭西、西班牙和威尼斯在世紀中之後又進一步發動了許多戰爭，時代人心難免因此沮喪消沉。然而宗教問題上的長期爭鬥，並未終止狂熱的信仰；各種宗派以及其內部的各色教義，不斷滋長增生。不合反分，愈使那股但願能一克他人錯誤，並能看見神計畫得以實現的希望落空。

此外，人心也受到自然哲學家的語氣影響。一個由無心、無色游移物質構成的宇宙，實在不是一個能夠鼓舞人的景象。數學裡也找不到太多可以叫人快活的事物——幾何是那麼單調赤裸，代數更脫離原本熟悉、友善的數字世界。至於斯多噶學說，簡直就如代數一般抽象，毫無意趣可言。哲人在宇宙中看見一個固定的秩序，身在其中，最好不要抵抗也別抱怨——管他是什麼，都是對的。神或曰天意，明智管理天地，並不去干涉自己設立的法則；在這世上，神既不獎賞，也不處罰。至於另一個問題，則根本不去碰觸。因此除永生這個指望之外，一個基督徒同時也可以是斯多噶派，而不致自覺異端。不過這樣的人生，斯多噶學說也的確教導，上上之策就是要循規蹈矩，如此引起的麻煩才最少，後悔的事也最少。面對人世，人生的目標，就是力持沉著冷靜。

可是斯多噶派的做法，用盡每一分精力來強制自然的衝動；其中一項，就是否定了人有一項驅策：想要去探索這個世界。斯多噶派禁欲主義，因此與科學家一族無法結合。誠然，牛頓認為研究自然之道，比起思考神的啟示一事，簡直微不足道；可是其他自然哲學家卻非真基督徒也非古斯多噶派，他們乃是伊比鳩魯派。此派真義，其實並不在追逐感官之樂，而在相信感官世界的重要性。他們之中有人得到自由思想家（Libertines，另一義為放任）之名——再度，這個稱號並不表示放浪形骸（libertine），而是指宗教上的自由思想家。這項智性上的**大解放**，不僅促成了科學上的大進取，也重新喚醒了那項充滿希望的人生觀：亦即人也，有能力向上改善，更有能力向前創造進步。

—你學過，怎麼稱呼流放、中傷、下監、死亡這些事嗎？
—身外之事、漠然不在乎之事。
—你又如何定義不在乎之事？
—那些不倚靠我們意志之事。
—從這句話可以推論出什麼？
—獨立於我們意志之外的事，對我們無關輕重。
—人的良善，又靠著什麼？
—靠他的意志力的正直，以及對身外之事的了解。
—你的人生目標為何？
—跟從神。
——斯多噶派哲人艾皮科蒂塔斯（西元一世紀）

第九章 無形的學院

我們如果用十七世紀「科學」或十七世紀「科學家」這種說法，就犯了以今度古的錯誤。因為當其時也，**科學**一詞尚未窄化成特定學問，卻概指所有知識，而有學之士也多能掌握其中的大部分。窮究自然世界的學者，則稱為「自然哲學家」，所用的工具稱為「哲學儀器」。數學家一律稱作「幾何學者」，這是當時數學門下最發達的一支；至於紙上運算，當時仍屬新猷（303＞）。而**科學家**一字的啟用，則始於一八四〇年[1]。

以上分辨自有其重要性，突顯出近代意義下的科學，源頭並不只限於哥白尼、伽利略帶來的新知，同時也源於一組可以回溯至中世紀甚至更早的思想。舉凡占星、煉金、法術，都是正經學問；亞里斯多德的物理、生物，蓋倫的醫學藥學、生理學，托勒密的天文學，也是高度發展的知識體系，奠基於堅實的理性論證——不過正如懷海德很久之前即已指出，似乎有點太堅固太實在了。一直要到這些知識體系經過修正與簡化，並能配合新近觀察所得的事實之後，所謂「科學向前走」，才成為全歐一致的努力。

因此若以為十七世紀發生了一場**科學革命**，那就有誤導之嫌——在此非為保留**革命**一詞，專予權力與資產的大變動之用，而是因為新有的宇宙觀事實上是一種遞嬗漸進的結果，一路走來，跌跌撞撞，時進時退。亞里斯多德物理學的觀點，早於一三〇〇年即有人在巴黎大學指出謬誤，其餘論點旋即也在牛津遭到駁斥。因此主宰一千多年的知識體系，乃是遲疑零星地解體；進入十六世紀，方才速度加快，接下來又費了五十年的光陰，或更久，終於告一段落。

> 科學，源起於文藝復興後期那歷史性的變革，從未抖落這個印記。
>
> ——懷海德《科學與現代世界》（*Science and The Modern World*，一九二五年）

伽利略、喀卜勒、培根、約阿辛・榮格、巴斯噶和笛卡兒——都是十七世紀之人，名氣都比他們在科學上的前輩為大；這其實是一種不公現象，卻一再重複於所有文化領域。先驅也者，是首先掙脫既定系統，並能建立新而有用之構想的第一人。他們的作為往往看來只對了一半，而且又不夠完整；他們的名字聽來則始終陌生遙遠。然而，比起後來陸續登場、將科學新園打掃得較清爽也較成熟的跟進者，也許他們更應為我們珍視才是。

因此無論如何，都不能把十六世紀排除在這場所謂的科學革命之外。這是哥白尼、喀卜勒、布拉赫、帕拉塞瑟斯、巴赫、維薩留斯和特勒西奧等人的世紀。特勒西奧名氣較小，但是他於一五六五年出版的著作《論自然》，曾使培根稱他為「第一位現代人[2]」。普列吉著《一五〇〇年以來的科學》，是記載近世科學演進最好的一本簡述，便不從一六〇〇年談起[3]，絕非偶然。

科學之路，能走到今天這個局面，辛苦漫長。因為舊有體系相當不錯，既一致又完整；只在少數幾點上與事實有相違之虞，或有些解釋漏洞。其中之一，就是星球的動作甚為怪異，尤其是火星，有時竟然倒著走，而非向前行。另外一個沒法解釋清楚的現象是水平運動或稱橫向移動：到底是什麼原因，使得箭矢往前飛，卻又只飛出一定的距離？是因為弓弦的推動在箭裡放進了什麼東西嗎？還是如某些人所以為，是因為箭頭四圍的空氣移位而不斷推動嗎？再說，又是為了什麼，會有這些力量發出呢？

至於天際大事，則是這樣一幅圖畫：以地球為中心，外圍繞著巨大的球狀天體，一層套一層，愈往裡層材質愈精細，依序繞軌旋轉，放送出「天體運行音樂」。行星在先，恆星居次，綴布於最近的兩層；為神服事奔走的天使及諸靈，住在其餘外層——而創造之神，那位「永遠不為所動的原動者」，則遙居最遠的邊界。球體與正圓，這兩項完美的圖形，是天體完美運作的精華所在；如此完美的設計，竟有火星倒行逆走，實在說不過去。至於其他破格之處，則有老托勒密的周轉圓（又譯本輪）——大圈繞小圈的系統，解決這些「亂走」星球的路線。

這樣弄出的結構太複雜，而且愈解說愈牽強，終令人覺得不妥而起來反抗了。根據十四世紀邏輯學家奧康的威廉所提出的經濟原則，最佳的解釋是動用最少假設條件的解釋；遂有人以此反駁托勒密的理論，更何況事實上亦有不合。因此激發了哥白尼修正此說（卻不曾徹底破除）改以太陽為中心，取代地球；周轉圓的數目總算從八十四減為三十；但是即使連他的設計，也非全然以太陽為中心。哥氏著作提出的更動雖然重要（逝後於十六世紀中期出版）卻非一般以為的那種震撼一擊；甚至還造成新的解釋困難，而拒斥者也並非只是一些不肯相信證據的死硬派。

哥白尼（波蘭文原名喀卜尼克）非常崇拜古人，又迷戀圓圈、球體的完美。但是這種觀念（以及其他幾項）必須先予放棄，現代行星系統才有可能提出並加以檢驗；這項重大改變，非由他一人一力完成。其實，下面這事他也沒做，課本上卻要我們如此相信：「科學削砍了人的尺寸，破滅了他的自負：哥白尼移去人在宇宙中心的位置，達爾文再將他降至動物的地位，佛洛伊德更廢去他的智性，改由直覺當家。」

這最後兩項說法，下文再予處理（826; 952>）。此處只看第一項，顯然不知所云：當人想到自己這可憐的罪人，畏懼那發怒的神，降下瘟疫、饑饉、地震的懲罰；當撒但可以自由地「挾怒在地上走來走去」（舊約《約伯記》），遭害者注定受永火之苦；當世人必須付出無休止的痛苦與代價，靠聖人、聖骸之助，藉朝聖、自貶之力，不住地祈禱求告；人哪來的自滿、自負？誠然，人文主義者感受到人的尊嚴高貴，但這份尊嚴來自人成就奇事的能力，而非人在宇宙天體中的位置。人還是在神之下，受神轄管，不管托勒密或哥白尼說些什麼。蒙田本人就不覺得人有什麼可以自傲的理由。所謂中古或近世初期之人沾沾自喜忖道：「我，位居宇宙中心，啊多偉大多光榮啊！」這種認知，其實是數世紀後興起的**科學主義**的發明。

＊　＊　＊

中世紀也未曾「忽略觀察」。他們仔細仰觀天文（多為占星之用），熱切俯究地理，想一究大地的出產：食物、藥物、材料，以及可用來推動機器的天然力（346>）。然而他們的觀察鮮少中性，卻建立在先入為主的觀念與知覺之上——正是這類先入為主的成見切切需要改變。事實上如果過度執著於外在形貌，觀察細密反有而礙科學思想；好的觀察，在略去肉眼所見的細節，甚至在「略去」觀察（以一種比較強烈的說法），並以幾何眼光視物——亦即看出拉伯雷式的神髓（<200）。畢卡索

繪牛，用的正是此法：一系列素描，以逼真寫實起——巨大、光澤，每部分都畫得栩栩如生美極。然後筆觸漸次減約，約有十二張左右，牛的特徵一樣接一樣消去，直到最後，只剩下當初完整形骸的基本輪廓。這樣的牛，遂成抽象之牛，卻（可以說）是科學之牛。

有關物體運動狀態的思考，好幾個世紀以來都係以飛馳之箭或馬拉之車的角度著眼——由一股不明力量施以推動或拉曳。那麼，下墜物體又如何解釋呢？伽利略和牛頓之後，遂改經抽象途徑；物體的「運動」（motion），不再喚起「動」（*movement*）的畫面，卻係一種幾何位移；根據這項法則，動者恆動，受阻方停——阻力或來自障礙物，或來自空氣摩擦。同理，靜者恆靜，受力方行。以上兩項陳述構成慣性定律；所以稱律，非因物體「服從」其規定——這又是一種偏頗的誤釋；律者，只在陳述行為表現的規律性。

科學與數學的關係密切，原因顯而易見，可是關聯處並不只在兩者都用數字來計數計量。數學還包括幾何，一種研究圖形與圖形關係的科學。正如我們計數，只能數完全同類之物——蘋果、橘子無法混著數，卻可以合起來數成「水果」或「東西」；因此在測量物事關係之際，就得動用到它們在幾何上的形狀。在這兩個例子裡面，抽象一事，都在層層剝去使一物異於他物的質性：用途、粗細、好壞。這種減法或化約，就是一種幾何式心靈的作用（324>）。幾何式心靈，並不把撞球桌上那個把球聚在一起的三角形物當成一個三角，再怎麼量，也得不出幾何上的三角答案。甚至連幾何課本上印的那個三角圖形，也不是幾何裡的三角，卻只是用來幫助我們聯想三角的定義，以及可以從中推得的屬性。

換句話說，科學要能從過去的空論脫繭而出，有一個奇特的概念必須先澄澈現身，並且完全為人所納——亦即一種純粹物理性的「本體之概念」（idea of body），完全去除質性（qualities），因此才能有量（quantity）。早先的概念，幾何性不足，其真理屬於圖畫與詩意性質；雖能清楚反映宇宙，卻是一種象徵的表現，也就是說充滿了寓意；然而純物質、純物理的世界，是不具任何意義的；它就是如此存在而已。此中過渡期的觀點（新舊世界兼具）可以從下例看出。這位人士，是十六世紀科學思想一大貢獻者：

布魯諾

他認為宇宙無限大，充滿許多住有生命的世界。他同意喀卜尼克（哥白尼）以太陽為中心的行星系理論。他贊成古希臘思想家德謨克利特、魯克雷修斯的原子假說，不過他的原子是有生命的單位——「單子」（monad）（539>），因此凡存在者，亦都是活的。他是名出色的心理學家，曾為文論記憶、論想像力、論宗教性的驅策力為宇宙哲學之源。他擅長魔術，久為王公及各地城市所保護，卻終為宗教裁判廷判成異端。他取消前言，下獄八年，再度受到審查。這一回，他不再收回自己的主張，一六〇〇年處以火刑活活燒死。

此後每個年代都有思想家尊布魯諾為偉大宗師——十八世紀有自然神論，十九世紀有德國**自然哲學**（*Naturphilosophie*），柯立芝極著迷他的「兩極邏輯與動態心理學」，到了二十世紀初，又有生機論。於是這兩個名詞：**原子對單子**，便分別代表了物質與「生命力」單位之間的對立。布魯諾及其十六世紀同儕之間的辯論，因此便成物理學者與生物學者間的第一場論戰——雙方往往不屬於唯物論便屬於生機論（538>）。

原子或單子，都是一種將可見世界化約成「簡單本質」的觀念——亦指完全相同、不會改變的基本單位。常識眼光觀得的事象變異太大，不可採信；研究自然的學者，萬萬不可理會從人的角度所得的世界觀，以及所產生的物用。杜絕變異，字詞的選用就得很重要：用對了字，有助於這類幾何式的思考。因此「質」量比「重」量為佳，後者隱含著一個拉扯臂膀的負重。力（*force*）似乎也暗指我們自己在使勁，而**能**（*energy*）就沒有這個問題——或至少沒這麼強烈。抽象名詞「引力」，則非常巧妙地掩住了「沉重」的暗示。**精氣**（*spirit*）或**原素**（*principle*）也不好，用這些字眼來解釋事象，有朦朧之嫌，而且暗示著一種看不見的「大能」（powers）。至於生物科學，更務必使用有系統的字詞——即命名法規，一套分門別類、用來指示個別部位與功能的名詞與術語。總而言之，任何「擬人化」的觀點，基本上都不正確，會造成誤導；若以為凡事在本質上都為著成就目的，尤其大錯特錯。亞里斯多德的物理學，就完全建立在目的論上，萬事萬物都有其最後的用途與意義。只有把這種假設整個反轉過來，才能生出科學的真理；沒有所謂向目標而去的前進，一切都是無意義、無目的、無須終止的推動與拉曳。

這種觀念態度上的轉變，文化後果之巨，影響人類生活之大，自是不在話下。首先，當「自然哲學」在一門又一門領域中成果斐然、有目共睹之際，科學家（以我們所稱的意義）遂被視為「真知者」。這種現象轉而意味著，所謂「真實」被一分為二——亦即科學的事實，從此異於人類的經驗；兩者不再為一，反成相違。如果其一為真，另一必定為幻。

唯一可以掙脫這種矛盾的法子，就是不再視人為自然的一部分，卻與之對抗如敵。尋找知識之旅，遂開始被說成「征服自然」；敵意的宇宙，也被視為「盲目無知」，因為一旦把人抽走，宇宙就沒有意識了。其次，人若以為自己係在追求目的，亦屬異想天開。人既由物質造成，不過也只是一件東西，並沒有自由意志，只擁有自由意志的錯覺罷了。環環相扣之因，決定了人每一步動作。人的一生，早已注定——正如路德、喀爾文所言，雖然他們係基於不同理由（〈8〉）。

> 自然之手的工作中，天生不具所謂審慎、巧計、智能，這些只在我們的想像之中存在，因為我們係依照自己特有的機能，以及獨有的思考模式，來判度自然的神聖事物。
>
> ——哈維（一六四九年）

改弦更張、對自然做幾何式的思索，還有另一個後果：就是使**抽象**成為一種揮之不去的思考習慣。抽象進占的領域不斷擴張，儼然已登主題之列。此刻則不妨暫將抽象一事，想成一種驅策力，促使著我們略過事物的表徵不顧，因為想要直取那永恆不變的內髓——因其不變，因此感覺起來才是**真正的**真實所在。這種驅力並非新有，一向以來始終存在；經驗，即因抽象而有秩序。但是科學對抽象的使用，卻空前地改易了生活態度的本身，日後演變足證其影響幅度之巨。

＊＊＊

宇宙無目標之下的科學，最大的好處就是可以放任想像力馳騁。既然凡事都沒有預先設定的「目的或結果」待「達成」，便什麼都有可能。因此伽利略能夠力主地動說，雖然明明不曾[4]感覺在動；只要能舉出壓倒感官直接經驗的理由，解釋人屋為何不會四方亂飛，他的說法就可以成立。正圓是最完美的形狀，大家都看得見，可是喀卜勒卻可以斷言星球係以橢圓軌道運行，因為他已經據此算出星球真正的位置。數字說了算。

可是馳騁的想像力，並非一下子便在十七世紀全部獲得自由；經過多少遲疑與長期辯論之後，種種障礙才逐漸坍塌。十六世紀哲學家的心思，依然滿腦子襲自古代的遺風，傳統派與激進派皆然。他們是人文主義者，都熟知普林尼那本混合了觀察與奇想的大書《自然史》。而醫生亦如我們所見，也都念過他們的蓋倫，這名古希臘醫師將古人對疾病的認識整理出一套系統。中世紀的阿拉伯學者，傳遞希臘人的知識之餘，也添上自己的推論。除此之外，還有一派玄學祕術傳統，內容包括猶太教的卡巴拉、極受玫瑰十字團會員（此派至今仍在運作。傳於一四八四年在德國創設進行試驗煉金法術的祕密團體）推崇的法術作品，以及被人（如費其諾）認為源於古埃及智慧的思想。其中一部分更進入此時新興的「共濟會」（以互助友愛為目的之祕密結社，由中世紀石匠結社蛻變而成），成為他們的教義與信條，後日對政治發揮的影響力，明載在美國一元鈔票背面——請看那綠色的金字塔，以及下方的銘言即知：新世界秩序（novus ordo seclorum）。

陣容盛大的傳統學問而外，得再加上占星學與煉金術——理論、實務俱皆根深柢固。正在吐露的科學新芽，顯然得穿透一層很堅厚的盔甲；新思想、新觀念，其實並不怎麼需要與無知作戰，真正難對付的卻是扎實的舊學。新舊之役，也不限於個別對手之間，而是在每位思考者自己的腦中進行，幾乎也沒有任何人是百分之百的「現代人」；喀卜勒占星，牛頓煉金（可讀 F. Sherwood Taylor 著 *The Alchemists*）。我們也看見布魯諾一個健步，就躍入前所未聞的宇宙之觀，卻依然操作法術。維薩留斯解剖人體，最後卻認為自己此舉有罪；資助他的腓力普二世，則勸他去耶路撒冷朝聖以贖罪——就在回程的路上死了。赫爾蒙特、柏罕夫，以及其他多位做出真正創新突破的人士，也都依然相信他們觀察的現象裡面，有所謂「指導之精氣」（directive spirits）在發揮作用，他們甚至在化學反應中看見陰陽原則的運作。卡當提出的地質理論扎實充分，數學上也很見精采，且另有預言天賦，預測出自己的死期——竟然準確得要命。最後一個例子：在其人生最後三分之一時光裡，牛頓等於完全放棄科學，全力研讀舊約《但以理書》，欲尋有關哈米吉多頓大戰（世界末日善惡決戰，見新約《啟示錄》十六章十六節），以及世界末日的真理。

早年的科學先驅中，有些今日沒沒無聞，當時卻望重全歐，足跡遍及多國宮廷與大學。宮廷要的是魔術與預言，學校則要辯證的教學。如此謀生相當辛苦，更容易製造敵人。他們是旅行各地的思想推銷員，而非那種成日坐在桌前蒼白沉思的哲學家，但他們卻仍有辦法寫出許多書，實在不可思議；雖然經常身後方得出版，卻早以手稿形式普遍流傳。十六世紀上半期有一位最不尋常的人物，就是這種情況：

帕拉塞瑟斯

此君從他真實姓名開始，就大不尋常：Philippus Aureolus Theophrastus Bombastus von Hohenheim。至於帕拉塞瑟斯這個拉丁文別號，意思是「勝過塞瑟斯」（higher than Celsus）——那位古羅馬博學大家。或指「霍恩海姆」（Hohenheim 意即 high homestead，高地田產）的拉丁譯文，一處位於瑞士的地方。帕拉塞瑟斯從醫生父親處，習得自然哲學法則，因此又進一步研讀植物學、礦物學、冶金學，並曾在富格家族企業擁有的礦區實地工作。

他又取得軍醫資格，並藉此出門機會搜尋醫書——主要為反駁書裡的謬誤。直言無諱的性子（巴塞爾市府說他是「偏執狂瘋子在胡說八道」）使他不止一次被炒了魷魚，失去優厚的職務。怒火中燒，對權勢階級滿懷怨氣的他，冷冷地宣稱全世界都應該聽他的，並照他的話做。卻正是這種十足自我的心態，為他招來無數信奉者；至終變成某種半祕密的國際結社，不但令既有的醫藥、煉金勢力大為不安，總體而言更助長了舊襲思想的重大改變。這是西方世界前所未有的現象，此後一直要到一九二〇年代，佛洛伊德的精神分析學席捲西方，方才再度出現。

帕拉塞瑟斯認為自己是一名鬥士，對抗那大寫的「邪惡」。他一面用符號思考、行占星術，一面又研究、實行自然之學。他使用癒瘡木治梅毒，分辨先天與其他病因的不同，呼籲以柔性方式醫治傷口與潰瘍。他首先在礦工身上診出矽肺，也是第一位看出肺結核與職業有關之人。他解說舞蹈症的病情，他描述歇斯底里症的症狀，包括失明現象；他也看出甲狀腺腫大、呆小病（阿爾卑斯山地常見，患者發育不良，常有畸形的甲狀腺腫）的流行，係因飲水中的礦物質造成。所有這一切，都與當時主流的「體液平衡說」相違（335＞）。他卻不以為然，認為疾病是外力導致，並在體內某個部位駐留。因此須施以特定藥物，最好由化學製成，而不只是園中採來的「草藥」。

在純化學方面，帕拉塞瑟斯描述不同金屬化合後可產生新的合成物。他將酒精冰凍凝縮，又發現製造硝強水（即硝酸）的新法，更對化學元素系統提出不止一點暗示：各個元素，依其在一定過程中的行為表現而界定。他寫的《化學手冊》銷行了無數版次。他的想像力無限豐富，幾乎接近現代所謂的「純粹物理性」概念。

然而帕拉塞瑟斯以及他同代的自然哲學家，卻又都相信有神，也信永生。他們用一種稱作唯信論（信心主義）的半唯物式科學觀，與基督教信仰調和妥協。借用早期宣揚者之一龐波納齊的話來表示，唯信論就是：「身為基督徒，因此可以相信身為哲學家無法相信的事物。」龐波納齊遂以哲學家這項身分，試用自然現象解釋奇蹟，並辯稱靈魂不朽，「但非一般字義所指的不朽」。皮柯、拉伯雷、蒙田、培根、巴斯噶和布朗爵士，正如二十世紀許多天主教徒科學家一般，都是唯信論者。

遵奉這種教條（或許只算一種心態，稱不上教條），往往有被人視為偽君子或異端之虞。在當時新思想中心帕度亞講學的龐波納齊，就遭控為異端，幸好未能定讞。部分原因，係因為信仰論在這類人士身上，其實模稜兩可：或許意味著一種「雙重真理」，一邊一半，相互矛盾；因此這位信徒，其實有一半不是基督徒。但也可以意味著（替它辯護一下）區區之人，實在無法悟出何以神的啟示竟與理性不合，遂只好一視同仁，兩者皆納，顧不到是否相諧了。

＊＊＊

十六、十七世紀的科學先驅，有哪些發現禁得起時間考驗？

——物理學與天文學方面：包括地球在內的行星，都是沿橢圓軌道繞日運轉（喀卜勒、哥白尼、伽利略）。所有物體的運動與加速度，係循同一方式發生，循同一規律進行，並同受引力的牽拉。這股力量更將整個行星系緊緊繫在一起，其力大小，恰與彼此的質量呈正比，並與之間的距離成反比（虎克、牛頓）。空氣有壓力，而且地面壓力比山頂大，因為愈往上走，下壓的空氣量愈稀（托里切利、巴斯噶，氣壓計）。光呈波形，依一定規則反映折射，色彩則來自光波不同的頻率（笛卡兒、牛頓）。其中最具普遍性的發現，則為所有事物都如鐘表組合，因為萬物同屬物質，有種眼不能見的劃一質素，存在於所有外表之下。我們肉眼所見、徒手所觸之物，絕非各屬不同規則主宰的異領域。換言之，宇宙大千，正是一組機械裝置。

——醫學方面：人體亦如機械裝置（維薩留斯），其中有一幫浦，用以維持血液循環（哈維）。人體也是器皿，化學反應在內進行；是以除植物外，礦物也可以用來癒疾（帕拉塞瑟斯）。傷口最好敷藥包紮，而不是用火紅的鐵熨來燙。截肢時應紮緊血管以防出血。顱骨可以鑿洞以解腦壓。難產應以器械助產（巴赫）。精神疾病受到成長背景與文化環境的影響（勃頓）。

——植物學方面（雖然各部功能的認定謬誤極多）：對植物種類做出極佳描述，對形式異同有精細比較，並根據精確觀察，對之做系統化的整理（凱梭平諾）。約阿辛・榮格、維吉休斯、古魯和瑞伊等人更進一步分門別類加以改良，遂有十八世紀林奈有名的總其成。

——化學方面：顯示活躍屬性的質素，如鹽、硫磺、汞、生石灰和各種不同的酸（多少世紀以來廣為煉金術士所用）之所以

讓我想想，每十一頭羊剪下一托毛（tod，羊毛重量單位，約合十三公斤），每一托值一金鎊外加幾個先令。一千五百頭剪了毛，這些羊毛該多少錢？沒有算盤我可算不了。

——莎士比亞《冬天的故事》，（方平、張沖譯本），（一六一〇？）

一數自乘，或與他數相乘，可得一第三數。這第三數裡，含有原先其中一數，是以另一數為單位的倍數。做法是……（等等）

——特雷為索《算學》（一四七八年）

活躍，事實上都非由某種內在精神或原素發動，而是一種機械性的相互作用（波義耳）。同樣重要地，是發現了氣體（gas）概念及其行為法則（赫爾蒙特、波義耳）。赫爾蒙特造出這醜陋的字，可能取自德文「Gäscht」，意指發酵時產生的氣泡。他還用量化方式顯示，原有質素在化合狀態依然存在。

——地質學方面：種種化石證明了海水在早期曾沒過山頂（卡當）。為許多礦物質做出定性描述：顏色、光澤、重量、劈理和結晶形式（阿格里科拉，即鮑爾）。指出岩層係由沉澱物如濁水（含有膠狀物擴散狀態的水）沉積形成（史坦諾）。

——數學方面：由原本借助器械的運算（算盤或計算表），移向紙上演算（特雷維索城諸位）。很快帶來了許多進展：小數的使用，其後又有對數（納皮爾）、微積分（萊布尼茲、牛頓），以及計算機器的發明（巴斯噶）。還有將代數與幾何合併而成的分析幾何，發明者為：

笛卡兒

很多事情都歸咎或歸功於他名下——毀了法國教育至今猶受其害，罪魁是他；牛頓智識發展的最大影響，也來自他；德國哲學之父，是他；早在亞當．斯密之前，就已看見自由市場那隻「看不見的手」的運作[5]，又是他。即使在我們今天，轉型學派的語言學亦受他的啟發；甚至一齣有唸白的芭蕾舞劇，配樂靈感也係拜他之賜。若不是真正的大天才，怎能一手做出這麼多對與不對的事。

笛卡兒是一名軍人，受教於耶穌會士。一六三〇年代，三十年戰爭斷續進行期間，駐紮在日耳曼南部近烏爾姆處過冬，就在那裡找到閒暇做哲學思考。他想終止當前各家理論爭議造成的疑惑（包括舊承的亞里斯多德學說、新起的斯多噶學派、伊比鳩魯學派、無神論，以及極端的懷疑論），徹底到連本身的存在都加以否定。為弄清楚自己的疑念，笛卡兒首先必須把過去一切所學趕出心中。清掃乾淨之後，第一個結論就是有名的「我思故我在」。這項真理，以及其他任何真理的檢驗標準，在於問題中的真理是否是一「清楚明晰的概念」。此處的「明晰」係指未摻有其他任何概念。這是一名天生數學家的專業假定：圓就是圓，絕不是方。

接下來，也必須清楚分辨「思想」本身與其「所思所想」的區別——即那些視為物質之物。物有體積——占有空間；借用哲學語言，物具有「外延」。而人的心靈卻不可觸知，不具外延；就此層面而言，實與神同族相親。神創造人，賜人以心靈或謂靈魂；神存在，因為人的思想裡有祂這個完美的存在。而完美的概念所以能來到人的心中，只可能來自一完美的神聖存在，亦就是神。心靈與物質，因此是真實組成裡的兩大成分，而且截然有別。

是也不是，這套系統簡單明瞭，最適合十七世紀科學的需要。它留給神一個位置，因此可以避免物質掛帥、精神退位，必屬無神論的罪名。它又將心與物分開，某些科學遂可以暫忘心靈，將那些如此撞擊心靈的部分略去不提：如質感、意義、目的。這些是心靈中事，非物質所成，物質純屬中性。今日實驗室裡的研究者，也是如此看法。

於是笛卡兒把科學園地清理乾淨。在他眼裡，場上蓋滿垃圾廢物。但是這股要起來建造新體系的動力，卻有一個怪有趣的心理過程，竟以夢境方式臨到，或可謂噩夢。夢中他被精靈附體，又有強光耀目，向他暗示著困擾奮鬥已久的疑惑將獲解答。接下來又有三夢，充滿不相關的圖像——異地的水果；暴風閃電在他房中喧嚣；最後一片靜寂，有詩一本在手，又與一人論詩，以他自己的一句結束：「這一生，該走哪條路？」夢猶未醒，他就深感這一切跡象都屬超自然，立刻向童貞女馬利亞禱告，誓言徒步朝聖。

笛卡兒給自己夢中之問的答覆是：透過嚴密精確的推理，亦即幾何式推理（數學化的世界）統合所有知識。將近二十年間，他研究各種不同科學，包括生物學與心理學，成果豐碩，準備寫他那部《世界，或論光》。可是宗教裁判庭嚴查的警訊傳來，他只好放棄這部作品。經友人力促，改出一本小書，名為《論正確使用心靈尋找科學真理之方法》（即《方法論》）。

在許多方面而言，這都是一部劃時代的巨作。該書用法文寫成，而非拉丁文；以簡單的字句，說出作者發現其方法的經過。也就是說，這本書是一部知識性的自傳，寫給一般大眾閱讀。書中敘述他那根本的概念係如何靈光一閃，來到這位正高臥巨型磁爐之中的哲學家——此物普見北歐、中歐，內部安有床板或凹處供人臥眠取暖。最後又恭維讀者，要取得這個方法很簡單，只需要一種就此而言人人都已充分擁有的能力：即常識也。

何謂方法？此乃長久地戮力審視任何疑問或毛病，並將所有部分拆解開來，再逐一對付解決——這比全體一次解決容易得多——然後才再把各部分重新組合起來，仔細數清楚，確定沒有任何遺漏。這個方法，簡言之，就是**分析**（**ANALYSIS**）——希臘文的「拆解開來」之意。對於科學之用，分析是最理想的方法；不但標準化，同時也認定研究對象本來就是由部分組成——一種機械裝置組合的結構體：廚房的鐘拆開了，大小齒輪，功能清晰可見，再一一拼裝回去，鐘的分析家也就了解了鐘的整體。分析，如後所現，乃是一項主題線，**抽象**的孿生也。

笛卡兒哲學及其方法，還造成一種比較不明顯的文化影響：亦即促進對理性的信仰。其實人類一直在「論」理——爭論始終在進行著，不論在山洞裡、帳篷中，還是草原上的小屋內，但是笛卡兒式或科學式的理性思考，卻是一種特別的理性。一如幾何學，它由清楚明晰的概念始；這些概念是抽象的，並假定為真確。對這樣的理性深信不疑，而且經常是狂熱相信，等於是一種信條與綱領，稱作理性主義。理性主義有異於我們日常使用的機敏或智能，因為該主義聲稱**分析式**的推理，才是達到真理的唯一路徑。

> 既然我們已經研究了這一切（熱情），就可以看出，實在不必像以前那麼害怕。因為我們看見，一切熱情在本質上都是好的，我們只須避免濫用或誤用即可。即使這些毛病也可以治療，只要把身上的血氣流動，與通常和血氣連在一起的想法分開即可。
>
> ——笛卡兒《論熱情》（*Treatise on the Passions*）

這股堅定不移的信念，今日面對質疑，事實上也非首次。不幸的是，雙方戰鬥人員都執著於現代心靈是否被「過多的理性」所傷——有人說根本就被犧牲了；攻擊一方一口咬定科學與數字不是唯一真理；防守一方則反駁，如果放棄理性，智性紊亂與跑馬空論勢必當道。兩者都可言之成理。防守一方將理性視為一種活動——講理或推理；攻擊一方則針對理性主義而發——理性主義，係指某一特定形式的理性獨霸，甚至侵入不屬於理性的領域。

回到十七世紀，「理性」之誤用亦被揭發，我們以下即將看見，揭發之人乃是一位與笛卡兒齊名同樣偉大的科學家暨哲學家（328＞）。其實更早，拉伯雷、蒙田筆下就曾發出過警告：勿用理性將所有經驗簡約成一定公式：應留一點空間給衝動與直覺，亦即那個經常被稱為「自然」或「心」（heart）者（以與「心靈／腦／智」〔mind〕相對）的作為。智慧，不在心與腦間二選一，而是知道何處用心、何處用腦，而且知道它們各有所限。

然而，最大的難處正在於此。科學愈證明自己的價值，「自然」或「心」就愈難以感到自由。理性應任指導——所有道德家都同意，可是也有人指出，腦豈能與心分家。敏知世事人情的中國人，就有一個字同時代表心、腦（heart-and-mind）6。他們看出人之所以有論理的欲望，那份驅促也來自於心——理性主義者往往是狂熱分子，正為此故。武斷的二元區分，也許是文化發達後無可避免之舉，結果則成自覺或稱**自我意識**。

* * *

至於笛卡兒本人，是否也係運用自己的方法，才得出分析幾何背後的理路？此事倒可一問。畢竟，他是在一連串夢境下得到呼召啟示，可非純粹理性運作而來。長時間深處醞釀之後，偉大的想法突然湧現，於科學人一如於詩人。不過笛卡兒的新數學工具，確當得其分析之名，因為它以代數方式表達空間關係。反之亦然，以視覺方式展現數性關係；藉用座標分別量度相關實體，遂產生了我們熟悉的圖表。曲線、鋸齒線或其他圖形，代表著（亦即分析出）時間與罪案、教育水準與離婚率、地區性與肺癌案例的相關性。時至今日，我們的生存幾乎已成不「圖」即難以為繼的地步（777>）。

分析，是**抽象**的一種形式，因為分析法認為所有的研究對象，根本上都如一座鐘，由零件所組成，而且同類物間全無二致。以上例而言，所有的罪案、離婚、居民、肺癌，就都變成一模一樣的量度單位。抽象分析已然成為一般性的思考習慣，不只主宰著報紙上的所有圖表、日光下的一切「查究」（舊約《傳道書》一章十三節），也包括股票市場、對話、政治辯論、廣告、奧運、教育、文學批評——無事無物能逃過分析的掌控。

以數目字處理生活，連同工程科學的所有「奇能」，如此熟悉，如此榮耀，在在為人類的能力做證，以致任何科學史的記載，幾乎都帶有一種凱歌前行的意味。這支勝利隊伍的旗幟，出現在十六世紀的地平線上，身影雖小，一路走來，卻能持續擴大，終達今日完全長成的身量。如此勝景思之固然可喜，其實乃屬幻象。經常被人等同為科學之進步的心靈之邁進，事實上並未以直線進行；雖然科學工作的成果確有累積，多數正確性也禁得起時間考驗。但是在十六世紀曙光初露與二十世紀日正當中之間，除了研究者內部的爭執外，另外更有許多外在的戰鬥必須開打：爭論科學之位置、科學之角色、科學之價值和科學之害處。所謂戰鬥，當然只是譬喻；其實是各式宣傳戰，針對既有的看法發動。具重要性的第一戰，由——

> 一五九四年際，余年十七，甫修畢哲學課程，深覺取得人文學位之可笑。因以為不妨自省余身，遂見余實不悉任何當識之事。只得百般拒領人文碩士名銜，因余對實在、真切之事，全無「碩」學之處。待將思路轉寄醫學，又見書本知識之空洞。再赴國外，亦發現各處同深刻無知。
>
> ——赫爾蒙特（一六四八年）

培根

領銜擔綱。此公為自家著作取的名稱，正是其目的與影響的明證：《知識之進展》、《大開創》、《新工具》。培根是名法官，一如湯瑪斯．摩爾，也任過英格蘭上議院大臣；原本只該收個小禮的他，卻因收賄獲罪，遂將他的真正志業做成兩項角色：起訴古人的知識體系，辯護今人的學問方法。就是在這兩項工作之中，如今一切所謂「考查自然是上策、物理科學有大用」的陳腔，遂都由他的系統陳述起始。

培根指出，古人再不能召來當權威，因為我們知道的可比他們多得多了。年高德劭、足智多謀的是我們，他們才是少不更事無見識的少年。而且，權威此物毫無價值，就因為某名賢達人說它是真的，就把事情當成真的，這種概念拿來當準則用真是很糟糕。到底事實上是否真有其事，用觀察檢驗過了嗎？新的工具，就包括進行這項檢驗。密切觀察，一絲不苟記下觀察所得，再構築出可以涵蓋其中各項事實的概括論述，不受任何神話、詩性，或其他成見所染。「往地上去，它自會教你。」有了如此學得的知識，便可以預測事物未來的行徑，絕無出錯可能；遂能有把握、明智地指導行動。知識即力量。

這項呼求，表達得如此巧妙有力，傳遞的訊息如此簡單直接，培根立時變成科學戰中的大英雄。及至十八世紀中期理性的年代，培根已登上亞里斯多德據有多年的地

> 至於吾名與身後追思，且留待他人善意講談，留予他國，留予後代。
>
> ——引自培根遺言（一六二一年）

位：「知者之宗師」。

然而時至近日，培根卻被人不知感恩地揭穿「假面具」。科學史學者嘲笑指出，培根其人，根本不曾為科學做過半點事，因為他從未設計或從事任何實驗——他們大力推崇勤奮研究磁現象的吉爾伯特。聽說培根確曾冷凍過一隻雞，看看能否保鮮，但是冷凍雞可贏不了諾貝爾獎。也有人非難培根根本不了解科學家的工作，因為他主張觀察之前，不要預想任何觀點，他說「不要預想自然」。批評者指出，舉凡偉大的突破與進展，事前都對可能發生的狀況設有預想，然後才予以測試證實；因此培根大錯特錯。然而，若遇到所謂完美正圓形這種概念，「不可預設自然」確實有其可取之處。而且，若說科學只能在新起概念的作用下才能前進，也有點言過其實，太過籠統。殊不知布拉赫正是端坐在他的天文望遠鏡前，純做觀察，才致使喀卜勒能據以做出有關行星系的結論。也只有觀察，才能發現露水係如何形成，是在什麼溫度之下形成。再者，觀察更是研究星球、昆蟲、地球和人類生活的主要方法。

種種批評，每一點都錯了，因為他們把培根其人及其作為放在真空之下單獨考量，卻未能見及科學之進步，必須得自整體文化的助力。批評者只會憤慨記載伽利略遭到教會非難，卻不曾注意另有貴族、教會中人竭其所能地護衛他，但是其餘大眾則反對他們。因此他這樁公案（這樣說吧）不幸在民調敗北。若非逐漸教導公眾（亦即文化）學會了不同的思考，科學這一行勢必繼續有風險，科學的進展也必然比實際發展更遇阻滯。因此，任何能以改變意見輿論的努力，對科學都稱得上貢獻；而培根，用他自己的話來說，則是吹起號角召集部隊上場作戰的號手。在嚴正持平的歷史觀裡，培根永遠是名英雄。

據聞，今人享有許多物質上的好處；說起來，科學實不應獨享全部功勞。科技之學，更精確一點應指其「術」（*techne*），而非其「學」（ology），來時甚早，而且長期扮演著科學的養母。技工敲敲打打，改良工具，累積的成果對科學大有裨益。我們現在卻都習慣反其道而行：所謂的純科學先發現新原則，然後才由應用科學（工程技術）將之具現在工業用或家庭用器械之上。產業之所以將部分盈餘投入「研發」（Research and Development），正為此故——這是一項一八九〇年際方才開始的新做法（866>）。

* * *

技先行於科學，還有另一面：往往在任何人能解釋其所以然之前，發明家已經先把機器做出來了——比方說幫浦，真空是知道的，卻不明白為何水會噴迸出來。唯一想得到的說法只是：「自然嫌惡真空，所以將之填滿——但最多不能超過三十二呎。」空氣的壓力肉眼看不見，直到有一天，托利徹利和巴斯噶將之測量出來，又設計了氣壓計。又有博爾頓和瓦特，十八世紀晚期就造出了相當不錯的蒸汽引擎，可是卻要等到一代以後，才有焦耳於一八四〇年代弄清楚「熱功當量」（單位機械作功所產生的熱量為定值）。也是在工程技術之下，出現了大砲及其他戰爭器械的發展。這種實務先於理論的次序，同樣表現在文學與藝術領域，這似乎對人類心靈的運作與文化的精義，訴說了一點什麼。

再者，純粹的科學，除理論物理外，其實也不如所想的那麼純粹。實驗需要設備，許多大科學家（法拉第這位電學怪傑立刻浮現心頭）若沒有造出一個又一個儀器的巧智，就不可能獲致他們的成果。迴旋加速器更是由工學及數字性純粹思考共同做出的產品。回到十七世紀，若要更正確地觀察天文，也必須先有儀器（天文望遠鏡）發明出來，然後再予以改良。這些步驟又需要更精良的玻璃與金屬技術。玻璃是威尼斯的特產，金屬是日耳曼的專技。兩相合之，才做出幾臻完善的儀器——不只限於天文望遠鏡，還有不久即隨之將至的顯微鏡（生物學不可或缺的工具），以及航海用的各項平準儀與器械：羅盤、四分儀、六分儀，其後又加上超級精密計時鐘或稱經線儀。沒有經線儀，水手就無法得知所在的經線位置，也無法推出由歐洲西去的距離——不管他多麼肯定自己所在的緯度，或在赤道上下的位置（可讀 Dava Sobel 著 *Longitude*）。

航海者來回航行蹤跡遍布全球，更不斷促進地圖海圖的製作，製圖不久便用到幾何（麥卡托投影法）遂使數學思考大為流行，一時競相為尚。十七世紀的工匠、商人，甚至屠夫肉販，都因數字功能而興奮。霍布斯隨手拿起一本幾何書，瀏覽之下驚為國色：「老天，真有這事！」然後就一頭鑽進學起科學來了。牛頓意識到這個時尚，經人說服以數學形式寫下他的《原理》。史賓諾莎其人，更可視為其時代的雙重表記：他指其大作《倫理學》係經「幾何式證明」，同時則在阿姆斯特丹靠研磨鏡片維生。幾何學（如前所見），亦早已向採用透視法的藝術家證明其價值，更闖入了建築與防禦工事的設計。帕拉底歐在義大利、英格蘭兩地，建造優雅的古典風格豪宅，同時又發明了桁架。十七世紀法國大型橋梁、運河工程的構工建造，亦有賴新式的計算法；後者進一步帶來力學與流體力學的進展。

然而公眾意見卻得花上好一段時間，才終將科學的發明與實際裨益如橋梁、機器等掛上鉤，並將之與無用的煉金、占星實驗斷了線。可是如前所述，即使連這些術士的發現與計算，部分也有其價值。回頭看去，即使商人或銀行家的行事作風，亦對科學工作者有所幫助。他們對細微處百般計較，對小數目字注意，對精確資訊講求，這些都非高貴的貴族氣派，而是低下的小生意人習氣。我們從富格的書信可以看見，長久以來國際貿易皆屬資本主義性質，以債信為基礎，靠保險供保障，受嚴格會計規定的支配。早年十六世紀初露曙光之際，在柏喬利討論算學、代數、幾何的一流論述裡，就有過一節專論複式簿記（*doppia scrittura*），是這套系統首次以印刷形式出現。多虧此文，這套「威尼斯帳法」很快也在其他國家出現。柏喬利一度是達文西的旅伴，正是達文西，替這位友人的幾部著作做有扎實繪圖。包括論黃金分割的幾部作品（為藝術家及營造業者而著），以及作為消遣之用的數學題目。

> 實驗室保持暖和數月之後，他們便期待收成黃金，可是在缽皿中連半粒金子也無（因為化學家也把那些全耗掉了）。又發現另一項障礙：原來他們所用的玻璃質性不對，不是每種玻璃都可以造出黃金。
>
> ——伊拉斯謨斯，〈煉金士〉
>
> （出自《交談錄》，一五二五年）

複式簿記在兩方面稱得上「類科學」：首先，它可以檢驗正確性，並借用等式：在底線（at the bottom line）（如今已成有名的隱喻），所有數字必須完全對應到最後一分錢。更進一步，在科目帳裡，各單項都係由一般常識性實務加以抽象轉成。這就是為什麼會計難學、無法求快——或不能顯而易懂之故：比方在一定的情況下，交易中若涉及黃金出口，必須把這筆帳記在借方[7]。貿易對數學又有負數觀念的貢獻——這是代數中不可少的要項。負值的起源，似乎是因為為求買賣雙方公平，出貨時各包重量若稍有出入，遂用粉筆注上該加該減的標準重量。附帶說明一下，如今通行的代數符號，包括a、b、1以及x、y、z在內，除等號外，都係笛卡兒一手確立；他的等號是∞，現在則用來代表無限大。科學與商貿既有以上種種相通之處，實在可以不嫌誇大地說，工作中的科學家正是中產階級美德的一大示範。

＊ ＊ ＊

科學要快速成長、興旺，還需要另一項文化助力：傳播溝通。術士煉金要保密，自是因為萬一真找到那「魔法石」（一種仙粉），可以將鉛變成黃金，或能提煉出長生不老之藥，一解不死之祕，當然不打算讓他人分享自己的榮耀或利潤。同理，醫生也獨守祕方絕不外漏。常用的伎倆，是借用字句迴文重組的手法寫下自家發明——使用一系列的數字與字母，如 IT2NNOWE 意謂 Newton（牛頓），他本人早期就用過這種機巧記下心得。但是進入十七世紀，科學人及幾何家卻開始循相反途徑思考行事；經驗顯示，偉大的真理是一點一點發現出來的（培根即曾指出這一點），互相觀摩改正，可以嘉惠每一位工作者。任何人若有助於「科學巨廈」的建立，必不致沒沒無聞。

自由交換彼此的心得與成果，改正了錯誤，加快了新發現的速度。在這形成時期，當然已有印刷可用，事實上也有人使用，如喀卜勒、伽利略、培根、笛卡兒、波義耳，及其餘人等的作品所示。但稀奇的是，許多新思想的傳遞，係透過志同道合者之間的私人書信。更或經由一名具有科學品味之人，與一群思想家之間的通信達成；如梅森修士，笛卡兒的同窗，就好像成了歐洲科學家之間的郵局，或某種信件交換所一般。而有爵有銜的高位者，也可能與某位新興名人進行聯絡；笛卡兒就寫了相當於一本書的信件致巴拉丁公主依麗莎白。正是從這些信中我們方才得知（在笛卡兒其他作品內並不清楚）他相信意志力駐存在腦部的松果腺裡面，連結心靈與身體，並指導掌管其行動。

另一位頭頂王冠之人，同樣也希望向笛卡兒學習，可是不靠通信，卻要求當面請益，並幫她成立

一所科學學院。這個致命的邀請來自

瑞典女王克莉絲汀娜

一如英格蘭的伊利莎白，她也是一名處子女王，又如蘇格蘭的瑪麗女王，是一名政治權謀家；但是論興趣的多寡與文化的影響力，卻比那兩位高明許多。她自己就說過，真感謝神在她女性的身體裡面，安上男性的靈魂。事實上，她真是不尋常的強壯，愛打獵，好騎難馴的馬，穿低跟鞋，聲音可以從小女孩變到大男人無須特意調整。出生時被誤認為男嬰，全身包滿毛髮。她瞧不起女人，尤其是女人做王；這個輕蔑對象，包括她自己在內。

她是三十年戰爭英雄瑞典國王古斯塔夫之女，十八歲時就發現自己得當家作主，統治這個稱霸全波羅的海地區的歐洲強國。從小在路德教派與人文主義的兩種教育下長大，也就是說，她信奉的乃是基督教的禁欲主義。她極為寬容，對智識有無窮的好奇心；會說拉丁文及其他四種近代語言，滿口流利的法文，不時夾雜粗話。不上二十歲，就因贊助思想家、科學家譽滿全歐，贏得「北方的智慧女神」之稱（敏能娃：羅馬神話代表智慧、發明、藝術的女神）。她邀請笛卡兒前來授她哲學之際，格老修斯、法蘭西的賽梅茲、日耳曼的沃斯都已曾在她朝上任過師傅。笛卡兒一再拒絕，最後還是她贏了；於是每天清晨五點，就得起來向她傳道解惑，說明其「方法」的規則與效驗。雖然她的首相——賢能的烏克森謝納，稱讚她「絕頂聰明」，笛卡兒卻認為她的性情並不適合研習哲學。對於克莉絲汀娜的才能，雖有類此觀感，巴斯噶可照樣寫了一篇長篇頌詞，把他剛發明的計算機器題獻給她。學生的氣質不合所學、老師又得早起、加以斯德哥爾摩氣候嚴寒，多重壓力勞累之下，笛卡兒染患肺炎，幾天之內就去世了，時為世紀的正中一年。

克莉絲汀娜不顧王家傳統，拒絕結婚。她在自傳裡表示並不乏正常欲求——的確，她以為如果自己是個男人，一定會是名放蕩子；但是一想到懷孕、失去自主地位，就覺得難以忍受。為此她開始失去民心，雖然處理國事英明果斷，又與中產階級聯盟以平衡貴族勢力，遇有危機也使出那記有效老辦法：拖字與欺字訣——伊利莎白在英格蘭同樣也得心應手——最後卻因無子嗣，加以內有國人批評，外有他國對其私生活傳有不實流言，終使她放棄王位，讓位給她的姑表兄弟；時年二十八。

從那一刻起，克莉絲汀娜便成為被惡意中傷的對象，一直到相當近期。三位法國劇作家，包括大仲馬在內，都描寫過她不檢點的恣行。愛慕崇敬，之所以一轉而成謾罵侮辱，部分係因她棄置自己的職責，部分卻因她聰明得鋒芒外露，即使下了野，仍是一股勢力；接下來還有三十五年的人生，她將之填滿了政治冒險與文化狂歡。

這一切都在羅馬進行——之前先到日耳曼及法蘭西旅行若干時日，教宗之城發現到她這隊人馬相當可喜，更添本城生活情趣。她的廷上，詩人、音樂家、思想家和名嘴濟濟一堂，享受一輪又一輪的晚宴、舞會、戲劇、假面劇、芭蕾和對話。這些活動都是她為自己高興一手策畫安排，先後幾任教宗也表讚許更親蒞參加。在教廷環境的氛圍下，克莉絲汀娜亦受到天主教的吸引；其實早前猶在瑞典之時，就曾經歷過一段懷疑時期，部分受她對科學的興趣引發：既不相信奇蹟，又不相信肉身復活，就只餘對某位最高之神的信仰了。但更正派神學家之間彼此意見相左——誰都不對，等到斯多噶學派也不再流行，她遂被弄得一無所有，沒有任何系統可以用來闡釋宇宙人生。現在到了羅馬，卻發現天主教頗具吸引力，比任何宗派都較寬容，知識系統也較連貫。於是她變成一名天主教徒——「以她自己的方式」。她對神學理論重新恢復興趣，與數學、文學並讀。

她也開始把自己的退位視為一種智慧的表徵，後世留名有望：足可以比擬那兩位偉大的皇帝：戴克里先與查理五世。但在其他方面，她（自以為）獨一無二，也以獨特而知名，是一名無瑕疵的受造，是神在地上的代表。只有驕傲一事（她後來記道）是最纏擾她的罪愆；不過其他人卻認為她另有一罪更大，就是下令處決一名洩露她祕密的重臣。可是這類舉措並未踰法，義大利此時的政治習慣仍極無情，後日理性時代的作家，拿一個世紀以前的狀況對她做道德裁判，才是頭腦不清。

克莉絲汀娜努力想在世上為自己尋得一個角色，而不僅僅是扮演思想與文化的贊助人而已，當年在瑞典考慮讓位，就存下了這份心思。她可以在低地國的熱蘭任女王，如果克倫威爾能為她征服那片省份的話。到了羅馬，她又想做那不勒斯女王，那裡正待有人去統治。在此同時，則漸漸參與了教廷政治，當時的教廷大權，多握於在位教宗的女性親戚手中。此時羅馬的宗教場面，混亂得不成樣：有人遊街悔罪，同時還命僕人抽打自己的光脊梁；也有交際集會場合，竟以做成受難十字架模樣的點心待客。在此同時，當然還是有誠意正心的靈魂，多為貴族婦女，過著敬虔的生活，或完全棄絕世界。也是在羅馬此地，克莉絲汀娜終於找到一個男人可以去愛，此即樞機主教阿佐林諾，一名通曉世情、具有文化素養的教會中人，也是最受女士歡迎的標準男士。他幫她處理實務性的事務，卻不曾回報她的熱情。她也能控制自己的感情，只是在許多寫給他的信裡，稱自己永遠

> 世界，被和平、安寧威脅。
> 我愛風暴，當風停雨住，反而擔心害怕。
> ——瑞典的克莉絲汀娜（年日不詳）

是他的奴僕。

克莉絲汀娜致力之處極眾，因此也與巴洛克雕塑大師貝里尼有所接觸；他為她設計了一座車駕。還有法王的政策制定人馬薩林，她希望他的政策能對教宗更為友好。

她上歌唱課，委派駐廷音樂家柯賴里、史卡拉第作樂譜曲；她組織考古挖掘工作，宮室中擺滿了藝術品，圖書室中收滿了古典與東方作品的抄本。她對法國文學動態時時保持靈通，一聽說莫里哀的《偽君子》劇掀起物議沸騰，便立時要取來演出，可是法王路十四不肯放行此劇出國。她成立三所藝術、科學院，由校方贊助主辦各種演講與討論；她還有一座天文台，一處「實驗室」（她摯愛的父親當年也可算是位實驗家），她甚至還為一本化學書配過圖示。

這張成就清單還沒有完——如果如此即可稱為多彩多姿，那麼各項壯舉的細節就更令人嘆為觀止，充滿了奇思幻想，其實正是那個時代的典型：逆向潮流彼此交叉同時進行。巴洛克的豐溢、新古典的嚴肅；耶穌會士的辨疑術、清教徒的道德性；或講究風度禮節、或粗鄙無文的言行舉止；或嚴謹節制、或肆意張狂的文學表現；還有本著良心責任，既追索行巫之人，同時也不放過新科學家的矛盾心態。

* * *

於是高貴的腦袋瓜子凝讀著笛卡兒那本論方法的小書，在宮中實驗室進行他們的「實驗」，嚴肅的研究者寫信給梅森談論他們的最新計算法式，在此同時有一群志同道合的人士，一六四五年開始定期在倫敦聚會，每周一次，討論「新哲學」裡面的要點。三年之後，又有一類似團體在牛津成立學會，也是為同樣目的。十二年後，兩組人馬合併為一；那位「懷疑大師化學家[8]」波義耳寫了一份詳細的備忘錄，列出正式的組織章程。在這份文件裡面，他稱這一群研究夥伴為「無形的學院」（Invisible College）——不久將改制成「倫敦王家自然知識促進學會」。

成立之初計有八十名成員，兩個團體都開始感到有必要精挑細選。一六六〇年申請王家許可狀，查理二世准其所請，成員人數遂定為三十五名，並分三等：醫生、物理與數學教授、有爵銜者。能有貴族加入是上選，即使是品秩最低的爵位——有學問的公爵一向少見，即有，也對實驗工作不甚投入。

人數雖然降低，王家學會的組成依然形形色色。莫瑞男爵是會長；其他成員則有列恩，此時猶是位新進的化學家，還未成建築名家；伊佛朗，林木專家，日後他的日記文學相當有名；貝提爵士，社會統計的首倡著；畢博恩，在政府任職，祕密寫了很多日記；以及其餘三十位比較不為所悉的人士。學會派有兩名祕書，其中一人是日耳曼人奧爾登伯格，精通數種語言，如梅森修士一般，成為歐洲科學信函的活中心。該會《期刊》，專記錄成員的演講與討論；另有兩系《會報》：一為物理學、數學，一為生物學——珍錄精選論文。至於國外通訊會員——「來自世界多處的才智之士」——則積極招收，無任歡迎。

這個學會正是今日無數專業協會師法的模型，從原本的人文主義學會，朝向**專業專門**跨出了第一步。不久，法蘭西科學院亦步英格蘭前例隨之成立，接下來是西班牙，然後各國紛紛跟進。後日在費城，又有班哲明．富蘭克林成立美國哲學會；在日耳曼法蘭哥尼亞區的史萬福特城，利歐波德研究學會出刊了第一本醫藥學刊，時為一六七〇年[9]。同行之人集會結社，既能測試新思想，又可出版專業報告；這種觀念從此深植，結果幾乎每個行業都重現中古行會精神——銀行業、房地產業、糕點裝飾藝術業，各有他們的年度集會，而且至少會發行一份新聞信。

然而會員程度不一，水準不齊；斯普拉特主教編寫《王家學會史》，就抱怨有些同儕文字太差。這份不足之處，其實正是一項學界傳統的開始。部分原因出在數字與專用術語用起來比較方便，可以精確地告訴其他會員自己的發現所得——至於行文造句是否正確，就顯然無關緊要，可留給用直覺思考的人去講究，只有他們才需要咬文嚼字。事實上科學也得講究行文，因此今天許多專門期刊僱有編輯忙著改稿。文字不佳，在另一面對科學造成的傷害卻更甚，亦即教導我們下一代工作人口的教科書裡有許多毛病，作者、出版社不察，更少見人批評——似乎與波義耳口中的學院一般，也成了隱形。

＊＊＊

如今我們想到「科學」，並把它與「唯一的真實」畫上等號，就實在很難再設想一個沒有今天那些林林總總物事的俗世文化。想像街上沒有汽車，桌上沒有電腦，或許容易得多，因為這些東西是實物，問世時日較短，但是卻很難領會十七世紀那種新科學與舊法術混合並存的景象。但是若無法如此想像，對該世紀科學進展的了解就難免偏頗，誤以為當其時也，事事都已獲致肯定的成果。其實一切方始萌芽，日後才結出勝利成功的果實。

笛卡兒——牛頓的物質觀，慢慢才滲入有學之士的心靈。人的感官明明顯示了色彩、紋理、氣味，科學卻棄之不理，反要人去設想一種劃一的質素——看不見但可量度，豈非強人所難。科學不但忽略那些外在的「次性」，更藉抽象化的過程，將世界完全簡約成眼觀為證——天平上的指針，碼尺上的刻度，數學等式的模樣。但是一旦天上地下，凡事都只不過物質而已，就開始激起對宇宙源起的臆測，人人（大體而言）都成了宇宙起源的專家。一名可憐的義大利磨坊主人麥諾齊奧，就因此被處死刑——正在布魯諾受死的前一年，因為他主張從起初的渾沌之中，出現了一團堅實的塊體，就像乳酪凝自牛奶般；然後裡面有了一條蟲，就是第一位天使。他這個類比其實不差，跟我們今天的大爆炸理論，還有接下來的進化，可謂若合符節。總之隨著時間過去，有一事愈來愈為明顯：凡事皆動，靜止才是反常；古老的靜態世界終於不再，起而代之是一個動態的新世界。

不消說，真理之源同樣也在易動，從已有定論的啟示，移向無休無止的實驗；真理本身也不再靜態。有勇氣棄絕自己的看法，科學正以此為榮。那麼，為何還要信任科學呢，這樣一個不住在腳下移動的平台？因為它的方法肯定扎實，它的結果涵蓋益廣，遍及前所未知或錯知的領域。總有一天，所有的真理都將為吾人獲致、都將融成一個前後連貫的知識體系。因為自然本身，就是規律與劃一的。

然而就在這個節骨眼上，前面早已暗示過的弔詭出現了：就在這新方法、新「啟示」紛呈的年代——此處的啟示是複數，也沒有大寫（意指與神的啟示相對），迷信的心態卻也同時復活，在迫害所謂女巫一事上展現得最為猛烈（319>）。這種現象其實不足為奇，當新鮮想法來到，固有人心上稱奇、口中忙說，自然也有強硬派堅定捍衛舊有智識的現狀。不是人人都具彈性，人人都能伸縮自如，做個既相信《創世記》又服膺伽利略的唯信論者。總有那麼一群保守派存在，而且在一種類似牛頓物質律的心靈律下，有行動，就必有對等的反動。於是保守派中必有一支會成反動，比一般更激烈地緊抓住舊信條不放。

十七世紀之時，也有人科學、巫術照單全收，他們的行動文字，對兩者都有助長之「功」——如格蘭威爾、布朗爵士即是，前者是優秀的天文學家，後者是從事實驗研究的醫學專家兼生物學家。他們的心態，並非如唯信論般將心靈分成兩個不相涉的層次來運作，卻是融合了兩種表面上看似互不相容，實質卻具共通成分的體系。這是一個既定真理受到挑戰的時期，任何新說新學一出，都難免受到懷疑，都得拿來與規模浩大的既定真理做一番比照對試，檢查是否合於這套真理。布朗爵士便曾仔細考量到底是否真有所謂女巫，結論是：如若沒有，豈不有違宇宙間眾靈物的階級秩序——從神高高在上起，依次是各種不同品級的天使，然後是人，最底層則是邪靈，撒但的爪牙，透過它們的作為，也實行了神對宇宙的計畫。人之所以受誘惑，生活中所以有許多難以解釋的不幸，因此便有了解釋。如此才各就各位井然有序，否則，若沒有它們的存在，豈不等於叫神挑起一切惡事的責任，也把人降至眾靈裡的最低一級；世界將不再是戰場，不再有魔鬼來不斷攻擊磨難人的靈魂。因此女巫也者，簡單地說，是這個「宇宙生靈大鏈」（Great Chain of Being）系統之所需，在這個活物品秩次序裡面有其存在的必要。

這個由推理得來的結論，與布朗爵士另一大推論結果並無矛盾，亦即那部鉅細靡遺論《流俗謬見》，書中一一推翻許多迷信，行文論理今日讀來仍是好文章。總之雖有「新方法」，卻不能期待它一舉掃盡所有迷信。至於格蘭威爾這位科學家，成就眾多，又是王家學會成員，卻終成對付女巫的喉舌。對他來說，某些婦女顯然具有某種神祕力量（包括少數男子，稱為巫師），此事存在的可能性，絕不下於當時自然哲學界正在發現的自然力量，兩種力量同樣神祕。只是女巫的能力，是「蠱術」，即使能治人畜疾病，畢竟源自邪者。

除此之外，女巫到底存在與否，也不是一個有清楚答案的問題。誠然，老婦（常常更包括年輕女孩）行事不免怪異，頗合所謂女巫的定義。她們也相信自己真有法力，往往還如此自承甚至自誇。有些準定是因為精神失常，其他可能只是較易有歇斯底里的傾向，或許更有人係為追求那種特殊犯罪心理的滿足——要人注意的心理，做了壞事洋洋自得的心理。不論如何，科學勃興的當兒，同時卻正是大肆搜捕女巫之時，尤以麻薩諸塞沙林城公審女巫最為典型。這種現象，正如同人類一切重大錯誤的根源，都是將理性施於片面零碎經驗的結果。

＊＊＊

本章標出兩大主題：**抽象**與**分析**，是自然哲學家典型的任務與所用的方法；不過其中有幾項層面必須特別加以檢視，方能了解近代紀元。首先，自小小年紀開始，我們就發揮**抽象**作用組織周遭世界：從眼前這一枚紅蘋果，學到概括所有的紅蘋果，依次及於所有蘋果，不管其顏色為何；接下來再擴展成水果的概念、東西的概念，最後到範疇最大、指涉也最籠統的類別：存在之本體。沿著抽象的梯子往上爬，人可以依據共同的屬性來處理大組的事物或思想。法律就是一好例子；法律規定初犯輕罰，初犯者本身的個別特徵則沒有任何關係；他的胖瘦黑白，他是基督徒或佛教徒，都不相干，重點只在他是否初次觸法——著眼點在範疇，而非描述。

抽象是一種經過仔細計較、自經驗本體刻意做出的抽離，告別了我們所視所感而以為的真實面，即具體。具體與抽象正相反。這個世界自近代紀元所得的「抽象」，比史上其他任何文化時期所得更多，從今天無所不在的數字命名即可見一斑：比方型號 THP-35R，雖非一輛可以開動的「實」車，但在汽車監理處及保險公司，卻的確代表這輛車子，因此在這兩個地方就為「真」為「實」。二十世紀的生活，可說絕大部分屬於抽象式的生活，比方手上若沒有那張硬紙卡上的號碼，就會遇到實際具體的不便，我們的欲求因此受阻礙，我們的權利被拒絕，我們的正身遭懷疑。你本人再聲明，甚至到場，在**抽象**當權之下都一文不值，無法作為證明。

至於**分析**，則使用一種雖不同卻相關的方式，同樣扭曲了真實面。因此若要遵循笛卡兒的方法，就意味著拆解打散我們興趣所在關注的對象。不論是想法、事物，還是人，結果都如同廚房的那隻被支解的鐘。現代有種說法在這裡最為適用：「看看他為何如此滴答作響」（find out what makes him tick，即找出此人之所以然的緣故）。「分析」背後的「抽象」，將任何事物都視為由部分組成的總合。於是一分再分，不斷分解下去，以為最終總會分到一個再也不能分的基本單位——即「原」子（不可切分之意），然而原子之內的最後不可切分者，至今仍遍尋難獲。在此同時，我們分而又分，同時也以為只要把這些分解開來的片片再拼合起來，一定可以歸回原本的全部。

這確是一種有用的假設，但是永遠都成立嗎？我們小心翼翼拼好拼圖，固然遵循了笛卡兒最後一項規定，同時卻也看見，早在切成片片之際，這張美麗圖畫就已經糟蹋掉了。誠然，分析與抽象缺一不可，人的心靈若無法行使其中任何一項，世上就不會有物理科學、醫藥、法律、教育、批評，或道德良心這類事物了。但是這兩個A（分析、抽象二字皆以A開頭）的效用有其限制，不分場合任意使用可能危險重重。十七世紀之時，至少便有這麼一位人士，察覺到這項錯誤（如果不是察覺到其中危險）的可能，此即

巴斯噶

一般都把他想成身兼數學家的神祕主義者，卻少人記得他做過實驗，氣壓計因此發明，他也發明了第一部計算機器，稱作巴氏器（La Pascaline 一種機械式加法器，係為助其父手下的稅務會計人員之用，他特地造了五十部，卻被那些手持鵝毛筆拚命計算的文員頑固拒絕）。身後留下大量筆記，原為寫書護教，反對自由思想派之用。經家人整理出版，用了一個樸素無華的書名《沉思錄》——但是在英文中提到這本書常用其法文原名 *Pensées*。仰慕的讀者如詩人艾略特，愛它富原創性又有智慧，卻與作者原本的宗教意圖毫無關係。

以上少數事蹟，並未告訴我們另一件事：亦即在他的《沉思錄》以及其他著述裡面，巴斯噶提出了一項人與社會的哲學，十足發人深省。傳統的看法認為，巴斯噶幸有數學、科學方面的成就，彌補了他為基督教護教又熱情投入「神祕主義」的盲行，兩事都被人歸咎為他健康太差之故——巴斯噶三十九歲即逝，同時也因為他離群索居，不諳正常人事，才難免有這種宗教與神祕的想法。

這種論斷完全錯誤，只消舉出巴氏本人論愛情的文字就足以反證。這是他在俗世消磨兩年時光之後的果實，一個滿了談天、賭弈、閒話、求愛的時髦俗世。有謠言說，他的心（如非他的手）曾有所屬，卻不幸落空；但是他的舉止、機智，無疑曾在上流社會大放光彩。至於博弈，不論是否曾樂在其中，卻博得他十分注意，對或然率他也做有貢獻。

〈論愛之熱情〉，稱得上一篇心理論文，可以與斯湯達爾的〈論愛〉[10]相提並論（695 >）。雖然在長度上頗有不及，在細度上卻更詳盡，因為巴斯噶係從情感之為物，乃是思緒加上感覺，並由身體引發這個論點談起；正是那重要的心、腦觀念（<304; 662>）。腦的成分愈多，情感愈強——巴斯噶說，尤以兩項屬於「成人的情感」為最——即愛情與野心，它們相互矛盾，彼此削弱；因此若能自愛情始，以野心終，人生就算得幸福。這也會是巴斯噶本人的抉擇，因為人生苦短——至於人生長度，應自懂理年齡起算，比方，十二歲吧。

> 人不需要去愛嗎？別問了——去感覺吧。
>
> ——巴斯噶〈論愛之熱情〉（On the Passion of Love）

接下來，就是典型的巴氏觀察，對個性與社會的洞見了：人生愈亂，偉大的心靈愈喜，因為如此才能時時令心情激越，使行動不斷。無事可做的人最不幸福，（如我們所說）無聊得要死。巴斯噶體認到理性人士不明瞭之處，亦即肉體與肉體的感覺至上，而非心靈與理性。至於心靈本身，巴斯噶在《沉思錄》中發展出兩種不同心靈的區分：一種僵直、沒有伸縮餘地，另一種則柔軟、富於彈性，而且生來俱有去愛的驅動力，尤其愛美好的事物。當兩個能愛的心靈合而為一，啊，從愛中將升起何等大的喜悅！人的內心深處，往往印有欲追尋的另一半的形象，唯有尋得了這一半，「己」才能成為完整。在此，我們這位心理學家也指出一種投射作用——也就是將心中的理想影像，投射到一個其實並不符合這些條件的對象身上，他認為女人尤其易受這種自欺所矇。文中有一段論到愛上高攀的對象，暗示著巴氏此文背後，有一個真實事由，學者已經指認出一名爵府的若南茲小姐，即是文中暗指的當事人。接下來便對社會上愛情的浮沉變幻，因而激起的時尚虛矯，做了一系列精明的觀察批評；所有這些文字之間，又綴有他對情緒、美感的精妙之見。

巴斯噶不是神祕家，用這個名詞來形容他對宗教的熱情，根本就用錯了。神祕主義者尋求與神的合一；天主教的教條對神祕主義大皺眉頭，正因為它使神成為一個可以與人靈相交相調的靈體，卻把基督這救世主給忽略了，而且也模糊了創造者與受造者之間的關係。巴斯噶的看法與神祕主義者正相反，他視神的威榮離世間如此遙遠，祂的設計如此不可測知，因此除藉由基督之外，必朽的人與祂毫無關聯；而基督則又是人又是神。巴斯噶在基督裡所追尋的東西，乃是愛。如果用心理學名詞來詮釋巴斯噶的信仰，也許可以歸諸於童年時期得到的愛不夠，或因為不幸愛上了若南茲小姐。或者，也可以像伏爾泰抨擊古人般：「巴斯噶，你有病。」

他是有病，可是他的宗教觀是如此理性，與他的科學觀結合，看起來反而應該是身體強健者才有的想法。事實的真相是，巴斯噶與近世的存在主義者（齊克果、馬賽爾，兩者都是熱狂的信徒）在思想上是本家。當巴斯噶寫下他那句著名的「沉思」之際：「這無垠空間的永恆靜寂，使我感到恐懼」，這正是以日後存在主義者的眼光，在觀看宇宙大千——空無、荒涼、無意義。這一切在旋轉著的天體，到底是如何來的？為何有著這樣一切的虛無？又是何等可笑荒謬，謎一般的人！再重複一次：神的設計莫測。基督是連於意義的唯一鏈結，基督的信息是寬恕、是愛。神性，不是一種抽象的質素，使人浸淫其中，以達忘我的狂喜之境。祂乃是活神。祂的神蹟奇事，其目的都是人性的，而祂的存在，是奇蹟也是奧祕，是要為人做中介，來調和那無垠天地與靜默創造的雙重奧祕。

* * *

巴斯噶論愛，論兩種不同心靈的對照，所觸及的那份獨特性、差異性，對我們的時代來說，是他意蘊最豐富的一個概念。在《沉思錄》中，獨特性一事得到充分解說，比如在幾何式氣質（*esprit géométrique*）與直覺式氣質（*esprit de finesse*）之間的不同。所謂幾何式心靈，係指處理科學、數學中的嚴密定義與抽象事物，直覺式心靈，則處理那些無法嚴密界定的思想意識與知覺感受。直角三角形或地心引力，都是百分百的一定概念；而詩歌或愛情，或所謂良好的政府，則無法下確切定義。缺乏界定，非因資訊不足或不確，而是因為主題對象天生本質所致。

「幾何式」的事有定論，只要腦筋明白，任何人處理幾何關係都無異議；推理有誤，很快得到注意，出錯的人，也不避諱坦承。直覺的事則不然，需要考量的細節不可勝數又難捉摸，即使頭腦清楚，又一本良心誠意，論起理來依然言人人殊，難獲一致結論。對於此中區別，巴斯噶更大可加上一句：既然構成因素過多，笛卡兒的分析法便派不上用場。因為誰敢保證，自己找全了問題所有的成分；即使自以為全部找齊，也不敢肯定屆時整理拼回之際，能否一無遺漏——愛情、野心，再怎麼分析也分析不完。

正因為直覺無法分析，遂開始有一種看法出現，相信唯有以科學、數學形式呈現的真理才是真理。一向以來，大多數科學家、數學家都如此認為，也如此說服眾人：只有他們的實驗所得、演繹結果可信，其他任何道理都只是一種看法、謬誤，甚或胡思亂想。然而歷世歷代裡卻還是有思想家（包括

> 在幾何的精神裡，原理雖明，卻與一般認知甚遠，因此很難將心靈轉往那個方向——出於缺乏習慣之故。在直覺的精神裡，原理則普遍應用，也在每個人的眼前，不需要特意扭轉心靈，也無須勉強習慣。可是原理如此眾多，又難於捉摸，難免顧此失彼。所有幾何學者都必能直觀，如果他們的眼力好；所有直觀者也都將是幾何人，如果他們能將注意力轉向那些不熟悉的原則。
>
> ——巴斯噶《沉思錄》

某些著名的科學家在內）對此不以為然。他們主張幾何式思考與笛氏分析法並非萬用，另一種不同類級的真理，還是可以藉彈性直覺獲致，即使缺乏一定的共識。甚至連語言本身，都分辨其中的區別：因此有內覺的「心知」（know），以及外習的「識知」（know about）之分，正表達其間異同。某些語言乾脆用兩個不同的字來表明這項對比：如德文的 *wissen* 與 *kennen*，法文的 *savoir* 與 *connaître*。作為科學家，我們的「識知」已經大增；可是身為人，卻能直覺地「心知」並感到愛情、野心、詩與音樂。心腦合用，比單獨理性所及更為深邃。

渴望眾人同有一「信」，這是一種可以理解的心理（<36）。因為世上流血衝突之源，原來自彈性直覺領域；喟嘆這不幸事實之餘，往往便產生蒙田那種懷疑心態，也最可以用來主張寬容之必要。然而直覺域中之事固然易變難定，善變一事卻非直覺所獨有；豈不見科學不斷更正自己的前言，科學中人也從來不曾完全同意彼此之見。人對科學深信不疑，主要係因為科學所界定的對象具有固定性，因此科學工作者可以用同一方式（多虧數目字的幫忙）就同一事情進行討論。但是科學的精密嚴格固然令人稱羨，卻依然無法保證科學的應用具有長效。可嘆的是當科學與直覺結合，創造出裨益日常生活的有用發明之時，公眾反而愈發深信真理盡出於科學之門。

巴斯噶描述的兩種「心靈」，並未造成兩種「人」，而是指同一心靈可以採取的兩種「取向」。巴斯噶本人就是明證：一個人可以既是大幾何學家，同時卻又深具直觀能力。事實上，任何良好的心靈若經適當教導，都能兼具歐基里得與惠特曼的思維。文藝復興，如我們在前所見，就充滿了這類具有雙重心靈的人物，詩人與工程師的才幹集於一身，兩面都勝任愉快。現代所謂一個腦殼之內容不得「兩種文化」的觀念，正出在科學愈分愈細下專科激增所致；分門別類的結果，連科學家之間也隔行如隔山，因為各科細節既巨，術語又繁。然而在本質上，人類的心靈還是只有一個，可沒有增長成兩種或甚至六十種不同器官。

如此說來，巴斯噶所做的「區別」又有何重要性呢？這項觀念，不但為批評家奉為玉律，也警告我們勿抱持**科學主義**，對此《沉思錄》用十個段落簡明又決斷地加以陳述。科學至上，是指一種誤以為必須用科學方法處理一切經驗形式的謬見，更誤以為假以時日，科學方法終必解決世間所有議題。諸如此類貌似「聰明」主意一再出現：「只要把相關條件界定清楚，只要能把事物的基本單位找出來，只要能掌握住適當的『指標』，就可以正確地進行測量、推論無誤，鐵定又可以造出一門新的科學。」同樣也常聽見這種沾沾自喜的叫喊：「啊，有了有了（Eureka）！吾等亦科學家也。」這些所謂的新科學，往往係那些亟欲科學化的「人之學」——歷史學、社會學、心理學、考古學、語言學，以及其他比較短命的此「學」、彼「學」。這種期盼與自命科學的呼聲，在十八世紀之初牛頓尚未去世之前，即已開始稍有風聞。比方維科的《新科學》，雖是歷史學的一大重要理論（465>），卻一如其後許多同樣也自認科學之書，一點兒也不「科學」。

科學至上主義背後的動機，文化意義重大，也毫無例外地內容混雜：其中有誠摯追求真理的好奇，有熱中於「確定性」與「統一性」的執著，更有見科學家開始獲得崇高的社會與學術地位，遂想要博得這個名號的勢利心態。這些謀求縱使徒然，對於「發明家」本身以及世界整體而言，卻難免蒙受其害。因為這些所謂「發現」，往往帶來一些影響日常人生的政策，強制執行之堅決獨斷，亦與以往基於宗教理由的政策無異。在此同時，那些直觀領域的工作者，亦具有直覺天賦之人（藝術家、道德家、哲學家、歷史學家、政治理論家、神學家等等）卻因此自本務分心，又遭旁人不屑眼光：認為他們只不過站在真理大海的旁邊戲水。卡爾．馬克思就是典型的例子；被科學的金字招牌迷昏了頭，不但說服自己，也令蘇聯內外幾百萬追隨者一起深信：在他手裡，歷史的機械組成終獲表明，從此可以「科學地」預測未來（《科學家傳記大辭典》11還列了馬克思、列寧兩人，一本好書可惜因此有瑕。此書編者因受壓力，不得不把這兩位仁兄收錄。）

＊　＊　＊

科學主義不當，可以從一事看出端倪：須知全面意義下的幾何學，乃是一門來自經驗的**抽象**，是人類心靈作用於人世經驗的結果，無此，抽象就不存在。因此抽象的世界固然有用，也絕對非虛，卻極單薄、赤裸，比起抽象所取材的那個作為「原本」的世界貧瘠甚多。因此若以為有朝一日，我們可以只憑抽象行事，無須再直接面對抽象不曾觸及的部分，實乃癡心妄想。這項對比的意義，在於指出科學再偉大也有其限制。

巴斯噶指出，人類心靈對世事有兩種截然不同的領會；他更有另一句廣為後世引用的金言：「心，自有其不為『理』所悉的『理』。」此處的心，非單指情愛的所在，亦概指欲念：那促發刺激行動的驅力、衝勁；而理性，則是具有辨別能力、能將其中某些欲念付諸實現的僕人。請注意巴氏金言中所用的理，具有兩層意義：其中屬於心的那個理（心的需求與動機）不是「論」理、「推」理而得的結果，否則世上哪來所謂不假思索之事，更何有同情心、友誼與愛可言。《沉思錄》全篇，都可聽得蒙田之聲；巴氏筆下對習俗、法律和社會生活的種種觀察，均有那名精神導師的身影，有這名門徒針對《蒙田論文集》所述發出回應、推敲，或爭辯。有時候，他彷彿面對面與夫子辯論；也有時候，他將夫子的一句話轉成雋永的警語：「欲成天使，反變愚獸」，故意在*bête*（動物、獸）字上玩雙關語，此字同時也意愚笨。或這句：「在庇里牛斯山這一邊是真理，到了山的那一邊卻成謬理」——正是巴斯噶的典型手法，用以濃縮那「如峰巒連綿的思想」。再沒有一人，比巴斯噶更會讀蒙田了。

蒙田是懷疑大師，巴斯噶則熱心宗教，兩人竟然在一部鼓吹全然相信的著作裡相契相合，此事似乎有點奇怪。但是對巴斯噶來說，正因為人生的真理不能確定，更使人需要到神的懷中尋求庇護。有人說，巴斯噶皈依信仰，係受到王家港修院的冉森派點化。冉森係一名奧古斯汀派的神學家，王家港是冉森派一處有名的退修地；教中男女敬虔博學，在天主教勢力的法蘭西心臟地帶，代表著此時正掀起英格蘭內戰的清教徒式熱情（392>）。

皈依後的巴斯噶，信仰如此之深，立刻將自己所有天才，用於公開衛護同道那嚴峻樸素的觀點，對抗其勢力龐大的敵人——耶穌會。巴斯噶是一名具有自覺的文學藝術家，在其冉森派式的辯證法中，創立了古典法文的典範（521>）。口語、酣暢、嘲諷、機智，輪流出之，《鄉居書簡》立時一炮而紅，並使「決疑術」（casuistry，引申為曲解詭辯）、「耶穌會的」（jesuitical，引申亦為陰險詭辯）兩字永遠變成罵人的話。這一切，如今都已成法國史中耳熟能詳的一部分，可是有一點卻不曾為人充分點明；此即《沉思錄》中所顯現的人，其身分與冉森派清教徒所描繪的可憐罪人形象有異。對巴斯噶來說，人固然卑微可憐，同時卻又偉大。在宇宙的天平上，他雖渺小——「一滴水就可以殺死他；他是一根柔弱的蘆草」，卻是一根「會思想的蘆草」（a thinking reed）。盲目無知的宇宙，輕易便可毀掉人與人所有的作為，但是人有意識——他知道誰比他強。正因如此，無垠空間的靜寂遂令他心生恐懼。然而唯有「思維」（此處包括科學在內）始終是那個根本不知道自己究竟有多大、能力有多強者的主人。

巴斯噶看出人的偉大，正是這份眼光，不但使他有異於清教徒以及存在主義者，亦有別於十九世紀以來科學界多數人士。科學人站在宇宙一邊，最喜歡告訴他們的聽眾：人，是一個多麼微不足道、意外的偶然。又說，在科學為未來標製的地圖裡面，地球與人都將只是沒有溫度的點點物質，漫無目標地飄蕩迴旋，好似過去從未如此一般（825>）。作為一名真信者的巴斯噶，自然不會為人的毀滅大樂；他對人類同胞相當有情，要他們得救得存——因此遂有「巴斯噶的賭注」（Pascal's Wager）之勸。他向自由思想派發出呼聲——這類已為科學「解放」的無神論者人數日增，是第一批稱為「自由思想家」之人，根據梅森所言，巴黎一地就有兩千名。巴斯噶對他們說：「你若不信神，就沒有永生——是你自己說的，沒有永生。可是你若信，有、無之間，就至少能抓住一個機會。反正若沒有神，你原來怎樣到時就還怎樣；若有，你不就贏得救贖？」

在某些人眼裡，這種機會主義的賭法冷血已極，簡直令巴斯噶的信仰蒙羞。可是他這種或然率的數學，正與虔誠的奧古斯汀派信仰心理相呼應：不妨先假裝著信，假信日久，自成真信（<63）。除此之外，身為天主教徒，巴斯噶並不贊成預定說法，也不認為人必須蒙殊恩方能得信。這就產生了一個問題，巴斯噶是不是唯信論者嗎？早期可能是，到後來卻有理由不是。巴氏生前未及整理出自己的一套體系，可是從已有的成分來看，巴氏思想顯然無須這種矛盾心靈。天

> 何謂信仰，豈不就是打某種賭，或冒險推論嗎？信仰應該是：「我賭，我的救贖主活著。」
>
> ——山繆・巴特勒《札記》（十九世紀晚期）

地都是祂的，人在其中探尋；神既是全然奧祕、包羅萬有的神，人對祂所造的天地進行探尋一事，就不可與祂的意志相扞格——正如幾何式與直觀式的心靈，若在正確領悟體會之下，亦難有衝突一般。也就是在巴斯噶這類人的身上，兩種心靈能力相透交融：年紀輕輕，偶然讀到歐幾里德，立刻成為幾何學者——十五歲就寫了一篇文章論圓錐曲線，連偉大的萊布尼茲都覺得頗有用處。成年之後，除了愛情、社會、科學，巴斯噶也有過天啟的經驗——夜見異象，神靈附體，愈發增強了他的思考力，以及一展自身天資（genius）的表現力。

離題論字（此處所述字詞再度以英文為主，中譯為輔，以彰其意）

一如藝術思想與藝術風格，某些特定字詞亦屬於特定時期。如今所用的 genius（天資、稟賦）一義，即為十九世紀的用法（692>）。至於巴斯噶所說的 *Esprit*，則屬新古典時代特有，因此需要查看一下其時代意涵。當然，這類字眼本身非其時代首創，不同者乃在其特殊字義。

Esprit 在巴斯噶筆下，意義稍嫌模稜。既意味心靈（當他談及兩種不同類別的心智之際）同時也意味方向、傾向、趨勢，甚至領域。英文裡的 spirit，難以表現第二種意義。誠然，我們確有這種說法：「請本著我的原意（精神）看待這件事。」（Please take this in the spirit in which it is offered）可是英文把孟德斯鳩的 *L'Esprit des lois* 譯成《法的精神》（*The Spirit of the Laws*，中譯《法意》似乎更貼近），卻無法將真正涵意表明出來，另外還應該加上精義、宗旨、目的、意圖及後果等觀念才完整。

棘手的是esprit一字有好幾層用法，之間的關係卻很鬆散。它可以用來刻畫一人的特徵：法文的*esprit éclairé*、*juste*、*faux*、*profond*，分別表示開明、公正、扭曲、深刻智慧。其中 *faux* 中一類極有趣，為英文所無，意味著古怪、扭曲，卻無存心欺瞞之意。這樣的心靈不可靠，因為它「歪了、不正」，一如器具受損，出了毛病。

其次，esprit 也意味 wit（機智），此處又另有雙重意義。當詩人德來登寫道：「偉大的 wits，常常幾乎聯於瘋狂。」wits在此，非指富機智的人，而是指偉大的心靈——即天才也。同理，法文裡的 *un homme d'esprit* 亦指優秀的心靈，而 *un trait d'esprit* 則係指俏皮話。英、法語這種模稜不明性，至今猶存：如 nitwit 是沒腦筋的笨蛋，wit 則令大夥發噱。當初日耳曼字字根 *wissen*，意指看之、知之，遂向兩個方向衍生，給了我們 *wise*（賢明、睿智）與 *wit* 兩個不同的英文字。

esprit 則另有字源，意指 *breath*（呼吸、氣息），演變出 *inspiration*（靈感、激勵、灌輸、啟發、吸氣）、*aspire*（嚮往、熱望、大志）（名詞與 aspirate〔送氣發音、吐氣〕同）、*expire*（期滿、吐氣、斷氣、死）等諸如此類的字。十七世紀法王頒賜的最高勳章，就是 *Saint-Esprit*，即英文的 Holy Ghost（聖靈），既屬靈性又具智性，因此最為崇隆。英文裡的 *ghost*（鬼）、*spirit*（靈、精氣），係指重訪人世的逝者之 soul（魂），其中帶有的稀薄、純粹概念，則說明了 *spirits of wine*（酒之精氣）一詞，即 alcohol（酒「精」）。有另一個十七世紀的用語 *esprit de corps*——可不是英文裡那值得讚許的「團隊精神」（team spirit），卻係指行業或政府部會本身結黨營私，對抗公眾的合法權利要求。德文的 ghost 或 spirit 為 *Geist*，同樣也具有附於 *esprit* 與 *wit* 兩字的意義。*Geist* 指 mind（心靈），*geistvoll*、*geistreich*，則表聰穎、敏慧或機智、風趣。較晚發明的 *Zeitgeist*，則意味「時代的精

神」。

最後，*spirit*（精神、精氣）在英文裡還有另一層生氣盎然，甚至勇氣之意思，複數形式又指情緒、心情，包括好與不好兩面。這層意思，係從字源 breath（呼吸、氣息）發展而來，屬古風遺緒，源自古典暨中古時代的舊生理學——即四體液、四行說、各種 spirits（天然元氣）等論。欲知這套體系及其文化意義，入門好書為名著《解剖憂鬱症》，作者為：

羅伯．勃頓

他稱自己小德謨克利特[12]，在牛津任導師。此書於十七世紀未及三分之一際出版，此時的他已遍讀群籍，不放過任何稍微觸及這個主題的著述：不僅包括醫藥書籍，大體來說更涵蓋古代與近世文學（包括詩）、傳記、煉金、占星、植物和生物科學等書；對此主題思考之廣，直等於人在地上的全部經歷。不論是愛情或其他任何一類情感，還有社會階層與習俗、種種社會不公，都有所議論或大略述及。勃頓的心思敏捷，對當時的時代放言評論，雖然常有重複，卻都能遵循一個邏輯架構精良的理路展開，更在書首以圖示展現。一名美國詩人受其激發，甚至將此比作為一座崇偉的主教大座堂[13]。

隨意打開這本書，到處可見趣味的軼事掌故，令人驚異的事實，並想見一個充滿想像力、妙語橫生的心靈。書中的會話風格，有時令我們想起拉伯雷，有時又像與勃頓稱得上同一時代的布朗爵士。他們兩人，後日都為蘭姆重新發現，並大量採借發揮，挪用到自己那本刻意古趣的著作《伊利亞散文集》（伊利亞為蘭姆別名）之中。勃頓雖未能名登那部巨大的《科學家傳記大辭典》，一般科學史亦只偶爾提及，其實他真的應該名登史冊，因為他乃是第一位建立起理論系統的精神病學家，又蒐集有極為可觀的病例個案。當年此書讀者甚廣（是本長銷書），在我們這個時代，也曾令一名夠資格做評判的精神科學學者印象深刻（可讀 Bergen Evans[14] 著 *The Psychiatry of Robert Burton*。

勃頓的貢獻為何？首先，為何這般大費周章地研究憂鬱體質——即「黑膽汁質」，這個如今被稱為躁鬱症的狀況？勃頓本身就有這個傾向，環顧四周，又見許多同病相憐之人，遂決定好好研究有關這毛病的一切，累積了各種病情與醫案，一路上溯，直回到極為注意這個病症的中古時期。他的《解剖憂鬱症》一書，肯定是歷來為科學調查而蒐集的最大「文獻」成果。作者以批判性的態度處理採納資料——即使其中某些不免令我們莞爾；在許多論題上，他遠遠領先同代之人，其他方面卻又無可避免與他們一般無知。勃頓的創見，始於他認為應以溫和的同情之心治療精神病人；這項看法，一直要到一個半世紀的時間過去，才終有法國醫生皮內爾正式採納。皮內爾下令解去巴黎薩佩特雷醫院精神病患的鐐銬，榮獲一手翻轉過去老舊觀念的榮銜；然而若論起時間先後，勃頓才是那（無人理睬的）始創之人。

他也看出憂鬱與人最深處的感覺、情愫有關，包括性。而童年時期缺乏的愛（他本身即有此經歷）則永遠無法獲致補償，更可能扭曲一個人的性格，不能適當感受對己或對人的愛；遂有此忽高忽低、沮喪興奮的情緒變化。勃頓也注意到憂鬱症的症狀，特別會臨到天賦較高之人——這種現象歷史悠久，早在亞里斯多德之時即已為人觀察，近來竟有一名約翰霍普金斯[15]的醫生當作新鮮觀點提出。憂鬱症者受幾股矛盾的力量操縱：他內心自卑，舉止卻自大；他嫉羨他人，卻知道自己不配；他需要朋友、愛人，卻不知道如何去行，待得人家願意喜歡他了，他卻又趕快疏離。這種永遠不搭調的個性，卻非全出於個人內在的因素，社會的結構亦愈發使其加劇。勃頓一再痛斥上層人士對下層階級的舉止態度，認為他們既無良心又缺乏自責心。

如此分析之下，結論自然是憂鬱一症的療法（或說緩和，因為事實上無法根治），只能靠良好的身心攝生與藥物雙管齊下，尤其要使病人正視本身真正的需要，並能意識到造成這個「扭曲、古怪」情緒的狀況因素。要取得這種自覺並能面對真相的大白，務必有一位心帶同情又了解憂鬱肇因與行為模式的人士，在一旁聆聽他話說從頭。

對於勃頓以及當時眾人而言，「黑膽汁」一如血，也是人體正常構成的一項成分。讀了勃頓的《解剖憂鬱症》，就能熟知這長久以來一致公認屬實的理論，亦即人的性情、疾病，往往繫於四種不同體液——黑和黃膽汁、黏液、血液；此說解釋個性、行動，西方人深信不疑，直到十八世紀中期。即使在今天，我們依然使用這些熟悉的名詞：憂鬱型、粘黏型或謂遲鈍、膽汁質或謂易怒，以及多血質或謂樂觀。

這項舊生理說的源頭，源自希臘醫生希波克拉底；另一名希臘人蓋倫傳承其學，加以發揚光大，並整理建立體系，在以下的一千年裡始終作為權威。到了十六世紀，如前所見，帕拉塞瑟斯等即曾就某些重要論點駁斥蓋倫之說（<297），不過對於四體液的說法卻無異議。這項生理理論體系的靈感，來自古自然學中的四行——地、氣、火、水。環顧自然，到處都可見到四行質性的再現：重、輕、熱、濕。另外再加上無熱即冷、火焰上行、重量下沉，於是就有了一個適用於人體的設計與組成。在各個主要器官裡面，駐有這種或那種的體液，此液可能造成過熱、過冷，或過濕的現象。另有一些更微細的元素，稱為天然元氣（spirits），從某些身體部位發出，於體內四處游移；在此同時，

身體則尋求四體液平衡的維持：四液均衡，人即健康。其實適當地加以改鑄，這套系統依然可以成立，內分泌腺系統就是在做體液的工作——順便提一句，所謂「animal spirits」（生氣、活力），通常用來表示像小狗一般活蹦亂跳；其實此處的「animal」係指「*anima*」（活生命）或 soul（靈），即所謂「spirits」（精神、元氣）。因此此詞意涵應指心靈的活力，而非肢體的活躍。

可是，健康難得完美，平衡較易傾覆，即使在最好的情況之下，人的心性都受某一體液之壓而傾向一邊——因此遂有上列四類名稱來形容人的四種性格：如多血質即樂觀，係因血過多所致等等。勃頓相信憂鬱一型最為普及——觀諸歷史記載，以及今日眾多憂鬱病例，似乎不無道理。

古人認為體液與元氣的運作細節極其複雜，對此辯論不休，醫學文獻因之卷滿為患。後世所謂勃頓權威各說各話，他本人卻並沒有一面倒的想法；不過有一點他很肯定：思想、活動、生活形態，以及閱讀材料的種類，都可以用來幫助憂鬱病患。他對這些患者積極關切，因為他也同病相憐；他對自己的檢視，一如蒙田般不留餘地，使他有了更進一步的洞見：他相信當時的社會文化，極可能是造病的原因之一，因此他嚴詞批評當道在位之人、社會上對價值能力的漠視，以及教士與道德家的偽善。而最棘手的憂鬱症，卻是因愛引起——最棘手，因為最難避免，也最難克服。書中談論這項主題的章節，文字之動人、內省之深刻，直追莎士比亞；列舉、細述各類古怪舉動、刺激感覺之際所帶的幽默風趣，有時亦不下於拉伯雷。

現代精神學家，有時對勃頓嗤之以鼻，因為他接受舊正統的生理學說，不克對心靈一事發展出「獨立見解」，又不似佛洛伊德般，建立起一套「動力心理學」（dynamic psychology）。這類有違歷史性的評語，也許根本不值一顧。我們可以說，勃頓至少不曾將身體與心靈分離，他也敏感地察覺到精神疾病受文化因素影響。在發掘病源的過程之中，這裡那裡，他更幾近於楬櫫潛意識一事的存在。其實說起來，今日所謂的心身醫學（泛指身體疾病與心理因素或精神科疾病合併發生的狀況），等於暗示身與心是分離的：好像有任何醫生見過一具沒有「心理、精神」（psyche）的「軀體」（soma）走進他的診療室，或有任何精神科醫師見過一個沒有「軀體」的「心理、精神」。最新的精神醫學，即係雙管齊下：既使用藥物，又讓病人一吐心事——正是背離佛洛伊德的做法，而走上勃頓身心合一的治療方向。

間敘

一般記載十七世紀科學的論述，往往未將勃頓的《解剖》一書納入，這種遺漏實在不可寬恕。只不過因為他認為體液說是合理可靠的生理學，他那合理可靠的精神學就被忽視；這種只因周遭有些許黑暗物事，就使光源黯然以瑕掩瑜的現象，看在研究文化史的人眼裡，可謂相當熟悉。世間刻板印象正由此生：單獨一項特徵，在一人或一時期身上特別突出，往往便以偏概全，成為對此人或此時期所記憶的全部。心靈，真是易感的器官，而不是全錄的儀器。

本書的宗旨，即在顯示「近世」為一獨立單元，一個許多方面都與前一時期截然不同的時間組合，在此前提之下提出的各項證據，或許便不免產生，甚或證實了某種概括的刻板印象。雖然不時警惕、提醒讀者，某些重要事項的起步，其實早在一五〇〇年之前即已出現——但也許作用不大，反而更強化了原有印象：以為中古時代，乃是「黑暗」時期。為驅走這個不當印象——至少從本節讀者心中驅走，在此不得不打斷正文，插進一段間敘。

中世紀這個稱呼，乃是近世的發明，甚至直到十七世紀晚期16之前，仍然鮮為人知。藉此上與希羅古典時代區隔，下與近世畫分，多少反映出某種自負自期的心理——科學人與自由思想人，普遍想把自己與那千年的「無知世紀」畫清界線。不久，十八世紀更直截了當表明這份優越意識，並說服後世相信那「哥德」藝術、經院學派、敬虔行為，都是野蠻的化身。在今天的新聞用語與一般談話裡面，也常用「中古」一詞非難任何令人感覺過時或粗鄙之事，正是十八世紀遺風——誰不知道，中世紀說有多殘酷、野蠻、迷信，就有多殘酷、野蠻、迷信。

事實上在紀元一五〇〇年前的千年之間，在異常艱險的起始環境之下，誕生了一個新的文明。五世紀時羅馬帝國崩解，只留下少數幾座城鎮以及許多孤立的聚居地，苟延殘喘、自力更生，對付外面慌亂失序的世界。而所謂的中世紀「諸」年代，從這個複數形式可以看出，其實包括了好幾個年代，各有不同成就：創建新制度，改造舊制度（不止一次），而且（根據某些人的說法）甚至向世界綻放過兩次文藝復興之花——早在後來壟斷了這個名詞的「文藝復興」出現之前。最新的看法，則認為之前並未有過兩度復興，不過的確卻曾在一〇五〇年到一二五〇年之間，大大地盛放過一回。至於更早之時，誠然，八世紀及九世紀初在查理大帝治下，曾有過傑出的智識與政治活動，可是一時之盛只限於查理一朝，隨即便被新一波日耳曼族（法蘭克人、汪達爾人和各樣的哥德人）的侵入大浪淹沒。南方則有阿拉伯人、柏柏爾人（統稱薩拉森人）前來發動攻擊，雖遭擊退卻未完全殲沒。

西方世界的人口，遂在這一波波新元素下開始重新組成；在此同時，愛爾蘭僧侶則在一筆一劃抄寫、編纂古籍，保存了高等文化的寶藏——聖派翠克與其從人的功業，可不只是把蛇全部趕出愛爾蘭島上而已。至於歐陸，從九世紀後半期到十一世紀中期，生死成了生活中最現實的大事，因此，要是你高興，也許確可以為這段時期貼上黑暗[17]的標籤，但是再往後用下去，就近乎荒謬了。何況中世紀大眾文學描繪的情緒，往往是歡樂的，一點也不恐懼、陰鬱——危險叢生，反能使精神一振，能為行動加力。甚至在最慘澹的日子裡，傳統依然屹立不搖：羅馬法與教規，都不曾褪去，日耳曼入侵者也帶來他們的習慣法；日後某些思想家更認為，個人自由[18]的思想，正應歸源於這些習慣法。

用任何詞彙形容中世紀，都是件傷腦筋的事情。因為中世紀任何時期、區域、城鎮，其語言、法律、政制，以及其他文化組件，都有著極大的多樣性。正如九世紀阿古巴德致虔誠路易（查理曼之子，後繼帝位）信中所言：「常見五個人在一起談話，往往沒有兩個人係受同一法律管轄。」這情況極類古希臘：比方一般所說「希臘戲劇」，其實是近世的用語，正確的講法為「雅典」戲劇；其他如某幢建築、某段歷史，或某件抒情詩作品，也都應該分別冠以所在城邦之名才是。

同理，雖然一提**中世紀**，**封建制度**一詞立刻便躍入腦海，最好還是將之拋諸腦後——除非真打算詳細[19]研究那個年代。反之，應該將封建制度設想成一種人與人之間的效忠關係，一種用盟誓做後盾的強烈感情：陪臣附庸因此向封建領主獻出軍事及其他各種服務。這是一種務實的束縛力，藉此才能抵禦不管從哪個方面而來的生命與生存威脅。陪臣身分不一定意味必有采邑（即擁有封地），卻實實在在意味著一種維繫社會的道德力量。那些家喻戶曉的故事與傳統，從亞瑟王的圓桌到華格納的歌劇，背後皆以其為基礎。

領主大人及眾武士之下，是為農奴，以及鄰近城鎮的工匠。農奴受土地綑綁，負責供應糧食，工匠則提供手工製品。可是正如任何時代，這個社會「系統」實際上毫無系統，根本不致永遠一成不變；人口向上發展流動，是確實存在的事實：農奴可以逃跑或買得自由，窮孩子可以成為教士甚至當上教宗。領主的家業版圖愈來愈龐大，最後勢必需人幫忙管理，遂開始僱用農奴任事；職重權大，令人欣羨不已，有些自由民便想法取得農奴身分以符資格[20]。簡言之，中古社會不是暴政社會，它分階級，欠理性——一如任何社會。

不過，中世紀社會確實間歇應用一項取自亞里斯多德的原則——今天亦再度為人青睞。此即任何規定，都必須得到規定影響對象的當事人認可，否則就不能成立。當然，大規模的建制無法在這種束縛之下運作，可是中世紀大學的學子——以下即將介紹，卻確有辦法行使這項理念；如果同意權的機制運作失靈，罷課、示威、暴動就隨之上演。因此總括起來，我們甚至可以說，中世紀的人格形塑，因當時環境極端艱困不穩所致，往往有魯莽暴戾[21]的傾向。婚姻、繼承、承諾、餽贈、贖金——重重因素來源相疊，導致不同的律法、權利，以及權利主張的衝突，遂造成這種換作今天，就會造成勃然大怒、立打官司，或導致當場解職的脾氣表現。中世紀時期各地無休無止的戰爭，其實絕非一般以為，屬於強盜公侯的打劫行為：事實上幾乎十次有九次，都起因於某種合法權利的主張。當征服者威廉跨越海峽，將英格蘭收歸己有之際，他手上足足擁有三項繼位資格。土地既是當時主要的財富形式，貧瘠、不確定的人生也只有土地是唯一勉強可賴的生計來源，手上擁有土地的多寡，便成切身的實際，而非僅是完全出於面子或貪心。

更何況中世紀的戰爭，也有其文明特色——戰爭乃是一場競賽，規則異常嚴格。一言既出名譽攸關、敵手之間彬彬有禮、騎士被擄視同「友人手足」，如此相待直到贖回（<147-149）——這一整套規範都務必恪守遵行，否則就會被冠上違反遊戲規則的犯規醜名。「一四一五年英、法兩軍對陣，雙

方傳令官同在一處高地觀戰。當法軍已然敗逃，英王亨利（五世）卻依然焦急等待，直俟法方傳令官證實己方獲勝。英王遂贏得為此役命名的權利，是為阿金庫爾之役[22]。」

至於愚人聖宴，不只是遊戲，更是一種有助於精神健康的措拖，從中可以一窺中古老百姓對教會的態度，這是從外表信仰上看不出來的。盛宴就擺在教堂裡，先選出一名「節慶王（歡樂王）」，然後便以嘲弄方式，模仿起禮拜儀式。修院弟兄同樣也選出他們的聖誕「失政王」，有組織地輕鬆一下，以解平日之嚴——反觀我們這時代，顯然缺乏這種宣泄管道。兩場歡鬧樂事，都是以異教羅馬古農神節慶典為本，再添上基督教神話風采。只有到更正派革命起，滿腦子只擔心得贖不易，上教堂才變成必須壓低嗓門、躡手躡足的嚴肅事情。

造成十一世紀十字軍東征的那股熾烈熱情，可做夢也想不到這些。十字軍聖戰的確滿足了為靈性加分、為達成悔罪、為取得聖骸以資護佑的宗教欲望，同時卻也有其他俗世效應：尋得了刺激歷險、避開了單調家事、品嘗了有名的東方式豪奢享受，並痛快地與異教徒大戰一場。更有一項動機，就是貿易，至終遂產生了馬可．波羅十七年中國之行的敘述。馬可．波羅此行，正是為貿易。他隨其商人叔叔前往中土，最後成為蒙古皇帝忽必烈汗的顧問——忽必烈汗正是詩人柯立芝那首同名詩[23]的靈感來源。馬可．波羅還到過印度支那（東南亞半島）、日本、馬來亞和印度，使西方人認識東方地域之廣。如今看來，他的冒險敘述似乎並不是第一宗；在他之前，十三世紀中期與十四世紀，也分別有過三人寫下關於東方的記載（這些記載以譯文重現，可見 Manuel Komroff 編 *The Contemporaries of Marco Polo*）。

一如之前的時代——我們的時代亦然——中世紀抱有許多迷信。不過他們的迷信更生動逼真，其中關係到自然現象的某些想法，也非純然胡思亂想。至於常被人用來引為典型中古風的那樁集體荒唐笑話，則是以為世界將在紀元一千年際結束的大恐慌。隨著紀元二千年即將到來，此事又再度為人提起——事實上根本沒這回事。很久以前即有美國學者指證，所謂擔心世界末日的故事純屬虛構，因為很多方面都與中世的思想習慣[24]相違。比方日期本身就很可疑：十、百、千等數字，對中世紀人而言，比起三、七、十二可謂無甚意義（三、七、十二具有聖經啟示或預表意義）。此外，一年之始，在不同地方始於不同月份，恐慌時間豈不太統一。有關世界末日的預測，向來未曾斷過——至今依然，在所謂啟蒙、文明、俗世和更正派的十七世紀，更是每逢大災難後的反射動作。

不過，超自然現象的確在中世紀的公義裁決上扮演了一個角色。既然萬事均為神所主導，神明裁判（trial by ordeal，借助「神」的力量來考驗當事人，以確定被告是否有罪或敗訴的原始審判方式），後改以比武對決裁判（trail by combat），遂成屢試不爽的好法子——今天也有人信奉同樣前提，他們理當大聲疾呼回歸此俗才是。但是盎格魯·撒克遜的法律，則提供了一個較簡單也較務實的做法；乾脆將犯罪視為破壞安寧或和平，因此應以金錢補償。中世紀英語的 murther 在意指殺人行為之前，原係一種罰金的名稱。償付罰金，遂「購回」安寧——可見道德感一事的分量，不見得人人心同理同。英格蘭的陪審制度，一開始也是由十二人組成，由鄰舍擔任，因此能以第一手身分舉證事實。陪審員不做裁定，只說出他們對案中人地知情的部分。

第三種裁決程序，係以對決（*duellum*）方式行之，由征服者威廉設立，既用於刑事也用於民事案件。施行原則可謂合情合理：對決之日，可以僱職業武士代打，武器也有特別規則，不得致命。日落之前，若有任何一方喊出「認輸」（craven），失敗一方就以偽證罪定讞，科以罰鍰。如果所爭者屬重大刑案，敗方當事人就被吊死。有本事的打手是一項正式認可的職業，各地王公每年都聘有一名這類高手，以防他人挑戰自家的權利。

＊＊＊

另有兩項中世紀制度，至今猶受人尊敬緬懷，此即中世紀大學與中世紀「藝術」課程。索爾邦、牛津、劍橋，與巍峨的大教堂，同在世人的記憶裡長存，也一起成為那個年代成就的總合。對於中世紀大教堂，今人的認識可謂相當完備正確，因為它們至今猶在。但是中世紀**師生社團**（*Universitas*）則不然；它意味著一種自治團體，成員為大教堂學校裡的一群教師，連同人數不多的學生，為進行高階教育設立一處講學之地。這些早期的教學行號，可以回溯至十一世紀，自營自理，一如行會。

至於「藝術」課程，內容意義也與今天不同。這裡的藝術，意指「知其所以然」（know-how），即「術」（techne），如同我們說「機械技術」中的「術」。而「人文」（liberal）學科的術，則是為自由人學習之用，是有志教書、從政，或單純只想過心靈生活者的必修。一群既不在教會中任職，也不從事技術職業25的「知識分子」（intellectuals），在中古人數日增。他們研習的「術」共有七項——可分成四、三兩組：算學、幾何學、天文學、音樂學，是為四學；文法學、邏輯學、修辭學，是為三學。學士、碩士、博士，則分別表示獲取的資格程度。四、三之分，顯見科學的重要性已經位居顯位。從這樣的課程組合裡面，遂生出以下這項屬於近世的概念——如今卻已漸衰，此即未來任何公私領域的領袖，均可經由人文學科的訓練，取得從事本身職責所需的技術。日後英格蘭配合時代演進，更動其中部分課程內容，遂基於這項認知，成為一個興旺大帝國長達一個半世紀之久。

中世紀的大學生，不服管教，很難駕馭；比起後來的學子，當時有些學生頗有權利指揮老師行事，換句話說，這些學生依權限根本就是大學的行政部門。牛津雖是由教職員主持，在巴黎，註冊入學的學生可是直接付費給老師，因此大可以對教學方式——以及其他任何不合他們口味的事提出抱怨。四「國」（非指國籍，事實上各國皆有）派出的代表，依法規定快速輪任，黨派之爭卻使牢騷、爭論、暴動和受傷不斷。當地人更成為學生搶劫、謀殺的現成對象，卻竟可以不受懲罰[26]。至於這些大學名城裡的生活，其背景環境，今日旅人可謂眾所皆知；其擁擠與衛生欠佳的狀況，歷來文獻也描述得相當清楚（欲知更多細節，可讀 John H. Mundy 及 Peter Riesenberg 合著的 *The Medieval Town*）。

前面提及的發展中的知識分子階級，他們的生活行事，甚至在畢業之前就已經頗合這些十三四歲即已入學的少年學子胃口。於是學生們也加入這顛覆一族，不為共同的教條或信念，卻出於性情與習性相近。他們既

> 但願把小夥子從十六歲到二十三歲這段年齡都給我勾銷了吧。因為這段時間裡，他們除了讓姑娘懷孩子，欺侮長上，偷竊啊，打架啊，就沒有別的事情可幹啦。
>
> ——莎士比亞《冬天的故事》
> （方平、張沖譯本）

> 英王亨利三世，向巴黎大學的天子、學子致意。在巴黎邪惡的律法之下，爾等吃盡千辛萬苦，吾人出於對神與神聖教會的敬意，亟欲助爾等回復應有的自由狀況。各位若打算前來英格蘭王國，以此地為永久的研習中心，不論選中哪座大小城鎮，必將如其所請。
>
> ——（一二二九年七月十六日）

非提倡改革，也不鼓吹革命，而是身體力行無秩無序的亂象；法國詩人維庸的歌謠，就係以圈內人身分做了一番露骨的描繪。畢業生、在校生、浪蕩子和犯罪者，成群結黨浪跡鄉間，極不受村民歡迎；不過此時卻已因其歌詠愛情、憂傷、飲酒的歌曲而甚為人稱道。有關他們的歌曲集本很多，在日耳曼一處修道院發現的精品，更成為德國作曲家卡爾．奧福那齣普受喜愛的清唱聖劇《布蘭詩歌》27的歌詞。一直到近世初期，歐洲那群無法無天的學生，才終被新生國家的君王施壓鎮住。

＊　＊　＊

在科學與「術」上，中世紀時期的進展遠超羅馬、希臘。阿奎那的神學架構雖然來自亞里斯多德，「斯塔吉拉」（亞氏誕生地）的物理學卻為巴黎大學駁斥。十三世紀另一位科學家修士羅傑．培根（第一位培根，歷來姓培根的名人甚多）從事實驗，對光學研究頗有成果——眼鏡的發明即歸功於他，並推廣「真理的驗證不在權威、邏輯，而在經驗」。這段時期近尾聲際，更有多才多藝的日耳曼樞機主教尼可拉斯．庫薩學富五車，通曉的範圍涵蓋物理學、數學（提出無限小的概念）、天文學和地理學（委製了第一張中歐地圖）。他寫作論哲學、法學，對這兩門學問的促進貢獻良多。他棄置正反兩面相互詰難的經院學派手法，更在哥白尼及喀卜勒之前，就對行星的圓形運轉軌跡，以及地球乃宇宙不動中心之說提出懷疑。庫薩在今日亦受宇宙論學者推崇，因他將宇宙設想為一延續不斷的整體，而非不同物質組成的各個球面天體。然而他的想法，當年卻無人再接再厲充分探究下去；可見科學要發達，必須先成建制，此言誠然不虛，庫薩正是一個最佳的例證。在此同時，也得對經院學派表示一點公平；懷海德提醒我們，經院學派雖然顛倒邏輯，卻對科學有所貢獻，因為從中建立起一個習慣：務要問明任何陳述的意涵，絕不滿足於表面看來言之成理的答案。

用邏輯矯治鬆散的推論，中世紀時期更得當時國際語言之助。這個國際語言不是拉丁文，而是**中世紀**的拉丁文，一個能做嚴密精確表達的媒介，文法句構已予簡化，詞彙用語卻大為豐富。近世語言中的主詞——動詞——述語句構，以及科學、哲學、政府、商業和日常談話中使用的種種抽象語，許多都拜它之賜。及至中世紀末，凡追尋真理之人，也都已配備充足，擁有一套「哲學儀器」與器械：各種測量、製圖的工具、羅盤與觀象儀，又有海圖之助，指導航向；搶風調向行駛，最晚即可能始於十五世紀。還有一篇詳究磁石的論述，在科學與日常生活上都發揮大用，而且不止一途。此時的技術人員，在營建、開礦、製造各方面也都已擁有大量經驗，更兼具不斷追尋新猷的傳統。

機械的發明與利用，需要一種更勝人的臂力的能源；蒸汽之前，有水力做動力。壓軋機，正是中世紀機器的極品，可以用來碾磨、縮絨，以及其他各種工業需要。壓軋機使用金屬鑄成、形制一定的傳動裝置與承軸，既堅固耐久，又能長時運轉。日耳曼地區開採的金屬礦，經過新法處理，亦增耐久性與承壓力。法蘭西的嘉都西會僧侶，首先發明鋼，遠在他們在阿爾卑斯山區的弟兄發明沙特爾修院酒之前（可讀 Jean Gimpel 著 *The Medieval Machine*）。至於那些今日依然矗立的橋梁、房舍與教堂，在在傲示其手藝的精美、建物的堅固，以及設計的精良，更是不在話下。種種我們無法複製再現的石飾、石雕、彩繪玻璃，都是後人讚揚不置的技術。巍峨的大教堂，更是最早的摩天高樓：首創為求高度，不以大塊堆積，卻用框架向上發展的結構；四壁只是用來填充，而非建築體的承重牆。

一些較小的工藝品，卻幾乎為人遺忘——家用器具、珠寶首飾、金屬薄甲和鎖子甲，想來都得有精細的製作方法與高度的個人技巧方能存在（可讀 G. G. Coulton 著 *The Fate of Medieval Art*）。更精湛的絕活，則要屬第一批機械鐘，從十三世紀最後二十五年即已開始製作，可靠的手表則在兩個世紀之後來到。西方人一大特色，就是特別看重時間：斯威夫特筆下的格列佛老是看表，地主國巨人族還以為他是在向他的神明請授機宜哩（可參閱 David S. Landes 著 *A Revolution in Time*）。

同樣不可忘記，正是中世紀的「術」，首造了火槍與活字。毛瑟槍和大砲，改變了戰爭之術，也改變了「砲」一字的意義；有了槍砲，步兵的優勢遂勝騎兵，因此就社會意義而言，騎士地位從此貶抑。至於活字印刷，雖說如今數位化無所不在，看來似乎不再那麼需要，現代人也千萬別因此自我想像，以為活字是自家發明，還建造了那書本之所由生的機器。而且，即使連全篇小寫，而不再從頭大寫到底的做法，也是查理大帝時代一位書記的發明呢。

＊＊＊

當書還只是卷軸或冊張（繫在一起的單張）之際，不僅昂貴，而且稀有。不過真要一一數將起來，卻可以發現各類著作還真不少，包括彙總他書知識的書在內。百科全書首次亮相，是八世紀學者塞維亞的伊西多爾，一直到十五世紀則有巴所羅氏（方濟會修士）百科全書。這八百年間，阿拉伯人在西班牙建立起高度文明（如前已見）；眾多科學、哲學知識，遂從此地流入北方，正可與十字軍攜回的貨物與精緻玩意兒媲美——同樣也是東方世界的產製。

始於口傳，終以文字記載，中世紀擁有大量的文學作品，數量之眾，至今尚未能全部研究登錄完畢。歷代有關亞瑟王及其眾武士的故事，此時早已開始轉述。其他各式人物、傳奇，在滿足了中世紀人的想像力後，同樣也令近世人產生無限遐想：羅蘭與奧利弗、崔斯坦與易索德、帕西法爾、尼貝龍根、貝奧武夫、尼亞爾，以及冰島英雄冒險事蹟裡各色人物。這一類巨型史詩，或頌亞歷山大大帝，或詠玫瑰傳奇、大腳公主，都需要一套與當今市場閱讀習讀不同的欣賞訓練。至於詩人們較短篇的作品，則遵循嚴格形式，專為吟唱而作，其中的民謠類迄今經常為人取用。這些作品之外，中世紀還有拉丁文詩，多屬宗教主題，西洋詩用韻亦首次出現。聆聽天主教儀式中頌主聖歌或安魂彌撒的現代聽眾，若讀其詞，即可品嘗其中風格（可讀 Helen Waddell 譯 *Medieval Latin Lyrics*）。

中世紀作品蘊藏的詩歌與智慧量之大，也許可以用下面這句話總結起來：十四世紀的喬叟，在歐陸文學中發現「數量豐富的羅曼史、聖人生平、小故事、寓言故事[28]（*fabliaux*）、戲劇、歷史、傳記，全都具有極大的趣味性與重要性[29]」。喬叟本身在十四世紀的作品，就等於是一份中古中期（十一、二世紀）文學選集，反映當時女性的文化與生活地位——當然一如任何文學，必須搭配史實與官方紀錄調整參看。十字軍東征期間，婦女必然得挑起部分家務產業的管理責任。作為寡婦、攝政，她們統治郡縣、公國，有時甚至包括王國，比方英格蘭的瑪提達、阿奎丹的艾蓮諾、卡斯提爾的布蘭契、西班牙的伊莎貝拉皆是（包括兩名女子在內的中古傑出人物生平，可讀 Norman Cantor 著 *Medieval Lives*）。至於愛洛綺思與貞德（Joan of Arc，恰當的寫法應是 Joan Darc，而非 of[30]）二人，更永遠鮮明活在世人心中，自是不在話下。

寓言故事這類大眾通俗作品，用最粗俗滑稽的風格，批評當時種種習慣、階級、風俗和制度，其中難免對女性不敬之處。不過既然誰都難逃這類文字抨擊，在此遂需要加以闡釋[31]。婚姻之事，風風雨雨、變幻莫測，因此諷刺女人、取笑男人私通的笑話遂永遠不衰——當然，沒有人相信天下男女、夫妻皆如此（可讀 Richard Aldington 譯 *The Fifteen Joys of Marriage*）。及至十四世紀，文學與各方證據俱皆顯示，女人在社會上、智識上，都是男人的好夥伴。事實上一個良好的社會，不論是構想或實際生活所示，沒有女人絕不可能存在。以下，就來介紹這樣一位見證人，同時也是一名職業作家，

彼森的克莉絲汀

克莉絲汀是威尼斯人之女，其父在法蘭西為官，教導女兒讀書，並為她找了一位在朝頗有前途的丈夫。然而沒多久法王即告駕崩，父親失去職位之後即撒手辭世，旋即丈夫也跟著去世，留給克莉絲汀三個孩子扶養。除嫻熟法國文學及上流社會的禮儀之外，她還通曉拉丁文、義大利文，便將這些本事派上用場，寫出接二連三的作品，有詩歌、散文，還有禮儀手冊、歌謠、迴旋歌（rondeaus）、維勒萊（virelais，中世紀法國詩歌體），以及其他專為特別場合之作，卷首都寫有長篇累牘的獻詞。

克莉絲汀不曾錯過任何捍衛女性與女權的機會，尤以《致愛神書》特別值得注意。另一位詩人樂法蘭克，也在《擁護女士》一書為女性講話，於是這項議題，變成一場大家一起來的論戰，被稱為「女性論戰」（<202）。「女性問題」其來已久，也永遠存在，這段插曲卻點明一事：婦女地位隨時間而不同：文藝復興時期自由，維多利亞時代壓抑；在法律、習俗、一般言談裡也往往有別。這種差異的存在——實質上或有不同，原則上卻也同樣適用於男性、兒童的地位與權利。社會從不依其既定的藍圖行事，因此極難比較，判斷更經常有誤。

近世所以有此「婦女問題」一問，源自中世紀一項新奇發明，一種精神式的「守禮之愛（騎士愛情）」——（勉強可算發乎情止乎禮、精神上的愛慕）；這種風氣或許也可以用來解釋，克莉絲汀為什麼

會以愛之神為對象作書吧。遊唱詩人及詩人的樂手，發明了「浪漫」（romance）這個概念。浪漫是一種無法用其他任何情狀比擬的感覺——完全超乎社會禮法關係之外，在許多方面卻又陳舊因襲。浪漫與婚姻無關，婚姻是家族之間鞏固結盟、重新分配財富的手段。婚姻之約，可能在沖齡之際便由家長出面議定；婚姻制度，也不在乎將彼此完全陌生的青春少女婚配年老鰥夫。安配式的婚姻，今天在世上許多地方仍然通行，即使在此俗已經不再的地區如西方，家人也似乎依然有權干涉個人的婚事。有了浪漫的空間，自然狀態遂得以重新歸位，個人意志亦得重新伸張。

這項中世紀的愛情制度稱作騎士愛情，因為它乃是寄植於騎士精神的理想與儀式而生——亦即那馬上勇士的氣質思維。十二歲的侍僮，若有志成為騎士，必須經過徹夜儆醒禱告，並誓言只為純正大義而戰，如扶助弱小不幸者。為疏導青春期的情愫，騎士精神的對象尚包括女性在內——不僅是美女——而是將女性作為一個性別來崇敬。愛慕的對象必須已婚，而非待字閨中的少女；並為宗教原因以及保證子嗣血統純正故，婚姻誓約務必絕對尊重。因此不管他為愛嘆息、吟詠、溫柔傾吐的字句如何大膽，他的熱情始終只是理想式的愛慕——經常得力抗誘惑，則必屬無疑。但丁對年僅九歲的碧翠絲迷戀崇拜，佩脫拉克對蘿拉遠遠地思念摯愛，都屬於守禮式精神戀愛的浪漫情懷（可讀 Willard R. Trask 譯的文選 *Medieval Lyrics of Europe*）。

另一種與此類似的情愫，則是神祕主義者如聖女大德蘭，將其純情之愛投向予神；雖然出之以凡間情愛的言語與圖像，他們對神的眷慕卻未因此而貶低，反而正顯出這兩種渴求心理之間共通的理想氣質。反之，現代浪漫的談情說愛，卻大量使用宗教用語：心上之人是「天使」、她的性情「聖潔」、有她於他如在天堂。這些愛情癡語，其實並不可笑，也無須莞爾，殊不知世間最美妙的詩詞，多躍生於這種愛慕深情與宗教熱情。但是可想而知，理想往往易墮落成廉價的傷感；被人崇拜反生煩惱的女性心理（「供起來當偶像膜拜」）也非常容易理解。試想：不論是呆呆地繼續高高在上，或奮身跳將下來，都成既冒險又可笑之舉。不過說起來，精神式守禮之戀描繪的女性形象，畢竟是一個有生命的存在，而非只為政治、經濟，或婚姻之用的物品，因此在理論上建立了女性應有的（而且許多女子事實上也已經享有的）各種權利與特權；第一步，就是始於對女性其人的尊重，以及對女性特質的讚美。

因為假定從上古時代開始，女性就千篇一律受壓制虐待，只是丈夫手裡的苦工，只是領主名下的奴隸，就等於接受一種刻板印象，卻忘記女性確實擁有著她們自己也亟欲辨明表白的特質：她們聰慧、自重、機智，又擅於發揮與生俱來的女性本能。其實歷來不分男女，兩性都各有其殘忍之人，原因在前已經陳述。比起帝國羅馬時代，或十八世紀歐洲沙龍，中世紀人的心性（一直到晚期）無疑殘暴許多；騎士式精神戀愛或能產生一種柔性影響，想來殊有可能。古今相較，更必須指出：今天的新聞版面，不也時時充斥著殘暴人物，今天的社會卻再也沒有守禮之戀來磨細他們粗暴的性情。浪漫猶存，逃避這情色當道的肉欲世界——在那裡，「守禮精神」可派不上用場。

＊＊＊

這段間敘結束之前，還有一事值得注意。中世紀對「過去」絕非漠然，只是他們觀看過去的方式，異於我們的「歷史感」

> 美好的、甜蜜的愛人，為何我未曾允你所求？我所懼怕的粗暴村夫，如此礙我從命，我將永遠無法回報你為我做出的服務。
>
> ——洛林公爵夫人〈哀歌〉（十三世紀）

——或者更精確一點，與發展於十九世紀、如今則正快速黯淡之中的歷史意識極不相同（1110>）。中世紀人歡迎任何有關羅馬帝國的書籍與傳承，也歡迎大量經由阿拉伯、猶太學者傳遞的學識（<347）；可是中世紀作者本身就歷史方面產生的作品，卻是一種完全大相逕庭的類型。

他們編纂年表，依時間順序逐日詳列大小事件，中間摻雜進古事、異地的風聞。這些作品有其價值，因為是第一手的事實紀錄，可是在這類「歷史」或他種中世紀文學裡面，卻洩露出一種「不顧歷史性」的心靈，因為作者不克分辨歷史時空的不同：人生由天意掌管，人所見的人生千載相同，過去與現在永遠一成不變。中世紀作者感興趣的事物，是有關異象與奇蹟、罪愆與悔改的種種細節，因為藉此可以解釋事情緣由與個人生平。中世紀所作的傳記，往往也遵循類似模式，以道德、神學觀點詮釋人世的作為；這些聖人的生平，滿了多彩多姿的教訓與奇事——不過這類作品依然有其引人入勝之處，讀來既能增加見聞，也提供敘述藝術的典範。中世紀快告結束之際，維拉德旺、傅華薩和科敏分別執筆記下自己一生行事，對他們的時代、他們的遊歷著墨甚多。他們之後，世界開始察覺到時間與世事的變遷，終成一種時時存在的天生意識——卻完全不見於這三位作者筆下。

> 小心注意你們的手指！別碰寫作這件事！你不知道寫作是怎麼回事。它是一件要命的工作，會彎曲你的背脊，模糊你的視力，碾皺你的肚腹，折斷你的肋骨。
>
> ——中世紀晚期手本

然而千載之下，整整一套文學寶藏竟能從古代世界臨及我們，全多虧中古之人孜孜不倦抄寫；這是一個事實，一個令人驚詫不已的巨大事實。但是他們將作品的「文本」抄了又抄，卻顯然從未曾注意到文本裡面呈現的不同——這真是歷史的一大弔詭。如果說，這種視而不見的心態，係出於對異教社會的蔑視，為何又花費如許時間，保存它的紀錄？又假若當年修院開飯時間，特派一名弟兄朗讀的書籍，曾包括西塞羅、塔西陀，想來也必有過相當數目的心靈，聆之曾深深著迷吧。然而，既乏切身的文化情境（姑且如此說吧），這一時之興可能就難有下文。無論如何，中世紀抄寫之功，現代世界務必永感其情，因為他們不只抄寫了其時其地編年家筆下的軼聞趣事，同時也抄寫了他們之前那個文明四散零落的斷簡殘篇。

第二卷

從凡爾賽的泥沙到網球場

第十章　君主之革命

革命有一，必有二。十六世紀更正教革命，摧毀了合一的基督教信仰，也做盡了好事壞事。結果最大的壞事——即各宗派間曠日持久的戰爭，卻加速了十七世紀以「君主與國家」為其雙元理念，穩定、和平做其雙重目標的君主革命。綜觀全歐，原有的權威俱已為宗派的分裂所挑戰，甚而破壞殆盡，如今便務必尋得某種手段，以期透過新的效忠與新的象徵，重新恢復秩序。

這項新象徵就是**君主**，而非國王。西歐有王，已逾千年，然而不論諸王野心雄圖為何，卻始終只能「位居首席」，而不得「唯我獨尊」。他的「貴族同儕」是那些顯赫的王公，始終在挑戰、侵犯他的王權，爭戰、篡奪他的王銜，國中大部分的土地也歸他們管轄。在其封地或公國之內，這些公侯不但儼然一國之君，根本就是合法正統之主。因此各國疆界無時或定：何謂法蘭西？又何謂勃艮第？義大利？奧地利？薩伏衣？大至全國，小至一地，都在這些左攻右伐、遠併近吞、不斷尋求擴張財富、勢力的主子擺布之下。法蘭西、西班牙在義大利開戰爭地；英吉利人更在法蘭西地面上打了好幾個世紀，即使在撤軍歸國之後長達四百年的時光裡，英王加冕典禮依然聲稱法蘭西乃英王領土之一部分，英王紋章也照樣飾有代表法蘭西的百合花。各國之內，不斷有強大貴族尋求外力之助，以推翻本國國君，改由自己取代。因此所謂一國，一個國土連綿、疆域固定、人口日趨同質的「國家」概念，不但在理論上模糊難明，更遑論實際。

國家，暗示著現代民族國家，權歸於一，政出於一；一如**君主**，意味著唯我獨尊、不容置疑的寡人獨治，與封建的**國王**不同。這雙重演變——從國王變成君主，從「王土」變成「國家」，正是革命的標記，與本書開宗明義所做的定義相同（<3）：即權力與資產因某種思維、理念之名，發生劇烈極端的轉移。

王、國的意義，並未在歐洲全地立即幡然改變，卻因各地傳統、戰局走勢、君王性格使然，而有不同的速度與進展，遂使這場革命歷時約兩百年才大功告成。如此漫長竟稱「一場革命」，也許有些奇怪；但切記革命是一種過程，而非事件。我們談法國革命，往往以密封的形式思之——發生於一七八九年到一七九四年之間的一場革命，其實此事無論理論、實際，在前都早已發動，而騷動背後的理念——人權、平等、參政權、「不再有王」等等，在後亦花費百年光陰才終為法國本土及西方其他國家接受（849>）。即使在今天，所謂民族國家的概念，對世上某些地區、人民而言，也依然尚未屬實。他們今日的奮鬥，正是當初那革命性觀念（君主與國家）造成的遙遠回響，也是我們這時代的一大弔詭：如今國王已不常見，而國家作為政治形式，卻在當初首度落實這項形式的國家中開始分崩離析（1108-1111>）。

這項革命成就的經過，漫長複雜，無須在此多占篇幅；此處只消回憶幾項事實，即足以顯示其進行的模式。十五世紀西班牙的亞拉崗與卡斯提爾二王國，透過費迪南與伊莎貝拉聯姻而結合，隨後又征服格拉那達，驅逐並同化了摩爾人與猶太人，國勢更形強大。各地議會漸馴於中央勢力，正是君權的最佳試金石。進入十六世紀，葡萄牙亦受西班牙管轄，半世紀後又脫離而去自成一國，半島上遂成兩個國家。

同樣也在十五世紀後期，英格蘭的薔薇戰爭（各路諸侯領主聯盟對陣）亦藉聯姻與戰勝之力而落幕，頭兩位都鐸朝英王，幾近以「君主」之姿進行統治。亨利八世之際，發生過一起叛變，及至伊利莎白繼位，內部紛爭再起，專制王權又告削弱。查理一世企圖恢復王權，結果因為英國內戰崩解（392>），一直要到一六八八年光榮革命——其實不是光榮革命，而是光榮折衷妥協，英國君主制度才終於確立；十八世紀兩度試圖推翻均告失敗，可見其勢之固。順便請注意一〇六六年後，歷任英王其實都不是「英吉利裔」：征服者威廉是諾曼裔，金雀花王朝是法蘭西裔，都鐸朝是威爾斯裔，斯圖亞特王室是蘇格蘭裔，漢諾威王室是日耳曼裔。這般遞嬗轉換，無疑有助於國會保持權勢，否則若君權長期屹立不搖，恐怕早已將之消滅。

在瑞典，瓦薩王室的統治早已擴及整個斯堪地那維亞地區，而且始終不墜——雖有古斯塔夫在三十年戰爭中之死，以及妙女王克莉絲汀娜的遜位之舉（<312）。至於十六世紀末的波蘭，在精神上雖為一國，看來彷彿也只有一君，不幸此「君」係經推選而生，而且處處受制，因為每位選出他當君王的諸侯，對立法單位議定的法案都擁有一票否決權——直可謂制度化的無政府與矛盾狀態。兩個近乎國家的「半」國家：尼德蘭與瑞士（由那紙結束三十年戰爭、範圍廣泛的條約所立）則設法在無君之下推動國務，方案體制之複雜多樣，不下於其省份之組合。另外兩個地域廣大、疆界模糊的地區，分別以日耳曼、義大利之名存在，卻克服不了各自的過去，無法攫得革命利益，繼續分裂成許多小單位達兩百年之久；日耳曼、義大利兩地的衰頹不振，不僅令本身飽受分裂之苦，垂涎者也因誘惑而遭

折損。

＊＊＊

專制君主制一詞，往往令人聯想到法國，尤其是法王路易十四；這項聯想，其實對也不對（423＞）。正確之處，在於要了解君主制與國家概念的具體細節，十七世紀的法國確是可觀之處，提供的事例不但最完整充分，而且早在路易十四之前即已開始。法王及其群臣從十五世紀起，就設法控制貴族、整飭版圖，並注意錢事而在財政上取得獨立。這最後一項尤為重要：一介國王，只有在獨掌戰爭大權之後方能成為君主，此事意味著必須有財力養兵，而且是一支常備軍。有錢，同時也就能壟斷司法、稅務和鑄幣——這一切，都得靠一支公務人員隊伍強力執行方能落實保障；這些不可或缺的舉措，又表示有一個來自中央的號令為前提。君主政治，便暗示著中央集權；一個地理上的區域，即使界定再清楚，如若各自為政，就算稱為國家，也算不得現代**民族**國家。反之，令出中央，則由中央派員取代地方勢力，並盡可能全國一體通行，官僚組織與制度於焉誕生，至少得以大規模擴張。

一手為法國策畫、建立這套系統之人，是樞機主教黎塞留，任法王路易十三首相達四分之一世紀之久；他在貴族和教士環伺密謀、一心一意要推翻他的重重危機之下，達成了這項任務。大仲馬的《三劍客》故事，就對黎塞留旗下的黨羽、間諜，以及這隊人馬招致的民怨，提供了很好的概念。黎塞留當政之下，國家凝聚鞏固了：外國勢力拒於雷池之外，異議的雨格諾教眾限制在特定幾座城鎮；更以違法罪名，對貴族明正典刑創下先例，得以嚇阻立威。

另一項有其必要的罕見手段，則與一古老的文化舊俗——即決鬥——有關。嚴禁決鬥，前朝即已三令五申，當時每年因此「消遣」而死傷的人數，高達令緒利公爵擔憂的程度（<279）。我們也許會以為，志在君主之制的國王應該因此歡欣才是；那些以此為樂、把決鬥當成運動賽事、自吹自擂、誇大傲慢的傢伙，不如就讓他們彼此解決算了。然而這種人可能只占決鬥人口的一半，另一半卻是愛好和平的正派子民，只因迫於名譽規範，不得不上場打鬥，如果不幸因此身亡、傷殘，國家的損失豈謂小哉。然而黎塞留雖嚴令禁止，卻始終無法遏止此習，亦無法解決決鬥功能所服務的需要。

因為衝突的利益攸關：如果君主政制以法治與秩序自期，各種形式的打鬧都得一律禁止，所有的爭執亦得上法院裁決。可是決鬥之所以存在，乃在於它可以解決法庭所不能及者——比如對自尊、女性、長上的侮辱與冒犯。而且位高尊嚴大，名譽動輒受損；容忍乃儒夫行為，不然就是缺乏自尊。除此之外，決鬥可以用來解決個人恩怨，總比兩家一事不合，就從此相互殺個沒完的流血宿仇更為理性（羅密歐與茱麗葉的故事立即浮上心頭）。決鬥不但可以讓事情有個了結，雪恥之道也非偷偷摸摸、埋伏突襲，而是在決鬥幫手監督之下，光明正大照規矩找回公道。

儘管有這些好處，決鬥一事，今日看來當然還是有欠理性，雖然遇上某些情況——比方某些依法不罰的殘忍或不公言行，依然會令人激動得想透過對決來自力救濟。我們這個號稱文明啟蒙的世紀，事實上就已經目睹一股回歸某種流血宿仇的趨勢：如今不再是家族間的宿仇，而是地方派系、幫派、宗派之爭。學童對此極為熱中，罪犯、黑手黨亦然；還有北愛爾蘭、黎巴嫩、科西嘉，以及其他一些眾人皆知地點的住民皆然。

這種家族仇殺式的血戰，顯示君主政制曾經嘗試鎮壓的那股潛在力量之大。制止之舉雖在某種程度上獲致成功，然而訴諸刀劍手槍的解決方式，卻在政治、文化史上始終不絕。因此而喪命者包括年輕的數學天才迦羅瓦、俄羅斯首席詩人普希金、那一代最優秀的政治家亞歷山大・漢彌頓。至於近世法國，上從一八二〇年代的政治理論家卡雷爾起，下至一個世紀之後的國家元首克里門梭，決鬥使多位政治家、作家的生命置於危境。在美國西部，更以「平等民主」之風延續甚久，日後成為電影工業的搖錢寶樹。

非要自行動手雪冤不可的念頭，在西方人心中根深柢固；十七世紀之時稱為「名譽攸關」，道德力量則來自中世紀的騎士——騎士精神，視騎士為捍衛一切高貴、公理的鬥士，亦是為自己伸張個人正義的自主裁判。沒有一位君王，會要他的子民失去所有美德，因而此風長存不去。十八世紀孟德斯鳩對政府體制進行分類，便將榮譽一事定為君主政體的主要原則動力。榮譽暗示著忠心、誠實、勇氣；有此三大品格，就無須（至少可以減少）監督糾察與書面的倫理規範。

路易十四之下君主制度得勝，從中還可以看見布克哈特指出的一項變化：此即對名譽的渴望，轉變成對「榮典」的追求——名銜、勳章，以及看起來不怎麼樣卻實質無限的殊惠：比方在群臣當中，首得吾王垂詢。更勝於這一切者，則是國家的榮譽，繫於戰場上的光榮表現；雖說二十世紀後期開始有些淡化，對於打了勝仗的將軍（或女首相），一般的熱烈反應依然不變。至於愛好

> 榮譽感，是如此纖細敏感，只有在天生高貴的心靈，或透過良好榜樣、高雅教育培養之下，才得相逢。
>
> ——斯梯爾爵士（一七一三年）
>
> 榮譽，存於誠實的土地。
>
> ——克里夫蘭接受總統提名致詞（一八九二年）

名銜動章之心，更已成為風靡現代民主國的全民運動——事事有獎，人人可獎。孟德斯鳩將「美德」一事列為共和政體的主要發動力，實在估算錯誤。

＊　＊　＊

封建國王欲做專制君主，徒憑兵士官僚無法成事。高壓統治只能造成暴政；政令傳達緩慢，王政亦必不能長久。必須國人心悅誠服，並以納金入庫的有形表現出之，方能真正奏效。及至十七世紀，戰爭費用已經急劇增加：大砲、槍火可比弓箭昂貴，國防大事亦繫於沿科學路線建造的巨大要塞（>462）。所需金額既巨，疆土廣大、擁有繁華大城的統治者遂占盡優勢。城中的工匠商人，自然成為未來專制君主的盟友，協力向中央集權邁進。

他們有充分的理由支持專制君主。貴族，是他們天生的敵人及羞辱的來源；貴族作為反國家主義的軍閥，更是無視法令、擾亂貿易、劫虐城鎮的破壞者。除此之外，布爾喬亞中產階級也為國王提供了最好的臣僕，幫他有條不紊、一板一眼如做生意般地管理疆土。高貴的貴族，只管在馬上征戰、發號施令，至於在紙上做紀錄、打報告的小家之舉豈其所為。中世紀的國王不識字，教士為其國政助理；如今對能員的需求愈增，布爾喬亞階級遂成為君主政制下代君行事的主幹。

自馬克思主義及社會學理論蔚為時尚以來，布爾喬亞這個名稱已被派上多種用途，因此在此須稍予說明。乏味至極的書本陳腔之一，就是「新興的布爾喬亞階級」，最常用來代表浮現於十九世紀英國的製造業者階級，也用以解釋英國境內各項改革運動之因、海外各地革命之起，或說明警察機構因何改良、小說為何受到歡迎。於是新興的布爾喬亞階級，簡直就似一個發泡不絕的雞蛋白牛奶酥。而對卡爾．馬克思來說，布爾喬亞則是某一歷史進程階段的獨家主子，彷彿當其時也，貴族、小農，全都一籌莫展，無力可施。馬克思之後，小說家、批評家則將此名當作負面名詞，用來指令人窒息的道德風氣，以及俗氣無教養的品味。

其實，首先這時間年代就搞錯了：布爾喬亞階級的興起，不在十九世紀，而在十二世紀。正是此時，在無盡陣痛辛苦之後，歐洲城鎮開始復甦，道路改進，貿易再度繁榮，向本城牆垣之外擴展；及至近世之始，這類通商活動已遍歐洲，不久更及全球。從事貿易者，因係burg（即城鎮）居民，遂得布爾喬亞（bourgeois，直譯即市民或城裡人）之名。他們是一城的公民（burghers），或早期美國市民會議成員（burgesses）；這等人家境富裕，早於十四世紀就開始把錢借給國王，並取代教士成為政府官員，因為他們能讀會寫，尤其還知道計算之學；待及路易十四之時，更已身居要職，並因服務有功不斷加官晉爵。因此布爾喬亞之興，絕非一二百年後的維多利亞女王之時。這個階級早已發足興透了。

更進一步的錯誤，是把布爾喬亞階級（或任何階級）視為一群在世紀之流裡一體升降、興衰的全體。如果布爾喬亞（或中產階級）係由中世紀及後世的城中居民組成，顯然在任何時間定點之上，這些「城裡人」都包括許多類別：有統治本城的富戶豪門，有一般的小生意人，其他還有律師、建築商、藝術與文字工作者，當然也少不了開小店的、做帽子的、製鞋子的，以及家道中落、靠慈善過活的窮仕紳。他們類別不同，成員更不斷變遷。早在路易十四之前，許多法國布爾喬亞中人即已用錢買下土地或官職，而為自己購得名銜[1]；這類買家尤以律師、法官最擅，向有法袍貴族之稱。英格蘭商人之女，亦可以靠婚姻晉身貴族，由此產出一系列男女貴族後代；這些布爾喬亞「之後」的祖先，其

「興」顯然已大功告成。

功在國家，也可獲致同樣顯赫的結果。馬爾巴羅公爵當初[2]只是個名叫約翰．邱吉爾的一介平民，公爵後人溫斯頓．邱吉爾則以騎士銜為已足。一般而言，歐洲貴族頭銜的歷史，最多只能回溯至十五世紀，許多甚至一度有不實之嫌[3]。當初做成貴族的材料，顯然必取自農民或布爾喬亞——除此而外，哪還有其他人「材」可資興起呢！至於布爾喬亞內部，一如貴族階級，也視財富、職業、才幹、風度舉止，或純依傳統慣例而分出高低等級。因此動不動就布爾喬亞長，中產階級短，或甚至小資產階級云云，自以為知道在說什麼，都只是無謂侈談。在任何時空背景之下，若要祭出布爾喬亞這面旗，務必界定清楚，指明特徵：財富、教育、職業等等。類別既雜，能蒙君主政治聘用的對象，顯然是其中有學問、有教養、夠格入仕服務的成員。

君主革命之中，因此可以嗅得**解放**這項主題。受制的國王終於趕走了心腹之患，那些蠢蠢欲動密謀取其位的敵手；布爾喬亞中的能人，也得以在昔日壓迫者的頭上自由行使大權。如今輪到後者受壓——即使只是感覺如此，也不免觸怒不快。路易十四朝上的聖西蒙公爵，即對此顛倒混亂的發展深惡痛絕，因而在其回憶錄中寫道：「這個世紀，是一個低級的布爾喬亞[4]世紀。」

* * *

一如所有革命，君主革命乍看也似一場以政治、經濟為主的改變，但是論起其文化的起源與結果，重大程度其實相埒：文學與藝術、哲學與日常心態，俱受此革命影響（491>）。比方 noble（貴）一字，便從單純指稱某某人（配悉、值得知道）之意，一轉而成指稱抽象的質地，甚至成為某些字詞的標籤（523>）。再者，透過國家的概念，君主革命擴大了鄉土的依戀範圍。對十六世紀那不勒斯的一名乞丐而言，「義大利本地人」一詞可謂毫無意義：在他心裡，某鄰近小村可能才更是家鄉，最多，也只自認那不勒斯人。如今公民意識圈擴大，遂使服膺個人的感覺降低，而且更具抽象性，對象不再是本地的領主，而是遙遠的國王，最後更成全然抽象的國。**抽象**，是隱現在君主政治中的另一道主題線。

國王與布爾喬亞彼此親善，還有另一層未曾預期的果效：騎士精神的理想，從此與商人重物質的精細嚴格合為而一，成為以下三百年的文明行事準則。不分貴族平民，兩者的人格氣質都因此有所改善，一方變為體諒周到無復高傲倨慢，另一方建立自尊不再奉承諂媚。這套規範，一直持續到約二十世紀中葉。

君主政體理論，始於蒙田其時，以及更早的一五〇〇年代末期——當時有一批「政治派」亟欲法國結束內戰。同一世紀更早之時，亦有馬基維利夠資格做得先驅，原因以下將說分明（<382）。不過最直接稱得上君主革命理論家者，則是法國法學家博丹，他的作品《論國》[5]（*On the Republic*）——此處義與國家（the state）同，可不是人文主義的烏托邦，而係作為一名歷史家，考察古今政府，以界定出一個適合當前之用的政體。對博丹來說，這個新的體制，不但必須兼備古往今來、海內外各式政體的最佳條例，並應仔細量身修正，以合國家之用——不是任何一國，而是正在眼前的這個國家。如此條件，意味著一反過去獨崇羅馬法、視其為政治理論所有智慧之源的傳統；比較性歷史，才是真正的智慧根源（博丹言），同時也點明了政治科學家的根本大問：國家的權力，應置於何處？

對法蘭西來說，博丹很確定分權之制絕對行不通，即所謂混合式的政體。國權或謂主權

（sovereignty），乃不可分割——雖然他也承認在某些情況下，政府體制與國家形式之間也許並不雷同；比方民主國，即可能由人民委派的代表管理，而非人民直營——因為各種利益、群體衝突不合（博丹此言，係以當時雨格諾宗勢力以及貴族野心家為對象），上面便需要有一個凌駕一切的最高權力，能以整體的（國家〔republic〕或全民〔commonwealth〕）利益立場，平衡各方要求、主張。

> 若欲賢能治國，必先充分了解人民氣質性情，才能期待國事法律有所更易。因為一國之根基，正在於適國事於民性，適法令於其地、其民、其時，因時因地因人制宜。
>
> ——博丹《論國》（一五七六年）

至於如何制衡君權，博丹唯一願意保留的設置是三級會議，亦即不定期召開的聯合大會議，專為表決新稅；此書出版之年，博丹正任三級會祕書之職。三級，代表社會上三個品秩——教士、貴族與平民，各級內部先行協商，然後共坐一堂，以級為單位投票。自亨利四世君主制開始強盛之後，此會一共只召開過一次，直到一七八九年——這一回，卻是在不知情下負起完全相反的任務：廢除這項設置（618>）。

博丹的《論國》在法國流傳甚廣，在英格蘭也造成影響，每隔一段時間即再度刊行；這一切都顯示當其時也，公眾心靈已在其他影響之下準備就緒，所以才能欣賞此書——全新的思想，往往難造成反應。此書所以成功，原因之一在於書中所提建議，俱係由歷史實例推衍而得。先前，博丹即已在《歷史易知法》中倡言歷史思考之價值，楬櫫了日後孟德斯鳩提出的主張：政體的形式，繫於氣候條件、土地條件，並受其共同作用的左右；法制的設立，務必將這些條件納入考量——即經驗先於理論。這種「若經適當解讀，歷史借鏡可為當前所用」的實用歷史思維，正是近世特色（703>）——歷代古人固所無也，但他們日子也過得不算太差（<352）。如今則理所當然：醫生問症，自當詢查病歷；董事長發表年度報告，一定得回顧過去一年成果。知識之外，若又具歷史眼光，在現實生活中往往被視為一項資產；歷史意識，可以判讀事物表象與區區名目背後的相異處。舉個粗淺的例子，見到任何書中提及鞋、帽、大衣等字樣，若不分古希臘、美洲殖民地，腦子都只「浮現」同樣的鞋、帽、大衣模樣，此人就缺乏歷史感。

歷史感非與生俱來——因此才有博丹《易知法》一書，撮要說明這項由文藝復興學者首倡的觀念。瓦拉、伯達等人，對文本做比較研究，眾人才恍然作者的文義，原來部分繫於寫作的年代；反之亦然：作者的年代，可以依其行文用字判定。於是從語法用詞的分析之中，產生了所謂「年代」、「時期風格」的概念，甚至轉型成與此完全無關的東西。原本宗教式的人生觀——在恆常的法則之下，永遠不變、永遠固定——遂讓位予俗世性的新觀點：無窮變化、不斷演進。比較歷史，促成了**俗世主義**。

博丹之前，稍早有一位律師博杜因也主張法學應在歷史時空之下講授，種種規條法則才不致徒具觀念、空泛抽象，而是有實際效用的設計；他認為公職人員應接受歷史暨「法律推理」（legal reasoning）的綜合訓練。那些具有影響力的人物——研究羅馬法的大學者，最後終於也受到歷史熱的傳染，看出原來早年羅馬的國主，與日後羅馬衰微年間的皇帝是兩種不同的君王。近世的統治者（這些大學者主張）應為兩者之組合，既效前者親民近民，亦法後者儼然神聖、受萬民膜拜。其實這些理論家說教的對象，都早已接受並相信此中觀念；多數人（律師、**政治派**、布爾喬亞階級，還有各國國王）都欲見一個既強大又得民心的中央權力。

可是另外也有一個少數觀點，或可稱為本土的保守傳統觀，由法蘭西・哈特門（François Hotman）（這名字取得還真巧〔直譯為法蘭西・熱人〕）在其暢銷著作《法蘭克－高盧》詳加說明。此君為辯證大師，痛斥所有訴諸羅馬法以為君主制之用的主張。他提倡有限王權；法蘭西的「特權特典」，絕不可輕言勾銷；各自由城鎮的特許狀、地方級及全國大議會、自領主國王贏得或購得的種種特權——也都是不可輕言放棄的遺產：吾人身家性命的安全全繫於此，而不在一名準定難以控制的所謂君主。

哈特門此書，書名涉指法蘭克人為一支自由的日耳曼部族，而高盧人也是一支自由的民族——直到可恨的羅馬人來到為止。從此開了這套公式的先例，陸續有人以之表述法國及其內部階級的種族起源。路易十四之世、一七八九年法國大革命、十九世紀自由主義政治中，哈特門的說法都扮演了一個角色（438>）。最後，又在其他因素強化之下，遂成二十世紀那駭人種族理論[6]的核心（1072>）。

＊＊＊

隨著國王搖身一變成君主，王土蛻變為國家，宗教在文化上的位置也開始動搖。我們在前面已經看見：教士在政府裡的職務，為俗人取代；宗派互鬥使人疲憊，油然渴望強有力的中央之權。宗教信念本身固然並未減弱，但是許多人開始認為宗教意識形態有礙於國事的治理。國家大事若應受宗教因素影響，比重應為幾何？一樁驚人事件，為此問提供了答案。一五九三年際，作為更正教徒的納瓦爾王亨利，正在作戰以落實他對法蘭西王位的主張權；他需要巴黎人心支持，巴黎人則是忠實的天主教徒，於是亨利竟放棄原有的雨格諾宗信仰，說道：「巴黎，值得以彌撒交換。」同樣地，約在同一時期，英格蘭未來的詹姆士一世，原本為更正派蘇格蘭王，也允諾改信天主教——如果天主教願意助他一臂之力，保他登上英格蘭的王位。三十年戰爭期間（如我們前已所見），黎塞留樞機主教也因相信國家利益繫於更正派一方，遂與路德教派的瑞典聯手結盟。

然而，此時的君主還做不成全然無關宗教的俗世性統治者；政教分離，還在遙遠的未來，事實上政教也從未百分之百地分離過。十七世紀之際，沒有任何君王可以沒有教會的支持，不論更正派教會或天主教會——兩大教會都擁有可觀的財力、人力，教士更是公眾意見的永遠領袖。虔誠老派的信徒，往往也是同樣堅定的基督徒，因為基督教信仰為人世的道德面與自然面，提供了一幅最簡單的實用畫面。被統治者願意接受統治，正與人民同時忠於神也忠於王的雙重忠誠相同。詹姆士一世如願以償，登上英格蘭王位，就將這種信念表露無遺：「無主教，即無國王。」

教會這方面，作為一國之教會，自然認為支持合法政府是其義務，同時也符合自身利益。教會為人民也為國家服務，種種服務方式我們如今都已忘卻：那謙卑樸素的教區牧師或助理牧師、大小執事，是遠距傳播通訊的最佳工具。在沒有報業、識字率亦不普及的年代，每日講道即是新聞快報外加評論意見。道德上、政治上，都有這不斷重複的一大宣傳手法約束導正民眾；更有甚者，教會還發放從事如今統稱為社會服務的種種事項——教學、濟貧、救病、扶困，又透過一再舉辦的聚眾活動與場合，維繫了眾人的共同社區感。

對君主而言，宗教還另有一個用項：宗教再度強調了君權神授。這項觀念在後世飽受譏嘲，其實純因誤解之故；殊不知這項教條不論在象徵意義或實質作用上，俱係當前體制的梁柱。一六一四年三級會議，布爾喬亞階級即將之列為請願書上的第一款，他們要法有明文清楚寫定：國王有權對抗教宗的干預，並有權鎮壓各路諸侯領主。前此十年之前，又是英王詹姆士一世，那位學者型的國王，也出版過兩部論述同一題目的重要著作：《自由君主國的真正法則》以及《受命於天》（*Basilikon Doron*，即君權神授）。兩部書都得罪了某些群體，可是最後證明，這個理論畢竟壓倒了批評者的意見。特別請注意「自由君主國」裡的「自由」一字。

至於老百姓，則需要神授說安他們的心，來取代前此用來抗拒暴政的保障措施——各地議會、習慣性特權等等；在君主政體之下，過去的保障措施不是失效，就是一掃而空。如今安全感一事，得重新回到經文中尋得保證：即君主雖專制絕對，卻係在神恩典之下掌權，並在神時時監視的目光之下行使其權力。聖保羅即曾說過：神同意地上君王的人選。從古早開始，國王就聲稱擁有天授的權柄，好因此強化人心順從。羅馬皇帝即曾如此做過；中世紀人也都知道，唯因天意允許或天意所致，才有種種歸諸這一位或那一位統治者的事件發生；君主革命更進一步，將此傳統假定加以系統化、公開化。因有神的認可，遂使王銜站得住「理」，而非僅憑霸力，如今王權無論怎麼看，均屬合法、正當。

在此同時，這項理論也有條件：身為一

> 難道說至高無上的上帝的象徵，
> 上帝所選定、委任、指派的領袖——
> 他的大管家，他的代理人，抹了聖膏，
> 扶上了王位，頭戴著王冠，而且
> 統治了天下這麼多年，難道他竟要
> 受本該俯伏在他腳下的臣子審判？
>
> ——莎士比亞《理查二世》
> （方平譯本，一五九四年）

國之王，治國重任在肩務必戒慎恐懼，如果治理欠佳，必有罪受。但如果他真做不好，害得人民吃苦受罪，那也是因為他們有罪因而受此懲罰。如果懺悔之民禱告祈求開恩，而且配得憐憫，神就會允其所請。至於國王，可不是普通人：「是其民之父」；他不「代表」老百姓，卻「體現」他們全體，這也就是為什麼詔書中不說「寡人」（I）而說「吾等」[7]（We，中文一般雖譯為「朕」，但意義不盡相同）。整套設計之所以可信，正因基督教信仰本身也是一種專制君主制。聖經中的每個故事、印象，在在都顯示神，這位萬王之王，係依祂自己的意志管理宇宙。我們向主禱告，求我們的主、我們的王垂聽。於是君主制與一神制相輔相成、實為一體；這樣的天上，可看不見異教男女眾神間那種爭執不下的場面。

對不信者來說，這些都是空洞的想像；可是無神論者也絕不可陷入自家的想像，一口咬定只要是「明理之人」，就不可能真心相信這種權利之保障。如果一時一地的思想家、普通民眾，都對某種人生詮釋持有一致的看法，外人卻片面假定他們都失去了理

> 放開他吧，葛特露德。別為我本人擔心，
> 君王四周有一道光圍護著，
> 「叛逆」，心懷鬼胎，只能是偷看。
> ——莎士比亞《哈姆雷特》
> （方平譯本，一六〇二年）

> 雖然不為您知，陛下爺，他卻覺得愛您，在
> 您身上看見神。
> ——費內隆言其本身，〈致路易十四書〉
> （一七一四年）
>
> 王啊，你們是神。
> ——博敘埃，於羅浮宮講道（一六六二年）

性，實在有失愚蠢。只消觀察一下，比方說，馬克思思想或伊斯蘭信仰的信徒，對他們的教導抱持何種感覺即可想見；同理，十七世紀主張君權神授者，也有其實際證據可以證明這個系統的決定性效度。再想想馬克．吐溫，他宣稱「君主制，根本就是竊國」，在他的海外記行裡面，更不斷以同樣口氣夸夸其言。他這種「教條式」的信念，正可以讓我們體會十七世紀人對其王及其神授之權抱持的感覺——一如馬克．吐溫，他們也都「知道」：唯有當前所行的體制及其理論根據，才是唯一站得住的「正理」——其他都是無稽的邪說歪道。

＊＊＊

那麼，又為什麼會有這種種政制理論的出現呢？政府的形制與設計，隨時空、需要、各種利益的你來我往、武裝衝突的高低起伏而大大不同；若要為這變化之輪的每一圈、每一轉，分別找出合乎邏輯，或形上基礎，豈不白費力氣；更何況任何一種體制的實況，都不可能完全吻合理論之所設。

答案是：西方的心靈一向對經驗敬而遠之，喜歡為它們加上標籤，總愛為它們找出道理或次序來：人生在世，行事、經歷一定都有其原因，絕非湊巧或方便之故；只有把原則擺明了，大家才能繼續議論下去——在一群累積既有傳統、又具某種程度**自覺**的人當中，議論一事自是難免。於是如此這般，從合理化過去與當前的經驗出發，下一步自然亦不遠矣：亦即使用同樣方法——提出新的合理化基礎或抽象理論，向世人倡議變革。此方普見各個領域：藝術、科學、禮儀，遍試不爽——假說也者，即可能存在之事的投射，而且一如君權神授之說，新的系統往往也含有舊系統的成分在內。

因在評價神授理論之際，別忘了時間上較近的那項主張，即所謂主權在民，其實也只是將君主絕對專制的主體，由一位移轉至多位而已。一如國王因神聖而無誤，如今人民的聲音就是神的聲音[8]——這項共和玉律表明了一樁事實：主權，這最高最後的權威，在世間根本難獲保證。不列顛國會的專制絕對，其實並不下於最惡劣的獨裁者；國王一人專政，可能流於暴政，多數政治同樣也可能陷於多數暴政。

這個比較應該也提醒我們，「專制、絕對」並不一定意味著「專斷獨行」。十七世紀以來的君主，固然比前更能放手治國——一如人民所希望者，事實上卻沒有一位擁有全然的自由。至少有一位歷史學者下過這樣的結論：一五〇〇年到一七八九年間的法蘭西，實屬有限君主[9]；除了面對來自經濟利益與影響力人士（大臣、寵幸、情婦、聽告解神父）的必然壓力，以及民、刑事成文法的規定而外，君主還必須遵循好幾套習慣法，並承認眾多特別權益。其中有些係由他們的前任頒賜，有些則出於其本人籌措財源的手段：販售特權、特允、財源特許。單單這項事實，就難以遂行教科書上所定義的絕對專制了。

那麼，君主無法隨心所欲的事實，與國王無過失的理論，又如何搭調呢？須知後面這項原則，乃係自「主權」本身而得的邏輯推衍：既是法源，就無法罪之，無法指控其立錯了法、下錯了令。準此，近代民主政體中的立法者，執行其立法職責之際遂擁有言行免責權；他們正是這項主權權力的組成。誠然，一般立法為憲法所限，但是主權之民可以更改憲法。主權而外，再沒有其他申訴管道可以對抗主權之所為——除非經主權容許：比方國民可以控告政府即是一例。

當然，在另一層意義之下——另外好幾層意義之下，君主也會犯錯。他可能加錯分數，他可能做出不合道德的行為——如玩牌作弊、殘殺手足。為分辨國王身上同時具有作之君與作為人的不同身分，理論家很早就發展出一套「王有雙身[10]」的說法：作為血肉之軀，他會犯錯；作為國王，則不。同樣地，在選舉制政體裡面，作為公務人員的公務身分與作為國民的私人身分亦有明確之別。不過通常作為一國元首，無論君主或總統，即使有觸犯法律之嫌，除非罪刑重大，遭到起訴的可能性恐怕微乎其微——否則難免動搖國家與總統名器的威信。在某些國家裡面，總統大人若犯有重罪，或行為失檢，則務必提出彈劾——這是一個勞民傷財的過程，而且只有在國家元首係經選舉誕生，並有任期限制，而且人民也習慣新面孔經常輪換之下才行得通；君主政體則不適用，因為後者的根本理念乃在「永久性」（permanence）。

君主既永久長存，因此當他登基加冕之際，大教長祝他永遠活著——就一項意義而言，他的確永遠不死，亦即那一聲例行禮呼：「吾王已死，吾王萬歲！」在此受到萬壽祝福者，乃是那同一個王「職」（*kingship*）——雙身中的一身。因為永續，庶幾永定，因為此故君主職分係授予這舉國矚目之家的長子（中世紀時則不一定）；日後藉此長子繼承權制的設計，西方遂得以防範自太古時起，即已在東方屢見不鮮的狀況：一子殺兄戮弟（或姊妹）以奪王位，偶爾更見老子下手殺死兒子或眾子，以免他們為了同樣大志弒父。這類舉止往往會導致內戰，因此長子繼承制在政治上堪稱良謀，也更符合人道。而且，也為我們上了一堂政治科學課：任何一項特定目的，若能承積制或沿舊規達成，而無須訴諸武力及其難測之惡果，這項政治體制特色，必可稱為良制。

* * *

事實上積制成規（convention）一詞，用在君主制上頗嫌無力；儀制（ritual），才是比較恰當的字眼——只消想一下王廷之上的風光，以及眾人被它擺布出來11的怪模樣，就可想而知。儀制之盛，以加冕典禮為極致——法文為「使聖」（*le sacre*）之意，意指使這位不朽王權的新持有人，成為神聖不可侵犯。加冕典禮如此華麗壯觀，民眾印象強烈深刻，因此輪到拿破崙大展雄圖創立帝系之際，也絕不敢對之小覷。以下茲錄一段節本，描述波旁王朝最後一位國王路易十六的一七七四年加冕盛況。就象徵意義與戲劇效果而言，其講究之精細與效力之發揮，都足以媲美威尼斯總督，或梵蒂岡那名基督代理者的登基大典。

「使聖」典禮在漢斯大教堂舉行，據信西元四九六年際，日耳曼首領克洛維斯即在此率其三千武士，一起受洗為基督徒，並榮任這塊稱為法蘭西之地域的首任國王。此事純屬傳奇，卻如此深入人心，以致法國官方也在一九九六年正式紀念此事一千五百周年慶，並蒙教宗大人親臨祝聖〈1111〉。漢斯為加冕地點，因為聖油一直保存在此；此乃天賜膏油，特為塗抹克洛維斯而降，係「使王為聖」不可或缺之物，經此恩膏，他就蛻變為另一人——非洲的馬達加斯加王在登基之際更名，亦屬同理。話說一七七四年路易十六加冕盛典，大教堂禮砲破曉即鳴，然後便見高僧陸續進場準備。大主教亦將王冠、金踢馬刺（騎士身分象徵）、「公義之手」（王的權杖），以及絲質繡金的紫色法衣一一置於聖壇之上。

此時，所有文武高官暨高級神職人員俱已到齊，依序列隊入場出席彌撒，見證國王受膏大禮。主角本人則尚未映入眼簾，必須派出貴人代表，自一扇緊閉的門後恭請出來。代表們敲門，「諸位有何貴幹？」國王侍從官問道，卻不開門。「有請大王。」「王仍未起。」如此這般挑戰、回應兩番來回——不見果效。於是輪到教會最高首席出馬，指名敦請那位特定的王：「我們要請神已賜予我們為王的路易十六。」

門應聲而開，只見一輿軟轎，華帳四垂，扛著國王入場。教長大人便開始長篇唸唸有詞：「全能永遠的神啊，祢已經高舉祢的僕人路易做王，應允他可以保全他的子民之福，永遠不從公義與真理的正道上偏離。」兩名主教直接抬起國王的身子，帶至教堂主要走道，其間唱詩班唱誦祝禱不停。然後便將國王領到一群事先經國王指定、專門負責持守聖油瓶的諸侯領主之前。這些人均已起誓，願以性命為質，絕不讓任何傷害臨到這神聖器皿，直到其當前用途大功告成為止。

受膏之前，路易還必須先立誓保護教會、根絕異端。誓言既定，他便被呈予在場眾人，請其同意下面將要開始使他做王的程序；全場靜默片刻，以示允准。於是首席主教便將聖經遞予國王，進行宣誓就職；誓文中還特別列出一些細項，如加強禁絕決鬥等等。誓畢，又授以查理大帝的佩劍。然後是禱告，祈求他做王期間，繁榮遍及國中上下人等。國王面向聖壇低首就位；油施七處——前胸、兩肩、頭頂、後背、兩肘內側——此油係由一滴天上聖油，摻以人間俗油合成。

典禮各主要階段進行期間及之間，合唱樂音大興；然後大主教再度長篇大論，責成國王對貧者要施救濟，為富人要做榜樣，並要有毅力意願能使國家長治久安——不過他也建議國王，萬勿放棄對「北方各國」的權利主張。最後是王服加身，從襯衫到天鵝絨面貂皮裡的紫色外袍，一應俱全。然後便被領至寶座；大主教摘下禮冠，躬身親吻君王，用拉丁文高呼：「願他永遠活著！」教堂門戶大開，民眾湧入。

大典進行至此，都係由教士階級授王以各項權力元素，現在換由貴族上場，演出擁立儀式。法蘭西典璽官步至聖壇，一一喚名，宣召境內王公貴族進前參與這項莊嚴典禮。眾人應聲上前，大主教遂由聖壇取下查理大帝的王冠，戴到國王頭上，貴族們則舉手觸冠——一種象徵性的姿勢，代表他們的支持擁戴。接下來，向全能神發出陳情呼求，內容不定；有一回，是祈願「王能以犀牛之力，將眾敵驅至地的盡頭12」。

在這一大串象徵與誓言裡面，很容易看出層層歷史記憶與實際用意。最後幾段，尤似今日民主國家總統就職大禮——期勉國泰民安、尊法濟貧、對內公義、對外堅定等等。

君主制下的視覺與音樂美飾，正與時代的品味相稱；當其時也，聖日、遊行、公開祈禱式、向全能神獻上頌詩等等，在在將宗教感覺浸透於眾人每日生活之中。其實過去種種崇拜儀式，也自有其娛樂成分，何況組織之佳，再無他事可與抗衡。今日俗世則用其他的方法自娛，同樣係以大量群眾為對象而設計，卻自覺可以省去那些豪華繁複的禮節儀式。除此之外，今日俗世對政府的要求也有不同，比較不那麼恭敬，期待卻更多。馬克．吐溫曾譏刺「國王派頭的繁文縟節」是一堆「虛偽可笑的垃圾」；馬氏此言，可謂無的放矢。明君去世，萬民哀慟——在家中，在教堂，在街頭，傷心之餘，並不住祈禱。這種損失，對他們感同身受，非常個人、密切、濃烈，並充滿了對未來的焦慮。時至今日，只有在某些行刺事件之後，才得見這種對統治者發出的集體情感。

＊　＊　＊

對古人驟下道德論斷，殊為不公；這個道理人人皆知——除非是知識程度最低之人。但是我們卻可能忘記，在智性方面以今非古，同屬輕率可嘆之舉。徵諸前文所舉例證，君主制度理論的宗旨，正滿足其誕生時代的一份需要。這項事實，只消一覽伊利莎白時代戲劇，或抽樣一觀莎士比亞作品，即可確定無疑。莎氏三十七部劇本之中，以英國歷史為軸的十篇，均係有關王者的身分、職責，王位的合法性、正當性，以及貴族對之做出的挑戰。其他最偉大的幾部劇本，也都在處理國王與諸侯之間對王位的角力，各方或正當或僭越的權利主張：如《哈姆雷特》、《李爾王》、《馬克白》、《凱撒大帝》、《科利奧蘭納》等等皆是。同一主題，也出現於《安東尼與克麗歐佩脫拉》、《泰特斯·安德洛尼克斯》、《特洛伊羅斯與克瑞西達》、《雅典人泰門》。他的多部喜劇（一直到最後那齣《暴風雨》在內）亦不脫同樣熟悉的篡位、放逐場景為架構，連同劇中王者嘗到的種種災難、憂傷，亦如出一轍。若未經今日眾專家學者指點，知悉莎氏其人心智絕對平衡無礙，讀者很可能誤以為這傢伙（以及他的觀眾）都著了魔，滿腦子只想著「王事問題」呢。

> 我們論斷過去的道德是非，很容易出錯，往往將今日的要求，轉嫁於過去之上。用一定的死原則看人看事，卻不為一時之急留下任何餘地。
>
> ——布克哈特《歷史的反思》
> （一八六五～八五年）

對歷史真相與情感缺乏認知，正是文學史上一大失誤之因，在此值得特別提出討論。一般對哈姆雷特的看法，認為這位王子優柔寡斷，奧利佛那部電影版就被宣傳為「一名猶疑不決者的悲劇」。此劇其實主要是齣政治劇，卻完全為人忽略；於是自柯立芝以來，焦點都只繞在哈姆雷特的性格上打轉，根本忘記他所處的情境。誠然，他的個性的確比戲中其餘諸人來得纖細、高尚，他有良心，不喜歡先把人殺掉再來細思量——須知動手殺死一名已為老百姓接納的國王，此事非同小可。萊阿提斯此子則魯莽衝動，放在劇中更顯對比分明。哈姆雷特必須長考、伺機，因為從一開始他就身陷險境，他的存在對僭位者及其黨羽是一大威脅。所有人都在陰謀對付他，甚至包括（雖然她本人並不知情）他的未婚妻在內；此外他還有自己的母親要考慮。哈姆雷特的獨白，正顯示他比身處的野蠻時代高尚。不過他心中所顧慮者，卻絕非他實際所為：那些與他一同被遣往英格蘭的殺手，被他全部解決；返國時更是心意已決，卻依然保持警覺。最後純因遭到出賣，才不幸失敗。

進一步，還有兩項事實也更肯定了以上修正看法：其一，武士福丁布拉在葬禮上對哈姆雷特的悼語：他要是做王定是明君——如果這位主人翁在前五幕的表現徒有猶豫不決，卻毫無其他特色，此言豈不可笑。其二則來自一名現代劇作家所下的結論，他以為哈姆雷特的劇本顛倒場景，若改用不同次序安排，劇情發展必幡然改觀，節奏將變為快速、直接。（欲體會這個說法的深意與效果，請讀William Gibson 著 *Shakespeare's Game*。）

處理「王事」題材之際，莎士比亞對「榮譽」一事可謂說不勝說，一共用了六百九十二次之多。這個觀念，寄於許多事物：作為貴族中人的當然屬性，榮譽不但是一種符號，代表他們高人一等的優越性，同時也是他們無須為生活操勞、可免於世俗人生多數約束的獨立象徵。因此榮譽攸關，對君主制不免憎惡抵制，其中有雙重因素：其一，君主制出，不啻在原本分庭抗禮「同為」王公的頭上又創了更高一級——如今大家「同為」國王的屬民。其次，國王雖可削弱貴族王公之勢，卻無法將之廢撤，因此中央威權與地方勢力之間的衝突對立繼續上演。君主制理論至今依然令人發生興趣，原因正在於此，因為它處理的議題永遠不去：地方自治對中央集權，無限權力對有限權力。外在條件雖然因時而異，利益鬥爭的本質卻長存不變：州權要抵制聯邦、地方分權要與中央計畫抗衡。對官僚政治的抱怨之聲，更是終年不斷；官僚體系，乃君主政治的精華制度，因為它係以**抽象**運作——從中央發布統一號令，強制各處一體遵行，卻往往不適用於當地。抵抗這種「單一性」，不啻向「國家」概念本身挑戰；而國家也者，正是君主制的孿生。

這類衝突鬥爭的起伏上落，在一些如此重大的事件之中明白顯示，甚至因此有了名稱——英格蘭內戰（393>）、美國革命（583>）、法國大革命雅可賓時期（636>）等等皆是；從這些事件裡面，遂產生了今日常見的各種標語、口號、主義和教條。各方衝突至今未斷，因為正分別代表了**個人主義**與社會凝聚兩大極端取向的要求主張。文化面向的議題，則包括識字運動、全民選舉、宗教寬容，以及可以出人頭地、從政的機會，**外加**形形色色的社會安全與保障措施，如今都一總在自然權利或人權的大標籤下集其大成。

君主與國家結合，卻產生了一個後果，始終令政體理論家棘手。作為神所揀選的管事，國王立誓行公義、保和平；然而作為國家之首，他卻褫奪祖傳權利，追求自我利益，更出以外交的欺瞞手腕，動用戰爭的不道德手段。神聖的託付認可，與公認的不義行為，如何調和並存？（這後一項問題，今日稱為外交事務之倫理。）此中的矛盾牴觸，如今都假定用「國家生存理由」（*raison d'état*）這個大名詞解決了。這項所謂「理由」的大道理，其實就是這麼回事：人類可以以群體的身分為所欲為——除非遇上比自家更強的群體而為其所阻。豈不見一國之內，若無武力從中強行嚇阻相脅，亦難致和平公正，即可知矣。國家既不能靠公民的自我節制來防治犯罪，若指望利益相互牴觸的眾國能以自制卻步，豈非危險已極？

以上，便是政治科學的第一課。最好再拜讀一下創立這門學問的祖師爺大作，此君即：

馬基維利

馬氏之名，聞之往往令人心生一股自以為義的惡感；知識分子最喜歡有壞蛋，可以標榜自身道德的敏感性，而馬基維利在這張令人憎厭的名單上正高居榜首。然而事實上，除了極少數的例外，十六世紀以來的偉大心靈，卻都承認他的才賦，以及馬氏教導中所含的道德價值。這番正面評價，一如其他噓聲，褒貶之因都出在一本名為《君王論》的小書。

此書係馬基維利晚年退休期間寫就，早先曾在翡冷翠政壇任事，主要居使節職，仕途卻因黨派激鬥戛然中止。並因被疑叛變，受下獄刑求之苦，終遭流放。遂以超然態度，觀看作為半島文化中心的故鄉命運，思索其沿革與古代歷史，在敏捷無飾的字句之中，淬煉出他一生直接或代勞設想的政治心得。他認為「新君王」出世的時機已臻成熟，這位新主將建立和平、秩序，甚至統一義大利全境。馬基維利筆下所繪，正是一名專制君主的畫像。

以上所述，尚不致令人毛髮倒豎，至於歷來令人非議之處，則在馬基維利為建王業、繫王權，所提出的方法手段，遂有「馬基維利式」等同權謀霸術，為達目的不擇手段的同義形容詞，暗示惡魔舉止之極致。（學界未出版的學位論文，可謂卷帙浩繁，其中就有這麼一篇名為《旅館員工中的馬基維利主義》，不過在下從未將其尋來拜讀，寧可自由發揮，臆測從**君王**到旅館清潔女工、服務台人員，不知這一路發展影響究竟是怎麼演變出來的？）當年腓特烈二世尚未登上普魯士王座之前，即曾寫過《反馬基維利》一書，立論鏗鏘有力——也難怪，此書曾經伏爾泰爬梳整理。書中譴責治術的欺瞞、失信，定罪不義的戰爭、以暴殲敵的手段。而這一切權謀、殘酷，都被人認定是馬基維利的主張，經他推薦給最佳統治者作為邁向成功的指南。

實則大謬不然，亟須細鑑以求公裁。最好的法子，就是回味一下十六世紀初的情境，亦即馬基維利作書之時——此時的義大利，分裂成無數城鎮、城邦，除一地之外（<260），其餘全陷在你死我活的黨同伐異、軍事政變、暗殺行刺，以及侵略或戰敗之下。欲觀細節，可讀馬基維利本人所著《翡冷翠史》。就是這般光景，一個顯然永遠沒有結果的局面，向馬基維利提出了一個大哉問：有沒有任何辦法、設計，可以讓這一切亂象終止？當時的局勢，顯示道德原則完全蕩然；更糟糕的是，犧牲了道德，卻也換不到任何可見的好處——個人的身家性命不得安寧，城市本身及其領袖也無法獲致穩定。然而這些人卻都還自命遵循基督倫理，只是他們將「施於人」這條誡命，解讀成：「你殺我的親戚，那我也非殺你不可。」

馬基維利的治國大計，基於一項信念：凡事既只能自眼前著手，那麼也就只能利用手邊現成材料。光叫人「稍安勿躁，人生自有光明面」，根本是廢話。但是眼前毫無可用之材（依他所見，他也直言不諱）：「義大利人都是懦夫，差勁、自負。」只好將就使用，製造出雖不理想卻差強人意的條件；管它道德不道德，正邪良莠都得派上用場。但是為王者本身則務必盡其可能心正意誠，也務必維

> 公國（principality）之立，或由民或由貴族。藉諸貴族之助獲統治權者，較之藉民，更當費力維繫，因為前者將會發現，四周之人認為自己與他平起平坐，卻又沒法管住他們。靠人民青睞而登上統治地位者，卻無人或少見人不欲服從。你不能既滿足貴族之請，又能不傷及旁人，因為貴族的目的正在壓制。你可以滿足人民，因為他們唯一的願望，就只求不被壓迫。
>
> ——馬基維利《君王論》（一五一三年）

護基督教倫理的訓誡。並務要公正，如果可能，也不妨贏得民心——但是如若二者只能擇一，則寧為民所畏，不冀得民愛戴。君王以保存自身與其國為第一要務，因此寧可干犯倫理，無所不用其極。這種物盡其用，善惡不忌的策略，當然並非絕對有效。馬基維利作為史家，對於「人生偶然」在歷史中扮演的角色非常清楚——他稱之為命運。沒有一位君王能主宰命運，但如果他個人具有美德（virtu），即勇氣與先見之明，命運又青睞他的計畫，就可能是時代呼召等待的新君；他甚至可能統一義國。也許我們可以說，《君王論》也是一種理想國，只是他放棄了不切實際的理想手段，改採比較可以落實的計畫。

敵視馬基維利的批評者，往往咬住兩點不放。其一（簡單地說）他把遊戲的馬腳都露出來了。盡人皆知，現實人生中處處違反基督教的倫理——商業、政壇、私人生活，充滿了不道德；基督教義用一個**罪**（sin）字，說盡了它們的邪惡。可是批評人士卻認為，儘管如此，還是不應該把這些制度的外表粉飾剝除淨盡；因為如果公然宣布背信合乎國家目的，那麼到處就會冒出更多的背信行為。對於這樣的說法，答覆如下：惡行惡事固然偶有其用，但是除非政治理論將這個真相顯示出來，現有種種毫無效益的罪惡形式，必將繼續不減。

第二項批評，則出於批評者本身的失漏。馬基維利是在形容一位必須先在「馬上」得國，然後才能進而在「座上」賢明治國的君王；這一點很容易為人所忘。當時的義大利，並沒有一系可以從中推出君主的「正統」王室；既乏合法性，新君必然得做出更多不雅的事來——他的後代，自然可以挑剔講究一點。事實上歐洲每個王室世系的源起，都係自武力而來。讀《君王論》，若無視這項分野，就會誤以為馬氏說教的對象，是已經建立有年、穩坐江山的君王，慫恿他們在所有場合，繼續扮演（用他有名的暗喻）狐狸或獅子的角色。

統治者身上具有模稜的道德性格，顯示他無法如一般私人行事——國王有兩個軀體。作為統治者，他受全民託付，是民福祉之所寄，其中也摻有他本身的利益。他不可以感情用事，既不能胡濫慷慨也不能肆行報復。他不可將國土私相授受——雖然有求必應是大方之美德，但被剝奪國籍的居民，又會怎麼想呢？再者，他對自己的使節之言，可以推翻否認，對自己的友人卻難以做出這種事來。而且這位「他」，從頭到尾都不僅係國王本身，卻還包括他的首相、他的顧問、在他寶座背後的隱形權力——代表國家，也為國家行事。

當猶是霍亨索倫家少年王子的腓特烈撰文反對《君王論》時，無疑卻從中汲取了許多靈感——於是正與其立論背道而馳，日後反助其使普魯士成為一霸，後來更擊潰了意欲粉碎普魯士的聯合陣營。腓特烈與其他君主瓜分波蘭，注意到奧地利女皇瑪麗亞．特瑞莎泫然泣下，他事後評道：「她掉眼淚，可是照拿不誤。」這句話，正為治國一事的弔詭總其大成——行不義，以謀國利，雖然也許根本走錯了路。因此，這就是永遠的政客手法：背信、蒙蔽、諉過、曲解事實，以維持「正義」的演出——即使這所謂正義的境界，根本達不到、搆不著，也依然要拿來作為標的。

＊ ＊ ＊

《君王論》以來的五個世紀，已有諸多學者仔細研讀，為作者洗刷了道德怪物的惡名——至少在有識之人中間如此。如果馬基維利真當得起這項惡名，那麼自古以來一長串思想大家：從柏拉圖、亞里斯多德開始，一路經奧古斯汀、阿奎那，一直下至約翰．亞當斯、利普修斯、孟德斯鳩、休謨、詩人塔索、羅利爵士、蒙田、培根、巴斯噶、史賓諾莎、葛拉西安、博丹、赫德、柯立芝、雪萊、萊奧帕爾迪、杜斯妥也夫斯基，以及多數史家在內（包括和氣、敬虔的蘭克）勢可以組成一支不道德同盟大軍了。眾家俱都提出、同意，甚或借用馬基維利式的建言，並與他同有一個觀點：亦即國家之事，非「不」道德（immoral），卻「非關」道德（*amoral*）；國家此物，一半在道德領域之外。

對此，有人提出反對，認為政治理論若只以「照其然」（things as they are）為基調，就等於不鼓勵人類向上提升，做出任何改進；因此這是一種「消極」、「嘲諷」的做法，是進步之大礙。實則不然；請看多少罪惡，法律的、政治的，都已在我們這半個千年裡面掃去——而馬基維利之作，正寫於這五百年破曉之際。作為一位文藝復興全才，他發現，在那活潑飛揚的新藝術、新文學，及其同期的混亂政治沼澤之間，有著極不相稱的狀況，迫切需要補救。他不喜半吊子的方法，於是提出徹底解決之道，但是他也不認為他的方法屬長久之計。在他另外一部《論李維》那位羅馬史家的著作裡面，便描寫出一個擁有其自由權的共和國是多麼值得欣羨推崇。某次往日耳曼一行，亦曾作信介紹當地的自由市，更透露出一種烏托邦式的理想觀感，認為那裡（除了其他優點之外）更全無翡冷翠式的密謀、內鬥。他死後，《論李維》一書曾令翡冷翠某些店家激動莫名，甚至要求政府設置護民官，取代貴族與其他官員。

再論他的喜劇《曼陀羅華》，筆下對當代人極不留情，絲毫未曾為其粉飾。此劇風趣、粗俗，處處妙語雙關，在在表明人的詭詐、愚昧、腐敗、貪婪。情節安排令人聯想及英國復辟時代的喜劇，以及後來拉克洛的小說《危險關係》：狡智者用手段威嚇利誘他人，以為權術者達成詭計。

在馬基維利的其他作品裡面，亦顯示無論品味、風格，他都是一位真正的人文主義者。他翻譯羅馬劇作，在《戰爭的藝術》裡引用古羅馬軍事戰略家維吉休斯，他寫詩，也寫散文，文中顯示他喜愛女性。他認為女人也可以治國，一如男子；他還舉「英雌事例」介紹女子的美德才具。雖遭流放，馬基維利卻仍有一圈很廣的友人與仰慕者，在他寫給他們的信裡，內容毫無拘泥掩飾。最有名的一封係致維托瑞[13]，信中可以窺見他流連小酒館，在那裡與質樸鄉民稱兄道弟，一起玩牌喝酒。傍晚興畢，便返家換上像樣衣裳，與古人神交同遊，「請教」他們的生活行事。在這用功治學的四小時內，他從未感到煩倦，更忘記了自己的貧窮恥辱，也將死亡完全置之度外。

* * *

君王（prince）或君主（monarch），以及現代民族國家（nation-state），在十七世紀開始綻放，實現了這段五百年時期第二場革命的意圖，並深植了力量至今未消的諸多理念。在此同時，另一組理念，以及另一種形式的政體，也在此時明明可見——威尼斯共和國，即是那個極為顯眼的不同體制（<257）；英格蘭內戰，則傳遞著那另一組不同理念。共和制的威尼斯，作為一穩定有序的城國，當君主制與現代國成為當令政體模式之際，始終令歐洲感到著迷。至於英格蘭，當專制主義正反雙方演出的三幕劇終告落幕之際，最後的結果卻模稜不明，學得的教訓亦被遺忘。待得這些遭時間掩埋的理念再度破土而出，最後終於觸發了第三樁大革命，成因卻被歸諸於另一組歷史作用——其實清教徒之名，只保留了其中最狹窄的意義。

第十一章 清教徒做民主人

人類思想理念的歷史，由一連串綽號或誤稱組成：這些稱呼，原本可能只是個粗糙的辱名，一開始意義或也相當明確——即使如此，卻很快就變了質。在整個西方文化裡面，「清教徒」一詞喚起的形象，就是這麼一樁煞風景的事情。在新大陸的美國，清教徒是那名薄薄嘴脣的新英格蘭人，他老兄通過「藍法」（blue laws，周日為主日，亦即安息日，當天嚴禁工作、買賣和娛樂等活動的法令，一說因印在藍色紙上得名），禁止所有無害的樂趣，而他自己唯一的消遣，就是把女巫吊死。在舊大陸的英格蘭，他則戴著尖頂的帽子，透過鼻子講話，大名往往是像「讚美神．瘦骨嶙峋」（Praisegod Barebones，此為意譯）這類怪名；他把國王殺了之後，便統治起一個從此被剝奪了歡樂的國家。照例，我們可以到莎士比亞裡面，找到一張他早期的快照：清教徒，就是《第十二夜》裡的管家馬伏里奧，自以為道德高尚，就容不得別人吃茶點、喝麥酒了（二幕三景，方平譯本）。

然而這一類的肖像素描，麻煩在於省略的地方太多，抓住一點特色，就把它當成全部，結果產生一幅諷刺漫畫式的速寫。這種錯誤面貌所以存在，原因可能出在克倫威爾的清教徒政權及其部眾，曇花一現，不出十幾年工夫便銷聲匿跡，隨即又被痛斥否定之故。敗者為寇，一旦失敗，除非過程異常戲劇又沉痛深刻，往往會抹去先前成就的記憶。因此歷史上有關清教徒的集體概念，在英格蘭黯淡不明，在美國則自相矛盾。新大陸的清教徒移民，一方面思想風氣為人指謫，一方面卻又被敬為「移民開疆之父」——許多根本與他們無關的事情，更被歸成他們的功勞。

在此，重新檢視「清教徒」這個名詞，以及此詞意指的時代運動，用意不全為釐清正確的史實。今日的社會預言家正在警告我們，要防範另一波新清教徒主義的興起；他們在某些宗教團體裡的所謂基本教義派中、在俗世社會對吸菸一事充滿敵意的心態裡，看見了新一代清教徒的身影。酒精，亦遭到同樣敵意的威脅；種種反對性自由、反對「猥褻藝術」、反對「不敬神」的抗議呼聲，音量也愈來愈高。墮胎問題的暴力衝突，亦與這些議題有關。二十世紀晚期突然爆發的這股道德主義，是十七世紀清教徒的再現嗎？同樣重要的是，當年清教徒關心的重點，是否只在個人行為？事實上，他們並未禁酒也未禁菸；清教徒關閉戲院，非為壓制戲劇本身，卻為杜絕誘惑與禁止淫業。其他非清教徒系的歐洲國家，也曾執行關閉公共浴室的政策，亦為同一宗旨（<277）。

清教徒一詞裡的「清」或「純」，係指宗教建制的清潔純粹，以及為進行這項淨化過程所須有的政治改革；這分努力，與路德福音派的做法相同：除去主教，除去他們那一長串人員；省掉禮拜儀式中那些裝飾——什麼蠟燭、十字像、法衣、祭服等等；簡化崇拜的方式與內容，回歸福音真理。這正是**回歸原始**的心理，加上一種半科學的感情：亦即反「羅馬天主教會迷信」，反「教宗制度」。

福音的統治，固然嚴格規定人要有好行為，要對人生持有一種有意識的道德態度；但是若因為清教徒去除宗教儀文、喚起良心意識，就因此推論他們禁止生活中的樂趣與藝術——這種論調，完全與事實證據不合。大西洋兩岸的英格蘭與新英格蘭，從來未被改造成一種體制化的無聊與偽善之地。五十年前，曾有一名英國學者鑽研兩地的紀錄紙堆，他的發現推翻了歷來的那分錯誤印象：亦即以為清教徒一肚子只有信仰、思緒兩件大事。

那部又厚又重的大書《清教徒與音樂》[1]，事實上卻涵蓋了文化活動的全面。其中一項發現指出，所謂康乃迪克的「藍法」之說，全係一名熱心過度的牧師虛構。至於音樂、詩詞，以及其他藝術之用，清教徒也相當喜愛，非但未予禁止，反而陶冶培養。當然這只是一種概述；任何文化裡面，都會有這樣自成一級、雅好藝術與智識的成員。十七世紀中期的英格蘭，對音樂的愛好尤其普及，詩則為其雙生。英國一派的牧歌派與鍵盤樂器作曲家，多至不可勝數——聽眾人數亦然，至今仍是藝術史上的一大高峰（<245）。名望相當的兩大詩人：彌爾頓歌頌音樂、舞蹈與「歡慶」，馬維爾則催促其「嬌羞情婦」別再矜持；兩人都受到高度敬重。既有見解，筆下又了得，連克倫威爾都借重他們的長才為國家服務。

彌爾頓的表現，最能令人一窺究竟：他為當時的政權做宣傳，同時卻也能獨立地對它下針砭。他贊同離婚，為此寫有一本小冊，概列出為人妻者應具備的心靈條件，方能成為一名理想伴侶。他寫十四行政治詩評論黨派路線，他痛斥政府對印刷出版的檢查管制。他那篇論新聞自由的《出版自由請願書》中，有一段最強烈的文字，已經被人一

> 我們若打算管制印刷品以規正行為，就得管制所有娛樂、消遣，所有令人感到輕鬆愉快之事。不准聽音樂，不准寫歌、唱歌，只容許嚴肅的古調。而且，又由誰去禁聲室中的低吟與抒情曲調？恐怕得申請不只二十張執照，才能檢查每戶人家裡所有的笛子、提琴、吉他。
>
> ——彌爾頓《出版自由請願書》（一六四四年）

再引用快成陳腔。同篇文章還指出，思想的自由與藝術、意趣相關——這項意見卻完全為人忽略。

彌爾頓的文字，不但見證他本人的品味，也反映當時整個國家的品味。在此同時，彌爾頓也為國務委員會擔任共和政體大報「水星政論報」檢查編審。此事看似與《出版自由請願書》的理念扞格，矛盾卻只在於表面。彌爾頓及其清教徒的同志們始終堅信，身為作者，應為其理念所可能造成的危害負起責任。當時已有立法規定，出版品一律得列出作者之名，《出版自由請願書》書末即對此大為讚譽。至於「有害」的文字，負有文責者則可能招致「火與劊子手的矯正對策」。

待得斯圖亞特王朝查理二世復辟，開始激烈對付清教徒政權的人事物，彌爾頓性命不保，只好隱姓埋名躲起來。就在這段期間，他寫下了分為前後兩部的史詩巨作《失樂園》與《復樂園》，以及劇作《力士參孫》。此劇非為舞台演出，卻一如其史詩，係為論述道德、政治而作。彌爾頓談主權、談法治，談服從與反抗、談真理及其愈辨愈明；談科學、自然、樂趣；談理性與頓悟、公義與憐憫——所有這一切，都可以在他的詩中找到評價。此外還有散文，均屬政治性的新聞寫作；彌爾頓遂成一個活見證，具現了他那個時代各種思想、理念之間的戰鬥。當時出現過成千上萬的宣傳文冊與講道篇章，在在記載著這場掙扎搏鬥的強度與透徹。這些思想、理念，至今仍激拌攪動著西方的心靈，而那場十七世紀中期大辯論的功過矛盾，也意味著其中衝突永遠無法解決——非因人類無知或乖張，卻因人之所需與所願的本質使然；而且也正因為人類的需要與願望，才有了這些理念與系統的出現。

＊　＊　＊

英國內戰的政治目的，是為解決一個大問題：誰才是英格蘭的主權元首？事實上，此問不啻在測驗君主革命的實力。查理一世想要威嚇民選出來的代表，繼續他過去十一年的單獨統治，結果只逼得他們反抗更甚。原本照定義，君主壟斷了徵稅與戰爭之權（<360），現在國會卻有多項要求，其一，民兵部隊以及所有要塞重地，均應交與國會指定的軍官指揮。其二，同樣亦在否定國王的獨家威權：下議院可以剝奪新立貴族的席位，甚至連王室子女的監護人，也必須由國會指定。如此一來，國王再不是一名君主，甚至連舊制的國王身分亦不復存，卻成有名無實的虛位傀儡。顯然，當此十七世紀中期，這些英格蘭人民代表所設想的國家圖像，儼然已是兩百五十年後英國終將演變而成的模樣；或者，應該反過來說，這原是三百年前，當國王的大議會首次被改稱為國會之際，孟福爾的計畫若能付諸實行，本來就已經應該具現的體制。結果，當年那個願望未能成功；及至一六四〇年代，王室統治的傳統已成如此強勢，以致六年內戰紛擾期間，甚至提出九次之多的機會，讓查理保有他的王位；原先十九項要求也經某些修改，只要他點頭接受即可。最後一次找他協商，他總算同意，卻又加上自己更多的修改——但是大勢已去，太遲了。

英格蘭內戰的情勢，不像美國十九世紀內戰般一清二楚，壁壘分明。離英格蘭最近的眾鄰國都被亂七八糟地捲入：愛爾蘭出兵為英王助陣，蘇格蘭人則意見不一，內戰雙方都有他們的人加入作戰；蘇格蘭人的心事，主要在氏族與宗教，非關憲制。國會多為長老教派，克倫威爾旗下的部隊是獨立教派——即清教徒；至於那些每隔一段時日就搬演示威抗議的倫敦民眾，則動向難測。內戰爆發，起初英王的部隊雖然告捷，最後卻終告失利，顯示克倫威爾的確訓練了一支模範軍隊。不過歷來所見的那幅圖像：長髮飄飄、頭戴軟帽的騎兵隊（保王黨），對抗一頭俐落短髮的圓顱黨，其實全屬虛構。國會一方，也有貴族公卿與仕紳繼續穿著他們原本的「騎士」裝束，而清教徒中亦有因教義而留長髮之人。

從這駁雜不一的成分之中，一個共和國（即共和政體或民國）遂誕生了：兩詞參照互為解釋。待得共和國治理不成，護國制隨之而起，由克倫威爾出任這位護國公。種種遞嬗流變期間，查理被審、遭到處決，愛爾蘭起來叛變、受到恐怖鎮壓，蘇格蘭也算暫時安撫平定。國會則顯示出極大的彈性，先被肅清，又得復職，繼而又被肅清；此時的英格蘭，亦有了第一部也是唯一的成文憲法——當此時值二十世紀結束之際，制定成文憲法的呼聲又再度可聞。

某些歷史學者以為，衝突之起，是因為英格蘭農業落後，地主階級在國際貿易擴張之下遭受損失，因此與商人階級發生齟齬。殊不知抱持這種觀念，會令人誤以為當時那一整代人之所以爭辯不休、宣講鼓吹、出版刊行、抨擊譴責，或甚至入獄赴死，都是在一種對自己真正動機渾然不察的幻覺狀態之下。（根據階級戰爭的觀點）他們甚至不是為了經濟上的自利，而是因本身與生產手段之間的各式關係所動。這種看法，不啻將地震學的板塊構造理論搬來，應用到人事之上。

此時的英格蘭人，將每件事、每種想法、立場，都用宗教語言包裝起來，並動輒引用經文事例為最佳權威，遂產生一陣氛圍，好似那段時期的爭鬥，僅是為了一些早已過時的主張。事實上，其中具有雙重目標；而且虔敬的語言背後，更隱藏著「走在其時以前」的理念——雖然這說法有點笨拙，意指後效意蘊深長。這些被掛上清教徒、長老會、獨立教派標籤的各個宗派與領導人物，實為社會與政治的改革者。他們的差異，主要只在極端程度的不同。

所謂社會改革，一定得迎合某些公認的標準看法。在我們今天，這項標準即全民福利，或照顧某個被忽略的群體的需要，或振興實業以利就業、以提高生活水準——總而言之，全在物質性的民生實利。而當年的清教徒，其中有多位被稱為鏟平派，則激烈提倡權利與條件的平等；軍中將士，亦要求人人有像樣的生活。姑不用絕對定義，卻借用現代字眼並容許個別出入而言，當年的重洗派，即是共產主義者，激昂派則是無政府派，掘土派是集體論者，而第五國派（基於舊約《但以理書》二章四十四節所述的四國而來），則是等候基督二次再臨，並由聖者專政的烏托邦主義者。

> 先生，我看這又有自由，又要收走所有財物的做法，根本是不可能的。如果非這般規定不可，您怎麼說，當然就怎麼辦。可是如此一來，我實在想請問，這些時間以來，戰士們到底是為何而戰，豈不變成奮戰了半天，卻使自己變成奴隸，好把權力給有錢人，給有業有產的人，反把自己變成永久的奴隸。
>
> ——國會議員林柏洛上校（一六四七年）

然而還有其他種人，如喬治·福克斯及其門徒，即朋友會（後日的貴格會），也是平等主義者，不肯向任何人摘帽低頭。還有千年國度派，工作是建立新耶路撒冷，讓聖者在地上執政掌權。家庭派仿效基督聖家精神，他們的教導是只要有從信而生的愛——無須法律也無須階級，即足以維繫社會秩序。這一種無政府主義的觀念，歷年在西方長年不斷——只看一九六八年的花族（嬉皮）即可知。

正是從這些基督教宗派之中，生出了某種趨近於民主政治的推動力——卻因它們日後一反前情，變成接受現狀的保守勢力，當年的革命屬性遂為人所遺忘。唯有重洗派始終不改其政治性格，只是不復當年萊登的約翰領導下所贊成的共產制與多妻制（<23）。至於那些帶有著狄更斯命名風格的馬格騰派、布朗尼派（原文有一些諧音諧義之趣），更顯示出只要有一名意念頑固堅定的傳道人或宣傳小冊作者，很容易就可以召聚追隨者，共同夢想著較美好的世界。而且他們一致認定，若要使世界變為

美好，現行的教會與政府務須進行某種翻修。

翻修的對象，務必包括教會「與」政府，因為沒有任何人曾在沒有教會的國家裡面生活過，而且二者之中改革任何一項，另一項勢必受到影響。何況當前的動盪不安，不正是福音派分子的教義，自羅馬天主教神職結構下爭取解放所致？下一步，自然就是邁向更大的自由解放：為什麼要有領主與仕紳這些大老爺呢？既然各個會眾都能獨立自主地選出自己的教牧，政治權力豈不也該透過投票，下放予全體民眾？這種宗教上的平行相似性，具有決定性的說服力：如果一個更聖潔純粹的宗教，近於福音所述的宗教，可以藉著去除教會中的高位者而取得，那麼一個較理想的社會與經濟生活，近於福音所述的生活，同理也可以藉由去除社會政治中的高位者而達成。

君主本身，也看出了其中的類比性質。查理一世之父親詹姆士一世即曾言，若無主教，國王也不能長久。教會階級作為一個整體，因能直接發揮他們的權威——日日自講台上向所有男女老少發言，也同時維繫了君王的權威。歐陸的君主政治，只有在貴族、議會兩股勢力都失去效力之際，才真正興旺發達。英格蘭的形勢則不同：英國國會向掌立法之權，其下院（即平民院）更不止一次勇敢面對國王。如今改革之議蔓延，卻分裂了這個過去一致對抗國王的政治體，再加上那支政治觀點激烈強悍的軍隊，井然有序的多數決立法制遂告低頭。這分重新改造整個國家的努力，終導致獨裁之制。

一路跟隨報導內戰期間的國會動態，並不能為目前為止已經談過的概念增添任何認識；這段時期有著各種建設性的原創思想，真正能顯示其多樣性者，卻是那些數量龐大的宣傳小冊。當其時也，真可謂百家爭鳴，各式經濟建言，各種聖經引述，看在普通小民眼裡，一定覺得難以取決：到底哪家有理？每位業餘思想家，都有他設計發明的[2]一套創見；至於職業家，則祭出西方文化中一道典型的論戰手法，亦即訴諸各方公認為「真實」、「權威」之事。理性與自然，就是這樣一組最常被搬上舞台的法寶。但是如前曾經指出，雖然這兩個名詞聽來放諸四海皆準，且不由得人不信服（<111），其實也只是望之似較堅固的道具而已。

清教徒訴諸理性，主張人民有權，指出人類建制無非一種選擇，原為某種目的而設，並藉由習俗維持；一旦失效，理當變革。區區時間之力本身（所謂風俗襲制或慣例）只是一種人意，並非理性。於是有意無意之間，某些清教徒正如科學家，絕對地相信經驗、結果、效用；以此為檢驗標準，自可駁斥現狀下的任何成分。這段時期的大法學家柯克爵士，即據此做成一大格言：習慣法，正是理性的體現。以此推之，法官判案，不但得言明理由，更應運用理性，熨平惡例造成的糾結。柯克本人，即曾做過這種合理化解釋的示範：內戰爆發之前，在又一場早期國會混戰角力之中，他挖出當時早已不復為人記憶的那部大憲章，一手將它偷渡入所謂明載權利的文件法統傳說——當初那些十三世紀的貴族（與約翰王立下《大憲章》的貴族），根本做夢也未曾想過這些權利（《**大憲章**》之大，順便提一句，意指其長，不見得指其偉大）。

自然與理性是一體孿生，在於兩者都是**既定**的條件：人天生依自然就是理性動物，而自然此物，更是可以讓人以理性推敲思考的現成對象，因為自然的行事，獨立於人為意志與願望之外。許多清教徒即認為，人必須在自然之中，並透過自然，才能認識神。而且，論到人生基本概念，自然法與自然權利便立刻清楚浮現：人生在世，有權不受騷擾而活；所以需要有政府來保障這項權利；人造的法律，務必為自然權利服務，更不可有礙自然權利。任何成文民法若牴觸自然權利，在自然法則的作用之下，人民鐵定會違抗這項法律，甚至起來推翻制定此法的政府。

若記得《獨立宣言》的序文，或讀過當前有關社會正義[3]內容的種種爭議，以上立論，自當耳熟能詳。政治體制究竟應為何貌？十七世紀誕生了兩部偉大作品，最知名者為霍布斯的《巨靈》，針對這個永遠沒有答案的問題，立下了一條決定性的理路。此書文理卓絕，極富散文風格，但是若問此君到底站在哪個陣營，作者同時代人卻難以確定。清教徒、長老會和保王黨，都有人對他讚美或痛詆。另外一點亦極有趣：本書開頭幾章，簡直就是一篇小型的心理學論述。論到政府之為物，必定以自然（即人的自然天性）為本，此事眾人顯然均無疑義；可是若論此「自然」的定義為何，政治理論家就開始意見相左了。霍布斯視自然狀態下的人具侵略本性，人與人之間猶如豺狼。除非加以控制，人類的生活，乃是一種「離群、孤陋、卑劣、殘暴且短暫」的生活。據此前提，理性推出結論：政府務必強勢，立法務必有力，施法務必嚴格，以防人的狼子本性爆發傷及他人。

霍布斯眼見英格蘭自一再重複的漫無法紀亂象，身不由己地步入內戰——這是一種必然殘忍而且漫長的戰爭。一旦開火，雙方就沒有任何可供重圓的妥協餘地；交戰雙方，一方是在做「神的工」，另一方則務要保存國王與教會、法律與秩序、傳統與財產。在英國這場內戰裡面，比戰役本身更可怕的是圍城，多數傷亡都是在圍城之下發生——饑饉、瘟疫，接踵而來的大屠殺連婦孺也不放過。保王黨在萊斯特的劫殺擄掠漫無邊際，清教徒立刻在納斯比一役還以顏色，痛宰敵營中所有從人——僕役、馬夫和情婦。內戰伊始，百業立即蕭條，工匠、牲畜販子、失業者人人匱乏，國中遍地乞丐、瘸子、強盜。計有二十萬人因此喪命，近全部人口的百分之二點五至百分之三。

長年見到這種悲慘光景，促使人心反思國家與教會的性格組成。對霍布斯而言，唯一可行的國家體制，係由一人絕對統治號令天下。書名《巨靈》，以及其卷首插畫，俱標明書中主旨：一個怪物，其身由國中全民的身軀組成——卻共在一個巨首之下。眾民個別的力量，全部聚於元首；如此而成的結合，是一個不可更改的契約所結的果實。

乍看之下，霍布斯彷彿是君主革命的同黨人，那麼，何以保王派不歡迎他呢？須知他所主張的絕對之權，係為元首而設，他並未提及國王，遑論那名待位之君，查爾斯王子；因此下院成員，能以在《巨靈》裡面找到國會專制的正當性。一如先前曾經指出，今日之英國，正係由國會獨治，它乃是一個選舉制的巨靈。而英國王室，正像最上面一小抹泡沫奶油。

這個時期的另外一部作品，其原創性與遠見處除霍氏《巨靈》之外，遠超過當時所有作品，此書為《海洋國》，作者為哈林頓，雖係描寫理想國度，卻非烏托邦族。哈林頓出身貴族世家，很早就是共和人士，卻依然贏得了查理一世的尊敬，雖然一開始未能獲得克倫威爾的看重。事實上，此書正是在共和政體時期刊行的半途遭到扣押，後來在克倫威爾之女促請之下，終才重新問世。

這個海洋國是共和國，一見國家體制確立，當初首倡共和之人便辭職下台。該國擁有一部成文憲法，一個設有兩院的立法機關，成員輪流出任，以及一名間接民選的總統，方式一如後日美國憲法所定，由全體公民不記名投票選出。為確保國家長治，哈林頓不厭其煩地舉例顯示：一國之內，政治力與經濟力務必協調一致，若有任何扞格，就必有麻煩發生，革命大浪亦將旋即捲到。財富的力量，先前已有亞里斯多德在《政治學》[4]中予以正視；現代人也都知道，民主政治若要誕生、存活，社會上必須有一個大規模的中產階級，分布在兩側的貧富人數則愈少愈好。中產階級如此必要，因此社會起來抵制勢力過甚的卡特爾、托辣斯、大企業等組織，自有其法理上與民粹上的正當性。同樣也解釋了二十世紀的民主政治，之所以在中歐、東歐、南美、第三世界，以及世界各地所有的二十世紀新國家裡面，一蹶不振，陷為獨裁政權的原因：沒有中產階級，就意味著缺乏因貿易而滋生的自制與折衷習性。

顯然易見，哈林頓的洞見，屬於政治家型的心靈，而非純理論的學術，可惜他的觀點及名聲，不論在當時或現在，主要都係經由專家學者的管道傳布——只有美國一地例外，在那裡，傑佛遜及其他民主人士，曾仔細閱讀他的作品，獲益匪淺。一六六〇年之後，哈林頓因本身是共和派，又有一名親族參與弒君（查理一世），遂飽受惡評荼毒，不得入全面大赦之列，被捕下獄，只有在身心俱病之後，方才獲得釋放。

＊＊＊

若要充分掌握清教徒政治的真義，必須苦讀所有宣傳小冊，此舉勢必耗去一生的光陰。僅次於此的最好方法，則是一讀 William Haller 著 *True Rise of Puritanism: The Way to the New Jerusalem*。在這段歷史裡面，我們可以看見一些奇怪又奇妙的人物（包括某些活力充沛的女傳道者）突顯於群眾之中。前面曾介紹彌爾頓，作為當代無數辯論者中的文學代表，至於激進的行動派人士，亦即甘冒掉腦袋危險的宣傳煽動者，當然人選則是——

約翰．李爾本

他係英格蘭東南杜蘭一位地方仕紳之子，但是出於某種原因，十二歲就隨倫敦一名服裝商做學徒。在那裡，十幾歲上，就顯現了他一生都在反抗事物現狀的人格特質。他的主意甚多，同時也無所不用其極地教唆鼓吹。一旦認定英格蘭教會根本就是反基督的教會（時年二十四歲），便因引進並散發顛覆性的文字，而衝撞了星室法庭（特權司法機構，不受一般法律約束）——其中尤可注意者，係由那位反主教的著名宗派人士普林所撰之文，李爾本此時已轉任其法律文書。結果被判沿倫敦街頭公開鞭刑示眾，刑畢又上枷兩個小時，然後下到監裡，直到繳付出五百鎊的罰鍰為止。

此事立刻使他成為公眾人物，大受小民歡迎。入獄兩年期間，他為文痛斥許多事物，並詳細作書向下院陳情；正是其中一封，打動了克倫威爾出面支持他的要求，是克氏講詞記載在案的首篇。李爾本被釋，次年更獲得三千鎊賠償——受到惡名昭彰的星室法庭迫害，不啻領到一張為人正直的證書。下一步他加入陸軍，被敵營擄去，以叛軍交審，若非國會威脅報復，勢必為保王黨所處決。換俘歸來，他再赴戰場，升至中校階。但是他還是不能滿意——對一名激進的清教徒來說，軍中太多長老會的溫和派了，遂辭去軍職，全力索取積欠他的薪餉，方法是再度向國會提出陳情；進行這項困難工作的期間，他對議長及議員大人說出極具侮辱的言詞，因此再度下獄，三個月後隨即開釋。

他開始支持鏟平黨，他的要求控訴，既對準制度也針對個人。一六四七年因抨擊克倫威爾，被送進了倫敦塔，可是又再一次放了出來。此君顯然屬於那型稀有族類，可以一而再、再而三地將自己的腦袋放進獅子口中，卻均能安然無恙，最後壽終正寢自然死亡；監獄對這傢伙而言，反而是一味滋補劑。他的宣傳小冊文字，在表達其《部分老百姓為共和政體憂》之際，變

> 我不敢保持緘默，或生或死，卻要對你們直言，慈悲之主已使我靈魂知悉之事。
>
> ——李爾本對群眾發言（一六三八年）

得更具個人性。他宣稱《發現英格蘭有新的枷鎖》（此書共分兩部），並視自己及四名跟從者為「五頭小獵犬，從新市、特里甫洛直到西敏市，一路偵察追捕狐群」。西敏市為國會所在，克倫威爾及手下則為狐狸；他們的失職危及軍隊與共和國，英格蘭在國務委員會的管轄下受苦呻吟。

這番強烈謗言，又為他換來進塔待遇，並以煽動與中傷罪名受審，卻得無罪開釋。此時另一類別的自由，又攫住了他的注意：各種獨占專賣及執照特許的行號，顯然享有不公平的優惠——貿易一事，也應予自由開放才是。這項論證，再度有聖經作為依據——亦即新約有關才幹必須盡用的比喻（《馬太福音》二十五章十四、十五節）。引用聖經，這種道理自難反駁，因此這一回沒有牢事後續。李爾本又轉頭向一間極有勢力的行會開砲，認為該會對其親長喬治不公；結果此舉造成的殺傷力，遠甚於他這名天生逆骨對克倫威爾及國會發出的所有抨擊。不但罰金七千鎊，更逐出國境，如若膽敢歸來立遭死刑。此時是一六五二年；一六五三年，他就回來了。這段時間他去了荷蘭，是當時政治難民與各類難民的庇護國，一如十九世紀的英國。

李爾本再登被告席，一場漫長得異乎尋常的審判之後，宣布無罪開釋；他成了倫敦平民百姓眼中的聖人與大英雄。在此同時，政府卻向他送來一道言不由衷的恭維：「為了國家安寧」，得將閣下囚禁起來。先在海峽群島，後在多佛，李爾本的暴躁火氣逐漸冷卻下來，最後終獲釋放。投入貴格門派，宣揚眾教義中這個最謐靜的教義，直到四十三歲去世。

李爾本配得的名聲，實在應比後世所給予的為多。就在這十七世紀的正中之際，有著這樣一位作者，宣示人的權利，要求人的權利。他提出的綱領，正是十八世紀理論家據以獲得佳名美譽的同一主張；他的行為，亦已成包括今日在內歷來革命人士採取的標準策略。他的受限之處，卻在雖然他偶或訴諸自然法則，論點卻往往以聖經為唯一依據。

> 基督並未選擇許多富人，也未選擇許多智慧人，卻選擇了世人眼中視為愚人、傻子，以及卑賤、無足掛齒的貧窮男女。
>
> ——李爾本（一六四五年）

李爾本胸中擁有一套完整的理念，其他眾多清教徒同道筆下，則只有零星主張。許多人呼籲建立共和政體；許多人鼓吹全民投票權利；也有人要求泯除階級與特權、法律之前人人平等、自由貿易，以及更合理的財產分配；不過倡導寬容觀念者很少。然而，正因為這些目標均引聖經以為依據，清教徒政治思想的實質內容遂再度為宗教成分所蔽。後世歷史學者的俗世心靈，只取亞當・斯密的自由貿易說，卻忽略李爾本以及他那有關才幹的比喻；將所有人生而自由平等的觀念，歸於洛克名下，自然比把功勞歸給某位沒沒無名的重洗派宣道者來得容易。後者引用聖保羅的話：神「不看重個人」，又說「猶太人和希利尼人並沒有分別」（《羅馬書》十章十二節）。此外還有人堅稱神的恩典無須代價——眾人都在其中有分，一如眾人都有分於亞當的罪。看在理性論者眼裡，這樣的論據根本不成論據；何況擁護自由的宗教人士之中，有許多人認為世界末日不遠，包括克倫威爾在內，令人覺得他們的自由呼聲似乎有欠誠意。

像這種心態上的隔閡，這種對清教徒理念欠缺體認的現象，是近世史上的一大分水嶺，正好發生在五百年近世時期的中點，一七五〇年的前後。從這以後，宗教一事固然並未隨清教徒一起消失，可是科學的進步，卻使「自然」更加可信，愈來愈比「神啟」更像真理的源頭。神依然可敬，卻逐漸悄然引退；神的作品（如果人剛巧還記得，這些作品背後還有一位作者的話），則成有力參照，足證理性論者的國家社會觀點有理。

此外，當年的清教徒民主分子，並不只在自己人中間爭論口角，他們的對手還包括捍衛舊制度根本與枝葉的人士，尤其是英國國教會的代言人。這些反動的舊派，取笑新起的敬虔，揶揄後者憂慮的靈魂以及沉重的面容；他們尤其瞧不起那些明明無知無識的下等傢伙，滿口聖經，又說又寫，還自以為是知識人呢。這類嘲諷家中，描寫最維妙維肖者首推約翰．泰勒，人稱「水上詩人」，因為他曾在泰晤士河上做過一段時間的舟子；有一回，竟划著一艘牛皮紙船沿河上行，因而大大出名。他的詩文作品，較後日同類型趣味風格的巴特勒早了一代，後者的諷刺喜劇史詩《修迪布拉斯》，是查理二世復辟朝廷的一大樂趣（523>）。

> 當女人傳道、補鞋匠禱告，
> 地獄的惡魔可要高興慶祝了。
> ——約翰．泰勒（約一六四〇年）

＊　＊　＊

良心，即道德**自覺**，遂有「寬容」議題。因為良心暗示著**個別**，人類若行使其個別之性，人間便永有異議不斷之虞。弔詭的是，清教徒留下來的自由理念遺產，卻可增加我們對迫害異端一事的了解——甚至對此有所體諒，一如杜斯妥也夫斯基在其小說中對大審判官所展現的體諒（1103>）。當年那些清教徒們，不論個人或宗派之間，都絕對不容任何異己，隨時隨地恨不得把意見不同的對方吃掉。李爾本其人，正具現了這種強烈性格。

這種極端排外與迫害異己的心態，孰令致之？個人良心愈熱烈敏銳，對人類信仰、行為的要求審核（包括自己在內）就愈發鋒利嚴格；因此遂對他人的信仰與道德起疑，程度正與「對真理的愛好，

> 如果世界一空，只剩下約翰．李爾本其人，
> 李爾本、約翰，約翰、李爾本，也會吵個不停。
> ——馬登，鏟平派暨弒君黨同仁（年日不詳。弒君黨，判處查理一世死刑的裁判官）

對罪惡的憎恨」成正比。絕對的標準，不可絲毫有違；稍有偏離，即成重大的罪過與惡性。由此出發，接下來自然就是對信仰錯誤者宣戰了。因為當信仰一事既關乎智性，又觸動感覺之際，最正當的理由，就是邪說異端會危及全體羊群的靈魂。如果這隻走歧的羊，竟還不肯收回自己的謬言，他或她便成誤導他人犯錯的源頭（同樣的理由，也曾為二十世紀科學家所使用，迫使維里科夫斯基的作品不得出版，編輯亦遭開除：罪名是宇宙發生論作為科學，這位作者的論點含有重大謬誤，後日卻證明某些所謂謬誤實為正確）。至於早年那些宗教上的異端者，則係為魔鬼所誘，因此務必將他們從惡者的網羅拯救出來。今日舉發工作職場弊端、詐欺的「吹哨告發者」，亦受到同樣迫害——理由也是為了公司全體的保全。換言之，宗教迫害其實是一種衛生防疫措施，為要遏止傳染的蔓延——靈魂的健全，更甚於肉體的健康，自然更需要小心防範。神期盼祂忠心的信徒，捍衛祂啟示中的每處細節，因此追索異端，遂成職責之所在。同理，人亦須時時自衛，以保靈性不受侵害——這是內在形式的宗教戰爭。

類此觀念，一旦由守勢發展為攻擊性質，就變成一種所謂聖戰，我們這個世紀[5]出現的各種宗教、政治基本教義，即屬這類現象。但是若說因為基本教義派壓制自由思想，就認為他們反智，其實大謬不然，癥結正在他們過度地智性化了——所有執著於狹隘字面意義者都係如此：他們詮釋文義，一如法官解釋法令條文。回到蘇維埃俄羅斯年代，所謂偏離分子——西方學者也學著如此稱呼，即因偏離某句馬列金言的標準意義而獲罪。

這一類不可稍離的現代「聖言」，是政治聖經，而非宗教聖經，於是問題就來了：如此手段，過去只有質屬超自然的宗教才比較有理由採用，那些原本浸淫在自由、科學思想裡的國家，後來竟然也起而效尤，原因何在？殊不知意見若極端得多樣分歧，往往令某些人感到不自在，覺得他們本身的意見遭到冒犯。不滿情緒，便聚類成群，遂以某種絕對原則——比如為了道德或國家合一之名，反對多元。然而這類反思想自由的思想，根據思想自由的精神，亦須受到容忍，於是共同的大方向盡失，正是獨裁者可以填補的空白。

二十世紀獨裁政權的奇特之處，在於其空有強大的鎮壓手段，卻害怕最微小的異議低語。隨便不小心說錯一個字，一個不合「時宜」的玩笑話，都足以構成異端。今日所謂「政治正確」的氛圍亦然——幸好及至目前為止，觸犯禁區之罪還不致遭處嚴刑：只是得到罵名、失去工作，或直等於為同行除名。任何形式的迫害，都暗示著迫害者對於思想的力量，事實上是區區隨意片言隻字的力量——深信到一種令人訝異的程度。這種唯心現象，如何能與馬克思主義的唯物教條相協——亦即物質是所有事件的真正成因，實在難以分明。比較起來，羅馬天主教宗教審判庭對於何者有害，以及為何有害的判定標準，就要高明多了。總而言之，時至今日，世界各地依然有政府為求思想的劃一，而繼續殺害、流放其人民。當年的君主，賴集體熱情之助，最終得以打造出一個包容多元的民族國家；日後反殖民主義的**解放**力量，雖然誕生了近兩百個新的國家，這

> 經驗教導我們，劍與火、流放與迫害，不但不能治癒我們的罪惡禍害，反而有可能使其更加惡化。
>
> ——德圖（法國政治家、歷史學者）
>
> 《世界史》（*Universal History*，一六〇四年）

股集體的多元熱情，在它們中間卻似呈冬眠狀態。

君主制下的民族國家，唯有在地域觀念擴大成一種以國家民族為榮的心理之後——亦即非常滿意自己能夠身屬這極其優秀的大型群體，才能達於成功典範的境地。國家既為俗世之物，目標遂在政治上的統一，而不在前此的宗教合一——打起仗來自為例外。但是君主亦為神所膏立，自然需要宗教上的協力相助，他也有責任促成此事。因此他相幫既有教會，少則歧視，多則迫害異議之人。然而，打壓政策卻使原本立意防範的分裂愈烈。有心人仔細思考觀察，發現強制於一的手段反而團結了異議的力量，亦與國家理念相違。於是他們主張統一大事應該徐圖，（他們認為）躁進鎮壓不能成事，他們呼籲寬容。

有權得享寬容，對我而言，似乎是個矛盾之詞。國家一定得立下某種判斷準繩，否則任何人提出任何主張、做法，不論多麼可憎，豈不都得被迫容許。

唯一能為有所區別的寬容辯解的說法，只有如下：使用迫害手段無法制止異端，除非——或許——直接出之以作戰、屠殺。

——柯立芝《圍桌談話》（一八三四年）

很不幸，迫害或寬容，都無法保證期待的效果。而且寬容更難保社會安寧，迫害反而較有成效。鎮壓，去除了十四世紀英格蘭的威克里夫的羅拉德教派，法蘭西的阿爾比教派，捷克的赫斯教派；正因鎮壓有效，這些改革運動思想一共得花上兩個世紀的光陰，才終在路德的年代獲勝。而寬容卻可能在信者心中造成永遠的痛，使他們視寬容為政府缺乏道德威信的表現。在此同時，世俗論者則不斷與這些「宗教頑固分子」作戰，更動用法律的力量，將他們趕出學校，祭出輿論的壓力，將他們逐出公職。

寬容（即容許意見表達的自由）沒有邏輯上的界限。宗教上的寬容，包括對儀式的寬容，儀式有行動也有字句。但是焚毀國旗也算在內嗎？美國法律說算。那麼，某些被許多人認定為淫猥的舞台動作呢？為了儀式性的目的，以動物為犧牲祭品的行為呢？面對這樣的問題，理性就縮首噤聲了。而這還不是全部；事實俱在，迫使我們在寬容與容忍之間，做出刻意的分別：前者是俗世國家可用的公共政策，後者則是一種極其稀有的「互不相犯，各過各的」個別心態。一經揭露，卻被詆毀為「冷淡」（lukewarm）、「鄉愿」（latitudinarian）、「不冷不熱」（Laodicean，使徒保羅責備小亞細亞的老底嘉教會行為不冷也不熱。見新約《啟示錄》三章十四至十六節）、「缺乏原則」（lacking in principle）——看來凡以字母L開頭的字眼，都難逃這種罪名的嫌疑。人類的心智，也有帝國主義的霸道傾向，雖然偶爾也或有「我可能不對」的敷衍表示，事實上說起話來，人人堅持自己有理，如狼獾捍衛其仔獸。而且還振振有詞，捍衛自己。這種捍衛己見的舉動：豈不見社會之進步，全靠正確觀念（他們的觀念）之積極推動，方才能予達成嗎？

更有甚者，歷來創新者都有一共同特性，就是他們都很粗魯、喧囂、難於控制：李爾本、塞維多斯、羅傑·培根、喬治·福

思想的自由有何用，如果不能帶來行動上的自由？

——斯威夫特〈論廢除基督教〉（"On Abolishing Christianity"，一七〇八年）

在深切、全然關乎我們的事上，沒有一人是寬容的。

——柯立芝（一八三六年）

克斯、美國廢奴主義者蓋瑞森——這樣一張名單沒有止盡，包括聖人、藝術家和科學家在內。所謂圓熟老練、通情達理、忠誠敬謹、循規蹈矩，都是不合他們氣性本賦的異質；難怪迫害者怒氣沖天，覺得被這些傢伙雙重得罪了：因為一氣其異端之說，二亦氣其異端為人。有鑑於此，當年有一位不但在政策上推動寬容，而本人也抱持容忍態度的人士，其人的性格與事業，便特別值得予以介紹，尤其更因為他也是一名獻身清教理想的信徒，此人即——

克倫威爾

克氏一生的行止與心靈，令人聯想起朱利亞·凱撒——不是莎士比亞筆下的凱撒，那名令共和人士不安的怪獸；而是在人生半途，將自己一轉而成傑出戰士，並以其軍事威權，引導國人回歸國泰民安的凱撒。他們兩人，都被人奉上王冠，卻都予以拒絕。在此同時，他們所領導的人民，也同樣不肯和衷共濟，取得協議，讓自己發明的創新成果發揮作用。於是只有在這位領袖人物的武裝力量及技巧掌舵之下，社會的安寧和平方得維繫。一旦領袖辭世——凱撒被刺暴卒，克倫威爾自然壽終，這個改良新配方的秩序，便立即在混亂之中結束。

這兩位身兼軍事家、政治家的人物，同樣具有一項常常令世人稱奇的人格特質，正是他們根本的相似之處——待人寬厚仁慈。事實上，隨時張臂歡迎原本為敵之人，甚至願意予以重用，正是作為政治家最明顯的表徵：他深知自己治理的對象，包括整個國家，而不只是自身的黨派與好友。唯有區區政客，才會在嘴巴上大談公共福祉，實際行為卻片面徇私。

清教徒楬櫫的宗教、政治目標多端，這批反叛分子的極端思想，自然又在保王黨與國教派心中激起了深仇大恨。任何有意願並有能力統治英格蘭的人士，必定擁有非凡之幹才，才能鎮住如此複雜多變的局勢。治國之能，在克倫威爾其人身上萌芽、開花。克氏家境小康，原是沒有宏圖大志的鄉紳。早年授業之師係一名清教徒，及長入劍橋，又是一間以清教徒傾向見稱的學府，但是都完全出於偶然。年輕的克倫威爾，學業上並不特別出色，不過據說擅長數學，尤其熱心研讀歷史；羅利的《世界史》是他最喜愛的讀物。他也督促其子理查研習這兩門功課，因為「最宜生來即為從事公職者之用」——然而不論做兒子的是否謹遵父命，待得繼承父位護國，兩門學問都顯然未能為他加力——理查失權下台，後世小酒館招牌上的「垮台狄克」（Tumble-down Dick，狄克為理查暱稱），就是他最為人所知的名聲了。

克倫威爾與其妻伊麗莎白鶼鰈情深。她寫信給他：「你不在身邊，我的人生只有一半。」他則寫給她：「你是我的至寶。」十二年間，他的本業就是經營家傳農場，雖然得法，入息卻微。然而鄉人還是把他送進國會擔任他們的代表，此時國會正為「船錢」問題——此稅未經法律授權，以及其他濫用王權之事，與英王開始發生爭執。查理雖然簽下了一紙《權利請願書》，答應讓渡出某些權力，隨即卻又在沒有國會的狀況下，繼續統治了十一年之久，那些權利遂形同作廢。在此十年時光期間，有關克倫威爾個人的動向我們所知甚少，想來仍是繼續經營他的農事，直到把田地賣掉，改在附近租地放牧。

時值三十年戰爭的瑞典時期（<268），克倫威爾跟眾人一樣，都為歐洲更正教的前途影響感到焦急，他顯然也研讀了瑞典國王古斯塔夫的戰法，因為日後他本人的領軍之道，即以此為基礎。但是

在最後翻臉動武之前，克倫威爾先以一些小動作顯示他對王權的抗拒：他不肯依俗付金得騎士銜，結果遭罰鍰十鎊；地方官同僚侵害窮苦小民使用共同地的權利，他起而與之對抗，結果下到獄裡，審判後獲得釋放，旋即又與先前抨擊他的市長言歸於好。

歷來有個傳說，頗具幾分信度：克倫威爾一度曾考慮移民新英格蘭。在英王上一任首相執政之下，英格蘭祖國似乎每下愈況，漸走上對良心永遠壓抑之路。內外交煎之下，克倫威爾的信仰有了重大轉變，開始投入最全面、最充分意義的喀爾文教義。然後便陷入了一種深刻的憂鬱心理，一如日後的約翰·本仁。折磨人的痛苦大疑問是：那個認證人的信仰，並打開救贖之路的神聖恩典，我得到了嗎？（〈8〉）他們兩人，正如路德以來的許多人，都深信自己是「罪人中的罪魁」。

> 從一開始，你就不曾
> 好高騖遠，你心清明；
> 卻在你的田裡，致力長久
> 運用你的心健身強。
>
> ——馬維爾〈克倫威爾頌〉
> （"Ode on Oliver Cromwell"，一六五〇年）

這種**自我意識**的磨難，一旦因感到神恩典的授臨而得到解脫之後，自然就會認為凡事都有神意旨的流露。清教徒深信，是神，要國王與領主老爺遭到傾覆。天意正如命定，可以將責任後果的重擔自個人肩上除去，今日社會也有其同樣工具：科學命定論與心理決定論的說法，泯除了包括犯罪在內的行為責任。但是

> 哦，我活過，也愛過黑暗，並恨惡光明。我曾恨惡敬虔神聖，神卻對我慈悲寬憫。
>
> ——克倫威爾致表親聖約翰太太
> （一六三八年）

克倫威爾和本仁在心靈釋放之前所受的心靈苦惱，這個步驟卻似乎完全為二十世紀人所省略，除非那是一種沒來由的罪咎感——許多人有過這種痛苦感受。

克倫威爾的戰士們既然心中有神，自然便肯定神站在自己一方。不過，克倫威爾豈是尋常信者，雖然他有信心，相信「信心，可以解決一切困境」，但是他也知道：「我們（每一個人）往往都會將那些或許只是出於肉體的想像、出於肉體的道理，誤當成信心看待。」肉體一詞，在當時具有「屬人的」、「可錯性」的意義。想到克倫威爾，就想起他曾拜託對手想想：也許，他們也許錯了？（<207）這種可能性，遂加強了克倫威爾在寬容一事上的政治意識。他發現手下有些軍官之所以肇成禍事，正因為他們用宗教性質的檢驗，來進行軍事判斷。

何況不論軍中或軍隊外，大環境都異常多元，無法打消。當然，克倫威爾的寬容心也非百分之百完全——從來沒有人能夠如此，事實上也不該如此：因為再寬容的心靈，也不能容忍殘暴；再自由開放的國度，也要處罰煽動、暴亂，或叛國的行為。除了當地居於少數的天主教徒，所有英格蘭人都不能容忍羅馬教會，教皇制度不單只是迷信，也意味著一股對英格蘭，以及對英格蘭宗教信仰深具敵意的勢力。天主教國家——西班牙、法蘭西、奧地利，經常受教皇教唆，不斷在愛爾蘭、蘇格蘭圖謀不軌，計畫著入侵英格蘭，引誘著斯圖亞特王朝諸王。反天主教的情緒，在英格蘭一直持續到十九世紀的

> 先生，當國家選擇人服事它的時候，並不管他們的意見立場為何，只要他們願意為國服務，那就夠了。我以前勸過你，要忍耐跟你不一樣的心靈。對那些跟你宗教意見不同、你卻沒法子反對的人，千萬不要太尖銳了。
>
> ——克倫威爾致克勞福少將（一六四三年）

第一個三十多年，頗有二十世紀那種對抗共產主義的冷戰特質。恐共、恐天主教兩種心理，都各有其正當理由，但也不乏誇張成分。而克倫威爾之所以嚴厲鎮壓愛爾蘭的叛變，一方面固屬對外政策，另方面也出於英格蘭向來蔑視愛爾蘭人。但是此事並未影響他對內的寬容政策。

在他的統治之下，天主教徒或國教派徒的日子都比以前改善。一六五四年際，曾有一名天主教神父因宗教狂熱被處死刑，其實他原本打算赦免。蓋棺論定，克倫威爾絕不是殘忍的暴君，也非傳說中那種心眼狹小的清教徒。

英格蘭國勢因他的政策欣欣向榮。「航海條例」使英格蘭船貿增加，他支持殖民地，更進一步推動海外移民，也許可稱為大不列顛帝國的創設之人。這些舉措，爆發了一場與荷蘭人的貿易戰爭，荷蘭艦隊雖有良將指揮，卻為當代英雄海軍大將布萊克擊敗。又循伊利莎白朝的光榮傳統，在卡迪茲外海擄獲西班牙滿載金銀財寶的貨船。為保障船貨安全，更肅清了地中海的海盜（根據勞依茲保險公司報導，海盜這一行並未斷後，如今正活躍於遠東水面）。

在陸上，克倫威爾希望更正派國家組成同盟，這項努力卻如同其他任何大型聯盟，宣告失敗（443 >）。民族國家之間，鮮少覺得擁有任何長久的共同利益，可是克氏觀點，顯然具有放諸天下的恢宏氣概：「神對地上的關懷，不僅限於這三個國家的人民。」此三國，意指英格蘭、蘇格蘭、愛爾

我從心裡想要——我曾為此祈求，我一直在等待著那一天可以看見——合一、諒解，在信神的眾民——蘇格蘭人、英格蘭人、猶太人、外邦人、長老會、重洗派，以及所有信民之間。

——克倫威爾於蘇格蘭宗教戰爭之後（一六四八年）

蘭，當時在共同立法之下結合，卻隨一六五八年克倫威爾之逝即告解體。他在愛爾蘭感染瘧疾去世，時年五十九歲。

克氏的執政在後半期變成獨裁，起因是軍隊與國會的看法不能一致，國會遂廢，實行護國之政，伴隨而來的便是文字檢查，地方政務由軍人接手。但是後來他也曾懊悔不該廢了國會，認為此舉「愚昧不正」，但是今天看去，似乎也別無選擇。他的主政表現，前半期恰似標準君主，亦即行政能力優秀、又能守法的好國王。待得英王查理二世接位，關心面則大大不同：王權在握，不時還接受路易十四的賄賂，國會打入冷宮，天天自得其樂。長期流放，一朝復辟，查理這種過日子的方式很可以理解。然而不出幾年，根據畢博恩的日記，許多人想起「奧立佛」，就又都帶著一股懷念之情6了。

＊＊＊

關於清教徒主義，有一項史無前例之處，此即它乃是極端性質的運動首度登陸美洲。同樣值得注意者，乃在他們係以寫下一紙社會契約的方式，展開在這片土地上的探險。至於早期在維吉尼亞的英格蘭移民，係帶著傳統的國教派信仰而來，最多只須煩惱一些散見的貴格會或是其他一些怪胎。北方、西方為法國移民，一如墨西哥及南美洲的西班牙人，都是對主教、聖體和宗教審判毫無疑慮的天主教徒。遍見的耶穌會宣教士，則全心推動基督教的信仰，從未想過將信仰與政治改革混成一家。

至於那一夥不畏艱苦、被尊為移民開疆之父的前輩先民，原係十七世紀最早起來淨化教會的「亂黨」一脈。眼見這些反抗國教派的異議分子人數日多，英王詹姆士一世發誓要「折磨他們到底，使其不能立足」。無待英王施壓，一六二〇年間，便見他們棲身於這片大荒野的邊緣，面對印地安人與斷糧的威脅，為的是日子之中再也不必煩心主教。當其時也，並無所謂文化上的時間落差，人員、理念和熱情，在英格蘭與新英格蘭兩地來回傳送走動，製造出同樣的懷疑、分裂，與個別的災難。

雖說「清教徒」一詞意義狹窄，將整個運動都染成了同一種顏色，但若無其美洲分支，這個運動所代表的生活理念，在公眾記憶裡很可能船過水無痕，最多只留下極少的痕跡。美國人對新英格蘭時期的冒險生涯，至今無時或忘：五月花號、感恩節、沙林審巫和白蘭·海斯特戴著她那代表著通姦（adultery）的猩紅A字的故事，一起在眾人心頭組成了這個國家的最早面貌。因為有一種普遍印象，誤以為清教徒是北美第一批英語移民，同時也多虧他們，為眾人帶來自由信條。雖說傑佛遜、山姆·亞當斯、派崔克·亨利等人對此理想所做的貢獻，並不致因此稍減；清教徒新英格蘭的圖像卻更為獨特生動，成為美利堅國家神話的核心。

至於將清教徒與掃興者畫上等號的印象，前面介紹過的英國學者，已經證實此說為非。他認為這種印象之所以生根，要怪霍桑的《紅字》，以及他那些色彩灰暗的短篇小說。這項指責雖稱允當，不過當年移居新英格蘭的清教徒們，的確也較他們留在家鄉的同胞刻板嚴峻。但也情有可原：身居外地，危機環伺，規矩自應嚴格，娛樂當有限制。他們的人數極少——剛開始只有百人左右，群體既小，逸軌自難：一舉一動，人盡皆知，社會壓力極大，迫使你不能不從眾；因此可容創意生存的空間自然極狹，寬容更幾無可能。何況事實上，早年根本無須起來力倡鏟平階級之別、分享財貨之需：因為美洲本身的情況，自然就建立成這種安排。待得土地發配完畢，小屋長成城鎮，事情就開始有所改變。此時的議題，便成政策制定之權誰屬，是總督與高級官員，還是一般法庭（即議事會）？至於地方司法行政長官理應保全宗教上的合一，此事則毫無疑義。

關於這一點，如前所見，英格蘭清教徒卻有所不同。克倫威爾本人，以及各個獨立宗派7，此時的心情都類似早前的法蘭西「政治派」（<211）：長年宗教戰爭之後，他們都一心渴望和平，和平則需要某些程度的寬容。對比之下，麻薩諸塞灣殖民地給予「宗派分子」的空間則不多。前面曾經提過，女宣道師哈金森遭判八十項異端罪狀，被逐出境。同樣亦遭驅逐命運的羅傑·威廉斯，則前往羅德島建立了普維敦斯這個地方。意志剛強、程度較低者，只有從此緘默噤口；像這般的宗教「戰爭」，遂在麻薩諸塞持續進行，至少到一七八〇年方才告終，至於全面的寬容，還得再等上另外五十年。

> 假良心之名而寬容一切？感謝神，我靈懼之。歷世歷代敬神之人，雖為良心而戰，可從不是為了籲請所有人的自由而戰。
>
> ——新鎮（後改名劍橋）牧師謝帕德致書沙林牧師彼得（一六四五年）

各地首長雖係經選舉誕生，卻傾向獨裁統治，其中有一位溫斯洛普，則因寬大為懷、個性可親，當選其一年任期。然而就任之後，雖面對議員強大壓力，卻堅持拒絕眾人要求，不肯讓人分享其政策權力。但是想來當時人對「無政府亂象」深懷恐懼，所以他雖曾一兩度競選失利，其後便一再當選連任。及至晚年，他卻後悔自己過去放棄原則，向害怕心理低頭。

對於寬容與民主所代表的自由一事，美洲清教徒似乎又愛又恨——事實上，美國至今猶是如此心情，最能顯示**解放**與自由這兩項觀念的大不同處：被壓迫者要求自由，因為**他們**的自由，絕不致攪亂社會；但是同樣的自由若授予他人，那可就太危險了！一般以為，這些開疆之父無條件獻身自由，其實背後的概念正是如此混淆。各處殖民地的主要創始人之中，一共只有兩位真正徹底地崇奉自由，一即羅傑．威廉斯，另一位為威廉．賓恩8——連羅傑．威廉斯都還有一點小小瑕疵：他規定異議者必須先公開否定英格蘭國教教會，然後才可以贏得自由。

> 與其讓任何人難過，不如沒有教會。
>
> ——威廉．賓恩（年日不詳）

日常生活的行事方面，新英格蘭清教徒的態度也同樣模稜混淆，其道德空氣經常因時間、局勢，以及外在事件的影響而有異。我們一定會很驚訝：當時聖誕節竟一度遭禁，二十二年之後方才解禁；而婚禮除宗教儀式之外，尚須舉行公證。至於應該如何對待印地安人，也在這些道德人士中間造成分歧。在此同時，「和衣同床」這項具有道德危險性的做法，卻成普遍習俗（419>）。羅勃．齊恩其人其事，即透露出道德主義鮮為人知的一面，而沙林的女巫審判，真相也非後人所以為的印象。

要了解齊恩，讀其洋洋五萬言的遺囑即可，共花了他五個月的時間寫成，為自己被控的所謂犯行9辯護。他是一名波士頓商人，在英格蘭原是窮苦的屠戶之子，後在美洲發跡致富，商場對手妒羨之下，對他起了疑心，密切關注經濟行為道德的一般法庭與教會，控告他暴利販售馬勒、釘子和金釦：一百枚六分錢的釘子一分淨利，七分錢的兩分利，一打金釦更有八分利，簡直相當於高利貸——想來是因為一般法庭諸公生不逢辰，沒有機會讀到韋伯的《新教倫理和資本主義精神》吧（<57-58）。

一般法庭這種「不像基督徒、毫無慈悲心又不公平的中傷」，為齊恩帶來立即且長久的磨難。教會也針對他的行為進行「嚴密調查」，責備他「玷汙神名」，斥令他痛改前非。他拚命反擊庭上指控，他的清白、他的虔心，受到無可忍受的誣衊。

上訴的結果，使一般法庭造成分裂，而且是「實質」的分裂：各執一詞的立法諸公，從此分邊而坐，因此齊恩即使不算麻省兩院議會之父，起碼也是此制起因。那分內容廣泛無所不包的遺囑，除為自己訴冤之外，也詳列出他打算遺贈建立的六所公共機構，但是如果波士頓沒有興趣，就全數捐給哈佛學院。其餘內容，則細述立遺囑人對親友的交代，並說明為何遺贈某人，又為何不遺贈於某人。如此交代表述，並非自我中心的表現，卻係遵從清教徒的財產託付理念（財富的累積，非為個人享受，卻係為全體福祉代為保管經營）。日後卡內基與洛克菲勒二人，便係有意識地承繼了這項傳統。

> 我棄絕所有已知錯誤、一切教皇與高級神職的迷信，所有重洗派的興奮、家庭派的錯覺，連同其他各種虛構的設計、新舊的僭越之見、不可靠又冒瀆的謬誤，以及其他凡屬有違神尊榮、真理的高度想像。
>
> ——羅勃・齊恩遺囑第二段
>
> （「一六五三年六月一日，通稱八月」）

＊ ＊ ＊

今日波士頓市郊的昆西，一六二〇年代末期名叫歡樂崗，恰與當時四周環境氛圍完全相反。此地係由莫頓所立，他來此經營毛皮生意，堅決主張人生應該無拘無束安逸自在。此人的性格，以及此鎮的氣質，供霍桑寫出一部短篇小說，更給了莫特里綽綽有餘的材料，夠他寫出兩部長篇小說：《歡樂崗》和《莫頓的希望》。莫頓的快活日子（被指為瘋狂放縱），觸怒了麻薩諸塞，一因他慶祝褻瀆神的異教五月節與五月皇后，二因他販售槍枝予印地安人。三度被捕，兩度遣返英格蘭，遂在那裡大展報復行動，發表文字嚴厲批評他在美洲的鄰人，抨擊他們的理念、舉止，指稱他們講求宗教淨化簡直到了過分的地步：比方連結婚戒指，都被他們看成教宗惡制的殘跡。至於他本人的行為到底有多放蕩，就很難講了，不過他的娛樂手段與程度，顯然絕對超過清教徒認定的合宜標準。清教徒其實並不避忌休閒活動，對人類的七情六欲也非無知：端看「和衣同床」一事即可知曉。

這項別出心裁的古老習俗，定義就是「穿著衣裳一起睡覺，尤指情人之間同床共寢」，流傳於威爾斯、不列顛群島其他農業地帶、瑞士以及印度部分地區。用意在提供慰藉與溫暖，方便性顯而易見：冬天沒有暖氣之苦，任何時地沒有房間、家具之便，都可以用這個最簡易的法子解決（可讀 Henry Reed Stiles 著 *Bundling*）。

這種做法，如果係用在男女追求一事，而非為了挪出睡處待客，所持的理由，則是年輕人可以藉此增進彼此熟稔，卻不致過分親密誘惑。但是實際經驗證明，自律極難，性的本能往往占了上風，因此當時的大原則是和衣共寢之後如若懷孕，就非結婚不可；而且若發生這種不幸的麻煩，當事男女必須在會眾面前公開坦承。類此狀況頻繁已極，以致教會婚姻登記中一再出現FBM這縮寫字樣——意思就是婚前私通（Fornication Before Marriage）。懷孕可以透露消息，但是若不曾懷孕呢，真相如何就不得而知了。總而言

「恩賽先生，」她說，「我們約拿森和我睡這兒，我們潔米和你睡那兒。」我大吃一驚，趕忙表示我可以坐一夜，約拿森立刻回道：「哦，怎麼啦，恩賽先生，你又不是第一個和我們潔米和衣同床的男人。是嗎？潔米？」她是個非常美麗的女孩，一雙黑眼珠，大約十六七歲，淘氣地回答：「怎麼會呢，父親，絕對不是。不過可是頭一次跟不列顛佬呢。」

——安百瑞中尉麻薩諸塞劍橋來信

（一七七七年）

之，和衣共寢的實務面，當時之人不但絕對了解，而且更予寬宥。

＊＊＊

最後，只剩下一事未論，就是常常被人視為開疆之父正直義名之上的一大不幸汙點——沙林對女巫的審判。在此，相關事實再度含有誤解的成分。首先，女巫處死，非燒死而是吊死，而且其中有些係自動供稱。更重要的是，相信確有巫術一事的人士，並非只有清教徒，也不僅限於新英格蘭一地，事實上這個觀念控制了整個西方世界，天主教、更正派都包括在內。而且不只是舊式中古的迷信無知，卻與科學家關切的新焦點密切相關。聖經即曾提及巫術，卻要到十三世紀末葉——一個啟蒙開化的年代，才因它與某些法術，即「占術」（-mancies）：意即藉由土（geo-）、水（hydro-）、氣（aero）、火（pyro-）、亡魂（necro-）、手相（chiro-）各法占卜預言——攫住了優秀心靈者的注意。這些法力，可以為正也可以為邪之用，全視召喚「祕術」的出發點何在。其中的斟酌選擇，如同現代醫生開麻醉品以為用藥的那種考量。魔法若是為「肉體情欲」而用，即是巫術；若是為作法降邪於人，就為蠱術。然而，即使它治病解患，畢竟還是動用了鬼魔之力，因此依然屬於「邪行祕術」。

這一套想法，如何與科學的興起並容並存，可以從

格蘭威爾

其人的志業看出。我們已經看見，與他同時代的那位醫生兼自然學家布朗爵士，認為確有女巫：

她們的存在符合受造物由高至低的層級設計（<319）；何況知識、論證，也支持這種想法。格蘭威爾是王家學會的早期會員，曾參與學會對自然史及開發鉛礦的研究寫作。但是他的最大貢獻，則在捍衛科學與學會。他反駁攻擊人士，為科學的實用性、無害性，與現代性做辯護。他指出，知識一事，必先從承認無知開始；事物的原因也許不明，數學卻可以提供肯定。格蘭威爾稱得上是一位科學哲學家，也是第一位科學史史家。

在信仰方面，他屬於英國國教中的廣教會派（broad-church，主張放寬儀節，接納眾派，盡所能擴展國教），主張用理性看宗教。二十三歲受了神職，二十四歲寫了一篇長文論〈說教之無聊〉，將大自然描述為一個供人沉思的對象：人愈默想神的建造，就愈會對這位神聖大設計師發出禮讚之心。至於人間，格蘭威爾眼中的大英雄是「伽利略、卡森迪、哈維和笛卡兒」。斯普拉特主教為王家學會寫了一本正面的歷史，出版之後，攻擊不但未曾停止，反而愈烈，格蘭威爾只好為之再辯，寫下《進步向前》。書中解釋科學的「深入研究」，誇稱在最近的這段過去裡面，人類蓄積的知識之巨，遠比「亞里斯多德在希臘開帳授徒以來」所有年月的總和為多。

就是這樣一位極力捍衛科學的人物，藉由理性的推理，導致了一個結論：自己一定要力戰各方對女巫一事的懷疑。為此著書立說，其中一本的標題頁上，還標明他的王家學會會員身分。既然世間所有現象都應予以考察研究，他建議，學會也該調查一下靈異世界的真相。

真相的建立，要靠目擊證人；而有關「撒但作為」的證言，多至不可勝數。想想看，牛頓煉金、研究世界末日；再想想看其他眾人——如威爾金斯，那位論機械論的多產作家，認為王家學會的任務，是為促進玫瑰十字團的教誨，就可以想見當其時也，實在很難達到一種純粹自然主義的科學觀。

數以百萬計，看不見的靈物
在地上到處走動。
——彌爾頓《失樂園》（一六六七年）

事實上在那個年代，純粹自然主義的觀點非但不可取，甚至必須力予抵擋，因為它若得勝，豈不意味著世間唯有物質、無神論為真理、霍布斯主義（他們如此稱呼霍布斯的機械式理學觀點）是正確的嗎？一言以蔽之，這些相信有靈的人士，已經預見了盛行於今日的唯物心態。這種心態，今日不但令信者不安，也令思想自由開通的人文主義者及某些科學家們同感憂心。於是在十七世紀這種靈魂（或心靈）相對於物質的觀念之下，認為女巫亦屬真實存在，自是合於邏輯的推論。

新英格蘭人審判女巫，一共吊死了三十五名，他們絕對認為自己追索有理、證據確鑿。事實上的確有某些青春期少女，承認自己是女巫——而且還以此為榮，或因為變成各方目光焦點而沾沾自喜。這種觀念一旦開始，就成為集體性的歇斯底里症狀，像生病一般，一定得走完全程。迫害者日後發現自己的錯誤，並為之悔恨不已——但是太遲了，正如溫斯洛普，也懊悔自己做過的那些性質雖然不同、動機卻同樣高超的政治迫害一般。

清教徒留下的遺產，就整體而言，成分混雜：包括出於個人良知的容忍、民主的參政權和對社會正義的要求。這些相關的理念，卻又與追索異己、撲滅女巫的行為同時並存。此外，他們也對人生、藝術和身體的全面樂趣，表示出歡迎態度，卻又摻帶幾分來自於高度責任感的禁欲氣質。然而所有這一切裡面，卻是那狹隘的道德氣息，以及以社會之力壓制異議這兩項特色，對未來美國的影響最久最深，遠甚於其他相反的成分。

第十二章 禮儀臨天下

路易十四何其精明，不可能說過「國家？朕即國家」這句蠢話。即使真的講過，也非一般所引用的意思。總而言之，根本沒有這回事，那段話的原意其實完全相反，原係特別寫來傳授其子，亦即其嗣子如何為政。保全王位之道，更重要的是掌握群臣之道，端在凡事皆有「常軌」。他最忌諱的事，就是被人認作恣意專斷；他可不會把貴族在自家勢力範圍之內的那種作風，拿來自鳴得意。

幾世紀後，戴高樂提起二次世界大戰時期自己所擔任的角色，也許正想著上面那句老詞：「（那個時候，）我就是法國，是法國這個國家，也是法國政府。我就是法蘭西的獨立與主權——簡直是不可能的位置[1]。」

> 國家利益優先。人定下這種優先次序，是為自己的好處努力。於國家有利，就能回饋個人的光榮。
>
> ——路易十四，〈省思為王之道〉（**Reflections on the Business of Kings**），《回憶錄》（年日不詳）[2]

至於另一個有關路易十四的老套——即太陽王的頭銜，也完全搞錯了。此銜非指路易垂涎欲得、並為此發動毀滅戰爭的金色榮光，何況他也不是被冠上此銜的第一人：路易十三即有此稱號，因為在黎塞留主政之下，路易十三成為國家唯一的權力中心——正如太陽。太陽的光芒（即威權）照射及法蘭西全地，不遇任何反抗——幾乎不遇任何反抗。在路易十四之下，這個象徵性的詞藻卻與軍事勢力的圖像摻和，結果原本那個更重要的意義卻被遺忘了。同時，主權原則亦遭人曲解，誤認成個人統治——即獨裁專制，「國家？朕即國家。」（*L'état, c'est moi*）話中，就含有這樣的誤解。

作為君主，路易十四以兩件性質非常不同的大事為己任。他每天認真辦公，無日間斷，有如一名高級政務官，與他四名國務大臣坐在議事廳裡辦事。在此同時，為求政局穩定，他又特別設計出一套方法來主持宮廷生活。兩項職責，都受他本身性格條件的主導，童年時期即已深植。用現代術語來說，路易十四來自有問題的家庭，由單親帶大，五歲即失去父親，其母攝政，不久就與首相樞機主教馬薩林祕密締婚，他是名外國佬——義大利人，身邊也跟著一大批義大利人。馬薩林極其擅長迂迴外交，盡力指導繼子小國王如何做一名君主，他的苦心沒有白費。

但是馬薩林不得人心，加以法王年幼，貴族及其他人遂趁機起來作亂，鬧出一場內戰，此時正值世紀中點，三十年戰爭方才結束。內戰延續了四年半之久，時間上正好與英格蘭共和政體同期，某些特徵也頗為類似。亂事迫使馬薩林及他的王后夫人帶著年輕的小公子們逃離巴黎，暴民一度搶入小國王的寢室，當時他正在床上睡覺。馬薩林兩度出亡，其中一回他不在時，王后被迫把孩子交出，給對陣中的一方；她請求繼續維持君制。極端的戰況極少，但卻異常血腥，而且各方首領倒戈換邊之亂，整個情況，也許應該稱為無政府的混亂而非內戰。於是就在這種長期缺乏安全感的狀態下，路易度過十歲到十五歲的光陰，這種感覺他永遠未曾忘懷。他因此學到駕馭貴族的必要性，更發展出驚人的沉著自制，用禮儀之法反制革命。

但是在查考其做法之前，不妨先介紹一下那四年叛亂分子的背景。共分三種：一是野心貴族，他們認為黎塞留的工作成果，即君主制的勝利，可以取消復舊。其次是巴黎議會，由兩百名律師而非立法人員組成，他們認為自己也可以像對岸英格蘭的真正國會一般，與法王共享權力。最後是巴黎群眾，亦如其倫敦同類，模糊地意識到也許可以趁此混亂，從中爭取出某種民主來。其中只有國會一組人馬，擁有確定方針——提出了二十七款的成文憲法，規定徵稅權限，廢除黎塞留派駐各省的代理，即督察（<360）、停止以王印封書片面繫人於獄（*lettres de cachet*，法國舊日王權時期，可以報酬取得蓋有王印的空白狀，持狀者可隨己意填上人名），並要求某種形式的人身保護權等等。

結果，沒有一方的願望得到實現。貴族分裂成不定的黨派，遂企求外援，因此愈發招致惡感。國會缺乏能幹的領導人物，巴黎亂民既無目標也無頭目。只見戰事間歇斷續，情勢瞬息萬變，當代人遂為整樁事件起了一個綽號「投石戰」（*la Fronde*）——意指各方如小兒用石弩對打的兒戲。一場騷亂最後結束，既未如英格蘭般推翻了王權，也未能預嘗日後一七八九年法國大革命的滋味。此戰乃某些貴族最後一試，他們始終想要將國王放回他原本只是「位居首席」的位置（<357）。不過當時狀況中倒有一處，頗為吻合一七八九年那真正革命爆發的前夕：即國家陷於破產。此事亦為路易記在心頭，不幸的是，卻不及他牢記貴族企圖降他一級的心事來得長久。

路易十四宮廷的生活，是一齣天天演出的戲碼，由他本人領銜主演。他也是這齣戲的導演兼製作人，一旦成年親政，更立即興工建造他的演出場地：凡爾賽宮就是他的劇場。這一手實在高明：將滿朝文武全部遷出巴黎，遠離那些騷動不安的小民與知識分子。一旦這幢十一哩外的「別業」竣工落成，一場大秀，就在貴族自身虛榮作祟助演之下，使他們全部落入大君主的操弄之中。每日每時，都在想辦法贏取他的青睞，他的關愛眼神——輕輕一個頷首，就是無限報償、最大恩臨。他們虎視眈眈、彼此監視，使一些小權謀，幾個小動作，相互擋道，於是這些投石黨麻煩傢伙，就這樣高高興興地被收伏了。

要想置身事外，不去參與這場製作，根本不可能。路易有著政治家的記憶力，每個人他都知道，誰缺席立即察覺。「誰誰誰，怎麼不見？」當事人若有任何親戚家人在場，光是此問，就是一種嚴厲責備；於是不管什麼理由缺席，也許心情不好，也許純因愛好鄉居，都得乖乖回來應卯不可。就是運用這麼簡單的方法，心懷不軌者永遠難逃監視，自動造成「分而治之」的效果。因為朝臣競相求取君主青睞，遂人人互成仇讎，而且非同小可。所爭者不只短暫的虛榮滿足，還有實質利益——高官厚祿、特權爵銜、近君殊榮：因為接近陛下本人，就是獲取其他好處的進身之階，以及御賜的土地、金錢，軍中與教會的職務與晉級等等。附帶一提，有一項始於路易朝的勳獎——雖然非他本人設立——來歷頗為迂迴：此時烹飪術突飛猛進，其中也有女子表現不凡，為表彰長才，遂選了這枚代表國家最高榮譽的藍帶綬章。此獎原與聖靈勳章有關，如今卻早已被忘得一乾二淨，毫無限制地隨意授予男性大廚、餐館和大陪審團。

> 在絕對君主之前，大也變為小了。懷著崇敬之心，朝臣前晉見國王，王是他們所敬的唯一目標物，他們命運的唯一裁決者。哪些人在其轄內原是小暴君，如今只是小小的監護者。要從他們得好處，不再需要虛張聲勢或奉承阿諛。
>
> ——漢彌爾頓（Anthony Hamilton），《葛拉蒙公爵回憶錄》（一七〇四年）

名利欲望的滿足，第一步繫於承蒙君王一言一笑的肯定，君王的絕對與專斷即在於此。先前另一位路易，路易十一，早已寫好此中公式：「茲因朕心甚悅……」這句詞也許可以改成「茲因朕意忽起」，意思就更準確了——功勞長處，不能保人得利益，一切卻在機運。而後來這位路易，除了到處扔賜他的「朕意忽起」之外，還得不斷精心策畫出各種新玩意，以供他這支龐大的隨侍隊伍消遣解悶；這是一個高度想像力的大演出。與王一同出獵、往鄉間度假、造訪某個戰地，均須經他事前特別指定；根據最近的言談表現、態度舉止、裝束打扮，或甚至臉部表情，來挑選隨行人員。人人如坐針氈焦候中選。如果出遊之處的房間安排，還特別用那個如帶魔法的關鍵字指定：「特為」某某專用——後面是這位幸運兒的大名；輕輕一筆，帶來的欣喜效果立刻加倍。在不同場合，特准不用脫帽的恩遇，則是另一種榮寵，當國王一聲令下：「眾卿，脫帽！」之際，這份殊榮更是最為明顯。順便提一句，國王本人在路上如遇女士或高官，都一定舉帽致意。

為提供這類誘餌，王家典禮大臣絞盡腦汁，不停想出各種娛樂——騎馬、舞會、化妝劇、芭蕾舞、戲劇演出、宴飲、賽事，更盡量利用生日、命名洗禮、外國要人接待等場合大肆慶祝。這一切之外，還有教會各種節日、王的藥日（清腸）；王一家大小——不論是婚生的，還是「自然的」（即私生）——凡可以拿來做名目的大小事情，都盡情鋪排盛況。路易在這個領域內如此足智多謀，使得眾人永遠忙個不停——大家準備新裝、猜測或爭辯如果這人或那人成了注意焦點，自己該做什麼舉動，說什麼話、擔心排名先後次序——亦即每個人在通天梯上的位置。要了解這種大驚小怪的熱烈氣氛，可以試想一下其他規模比較小的事例，如華盛頓，或好萊塢極盛時期，就可以了然於心。因為不管在哪種風土環境裡面，所謂宮廷，都意味著生活中只有同一個目標的足智多謀者群聚在一起。

在凡爾賽宮，這種可以稱之為歡鬧與較勁並行的活動，其實都是為政者的工具，雖所費不貲，卻成效斐然——既不用像黎塞留那般大費周章，在全國各地布滿眼線，也無須派遣軍隊，與貴族的聯線作戰。在這裡，貴族自己就鬥個沒完，不用流血，就在他們的國王眼皮底下，為著腳凳、「帽子」之類小事爭吵搶奪。某些有名的爭端，正是為著這些無聊物事；情節太過瑣細，在此就不贅述了。路易則在一旁，無動於衷地瞧著，就像下課時老師在遊戲場旁觀一般。

> 陛下御膳，應如此進獻：兩名衛士先走進來，然後是守門員、捧著王杖的御膳總管、侍候上麵包的諸君、管事部門的記事員、御膳房的老爺、御用餐具的管理員。
>
> ——路易十四〈內務規則〉（House Rules）第二十一款（一六八一年修訂）

其他時候，他更是每天都在為國家犧牲自己的隱私——起床、就寢、用餐、如廁，都占據著舞台的中央。他精挑細選：哪一名貴族之手，可以有幸為他遞上襯衣，或哪一個人可以有殊榮與他對坐進餐，或一同進行生活中其他必須行禮如儀的大小細節。誰得到這些恩典，就輪到誰發光彩；一如欽點中選，才能站在近寢宮門處，飽覽每日壯觀，真是無限殊榮。不過觀眾群中，從沒有人看過拿掉假髮的路易，他的頭皮上長有腫包——一種脂肪囊腫。

觀眾、做秀、壯觀、盛況——這些字眼，都暗示**堂皇外觀**之意，是一種透過眼目，使心靈迷醉的統治手法。外觀堂皇透露出氣派、燦爛、權勢，正與另一種執政手腕相反，亦即獨裁政權刻意做出的神祕感。今天的西方世界，卻完全不要這兩樣東西，而且一有出現之虞，就立即予以撲滅。我們談「形象」的重要，喜歡的就是一種「打倒堂皇外觀」的形象，所以一定要驅散（而非造成）任何具有氣派、權勢，甚至尊貴嫌疑的氣息。國家元首，堅持要大家以東尼、吉米相稱；口齒不清，受民眾歡迎的程度反而升高。樸實單純，帶著小男孩的氣質，一臉相當無助的表情，最對民主社會的胃口（1126>）。

太陽王在臥室中自我展示，今天的國家領導人則拍慢跑照片，或圖示自己手術[3]後的器官，兩者之間，有人會想也許有所類似之處。可是路易的暴露展示，培養不出親密感，卻很嚴肅正式，暗示著即使在最小、最微不足道的動作裡，也瀰漫著王者之威，遂與你我的同樣行事大異其趣。事實上這些奇特的安排，不但未曾使他（姑借我們愛用的說法）「較有人味」，反而使他與其餘芸芸眾生更加截然不同。王有雙身（<374），用來公開展秀的身體，永遠是其中那個王者之身。

只看從登基到駕崩，路易一生都令他身邊的人惴惴不安，就是證據。不論是家大業大、才高氣傲，是名將還是天才藝術家，都禁不起路易的一瞥，都變為俯首謙卑。路易的身量，正適合他的角色，中等身材，體格強壯，五官端正，嘴形堅定，一對濃眉，嵌在全睜的雙目之上。從里戈所繪的那張標準全身像——顯然也特意顯現這一點，可以看出路易有雙運動家的健腿。他把王者之威拿捏得這麼準確，卻完全不藉任何雷霆之怒——據說他的脾氣一共只失控過兩次。他全靠姿態、凝

> 說到這位人士，我心中不是沒有懼意——我的意思是指那位君王，在他的廷上，我度過一生最好也最多的時光，滿懷最虔誠的敬意，滋生了最應得的愛戴之情。這位君王，是這樣一位主子，勝過人所記憶，甚至書上所提一切君王。他在國內外的時間一般長久，令人戰兢恐懼的氛圍，一旦印下，永遠不去。
>
> ——聖西蒙，《回憶錄》（年日不詳）

視、自制，以及不准任何人在任何小節上僭越冒犯，來掌控全局。歷史上記載過他一句名言，最能展現這股奇異的操縱能力：「幾乎要讓我等你了。」說時還故意打個冷戰——也是其策略之一部分。

* * *

但是這些昂貴的活動雖多，還是填不滿白日黑夜裡所有的空檔，剩下的時間，得用另外兩項消遣打發——賭博與談情說愛。

賭博一事，不用費力張羅，自然就是打發時間的好方法，又充滿刺激，卻無須勞動筋骨。凡爾賽宮眾人玩的是紙牌和骰子——尤其是雙陸棋戲，卻渾然不知它有一項文化副產品：俗世的巴斯噶也喜作此戲，進而研究或然率理論，更因此推出他的神學「賭注」（<330）。

吃飽喝足，又無所事事的人，往往會覺得惶惶然靜不下來，而這種感覺，最終一定轉往情欲——飽暖思淫欲，此乃自然現象。僧侶、修女為守身，每日給自己排滿「勞動活」，正為此故。然而宮廷生活裡的情愛，如果不出勞力人的做法，久之也會生膩——後者往往只是尋找性的機會與滿足。宮廷中人，男男女女，任何事都要妝點得漂漂亮亮，從身材儀容一直到言談舉止，兩性之事自然不能免例。對他們來說，談情說愛也是一種有一定步驟的儀式：布局期、進攻期、完成期和收兵期。怪不得拉羅什福科金言之一聲稱，如果不曾聽說過有愛情這回事，任何人都不會陷入愛河（516>），即是此意。而性衝動的需要，顯然就不必先行知會學習了，性的驅策簡單直接，遂與愛截然不同。至於愛的定義，則是隨不同時代的想像，為色欲一事潤飾美化的結果。

凡爾賽宮中的男女，當然不全都是敏感多情的風流天才，個個把愛情韻事精雕成藝術作品。然而，他們多數確與今日出沒「單身」酒吧的人士極為不同。已婚、未婚，談情說愛的機會在宮中俯拾即是，也隨時就緒，人人都像身處一座感官的伊甸園中，擺出圖畫般的美麗姿態，在言詞與肢體上，都是一種無盡的想像刺激。結了婚也不礙事，反正婚姻幾乎都是除物質利益之外，其他什麼也沒有的結合。不過在觸犯正式婚誓或解除私情之際，還是務要小心斟酌、講求技巧。更有甚者，有些婚外情長達一生，不但人人交相讚譽，也周知這對情人的一舉一動，其中細節則以書信或回憶錄的方式，傳予後人知悉（697>）。

有人卻不屑這種溫吞吞的愛情小步舞，此人即法王路易。這一回，他用的可是雙身中的個人身分，接連更換情婦，完全不必使用任何策略招數。其中有些固然是自動投懷送抱，但只要君王有意，任何被召者都有義務從命。近代公眾人物的性關係，往往是被人洩漏出來的，在某些圈子中間，有時也會帶有一點不名譽的意味。十七世紀君王則不然，他的一本風流帳，反而是崇高地位與旺盛精力的表徵——同時顯示著他的兩個身體。保密很難，只能稍微維持一陣子，其後情婦身分便可公開，正式取得「官方」情婦頭銜。欲知端倪，有一個很好的徵兆，就是注意看哪一批人——情婦的親友，忽然開始為君王厚賜即可知曉。

曾得法王恩寵的眾女子當中，有一名女士博得情婦地位的手法可謂近世罕見。巴黎到奧爾良城的路上，有一間別墅，其內的小禮拜堂，不時由一位名叫規布的教士前來主持；他的禮拜儀式觀念，非常與眾不同。本世紀中期的某一天，小禮拜堂的聖壇蓋了一方黑布，上面躺著一名半裸的妙齡女子。教士將聖餐杯放在她的肚腹中央，吟唱起黑色彌撒，最後以例行的儀式之吻，落在撒但最新徵召的這名新人身上。然後就是獻上活祭，給那名邪惡之主，以保證隨後提出的祈求得以實現。這回所用的活祭極不尋常：是數法郎買來的一個嬰兒，所求的事也很稀罕：「我要得國王的眷愛，無論我要什麼，他都應允。我還要他拋棄拉佛麗葉，青眼相待我的親人、僕人和侍從。」嬰兒的心則特別保留起來，好燒成粉末供「國王之用」[4]。

祭壇上這名女子是莫特瑪侯爵之女雅典奈，蒙泰斯邦侯爵的夫人，先為王后的隨侍女官，二十七歲成為法王正式承認的情婦，一共在這個位子上風光了十四年。

在那段期間裡面，許多人寫詩歌頌她，尤以拉辛及拉封丹最著名。他們當然跟國王一般蒙在鼓裡，不知道她係用何種非正統的手段通到陛前。她生有八名私生子女，設法讓其中兩名成為合法，正統嫡系與私生之間，終無可避免地永遠傾軋不和。蒙泰斯邦的情婦寶座，最後為那勢不可當（而且信仰虔誠）的曼特儂夫人取代，在此之前，則已受博敘埃主教感化歸正（起碼，他如此認為），但是她仍然靜不下來，又企圖挽回早已被她遺忘的丈夫——結果白費心思。能夠躲開凡爾賽馬戲活動的人不多，這位侯爵即是其中一位。

國王等人的愛情冒險活動，公開且不斷，不禁令觀察敏銳的有心人思考起情感之為物。人的七情六欲，在心腦之間的交互作用，對社會造成的影響結果、在人類歷史上扮演的角色，遂成法國劇作家筆下探討的主題，有悲劇也有喜劇。一類被稱為政治暨道德派的評論家，更對此詳做研究。本書後章將介紹其中幾位人士，以及他們開發出來的文類（504>）。

* * *

下令建造凡爾賽宮的同時，路易作為君主的一面——意指其超乎凡人的身軀，也開始指揮國家大事，此時是本世紀的第六個十年。結果證明，兩件事都大為不易。凡爾賽別宮所在，是一處多沙的沼地，缺乏新鮮淡水供應（497>）。而路易與其各部臣工的朝會，也同樣若非枯燥無趣，就是泥濘難行，棘手程度不下工地，可是他始終保持耐心，嚴肅地聆聽他們的報告與意見，並堅持親閱所有公文，弄不懂絕不簽批。他的學問不差，但是拼字能力跟大家一樣有欠穩定。

路易十四親政之初，便出了一手震驚全朝：財相富格因貪汙罪名奪官，被捕受審；他是全法蘭西的首富，在他手裡國庫通私庫，得到好處者自然對他無任歡迎。事發之前，他才在自己那超級大園林子爵宮盛大招待了法王好幾天。最後被判驅逐（國王判讀為監禁）在幾個不同的城鎮裡。富格侵占公款，係經科爾貝追查揭發，此人為中產階級，想爭取財相大位，以重建國家經濟秩序。法王急於整垮富格，還有另外一個原因：這傢伙竟在岸外買了一座島嶼，建築要塞工事，以備必要時安全退守——路易嗅到了投石黨的氣息。

科爾貝的計畫，事實上等於全面改革國家行政，而行政務必有效率也有盈餘。財政紊亂，高官中飽私囊、納賄行賄，政府部門怠忽職守，也不做業務紀錄——國事失序，一至如此，豈是一個布爾喬亞式的心靈所能忍受？眼見法國就要一頭栽進破產困境，為挽頹勢，科爾貝第一步則是縮減開銷，蓄積現金。然而只有國家繁榮，稅源才能不斷，因此必須刺激出口，降低進口；此即重商主義——上一世紀即已開始流行的經濟理論。

為實現他的策略，科爾貝設計出「秩序當家」，取代他所謂的「混亂當家」。他本人，以及他手下人數日多的成員，都是中產階級出身，開始進行一種把國家當作實業經營的觀念。長久以來中產階級作為全體，就支持君主對抗貴族，如今在路易十四王治之下，他們直等於當權階級；而法王親力親為，批閱核可大小報告，不啻在某種程度上也成了帶有布爾喬亞性質的國君。在此以前，歲出歲入（即使沒有弊端）向來都是時有時無、完全拿不準的作業。科爾貝緊迫釘人，從無倦態，他要看收發紀錄、會議紀錄、查帳紀錄、數字紀錄，以此決定行動方針。第一件事，就是下令清查全國資源、出產，他具有科學意識，推動「調查式的管理」。

國庫主管為主計長——即科爾貝本人，以及他手下的眾簿記官。每個部門都有一本總冊——這是一本依照既定格式與頁數製成的大簿子，前二十五頁空出來做索引之用，其餘則依項目分門別類。非經科爾貝簽字，並立即登入日記帳內，不准採購任何物事，也不得支付任何款項。所有項目都得在總冊總加起來，每月結算一次，核算無誤，遂在議事時呈交法王親自核閱。每一頁都得檢

Bureau——賢達人將把所有東西都放在檯面上衡量輕重。

——拉伯雷（一五七三年）

Bureau——附寫字板的抽屜櫃。

——理查森《潘蜜拉》（一七四〇年），收入《牛津英文字典》（*The Oxford English Dictionary*）

Bureaucratique——部局單位行使的權利。屬於新義，使用往往有誤，然因政府對各方面事務的廣泛影響所致，已成必要之字。

——《利特雷法語辭典》（編者利特雷為法國哲學家，一八八九年）

Bureaucracy——「將所有組織化行動的權力，不智地集於一絕對性支配的官僚系統之中……」

——約翰·彌爾（一八四八年）

查，全額對帳正確，方才簽字核可。官僚部會政治，事實上也是一項禮儀。

透過部會而行中央集權，不久就證明果然有效。法蘭西成為歐洲的工場，不是藉由傾銷，而是靠生產高品質的貨品——亞麻布製品、蕾絲、絲綢、葡萄酒、陶瓷、織錦掛氈、鐘表，以及各種木製或金屬藝品。科爾貝手下無數大小新舊官吏，對品質要求一絲不苟：一匹布短少一吋，都在邊界攔下銷毀。貴族雖然未去，這些行政官僚卻等於接收了他們原有的地方經管大權，因此對於貴族以及某些地主、商人而言，科爾貝是一可惡的威脅。在他們眼中，這些新規定不但令人窒息，簡直多屬荒謬，因為中央集權有長處也有缺點，兩者很快就暴露出來。及至今天，**科爾貝主義**一詞在法國政治辯論[5]裡面，仍是一個毀譽參半的名詞。而這些地方行政長官，也常成小型暴君，法王路易在他寫給王儲的心得筆記中也如此指出。

在此同時，變法的目的係為增進全民福祉，則無庸置疑。科爾貝關懷窮苦的百姓，不論是工匠還是小農，他也命官吏蒐集統計數字，以採取矯治行動。他修道路、開運河、將濕地排乾整成旱地，並設法減輕賦稅，如通行稅等。若非法王雄心勃勃，又要做大家長式的君父，又要在戰爭裡誇稱英雄，路易朝這段歷史，本可為全世界好好上一堂政治經濟課。因為凡爾賽宮裡的揮霍奢華，以及對藝術的贊助花費，其實並不致令國家破產。但是另一人的野心卻成掣肘，打亂了這個安國之策：戰爭大臣盧夫瓦，是科爾貝爭奪大權在握的對手，成天灌輸法王威震天下的光榮美夢。在他的影響之下，科爾貝的影響力遂大打折扣，並為國家帶來四場代價高昂的苦鬥，法蘭西成為黷武之國長達一個半世紀之久。

可是次級的大小貴族依舊在，如今他們缺乏明確職責，摩擦不和遂生，嚴格複雜的新政規條造成的混淆亦大增。除此之外，公文政治亦使行政作業緩慢，專斷自大的官吏，更是永遠少不了的現象。科爾貝新政發動六年之後，出口關稅費率複雜到連政府派出的代辦人員都弄不清楚，誠實商人只能從命，叫他[6]繳納多少都得如數照辦。

> 凡省長必行不公，凡部隊必有不檢，凡仕紳必虐其農，凡稅吏、代表、警佐必慢待人。如此罪行，更加一等，因係以王名而犯。風氣之壞，連最正直的軍官亦同流合汙。百姓原只有一位統治者，反之卻有千名。
>
> ——路易十四《回憶錄》（年日不詳）

中央部會對這些抱怨並非漠然，只要得悉，必設法糾正改善。可是從一開始，抗議之聲即聞，而且不僅針對科爾貝政策，攻擊目標也包括君主制度本身。攻擊的密度、聲量與日俱增，表達方式則從列出牢騷項目，一直到提出有關政府與經濟的理論。宣傳小冊、書籍、詩文和諷語，煽動了公開爭議，聚焦於富格罷黜一案。此案審訊為時甚久，知識男女各選邊站，根據權威表示，分裂之深宛如二十世紀初期[7]，法國知識分子因德雷福斯案又再度分裂一般激烈轟動。（十九世紀末法國猶太裔軍官德雷福斯被控通德洩密，遭軍法判刑。後有證據顯示是他人所為。再度開庭，德雷福斯依然被判有罪，激起全法震盪，左右兩派對陣，家人親友各執己見，甚至影響法國大選結果。）

在與君主制的對抗中，某些中產階級與貴族人士竟然有志一同。不過請注意，他們痛苦憤怒的呼號並未受到壓制，社會上始終有一股輿論以字句與印刷的形式真實存在，有些意見觀點甚至早在十六世紀即已發出。商人對高額的關稅有異議，貴族階級痛失他們的「特權」。科爾貝對商界的財富施加壓力，要他們投資於國營貿易事業，更多抗議隨之而起。不過有錢貴族也立刻攫住機會，因為政府特地宣布這種投資行為不致違反貴族「原則」——貴族若從事商貿，原屬「有失身分」之事，在他們高貴的傳統裡，一向只有土地才是乾淨的財富。

科爾貝又對爵銜進行稽查，判定豁免賦稅資格的真假，亦因此造成反感。何況查核人員收受賄賂，原是這類任務不可避免的弊病，調查分類的結果遂無法令人信任。富有的中產階級，可以買得帶有爵銜的官職；地方行政治安長官，即「法袍貴人」一族，所以能登貴級，即係拜此之賜——而且還是世襲：我們那位孟德斯鳩男爵的名銜，即係經此而來。此外，市面還有一些待售產業，雖然名下帶有「de」字（拉丁語系包括法文在內表示「來自某地」之所有格形式，通常具身分象徵意味），事實上並無附帶頭銜——比方遲至本世紀際[8]，庇里牛斯山區仍出現過巴森大人物業待售（與本書作者同姓）。再者，歷來國君權臣也經常分封新爵，或為回報效勞，或為開拓財源，或為使帝王家的「雜種」晉身貴族。科爾貝之子，即因職位之故榮封侯爵；那位聖西蒙大人的公爵頭銜，設立年代亦不甚久，始於其父。最後，舉凡名望之士，尤其是作家，也都靠這個「de」字，隱然取得了一種頭銜地位，比如拉辛、伏爾泰、博馬舍等皆是。附上這個文法上的「置詞」，原為方便：名人都有貴族為友，造訪這些貴友之際，若不能報上帶有「de」字的名銜，即可能吃閉門羹，或為門上勢利小人慢待。總而言之，十七世紀之時，不論是「de」字還是實際頭銜，都不能保證此君先人的確有過與查理大帝[9]並肩作戰的光榮履歷。

雙頭君主系統（既有坐在凡爾賽宮的路易君臨天下，又有處處無所不在的科爾貝層層管制）遂令人大感受壓，更有人提出理論，認為事情完全走錯了方向。聖西蒙將自己的怨氣：「這個世紀，是一個低級的布爾喬亞世紀」（<365），寄筆在回憶錄裡（523>），布蘭維利埃伯爵則乾脆公然發表他的「種族」優越理論，為日後民族主義政治，至終為國家社會主義，扮演了某種角色（965>）。

種族（race）一詞，當時的意義係用以表示世系血胤，如卡佩朝諸王，即是歷代法蘭西君系的第三「族」。高貴的世家氏族，亦分別為系，全部合起來又同為貴「族」，「在血統上」天生就與中產階級與小農兩族有別。貴族，顯然是優越一族：他們來自日耳曼的森林，征服了住在法蘭西地的「高盧族羅馬人」，並繼續扮演著戰士、主人、十字軍的領袖，始終享有權勢——直到國君竟然背叛了自己同為高貴的族系，將「王國」一變而成「君主之國」[10]。

在這個過程當中——根據這項理論，「自由」也隨之萎滅。各地的議會消失了，全境的三級會議亦名存實亡，最後一次召開得回溯半世紀前（<367）。同樣的，依階級地位分賜的個人特惠、按特許權狀賦予的城鎮省份特權，也一一遭到廢除。一言以蔽之，法蘭西的立國精神組成，已全然遭到顛覆。每番所謂的改革、變法，每項所謂的管制、規定，都是暴政鐵蹄的又一邁進。豈不見上世紀即有深具遠見的思想大家哈特門，在他的《法蘭克—高盧》中提出警告（<369）？中述的細節雖然不同，對氏族觀念亦無甚著墨，傳承下來的主要教義則一：法蘭西國中的日耳曼一族血脈，乃是自由火炬的真正傳人（704>）。

人為的歷史虛構，卻未隨其作者的無聞而湮埋，也許令人訝異。但是族系觀念之所以能夠殘存，甚至進而及於人數漸稀的恚忿貴族圈外，造勢之源有二。其一，孟德斯鳩在其《法意》一書末了，對此多所強調，此書卻是極具影響力的憲政理論基礎，刊行於十八世紀中期，歐、美兩地凡博覽群籍者皆人手一冊。再者，早先亦有皮亞·貝勒，在他的《辭典》中給予哈特門正面評價（531>）。更何況在「日耳曼族即等於自由」的綱領背後，還有難以摧毀的塔西陀大師，以及其《日耳曼誌》

（<14）。不過最後還請注意，聖西蒙的所謂「低級」（vile）中產階級，只意味著下等，卻非惡劣（vicious）。「villain」（惡徒）一詞，源自高盧族羅馬人所居的「villa」（鄉間物業）——原係拓墾移居地之意，隨著他們的「漸趨下流」而演變成「惡徒」。

＊　＊　＊

憤怒、野心，加上一六七〇年代中期的時艱，激使諾曼地一名羅安騎士組織了一起叛亂，目標為脫離法蘭西而獨立，建立一個由貴族統治的共和國。起事者將自己分組為貴族與平民兩級，並攜手共誓：若不能贏得制定新法之權（尤其是有關稅務的法律）絕不放下武器。這套體制設計並不排外，新教徒亦得入選議會，主持議事。

一場亂事遭到敉平，主事者受審處決。此時法蘭西本國則農產歉收、物價低落、稅額亦超過百姓繳納能力，法王卻在進行其第二場併吞戰爭。在這種狀況之下，因賦稅問題而激起的騷動自不只諾曼地一處。辯論亦起，將當前所有經濟理念都一併帶入討論：比方貴族享有的世襲免稅特惠，竟續行於理性經濟，是何道理？某些作者提出統計數據，也有人試圖找出財源與貿易管制之間的一定關係。這些探索，遂導向一開始稱作政治經濟學，後來改稱經濟學的那門學問。觀諸今日，國家又再度成為企業的夥伴與管制者，實可恢復「政治經濟學」的舊名。

甚至連具有強烈宗教觀點之人，也投入這場論戰，而且竟站在反對一方，此事顯然絕非君主制始料所及。但是事出有因：看在虔敬道德家的眼裡，理當不滿俗世化日增的現象，而那個竟以道德尺度極具彈性的耶穌會士為其告解神父的朝廷，其所作所為自是同樣不可饒恕。反對力量也再度包括以理性自然觀點，提出理論依據的思想家們。

楬櫫這兩項高言大義的宗教中人，是離群隱居的冉森派，追隨荷蘭神學家冉森的教義；冉森係伊普爾的主教，著有一部論聖奧古斯汀的大部頭學術巨作。此派在王家港隱修，地近巴黎，設有一處專收貴族仕女的修院，主事者係名奇女子安吉利可，經她勸服，其子亞諾也來附近定居潛心思道，又有他人加入，他們的友人包括巴斯噶、費內隆和拉辛在內，亦因此成為常客。遂在不曾事先安排之下，形成了一組對抗正統政治、宗教勢力的團體。他們極力抨擊耶穌會寬宥的鬆弛言行，巴斯噶筆下那份極具破壞力的文字《鄉居書簡》，靈感即得自於此，總結了他們的反對項目（<329）。亞諾的論述則大罵索爾邦學院思想——這才只是破題，接下來他又源源寫出一百三十五卷巨冊，從神學、倫理學、文法、用詞、邏輯、幾何……各方面好好地教導整頓世界。這一場精采好仗，使得他一直活到當時少見的八十二歲高齡。

> 那些朋黨（意指科爾貝及其助手），殘忍、貪婪，在內把國家帶致這步田地，使人民受此苦況；在外又受小人惡意、輕率之言，樹立了許多敵人。有鑑於此，諾曼地的貴族、人民，已互誓彼此利益永不分離，更寧願犧牲自己身家性命，為求共同福祉。
>
> ——共和國起事者布告（約一六七二年）

王家港遂成法國歷史中一項極為重要的思想建制，十九世紀批評家聖柏甫即對其投入多年研究，寫出八卷書細繪其特色、成就。福樓拜則取笑他，以及當年那個志同道合的圈子：一群男人，共同生活了三十年，竟然始終以「先生」相敬稱，真是怪哉。其實這種時代風格，正與其教義氣息相合：一如其師冉森，他們不相信自由意志；並且亦如路德，深信先天注定之說，以及恩典的救贖功效。然而，雖擁有此種屬於更正派的理念，個人又持守嚴峻儉樸，他們卻依然忠於天主教教義——儘管如此，教宗卻還是宣布他們為異端。某些現代學者，即在冉森派的心態理念裡面，窺見了後日將法國永遠分離成「兩個法蘭西」的政治異議之始——而且是早在一七八九年革命造成的極端分裂之前（633>）。

> 走進一家書鋪，我問店主有沒有蒙田的《論文集》，他說他沒有這本書。旁邊有位年輕人立刻表示：「我家有。」他告訴我他喜愛蒙田《論文集》，因為跟聖奧古斯汀的《懺悔錄》實在太像了。我親吻他的手，總算大功告成。
>
> ——坦普爾爵士（一六五二年）

冉森派思想與十八世紀的哲學家之間，有一個共通的聯繫，即他們同對理性崇拜。冉森派視理性源自神性，比祈禱更為優越。更進一步，他們認為實用一事，乃事物價值的檢驗標準，他們相信自然科學將導向重要真理的發現，因為自然法則正是神意志的一種表現。根據這個道理，研究幾何學可以訓練心靈，達於那終極真理真相。這種將信仰與科學結合的前瞻性觀點，亞諾、拉密，以及（經某些冉森中人肯定）聖奧古斯汀均予推薦。

但是事情並沒這麼簡單；這派運動另有一支異議，採取了不同方針。如前所見，巴斯噶即深受蒙田思想影響，認為人類的理性搖擺不定、容易出錯，因此敦促應該全然無疑地信賴神，神的道、神的方法，遠非人所能測度。幾何固然有用，但畢竟只限於世俗末節。

以上這類懷疑派的警戒——徵諸人類意見紛紜多歧，可為佐證，正是祭出理性、自然大纛的又一手法。於是兩系冉森派，充分展現出西方思想辯論裡面兩大孿生極端走向的彈性變化。至於所有宗教人士之中，對君主制發動攻擊最直接（卻也最無效力）者，則是——

費內隆

此君出身貴族世家，是神職中的知識分子，傳道、寫作俱能扣人心弦。他曾任路易之孫即嗣君勃艮第公爵之師，為此特別寫了一些寓言，並為一家女子學校寫過論婦女教育的文章《逝者談話錄》。中年時遇見一位吸收多人投入其神祕主義宗派的蓋恩夫人；此宗主張純粹虔信，完全廢除宗教儀式與神職組織，係由波墨於新教革命期間在日耳曼地創設，稱為虔信派（<52）。費內隆是個靈裡火熱的人，立即被其教義吸引，並開始為之捍衛執言。

這番效忠之舉，卻只是他種種不幸的開端。原為友人的博敘埃（也是位有名的宣道大師暨作家）竟開始跟他過不去，在法蘭西宮廷、也在羅馬使力，必欲他受譴蒙羞。此事費了一段工夫，因為費內隆也有他的朋友，而且法王認為他是「全境最細緻也最富靈思的思想家」。就他這面而言，費內隆敬重路易，卻指責他的公私舉止。就在博敘埃用盡方法，迫使這名轉向異端的友人反悔所行的同時，這位友人則正在寫一封〈致路易十四書〉抨責法王的作風及政策。

此信雖為匿名，可是信中那種嚴厲毫不留情的語氣，分明出自一名告解神父之口，顯然洩漏出作者身分；而他本來就已是當時散文大家之一。結果卻定然使他大吃一驚——毫無疑問，因為法王的「報復」，竟是命他出任坎布雷的大主教。但是陰謀構陷並未從此杜絕，機緣不巧之下終於得逞：費內隆手下一名文書為他抄寫新作，卻將內容洩給主人的對敵。此作名為《忒勒瑪科斯》，係根據荷馬而作的虛構故事，書中描寫一名正直高潔的王子——奧德賽之子泰拉馬科斯，與其周遭的各種惡勢力做成對比。此書極受歡迎，暢銷一時，被讀者視為諷刺法國宮廷以及法王之作。費內隆注定要倒楣了。

既然沒法像一般平信老百姓般，將他抓來審判，只好把他軟禁在主教教區之內。在那裡，他將自己的時間資源，全部投入慰濟貧病；此處地近戰區，他對雙方軍隊一視同仁照顧，以致敵方將領甚至下令，不得對該區有任何劫掠或傷害舉動。

> 陛下，三十年來，您的臣子違反了國家所有古法，為要擴展您的權勢。他們無限度地增加了您的入息、您的開支，把整個法蘭西弄到民窮財盡，為的是供應您宮廷的奢華。他們把您的大名弄得臭不可堪。
>
> 二十年來，他們發動血腥戰爭，使各國對法蘭西國難以忍受。我們沒有友邦，因為我們只要奴隸。在此同時，你的百姓則在餓死邊緣。叛火燎原，弄得您無計可施，不是任其蔓延，就是屠殺這些被您逼得鋌而走險的百姓。
>
> ——費內隆致路易十四（約一六九四年）

《忒勒瑪科斯》係一部經典之作，直到最近之前，仍列為法國學童必讀。《逝者談話錄》則屬同一文類的早期作品，都係藉諸有名男女之口，討論有關操守、政治和文學等永恆議題。但是這兩本作品，依然不足以顯示費內隆非凡心靈的全面。他另外還有大量文字——講章、論述，以及其實是論文的「書信」，描繪出他認為法蘭西應該採取的政制：這幅圖畫，是建立於一部成文憲法、代議議會，以及負責執行重要職責的強大貴族階級之上的有限君主政體。在法律之前，則應人人平等，設立公眾教育，政教則完全獨立分離；農業、貿易亦應自壓迫重擔下解放出來，並予所有工作者（田間、工廠，或教會與政府中的低階人員）以適當的尊重。

費內隆在其放逐地去世，只比法王駕崩於凡爾賽宮早幾個月。次年，他最後一封「書信」問世，內容目的上也極其激烈極端，此信係致法蘭西學院，表面上在回覆該機構向所屬成員所提之問：如今字典工程已大功告成，接下來，大家應進行何種大業？有人說：寫一部法文文法；也有人說，編一本修辭學，或出一部詩論，或建立一套批評理論。費內隆的回覆，於他去世前的一次會上宣讀，涵蓋範圍如此廣泛，遠超其餘建議，因此被安排出版。剛好剩下足夠時間讓他將之重新讀過，整理成一本數百頁小書。書中論到文法與用例、文類的性質、詩的規則、悲劇與喜劇的風格、史學的方法，也論古典作者是否優於今人。

在所有這些方面，他都批評當代積習的觀點。他反對過分「淨化」法文，亦即不斷排除所謂「低級」字詞，視其不宜登文學殿堂或進入有禮言談的保守心態。他甚至提倡向外國借字，以豐富法語詞彙，並鼓勵作家大膽創新，多多造出新字彙與新複詞。主張**解放**的呼聲，遂在全信之中處處可聞。費內隆要講道人講詞簡單易懂、自然而不做作，切忌正式華麗。詩人也沒有必要受制於法文格律的規定，卻應如畫家般，以熱情與真理為標的，取代華文麗藻或誇大之詞。同樣的道理，對悲劇、喜劇也一樣成立，「渾然天成」應凌駕一切，勝過裝模作樣的雕琢與思想上的陳腔。

至於歷史，則需要以論述出之，因為它與其他文類顯著有別，卻尚未受到如此認知。歷史寫作具有雙重的重要性：因為它既屬文學藝術作品，記錄了文化變遷，同時亦經由其醒目的善惡事例，作為一種教化力量。討論歷史，易導致古今之「辯」。這類激辯，在先前十五年間已經爆發兩回，我們不久即將見到（513>）。費內隆雖有他自己的看法，卻勸史家持平，對於論戰雙方意見，他也不表任何裁定。如此自制，確屬正確之舉，而且更因此時他又重獲君王歡心，獲派主持一項研討冉森主義的全國會議。他與宮中之事長期隔離超然，正符合此職資格：他會是最好的裁判。

多年來，他都是一位受人愛戴的作家，此時更已成法國文學界的老前輩。性情溫和節制，處處與人為善，不但謹防煽動論戰的戰火，更設法使之平靜。他絕非閃爍其詞，而是平衡新舊雙方的長處。前人創業偉大，今人效仿卻非守成，應能有所超越。一流的古人並不多，也無人十全十美（如前所以為），但是勿忘他們受限於不完美的宗教、道德。儘管如此，古人追求簡單崇高之美，這樣的能力配得最高讚譽。現代人（費內隆暗示道）若能採納他的觀點，解開語法、風格，及文類規則的拘束，自亦有機會比古人更上層樓。

＊＊＊

隨著這位不凡人士的一生告終，這段統治時期亦將落幕，同時也是冉森派結束的關頭：羅馬教皇以及前述全國會議，都同聲定罪此宗，而且不准上訴，其成員非死即降。在此同時，宮中亦有變化，一項多年狀況宣告中斷：路易在四十五歲之年（接下去還有三十二年的時光）忽然變了心，為人說動拋開了那名藉魔鬼之力升至情婦地位的蒙泰斯邦夫人（<432），改而眷寵曼特儂夫人。新歡顯然有神做後台，因為她既虔敬又不使用妖術——事實上真的也只能出諸天意，才可能為她籌畫出這樣一個簡直有違或然率的變遷際遇。

閨名法蘭西絲的曼特儂夫人來自一良好的更正教家庭，祖父曾為亨利四世的友人，雙親則因異端罪名繫獄，她即係於獄中出生。幼時被帶往馬丁尼克島（法國海外省，位於中美加勒比海），尚未長成又返法國，在修道院接受教育，成為天主教徒。容貌美麗而性情溫和的她，非常窮困，十七歲嫁給比她年長二十五歲，既駝又瘸的滑稽詩人斯卡龍，她為他主持了巴黎最富才氣的沙龍。

她下面一個角色，是以斯卡龍遺孀的身分，為蒙泰斯邦夫人祕密照顧孩子。待國王正式承認這些私生子並晉以貴族身分之後，斯卡龍夫人亦來宮中居住，不久又獲賜地曼特儂，並將之立為侯爵地業；從那個時候開始，她的影響力便穩定爬升。第一項目標，是希望改革法王品德，與王后重修舊好。經博敘埃主教一旁協助，蒙泰斯邦遭棄，曼特儂夫人遂取代了她的位置。這名新封的女爵論道：「天下最機巧者，莫過於無可指摘的行為。」此時的她三十八歲（因此已值中年），大權在握，數年之後即與變為鰥夫的法王祕密成婚。

一夜之間，全宮廷都得改變航向，如今陽光透過暗玻璃照了進來。禮儀方面大致如舊，可是社交上的手腕表現，卻有一層新的顧慮負擔——亦即如何表現出恰當的虔信模樣。對某些人來說，此乃道德行為與誠心敬虔終於「昭雪」得勝的喜事；對其餘人而言，卻成虛偽操弄，又一種表演方式而已，只是比前無趣多多。至於法王本人的皈依向善，看在曼特儂夫人眼裡，似乎也不盡然真誠；他的人物個性（也許可以這麼說：一種人為製造的個性）係藉由角色扮演，以維其王者之威，因此他的幡然改變，與其說是轉向宗教信仰本身，不如說是轉向宗教信仰的刻意表現。可以確定的是，他的新妻子對他叨念不停，老是不能滿意；一段時間之後，她的全體隨員都投入這項基督徒愛心事業，致力拯救他的靈魂。

這項靈性善工，卻產生實際影響，最致命的後果就是趕走了全法蘭西最好的工匠。這些人是雨格諾教派（更正宗），原受近百年前路易祖父亨利四世頒布的南特敕令保護，得免於公然迫害。如今卻為取悅神以及曼特儂夫人，此令竟告作廢；他們面臨的選擇只有改宗、放逐，或死刑。這類命令一旦執行起來，都難逃恐怖與不公手段，且自有官僚及好事之人負責監工作業。私仇公報，任意舉發，司法系統遭到濫用；騎兵隊出動，恣意濫殺清剿。

難民出奔英格蘭、荷蘭和普魯士，在那裡落戶。他們勤勉可敬的生活習慣態度，受到當地接納，也為自己獲得生計，對許多行業做有專技貢獻。他們及後代子孫——即有著法國姓氏的英格蘭男女，不久即在各行各業裡出人頭地。流離遷往普魯士的家庭，同樣的未來也在等候他們，從此對張臂歡迎的地主國生出強烈忠誠。他們永遠忘不了這等恩情：一次大戰之後，德皇失去他的寶座，霍亨索倫王室靈前的唯一花束，即係柏林的雨格諾教徒獻上。

回看「皈正」之後的凡爾賽宮，一切眷寵方針，如今都由國王的祕密夫人或她的圈中人發號施令。不過他們的決策不盡然皆屬不良，如她曾促使拉辛為她設立的女子學校寫了兩部劇作，學生來自窮苦的上等人家——但設計對付費內隆的人也是她。一開始，國王就各種題目詢問她的意見，都還有其他受信任的顧問在場，她也扮演著一名謙虛少言、不問絕不主動開口的配角。及至後來，她已經搖身一變，主動決事、指揮全局，儼然就是當家作主之人。

這種關係，不由得生出許多有關行政決策與執行面的疑問。公共政策如何能獲最佳保障？統治者（不論是君王制或共和制）都得自身邊隨員尋求意見，得到的答覆卻少能全然無私；顧問之人幾乎多少都暗帶有一些其他利益，使其判斷偏差。

這種概象只有一個例外：中世紀時以及近世早期的弄臣。弄臣之職的設計——其實是一種建制，有扎實的人性心理基礎，亦基於古代宗教想法。不論在莎士比亞劇中或他處[11]，傳統的弄臣都不大正常，最多只具有

> 你知道多少王公、國王、國家得以拯救，多少戰役得以稱勝，多少困境得以解決，皆因傻子弄臣的忠告、建議與預測嗎？不必舉例提醒你了。就相信這回事實吧。
>
> ——拉伯雷《胖大高》（一五三二年）

小孩子的心智，正因其天真渾沌，因此真實，有時還甚至靈光一現。他的拙言稚語，往往出人意表，非常逗趣。這類「資質異稟」，或天然生成或後天襲得，是弄臣這一行幾百年來在國王身邊所使用的必要技能。多數時間，他只是一名娛君的丑角，披戴著小丑帽子和鈴鐺；其他時候，一些沒有人要聽也沒人敢講的真話，卻由他口中說出——明君賢主，聆之得益。但是到了君主制的年代，理性主義已發展到不再有人願意聽信白癡突發靈感之言的地步，弄臣與弄臣的智慧版本，遂從此消失。歷史上也有女弄臣，十六世紀英格蘭的瑪麗女王就有一位女丑珍．古柏，待遇甚厚，並得到一份養老金，體面地告老退休。至於路易十四，他才不會在身旁放上一個丑角，讓這個傻瓜來告訴他和滿朝文武什麼一針見血的真相。他的統治作業系統之所以有威力，正藉其莊嚴肅穆，以及所有智慧僅源於一的安排。他對莫里哀的保全，因此頗需要一點解釋（507>）。科爾貝去世之後，路易十四身邊缺少一位能夠真正公忠體國的大臣，只有向妻子及他的告解神父尋求建議，卻將自己諄諄勸誡繼位王儲的金玉良言拋諸腦後。身體不佳，亦造成無言的影響力，對自己的關愛益多，對人民的關注遂減。最後在他第四場也是最後一場戰爭裡面，馬爾巴羅（第十章所言邱吉爾之先祖）一再擊敗法蘭西最好的將領，路易的心思因此更轉而專注於自己與全能神的關係之上。某次打了一場最糟糕的敗仗之後，他不禁大呼：「神為什麼對我做這種事？」

> 大亨：「我需要一個人，如果我講話不合理，他可以說『不』。你是那個人嗎？」
> 申請職位者：「不。」
> ——一九四〇年代好萊塢語

＊＊＊

對於自己的戰爭動機，路易到底有何種自覺程度，我們只能純做猜想，但是當然因素眾多，不全出於自大狂與好名心。馬薩林曾警告他，一定要留意西班牙及奧地利王室；結果西班牙問題獲致解決，方法是把他的孫子變成西班牙王，這項聯盟關係，經路易最後一戰固強——時至今日，西班牙依然由波旁家的後代做王。但是與其他列強的爭鬥，則由於法蘭西接壤兩個「非國家」的地區——日耳曼和義大利——而演變成長期狀態。日耳曼、義大利兩地衰弱不振，人人垂涎欲得，遂成危險地帶；只要能奪得其中任何一地，都可改變勢力平衡，而保持勢均力敵，卻正是最後目標。為安全感而進行的征戰，打壞了平衡，因此又得再以戰爭回復平衡。

開戰的國內因素也很強。要威震貴族，就必須使他們將國王視為他們的上級，在各方面都比他們為強。依傳統，貴族人等原係武士，喜好冒險，無視性命；法王自身遂也必須一如舊日君侯，亦是披盔戴甲的騎士，一馬當先，在前指揮自己的諸侯臣屬。君王在宮中策畫舞蹈、主辦音樂戲劇，固顯其拿手擅長，可是在騎馬打仗舊業之上，也務須本領高強，令這些好熱鬧玩樂的貴族咸感相形失色才行。不過須知路易不是武人，更非軍事天才，只可能間接地扮演征服者的姿態。因此他使出與凡爾賽宮「文場」的同樣手法，安排自己的作戰演出；親赴戰場，稍許暴露於砲火之下，在一群特別挑選並精心招待的爵士淑女之前；至於這些貴人的兒子、兄弟，則領著傭軍部隊與敵人作戰。

開戰之必要，第三項原因來自鞏固國家；戰爭為眾人創造了一個共同目標，自然可產生這種效果，勝利則更增效果的強度。而國家作為一個觀念，既與連續的疆域絕不可分，在法蘭西東邊、北邊、及西南方添併新疆，自可使國土完整成形，並使國家如此豐裕強盛，顯然一登頭等國家的地位，再沒有其他國家能夠予以威脅。這便是所謂共主之治的夢想，其理論可以上溯但丁，曾寫有《論帝制》一書詳予說明。這個主題一再重現，顯示西方世界對大一統擁抱著無限熱情；但隨著合一的基督教世界被更正革命打散，民族國家遂成這股熱情的出口。查理五世即曾為大一統奮鬥，不過即使成功，他四散各地的疆土只能成就一個鬆散「帝國」。亨利四世駕崩前不久，也有過「偉大設計」[12]，卻在民族國家或帝國之間性質模糊。進入十七世紀中期，路易十四的構想則較為清晰，時機也更合適——可是奧地利的哈布斯堡王室亦有此圖，兩百年後的日耳曼國，亦係遵照同樣計畫行動。

> 某位強大的國王，在前述三十年間以此為樂：攻城略地失去土地，擊敗軍隊也被擊敗，將王公趕出他們的轄地，把小孩子嚇得沒飯吃，燒、殺、擄、掠，屠殺自家子民、外人、朋友、對頭，男人、女人……
>
> ——斯威夫特〈論一國瘋狂之用〉（"On the Use of Madness in a Commonwealth"），《桶的故事》（一七〇四年）

但是路易的成功能否持久，值得懷疑——即使他真能如願取得當今比利時國的土地，使萊因河成為他的國界，並將尼斯及薩伏衣納入版圖（一如今日）。當其時也，尚未發展出一種贊成擴張國力的共同情感，也鮮少有人意識到凡我同胞，務須擁有共同語言、共同法律，對過去擁有共同認知，因此可以一起光榮驕傲地共同回顧；對於自己的社會，亦須同感為己共有，而非與之對抗。區區將各片土地黏合起來，並不能期待國家民族的熱情即可自然萌生。

何況路易之時，連原有的法蘭西本土也猶未達一統。他的疆域共分五區，稱為**行政區**（*pays*），各區地位、特惠各有不同——事實上，甚至有一種區域係掛著「視同異邦區」[13]的名稱，普羅旺斯就是其中之一，因為此地有一種特別關稅以及其他管制規定。進一步，又分為依成文法或習慣法的不同，或依必須繳納鹽稅或已購得免繳權而有所差異的次區。科爾貝的號令，即須穿過此種巨大聚合的複雜隙罅，找出通路送達執行。如果法王真係如一般以為，乃是唯他是從的路易大君，他不早就可以一紙聖命，把這些障礙一掃而空了？

至於上述促成國家合一感的種種元素，十七世紀的法蘭西（以及其他國家）亦都有所不足。當詩人拉辛奉旨編史，前往南方御西市，發現根本無法溝通，彼此都聽不懂對方的語言。一七八九年際，根據某位人士觀察，馬賽人所言根本不是法語[14]。而王太子的封邑阿爾卑斯山區，首府在格勒諾勃，雖早於十四世紀即已納入王疆，幾世紀來卻始終自認帶有幾分獨立性質——頗有德州的味道。當地人出境，往往說自己是「去法國」（遲至一九二〇年代，我還聽過這種講法）。同樣在英格蘭，殘存不去的方言，也造成某種國中有國的意味。時至今日，舊日的分歧多樣再度在各地復活，法國政府甚至補助地區性語言的保存與教授。

民族國家（nation-state），竟在「民族主義國家」（nationalist nation）存在之前即出現——這種矛盾，也許可以用交通傳播上的阻隔予以解釋。但是另外還有一項因素：君主。君主既是人，亦是一個簡單易懂的概念，乃是有力的統一力量，勝過那種經由選舉產生領袖的抽象國家。因此國旗遂有其重要意義，因它如君主乃是國家的有形象徵——當一國之民竟有藉焚旗以表達意見之舉，而國家之法卻不以為意，這個「民族國家」，一定已經發生了什麼事情。

* * *

作為活生生的真人，固然有勝於抽象的事體，但是一旦失利於疆場，路易卻也失去了那份獻予個人性質的效忠。他早已學得教訓：光耀一事，必須以金錢換取，而非只靠一股蠻勇：「勝利，」他論道，「繫於最後一塊金子。」臨終床上，他也意識到自己在其他方面的揮霍之過。他那精明的妻子責備他「沒有好好補償」，他回道，對於臣屬，他不欠任何私人虧負，至於所欠百姓者，他就「全憑神的憐憫定奪了」。

太陽王落下了，不留任何燦爛光芒徘徊。相反地，其治之終，卻令人回想起其治之始——雖然規模程度較輕：權勢者彼此相爭，百姓心懷忿恚。對於路易之逝，既無哀戚也無敬意；六七名朝臣前往參加在聖德尼堂舉行的葬禮，一路上雖不見民眾敵意，卻也的確顯示一種漠然態度。只餘諷刺挖苦，藉打油詩為逝者烙上辱印：「他生時，我們的眼中充滿太多淚水；以致他去了，再也不剩一滴可以為他而流。」

隨之而來是路易曾孫（日後即路易十五）成年之前的攝政期，走的是通常老路：過度壓力之後，必有的過度鬆散。聖西蒙等人原對攝政奧爾良公爵寄以厚望，此公才幹不凡，卻無可救藥地懶怠。於是道德舉止普遍向下沉淪，墮入放蕩、腐敗、失政，一片散漫馬虎（456>）。

然而先前那位君主帶予藝術的衝勁，卻不稍減；風格雖易，技巧依然精湛扎實，更不僅現於凡爾賽宮一地。路易有心建立的共主之治失敗了，卻在無意之下，為法蘭西文化以及法蘭西語言，征服了法蘭西以外的廣大地域。但是如前所論，政治力對於人類心智，似乎有著無法抵擋的壓力；在這個事例之上，作用力甚至及於敵國之間。要判斷這個特殊形式的帝國所結之果實，勢必話說從頭，上溯一段在許多年後，被稱為「舊體制時期之始」的時代（舊體制或舊秩序係指一七八九年法國革命前夕的政治與社會體制）。

第十三章　時代的橫剖面：一七一五年前後從倫敦看世界

一七一五年將近尾聲，倫敦人心裡最高興的念頭是：路易十四駕崩了。前一年裡，那無休無止的戰爭總算在長期談判之下結束，現在主要的發動者也終於走了。這場衝突肯定不會再起，整整鬧了四十六年，其間三次間斷，實在是夠長了。

戰爭之因，無疑皆出於王朝野心，可是在你來我去所有權利聲張的背後，雙方陣營（所有當事者均在內）都同有一個目的：防止查理五世帝國的再造。法蘭西在西班牙、義大利、尼德蘭和日耳曼四出作戰，固然為要盡其可能搶地納入囊中，同時也為了趕在一心想要統治四地的哈布斯堡之前攔截。已經自西班牙帝國取得獨立的荷蘭人，自然也不希望得而復失，又落入法蘭西帝國的手中；但既然無法單打獨鬥，便組織了一個大型聯盟，最終合成反法陣營：計有英格蘭、荷蘭、布蘭登堡、葡萄牙、薩伏衣參加。

路易十四向這個聯盟挑戰，激起人類頭一、兩場世界級大戰，戰火延及三大洲，最後和約同意讓他的孫子坐上西班牙王寶座，卻規定兩國將來不得聯成一國。法國則將加拿大拱手送予大不列顛，後者又自西班牙取得直布羅陀，以補償一番辛苦及花費，連帶還有一份供應非洲奴隸到南美洲的三十年合同。其餘在戰役中占得或喪失的土地，大都物歸原主。對歐洲整體而言，真正而永久的收穫，卻是主權民族國家的確立，以及隨之形成的「歐洲體系」，或曰勢力平衡。「帝國」從此意味著在其他大洲擁有領地。

各國之內，這項渴望已久的和平也帶來諸多改變，包括政府及社會態度。在法國，路易十四的曾孫路易十五年紀太幼，尚不能親自當政，因此八年之久由其叔祖奧爾良公爵監督保護。這段攝政期間，亦如英格蘭復辟時期（522>），一改前朝的國策與虔心——宮中、城中對此二事俱已露疲態。攝政大人所做的第一件事，是釋放關在巴斯底獄的所有人犯，這是象徵性也是慈悲性的手勢。新氛圍不但取代舊氛圍，還予以譴責。

在此同時，這段時期也擁抱縱情，由攝政大人以身作則。他其實極有才幹，也未忽略國事，但是他卻也懶散放蕩，而且不以為恥。於是道德鬆弛、無所避忌，令人回想起投石黨的年代（<424）。路易十四在世的最後幾年期間，宮廷男女都已成偽君子、姦夫、淫婦、賭徒和酒鬼，到了攝政一朝，收賄強奪更非新事。

也是在這個凡事公開坦白的年代，拜某位修士建議之賜，在歌劇院的大空間放上一塊可移動的地板，以容納狂歡作樂之客，面具化妝舞會於焉問世。面具有利私會，群眾作用則壓熄了自律。其他歡慶活動——如舉辦表演、大開盛宴，以慶祝攝政大人新立情婦，更使性放縱除樂事外更成時髦。新人得眷寵的價碼公開，大家都知道她得到多少現金、饋贈，丈夫也參與講價——起碼有意如此。情婦更迭甚速，但是攝政公始終受到所有階級的女人歡迎。唱反調者當然永遠都有，如此風氣之中，也只有他們用憤怒或嘲諷的口吻寫詩為文批評。

更糟糕的是，連風度言行也日趨下流。攝政從原本文雅講究的朝臣，一變而為談吐粗俗的無賴，因此帶壞了風氣。隨著舉止轉為粗鄙，感情也變得無所謂了，亦即不再與事物激動人心的程度成比例。對自身、對他人的敬意，對友誼、對以禮待人的看重，俱消失無蹤；種種強烈的情緒——嫉妒、怨恨、報仇，亦皆轉淡轉薄，反正大家都看穿了：一切人際關係不過一時，而且無甚意義，何必太過認真。唯一不變者，是隨從時尚的壓力仍在。原本端莊的男女，一旦在朝中任職，也紛紛採用「合宜」的不端言行，以與當朝權貴步調一致，這些都是有紀錄在案的真事。

一項有著偉大前途的新點子，也於此時露面。一名非常年輕的男子，名叫卡陶許，受有軍事訓練，轉而為賊，因膽大包天成功做案而名噪一時。他曾經被捕卻又脫逃，接下來便發明了犯罪集團幕後主腦這個角色，組織同行，男女皆有，甚至招募了具有這方面才能與傾向的年輕貴族；某次晚宴，一名男子便在賓客中認出剛才在路上對他下手的一對此業中人。卡陶許很快便成為平民百姓眼中的英雄；他善於喬裝偽扮，遂能在上流社會保持地位；他率隊歡迎土耳其大使，順便也解決大使致贈法王宮廷的禮物。卡陶許集團同時有多組人員做案：一批人在巴黎針對密西西比計畫的外國投資客下手之際（474>），另一批同黨則搶劫了從里昂開出的載寶郵車。

卡陶許最後敗亡，係受同黨出賣；他再度被捕——出動了四十個人才得手，幾乎也再度逃逸成功——開庭時卻令人大吃一驚，原來他個子如此矮小。一開始雖受長時酷刑，卻堅不認罪也不招出同黨名單，最後因故全盤招認，卻依然難逃活活輪裂死罪。他的徒眾（好幾百名，有男有女也有少年人）亦以同樣刑罰處決或因刑求致死。

想當然耳，倫敦人也有他們的卡陶許，此人為懷爾德（因費爾汀、狄福筆下而聞名）。因為當時的警察系統還很原始，可是巴黎警方的表現想來應該較佳，多虧有科爾貝經營之故（499>）。四十年間，罪案之所以增加，原因在於都市面積及人口的成長，道德言行頹敗亦使政府部門風紀鬆弛。當時流亡在巴黎的英格蘭政治家波林布魯克，寫信致友人斯威夫特、波普、阿布斯諾特，便讚美「神聖的科學與 *la bagatelle*」，「*bagatelle*」意指瑣細，應用範圍卻很廣：可以用來形容一餐便飯、小玩一下，或小量損失，亦可指一段小文，或一場性的邂逅。波林布魯克的意思，是指人生應該輕鬆看待，小小消遣也應盡情充分享受。

＊＊＊

回到自家門前，一七一五年的倫敦切身關心之事，則在法蘭西、蘇格蘭可能聯手進襲英格蘭。二十年前，查理二世之弟詹姆士二世被廢，如今支持者正密謀迎他歸來。英格蘭人稱廢王一事為「光榮」（以及不流血的）革命——其實是歷史上另一項誤稱。易君之舉，實為政變，由一小群政治人物請來荷蘭元首橘邑的威廉及其妻瑪麗，即被廢的詹姆士之女，登上英王寶座。這場王位的轉移，不是為改造政府，卻正是為防止其變：當初詹姆斯二世已著手恢復天主教信仰，並有再度將國會打入冷宮的跡象；不過說也奇怪，為達成這項目的，他的第一步竟是通令對所有宗教一律寬容。

因此這樁所謂「革命」，具有反動性質，並非贊同新思想，而是在舊有架構之下改換人事。而且革命也非未曾流血（倒無須特意賣弄學問，指出詹姆士曾在某個節骨眼上忽流鼻血），威廉的確必須在愛爾蘭一地，與愛爾蘭人及法蘭西人組成的斯圖亞特聯軍作戰。威廉部將對該地殘酷鎮壓，猶如克倫威爾再現，是以日後凡支持英方對這塊不幸土地之利益者，都被冠上「橘黨」之名。

復位企圖，在一七一五年兩場小規模接觸戰後失敗。八年之前，英格蘭已與蘇格蘭合併為聯合王國，而蘇格蘭方面雖與法蘭西交誼長久，此番卻並未起來為詹姆士效力。但是新局面仍不能令英格蘭人感到放心，事實上這場「一五」之變，隨後確有另一場「（一七）四五」事變尾隨，也的確發生戰鬥；其間的三十年裡，眾人亦始終憂心天主教在國內外的威脅。英格蘭天主教徒很少，可是更正派本身卻又分裂成兩大陣營，不但在當時，即使直到現在也繼續形成兩種社會階層：即國教派與非國教的異議派。後者雖得容忍，卻遭受許多不利限制，所以任何話題都帶上色彩，經常為宗教政治所染。一七一五年之前不久，那位出色的報人狄福，即曾寫下〈鏟除異議捷徑芻議〉，主張乾脆把後者連根拔除，結果兩邊都勃然大怒——非國教派人士沒看懂他的反諷，遂以煽動性誹謗罪名受審入獄，並三次銬上頸枷示眾。獄中作〈枷銬吟〉，卻使其立場得以澄明，因此公開受刑期間，倫敦老百姓都舉杯祝他健康，並向他擲花致意。

至於新王威廉，既是外國人，又來自世仇荷蘭，在國籍一事上自然得忍受國人攻擊。此時國籍意識漸興，開始將本土與血源的觀念合而為一——即民族與族系（種族）、血統與土地。在這一點上，狄福為新王辯護，他那首名為〈正統英人〉的詩，即係挖苦所謂純正血統的謬見。狄福被稱為現代報業之父（其實應該稱為政治新聞報業才更正確）正因此詩，以及其他詩作、宣傳小冊，尤其是他單人作業的政治刊物「評論」，改為周刊後更增為一周三次。及至一七一五年際，西方多數國家都有「刊」、「報」、「雜誌」，提供新聞與各類評論，或對道德與社會議題發表議論，或以上皆具。新聞報業以各類形式作為一種建制出現，係於一六三〇年至一六五〇年間誕生，等於宣傳文冊縮小尺寸而成，定期頻仍出版，另外加上廣告。

新聞從業人員遂發展成一種社會類型，在本章關注年代的倫敦，係以狄福、艾迪生、斯梯爾、斯威夫特，以及其他多位名氣不及這四位名家者為典型。他們有一共同特徵，即忠於黨派路線：攻擊政府的一方，聲稱自己係為支持自由、公義，為反對貪汙、腐敗，為全體公益出發而作；聲援政府的一方，則宣稱自己係為忙碌或無知的公民提供消息，以了解執政者公務之繁複，為國家社會共同福祉之專心致力。

先有羅馬人隨朱利亞・凱撒而來，
包括此名之下的所有眾族，
高盧人、希臘人、倫巴底人，算起來，
還有那各族的附庸與奴隸，
（分列其他九族）
遂從此水陸各棲的暴徒之中，生出了
那虛有其表的不良東西——英格蘭人。
——狄福〈正統英人〉（一七〇一年）

這種對立倡言，在混合制的政體下特別有用，亦即一個擁有選舉制議會、政黨體系，以及公共討論的體制；在絕對式的君主制裡，新聞人就非具有英雄氣概不可。然而在檢查制度與司法壓迫之下，新聞業都是一樁非耐苦者不能從事的冒險任務，則兩制殊無二致；這個行業，始終未能成就為技術專業，也許正為此故。而其行業倫理，亦一如其行業興衰，往往隨其政治態度程度而有異；比方狄福與斯威夫特都曾為政府閣員寫過精采辯言，他們為文均本良心發言，就算與其贊助者的政策相左，也不願改換立場。狄福結果二度下獄，斯威夫特則失去成為主教的機會，都因其立論不阿所致。

狄福的政治參與，還包括蒐集情報服務。可是艾迪生、斯梯爾二人（前者的《閒論》，後者的《觀察者》，均成英文散文經典暨社會史料並因此聞名）卻只具政治傾向，即無特定意圖，亦乏僱傭之實。然而總而言之，新聞從業人員專注新聞而無他務的理想典型，在報業史上其來甚晚，而且也終未能長久（1124>）。

不論何種類型的新聞人員，均視造成輿論（藉謠言與當前偏見之助）為其當然之務。輿論也者，雖為單數，卻非僅限於一組想法。當識字人數極少之際，報業影響全賴那些本身即具影響力的少數；所謂群眾意見，則係由講道台上模成。因此輿論，事實上是一團推撞競爭的眾多觀點，只有在明確事件推移的衝擊之下，才轉而合為單一意見。對公眾、對報業，所報導的事實都務須聳動——或駭人聽聞或意料之外。比方說，在本章所述年代初左右，倫敦人獲悉布利頓，那名「煤商音樂人」已經去世了。這一位販賣小煤塊並親自送貨的商人，竟然還是位頗具才藝的音樂家（同時也是化學家），在店面樓上舉辦晚會，包括韓德爾在內的一流演奏家竟也都欣然赴會，實在是非比尋常。

大約在此同時，英格蘭北部的埃普沃斯小村落發生了小惡鬼作怪搗蛋的怪事。這處沼澤鄉間，由山姆·衛斯理任教區牧師，一大家子住在一處偏僻地點。忽然之間，牧師公館敲聲不斷，還有其他各種無法解釋的現象騷擾不已，如此擾人又持續不斷，牧師一家打算搬離。但是他很頑固，尤其絕不與魔鬼罷休——顯然正是魔鬼在搗蛋想把他趕走[1]。對於鄰人，牧師同樣態度堅定。鄰人對他的觀點，以及他的教區服事甚表不悅——看來這些搗蛋小鬼，八成是那些鄰人想出來轟走他的點子。但是他們可不知道（牧師本人亦然），牧師兩名正在牛津求學的兒子，約翰與查理，此時正在那裡醞釀著一種宗教與社會理念的合方，無須多久，就將使人心沸揚。

同樣也屬怪異，卻無法如此輕易解破的謎事，則是令王家學會以及歐洲其他博學組織多年百思不得其解的歐氏輪。這是一個桶狀的箱子，裡面有一個三呎直徑四吋厚的輪子，用手拉動之後，便開始自行旋轉，然後速度加快，甚至可以拉起砝碼，並繼續轉動不停——始終不靠外力。發明者名貝斯勒，以歐菲瑞斯之名行世，卻拒絕說明這完全不用動力的運轉係如何達成，對自己發現這原理的經過也三緘其口。這神祕事件是嚴肅事情，受過教育者多熟知新物理，都深信「恆動」一事絕無可能。歐菲瑞斯的敵人，使出宗教審判官對付異端的狂熱攻擊他；他一一反擊，另外又造出三個輪子，比第一個更大，最後一隻竟能拉起七十磅重。他有一名貴族在後贊助，也從來不藉展示賺錢。對於這個題目，來往討論的信件多而嚴謹；實物也就在眼前：眾專家仔細檢查這座謎般機器，卻都頹然挫敗，說不出所以然來。至今，尚未找出任何解答[2]。

先前曾經指出，科學進展常常要靠儀器，不論是一般現成可用或由研究者專門設計的儀器。同理，工程人員也可利用適切的理論之助，並經常與另一型技術師（即建築家）並肩合作；這類聯繫，於十七世紀之交土木工程復興之際極為明顯。牛頓的地心引力學說，便激起一股想要更精確測量地表的欲望；從中遂有後日法蘭西軍事工程家馬萊那種兼具遠見與精神的層次（首創複式接合機關）。現有的土地丈量、觀測，與建造工具（量尺、羅盤、調整規尺、比例尺、量角器與平準器、丈量針、各式測量桿及測鏈、測微器、測徑器、縮圖器，以及其他各種「哲學儀器」）首度成一部附圖論述的主題。這些工具儀器的發展演進，說明了那段時期的出名道路、運河、橋梁、水道、水利系統工程，以及港口防禦設施（今日仍有不少依然完好矗立）當初係如何建造完成。

除此之外，戰爭與戰備之下，對防禦工事所投入的研究與構築，亦使知識加增。王朝相爭期間，最重要的戰役都是在城池攻防之中進行。扼居地區通路入口的城鎮，四圍要塞均係工程科學與巴洛克藝術結合的巨型作品（491>），由戰壕、牆垣、稜堡、瞭望塔台、走道、防壁和壕溝等組成。幾何學主導一切設計（連續的垂直角度與水平斜面），不但擴大了攻城難度，同時亦可縮小迎面攻擊火力的衝擊效果。因為那個時期的砲彈非爆裂性質，其水平射擊也無法穿透泥土工事。攻城大砲力係使用臼砲及彈射，將石塊或鐵球吊高擲出，飛越障礙，只有在落地時才造成破壞。突破城堡之法，只能靠挖掘並炸破其「工事」達成——通常只要情況許可，都會如此嘗試。

這類構築工程的精湛高手有兩人，一為荷蘭人庫霍恩，一為法蘭西人：

沃邦

前者是直覺的實務家，後者則是多方面的天才，既發明理論也在工地現場指導構工；他可以一眼就看出施工地點的特色，將之納入設計之中。他一共蓋了一百六十處要塞，沒有兩處完全相同；建成的要塞不但能抵禦攻勢，而且也屹立長久，其中有些甚至在晚至一九一四至一九一八年的大戰期間，依然派上用場。

沃邦少時即加入軍隊，負傷八次，升遷至主帥及兵工總工程師的雙重職銜。可是他並不歌謳戰爭，負責作戰行動之際，總是盡其所能減低傷亡並結束戰鬥；他的防禦工事設計，即係以此目的為考量。每當雙方交戰達到某個階段，他就會判斷情勢一如棋手，提出或降或退的建議。半世紀之久，他貢獻自己的智慧、精力為路易十四服務，不時因職責操勞以致體力不支崩潰的地步。而正如他四處奔波巡察各地工程之後，致戰爭大臣信中所寫：「閣下檢閱部隊，軍士踏步從你面前走過；瞭望台受我號令，則文風不敢動搖。」

沃邦監管戰時工事，也督責平時工程。他的興趣範圍廣泛，研究推動的內容包括海軍戰略、政治經濟和國家福利。對最後這個話題最為關切的聖西蒙，即稱他為「愛國者」[3]（*patriote*），前此原屬中立性質的字眼遂取得具有尊稱意味的新義。沃邦逝於十八世紀的第一個十年，去世前不久，還正在忙著與職掌王家十一稅的腐敗官僚搏鬥。

此人一生不倦的努力，顯示四層矛盾，正是這個時代的象徵表記：沃邦心腸很軟，對個人與群體都滿了同情心，然而他的工作卻是殺戮與毀壞。他反對財務的浪費與賦稅的重擔，他的碉堡工事卻是最大的軍事開支。他的天才大量用在巨型的防守結構之上，法王的戰役卻皆屬攻擊性質，為此他又精心設計出一個以最少生命損失攻克敵方工事的策略。最後一項是，他總是在自己建造的碉堡之外指揮，卻從不入內避險（外行讀者可讀斯特恩[5]著 *Tristram Shandy*。有興趣了解專門技術細節者可以好好玩賞 Christopher Duffy 所著圖文並茂的 *The Fortress in the Age of Vauban and Frederick the Great*）。

> 我為國擔憂，見到衛戍部隊竟由孩童或其他小可憐蟲組成，這些可憐傢伙，從家中被抓出來，受到各種不良待遇。至於指揮他們的軍官，狀況多半也跟他們一樣慘——住得像豬，半裸著，餓得半死不活。
>
> ——沃邦致戰爭大臣盧夫瓦書（一六七五年）[4]

＊＊＊

一七二〇年際的那不勒斯大學，有一位近代紀元的偉大心靈在此間任教，此地在地理上離歐洲先進智識中心頗有一段距離，而且待遇極差，地位亦不甚重要。此君同時正在修改一部大書，這是一部具有原創性地位的作品，可是其種子結出的收成卻隱而不彰；在今天，除某些史學史及社會科學史的學者有所知悉而外，其人其書俱皆沒沒無聞。此人即維科，一如布雷克，同屬先知型的作者，因為他首先說出了日後同類天才所出的主張。然而布雷克的詩作，可以為現代讀者欣賞享受，維科的傑作卻是一本封閉的書。即使那些具有同等心靈高度之人，也只有在從事早已為他揭櫫的同樣思考言行之際，才發現這本書在他們心眼之前打開。

那不勒斯窮書商之子的維科，在悲慘的貧困中長大，所受的學校教育極為有限，完全靠勤勉自學，方得廁身一群有學之人暨活潑思考家的圈圈中。他們爭辯著包括卡森迪、貝勒、霍布斯、史賓諾莎和約翰·洛克在內的先進觀點；當代哲學的顯學則為笛卡兒，被詮釋成「方法」與「邏輯證明」凌駕一切，是所有人類事物的權威——這正是理性時代要宣告揭幕的時刻。維科卻反對笛卡兒，認為笛氏之說危險得不完整，於是展開了他本人的獨立戰爭。

維科對於巴斯噶的氣質心性二元論（<331）全無所悉——《沉思錄》當時猶非經典，卻以不同說法，對理性提出相同批判：人非全然理性，人性中另一項組成與理性的價值相埒——事實上真可謂極其重要。維科的異議，動機與巴斯噶的宗教關懷不同，雖然兩者都係由基督教信仰入手，視其為無可置疑的真理。維科的目標，是為重新定義人的歷史，並找出新的哲學與之配合，從中遂能對人與事做成統一觀點。

這項壯舉，係透過一部內容複雜、文字有欠高明的作品做成，命名為《新科學》[6]，卻找不到人出版，問題不在文筆不佳（須知學術成果，從未因此而不得發表——此事極易求證），卻在內容太過偉大。維科視人類（國家、文明、文化）經歷不同階段而發展，從人獸不分一路到高度文明，然後又沉淪野蠻狀況。他稱第一階段為「野獸期」，此說有進化氣息——因此當然是一種異端。

由維科開始，遂展開了一項傳統，亦即歷史從此不但依年分斷代，同時也依文化高低而分段：文化之興、之定、之衰——或也有可能興而又興。他從研究中推出概象，並發出預測，最嚇人的一說，係指待文明達於高峰之後，二度野蠻將吞噬文明，比當初的野蠻更為糟糕——原始的野蠻人，起碼還有那天然粗糙的德性，再來者卻絲毫不剩。他列出二次蠻族的徵狀，以及其產生經過：擁擠的都市生活，造出一批不信的人，視金錢為衡量一切事物的標準，缺乏道德素質，尤其缺乏謙虛品德、對家庭的責任感，以及男子氣概。這些人完全不受倫理道德的約束，靠相互監視、欺騙而過活。

藉由這些描述，維科希望警惕當代之人可能臨到之事。他勤讀史家塔西陀及政治科學家馬基維利，吸收他們筆下人事社會的衰頹史實。可是《新科學》一書也處理其他大型主題，不但由他首創，至今仍有其重要性：此即國家的性格、人類學及民族學的研究方法，社會不平等的起源及其所扮演的角色等等（一如巴斯噶，他也愛上了名門女），以及最具聳動性的一環：人類歷史的形成，天意的影響有其限度。儘管那宗教或俗世命定論者濟濟，維科毅然將自己投入又一個異端說法：人類的歷史，係由人類自己做成。

維科於十八世紀近中點之際去世，此時的他雖非離群索居亦非一文不名，卻毫無配得的地位與世名。他筆下處處流露出一股強烈的歷史感，也許正出於這個原因，到了凡事必稱歷史的十九世紀，名聲開始降臨到他。首先來自某些研究公法的義大利學者，然後歌德、米歇萊、孔德，以及其他少數人士，也紛紛承認自己的觀點受惠於維科的佐證，絲毫不吝予讚美。至於黑格爾、馬克思，想來也必然讀過他的著作，並因此得益；從他們二人的作品（雖非直接表示）可以看出其中的可能性。相當時間之後，人類學家也宣稱維科是他們中間的一位。然而時至今日，卻必須遍尋好幾十名博聞廣讀的人士，才只能找到一人聽說過維科之名。至於還得再問過多少人後，才能找出並證實真正有人「讀過」《新科學》或他的《自傳》——這個疑問，則屬於或然率理論的範疇了。

> 自由之民，想要脫去律法的軛，卻變為君王的子民。君王想要加強自身的地位，利用各種放蕩罪惡的手段，使其子民成為卑下，令他們遭受強國的奴役。各國各族想要把自己解散，餘眾逃往荒野尋求安身，在那裡如鳳凰復起再生。這一切事，都出於心靈，因為人以智慧做出這些，而非命運；因為人的所為，係出於選擇，而非機運。因為他們總是如此去行的結果，永遠如出一轍。
>
> ——維科《新科學》結語（一七四四年）

＊＊＊

倫敦，不似歐洲其他首都僅向南方、東方觀看，它也向西面望去，而且西望的程度可能更甚；進入十八世紀初期，關心與好奇更一起將它的凝視吸引向遙遠的西方，在那裡，一個世紀以前種下的殖民種子，如今正繁榮旺盛。在此同時，殖民地卻也正問題重重，同時為母國帶來不少煩惱，原因不出那常見的兩項因素：貿易與政治。殖民地人需要自英格蘭輸入本身缺乏機器設備自製的產品，方法係靠販賣穀類、魚乾以及其他原料給南歐及西印度，以換取英格蘭願意購買的葡萄酒及他類產品；這就是所謂「三角」貿易。另一條比較不這麼迂迴的貿易路線，則係新英格蘭購買加勒比海地區的糖蜜（從蔗糖而來），蒸餾成萊姆酒，再以此自西非弄出黑奴，賣給西印度植糖業主。英格蘭決定對糖蜜課稅以富國庫，萊姆酒走私價格遂升，一直在殖民地小火慢沸的政治不安，遂再度騰滾起來。

北美殖民地的人數，當時估計約為十六萬兩千人，可是這些人口卻非聯合一體，而係依其與母國的聯繫各自不同。如果某一殖民地當初係依特許權狀成立——近於公司法人條例組織，此地人民便覺得自己擁有一個賦予永久權益的憲法，比如可以成立議會。若係在其他形式之下設立，並受英格蘭指派的總督管轄，或由英格蘭派員接管其特許狀的治理，當地的自治欲望便會轉變成反叛心理。再加上窮人反抗地主階級——此乃清教徒傳統之民主特色（<395），殖民地人士對於英格蘭層層規制與統治的抗拒，顯然是與生俱來不可改變之勢。

於是在維吉尼亞，煽起了殖民地人士貝根領導的反「貴族」怒火，在新英格蘭，亦因此騷動不斷，直至一六八八年的英格蘭「革命」（<458）將之變成次年一場暴動。查理二世原指望藉一紙敕令統治殖民地，詹姆士二世則打算將之合為一個單位——也是為同一目的，派出安得拉斯爵士前往治理。波士頓人卻起來反抗，將安得拉斯下到獄裡，重新恢復查理已下令廢止的特許權狀——為美洲獨立所做的抗爭，顯然早從此時即已揭起。由母國國會議員「虛擬代議」殖民地人民的做法，此時已逐漸失去信用；若非羅伯特．沃波爾（十八世紀第二及第三個十年間的民權黨首相）對殖民地採取「健康的」放任不理政策，虛擬代議可能更早就已經下台一鞠躬。

但是美洲人民的政治與經濟階級情感，其實並無法走向絕對極端激烈一路。四圍有印地安人、法蘭西人和西班牙人的威脅，自有其冷靜作用；殖民地部隊也自願在美洲土

> 如今此事已明，不論在公開會議或私下講論均已證實，亦即新英格蘭人都是奴隸，他們與奴隸之間的唯一區別，就只差沒有被買賣而已。
>
> ——佚名〈論起事反抗總督安得拉斯之舉〉（一六八九年）

地上參與歐洲國家的戰事，卻分別稱之為威廉國王的戰爭以及安妮女王的戰爭——這類名稱實顯其忠誠，而非推卸責任。現狀的維護也有教會扶持，雖然宗教態度始終不變。十七世紀最後十年，麻薩諸塞立法對一切宗派表示寬容，唯有天主教不在此內；賓夕法尼亞及羅德島兩地，則享有無限制的宗教寬容。一如先前曾經指出，在這同一個十年裡發生的沙林審巫，與其視為宗教信仰的表現，其實更屬於某種特殊的精神科學範疇（<319）。

除階級、財富、宗教有異之外，這十六萬兩千人的社會地位與來源亦有不同。非洲奴隸是資產，受轄於特別法律，再上一層是契約奴工——這些男女渡海移民的資格，係以為特定主人工作議定年數為條件。還有大概可以稱作「合同妻子」的女人，她們願意被帶到殖民地來，以添補這方面的不足，並希望藉此可以改變自己的機運[7]。

其餘層級，則一律依母國固守的秩序組成。因此若將合眾國想像成全部由愛好自由的英格蘭自耕農或小地主所創立，彼此充滿了愛與寬容，實在是一種事後回看的錯覺。移居者之中，有英格蘭人，也有威爾斯人、荷蘭人、法蘭西人和日耳曼人。本章檢視的這段時期，正是大批蘇格蘭-愛爾蘭移民到來之始；較之先來之人，這些前往此時正在開發的喬治亞的新移民，品格顯然等而下之

> 到那裡去的人，主要是單身男子，在英格蘭沒有妻兒家累。那些把太太留在英格蘭的，會把她們接來。至於單身男子，則希望既然此地的男人多，總會吸引一些沒什麼錢的普通人家之女。首批拓荒移民，根本不期待女人帶任何嫁妝來，因此他們常常以一百鎊的價錢，買來一個相當的妻子。這是常見的習俗。
>
> ——貝法蘭（北美移民，曾出書記維吉尼亞殖民地史，一七〇五年）

——類此抱怨此時亦已時有所聞。

當時最大城市為波士頓與費城，各有居民一萬兩千左右，次為紐約，其時只有五千人口。三處新城由法人建立：底特律（D'Etroit，法語原意狹地）、木比耳（位於阿拉巴馬）、紐奧良；另一城則係西班牙人建立：聖安東尼奧，以及其傳教區阿拉摩。但是建立城市並非普遍目的，當行典型乃是拓荒者，他必須面對形形色色荒野（崎嶇險惡的鄉野、各類飛禽走獸、印地安人）才能為自己謀得一分生計。後日為愛默生讚揚的自立美德，因此完全係出於區區生存需要而深埋於民族性情之中。日後在機器工業及人口激增的壓力之下，這分理想遂遭侵蝕，漸漸為相反氣質取代。

在這些惡劣條件之中，所謂高等意義的文化在美洲自然極稀。詩的產出極微，雖然十七世紀晚期的湯姆森確曾寫過一部史詩《新英格蘭危機》，安妮．布萊茲特里特也長篇仿效最叫座的法籍詩人杜巴塔斯[8]，遂展開效法英國模式的長期傳統，延續到十九世紀結束方才告終。撰寫俗世題材的散文作家，如維吉尼亞史的作者伯德，則占盡材料新鮮生動的好處。新英格蘭的法官蘇爾著有《日記》回憶一生，風格亦頗獨特。

繪畫方面，因缺乏訓練或模仿的場所，反而有幸產生了本土的自學素人畫家，以肖像作品為主，如今成為現代派妒羨的對象以及收藏家眼中之寶。音樂多為宗教用途，借用英格蘭聖詩及其他曲調，餘者則由民歌組

> 我不得不努力幹活，鋸木、鋤地、鏟土。除了親手所砍，沒有半根柴火。我得挖出菜園子，種豌豆，種這種那，我老婆從英格蘭帶出來一個笨丫頭，也只有靠她幫著打下手。男人什麼都得幹，女人在她們的範圍以內也一樣，除了那些有奴隸的。
>
> ——牧師厄姆史東（一七一一年）

成，也係自外引進——現成的文化連貫傳承無須打破。但是從這些素材之中，一些具有音樂天賦之人（多為自學自教）卻能加以變化創作，縱有瑕疵，亦與其創作精神同富創意。為求戲劇效果，這些美洲作曲家採用的創新手法，即使二十世紀的艾伍士也都不會否認[9]。

現實生活的需求，將美洲社會的文化精力指往其他方向。學校很早就開始，哈佛學院——相當於高中——在開拓先民登陸後十五年間即已設立。真正屬於學院級的學校，則隨威廉瑪麗學院及耶魯學院於世紀之交來到。威廉瑪麗學院之名，係對新上台的君主致敬；耶魯學院原為康乃迪克塞布魯克一間學院式學校，十七年後遷校新港，贊助者名依萊胡·耶魯，時在馬德拉斯任職於東印度公司，他即從此地運貨往學校販售，同時也送書籍供學生攻讀。三所學校的學生，十三四歲[10]即入學並不稀奇，許多都打算進入教會服務，一如校中師長。當其時也，社會尚無須人人以學位為配備，作為謀得優厚差事的入場券。

因此英國在美洲的殖民地，此時依然不成其國（威廉·賓恩曾提出統一計畫，卻與詹姆士二世的敕令同樣不見成功），在此同時，歐洲另一端則有另一批人，正被迫進入貌似一統的局面。俄羅斯沙皇彼得十七歲即登基掌權，正是橘邑威廉成為英格蘭王的同一年。兩王都堅持王威，務必打擊反對力量，可是彼得還有更進一步任務待辦：鑄造一個現代化的國家。他得有兩位西歐人士之助，一為瑞士人拉福特，一為蘇格蘭人戈登；但是他依然深感本身無知於西方榜樣，於是親自出發取經。遂於世紀之交，匿名前往尼德蘭，在該地一家船廠工作；然後再往法國——這次係以真人露相——最後到英格蘭，再度微服而行。

他學得很快，又睿智地廣募幫手，以實現將俄羅斯一蹴與西洋文化層次齊平的大計，結果卻證明比原先預想難上許多。他可以（也的確如此去做）剪鬍子、砍腦袋，下詔變法，他建了一個新的都城聖彼得堡。他進口外國書籍，並使法語成為宮廷官方語言；他又成立科學院——可是由於缺乏合格的本地人才，幾十年間其成員都為外國人。但是俄羅斯五百戶最具財勢的家族，也一如以往，住在他們龐大的地業之上，蓄有從一百到五千名的「靈魂」為農奴。此即俄羅斯菁英階層，不久即將因其高度的文化教養（透過後天習得的外語知識而流露）廣為國外敬重。至於其餘人口，即使在十九世紀獲得解放之際，祖宗傳下來的舊行依然頑存。隨侍彼得一同西遊之人，即令各東道國一窺其祖上作風：他們總是酩酊大醉，行為粗魯，遂令莫斯科居民之名染上了一個難以褪去的意涵。

甚至時至今日，蘇維埃政權之前即有的固有舊習，依然令那些打算在俄羅斯大展鴻圖的西方資本家感到挫折。享有盛名的流亡大文豪索忍尼辛，譴責彼得的改革行動太過殘暴，估計約有百萬名俄羅斯人於一七一九年至一七二七年間[11]死去或被逐。批評之餘，索氏也質疑俄羅斯能否作為一個國家繼續存活。或許，俄羅斯從來就不成其國家——同樣的問題，其實今天也可以質疑其他國家。回至彼得的年代，國家作為一個政治形式，沿歐羅巴洲的大西洋海岸顯然相當穩固實在，但愈向東去則相形見弱。當其時也，瑞士及荷蘭（正式名稱為聯省自治國）雖然被承認為獨立單位，卻尚未密切結合；而斯堪地那維亞諸國亦未分立成目前三國，瑞典、挪威、丹麥。即使在真正的民族國家之中，也仍有一事仍與完整的國家民族意識不合：此即軍隊。十七世紀的戰爭，法人部隊為荷蘭出力抵抗法國，日耳曼人部隊為法國效命對抗歐洲其餘地區，更有零星各種國籍之人，不斷

> 因著我們的軍功，我們總算得見光亮。即使那些仍然不認識我們的，也對我們肅然起敬。
>
> ——彼得大帝（一七一四年）

換邊倒戈，全憑僱傭機會決定服務方向。

＊＊＊

風聞彼得來訪的倫敦人，並不僅靠這件稀奇事來滿足他們的好奇心。海峽對面，一樁令人瞠目咋舌的奇觀也正在上演，懸疑變化猶如一齣大戲。此事進行已有一年半之久，亦與美洲有所關聯，雖然是脆弱的一線關係。此即「密西西比投資泡沫」，論到其創始與崩潰，絕大多數都是因為環境因素使然。一如後世所知，路易十四駕崩，接下來上台的攝政時期面臨著破產邊緣；國債所欠，約為其國庫收入的兩倍半，事實上歲入根本不足以支應政府開銷。這種狀況之下，租稅「承包商」遂成眾矢之的，他們被迫回吐不法盈餘，其中一人甚至遭到處決。但是因此回收的財源，又在前往國庫的半途上大量揮發，落入攝政大人眷寵的對象及其友人的美麗仕女手中。就在這典型的場景之上，出現了——

約翰．勞

此人係蘇格蘭人，已屆中年，兼具冒險家生涯與財務天才氣質，其父在愛丁堡經營金業與銀行，頗受敬重。十四歲上，即承父業習做生意，工作努力，所學甚多；成年之後住在倫敦，卻變成一名賭徒與花花公子。個子高眺，長相英俊，談吐應對迷人，為一個女人決鬥而殺了對方，雖被判殺人罪，卻容許他出亡外地。遂遠走海外，曾遠至匈牙利與威尼斯，最後變成歐洲貿易專家。多年之前，他即曾向蘇格蘭國會提出一項方案，由銀行發出本票，以地產背書，以此刺激貿易。結果遭到否決，接下來又呈予路易十四，亦遭同樣回應。攝政時期最緊要的關頭再返法國，約翰．勞很快便贏得攝政的友誼及信任，再度提出他的銀行方案，這一回獲致成功。

約翰．勞與合夥人的公司很快取得特許執照，成立總行，在數省設有分行，並發行股份，條件之優，迅即為人爭購。於是貿易與實業回甦，本票增值百分之十五，紙幣首次成為共同流通貨幣，比鑄幣更為人愛用，因為政府往往重新鑄幣貶低金銀含量。此番成功，遂有密西西比公司成立，持股股息來自貿易，貿易對象則先為北美的路易斯安那，次及中美的西印度。憑約翰．勞聲勢之助，成千上萬的投資人爭先認購，股價暴漲，連翻了一百二十倍。只有兩名公眾人物不為所動：此即聖西蒙與維亞元帥。普通老百姓卻把積蓄投入冒險，希望可以大發其財。

就在這高峰時刻，約翰．勞犯下了他最大的錯誤，竟為當局說服，發行了更多股份。全國都淹沒在紙幣裡面，硬幣變得更稀有，貿易開始搖擺不定。於是徵募、強制人手，計有六千餘名，前往路易斯安那活絡貿易，以為利潤打氣；一道敕令，更規定任何人只許持有小量硬幣。這最後一道措施，立即觸發恐慌，眾人衝往銀行搶兌，擠死了十五人。有位醫生席哈克君，也差點把他的病人嚇死，他老兄一面量著脈搏，一面喃喃自語：「愈降愈低，愈降愈低。」約翰．勞及其家人遭亂民襲擊，許多人要處他吊刑，嘲諷詩、打油詩四處流布。

約翰．勞承認錯誤，攝政卻寬厚待他——不但給他錢財以為日後生活之資，並容許他潛往義大利。早年殺人罪名得免之後，他曾返英格蘭，最後在威尼斯身敗名裂貧困以終。自那時起，甚至以迄一九九六年際，某些經濟學家都視他為信用、金融藝術的先驅；當年失策，原因完全出於政府主事者[12]的無知，造成他無可逃避的壓力。

英國這方，眼看約翰．勞由盛而衰，其實也不必自以為比他高明。約在六七年前，他們也展開了一項由首相大人哈雷設計的方案，以期恢復公眾債信。此即南海公司，資金來源係任何人都可以購買的股份，一開始頗為看好，因為計畫相當穩健。但是當約翰．勞初期的成功消息抵達英格蘭，公司董事也開始過度擴張，投機遂告揭幕。國會意見不一，為推動或遏止的議案爭執角力。除了六名貴族，唯一反對進一步開發的政治家只有羅伯特．沃波爾。

立法懸而不決之際，無數公司紛紛成立，而且「公開上市」。成立宗旨，多數一看就很荒謬——什麼事都可以回收巨利，從「重建全英格蘭各地房舍」，到毛髮貿易、教授弦琴（兩組弦線的魯特琴）無奇不有。這些新事業很快便成泡沫，一如約翰．勞的公司，消失得無影無蹤。可是在英格蘭卻有刑罰，不法獲利者亦須付出賠償。史家吉朋即在自傳中有所記述，他的祖父即在南海公司擔任董事，即被捕並罰金幾近十萬。不過國會恩准他保有一萬英鎊，遂以此再度起家，建立了另一筆財富，他的孫兒才因此得有閒暇，寫出了一部世界級的傑作。

> 這裡躺臥著那位舉世聞名的蘇格蘭佬
> 什麼到他手裡都可以一數。
> 多虧他老兄數字遊戲高超，
> 法蘭西有了一個致命的病。
>
> ——無名法國諷刺文[13]

所有這些籌謀總加起來，為西方先進國家帶來雙重後效：銀行、信用、保險（此時勞依茲保險業務正興隆不已）、國債和證券交易所等等；而投機之人，更成永遠建制。紙幣雖仍通行，卻繼續為人疑慮了另外一個百年。一八〇〇年代初期的詩人皮考克曾說：「經驗似乎已經篤定／所謂紙鈔不如鑄幣。」可是早在一七一〇年際，斯威夫特那雙利眼即已窺見，社會與文化轉型勢必無法回頭：新一型的重要人士，「與革命（一六八八年的革命）之前所知的任何類型都截然不同──這些人……全部身家財產，都在基金與股票裡面；因此權勢也者……過去一向依附土地，如今全都往貨幣中去[14]」。

有些人祕密合夥，
設立新股貿行交易，
裝模作樣，空名詐騙城中眾人；
先取得新信用，
然後又貶損它們。

──狄福

＊＊＊

作為新聞從業人，斯威夫特與狄福撰文支持的政黨不僅正好對立，兩人在地位上也判若雲泥。發行《評論》的狄福，是一「可鄙的三流作者」，受到非國教派及倫敦庶民百姓歡迎；而斯威夫特則是國教神職中人，最後甚至高居都柏林聖派翠克大教堂總鐸之位。他與國家大臣稱兄道弟、交情親密，他的意見與宣傳如此有力，甚至可誇稱他的宣傳小冊《盟國之舉止》區區枝筆之力，便結束了最後第二場歐洲戰事。

搶購者爭先恐後
彼此推擠不下，
一個個划著漏船，
在這裡釣著金子──卻淹斃了。

──斯威夫特

能讓一窺人性的情節，最令我感到有意思。
——狄福

但在傳之久遠的文學創作之上，兩人卻地位相埒。狄福創造出一種已成經典的敘事形式，全然為他獨有：他將真實事件當成虛構故事，寫成小說，讀來卻像歷史——《瘟疫年紀事》、《颶風年紀事》，當然還有《魯賓遜漂流記》。第一本書，講述倫敦忍受的種種災難禍事，故事時間是一六六六年大火即將毀滅市中心四百英畝，而使全城為之一清之前。第二本描述一七〇九年發生的事件；最後一本則是一名孤獨水手的英雄故事，記載他如何在智利海隅荒地求生，一如蘇格蘭人塞爾寇克在費南德斯島上孤立無援的真人實事經歷。這些作品，與日後司各特發明的文類（歷史小說）不同，卻屬於一般以為應歸為二十世紀的一種文類，稱作非虛構型小說[15]。狄福也寫流浪漢故事——《摩爾．福蘭德絲》、《傑克上校》即是，其他作品則細述書中人艱苦生涯與不怎麼光明的權宜行止；雖然皆屬想像，無疑卻都基於事實觀察；這些故事也有報導文學的風味。狄福的才華正在他運用「顯示」，而非「述說」；他把事實明擺在你眼前，其中的道德觀察，聽來正如鄰舍發表議論。作者的存在卻巧妙地隱然不見，這種效果係用一種看似平淡不著痕跡，實則極具才氣的透明風格達成。

一種性質非常不同的評語，卻得用在——

斯威夫特

此君身上。首先，務必一掃沿習說法的氛圍——亦即認為他不願與人來往又厭惡女性，沉迷於糞學（使用與排泄廢物有關的字眼），更有甚者，是一名頑固政客，始終未能忘懷自己竟不得主教之職，最後瘋狂以終。事實上，他根本不憤世嫉俗，反而可稱為最實際的慈善家，一生都極力幫助前來相求之人——有男、有女，有老、有少，有才、無才。他在都柏林時，更將全心全靈放在護衛愛爾蘭人民之上，抵抗英格蘭的經濟壓迫。他與「史黛拉」的關係，這名他從少時就喜愛的女子，既溫柔又呵護；她還是小孩子時期他就教導她，兩人都是坦普爾爵士府中的成員。對後者的支持贊助，斯威夫特略表謝意，對坦普爾夫人的個性卻極具好感；夫人以桃樂絲·奧斯朋之名寫有生動書信[16]聞名。所謂厭世離群之人，都吝於付出愛心與善行，行事豈不正與斯威夫特相反？

如此說來，斯威夫特自己執筆親為的墓誌銘，又是從何說起？此銘談及他死後將不必再感到的「激烈憤慨」。激烈一事確有，關鍵字卻在**憤慨**——乃是一種目睹不義油然生起的義憤之情。它也可能是一種廉價的情緒，動不動就沉溺其中，貌似有德。只有在情況清楚明白，同情對象的確配得同情之際，方才合情合理。對斯威夫特來說，他的對象係個別之人：「我所有的愛，都投向個人——約翰、彼得、多馬，以此類推。」但是人作為群體而有的行事舉動——「所有的國家、職業、社區」，他都「憎恨、唾棄」。他又加上一句：「卻非以泰門的方式」[17]，意指他不會遁隱山林。人這個動物，以及他的群體行為，正是招致格列佛再三使用「噁心」一詞的緣由。他發明的那個部落之名「呀呼」（Yahoo，書中原意指粗鄙野蠻、最低級的人），更奇妙地表達出人類的殘酷性情。

這般仔細合成的愛恨交加心理，其實非斯威夫特所獨然。歷世歷代以來，宗教預言家、詩人、哲人、思想男女的所思所言，不正就是向可愛者示愛，向歷史上的人類集體作為表達沮喪與嫌惡嗎？斯威夫特提出的非難，有著比一般人更多的理由：他整個童年都是在戰火下度過，生命經歷所留的印象，在一個富想像力的心靈裡（筆者可以做證）特別難以泯滅。成年之後，他所在的時期又先歷長期的政府失序，然後是厚顏的政治腐敗；及與權勢接近，對日常政治之中的妒忌、背叛、不義，亦都耳熟能詳；因此除了厭惡，斯威夫特沒有其他任何感覺。要能愛人類全體，須遠離塵囂、生活靜定，並全然投入抽象理念的思索。生氣盎然的狄福，在魯賓遜歷險末了，即埋有場面暗露玄機：此時又有幾名水手登上孤島——樂園不再。

> 我把我們上個世紀的事況說給他聽，他簡直驚呆了，抗議說，這根本是一堆密謀、叛變、謀殺、屠殺、動亂、放逐，是貪婪、黨爭、偽善、背信、殘酷、瘋狂、忌羨、欲求、惡意、野心造成的最壞後果。
>
> ——格列佛報導，巨人國國王

經驗造成的壓力之下，斯威夫特成為嘲諷作家，其文學本色係以反諷形式，遂有《桶的故事》、《格列佛》、《書的戰爭》、《溫和建議》（愛爾蘭人應該生養嬰兒，好賣給英格蘭人作為食物），以及源源不絕的時事短文。在同樣這些文章裡面（包括論愛爾蘭事務的系列），不反諷的時候，斯威夫特便一展其政論遠見以及銳利經濟眼光。在其他作品裡面，他更傳講真摯而溫和的宗教思想；其餘文字則討論舉止禮儀、語言、文學；他與古人同調，而非今人。他寫給當代男女作家的書信（類日記的體裁）《致史黛拉書》以及他的諷刺詩、謎語、應景詩文，都顯示在他筆下，一時的話題、永久的興趣，可以融於一爐，俱為他所擅長。

格列佛第三次出航（前往拉普坦那座飛行浮遊之島）尤其值得注意，因為這是對**科學至上主義**現象的首次描述之一；所謂科學主義，即在不屬於科學範疇的領域硬要使用科學方法。拉普坦人有一所學院，在那裡，「計畫家們」一旦抓住某個想法就從此不放，研究多年白費力氣。他們辛苦地從黃瓜萃取陽光，密封在瓶子裡面；他們要以蜘蛛取代蠶兒，努力用數學三角製作衣服。但是斯威夫特並不與進步、科學、發明為敵，這一點可以從他的名言看出：人類最大的恩人，是能從原本只長一根草的地方，長出兩根草的人。但是裝模作樣的贗品，則難逃他的鞭撻。

至於他的詩，以及因西莉亞諸詩而引起的糞學問題；首先，以糞學做社會辯論之用，非斯威夫特首創，與亞里斯多芬同樣古老——拉伯雷更在斯威夫特之前。此外，這種伎倆當代亦非他所獨用[18]。斯西莉亞、克蘿依（詩人波普筆下）等，代表著當代美女的典型，是情人、詩人用言語禮讚的對象。斯威夫特先以模仿諷刺，對天仙美女的身軀做出傳統因襲的歌謳之後，然後筆鋒一轉，給讀者下劑猛藥，點明那美好身軀的自然功能。他有一首詩，更細細描寫施加於臉龐與身材的外力之助，暴露出肉體的天然本相。歷來均以天使形容美好的女子，斯威夫特此舉在揭穿這層田園神話的面具，也戳破文明化的迷思，亦即將性的吸引繫於外在的穿著打扮。他要他的當代之人，接受人間男女的本來面目：天然的形貌體膚；而女性本色亦無須精煉萃取，無庸偽裝外飾。至於人類的文明狀態，從斯威夫特對清潔一事的種種意見之中，可以窺見他比多數人敏感，更能嗅得在該世紀微乎其微的衛生習慣之下，兼以複雜精巧的服飾，因此於社交場合時時可聞的不佳氣味。

斯威夫特的詩，證明他是位真詩人。他的想像力無盡豐富，令人驚愕。他的用詞平易無華，經常使用口語，遣詞用句及思想概念均脫離現成陳腐（其詩請讀其自辯書〈斯威夫特臨終〉[19]）。這位在人生早期即已宣示：自己深愛世間最高貴兩事（甜蜜與光[20]）的大作家，並未精神錯亂以終，死因可能係患有老年癡呆症[21]。

＊＊＊

斯威夫特雖是詩家，在這方面卻非創新之人；他承認有人比他高明，某些作品出版之前即先與這位高人過目，此君即波普。他二人培養鑽研的詩風，早前已有二流詩人[22]嘗試，並由德來登使臻完美，德來登逝於十七世紀最後一年。新風格的特色，在其平實陳述的遣詞用字，拒斥伊利莎白時代那種激亢的詞令，以及其後形上詩派所用的複雜象徵。波普與其他十八世紀詩人，不僅止滿足於「達理」，更以此為傲。如此精神之下，眾人談詩論道，無須提高嗓門；而且所論題旨太過重要，豈容牽強附會的隱喻，甘冒晦澀之虞？波普等人更採用十音節的抑揚格詩行作為主要體式，兩兩成韻，確保秩序井然——即英雄雙行體。遂成哲思型對句詩的登峰造極之體。

五十年光陰過去，小心數算的音節已寫有萬里之長，一些詩人與批評人士開始反叛，認為這類作品根本不成其詩，只是同等長度小段組成的格律散文。於是品味如陀螺迴旋，又開始一湔前恥。時至今日，許多以詩的姿態呈現出來的作品，又豈僅是無規律切割斷句的散文，連散文本身都不及格；相較之下，若再繼續否定波普及其「奧古斯汀風格」（十八世紀初期英國古典時期）追隨者的詩人身分，就未免太過可恥。不過，十八世紀風格的詩性到底何在？在其思想與情感的凝煉，壓縮於曉暢的詞句之中，使其意義更加明晰。波普主張使用可以反映感官知覺的字詞——如以高亢刺耳的字眼，形容大自然那粗礪暴虐的面向。這種見解，所謂某些字詞外在的音色，正回響其內在的涵義，雖屬錯論，但是波普予以採納，此事正顯示他本人及其同道，並非全然漠視詩的感官性質。不過他們所用的字音，已與「我們」今天在其作品中所聞者不盡相同。從那時到現在，發音已經改變，因此波普的用韻，有多處令人不知所措。比方根據權威學者23所言：十八世紀的仕紳階級，「drank tay out of chainey coopps and went to the city of Room to spend their goold there」云云（tay 為 tea，chainey coopps 為 china cup，goold 為 gold。大意為用瓷杯子喝茶，上羅馬城花他們的金子）。

這一派詩人值得稱道，關鍵處在於他們的腔調風格，正搭配所選的嚴肅冷靜主題，可謂相得益彰——如兩篇論文《論批評》、《論人》；一部仿史詩的嘲諷作品《秀髮劫》；抨擊劣等詩人的《群愚史詩》——以上皆為波普作品。以及約翰生的《人生希望之虛空》、高史密斯的《荒村》、湯姆森的《四季》、戴爾的《朗格加爾山》。這最後一位及其他同型詩人所以受人珍視，在其描述得精密不苟，而不在詩思出人意表，其他如葛蘭傑的《甘蔗》亦然，亦在其開門見山的知識性格。此外尚應切記：任何長篇詩作，無論其時期或風格，都難免帶有散文句構。豈不見「To be or not to be, that is the question」（方平譯本：活著好，還是死了好，這是個難題啊）名句，即何嘗予人以抒情奔放的詩意震顫？純係當場就事論事，盡其之用而已。而且英國奧古斯汀時期的詩人，從德來登始，對於莎翁的其他詩風亦非無聞。波普曾於一七二五年編過一套莎劇出版，還特別不厭其煩，加上一冊選本，選列莎氏「優點」，以教育讀者，一窺舊派風格是何模樣。不過當其時也，若偶有莎劇上演，往往須經劇場專人大肆修改，而且此時亦尚有加入其他娛樂成分的需要，比如在《李爾王》24劇換幕之間，演出熊戲。

當時盛行的劇本，係由多產作家西伯之筆供應，此外又有艾迪生、泰特、森特李

> 英格蘭詩人之中，莎士比亞鐵定是最美也最完全的批評對象，而且也提供最明顯的例子，包括各種正例、反例。
>
> ——波普（一七二五年）

維，以及已故的女詩人貝恩的作品前來助陣。西伯不但編寫劇本，也擔任製作，他那本非常可讀的自傳，對那個年代的劇場世界有多彩多姿的描述。此時的戲院已全然恢復舊觀，不但從清教徒的疑慮裡脫身（<284），也自復辟年間的一股激烈攻擊重新站起。然而製作圈與觀眾卻都缺乏伯樂之才，無法欣賞領略青年亨利・費爾汀的戲劇才華。他的《大拇指湯姆，悲劇中的悲劇》，均顯示他對劇場頗為了解。但是，也許正所幸其喜劇劇本被拒，天才方得轉往他處，創造了近世的現代小說（518; 559>）。

* * *

較之十八世紀頭二十五年倫敦人所觀賞的戲劇，另有一項更為持久的劇種（歌劇，包括本土及外來作品）在英格蘭牧歌派作曲家式微之際（<245），即已開始培養陶冶。牧歌的戲劇表達力量，自然而然導致了由對白串聯歌曲的作品，預示了歌劇之起。因有威尼斯的蒙特威爾第，這個形式更發揮了全面威力（<264）；而英格蘭也有其旗鼓相當之人（就音樂而言），此即普賽爾的類歌劇創作表現。他的《亞瑟王》及《黛朵和埃涅阿斯》，至今猶令歌劇聽眾迷醉。然後，經由義大利、法蘭西、日耳曼，傳來了今日所知的歌劇：全程皆歌，從劇始一直唱到劇終，中間則以朗誦調串聯。英格蘭引進歌劇之始，為日耳曼音樂家韓德爾（Georg Friedrich Händel），旋不久又有義大利人鮑農契尼。韓德爾成為此地常駐，把名字改成英式的「George Handel」（去掉了母音變化記號，改發「handle」〔把手〕之音）遂在以後四十年裡，為國家、為教會、為英王在泰晤士河上的遊興大量製作演出。

這批宮廷樂，即有名的《水上音樂》，係為慶祝漢諾威王於一七一四年間登上英格蘭寶座而作，是為英王喬治一世。不過此時之前不久，韓德爾即已知名，先以其喜劇歌劇《理南多》，次又有為紀念長年戰事（<455）終於結束而作的《頌主曲》。後來的作品，則屬於一種嚴肅型歌劇（opera seria）——取材自神話、傳說、歷史：計有《奧蘭多》、《泰米拉露》、《凱撒大帝》、《拉達米斯托》、《阿格莉畢娜》，以及其他六種。（但是請注意《薛西斯》一劇，並非關於那位同名的波斯之王薛西斯。）

在這些製作裡面，關切重點主在音樂，尤其是聲樂部分，由素負盛名、酬勞豐厚的首席歌手或閹唱者擔綱演出。劇中台詞由歌曲與對白組成，作曲家的任務即在賦予這些聽不甚明的字詞以戲劇張力，遂成一種拉鋸效果，在歌曲與吟誦之間規律地來回激盪。其中樂趣，來自於演員與作曲家表現特定情愫（愛、妒、恨、瞞）的精湛技藝。至於布局情節，則微不足道，有時甚至荒謬可笑；角色性格亦居次要，或甚至全然不存。也沒有大部合奏合唱，來干擾這感情的**分析**，正是與新古典悲劇並行的新古典式音樂（505>）。相形之下，當代法蘭西歌劇則純屬巴洛克風的娛樂（504>）。

英格蘭詩人卻幾乎異口同聲，一致諷嘲這項時興。他們多不諳音樂，因此取笑歌詞那毫無意義的重複，歌手那「無謂」的花腔——他們的義大利名字何其可笑，她們的薪水高得太不像話。更何況這些同樣愚昧的胡唱瞎拉，到底有何精采可言，所謂歌劇行家的意見又從來不能一致——總而言之，歌劇也者，對常識常理簡直是一種侮辱。須知嚴肅的音樂作品，始終只有小眾能夠接受欣賞——如韓德爾雖有金主贊助，終其一生卻苦於財務困境，即從中得到教訓。銀根緊迫，正是他作神劇之因；此形式係由宗教聲樂小品慢慢演變而成：神劇可算是一種舞台下的歌劇，主旨往往兼具宗教、戲劇，與歌劇同屬表現式音樂，包括器樂與聲樂；而且又在嚴肅性歌劇之外，加上詩班合唱的爆發力。韓德爾這型作品中的傑作《彌賽亞》25，已成英語世界的聖誕獻演首選。

鄙夷歌劇的人士中間，有一批同志，成員包括斯威夫特、波普、蓋伊和醫生作家阿布斯諾特在內。他們以一記萬用原則批評一切，此即「凡事須合常理」。他們以塗鴉氏馬丁尼斯（Martinus Scriblerus）之名發表文章，取笑黃曆預言家、蹩腳作家、差勁詩人和三流講道人。一七二〇年代中期，斯威夫特曾向蓋伊建議：新門監獄人犯的道德水準，較之權貴男女，大概也不相上下；而且若全部由罪犯擔綱，想來亦可編寫出一齣好戲或歌劇來。蓋伊於是執筆作詞，並請另一位落戶倫敦的日耳曼音樂家培普齊配上通俗歌曲，結果就是《乞丐歌劇》。立即轟動成功，連演兩年，日後更帶來靈感，遂有科特．威爾與布萊希特合作的《三便士歌劇》，製作時間正是蓋伊作品之後的二百五十年。

至於人數較眾、喜歡蓋伊甚於韓德爾、鮑農契尼的觀眾，則有另一新鮮事物供他們娛用：芭蕾啞劇。一如歌劇，這個劇種亦衍生自假面劇（<283），是其中載歌載舞用

> 韓德爾先生不過是個呆子。
> 有人則以為，對韓德爾而言
> 他為之舉燭都不配。
> 怪哉，竟有這一切不同意見
> 其實是難兄難弟。
>
> ——約翰．拜倫姆（英國十八世紀詩人）
>
> ……一條沿至今日的成法是：任何能以配合樂曲的歌詞，莫不不知所云。我們剛奉行這條金科玉律不久，就開始忙著翻譯義大利歌劇。而且反正也無傷於這些偉大作品，我們的作家也常常自編歌詞，跟他們假裝要翻譯的段落完全風馬牛不相及。
>
> ——艾迪生《觀察者》（一七一一年）

以推動劇情的成分。路易十四的朝上，義大利人呂利（音樂、編舞、舞台設計、導演製作經理，一人全部包辦）提供了歌劇芭蕾（有歌芭蕾），與莫里哀及其他詩人合作。這類演出，往往以一記喜出望外的安排結束，比如大開盛宴，或致贈全體觀眾厚禮。可是歌唱部分往往遭到省略，法王更親自上場擔任要角，比方說，扮演阿波羅翩翩起舞。這種形式遂以芭蕾啞劇或「小」芭蕾（*tout court*）名稱行世。英格蘭的同型表演〈火星與水星之眾愛〉，則係自一七一七年即始，卻一本正經出之，作為古典希臘、羅馬藝術形式的一種復甦再現：「自圖雷真[26]（皇帝）之治以來，此類性質所做的首度嘗試」。

呂利也為純粹歌唱劇作曲，屬於好萊塢風格的盛大演出——布景豪華、戲裝富麗，神祇魔鬼冉冉降臨，機關道具精巧，音樂曲目亦比義大利、英格蘭的嚴肅歌劇豐富多變。旋即又加入一兩支芭蕾作為幕間演出，通常係為強調部分劇情。但是歌劇與芭蕾兩大劇種，卻各有其魅力訴求，觀眾群亦有不同；兩項藝術形式也都前途看好，勢將各自擁有劇迷、創新家、批評家和理論家等人馬。芭蕾舞劇中最令人熟知的傳統元素（如以腳尖起舞、貼身舞衣、高聳的疊紗短蓬裙等）漸漸發展出現，一如其舞步本身，以及各種代表愛情、拒絕、恐懼等特定姿態——亦即以肢體動作，具體表現新古典悲劇裡的成分，動作收斂，以期充分發揮字句功效。

＊　＊　＊

正當這些具有高度自覺意識的藝術努力活躍之際，政治事務仍一如往常，直接間接地影響每日生活。世紀之初，英格蘭與葡萄牙立約引進了奧波特產的波特紅酒，因其價廉，遂取代了法產名品。有了這劑隨飯時飲用的濃烈加強酒（紅寶石色或黃褐色），遂成另一種飯後儀式選擇（在家中或在牛津的交誼間內），以及英國鄉紳腳置凳上因痛風動彈不得的奇景。在此同時，有錢又曾出門見過世面的英人，也開始紛紛拜倒在十七世紀末期的法式餐飲裙下——務必有錢，方才僱得起法國廚子，以法式手法整治英式食材。倫敦的福梅公司，即於此時成立（一七〇七年），至今仍是美食供應商，此事可謂意義重大。在法國，這種極端激烈的改變：從純然將食物煮熟果腹進至美食烹調之術，主要關鍵在於使用調料與醬汁，不為掩蓋味道，卻在帶出每樣材料[27]的獨特原味。飲饌之際，若能識得如此境界，便可稱得美食行家（gourmet）——雖然這個名號，原本係指嘗酒之人。

提到美食與痛風，便想起疾病陰影與醫藥。一七〇〇年代初期，蒙塔古夫人正在打一場聖戰，使倫敦人無法置健康於度外——她有個頗為弔詭的主意：自天花病患身上刮下一點東西，注入健康之人皮下，即可以抗拒此疾。預防接種（日後改用牛痘疫苗）遂贏得一些大膽公民與醫生試用，證明此法確有實效之後，喬治一世也讓其孫輩接受種痘。馬瑟亦在波士頓鼓吹呼籲，卻只有博斯屯醫生接納採用，可是他也未能說服多少美洲民眾。一七二一年倫敦的天花大流行甚為嚴重，似乎取鼠疫而代之為禍人間，後者則在前一年才肆虐馬賽，是直至二十世紀末期的最後一次爆發。

比起天花小痘，大痘（梅毒）的恐怖程度較輕，因為其可怕後果，當時並不完全為人所悉——當然，即使連已知的部分，都已經相當糟糕，務必找出根治之道。多佛醫生對自己的療法信心十足，人稱水銀大夫。他開出的方子是用水銀，專治這型痘症及其他各種性病，因著有療效，加以其人帶點標新立異卻不失可愛的古怪個性，頗受眾人歡迎。這是他一家特色：祖父即曾不顧非難苛評，恢復科茨沃德運動賽會，曾為某位當代人士譽為「真正奧林匹克之風」；其中包括各類馬術競賽，經各地城鎮仿效，終於其孫之時為安妮女王就地合法。

事業生涯中途，多佛醫生的怪異性情又使他投身另一項冒險經歷，怪異程度不下於前。他放棄醫事，加入以私掠商船為主業的謀利營生，裝備了兩艘船，專為劫掠外國船隻。這個行徑近乎海盜，卻在幾成永久性質的海上貿易戰名目掩護之下，儼然合法正當。雖然不悉海務，多佛醫生卻發現自己竟在甲板上發號施令，面對一場叛變，三年漂泊之後，回家享受擄掠所得的戰利品，重操行醫舊業。最能鎖定其名聲的壯舉，則是救出塞爾寇克歸國，那位智利外海荒島求生的孤獨客。狄福立刻逮住事件經過，造出他那位萬劫不摧的英雄人物（<477）。

此時的醫療思想，亦正進行重要轉變。多佛曾在史登漢門下受業，一般咸信正是後者重新肯定帕拉塞瑟斯之說，亦即疾病來自體外，醫藥的任務在於幫助自然驅走入侵異物，恢復原狀（<296）。這種觀點之下，四體液失衡舊說自將遭棄。蒙塔古夫人鼓吹預防接種（其夫在土耳其出使，此法即可能取自該國），無疑正暗示天花係由外介導致，各類性病的發端亦然。

這類性病的染患，剛巧也可能因為當時開始普遍採用一種避孕措施而減低，此物在多佛醫生之日，彼得勃勒主教之子曾作詩諷，詩作名《護甲》。不管其來源為何（說法不一），這件絲質或麻製的護套，其英文名稱係來自一王家衛隊「康多」（Cundom）上校[28]。由羅徹斯特伯爵領銜的風流三詩人，對此發明立即讚不絕口。遲早，因國際禮儀攸關，英國人不免說這是個法國字，法人則稱之為英國兜。當年塞維尼夫人（名書信家）致信其女，即曾對之嚴詞批評：「護甲防歡，蛛網避險。」

＊＊＊

在這個熱絡擁擠的時期，西洋在美術、音樂、建築等方面的建樹亦未稍現鬆弛，下章即將可見。在此同時，又有一股宗教熱情在英格蘭復興升起，係透過年輕衛斯理兄弟（<461）的「循道派」運動（或譯稱衛理公會、美以美會）展現，並經由多產詩人瓦特斯的聖詩找到表達途徑，〈千古保障〉即出自他的筆下。然而，當信仰的再生充盈著謙卑的心靈之際，有學問者則另走他途，可謂迎向了科學與**俗世主義**。本章先前對種種活動、藝術、事業生涯所做的描述，便在在意味著一種經驗的**分析**，以及**個人主義**的**自覺**；總合起來，正是整個十八世紀主要作為之特徵，其成就則形成下章主旨，其影響力如此深重悠長，以致今天許多思想家依然抨擊定罪不已，認為它們正是造成當前思想智識謬誤以及社會百弊的病源。

第十四章　入目滿豐盈

任何人若想同時感受十七世紀王者的威儀與巴洛克的豐富繁麗，都應往羅浮宮一尋那間魯本斯室，專門展放他所繪瑪莉亞．梅迪契生平，以及她與法蘭西亨利四世婚禮的系列畫作。初看之下，現代觀畫者可能被迫調整目光，才能習於同時凝視數物——或無物；因為魯本斯的畫筆實在令人目不暇給：王家、隨從、水手、軍人、船隻、大小天使、飛禽走獸、武器、雲朵、海浪和星宿，都用濃郁肉感的色彩滿滿地擠在一起。每幅畫中的場面，看來都如現代旅遊海報廣告般匪夷所思；可是近觀之下，卻又顯得事事合情合理、有條不紊，而且意味深長。君主時代的威儀耀飾，以及巴洛克的富麗風格，亦復如是。它們的共同特徵，即窮奢極侈地為著一個目的而踵事增華。

關於巴洛克藝術，以及當時的政治現象，必須從十七世紀之初說起。君主革命非由路易十四始，巴洛克亦非自魯本斯起：近十六世紀末，在路易的祖父亨利四世之下，透過卡拉喬的作品，文藝復興精神轉為巴洛克風格，而民族國家作為一種政治形式，也似乎開始變得更為篤定。

巴洛克之名，來自葡萄牙文 *barroco*，意指形式不規則的珍珠。直至晚近，此字都係以負面意義貶抑這長約一百五十年間的西方藝術；即使在今天的法文，巴洛克一詞若作形容詞解，依然係泛指事物的傾斜或不平衡狀。一直要到我們這個啟蒙開化到無以復加的文明世紀，此中風格才重新恢復名譽，它的音樂被人發現悅耳動聽，它的君主氣息卻往往為人忽略。然而兩者之間的關聯實在密切：這個時期的作品都比真人實物為大，極盡鋪陳誇飾，鉅細靡遺如王家禮節，誇張效果如戲劇演出——雖然此劇亦如宮中每日戲碼，都屬於一種靜態表演。論到其超大型的尺寸，最能表現這種元素的典範，莫過於前述那位藝術家本人：

魯本斯

他本佛蘭德斯裔，在日耳曼地出生，其父因信仰喀爾文教派而出奔此地。父親去世之後，年輕的魯本斯返回安特衛普（今布魯塞爾以北）接受教育，此時正是日後稱作安特衛普畫派的畫家們開始嶄露頭角之際。小男孩早早就顯出繪畫才能，母親卻堅持他擔任某位伯爵夫人的侍童，由此遂習得朝臣之道，這門技藝在他離開侍童生涯轉而修習藝術之後，依然發揮得淋漓盡致，一如他那枝善畫之筆。及至一六〇〇年際，他已準備就緒，遂往義大利出發，在那裡住了八個年頭，善於用色的威尼斯畫家令他印象深刻。他自己的作品，則為他贏得曼圖亞公爵的青睞，隨同前往翡冷翠去，得見公爵大人姨妹瑪莉亞與亨利四世那場新郎本人不克親臨的婚禮（亨利此時正忙著在戰場上打仗）。

年輕的魯本斯奉派出使鄰近各地宮廷，並受委繪製聖壇畫飾及一些小型作品。他已經研究過各種不同的大師風格——米開蘭基羅、拉斐爾、曼特納、羅曼諾，可能亦曾親晤卡拉瓦喬。這位創新大家的驚人新畫風，先前他已在羅馬瞻仰，對他的影響不下於威尼斯的畫派。接下來，他又負起一項極其艱鉅、充滿不可測風險的任務，這趟經驗下來，使他在二十六歲之齡，便成為經驗豐富老道的外交家。他必須長途遠涉，前往西班牙王宮廷，押著滿車滿載的禮物——金瓶銀壺、馬匹、花毯掛氈、拉斐爾及提香的畫作摹本，這一切都是為著博取西班牙王與曼圖亞結盟的獻禮。漫漫長途，路上隨時有被搶的危險，至於自己能否說動西班牙君臣做出任何決定，更是難上加難；這趟出使於是愈發像是漫長到永無盡頭。可是能夠在西班牙文學、繪畫的黃金年代，親臨斯土，卻絕對不虛此行：文學上有卡德隆、莫利納；繪畫上有葛雷柯、利貝拉、牟利羅、委拉斯圭斯，以及其他名氣較小的諸家。魯本斯於三月出發，直到次年二月方才回到曼圖亞宣布他不負使命；報酬是委他作畫數幅，外加助金四百。公爵有收藏肖像畫的嗜好，但是對於自己應允之事，兌現的紀錄卻頗差勁。須知贊助之事，如果需要真正給付，就不會那麼慷慨，而且也太過昂貴了。

再赴羅馬，收穫豐碩，魯本斯便返鄉回到安特衛普，結了婚，開了一間畫室——亦即招收了一批有能力為大型製作畫出「第一稿」的弟子與助手。師父先動手打出輪廓，指點一番，待例行部分完稿，方才再施以大師的點睛之筆，一件作品便煥然而成傑作。這種合作方式，原係基於中世紀行會傳統，十八世紀後期因**個人主義**之風日盛，個別創作受到尊重方始捨棄——師徒同工，有一舉兩得的好處：一可以精確嚴格地傳藝於年輕弟子，二可以提供就業，容雖有才華卻乏真正天才之人安身（大仲馬製作他的歷史小說，也是採用同法）。反之，自十九世紀以來，只見一些頗具能力卻才氣有限的藝術家們，從此得以放手揮灑他們不能耐久的作品，而真正更具長久價值之作，卻再得不到他們精實的貢獻。

安特衛普本地，連同法蘭西、西班牙、英格蘭三地的統治者，為魯本斯畫室諸人提供了充分的就業。這些由王家委製的大企畫，將魯本斯的後期事業生涯轉入一個雙重軌道；作為藝術家，因常與國家元首打交道，遂使他宛如某種斡旋代表，奔走交涉以避免戰火爆發：守寡的大公夫人依莎貝拉，總理西屬尼德蘭事宜，便發現他在西、法兩國的人脈，對於她打算維繫和平的努力最為理想可用。魯本斯遂被付以祕密重託，前往他那些有權有勢的友人處擔任說客，當英格蘭也介入這場糾紛之際，更有白金漢公爵前來加入——從魯本斯作為佛蘭德斯愛國者的觀點看來，英方加入了錯誤一邊。

在西班牙，他與委拉斯圭斯晤面，後者雖年方二十九歲，卻已是正式的宮廷畫家；兩人惺惺相惜，可能正是促使年輕的一位踏上義大利之旅的緣故。但是說服腓力普四世卻頗費魯本斯一番工夫，不過最後還是把他贏了過來，並受委為這位頑固國王製作五幅肖像，其中一幅為其馬上英姿，一家子跟在後面，排成一列。魯本斯疲累已極，急於返家，西班牙王卻還是不放他走，把一項艱鉅任務再次加在他的肩頭，遂將他的腳蹤帶往巴黎、布魯塞爾和倫敦。在倫敦受到查理一世的無任歡迎，結果變成半年之久的逗留，但是這段時光可謂值回票價：魯本斯驚異於英格蘭男女之俊美，以及其藝術之精之富。隨著這一路行去，他已經受封貴族，被立為騎士爵銜；最後終於回到了家，開始為查理繪飾國宴宮白廳的天花板。二十年後，這位英王就在這幢建築物前引頸就戮。

魯本斯再度結婚——此番是與一位中產階級，雖然他的眾友都促他應與朝中仕女聯姻——任何仕女均可。可是他擔心「貴族那特有的瑕疵：尊貴勢利」，將使其妻「羞見他竟然手持筆刷」。委託作畫的訂單源源湧入，他的海蘭娜一再成為靈感之源，每張畫面都有她擔任焦點美女。法國政治糾葛又起，他的王家贊助人再度需要他的服務，前後歷時八個月，接下來又在荷蘭出了一趟公差，在那裡藝術家卻遭到侮辱。魯本斯曾致信一名佛蘭德斯公爵，不卑不亢地解釋自己某項行動，有人卻進讒言，指稱這種措詞語氣，只能由地位身分相埒者出之；公爵大人為了其高貴血胤，竟將他對魯本斯的責難向外公開。魯本斯從此自外交場上退休，專心留在家中，餘下八年時光，都投入兩類作品，分別以〈髑髏地升天圖〉及〈獻禮於維納斯〉為代表典型——兩畫畫名正顯示所繪類型（欲知大師畫風題材之廣，可翻閱 Charles Scribner III 著 *Rubens* 所收彩圖——甚至不妨一讀書中文字）。

> 阿基里斯女裝圖，由本人門下一流弟子所繪，並經本人全圖修潤——畫中滿了美麗的年輕女孩，誠屬迷人之作（價六百金幣）。
>
> ——魯本斯列出可供英國大使選購的畫作（一六一八年）

* * *

巴洛克風格最顯著的特色（亦即魯本斯畫風的精神所在）係一種經過特意設計而非凌亂造成的豐溢狀態。但是此風在發展中途，卻為另一種清醒沉穩的口味所取代，稱為古典。兩種風格，經常糅合在一起，如凡爾賽宮即是：外觀平直冷靜，內部豐盈欲流。在這漫長世紀裡的眾畫家們，似乎也分門別派，有些如維米爾、洛漢（來自洛漢地區，即洛林）喜愛以安詳靜謐的室內或風景為主題，其他如貝里尼、提也波洛，則選擇取材自歷史、神話的濃烈活動與群像，而且愈發精確。然而也有其他畫家，比方普桑，畫風多變：他也愛好有著標準古典建築為背景的靜謐景色，可是在其「莎賓女子遭劫畫」中，卻又需要大量的暴力表現。於是時代的兩種脈搏，遂在此交融會合；正因此故，有些畫評家遂講論所謂巴洛克古典風格。其實這個標籤似乎無甚必要：兩種畫風，分明背道而馳（正是文化運動裡常見的現象）偶然卻又合而為一。

不休不倦極力展示這種精力的藝術家中，那位長壽的雕塑大師貝里尼，可能是最能生動活現巴洛克精神的一位，因此日後巴洛克聲名欠佳，得自於他的成分也最多。其技藝精湛完美，充分體現所要表達的概念，可謂不容置疑；但是落在偏好暗示聯想、不喜直接宣告風格的新一代人眼中，這些概念就被宣判成矯飾誇張有如做戲、脫離常軌過分搞怪、做作勉強違反自然。這類評語，正是最好的例子，突顯出一般批評常犯的錯誤：須知不同時期，自有不同的想法，因此對於藝術，或其他任何表達形式，都必須考量其立論前提，方可做最後斷語，如此方為公平合理。但是持平並不表示不得有好惡，我們還是可以喜愛此期勝於彼時。持平，是為了避免盲目。

因此要享受並激賞貝里尼的藝術趣味，首先必須接受在巨大比例之下無微不至的精細，每一寸線條都照顧圓融，好像若留有任何銳角便會刺傷眼睛。最難消受的則可能是那些哀告、受苦的姿勢，舉目向天，四肢則為熱烈的情緒呈扭曲狀態。這種華麗的誇張告訴我們，在任何瞬間裡面，天上地下的事事物物都彷彿瀕臨危急關頭——正是在時間悲劇之中，諸事告急：從起初到末了，死亡、恥辱，隨時令人人自危。最是日常的種種煩憂，為人帶來無可逃遁紓解的緊張壓力；生命是如此可悲，全操於命運之掌，或任憑那位王座上的神人左右——兩者都絕對不給人以兩次機會（可翻閱同一作者 Charles Scribner III 所著 *Bernini*）。

巴洛克時期的建築，也同樣令人敬而遠之。不論外觀鑲嵌裏飾得如羅馬波洛米尼建造的聖卡洛教堂，或古典平直如佩何設計的羅浮東牆，都令觀者遠眺驚嘆，而非誘其進前近炙。前者的豐富細節，一如後者的規律重複，都傳遞著同樣一種訊息：自信的威嚴。

至於凡爾賽那幢宮室（或者應該說，那座劇場）徵諸前面已做的報導（<428），也值得再稍事著墨。它在一個不可能的地點拔起，一處中等高度的高地，時建時停，犧牲了許多性命。一度曾有三萬六千名人員、六千匹馬隻投入興工，意外、「熱症」造成沉重傷亡，這後面一項無疑係出於完工之後內外衛生狀況的不良。宮殿後方正對廁所，設施卻有欠充分，一些必須在某些時刻入宮的朝臣，只好偷偷摸摸使用柱子或角落以應緊急之需。

整體規模務必巨大，不僅為了配合君主王權的理想典範，也為了容納宮中朝中龐大的人數，包括僕役和伶人。外觀長六百五十碼，中間突出部分為法王寢宮；其中一翼，係小禮拜堂及劇院，另一翼則為最受寵眷者的居處。前庭園林連綿數哩，分成兩段，較小較近的一處，是一系列直線條的花園，綴置著無數雕像——男女神祇、美麗的精靈仙子、半人半魚的海神，以及其他古典人物；此外還有水池、噴泉，亦俱帶古典名稱。當噴泉打開，飛珠濺玉，呈大小懸瀑分段奔流的水幕，此一壯觀盛景即「凡爾賽巨瀑」。遠處那座園林，則以一彎人工河水為界，可見其淙淙潺流；為供這套水系運作，建工安裝了一道巨渠及打水幫浦，將水從一段距離之外的溪流抽來。有一回，戰爭大臣盧夫瓦更建議命其軍事工程師將一條大河厄爾改道分流，以供凡爾賽宮及四哩之外的馬爾利宮遊樂之用。令自然也低首馴服，是巴洛克一大元素。

園林上方，高約五十呎處，是一占地廣大的梯台，就連各端階梯本身都是不朽之作，所有雕像亦出自名家之手——普傑、帕提耶、柯塞沃克等等。各處庭園由另一位大師諾特創作，曼薩爾與哈杜安-曼薩爾（複姓）這對叔公姪孫檔則先後負責建築的設計與裝飾，包括近處的大翠安儂宮；另外那座小翠安儂宮，則屬於下一任。

巨大的宮室之內，有大型廳堂、迴廊和會客廳（即沙龍）。鏡宮天下聞名，路易十四喜歡用鏡子做裝飾，壁爐台上方掛鏡子的習俗即其首創，可使房間看來比真實尺寸更大。會客廳之一，是戰爭廳，繪有壁飾表達路易對這項「活動」的喜愛；又有和平廳，正吻合加冕時對子民的應許（<376）。凡爾賽宮內部工程（木工裝潢、傢俬、天花板、大吊燈）委交官方畫家勒布朗全權辦理，他的欣賞趣味為巨大厚重與金碧輝煌。二十年間，這座龐然華宮及其裝修粉飾，全部成本開支計達兩億一千四百萬法郎，很難轉換成現代等值，但總數一定意味著好幾十億。

如此的大手筆華麗展示，遂使凡爾賽宮成為巴洛克之一員。可是如前所言，它的線條筆直，它的水池、花園呈矩形直角，而且無論內外，入目富麗熠目，亦皆巨大厚重，不落繁瑣。這種變異推至極致，現身於勒南手筆，將平凡人間世相以柔和色調詮釋成全然靜謐。勒南生時成功，後日卻沒沒無名，直到十九世紀晚期才又被發掘出來。然而他的眼光趣味，對當時人必有紓解鎮靜作用，因為他的業務非常發達。贊助賞光，沒有任何硬性法則可言。

這贊助一詞，意思很簡單，就是付予藝術家的費用。中世紀及文藝復興時期，教會是其主要來源，後漸由王公及有錢市民取代（<120; 129）。不過這兩級人士仍繼續為教堂及市政建築訂購美術作品，但是愈來愈多的委託製作，也轉為宮室或富賈宅邸之用——藝術進入居家。一室之內除懸掛家主畫像，也該有一些美麗的風景圖畫以供觀看與誇示，這種想法遂開始生根。人文主義的諸位教宗，係經選舉誕生，其人文主義者身分卻係因其藝術收藏而立。國王們也有樣學樣，及至路易十四之時，私人收藏家及統治者都覺得有義務關愛藝術，並支持其製作者——否則就簡直「對不起自己」。用王家荷包美化世界，是君主制度整體之一部分；民主國度對這項負擔則意見分為兩派，始終猶豫不決。

路易在文學及音樂上的品味，天生頗佳，對其他藝術則借助能幹顧問，其中即有科爾貝。在他相助之下，贊助支持了更多項文化事物：他將科學也列入國家贊助對象；他重組繪畫雕塑學院及其羅馬分院；他重修王家天文台，請來名天文家卡西尼主持。他派人蒐集古典及近世徽章，為法王畫廊增色；他為羅浮宮加建一排廊柱，並為入巴黎城處造了兩座巨型城門。他要整座城市清潔、安全且美麗，他為街道點燈照明，並指派一名警備隊長，帶領其屬下確保街道安全——這是第一個系統化的此類設置[1]。他自全歐收購書籍、手稿，擴增馬薩林留下的大規模圖書收藏；並經由撥款補助及良好管理，將陶器及織錦畫的製作（尤以戈布林工場為最）帶至完美高峰。他的目標是要使法蘭西在藝術上，也在奢侈工藝上登峰造極，領先天下。

但是應該由哪些藝術家來發揚歌謳路易之治，自非直截了當的易事，因為這項甄選工程正是派系紛爭的因由。一個有名的例子，正可以寫照贊助者與藝術家之間有著多麼偈促不穩的關係，以及其中緣故。一六三〇年代晚期，法蘭西畫家普桑刻正安靜卜居羅馬工作，名聲傳至巴黎，路易十三可能是在黎塞留建議之下，邀請他前來將才能獻予原鄉。樞機主教命令諾耶埃執行協商任務，普桑珍惜眼前生活的舒適愉快，明智拒絕，卻得花上一年半時間婉轉表達此意，因為不想讓人覺得他不識抬舉。一怒之下，諾耶埃先生指出法王的「膀臂可是長得很」，意味著自有影響力在羅馬為大師製造麻煩。普桑別無他法，只好屈服。

在巴黎，卻已有非常確定的麻煩等待著他。首先，他銜命繪製寓意壁畫，他的專長卻是小品。不錯，他確曾畫過一些歷史或神話題材，目的卻都為表現古典夢境，點綴一些人物及建築殘垣；壁畫則需要大幅畫面，顯示多層次情節動作。其次，他還得去裝飾羅浮宮內一處長廊，雖然他從無建築裝潢經驗。他頗有風度地動手畫了幾幅草圖，事情卻頗不平靜：看來朝廷想要他凌駕烏偉，那名為巴黎城所青睞的畫家。烏偉派系因此百般設計阻撓，令他發窘，務要除掉這名外來的闖入者。

數月之後，普桑放棄掙扎，以妻子在羅馬生病為由務必歸去。下一任，科爾貝改召那位全方位的雕塑家貝里尼上場；他銜命而來，在辦妥並送上交辦事項之後——羅浮宮的部分改建藍圖，結果無法適用。待他親自來到，又三易、四易其圖，終於相信根本不會依其設計執行，方始忿忿離去，重回那些氣味比較相投的羅馬金主身邊。須知贊助人若位高權重，因慣於頤指氣使不容人有所違抗，對藝術家而言便意味著暴政。更糟糕的是，他們的指令往往委交府中管事總責，這些人視此提供藝術的任務，與為主人家廚房提供食品的性質殊無二致。

事實上藝術贊助之事，確是一個無解的問題，其中沒有合理的原則規條。如何分辨藝術人才？藝術家配合服從客戶要求，應達何種地步？又應採取哪些方法，防範勾心鬥角名利之爭？這些疑問有問卻無答，只見一片默然，其中也許僅微聞「由合格人士組成委員會評審」之聲。但是問題又來了：別忘了哥倫布遭受的痛苦評審經歷（<153），正與任何藝術家遭受的沒有兩樣。但是若交諸市場決定——如近時所為，藝術家又得轉而迎合購買大眾，以使自己的貨品受到熱切追求；受制於此，可能與王公的恣意專斷同樣難堪可恨。

＊　＊　＊

一般都以為，供十七世紀宮廷中人與城市人娛樂的戲劇、書籍，皆屬古典類型的悲劇或喜劇；拉辛、莫里哀、德來登和康葛列夫——這些耳熟能詳的大名，往往也支持這種印象。卻忘了當時也大量出產「英雄羅曼史類」，而且比那些已經占有經典地位之作更受歡迎，後者迄今依然備受推崇，卻可能少有人真正拜讀。

羅曼史的寫作大約始於十六世紀之交，屬於巴洛克時期之一部分，此時巴洛克風正開始繁盛。它們仿效古希臘羅馬的羅曼史，混合了田園風情與騎士情節，類似義大利史詩的散文版（<223），書名多為：某某類（幸運的、不幸的、不尋常的）「愛情」事故等等，形容詞後面則跟著男主角或女主角的大名。偶見貴族作者，亦有教士執筆，不過二者的產量旋為中產階級的職業作家超越，後者有男也有女，為熱心讀者大量製造愛情與冒險經歷。這種文類的吸引力之一在其長度，保證樂趣效果可以延長擴大。十七世紀中期最被珍視的作品，是斯居代里[2]女士所寫的故事，其中兩部各有二十卷長，即使最小號作品也長達四至八卷。

如此浩大的製作，自然不能只靠一個故事撐場，卻由一連串的故事組成，由那歷久不滅的男女主人翁的命運串在一起，有時鬆散，有時頗見匠心。待得百年之後真正的長篇小說出現，這種中途穿插其他故事的手法依然故我，遲至狄更斯的年代依然可見。一直到十七世紀，這個文類中仍然可以發現許多精品：說得極佳的故事，抓住讀者興趣的角色性格——不論是否可信，以及通情達理的道德或哲學論述。在最好的作家筆下，也有現實生活的場景以及真實情愫的流露；事實上有些作品係以當時醜聞為素材，透過書中人物假名可辨認當事人等。這些作品之中，今日依然可讀者為杜爾夫的《牧羊女亞司泰萊》，以及斯居代里女士的《克萊莉》，雖然在她之時最受歡迎者為《居魯士大帝》。可是如今若要從中讀出樂趣，必須訓練有素習於跳讀，因為這些作品的上架保存期限所以不能長久，正在其豐美的綠洲頁面之間，夾有長篇荒漠。

但是想來當年讀者眼裡，這些冗長篇幅卻一定不嫌枯燥，此中就埋有一種文化通則。任何時代的藝術，能讓最多數人覺得饒富樂趣者，就是在作品之中，含有構成當代眾人心靈共同庫存知識與感情的點點滴滴；也許還包括對於過去藝術的記憶。若能將新舊常談、常識巧妙編織組合，最能滿足又能奉承讀者或觀者的感受；只要一時代精神特有的纖維組合仍在，它就會受到歡迎。這類成功，係繫於細部之別，可以由一事看出：同時代人可以辨識當代不同作家（或畫家、音樂家）的風格，後世人觀之聆之卻往往不能分辨。

當然，一般所謂傑作名品，也有其車載斗量的大堆細節，不過卻都附屬於全局觀點。這些作品裡面，合時又合宜的細部筆觸，本身不是目的，乃是方法手段；而且含有這類內容的作品，即使在習俗人事不可避免的變易之後，依然有其震撼力量。話說歐陸的英雄羅曼史作品，一如英格蘭德來登的英雄戲劇，或西班牙卡德隆所作，都實現了巴洛克對幅度尺寸與複雜纏繞[3]的要求，舉手投足，也充斥著君主制下的典型風味：對各種階級身分細節的講究關注、帶有時期風格的戀愛情事、千種殷勤風流、萬般英雄氣概、極盡奉承優雅的書信來往，推動著情節進展——在在回響於凡爾賽宮牆之內。嗜好這類作品的讀者，卻不僅限於宮牆之中：城裡人為求時髦，也得大讀大談二十卷書的最新一卷。日爾曼、英格蘭，以及其他地方的城中、宮中人士亦然，或已然習得法語，以便事事**趕上潮流**，或勤讀以本國語言寫作的同類作品。

但是在大部頭的通俗感傷文學之外，亦有小型緊湊的十七世紀法式悲劇，不過得馬上加上一句說明——這些新古典式劇作，也是以巴洛克談吐製作演出。演員的行頭裝扮，迴異於世界任何一地所見：頂戴比人寬的羽毛大帽，衣裾垂墜之複雜、妝點之閃亮，正與帽飾媲美，雖與重新改裝的古典裝束輪流使用，為示簡練，卻恰得其反。這些舞台上的幽靈，動作極少，台詞極多，行走於舞台布景之前及貝里尼式入口之間：雕飾富麗的畫板，用金碧輝煌的鮮豔色彩挑刺出大塊雲朵，有時雲間還駕有顯然也急於一悉劇情結局的眾神。這一切作為，都係基於一個扎實的理念：亦即「偉大」一事，需要以巨大來烘托表現，因此並無任何虛假可言。那又蓬又長的假髮，即屬巴洛克式風格，舞台服裝只不過將生活常態更予誇張強調而已——一如古今任何劇場皆然。

劇情本身敘述王侯后妃，因此也務必「如實」呈現；這些悲劇雖取材自希羅歷史或神話，對於語言及題材細節的正確性，卻一點也不講究——忠實反映時空色彩，此時尚未為人視作文學優點，劇作家提供的精采內容，乃是其詩藝表現及其對人性情感的**分析**。做法是從一開始，便在人數極少的劇中人物之間，醞釀描寫他們在壓力緊張之下，歷經的矛盾衝突階段；結局是其中某些人失敗死去，暗示著一種道德或政治教訓。在此沒有莎士比亞式的**角色**塑造，甚至談不上任何具體事故，只有深究的人物**類型**。

此時的詩人必須遵守痛苦的嚴密規定，鮮有人違抗那三大統一金律（<252），更絕不敢違犯用韻及格律法則。這暗示著八股官僚的禁律，有一種形同交際禮儀規範的巨大約束力，觀眾也都知道這些規條，毫不容情地要求堅持嚴格遵行。隨著那些拘泥形式者不斷延伸「矜持名媛式」（Précieuses）式的禁令，不准稱椅子為椅子，也不許白話直言「半夜了」，可用的詞彙亦愈發受限（欲一覽此中禁忌大略，請查前面曾經引列的 *An Essay on French Verse*〔<249〕）。

如此條件限制之下，要能寫出一齣五幕劇，簡直是超人力技，然而在歷一百五十年的新古典時期裡面，從科爾內耶到伏爾泰[4]，卻源源不絕寫出。真正的曠世傑作極少，可是死規條卻堅定不移——

這文學的緊身衣究竟如何成為時尚？約於路易十四出生之際，科爾內耶創製了一部西班牙題材的《領袖》（<164; 280），部分係受西班牙舞台上誇張的英雄史詩風格影響，不過收斂其形式、用語，改採另外一種沿自洪薩的每行十二音節格律（<249）。此作掀起正反兩面熱烈反應；公眾欣賞其俠義風、快速度，以及扎實的結構，稱之為首部以法文寫作的真正悲劇——「真正」，因為遵守了古典定律。

批評者的指責，卻出於同一標準，認為它有違古典定律。劇中主人翁竟然不死，還頗有贏得其天敵（女主角）以身相許的機會，此不謂「破格」孰為破格？自認劇作家的黎塞留，便教唆一批學院派起訴這些罪過，判決結果認為指控屬實，雖有可原狀況。科爾內耶為己辯護，公眾也站在他的一邊；他續有更多創作，其中四部今日仍列入定期演出戲碼，而且全部符合規定。從此，這些規條便成神聖不可侵犯的天條，雖然在細節上憤怒的爭辯依然不斷爆發。

較科爾內耶年輕的同時代人拉辛作品，則被視為登峰造極之作：因其語言純粹、情節緊湊、對動機的解剖毫不留情。他的題材俱取自古典（除兩部係以聖經歷史為材），說明了這種劇類為何被賦予新古典悲劇之名；可是其質性卻屬巴洛克風：五幕結構、格律統一、沒有音樂亦無舞蹈，在在與其所本的希臘模式大異其趣。而劇中被折磨的心靈，長篇大論的理由與自我分析，一如那些在嚴格用詞、押韻規範之下源源而流的迷人優雅詩詞——俱顯示細節的濃烈豐富，以及巴哈、貝里尼式的巨匠精湛技巧。

相同的質素，今日卻正是拉辛劇本（姑以他為例）在舞台上難以領略之故。完全沒有這方面準備的聽者，也許可以抓住情節的感覺，可是（一如莎氏劇中）那思緒的變化纏繞卻太過精細，而無法在台詞速度下即時掌握。更有甚者，我們今天的句法結構，相較之下簡直如童言童語。不過這些障礙，卻非拉辛最有具震撼力的悲劇《費德兒》當年竟然被噓下台的緣故；此事之後，詩人立誓絕不再寫劇本。原來一名高貴的王公與貴婦，組眾陰謀鬧場，來幫他們贊助的布拉東出頭，後者也寫有一齣《費德兒》。（欲看拉辛此作的現代版本，可讀洛歐那若合符節的譯本《費德兒》[5]。）

路易十四並未因公眾偏頗的判決卻步；他知道這位詩人的價值，先前即已任命為王家史官，而且更榮上加榮，禮聘在御前誦讀（〈當陛下苦於失眠之際〉），並譽之為「全法蘭西頂尖好手」。這種事可能常常發生——如果法王喝了太多那種新來的黑色飲料（此物稱作咖啡）。咖啡係於拉辛此劇之前的六年，因土耳其大使引進首次為人所悉。拉辛作為一名能幹嫻雅的朝臣，無疑可以在任何時刻，無分白晝黑夜，隨時如完全清醒般大聲為君誦讀。

《費德兒》一劇失敗後十二年，曼特儂夫人請拉辛為她創辦的女校寫一部以一項神聖題材為內容的劇本；演出此劇，可使她們不致有暴露於談情說愛劇本的危險。拉辛允其所請寫了一本，又應命再作一齣，遂有他最後兩部傑作，《以斯帖》與《阿達麗》。可是這項與國王之妻建立的人脈，結局卻不佳：她又吩咐他寫份報告，描述人民慘況，結果落到國王手裡，所有眷寵立告結束。更早之前，拉辛也寫過一部絕妙喜劇《打官司的人》批評司法體系，卻不曾得罪冒犯，因為大家都同意法院腐敗，簡直無從改革。至於另一主題——黎民苦況，卻暗示罪在法王，豈可容忍？

社會批評這項功能，顯然不是詩人此行當最近才開始扮演的角色，拉辛也非當時僅有的一位（>509）。可是其一生事業的詭譎起伏，卻顯示其為現代型的藝術家知識分子，而非傳統因襲之下與古典主義觀念結緣的理性、自制類型。拉辛身為孤兒，雖視其冉森派師長為父母至親，及長卻很快甩掉後者的觀念與想法，並反過來在他機鋒諧趣的書信中猛烈攻擊之。在劇場天地裡面，他過著一種放蕩生活，其間不時穿插著激烈的愛情事件。其劇本序言也往往暗示著（雖事包裝）對自己才華的傲然自覺；因《費德兒》一劇受公眾侮辱憤而退隱的高傲之舉，正是其典型回應。這個事件加上步入中年，令他在靈性上幡然轉變，與王家港重新恢復來往，懺悔並收回過去的輕蔑言語，並接受其精神導師對他的評價——透過他的劇作，他「毒害了靈魂」。他與曼特儂夫人的情誼，同樣也是基於共同的宗教虔心，以及對國事的關切之情。

路易十四的體系（朝廷運作，猶如由軍事教官指揮號令）雖貌似進退有節，卻依舊無法防制人生時運的變化與人情的愛惡憎欲。外觀的背後，每每是我們可以在塞維尼夫人書信以及聖西蒙回憶錄中讀見的私人生活真相。反思之下，悲劇（該時期青睞的劇類）除偉大、逆轉、傾覆之外，擺在我們眼前還有什麼？惡意與暴行，雖係以字斟句酌、合乎格律的無瑕詩行包裝表達，卻無法掩其背後醜惡：費德兒完全為貪婪所噬，勃里塔尼古斯的舉動則完全像一個鬼迷心竅的笨蛋。劇中的衝突矛盾，雖係針對法律、理性，同樣也發生在人與人間。不過這些共通的人性缺陷、罪行，必須在影響及高位之際才成其悲劇——如今這金科玉律則被全盤否定：一個推銷員之死，在民主心靈眼中，絕不比李爾王之死更減其悲劇成分；在日常言談裡面，凡致命意外亦皆屬人間悲劇。這是**個人主義**的語言：世上每一個人，都與其他人一般重要——於是政治前提也同樣用於美學。因為如果人類的情感基本上殊無二致，任何壓力之下的情感，若予以描繪表現，必可令觀者感同身受，產生同樣的自我認知。

這種推論卻遺漏了一項因素：一名王公或偉大戰士的行止，影響全體人民，亦決定歷史走向。悲劇的演出，全場對於後果的焦慮一如運動最後決賽，每分每秒都刺激懸疑不已。與此相比，普通小民的生死命運就顯得微不足道了；非英雄者一怒不能驚天下——而且隨時可以替換；推銷員千千萬萬。除此之外，高傲的言詞、洞察的思維，也只有在造時勢、動世局者口中道出，才具說服力，比由一般人來說更為可信。總之不管以上論點能否成立，回到十七世紀之時，若要朝臣及王公感到興趣，一名小商人的不幸遭遇絕對無法發生作用。至於中下層階級人生的喜怒哀樂，則由喜劇擔綱解決，捉弄對象也絕非僅限小民。這類喜劇對國王、宮廷、貴族批評刻畫最大膽者，首推

莫里哀

此君大名，一如伏爾泰之名，來源成謎。莫氏原名 Jean-Baptiste Poquelin，二十歲之年決定要做演員，遂改此藝名為姓。父親業室內裝修，也是國王身邊的侍僕，此職待遇頗佳，有段時間兒子也承襲父業，然後受完優秀的大學教育（家中首名），取得律師資格。因閱讀哲學家卡森迪之作（511>），奉行伊比鳩魯快樂至上主義，但是投身劇作卻係因與友人共同票房演出。為謀生故，他成立劇團，離開巴黎，在各省巡迴演出達十二年，既粉墨登場也為一地單場的演出提供小型喜劇及獨幕劇本。這些劇作之中有些經過改編，再度在他全長足本的作品露面。

在路易全面親政之前不久，莫里哀回到巴黎，因演出科爾內耶所作一劇，立即贏得國王青睞，而且從此不曾動搖——關於此事，路易的表現的確不差，想來他本身的「表演」太過嚴肅，很高興有機會開懷一笑。有了這個後台，莫里哀劇團遂得有部分時間得以借用一向為義大利人獨占的劇院（義大利人在法國劇場、歌劇及其他藝術領域裡面，繼續與本地人較勁了一百多年）。

莫里哀及其劇團的首起巨大成功是《矜持名媛》，戲中兩名侯爵同女士們一般可笑。接下來十五年間，他將其嘲諷天才用於各種戲劇，從鬧劇到高級喜劇，不一而足。他取笑的對象都是家喻戶曉的典型：年輕愚蠢的世家子、嫉妒或懼內的丈夫、小器鬼、醫生（一再使用）、爵爺與仕女、女學究、騷娘子、小店主、極端分子、偽君子等。諷刺劇也非他唯一拿手，在其他劇本裡面，他也創造了輕鬆喜劇——莎劇《皆大歡喜》一型，他的諷刺劇則迂迴暗評當前事物，更因在《唐璜》一劇對宗教發出懷疑之聲，被指責為無神論者。在兩齣以本身為中心人物的短劇裡面，則表述其喜劇理念，駁斥批評意見。

> 他想要品嘗各樣生活——
> 總算有個神不笨！
> 我覺得他好可憐，
> 不管世人如何看他，
> 如果他老得在那兒又僵又硬。
> 天下肯定沒有更蠢的事兒
> 比得上變成自己威嚴之下的囚犯。
>
> ——莫里哀，《安費粹因》（*Amphitryon*，希臘神話中國王，天神宙斯假扮為他誘其妻，生下大力士赫克力斯）開場白，水星論朱比特（即宙斯）（一六六八年）

莫里哀筆下顯示，貼身男女侍僕往往比他們的主人更為通情達理；這種描寫非僅他一人為之，而是喜劇的主要成分，可以遠溯回古典時期。可是他賦予這些小人物以生命與個別面貌，將一些簡直趨近於社會叛逆的台詞放進他們嘴裡。他對階級的生動反諷，於《中產先生》（或譯《貴人迷》）一劇發揮最為淋漓盡致；此劇表面好似取笑一名想與貴族稱兄道弟的富賈朱丹先生，而且在那場喧囂狂鬧的假土耳其式儀式當中，這位老兄也的確受到愚弄，但在其他所有事上，他才是那坦白明理之人：他喜好簡單感人的民歌，勝過為韻硬湊的造作歌詞；他看穿哲學家用詞迷障；他可以分辨教學中的實用知識及理論術語。每遇積習或做作行為，亦能一針見血窺破真相而一語道出。至於他希望提升社會地位的欲望，雖然可笑，卻人人有之。那些有頭銜的觀眾儘管嘲笑他，可是起碼有半數私底下可能也曾思及自己祖上並不太遙遠的中產出身吧。

他與團中一名女演員熱戀，兩人婚姻卻不幸福，原因是她行為輕佻不貞。在兩齣「學校」作品裡面（一為人夫，一為人妻），莫里哀寫出自己對夫妻一事的看法，兩劇分別表現其中一方的困境，予人的印象是他視婚姻為一雖不理性卻無可避免的制度。愛情與社會無法協調；《憤世者》一劇中，這個教訓更見清晰：劇中那名既聰敏又富女人味的女子令人難以抗拒，那位通情達理的友人更是模範角色，而這個「不願與人來往的憤世者」對傳統社會所做的批評，同樣無可指謫。

法王對他可謂仁至義盡，始終如一，莫里哀只能感謝再感謝；路易一直站在他的一方對抗有力砲火。當他寫出《偽君子》一劇，敵人以為終於捉住他的小辮子——認為他簡直對宗教大不敬，如此指責卻故意忽視劇中真正主題乃在偽善（順便提一句，二十世紀晚期法國曾搬演此劇，卻將主人翁塔圖改成真心愛戀歐根之妻，並為這份有罪的愛而自疚不已；我們因此應該同情可憐他）。

莫里哀雖稱不上民主人，可是他的作品的確流露出一種獨立不羈的精神，嚇壞了他的批評家友人布瓦羅，一名近代傳記作者甚至視莫里哀為無政府主義及無神論者。而費內隆亦如布瓦羅，為莫里哀滑稽場景中的「低級味」感到可惜——尤其當說話之人明明不是下流角色之際。這項「罪名」其實還可以更進一步：莫里哀非但完全不聽從這些敏感人士的吩咐，對筆下的詞彙加以設限，反而變本加厲，擴大使用起市井小民[6]的生動用語。十二年來在各省巡迴演出，這方面的供應相當充分，最合用的字眼往往自動躍出筆端，沒有道理棄而不用。朱丹先生偏愛老歌，正是其創造者本身所好。

雖然方式不同，劇類有異，然拉封丹對傳統禮教同表抗拒。他寫動物寓言，以最質樸、實在的當地話描寫社會上各種人物典型的思想言行，包括宮中君臣在內。階級社會裡面猖獗的一切野心、惡意、虛榮、諂媚、奴性，都在拉封丹筆下以動物行為復現，遂為當時現實社會裡的種種惡性加上一層隱隔，腦筋欠佳者因此不察其中關聯。故事中偶或有良善曖光閃現，卻微乎其微。明快的文字、口語化的風格，加以套上動物外衣的暗諷，這套寓言遂成歷來法國兒童必背必誦的文章，文中真正深意遂遭稀釋。一如《格列佛遊記》、《魯賓遜漂流記》——從巨著中作出童書，等於自炸彈上拆去雷管（拉封丹寓言可讀 Howard Shpairo 譯本。Marianne Moore 的譯本雖能傳意，文字卻不夠精煉）。拉封丹另有一系列詩作，重述或創作愛情傳說，包括古典與近世，也是以簡明風格出之，寓象則更甚，以掩其情色性質；而且即使帶有任何道德教訓，亦屬伊比鳩魯式，亦即快樂是唯一的善，痛苦是唯一的惡。

拉封丹與拉辛不同，他不會服事當朝主子，甚至不是宮中一員，雖有一分林務官的掛名閒差，卻不曾為此皇恩俯首進宮圖報。他的衣著、舉止和言談，始終保持鄉野風格，甚至帶有幾分草莽，而且漫不經心到令人難以置信的程度。友人促他上朝，將其著作獻予法王，他不情不願地露了面，卻忘了把書帶來；至死猶不知悔改。

拉封丹、莫里哀之外，也有他人經卡森迪及其自由思想一派成為伊比鳩魯信徒；時代風氣遂自前一時期的基督教禁欲（斯多噶）主義有了大幅度的轉向（<286），正與君主制度得勝同時發生：此制務事豪奢，而豪奢一事豈有禁欲自制可言。其實古時伊比鳩魯派既非無神論者亦非酒色之徒，只是

他們崇奉的神不插手管人間閒事，因此適度作樂絕非罪惡，而屬明智之舉。十七世紀伊比鳩魯派的自由思想家（libertines）之名，也僅指其思想解放——在意見上自由無拘，而無任何感官縱欲的暗示。卡森迪行使思想自由，做法是反對笛卡兒建立的正統觀點，亦即視人的思想理念俱係天生，因此來自於神。卡森迪則認為心靈一事，莫不透過感官而來，沒有任何思想理念、感情記憶，係天然生就內有。此即經驗論的根由，一般歸功於洛克（538>），雖然早在洛克作品[7]的半世紀前，卡森迪主要著述即已問世。

在這五十年間，則出現了一名將伊比鳩魯的享樂倫理更進一步通俗普及的作家，此即

聖艾弗勒蒙

他的所行所為既簡單又明白，他本人卻是個怪胎，因支持那名譽掃地的富格（<433），被年輕的路易十四驅逐出法國，因此終生寄居英格蘭，在那裡交了許多朋友，一輩子卻都不曾學會英國話。查理二世、詹姆士二世都喜歡有他作陪，也與馬薩林女公爵及法荷兩地的博學顯貴書信來往，包括橘邑的威廉及史賓諾莎。長達九十年的人生，充滿了智慧之言與小品論述，卻不為出版之用，而是寫給這一位或那一位友人，一再抄傳換手，直到被人盜用、翻譯——最後甚至假冒：一名巴黎出版商便如此吩咐僱來的寫手：「再給我多寫一點聖艾弗勒蒙[8]出來。」

他的主題都是當前流行題材：如古人是否優於今人、維吉爾與義大利史詩的比較、法英兩地的喜劇、話劇的長處以及歌劇的荒謬等等。這類一般話題獲致青睞之後，他又轉而議述〈論人生正當舉

止〉、〈論享樂〉、〈論愛情〉。最長的一文是諷刺作品〈元帥與神父的對話〉；文中神父提出警告，反對自由思想，因為將產生不可避免的後果：意即有使宗教臣服於理性之虞。元帥則為聖艾弗勒蒙發聲，主張理性宗教絕不等同無神之論。

> 元帥：什麼鬼哲學家，把我的腦子都搞糊塗了，什麼雙親、蘋果、蛇的，搞得我什麼也沒法相信。不但看不出更多的理，反而比以前見得更少了。
>
> 神父：這樣反倒好，大人！別管理不理，這才是真宗教。不用理性！老天賜給你何等恩惠啊！
>
> ——聖艾弗勒蒙（一七二八年）

這些文字的吸引人處，在於其簡短易讀，即使有時因筆下太過隨意而致語意不明。宣揚快樂之道，廣受歡迎回應，連謹慎顧忌者也住口不言；因為人生在世，務須培養愉悅心情，並酌量享受感官之樂，方能長保健康——如此道理，誰曰不宜？對聖艾弗勒蒙而言，友誼之樂，與智慧宜人的思想交談密切相連。他這等均衡設計，與巴洛克搭配得宜——至少絕對比禁欲合適；豈不見魯本斯筆下、貝里尼刀下，或巴哈的樂聲裡，可沒有任何咬緊牙關向命運低頭的成分（570>）。

眾所周知，這位伊比鳩魯派論文家的金言，絕非來自鎮日呆坐書房的空談，他不但身遭流放，而且曾在重要戰役中指揮部隊表現出色。眾人力促他拿出「作品」付梓，出身貴族世家的他甚表訝異：自己這「小玩意」竟蒙如此尊稱。顯然聖艾弗勒蒙是「代表性人物」的登峰造極；在任何時代，這樣一位人物都具有影響力，因為其思想與其他同具影響力者共鳴。因此在歷史上占有重大意義，隨時光流逝地位卻日漸趨微，其書如今唯有出於好奇才會一讀。如果說過去時空的現場，真能如親臨般地描繪感覺，必可顯示任何時代都有其當代名流濟濟如聖艾弗勒蒙者，為眾人欣羨仰慕，視為時代經典——他們必定難以想像，這些名士的赫赫大名，後世竟然連認都認不出來。

> 五十年了，也許更久，他的作品受人讚譽，眾人對他的敬仰幾乎已成傳統，連他片紙隻字最末節處，大家都屏心靜氣奉為奧祕，連放肆探個究竟都不敢為。
>
> ——康多蘭第論聖艾弗勒蒙（年日不詳）

＊　＊　＊

所謂古典、近世兩大標籤，以及兩者在文學藝術作風上的對比，自佩脫拉克以來即已出現於種種爭辯之中（<78），可是一直要到十七世紀結束，這些字眼才點燃派系之爭，分裂了有學之士。前面才介紹的聖艾弗勒蒙，即曾在一場被公開視為爭吵的論戰中發表意見。他屬中間路線，稍偏近代派。

一把烈火因佩何在法蘭西學院一場演講而爆發。早先在義大利，即已針對塔索史詩有過激烈火光（<225），但是將之與荷馬的《伊利亞德》或《奧德賽》相提並論，實在有點腦筋不清——不管站在哪一方——因此首度戰火遂告偃息。不過後起這場為時較長的法國激辯，定義則較為清晰：亦即當今詩壇文壇，總體而言，較諸希羅，何者為優？每個人都得選邊發言。主張「當然是我們，因為我們所知更多」的今人派，未免自吹自擂之嫌；至於他者，如今看來才是當時的天才，則因立場謙和而受益：「我們只不過是在模仿那些無法超越的巨匠。」可憐的佩何，寫出了如今已成經典的童話及《鵝媽媽故事》系列，當時卻大遭貶謗。此時荷馬已經再度躍現（雖然少人真正親炙，也無人意圖效法），譯者達西耶夫人為其申辯極為得法，各方戰士也都一致認為護古即仿古，卻無人想到一問：觀

諸近世悲劇，劇中何來古人言行思想，更不見古劇合唱、音樂、舞蹈。而且當時諸人都認定維吉爾更勝荷馬，這些近世作者模仿的題材亦多來自羅馬歷史，或羅馬劇作家塞尼加，而非希臘——這可是在很薄一片古典麵包之上，塗了好厚一抹近世奶油。

最後近世派勝出，卻係因文化潮流之勢，而非文學辯論取勝，因為就像一支煙火，這場爭論不斷射放出各色火燄。何況繪畫一途，崇古派實在無法溯遠：何來古典模式可循？但是雕塑家、建築家則無法輕易取勝，必須鏖戰方休。待得近世派站穩腳步，敏捷之人便立刻指出，其實在任何方面，都有更勝以往的優異作品與偉大智慧出現——亦即「進步」。

這個結論影響深遠。因為一旦承認進步的存在，接下來便會認為人與社會可以經改良愈臻完美。而且如果此事可為，即應著力設計改造世界。及至下個世紀，遂見改革大計紛紛開動，接踵而來，西方心靈從向後看齊一轉而成創造未來。於是重新調整方向，成為全面運動，社會卻處於矛盾不適之中：一方面固然欣然，因為正努力改善生活，一方面卻又苦於內疚自覺，因為現階段狀況如此糟糕。在此同時，無休無止的戰爭則在大膽派與謹慎派之間進行，兩方至終在各種名目下組成各類政治黨派，最後簡化為左右二派，隨之又在五花八門的希望工程下細分成更多派別之爭。雖然不分崇古、奉今——我們中間永遠有這兩派，如今似乎都一致同意，那視世界為不可救贖之惡的基督教觀點，不再是人間絕對標準。一旦承認人世有進步可能，**俗世化**的範圍便日形擴大。

＊　＊　＊

除論文外，聖艾弗勒蒙也寫格言。最純粹的格言形式，原是十七世紀中期新出的玩意兒，在它之前有一種「桌邊談話」，以及所謂語錄或誌（*ana*），這是一個字尾詞，加在專有名詞之後，如「*Ménagiana*」——即指法國作家孟納智（*Ménage*）的言論集或有關軼事行傳，往往匿名出版，內容的真實或正確均無保證。早先談到路德時，曾品樣其類似桌邊談話（<26），亦屬同種文類。格言卻與這兩項都不同，係由構想出這些金玉良言的作者本人執筆，遂使語錄文類式微，桌邊談話則殘續至十九世紀（743>）。

拉羅什福科是最有名的格言作者，位秩公爵，一度是投石黨莽撞的一分子（<425），成熟穩定後卻成了路易宮廷對人性悲觀的觀察者。一如新古典式的悲劇，格言內容俱在**分析**人類行事動機，其藝術性則在（再度一如悲劇詩文）將觀察所得濃縮成可記誦的形式；格言是諷刺卻無輕佻之嫌的警句。一句格言，直等於一套道德哲學，事實上拉羅什福科大作之名，即是《格言／或謂道德省思錄》。

這些格言留給後世的印象，是它們破壞了人類對真、對善持有的任何信念。拉羅什福科嘲諷世情，認為人類一切所作所為只見自私、自負與嫉妒；比方說：「人若不相互欺瞞，就無法在社會繼續立足。」其實這種全屬負面的印象並不正確；誠然，拉羅福什科筆下常質疑德性的完整，並一再指出自利扮演的角色，可是他並不以此為樂，而且也抱有另種胸懷：他為人類動機不總是正當純粹感到悲哀——端看其五百餘則人性思考，極大部分屬於中性，描述人生、社會情事，只有不到三分之一採負面角度，即可證這份痛惜之心。另有一小部分為數雖寡，卻語帶強調，專論德性高潔者的動機與行事，以及造成人格偉大的源頭——勇氣、友誼、感恩和真愛。

三組文字裡面，愛都是常見主題，原因顯而易見。但是這位道德思想家的人生歷練，卻不僅限於凡爾賽宮：他曾經歷先前那場黨爭，而且正是那段時期的腐敗政治（他曾為文憶述之），激發了他對表象的不信任。在此且莫驟下結論，責備他因生不逢辰而致乖僻，須知這類道德懷疑亦屬基督教思想之一部分——人人有罪，即使做正事也仍是罪人。巴斯噶曾說：「人的自我，充滿仇恨」，部分即出自這普遍的原罪缺陷。拉羅什福科筆下，則用**自恃自尊**（*amour propre*）以示自我——即自愛顧己之意（**self-regard**）。自愛之心，可能暗藏於其他所有動機背後。在好幾處，這名分析家將此愛恨之情歸諸於一個無意識的源頭，更深化悲觀之感，因為人無法抑制自己的本能衝動。

那個時代流行以幾頁筆墨勾勒出自家性格，拉羅什福科也不能免俗。先將外觀形容一番，次及性情，自認憂鬱，難以開懷，非僅天生脾性使然，亦因「充斥其腦海的外在原因」所致——亦即宮廷生活的種種。他曾試向友人「打開心扉」，卻發現難以邁過「含蓄保留」。然而他卻愛談天，尤愛與女性對話，她們說話比男子精確。他的心靈清明，才思敏捷，偏好有關道德的嚴肅話題，可是討論時往往火氣甚大。至於風流殷勤，則已放棄，卻欽慕大愛大情：顯示靈魂[9]上一種相對應的偉大格局。

他筆下的格言，某些看來彼此矛盾，也與其自畫像扞格不合；這個現象，可以解釋為這種文類天生的缺陷，而非作者之過。格言也者，看起來似乎放諸四海而皆準，事實上只因時因地制宜。隨意翻閱任何一本家喻戶曉的名言集錦，即可發現許多精妙警語，看起來都很有道理，意旨卻完全相反。正如以下諺語：「瞧仔細了再往下跳（謀定後動）」，可是又有「猶疑不決者往往失敗（遲則失）」。因人因事，情況千變萬化而有異，沒有任何智慧思想可以適合所有狀況——尤其當智慧之語係以濃縮簡語出之，就更難於萬全。

至於拉羅什福科筆下的中性意見，則打開了一個具有文化意義的標題——即他對「誠正君子」

（*honnête homme*）的定義，正點明十七世紀的標準性格。這類人士（兩性皆有）仍屬朝臣，卻與當年卡斯提里歐尼作品所形容的文藝復興前人不同（<136），後者有著無盡的興趣與能力。「誠正」（honnête）一詞，非指現代意義下的誠實（honest），而是指一種可敬的體面正直（honorable），帶有以溫雅風度裝點的意味，一如其拉丁字源「榮譽」（*honestas*），暗示一組人格修養：良好的教養、談吐舉止文雅有禮、不落痕跡的自制能力——因為在社交生活當中，極易得罪或侵犯他人自我。如此君子，當然也必須是值得信任的正人，可是首要之處，仍在外觀不得魯莽粗糙，行事不可有欠圓融，害羞假謙或自大過亢，都會造成這種毛病。對此拉羅什福科下了一個難以翻譯的定義：完美的彬彬君子，是「絕不自己矜誇張揚之人」。

這是一種理想的社會典型，類近於以下相關名詞：良朋（*la bonne compagnie*）、美好世界（*le beau monde*）、正派體面人物（*les gens comme il faut*）。這類理想因女性影響而生，她們仲裁品味、評鑑風度，行使著拉羅什福科在其言談中所觀察到的精細敏確。所謂沙龍，正如扮戲，女性則是劇評（可讀 Emily James Putnam 著 *The Lady*）。風度禮儀向稱「小德」，兩者都顯示一種人對人應有的尊重。事實上社交來往的儀文程度，與社會中他項文化特質同步：從凡爾賽宮（或古中國）的講究禮儀，到二十世紀的隨意不拘，都與同時代的政治、心理和美感教條相吻合（可讀 Harold Nicolson 著 *Good Behavior*）。

這位公爵作家的《格言》係闡述人世通則，但是若欲尋實例佐證，可在其諷刺詩文中找到他對路易十四、對其體制系統，以及朝中諸人的譴責。這位道德名家質疑所有謀取王家榮光、社會聲名，以及每一種權勢的手段。他鄙視狡計權謀，稱當時的種種勝利成就為空洞徒勞。他與莫里哀、拉封丹氣息相通。

對當代政權做批評的尚有拉布魯耶，他使用另一種文學形式來攻擊當代人這些脾性。他的經典之作《眾生相》，速寫周遭上下人等的言談行止。為安全計，他先譯了一套古希臘人提奧夫拉斯圖斯所寫的類此人物素描，但在實質與效果上，兩部作品根本無法相提並論——其他同式作品10，較之拉布魯耶一樣不能比較。提奧夫拉斯圖斯僅用一頁篇幅，概括地勾勒阿諛小人、魯莽漢、大嘴巴、小器鬼、厚臉皮之流的嘴臉，整套眾生相一共只得八十五頁。拉布魯耶卻藉對話舉止，以及生動的背景情境，將此文類完全轉型改造，十六章內容整整寫滿了七百五十頁11，該書副題「本世紀風俗誌」，殊為允當。

拉布魯耶充分運用言論自由這項權利，令人嘆為觀止。論貴族一章，比莫里哀對那位侯爵大人的揶揄還更大膽，因為係以作者本人身分發言，評論一整個階級的行事。他的目標對象，分別以章節標題點明，列出社會上所有等級：偉大人物、富人、城裡人、宮中人、君王、當今道德風氣與人物、時尚潮流、宣道者、自由思考家、新聞人，以及其餘零星散布的類型。讀者檢閱完整個隊伍，會有一種讀畢一部小說的感覺——或者更精確地說，讀畢小說家為其作品所做的筆記，帶有亨利・詹姆斯形容其作品計畫時所流露的完整豐滿。

拉布魯耶筆下的語氣多變，有反諷、有譏嘲，或正經，或沉鬱。所幸那位孔代公子雖然難於相處，對他的贊助卻始終不減，因為《眾生相》的讀者很快就能對號入座，將真人實事安在他所描寫的人物頭上，而且一如任何真實小說或影射小說（*roman à clef*），這部作品激使他的強敵聯手。拉布魯耶原係中產出身，捐官為自己買來爵位，遂需要比平常更多的支持，才能贏得提名入選學院——莫里哀卻未能如願，正因其演員身分有失體面。

《眾生相》描繪社會群相，而其長篇小說（novel）性質也就僅止於此，因為它的「劇中人物」仍屬靜態類型，而非個人。真正的長篇小說，以其糅合心理學及社會學的手法，還要等上一段時間方才出現（559>）。可是在這期間，確有一部十七世紀作品頗能稱為中篇小說，此即拉法葉夫人所著《克萊佛公主》，夫人是拉羅福什科後半生的伴侶，曾寫過一部典型的羅曼史（<501）。不過後來這部作品，則是訴說一樁未能圓滿結局的愛情故事：公主嫁給她雖尊敬卻不愛的男子，她的情人公爵焦急追求。她想逃跑，卻為夫所阻，最後她終於坦承一切，丈夫不久就因妒忌成疾而亡，公爵緊逼不捨加強追求，公主卻終其一生守寡。此書探討情愛的滋生與成長，並研究此情與其他感情及社會現實的關係、愛帶來的惱人痛苦、愛的表露與壓抑所造成的微妙意趣。

雖然書中不含暴力，無情的分析卻似新古典悲劇，對愛這個主題的處理，更經常使人聯想拉羅什福科格言——其實無須訝異，因為本書內容係經兩位作者合作。不過若說女主角那無瑕疵的品德，係

> 不管大人物用何種技巧掩飾其本來面目，都掩不住他們的惡意。
>
> ……
>
> 你會見到一些野生動物，有公有母，散布於鄉野之間，緊抓著泥土地不放，一個勁地往裡挖，翻過來又覆過去，不倦不息地堅持。這些動物的口齒、音色頗為清晰，如果站起來，可以看見有著一張人的臉孔。牠們其實就是人。到了晚間，窩聚在牠們的穴裡，靠著麵包、水、根實過活。有了牠們，其他人就可以省卻為餬口而工作的麻煩，因此，不該讓牠們少了工作換來的口糧。
>
> ——拉布魯耶《眾生相》（一六八八年）

特意針對路易宮廷而發的指責，則嫌言過其實。這部虛構作品係以十六世紀為年代背景，情節布局完全出自想像，問世時間（匿名發表）則係於宮中發起強制道德運動之前的五年，立刻受到熱情歡迎。三項事實加在一起，看起來似乎意味深長——卻很難說意在何處。此書譯成英文，並有一名法國評家以拉丁文、義大利文，及其母語對之大加讚譽。

＊　＊　＊

十七世紀有一項新猷，卻既非巴洛克風，亦非名實不副的所謂摹古，此即散文（prose）也。莫里哀《中產先生》中的那位朱丹兄，聽說原來自己這輩子都是在說散文，感到驚異不置。這個笑話在舞台上聽來的確是精采，事實上他的反應卻頗有道理——而且他又說對了，一如他經常都是對的，因為他這一輩子所言均屬講話（speech），而非說的一口散文。散文是一具有特別表達用意的書寫形式，一種已經變成藝術的媒介，一如詩歌韻文，乃人工雕琢所造。講話則斷斷續續、重複零散、先說再飾，而且常常講了一半便無下文。散文不然，係以完整單位段落組成的條理思維為目標，每個概念的限定詞或修飾語，通常係在說明之前或之中出現，依清晰、字音，或節奏的表現要求而定。

近世語言費了好長一段時間，才發展出配稱散文之名的體式，比找出能以配合其用語的詩律為時更久。誠然，描寫情節動作的作家，甚早即已產製了可讀的作品，但是這類文字係依序述事，在描述感情思緒方面，卻鮮有佳作。近世初期的障礙，來自於作家太過嫻熟拉丁文，幾乎如同母語，結果破壞了本土語法。拉丁文由於有詞尾變化之助，可以讓作家自由排列字序組句，而不改其句義；但是遇到有賴正確字序、恰當字詞聯結以定句義的語言，拉丁式句法就難免使意義生變。因此遲至彌爾頓寫作其政治宣傳小冊的年代，英文散文讀來仍然艱難：句子既長，又子句帶子句地夾纏不清，讀時必須不斷自思維中抽身整理，理解度因而減慢。如此的散文非但無法呼吸，簡直快窒息而亡了。

法文亦然，直到巴斯噶方才改觀。一般都同意，正是巴氏的《鄉居書簡》（<329），才給法國帶來現代散文的模範典型：流暢而有節奏。稍後則有德來登為英文散文做出同樣貢獻；義大利文、西班牙文的起步則因句法結構較為簡單，因此更早抵達同一目的。德文卻保留了詞尾變化及黏著句構的特色，遂與此完全無緣。正如年輕的威廉・詹姆斯於十九世紀的旅途中致書母所言：「（德語）這個語言，簡直完全沒有任何現代化的改進[12]。」用專門術語來說，德文並未如其他現代語言一般，轉變成**分析式**的語言，那些使用德文的大詩人與思想家們，其散文風格很少能卓然成家（可讀附有釋例的小書 Ludwig Lewisohn 著 *German style*）。

一般以為優美的英文散文，係以一六一一年印行的欽定本聖經為師；這個說法實在禁不起一再重複，因為一看即知有誤。若說英文作家聽來別有聖經風味，其實也只是（有意無意）引用個別之處的聖經字句，而非採用聖經文字的整體一貫風格。十七世紀的欽定本聖經，是回溯三百年來歷次翻譯而總集成的一套措詞語法，英王詹姆士欽命的委員會其實係有所本，而非完全從零做起。他們借用了威克里夫、卡佛岱爾、丁道爾諸家譯文——最後這位最有才華，向他借光也最多。欽定本序言即表示，本版目的非常單純，只是想好上加好，把好譯本改得更好而已（可讀 Ward Allen 編 *Translating For King James*〔當年某位參與者的譯經札記〕）。最後審定的譯文語言，根本不屬於任何時期[13]的道地英語，用詞用字常常不是英文的對應語，而係依希臘或希伯來原文字字對譯。因對原文必恭必敬，常識說法卻成突梯可笑：「When they arose early in the morning, behold, they were all dead corpses.」（直譯：次日清早他們起來，一看，他們都是死掉的屍體14了）。

真正幫助英文散文成形的範本，則是克蘭麥大主教的《公禱書》（祈禱共用）。比起聖經經文，本書的風格用詞，都更常也更多地聞於教會禮拜之中，而且其語言教堂內外都為人使用。克蘭麥大主教費盡功夫，將羅馬彌撒裡的長短禱文譯成簡單易記的英文。這確是一部藝術之作，不妨與他本人其他文字相較即可看出。散文要好，須下苦功；散文之作，正如某位現代散文作者指出：猶如「坐姿舉重」15，實乃超重量級任務。

> 不久之前，某位顯赫人見了一段文字，微微笑道：「這些字一定嚇一大跳，發現自己竟被放在一道，因為以前它們彼此肯定從沒打過照面。」
>
> ——保蒙爾神父（耶穌會士，一六七一年）

在此應該再贅一言，那種令人聯想到聖經影響的英式散文，實屬裝飾文體，介於半詩半文之間，一般並不常用；十七世紀的傑出例子為布朗爵士的《談骨甕葬》，離我們更近則有羅斯金偶一為之。這類文體不在乎文意是否明晰，全為令人肅然起敬之用，專待偉大時刻的省思而效命——如因勝利而激昂的歡呼，為死別而不捨的肅穆，單單是這些場合，就足以確保踵事增華的理由：斐然的字句、威嚴的意象，層層推砌；匠心造作的多重音節、抑揚頓挫，源源不絕，聲聲悅耳，而於終篇。這類吐屬，實非散文，應該特別取名歸類；此外當今各行各業所用的那種血脈阻塞的抽象文字，實在也該另外命名。切記**散文**一詞，係自**直言體**（*prosa oratio*，有別於格律韻節的詩詞文體）而來，意指以直線進行的言述。

法國人就是跟著這條直線走，做起來比英人容易，原因顯而易見。身為天主教徒，他們不受每周務必聽道的約束，手上也沒有那本《公禱書》，他們的禮拜儀式係以拉丁文進行，完全由教士負責說唸，而且只有在重大場合如國葬，才需要那類華麗裝飾的文體；費內隆的敵人博敘埃，及其神職同僚即予使用，但也僅為宗教用途。至於所有其他作家（只有一個顯著例外），也都培養簡單直接的文風，不像詩人只能受制於高貴或含蓄的字眼——如以**火燄**或**鎖鍊**代表愛情，以**羽類**示禽鳥等等。

為求明澈曉暢，泉湧的思緒必須整理爬梳；置字鏈句也務必修葺剪裁，以免超出正常一口氣的長度；起承轉合亦須有清楚句法交代。於是恰當正確的用法，再配以最少量的意象（以免讀者分心），這些字句遂看似自然渾成的思維與表述手段——其實一點兒也「不」，而是透過極度**自覺**做成的非自然人工產品，一如笛卡兒的《方法論》亦然——散文佳句，正如一只經過仔細分解拆析之後再刻意拼組回去的鐘表。十七世紀唯一例外於這項成就者為聖西蒙公爵，他的文字恐怕也是所有文學作品中最道地的意識流散文，完全違反清楚明白的原則。而且一定得讀他的法文原文，因為譯者往往會爬梳整理其句，過濾澄澈其文，結果原味盡失。

正如二十世紀小說家——亦有幾分似普魯斯特，他更進一步主張自己這種為文，才是真正自然的文體，比分析式更為真實。然而公爵大人寫作，並非全然隨意識而流，有時也頗具自覺，他自己口中所述即可得悉。至於其巨製《回憶錄》（長達四十一卷，至十九世紀方才刊行）更是藝術之作；細節之

> 對於行文風格且讓我再做一言——可謂漫不經心，同樣的字眼太接近地重複出現，太多同義詞，尤其是曖昧難解的長句，有的事實恐怕還一說再說。這些毛病，我心自知，但沒法避免，因為太沉湎於事情本身，就顧不得表達的方式啦，更別說闡釋了。下筆太快，這缺點我還沒治好。
>
> ——聖西蒙，論其《回憶錄》（年日不詳）

豐，內容之富，次序之明顯凌亂，使其名列巴洛克曠世傑作。

＊＊＊

及至十七世紀末，歐洲凡有學養者皆以法語為第二語言，文學遂也開始跟隨法國典範。這項影響，在復辟後的英格蘭尤其強烈；查理二世及其友人曾在法國避難近二十年之久，復位後身邊的逢迎依附之人自也學習法語以便不落伍。親法的復辟一朝，其風氣眾所周知：清教徒的正經不再、道德規範解禁，英王陛下更不時陷入愛河，可不像他在海峽那一端的贊助人般是個嚴格監工。當時的當紅文類，是風俗或謂世態喜劇，劇中展現的重心、習俗、閒語，亦俱與朝中實況並行。范伯魯、威徹利、法夸爾和康葛列夫筆下的人物，也俱是權謀、揮霍、犬儒、不檢且機巧之人。當時更頻頻抄襲、改寫法國劇情——尤其是莫里哀的劇本——語氣卻更帶巴洛克味，甚於新古典風，措詞用語亦機趣十足：人物出口成章，都是俗世智慧的實用格言，宛如拉羅什福科，其意象比喻卻在淫穢邊緣（此中情節可讀 Joseph Wood Krutch 著 *Comedy and Conscience After the Restoration* 一至四章）。

在此同時，德來登的英式悲劇也放棄了伊利莎白時期的體式，改隨法式風格起舞——由押韻對句組成的長篇三部曲，效果同樣也較法國原型更為強勁。他筆下的題材，《蒙兀兒大帝》、《攻克格拉納達》，俱非來自古人卻係取材近世歷史事件（儘管遙遠依然），以鮮豔的語言、英雄的詞令，煞有其事地饗宴觀眾——莎士比亞的聲名正於此時陷入低潮，自然不足為奇。詩人端坐家中閱讀莎劇，雖欽佩其語言能力（偶見佳句）；待得搬演上台，則被評為粗糙、老式的劣作——那能幹的海軍大臣畢博恩熱愛戲劇，在其出名的日記中記下了這句高級眼光的品評。

其他劇評人則鄙夷更甚：莎士比亞，還有其他伊利莎白時代的劇作家，根本「不知道英雄劇或戲劇詩的法則，也弄不清（真的！）怎麼寫真正的英文[16]」。德來登本人則在熱烈愛重與近乎輕蔑之間搖擺不定：莎士比亞「常常平淡無味，所謂喜劇情趣，亦常淪為張牙舞爪的鬥氣，嚴肅之處則膨脹成浮誇之言」，他緊接著引用了一段《哈姆雷特》，評道：「瑣碎的思緒，卻又如此小題大作地表達，真是雜亂無章啊！」

> 觀《羅蜜歐與茱麗葉》，從沒看過更爛的戲。──《仲夏夜之夢》，以前沒看過，以後也絕不會看，這輩子所見最沒生氣、最荒唐的劇。──《第十二夜》倒是演得不壞，但依然是齣愚蠢劇。
>
> ──畢博恩（一六六一～六二年）

復辟時代產生了許多抒情詩作，以范恩、察赫理的作品最為出色。此外亦有半打左右的女詩人，她們寫詩並非偶一為之，其中阿赫拉．貝恩也是成功的劇作家。但是其時文壇詩壇之冠，自然首推德來登，他寫政治挖苦文學，他譯維吉爾及其他古羅馬作家，他作詼諧露骨的歌詞，他為之後將要來到的英國奧古斯汀風格時期諸家（<481）樹立風格、措詞、節奏，於是由十音節詩行組成兩兩對韻的詩文，百年間在文學國度居首，一如今日的小說身分。至於作為批評家的德來登（展現在他的論文、序言，以及一部高妙對話裡面）亦在西方文學中列居翹楚。

＊＊＊

巴洛克與新古典品味紛呈並融的展示之中，卻出現了一本小書，與這兩種風格都無關涉。作者約翰·本仁補鍋匠出身，書名《天路歷程》，係以最樸實無華的語言寫成，描述這名叫做「基督徒」的敘述者如何得夢，因而為自己的靈魂焦灼。夢中他離開家人朋友，涉險踏上前往天國之城的旅程；途中可怖萬狀：絕望泥淖、死蔭幽谷、浮華世界、錯誤山、大絕望，以及其他各種危難、險阻、謊言，在在考驗他的決心意志。又有與一般常見的引誘如「金錢情愛先生」、無神者的對話，愈增這項遠征之旅的艱難。

這是一本寓言，卻不類其他同型書。書中充滿動作情節，具有真實的懸疑性，人物類型亦充分可信，立時打動大量的非國教派信徒共鳴——這些人不贊同復辟一朝的風氣道德，用不著後者那些優雅老練、倫敦中心的文學，也不可能了解康葛列夫之類人物的發言。不論係為其宗教訊息，或當作生動的虛構作品讀之，《天路歷程》始終是一本老少咸宜的風行書，直至十九世紀末葉——蕭伯納即讚譽此書精采詮釋了人世生活。即使今日的俗世心靈讀來，也會訝異於本仁之見與自己意氣相投，這名補鍋匠有系統地攻擊當時的行事作風，以及如今稱為既有秩序的價值觀點。他視政府、法律、禮儀、道德和社會習俗等事，皆為有錢有勢者用來欺壓窮人的工具；只有窮人才是唯一單純、真誠、具有愛心的人。他當然不是在鼓吹革命，他所要的唯願人自我改造、拯救自己的靈魂。

> 有的說，約翰，把它印出來吧；
> 其他人說，別印。
> 有的說，可能有些好處；
> 其他人說，不然。
> 最後我想，既然你們如此分歧，
> 我還是要印出來，於是事情就這麼定了。
>
> ——本仁致《天路歷程》讀者
>
> （一六七八年）

本仁因宣揚極端思想，曾經幾度下監，但是此書並非獄中所作，如過去一度以為。他也寫過其他作品（包括詩在內），卻都不具可讀性，只有一部例外：《罪魁受恩記》，記述他多年為罪惡占有的痛苦，以及從中釋放的經歷。本仁係喀爾文派，因此感受的折磨更甚路德——因為在之間的年代裡面，聖經已成絕對的萬用百科，而經中所記的危言與應許，卻往往矛盾不一。

> 無知：我知我主的旨意，我一向正正當當過日子；我不虧欠人，我禱告、禁食、做十一獻、施捨。
>
> 基督徒：可是你不是從那門進來，你來到此間是走那條同樣彎曲的道路，因此我擔心，你會負起賊子、強人的罪名，而不得入那城。
>
> ——本仁《天路歷程》（一六七八年）

更正派教義主張人與神直接交通，不能靠任何「善工」加分以免除地獄之火；《天路歷程》裡的基督徒，正具現了其中暗示的**個人主義**。他除了自己，其他誰也不想，他沒有任何「家庭價值」包袱，遂可以毅然拋妻棄子，救「自己」不受咒詛。不過正當此書大紅之際，本仁又寫了一部同樣長度卻遠為遜色的續集，書中「女基督徒」及其數子，在「大好心腸先生」的幫忙下得蒙搭救。

至於查理二世朝上或倫敦文學圈中的高級人士，自然不會給予本仁其人其書以片刻注目；此時清教徒思潮已不再為人仇視，卻成愚弄訕笑的對象。將此仇恨心理轉化成嘲笑的作品，係山繆．巴特勒的《修迪布拉斯》，他為農家之子，曾一連在好幾家貴族府中為「門客」，他那粗莽風格的諧趣極受歡迎，因一首仿《唐吉訶德》的滑稽史詩而成名。詩中的修迪布拉斯及其老爺拉福都係清教徒，歷經各種荒唐可笑的冒險，在在突顯克倫威爾時代的宗教虔敬與社會理想，俱屬偽善、自謀。其中亦不時穿插一些人物素描，影射當時的著名人物。

此書笑點，原係設定於這對俠士拍檔與一群獵熊人的一場大戰，以及其八音節詩句所用的謔韻噱頭——這類手法亦常見於拜倫的《唐璜》以及吉伯特的滑稽歌劇。但在巴特勒筆下，用韻粗糙，亦鮮見機趣，英王查理卻很欣賞，還御賜巴特勒一份養老之資。及至十七世紀末，這位作者連同其靈感之源的題材，都已雙雙為人忘卻；復辟時期的心情風氣，正開始讓位給嚴肅的思維。

> 什麼能使一切教義簡單明白？
> 大約兩百鎊一年。
> 那麼如何把原先正確的
> 再搞成不正確呢？
> 另外再兩百鎊吧。
>
> ——山繆．巴特勒《修迪布拉斯》（一六六八年）

第十五章　大百科世紀

百科（encyclopedia）一詞——「教學圈」（the circle of teachings，源自希臘文 *enkuklios*：一般、綜合、圈、範圍；*paideia*：教育）也許可以作為十八世紀的表記。一如文藝復興時期，這個年代也信心滿滿，認為新知識以及知識的全備豐滿，俱在自己掌握之中，而且藉此可以獲得**解放**。這份自信，來自科學思想上的明顯進步。科學係將理性應用於一切疑問，而不管過去的傳承為何；每事每物終將為人所悉，「圈入」人類的知識領域。而探索自然與心靈、廣傳探索的結果，這兩大目標係為使全天下人同此「心」：一個既具理性又不失人性的「心靈」。語言、民族、風俗和宗教，都將停止製造歧異——歧異有害，人盡皆知。於是宗教歸一，道德歸一，又有法文作為學者的國際溝通媒介，這將是一個由「哲人」（*philosophes*，法文，或譯啟蒙思想家，專指十八世紀啟蒙學者，包括思想、科學、文學多面）所居住（起碼由哲人所管理）的世界。

但是在這個理想世界實現以前，還得好好清場，除去眾多擋路的障礙，尤以基督教信仰為最——不是其兄弟一家與愛的教誨，而是其超自然的歷史、神學與教會。聖經只是無稽之談，為無知或有心人捏造發明，此事務必揭發——雖然當年理察・西蒙神父的用意並不在此。他是上一世紀的司鐸祈禱會僧侶，寫了一本批判觀點的《舊約史》，駁斥所謂摩西係《舊約五經》（舊約聖經頭五卷）的作者之說，不啻帶頭展開了稱之為高等批判學的聖經批評領域，亦即對經文的意義與真實進行**分析**，而不僅著重文本的純正。約在此同時，荷蘭則有被教會開除的猶太人史賓諾莎，安靜的思想家，更進一步進行闡釋；他先前已曾精心做成一套哲學理論，有著深刻的自然科學痕跡，與通常完全依字面解經的信仰不合。對史賓諾莎來說，神在所有事物之中，所有事物也都活在神的權柄能力之下，神雖然無情無緒無有感覺，卻配得人奉上「智性之愛」。這樣的信念，是史氏倫理學與形而上學的一部分，已經他以幾何推論方式證明，係以嚴格次序，自少數幾項定義、定理中推出上百道命題驗證。聖經若仔細推敲研讀，可以看出係由許多佚名文員抄寫編纂而成，而且充滿矛盾之處。其中的道德教誨值得讚譽，歷史記載則不能肯定，故事內容更全屬寓言。

史賓諾莎與幾位十七世紀哲學家、科學家有書信來往，受他們高度敬仰。但是他鮮少出版，日子過得極為樸素，以手藝維生，拒絕海德堡的教席邀約。當時從遠處觀之，一般也只將他視為又一名自由思想者及無神論者而已——不過沒什麼害處就是了。一如西蒙神父，他身邊亦無門人子弟，因此及

> 我們因此可以說，不必藉由奇蹟，奇蹟應盡可能保留給極大需要才用，撒拉的身子骨好，多年來又沒生養也沒奶過孩子，因此即使九十高齡，依然可以保持美貌。普羅科匹厄斯（**拜占庭史家**）認為她是在得到懷孕能力之時，才恢復了失去的美貌。普羅科匹厄斯怎麼想是他的事。
>
> ——皮亞．貝勒論撒拉，亞伯拉罕之妹暨妻
> **（撒拉多年不育，後得耶和華眷顧年老生子以撒，見《創世記》十七至二十一章）**

至此刻為止，高等批判學尚處於地下準備階段。可是不久一部作品出現了，地雷爆炸，碉堡攻破，作者為皮亞．貝勒，也寄居荷蘭避禍。這是一本大部頭字典，冠有「歷史性與批判性」[1]之名，將一些眾人耳熟能詳的基督教真理拿出來比較、並列、質疑，或以反話形容。讀者讀畢不是跟他一般起了疑心，就是見此大不敬而勃然震怒。

為免被禁，貝勒在詞條裡只以短文寫出主題定義：真正的論述則收在附錄的注解裡面，內容又長，字體又小，為使文字檢查者因此略去不察。於是「光的世紀」揭幕了——卻也是一個分裂的世紀。他們的觀點塑成了我們的俗世世界，在今天幾乎全面受到贊同，遂使我們以為這些哲學家及其百科在當年也係輕易稱勝。事實上，他們遭遇的反對力量始終未被粉碎，十九世紀更死灰復燃，及至今日亦愈發激烈。他們攻擊的目標是所謂「啟蒙運動」（Enlightenment，直譯即光照之意），而非理性或光亮；他們反對的是十八世紀的那套思想與應用。

貝勒的《辭典》對知識分子最具吸引力，因此傑佛遜擁有一套五冊的對開版，自然無足為奇。但是它的訊息卻要藉伏爾泰才得傳開，遍及一般受過教育的讀者、殷實的中產階級、高級社會的男女和沙龍的三教九流。貝勒的訊息很簡單：《創世記》講對了一件事，神的確創造了宇宙，可是到底如何創造卻無人知曉。神讓宇宙開始運作，依律而行——此乃科學之律，對此祂沒有理由插手干涉。此即自然神論，是理性之人的宗教，因此儀式、祈禱、香燭（以及懼怕）一律出局。在此同時，張開你的眼，看穿教會在你身上行的欺詐蒙騙——唯一得利者是教士、僧侶、主教和教皇。

為傳布這項信息，伏爾泰使出渾身解數，利用各種可用媒介。於是他的政治宣傳文字、對其人身攻擊的反駁、五幕悲劇、應景小詩、古典作品新編或私人書信，都附帶加入這些主張。最後，更濃縮精簡成一系列文章，用二十六個字母標示——每篇四五頁長，題目包括天使、無神論者、狂熱盲信、摩西、神蹟奇事、彌賽亞、平等、國度、寬容等等，凡七十三篇，總名《隨身哲學字典》[2]——其實除了隨身可攜之外，還可加上易讀以及讀來十分有趣兩項形容，直等於讀者文摘式的貝勒。行文明晰，雖見機鋒卻刻意收斂，常識風格的口吻魅力無可抵擋。

以如此面目存在的宗教，並非受到攻擊，只是重新界定簡化。人也許震懾於神這位大建築家及其手筆——但也僅此而已；事實上各方各民各族，對創造者都同有這種感覺，因為人的本質，一如自然，在全地皆為相同。至於良好的道德規範，也同屬人類共有，新定義亦不動其分毫。因此在根本的事上既有此根本的一致，就不該有任何衝突理由，不該有宗教戰爭，不該有宗教「聖戰」、異端、改宗、迫害，火刑和屠殺。

可是那惡名昭彰的教會，只是人之所以惡待人的成因之一，另一項惡源是敗壞的政府，也應該改造得合乎理性——伏爾泰在此再度兼任牛虻與蜜蜂兩角，部分原因則出自意外。當年猶在少不更事之際，曾說話得罪了一位貴族大爺，遭後者侍從痛毆，他竟然愈發冒失，向貴族挑戰決鬥，結果二度住進巴斯底獄（早先即已嘗過一次味道），被勒令離國。伏爾泰選擇往英格蘭流亡，在那裡很快交上朋友，學其語言，究其制度，兩年後回返祖國，寫出《英倫書簡》——立即轟動，造成有力影響。法蘭西變成愛英族，一些作家甚至進而學起英文，英文作品法譯更為頻繁，風俗時尚禮儀也開始取得英式風味。

在《書簡》印行之前，法國的科學哲學屬笛卡兒一派（<301），據聞當時在巴黎一共只有兩位信奉牛頓學說。研討了英國的社會與政治之後，伏爾泰接著又出書討論《牛頓物理》，不久又見他和

其他人開始闡釋約翰．洛克的政府思想，其中最吸引人的一項是洛克的寬容理念。不過所謂「英格蘭只有一種醬料，卻有百種宗教[3]」的妙語，一般以為是伏爾泰所言，其實不然。他也不曾寫信給愛爾維修斯，聲稱：「我雖不同意你說的話——卻至死也要捍衛你說這話的權利。」其實這是二十世紀一位女傳記作者代他[4]發言；但是兩句話合起來，卻頗能代表他對言論與宗教自由的主張。而且，那句諷刺之言過度簡化了事實真相：在英格蘭，雖然所有更正教派皆屬合法，權利與機會卻不平等，天主教徒更多少遭遇迫害。不過英格蘭的國教教會與政府，畢竟也容許沙夫茨柏瑞伯爵刊行他的駭人言論——此君認為宗教應該是個選項，無神論觀點也可納為一種可能的信仰形式。理由是只要大家一起來，人人可發言，不管因此出現任何謬誤，「真理都愈辯愈明」。法國的知識分子，輕易便看出自由表達一事的好處：他們都記得伽利略，他們也知道笛卡兒、卡森迪、西蒙神父、貝勒，以及其他多位原創的心靈，為懼怕遭到索爾邦追索迫害，都不得不修正或隱藏他們的真正觀點。

＊　＊　＊

這位約翰．洛克，又是何許人也？他是醫生，與牛頓為友，斯圖亞特王朝年間在本土不曾享有太多寬容待遇，在荷法兩地度過八年漂泊生涯，與兩地先進思想家結伴來往。一六八八年詹姆士二世被迫下台，洛克返國，成為帶來這項改變的政黨之喉舌。因為與此變同時而來的權利宣言需要一位理論家使之體面可敬，洛克正可以扮演這項角色——多年在外，他已經吸收了眾多思想，正是他付諸筆墨，在他的形而上學與政治著述裡面精妙發揮的理念。

政治一項，係來自多位理論家的建樹，從博丹到霍布斯，先後對人類社會的起源多有立論

（<367; 398）。比方「寬容可強國而非弱國」一說，便可在離群索居的思想家史賓諾莎書中找到——也是他唯一刊行的作品。至於代議政體的理由，也曾在哈林頓的《海洋國》（<399）中清楚楬櫫，清教徒民主人更是不在話下（<395）。簡單地說，洛克之所以得名，係因他以一系列曉暢精煉的散文，條理分明，扼要地概述了這些早已成熟的理念。結果世人卻誤舉他為一代大發現家，首創並闡明了主權在民的概念——但是此事錯不在他，而是常見的文化狹視症使然。

既然人民的權利取代了神授的君權，洛克便由否定後者著手——菲爾瑪爵士所寫的一篇文字正給了他這個機會。英格蘭當時有一派為數眾多的人士，見一六八八年推翻合法王政的激烈舉措大感駭異；菲爾瑪便是為他們發言。既有著相同的宗教理念，遂自亞當的父權暨普世權威，推衍出絕對君權係經天意神授給予地上一切統治者。這種說法如今自然已成荒謬，但是對相信君王確有神性維護的芸芸眾生而言——莎士比亞亦是其中一位，所謂權力自神而來，傳給第一個人，再一路遞嬗於其受膏後代，整件事很合邏輯，係經由推論而得，前提則源於聖經。而聖經正是神的啟示。

與此相較，洛克的前提則基於對社會起源的假定：誠如霍布斯所言，社會係始於自然狀態——那兩項永遠站在一旁待命的觀念，「理性與自然」，又在此發揮作用（<111）。推理如下：自然的人，擁有其個人能力所給予的一切權利——既無限度，亦無禁制。可是結果證明，這種極度的「人人自便」卻有其不便，遂與他人達成協議，設立一個權威專責制暴解紛。此即社會契約或合同，一經建立，並設成律法，人人皆受此項安排約束，除非掌主權者（或一人或一群）濫用所賦的權威。濫用權威便視同違約，社會中的成員務必抵制，甚至可以推翻當局。藉此規定，逐走詹姆士二世並另尋守約之人（橘邑威廉），便有了正當理由。洛克立論與菲爾瑪最大的不同，在於前者全屬俗世，不含任何

宗教成分，正顯示此時終於開始視理性比啟示更為合理——洛克的兩部論述雖也有提及神處，卻都只限於形式（*pro forma*）。再者，當此高明先進都迷於自然研究的年代，將立論奠基於自然，顯然比以信仰為基礎有力多了。但是事實上，理性說法的起點同樣有欠穩固：所謂洪荒之初，那些習於相互搶奪食物、宿處、女人的野人，忽然自動自發，聚在一起立約共守——這幅畫面，跟天意將權力自亞當始，再一路傳至詹姆士二世的景象一般充滿想像。

> 政府之終，是人類之福；哪一種做法對人類最好：是讓人民永遠受無邊際的暴政統治，還是統治者有時也應當遭到推翻？統治者的權力若被剝奪，（權力）又歸於社會，人民有權當家作主，重新將權力置於他們認為合適的新形式或新手之中。
>
> ——約翰·洛克《政府論：論其源、其幅、其終》（一六九〇年）

對於洛克，以及向新王威廉三世商討條件的英人而言，社會契約的條款即是權利宣言的十三項規定。可是洛克更要他的主張取得理論的地位，超越一時一地的需要，適用於所有時空。於是人類普遍共有的權利，歸納為三點：生命權、自由權、財產權。這最後一項權利，係基於以下觀點：當一個人「摻入了他的勞動力」於某件物質事物之後，其成品便無條件歸他所有。至於這些權利應由誰確立執行，總之萬不可由霍布斯的絕對統治者出任；無限的權力極可能造成暴政——正如那些神設的君主即有此意（幸好未能達成）。洛克將主權賦予全民，但是行使起來不甚方便，遂選出代表代行。代表有的專任立法，其他則負責執行。

更進一步推論之下，發現最能體現以上立論精神的政府，是混合制的英式體系：即「王在國會」

（king in Parliament）（國會由貴族、平民上下兩院組成），並以選舉產生的平民院全權掌控稅政與軍隊——沒有兵力，任何權力都乏保障。平民院還有一項巧妙機制，可以長保軍事權力在握：他們每年都通過一項兵變懲治條例，效期只有一年；沒有這項法源，任何懲處、任何軍法，都不具法律效力。美利堅合眾國憲法亦抄襲這項精明舉措，並更進一步立總統為三軍最高統帥，以加強其立意原則。

＊＊＊

巧的是，伏爾泰旅英期間，英格蘭也正在歡迎一位法國賓客蒞臨觀察，此即孟德斯鳩男爵。來自法國南方，任地區法院副席，因此是法袍貴族一員。孟德斯鳩幾乎無須任何信函引介，便獲得契斯特菲爾德伯爵大人及其他名人顯貴盛意接待，因為他此時已是暢銷名作《波斯人書簡》的出名作者。這是一部虛構的諷刺作品，記一位波斯人造訪法國宮廷；文字辛辣，兩面利刃，將法、波兩地對宗教、統治者、道德操守、女性和禮儀等事的態度，一一拿來嘲弄。此書在歐洲大為風行，但是當時任何讀者，或任何曾與這位機趣的年輕法官交談之人，都想像不到二十年後的世紀中期，在出版了一本專研羅馬盛衰的著作之後，孟德斯鳩更推出一部綜合了歷史、政治科學，與社會學的巨著——《法意》。

書名英譯《法的精神》[5]，實有未盡之意（<331）。「精神」在此，含有意向與適性之意，而「法」則指「體制」，即政體形式。此作為一大型調查報告，規模如此宏大，以致作者一開始便告訴我們，組織材料之際他曾多次失卻勇氣。這項偉業獲得各地讀者鼓掌叫好，法國讀者的親英愛英情緒，更從中獲致肯定：請觀書中前六章，正專述自由如何在英式政體實現。三權分立——立法、行

政、司法，保障自由與民權；而且三權勢均力敵，保持政府平衡鼎立。

不過孟德斯鳩也暗示，他筆下的設計可能有潤色美化之嫌——這項預警之舉頗為明智，因為在契斯特菲爾德主政的英格蘭裡，政府的實質運作與書中的理性秩序明顯有落差。英王握有行政大權，首相（新設頭銜）代君執行，必須掌握國會才能推動任何政務；而且他也常常使用這項權力，轉而對抗意圖干預立法的國王。孟德斯鳩又寫道：司法的獨立性不在於法，卻在陪審制度——然而實際上法官與陪審員卻經常聽命於行政單位，國會也只消通過法案，便立即可定人之罪——三權顯然並未分立。然而三權雖有這些實際重疊，孟德斯鳩的分立與均衡說卻立時風行，儼然成了世界諸大奇蹟之一，美洲殖民地便發現這套理論特別合意。在他們的讀物6裡面，孟氏是最常為人引用的一位，他們一旦獲致自由，更將其說立即寫入憲法。

以上種種——十七世紀後期的批評思想、一六八八年的「革命」事件和洛克、伏爾泰、孟德斯鳩的思想著述——造成的影響後果，也許可以總結為以下數點：神授君權之說，是一項毫無根據的教條；政府應自然而生，乃係發乎合理動機並為眾人得益；人有幾項根本權利不得剝奪，包括財產與革命的權利。總之更可以簡短綜合如下：英格蘭清教徒以平等、民主為目標的政治理念，減掉其宗教成分，如今已成思想主流。

> 此刻英格蘭人是否擁有這種自由，此話不由我來問。我只能說，這個自由係由他們的法律所立；此即足矣，無須遠求。
>
> ——孟德斯鳩《法意》（一七四八年）

將基督教傳統與聖經從社會理論翦去，等於也將它們自公眾辯論之中除名，遂留下一個空白，由大眾化之後的哲學進來填補。此所以十八世紀政論家進而被稱為「哲人」

之故。在他們眼裡，卡森迪之言是無可懷疑的真理，亦即所有的知識均係透過外在世界的感官經驗取得——但是這種經驗論卻不能遏止歧異，也無法防止難處。在此，世人再度歸功洛克，認為他建立了這項真理，並去除了主要障礙。方法係藉由「聯絡法則」——感官全體動員，共同形成心靈意相，即思想概念；思想又透過相同過程，形成其他有意義的關聯。因此心靈之內，沒有任何預存概念，卻從臨及它的各項事物之中，生發出它本身的秩序。這類探索最能在自然科學得到最高的實踐與滿足：實驗，即係串聯輸通之後的經驗，經仔細觀察，從中探出愈多的永恆關聯——或謂之自然「律」。

第一代的經驗論者，許多都承認神就是那位創世者，是那偉大的「表匠」，祂使天體發動運行，然後便讓它自行運轉。可是祂也賜予人理性天賦，於是人便用這項禮物，發現了祂那井然有序的大設製。他們又思及感官之覺正暗示著物質的存在，因此一切概念、感覺、知識——甚至連生命本身，都只是點點滴滴事物的相互作用。運動中之物事，作為因由存在，而其後效則是另一運動中物事的一部分；在這樣的物事關係之中，沒有可供神切入的進口——很可能祂根本就不存在；事實上也不需要祂存在。想當年羅馬詩人魯克雷修斯，豈不就寫過一篇巨構，為我們上過同樣一課？他證明所有的事物、生命，都只是原子的合成、分裂、再合成。原子之說對科學可謂再為完美不過，既簡潔又展示「注定」性質。於是透過這條路徑，對「預定論」的信仰再度開足馬力回籠。

不過十八世紀之時，科學與唯物哲學必須經過包裝方能聯姻，因為顧忌到宗教威權，及至世紀中期，這項姻緣終於達到圓房階段——最值得注目者即在霍爾巴哈男爵、愛爾維修斯，以及其他諸人的文字裡面。從那時起，更成了文化辯論的因由，廣受討論，雙方你來我往，形成拉鋸之勢——唯物論者若占上風，物理學便成萬事「典型」，生機學派及唯心論者只能低聲下氣。若後兩者居高稱勝，生物學便成強勢，唯物論者則閉口不言（909-910>）。「哲人」年代即曾針對此議題展開一場激鬥，兩派分別信奉牛頓與萊布尼茲——對於後面這位大師，及至目前為止本書只附帶提及，特為保留到本章專論他這項代表性的角色。

爭論伊始，其實是導自另一個不相干的問題：兩名大師究竟誰先發明微積分，即用來決定曲線、加速度，以及不等量變化數值之間關係的方法？這個問題其實毫無意義。雖然牛頓發明的記號法，證明比較好用，也是如今所用；但是他們兩位都同樣有功，創出了這項物理科學絕對必要的工具。

但是牛頓可不是唯物論者，從他的聖經研究以及一些明顯陳述[7]即可推出這項結論（<295），他的信徒卻為自己的目的，非把他變成唯物主義不可。萊布尼茲的目標則是建立一個全面體系，顯示物質如何與心靈相吻合；科學發現了秩序，他則在神的智慧、至善和權能裡面，看見了這個秩序背後那活躍、持續的根由。萊布尼茲係以科學家的態度，處理當前有關空間、時間和物體運動（motion）的問題。他認為物體係藉其內部移動的分子，聚成其體。他改良計算機器，他呼籲設計一套國際語言，專供思考之用，一如數字演算，可以推衍出新的真理真相。他的好奇心與發明想像沒有止境。

可是仰賴傳統的神，以為思想以及思想指涉的事物間提供一個「預存的和諧」，並提出「單子」，作為心靈（或精神、靈魂）單位——萊布尼茲的說法，似乎正與那些已經送請神光榮退休的新興思想背道而馳。事實上，他的單子絕非一武斷的發想，當初的論點如下：依定義，心靈本來就無法如物質一般，可以拆解成愈來愈小的零件分析；它若非一個整體，不然就什麼也不是，而單子則是原子的對等物。十八世紀的反唯物論者，想來應該頗為歡迎單子才是，可惜萊布尼茲派的領導人，卻是一名正統派的信徒。此人名沃爾夫，使用舊式神學（以及嚇死人的日耳曼大學問）來主張他的論點。

俗世派人馬則打定主意，務要使宗教與哲學分離，萊布尼茲遂不幸因受沃爾夫牽連，一起被射下馬來——儘管單子有其優點。日後伏爾泰更在《憨第德》中放出倒鉤利箭，射向萊布尼茲，為的是他曾說我們這世界是「可能存在的最好世界」，經沃爾夫詮釋，萊氏此言卻成「『可能設想』的最好世界」。伏爾泰輕而易舉，便可以盡情嘲弄這個觀念，在他筆下那位無辜的主人翁頭上，倒上一堆又一堆的不幸與災難。更有言外之意在此：如果神造不出一個比我們現在所知的更好世界，他的善或他的能必定有什麼不足之處吧。

唯物論者卻無法從此無憂，戴著他們的桂冠睡大覺。從另外一方，同時也殺來了一個棘手的論點。年輕的巴克萊（日後高升主教，卻絕非與科學為敵）突然閃現靈感：物質之謂，到底何所指也？我們從來沒看過它；我們只見色、形，觸及硬、軟，嘗嗅到各種質性而已。然後就是經由這樣或那樣的組合，這類感官印象指向了某件物事，我們便又給它取了一個名字，接著便開始想像（事實上我們未見也未覺）所有這些印象的背後，有一樣支撐物，稱之為物質。正如柯立芝言：物質，就像一隻無形的針墊，我們認定它非存在不可，如此才能收納住我們各式的感覺之「針」（請閱巴克萊著 *Commonplace Book*，此書短而有味，詳述其思想之源與發展）。

巴克萊問道：這針墊真有必要嗎？約翰生博士（非專業哲學家）聽說巴克萊評論物質存在的必要，便踢起一塊大石頭來，「力道之大，自己都反彈起來」，並說道：「我即以此駁之[8]。」但是巴克萊可未曾否認過事物的真實存在——如石之堅，如約翰生博士般重。他指出（而且從未有人能予反駁）物質只是一個觀念，加諸於感官的實際回報之上。今天的粒子迴旋加速器則向物理學家們回報表示，一共約有四十餘種「粒子」存在，它們的軌跡必須以照相捕捉，因為它們的生命一閃即逝。而且它們似乎不需要那隻無形針墊，因為它們只是（或可以轉為）一抹「能衝」而已。

不過從常識角度而言，這所謂物質在日常生活中頗有用場，而科學家（不論其信仰或哲學為何）進行實驗時也都假定其約翰生式的存在。從這些推論之中，一般大眾腦海中遂保留了那種牛頓式「世界機器」的圖像，在它裡面，事事物物都如榫存在，受到那因果關係之下的推拉左右。這幅畫面是如此契合，以致十八世紀有位法國軍人名喚拉美特利，因其書《人乃機器》引起憤慨物議，唯物論派卻大為欣然，普魯士的腓特烈讀後亦頗欣賞，還特別嘉獎此書。不過這項唯物觀念之用，也如蹺蹺板升降輪流高低互見。進入十九世紀，生機論學者來過一場間奏之後，湯瑪斯．赫胥黎更宣示人是一自動機器（827>），他後來雖放棄此說，他人卻你丟我撿，拿起來繼續使用。到了我們這個世紀，人再度被比作或化學的、或腺體的、或電動的機器；而更近也更微妙地，則被描繪成一組由細胞與基因組合運作的機器。

＊ ＊ ＊

諸如此類的理念，十八世紀之時在整個西方世界各地傳布，有人歡欣鼓舞，有人深惡痛絕；如此廣傳與熱情，必須有一個先決條件配合，亦即已有一批熱心讀者以及規模相當的出版工業存在。期刊數額日增，頻頻提供新聞與最新思維，從純科學到閒聊天，及於各種題目與層次。眾聲喧譁之中，君主與宗教一方自也不能寂寞，遂在宮廷資助下，由法王情婦彭巴度夫人領導，修院院長、主教、國會中的法學家、索爾邦教師，以及自由寫作的政論家紛紛為文反擊前衛。「哲人」此名原係榮銜，在多人口中卻用來冷言指責其淺薄，怒斥其背信棄神。一些粗糙無禮的脣舌，更將其文字比之青蛙嘎鳴，作者為**聒譟之徒**。怒意如此之深，因為新思潮浪頭襲來，招致影響者不只是意見輿論，連制度也有動搖之虞。主張自然神論，便等於教會實屬多餘；理性當家，則意味著恭敬、服從（歷來為當政者之所賴）同樣亦可棄置。對攻擊現狀的一方而言，此刻的主題是**大解放**，另一方則祭起大逆不道「逐出宗門！」的反擊。

再者，啟蒙觀點遇到的阻力，一般並不僅限於教士神職與官僚勢力，也深植於歐洲人的心靈與習俗之中，而新聞紙及講道台上，更無休無止地向他們發出警告並一再保證。可是由於這類努力的神學腔調與內容使然，閱之實在不怎麼有趣引人，它們往往只針對個別事項而發，卻缺乏理性、自然、科學和自由等崇高**抽象**觀念所具有的普遍性質，而這些卻正是前衛派一向獨霸所長。更有甚者，正統保衛戰糾集的一流打手甚少——須知任何辯論，反方才智都得加倍出色方能激起熱情，此等人才卻不見於這場論戰。不論是今日編纂的十八世紀思想家文集，還是相關的思想史專著，對教會一方的著墨都可謂微乎其微——如此現象實在耐人尋味。十八世紀被做成了個萬眾一心的模樣。

> 為爭取所有階級、各式人等的共鳴，我們這個時代的「不信」，已然採取一種輕浮的模樣，目的是為轉移想像力、誘惑心靈、腐敗人心。它打扮出一種深奧、莊嚴的氣派，佯稱自己已臻於知識的首要原則，因此可以拋脫了軛——那個它認為讓人、也讓自然神論丟臉的負軛。它怒氣沖天地痛罵宗教狂熱，同時卻又宣講對一切寬容；揶揄地提出一缸子嚴肅思想，用髒話給予純粹的道德勸告，以極大的錯誤說出偉大的真理，懷著不敬神的態度宣講信心宗教。一言以蔽之，它打算把耶穌基督與彼列（Belial，《失樂園》裡的**墮落天使**）弄成一家。
>
> ——巴黎大主教波蒙（Beaumont，一七六二年）

這種高壓清場的一面倒景象，或許與耶穌會士的遭遇有關。兩百年間，他們原是學識最富的辯士，及至十八世紀，許多卻受惑變心，私底下成為俗世陣營一員，許多國家亦開始驅逐此會。教宗克勉十三，本身亦具文化素養，雖曾為之捍衛，又建立「耶穌聖心」崇拜，以期號召信眾，氣勢卻弱。八年後，他的繼任者在歐洲天主教各國元首的壓力下，更下令廢止耶穌會，理由是「觀諸此會豐功碩果不再，無復當年吾諸前任允立之心」。而其他修會成員、教士、教會官員，對於社會上日增的不信心理，則或同而有之，或一笑置之。可見歷來大型建制的崩解，來自於所謂守護人之手所致，實不下於敵人所為——是哉斯言（626>起; 1115>）。

> ……以我們傳自宗徒的權柄，阻止這些悖理說法的流布，它們正在各方散布、引誘靈魂……我們宣布並表示，耶穌會在最後目標上，呼出了最高層次的敬虔與神聖，就是衛護、宣揚天主教的信仰。
>
> ——克勉十三，教宗敕書
>
> 一七六五年一月九日

＊　＊　＊

激戰的煙硝火燎之中，雙方信仰理念的色調差異其實並不分明——遂使某些參與者大感困惑茫然，實不下其「啟蒙」程度。因此戰術家認為，不妨將新學說的各項成分全部收攏一處，以供人方便取用。於是便是為這個目的，抓住了一個機會，百科全書於焉誕生。擔任其設計、部分內容執筆、文編，及護衛者的那位，即

狄德羅

他是整個十八世紀的樞紐人物，不僅因其百科全書功業，也為其他幾項成就。雖然在那個時候，伏爾泰的光芒蓋住了他，而且一直持續到近二十世紀中期；但從此後，狄德羅的天才規模開始為人所覺，作品也漸為人所讀——這一切，都不必也不致奪走伏爾泰的光芒，稍減他在這場兩人並肩作戰的努力中所橫溢的才華、勇氣，與機智。

狄德羅年紀較輕，名氣也較小，是個鄉下孩子，父業是打造餐具，必須靠鬻文、教數學、譯英文書方得在巴黎出人頭地。其中一部待譯的作品，即三卷的《錢伯斯百科全書》，結果卻因此發動了一樁耗費他二十六載光陰、身心健康幾乎為之崩潰的巨大工程。原來出版商拉布列登及其顧問，不打算僅只譯出並擴增《錢伯斯百科》內容，卻決定推出一部全新作品——足足八大冊，「由一批飽學之士」執筆，在各方面都要超越當時已有的[9]一打左右要覽；書名的次標題，即顯示其幅度之廣：《藝術、科學、工藝之百科（或系統化）字典》。範圍如此廣泛，自可提供無數機會迂迴導入前衛先進思想，而狄德羅能在法國一地便尋得數十名資格符合的人士供稿，世紀中期的輿論思維可見一斑。為確保品質可信，又請來知名數學家達朗貝爾同任主編，負責其專業範圍內的來稿；並找到謙虛忠厚的若谷小爵士（此人幾乎不為人知）孜孜不倦地調查研究，並為許多條目起草。

卷帙如此浩繁，成本自然極昂，價格亦貴，因此非募得富戶認購不可，於是製作了一份說明書直言編輯宗旨，款項如雪片湧進。顯然讀者群已經存在，正等待聽聞這些與傳統及正統相違的道理——因為若是從無人聽聞過的全新思想，不可能一出場就如此廣受歡迎，不久，就募集到三千套預約，至卷五之際更達四千。《百科全書》是貝勒那部《歷史批判辭典》（<531）的發達兒孫。

這部戰爭引擎正在組合裝備的同時，反對陣營亦未按兵不動。敵營大受刺激，文字檢查愈發收緊，而且也出了一部參考類書以茲對抗——《泰弗大辭典》，書名係指耶穌會總部所在地，當時早已在活躍發行「泰弗期刊」[10]。彭巴度夫人領導的宮廷人馬，也激動信眾起來攻擊那套邪書；索爾邦、國會、主教、劇作家、法蘭西學院——或受徵召或自願參軍，亦都列隊加入，發動一場嘲罵交加的戰役。原為舊敵的耶穌會士與冉森派，這一回竟也聯手共同抨擊這本大逆不道的褻瀆作品。

戰火延續了四分之一世紀，雙方各見勝負。出版商下獄、被釋、執照吊銷；已出版的幾卷為官方正式斥為謬誤——所幸未遭原本應有的焚毀下場。原來本書檢查官梅爾歇布君，剛好奉信出版自由，曾不止一次事先警告狄德羅，要前來扣押所有待印完稿——因此搜查人員撲了個空。於是各卷不斷現身坊間，雖係法境所印，有時卻標為瑞士出版。更有甚者，規模內容隨各卷愈形擴大。出到第七卷上，還在字母G處徘徊；狄德羅數了數，一共得編成十七卷文字、十一卷圖表（而非當初設定兩卷）方能完事——最後，狄德羅完成了二十八卷。另一位編者又為一七七七年的最終定版加上七冊，凡三十五卷。

在此同時，最惡劣的一擊襲到：拉布列登擔心其出版前途，竟在狄德羅清樣完畢、批准付印之後，又動手刪易文句段落。狄德羅宛如阿特拉斯（希臘神話裡的扛天巨人），一肩承負了整個作業，從蒐集資料、協調聯

> 民之所利，務為政府之所要致。本乎自然律、理性律。主政者之權力，即係以此為目的而得授。人民之最大幸福，則係自由。自由之於國，正如健康之於個人。
>
> ——《百科全書》：論政府

絡，到審定、編輯，甚至還經常親自為文，見此背叛行徑自然大怒。但是他亦無法可想，只能不斷逼出版商交出那些慘遭刪節的稿子——不論是手稿或印稿，卻盡皆枉然。直到一九三三年際，俄羅斯出現了一部成冊單卷，才終於露面，顯然就是拉布列登那堆經過縮減、竄改的文稿所成，共三百一十八頁，多數原係狄德羅的手筆11。

> 有人會發現我的估算太低。然而，四萬份聖餐用餅將共計八萬銀幣，如果再乘上五十二個周日，更達四百萬銀幣。為什麼不能省下這筆開銷？我們太幼稚了，淪為習俗的奴隸，看不見另外有更虔誠的崇拜方式。下面再談蠟燭這件事……
>
> ——《百科全書》：論聖餐用餅

敵方的迫害的確熱切，但是這從A到Z的數百萬言，卻不見得盡皆投入思想之戰；比方說隨手翻開第一卷，目光所至，也許剛好落在**蘆筍**一條。這篇嚴肅文字，共費了三人之力寫成：植物學者予以形容分類，狄德羅詳述味道及烹調之法，醫生提供實用的藥用參考。因此這套《百科全書》，無論過去現在，除了是一部巨型的宣傳文冊之外，也是一組實際的參考用書。

整體而言，狄德羅擘畫、製作的十一冊圖表，用處亦不下於其餘內容，而且獨具創意——亦即其中有很大部分，係圖列當時沿用的各式工具及生產製造過程。這名餐具匠之子，對於各行各業與手藝，以及它們在社會中擔任的根本功能，有著旺盛的好奇心——見其父畫像不著工作裝束，卻穿其周日正式服裝（上教堂穿著），感到非常失望。向世界揭示生產製作的方式與手段，遂在「術」史上記下重大日期：在此之前，手藝原是各行會的祕密財產，但是及至十八世紀中期，行會之外的發明日多，加以快速的傳播，已經減弱了行會的控制。狄德羅造訪各處作坊，便未受到任何阻擾。他指導製圖，記下筆記以為圖片說明。這項態度，正與科學家自由交換心得、啟蒙經濟學家主張自由貿易一致（561>）。至於出版行規，狄德羅也有一言之得：他那本《論出版行業書》，是一部經典之作，不但論當時業界狀況，亦指出為讀者大眾與作者計，應該進行哪些**解放**。

* * *

《百科全書》高低起伏的出版經歷，透露的意義卻不僅在狄德羅的壯舉，以及「聒噪之徒」力量的凝聚。當時反對派雖傾國家之力，對付其百科作者與出版人，這部大書卻依然一卷卷陸續問世，而且合作者沒有一人因此失去自由、性命——若是換作二十世紀任何一個鎮壓政權，手段都會有效得多：四千名《百科》訂戶，就可能發現自己已經與次要寫稿人同陷勞改營內，至於那些主要人物（狄德羅、達朗貝爾、伏爾泰、盧騷、若谷、孟德斯鳩、杜爾哥、奇奈、馬蒙泰爾、霍爾巴哈、沃康松、哈勒、多伯騰、孔多塞）更早被清理乾淨。

這個現象告訴我們，「舊體制」此時鬥志已消——正是衰頹期的典型徵象。貴族中人購買這些攻擊國王、教士的卷帙，見馴服了他們的君主體制出乖露醜，從中享受到一種報復快感，可是卻不曾預見自己這整個階級亦將為斷頭台所屈服。那些標榜自由神學的修院院長及耶穌會士亦然，問他們認為地獄是否存在，其中一位答道：「存在——可是沒人上那兒去。」這些「回到罪中」的墮落者，有些根本是哲人派的密友，緊急時更出力相助。

伏爾泰一生事業，正充分顯示當局心頭愛恨交加，不知如何對付他們也心知肚明的公開顛覆現象。如前所見，伏爾泰很早就惹上麻煩，而且自那本讚譽英格蘭的《書簡》問世之後（<532），他

就從未停止過觸怒挑釁。然而，他老兄一面發射攻擊砲火，同時卻又登堂入室，擔任王的侍從大臣，而且還是國王陛下的編史官，戰時的赴外密使——但是這類官方職銜，卻未能保其安全。有一度，他曾在柏林為腓特烈大帝的座上嘉賓及心腹知己，幫這位普魯士王潤飾法語詩文。但一轉眼陰謀權術作弄，使他倆起了勃谿，伏爾泰遂成四處飄流之人，必須往布魯塞爾、薩克斯哥達、科馬、日內瓦等地避禍，最後更得快快逃命，奔往離日內瓦四哩的法國邊界腓尼藏身。

此時法國境內已有各種禁令在等著他——國會要逮他到案，索爾邦要公開焚燒他的著作，國務委員會則全面宣告他有罪。但是伏爾泰的作品卻繼續自由流通，他本人也未受到四面追捕，他的書信照樣安抵友人手中，其中（這真是最大的矛盾）竟然還包括彭巴度夫人。只有當他把聲音升高至超過正常音量，比方他捍衛更正派的卡拉斯家族對抗外界惡意迫害之際，才再度陷於危險之中；這樣一種冷熱交加的政策，是理性時代一大特色。君王與爵爺都向伏爾泰奉上他們那分恭維，任何知名之士，從包斯威爾到卡薩諾瓦，也都感到非親往腓尼造訪這位大師不可，此地常被稱為腓尼伏爾泰。他接見訪客，一如君侯，與訪客的交談亦經記錄發表，讀來俱見精采12。

二十年光輝寄寓生涯末了，伏爾泰毫髮無傷歸來；回到巴黎、在家中、在學院、在劇院——不管去到哪裡，都得享專為詩人與英雄保留的尊榮。不久去世，已經儼然如神人。但是為避免教會分子在葬禮上給他難看，遺體只得（抹上香料，架在車內）連夜偷運出城。

本世紀餘下的年月，對「人文派」的壓力已經稍減。理性之後並無何災難隨之；麻煩的耶穌會士已遭國會驅逐出境，如今國會係由冉森派人士把持；《百科全書》最後十卷也在官方心照不宣的默許下出版刊行。狄德羅多年辛勞終於獲得報償——至少是配得的休假，在遠方一處勝地。

當初俄羅斯凱薩琳大帝奪得王位，聽說狄德羅與出版商不合，便曾力邀由她來保護繼續這項大業，他卻選擇在巴黎作戰到底，但是這項邀請始終有效，如今一旦書約期滿，他便出遊往荷蘭、日耳曼等地一路閒逛，拜訪各地藝術收藏，最後抵達聖彼得堡。在那裡消磨了五個月的適意時光，與女皇愉快對談，兩人相處甚得，他向她講學說道，她若似心不在焉，他便抓住她的膝頭喚她注意。其間只發生過一事敗興：某些粗野無禮的朝臣，密謀要他出糗，在滿朝文武之前忽然開口堵他：「先生，a加b除以z等於x，所以有神。請答！」根據一項不同版本[13]的報導，狄德羅吃這一嚇當場目瞪口呆——這等傳聞簡直可笑：狄先生教過數學，又寫過雖不見才氣出眾卻也真材實料的科學文字，更何況根本無須任何代數知識，也能輕易看穿其中的荒唐可笑。狄德羅不予回應，表示他的輕蔑，而且拒絕跟他們一起鬧出笑話。

除《百科全書》諸文之外，狄德羅其他著述也是卷帙浩繁，並具有另一種百科萬象的意味：他討論科學的哲學面，也兼及生理學、心理學、女性問題、表演藝術和教育等等。他寫故事、編劇本、作新聞信，以及另兩類獨特作品：一以對話體論人類道德身心生活，一為「沙龍展」——係畫展評論文字之始。

狄德羅的地位，可列本世紀樞紐人物，因為他的思想一路演進，從以理性為基礎的批判，進展至對人與社會形成新的概念，認為在其中衝動與本能比理性更強。遂對「具象多樣」產生敏銳意識，取代了哲人式對**抽象**的偏愛，而抽象的結果則是「劃一」。造成狄德羅思維漸漸轉變的樞紐，正是《百科》。全書將近完成期間，狄德羅開始寫下多項傑作，具體表達他的懷疑與新推得的立論。他那敏捷疾速的心靈，天生就跨越學科領域：談論比較文法之際，不但用上他對拉丁、希臘詩人以及義大利文、英文句法的知識，同時也運用他對繪畫、音樂的認識。他從歌劇取來四個小節，用專門術語分析比較，顯示與維吉爾的五行詩14有相似之處。

狄德羅看藝術、看人生、看經驗扮演的角色，他的觀點預現了未來的浪漫主義色彩，有時甚至遠至象徵主義。這種先於時代的表現，可以解釋當代人為何對他評價有限——不錯，此人在《百科全書》上頗有貢獻，可是除此之外，只算得半個思想家，一個任性小子。我們在此為公平起見，只能再加上這麼一句：狄德羅筆下最具洞見啟示的作品，迄今未曾刊行於世，但是即使早已為人所悉，回到他所在的年代，也不可能如我們今日這般珍視其中的價值。有人天生是談話家，狄德羅正是這號人物，他的文字也一再落入對話風格，不論是故事、論文，或辯駁，一開始沉著鎮靜解說，沒多久就破折號、問號滿篇飛舞，打斷文句，有如談話者就在眼前，或正在想像對談，一會兒懷疑，一會兒否定——變成一種「互動式的散文」。在他從未發表的對話長篇裡面，狄德羅放進某些位他所知道的人物，讓他們針對題目現身說法，於是他自己也可以一抒己見。

〈波根維爾航行補遺〉就是其中精采的一篇，主題係波根維爾那聞名的環球之航，透過狄德羅筆下的對話，著墨甚多，尤其講到大溪地的風土人情，在那裡性事自由，不帶任何罪惡感。這個島嶼社會比文明社會溫和、明智，令人油然而生**歸真返璞**之情——但是狄德羅卻絕非優托邦人，他的意志堅定，態度實際；一般視他為無神論及唯物論者，在他最後成熟的視界裡面，確也毋須神的存在，但是他亦非氣勢洶洶的無神論者。至於唯物之說，儘管有權威說法，在下仍認為這個名稱是用錯了15。狄德羅的哲學理念係基於他對生理學的研究，再經與醫生實地請教而更進一步發揮。生命、直覺、性生殖、動物行為、熱情和情緒，都是他關心的對象。他深信人是動物，但是動物卻非機器——如拉美特利所以為。狄德羅認為「變迭論」（此為日後演化論的先驅）極可能有其依據。在此，他再度樞紐一轉，離開了牛頓及天體物理學，轉向布馮及生理學（554>）。但是對物質及生命二事，卻不見他有最後結論。

事實上他從來不曾做出任何結論：他只提出「建議」，表明自己偏好一種毋須將物質**和**生命各自為政的說法，卻二而為一：「物質有思想力」、有「感應力」，而不是唯物論者那個世界機器裡的死物質。愛爾維修斯在其書中論人，將各種人類經驗俱歸因於區區物質，狄德羅反駁道：「我是人，我要合於人的緣由。」他一點也不教條，坦承自己並不懂從物質過渡到思想的過程，雖然必有此事——如果時空之外並無某種肉眼不見之物存在。他又表示，自己這套系統「同樣也有其難以圓說之處，一如巴克萊反對物質的存在[16]。」事實上「身與心」這個問題，歷來從不曾解決。但是如果不能用一般公認的「唯物論者」定義來指稱狄德羅，又該如何稱呼呢？最合適的名稱，應該是威廉．詹姆斯選來自稱的「極端經驗主義者」[17]（961>）。對這兩位思想家而言，此名同有一個優點，就是重新設想物質此物，幾近今日觀點——亦即物質絕非徒有「重」的死物，而是具有多重形貌的「能」。

他說：每個有生命的東西，包括人在內，都尋求自身福祉，任誰有所妨礙，必將犧牲之。即使我放任我那個小野人自行長大，一句話也不教他，他也自動就會想要富有、要女人愛、要將生活中所有的好東西拉向他自己。

我道：如果你的小野人任其自由發展，他會勒死他爹，跟他娘睡覺。

《拉摩之姪》（*Rameau's Nephew*，初次發行，一八三二年）

* * *

理性時代最堪稱奇觀的幾項發現來自電學。在富蘭克林近乎自殺式的人身避雷針實驗之前與之後，都有許多業餘與專業人士研究「萊頓瓶」，此物可以儲存靜電。他們記錄下正負電極的現象，量度其輸出值（庫倫）；設計出一種電堆（即電池，伏特）；又看出電流脈衝與神經動作之間的關聯（伽伐尼〔Galvani〕）。以上這兩項電學單位，以及眾所皆知的「通電、電鍍」（galvanized）一詞，既是發現者的大名，也顯示其發現成果。但是當時研究者尚未「專攻一門」，各種現象都挑戰他的心靈，比方富蘭克林就對一般物理、海洋學和氣象學均有貢獻。他在電學上的研究，建立了「單液理論」以及許多術語：**電荷**、**充電**、**負電**、**正電**，以及**電池**；他量度、預測電的效應，解釋地線導地因由；他擴大了我們對暴風雨、灣流的認識；他發明許多有用物事，尤其是依他大名命名[18]的暖爐。可惜在「電」之外，另有一項同樣不可捉摸的現象，雖經他與拉瓦錫等人組成委員會調查，卻沒有像樣成果。某名梅茲莫醫生（Dr. Mesmer，催眠術又名 mezmerism 即自此來）從日耳曼來到巴黎，使用他稱之為動物磁性的方法為人治病——此即催眠。委員會宣布此術的理論、實務俱皆無效，梅茲莫醫生當然亦成騙子。事實上他的催眠療法，至今仍為醫療使用。

富蘭克林此來巴黎，係美洲殖民地宣布獨立之後外交出使，一來就留駐九年之久，任文化使節並協商合約事宜。不久更大受崇拜成為偶像，法人視他為啟蒙一事的化身：亦即理性發揮於科學，社會解放於國王、教士。更有甚者，他在國外舉止裝束簡樸——其實都係「特意做出」，更與這個世紀最後二十五年的氛圍相得益彰（568>）。頭戴著他的招牌氈帽，他還真的被人推崇為「高貴的野蠻人」呢。

另一種液體——人眼可見的水，其大規模效果亦經人廣泛研究，因此而發動了流體力學，並為橋梁、造船帶來改良。眾人對水這個題目重新發生興趣，結果意義極其重大，包括以水蒸氣形式拖動金屬組件，遂成引擎。紐康門引擎首開其先，帶動幫浦；繼有瓦特蒸汽機，效率更佳，人從此除靜態的動力外，也擁有了推動型的動力。有了蒸汽，前此陸續發明的生產器械，重要性為之大增：凱伊的「飛梭」，擲線於織物之中；哈格里夫的「珍妮多軸紡機」則有多重紡輪——兩項發明裝置，原本均旨在增加家中產製之用。接下來又有阿克萊特發明水力紡紗機，可是體積過大成本亦昂不適家用，而且還需要動力；克朗普頓結合珍妮紡機與水力機發明的精紡機（稱為「騾」）亦然，完全無法在家中使用：於是工廠之興，便是無可避免的下一步了。

實用器物與理論知識相輔相成，溫度計即為此時發明，並有兩種量度單位（華氏、列氏）供化學家、醫生採用。在長期努力及獎金鼓勵之下，造出一座精鐘，準確到可以測出一地距離定點（格林威治子午線）的時間差，從此能夠鎖定船舶位置的經度。一如任何測量儀器，哈里森的木製經線儀可供純粹研究之用，卻未獲頒此獎，真是科學史上一大令人憤慨之事（可讀 Dava Sobel 著 Penguin 版 *Longitude*）。

無數遠征探險，亦滿足眾人對地球本身的興趣，波根維爾遠征之旅，即屬此類驚人壯舉（<550）。另一支隊伍亦冒著拉普蘭極地的危險天氣勘測地球尺寸，因為在極區有一空曠地帶，可供測球狀面積，因此可以決定經線一度該有多長。一向公開承認唯物（晚年則幡然悔悟）的瑞典哲學家史威登柏格，在地質及古生物學上有所發現。也是在拉普蘭極地，植物學家林奈尋找異域植物，回

程設計出一套命名分類系統，至今沿用。在地球的另一端，孔達明溯行亞馬遜河全程，蒐集了一路的動植物相，並發現了橡膠樹。其他如庫克船長，則遠渡南海，為已知島嶼之外，又新添各處群島，更發現了紐西蘭，世界地圖終告完全。這些探險之舉，多有國王陛下或其已經啟蒙開化的臣子共襄盛舉，他們也斥資開辦植物與動物園：正是「官辦科學」之破曉。

回航返國，各種發現又經爬梳篩檢，構成理論。自然學家布馮伯爵，挑起重任，將所有已知的動物世界知識集成一書，並在多伯騰襄助之下，將這部要覽推及植物。布馮的結論是高級脊椎動物（包括人類在內）均建於同一形態構造，彼此的四肢、器官亦有關聯。「智人」（*Homo sapiens*，生物分類學名）的構造組織，顯然由各種特徵轉化而成，布馮描述特徵，卻未提出演變過程。須知單單如此就已經豈有此理，有違神從「依神的形象」造人起始，然後「各從其類」造出眾生的創造經過了。為免索爾邦怒火噴及，這位自然學家必須在自己的假設之前飾以詞令，大意如下：若非我們已經透過神的啟示，完完全全知道這類關聯根本不可能存在，我們豈不要忍不住以為……云云。

如此「免責聲明」，文字檢查官自難有所駁斥，但是科學家在此暗示的反語，溫馴的讀者卻可能漏看不察——事實上十九世紀的演化史學者的確錯過此點。不過當年則不然，「變迭論」之說其時已在流傳，而且如前所見，透過與生理學家的來往，狄德羅對此頗為肯定。及至十八世紀結束，兩項完整的演化理論，一英一法，已經刊行問世，供眾矚目（667>）。

醫藥暨人體構成方面，亦有新的研究斬獲。雷文霍克、史達爾發現人類精蟲；生理學家注意到男女兩性生殖器的相似處；早前哈維發現血液循環而且對血管產生壓力，激起柏罕夫靈感發展出一套以水力學為基礎醫學「系統」：如果血管太細或太弱，便會因此罹病；其他狀況如消化方面的困擾，則係因化學成因所致。醫學「系統」此時依然統治醫事實務；柏罕夫的這套系統，遂在萊頓大學向大型班級大大講述，並以七種教本流通歐洲各地，占有醫學舞台達五十年之久。至於預防醫護，則有金納使用牛痘疫苗，而不再取自人身，作為天花接種；「痘苗」之下，病情減輕，死亡人數亦減。

「系統」觀念，卻很適用另外一門學問，其定義來源亦來自十八世紀，由化學家拉瓦錫所立。他使用的材料與方法均很正確——將元素分離，又在化合物裡發現它們，量度出它們的結合比例，為它們分別命名標示。氧、氫、氮陸續發現——透過普里斯特利、卡文迪許，長久以來遲遲不解的「火」亦終於獲得解釋，這套堅實的科學根基於焉建立。過去以為物品燃燒時釋出一種微妙成分，稱作燃素——即火燄，實驗卻證明火係因氧與其他質素結合所致（十八世紀各科實驗室工作圖解，可翻閱 I. Bernard Cohen 編 *The Album of Science: Leonardo to Lavoisier*）。

所有的進展背後，有數學突飛猛進為基礎。哈雷的彗星、拉普拉斯的宇宙論，或上段方才介紹的拉瓦錫化學，種種研究工作都有賴數字。牛頓與萊布尼茲的微積分，是一切有關「運動」之學的先絕條件。而在這崇敬培根的年代裡，數學家也是物理學家，又輕易地便從力學優遊到天文學，從流體理論跑到數目理論。達朗貝爾、歐拉、拉普拉斯都對這獨門學問——「自然哲學」之內的諸多科目非常到家。在伯努利[19]這一家裡，數學似乎更成家傳之藝，一家子出了九位能人，皆享有盛譽，在天體物理學、力學、植物學、化學上做出重大發現，而且完全不曾因天才四處涉獵而招責，最後更出了一名頗有分量的畫家。

正是這種遍及百科而零星片段的發現活動，攫住了教育階級的興趣，使他們得以隨時獲悉最新科學動態。許多城鎮（不僅在國都首府）紛紛成立院校，學問家與熱心求知人士，有貴族也有中產，在此濟濟一堂，共聆有關最新發現或推論的文字發表。他們也懸賞徵答，解決有爭議的問題，贏者立即聲名大噪。知識中心而外，又有無數沙龍興起響應，由貴婦仕女主持，她們本身亦饒富學問，主導討論方向，邀約國外來客，鼓勵年輕才子。還有咖啡館（雖然不如沙龍那般講究人選）也聚集了一批意見或志趣相投的「常客」。

巴黎的波寇柏咖啡屋（歐陸第一家），便是其中一家，因狄德羅及其友人經常光顧而知名。沙龍女主人如德凡、艾平內、唐辛、胡德托、傑芬、萊斯皮納斯眾位夫人小姐，亦因其沙龍而名氣長存。其他也有一些女士，寫出了才情不下於這類沙龍談話的書信而大發光芒，尤以伏爾泰的親密伴侶夏特勒夫人最為有名；女士係物理及數學長才。狄德羅深愛的沃藍小姐，其書信來往更是他眾多理念生發的來源。

話題既多樣，又汲汲量度自然常法以解釋一切現象，遂使自然神與無神的立論增強，所謂關乎個人際運的「天意」，遂愈發更不可信，西方文化便如此一寸寸地邁向今日的**俗世主義**。世紀中期更發生一件駭人事件，為不信之心提供了殘忍驗證：一七五五年萬靈節前夕，信眾正齊聚教堂，一場地震震撼了里斯本城，大火及太加斯河造成的大水，更為地震完成破壞，數以萬計生靈殞滅。伏爾泰一刻也不耽擱，立即著手寫下長詩，點出其中道德寓意：一個如此具「人格性」的一位神，既有能力又有公義，怎能命定這樣一場大屠殺臨到人間？到底是為了什麼可以想見的原因，要用如此恐怖手段，殺死這些正在崇拜的男女老少？若說是因為他們比同樣數目的巴黎或倫敦人更為有罪，這個解釋實在太可鄙了。沒有答案，只能回道：自然的力量，獨立於其創造者而行動（Anthony Hecht[20]為〈The Lisbon Earthquake〉主要章節所做的譯本頗值一讀）。

＊＊＊

伏爾泰六十歲了，他已是整個西方世界共尊的一代文學宗師大老，是啟蒙精神的化身，是兼擅所有文類的超級大師。可是在當時人眼中最能驗證其崇高卓越地位者，則是他以韻文寫成的悲劇作品，一絲不苟，遵循科爾內耶、拉辛在前代所立下的規矩（<504），今日看來雖欠創新火花，卻不失為極佳模仿，而且在一個方面堪稱新猷：伏爾泰放棄老舊的希臘、羅馬主題，改往塔索的《聖城得贖》、中古的法蘭西，以及近東取材。他使穆罕默德成為英雄主角；他處理凱撒題材，為要顯示莎士比亞對悲劇藝術根本毫無概念，只不過是一個頗有天賦的野蠻人。伏爾泰當然有數——他本人既讀過莎劇英文原作，如今法文譯本又已面世，自然得好好評定一下這名外國佬，以免他把年輕詩人領上歧路。

伏爾泰的喜劇作品產出則不足道也，一如他早先曾試過一篇亨利四世史詩，但是他的機智風趣、老於世故，卻在無數應景詩中找到出口。同時代人以法文寫作真正喜劇者則為馬里伏，風格手法極其特殊——甚至以馬里伏式風格之名行世；特殊之處，在於藉無數微妙筆觸——一字、一頓、一姿態，顯示出戀愛中人或瀕臨愛河邊緣中人，如何為自己的猜想、錯覺、不確，以及盲目的錯誤（心理的、社會的）所動。亨利．詹姆斯的劇本與後期小說，便往往令人聯想到馬里伏的對話（有關馬里伏可讀 Oscar A. Haac 所著之書）。

馬里伏不是諷刺作家，在這方面，伏爾泰也試過訕笑聖女貞德其人其事，同樣不見成功，此詩更被人用來批評他缺乏格調，遂使他在十九世紀有了一個惡意、譏笑、專門誣衊人類那美好高貴一面的惡名。這個評語，卻忽略了他的散文作品，尤其是故事一類：不僅在《憨第德》，還有《札第格》、《巴比倫公主》、《微巨人》、《有四十先令的傢伙》，以及其他等等，都可以發現一個看重公義、勇氣、忠誠和簡單生活的伏爾泰。《憨第德》中，更見伏爾泰不再相信光明與理性帶來的進步——奇怪的是，此事卻始終為人忽略，人心有種種弊病：貪婪、詭詐、迷信和暴力，根本無可救藥；聰明人只有一條路可走：退隱家園，蒔花植草去吧。

不消說，《憨第德》的原著真髓，與據此改編[21]的音樂劇完全不同，但是伏爾秦在此書提出的忠告，也絕非一個看破世情幻滅的老人之言。早在寫出這個故事之前甚久，猶忙於書寫歷史之際，他對人事的看法即已改變。如今世人已經忘卻，伏爾泰為他那個時代提供多少訊息，並在其中創造出歷史意識，支配了下一世紀。《路易十四年代》、彼得大帝及查理十二[22]本紀，以及那部他稱之為《各民族風俗論》的大型調查研究，多年之間占去他全部時間。他的心靈之中，因此充滿了太多的歷史事實，在在與他作為哲人提出的論點相左。

儘管缺少前人初步研究，伏爾泰這本論風俗習慣的《風俗論》，嘗試以文化角度觀看世界歷史——係此類作品首度問世。他帶領讀者從史前地質環境開始，次及近東、遠東文明，然後一路到西方中、近兩世。在此是「腳踏實地」的伏爾泰發話，什麼普世理性、唯一宗教、一致的人，統統不見了——古今真相一經細觀，立刻就把這些抽象玩意兒全部驅走。據此獲致的「真相」是：歷來可稱為文明時期者絕無僅有——根據作為史家的伏爾泰，前後一共只得四大文明：古雅典、羅馬、文藝復興，以及路易十四時期（包括其後的伏爾泰年代部分年間）。

文化由興而覆的觀念，非伏爾泰所創，我們之前已見，同一世紀的維科那部為人忽略的作品《新科學》，即曾對此細論（<465）。維科之前，歷史的編纂寫作一向以帝王記事為主——原因甚明，因為帝王是史家的後台老闆；民族誌、文化史的書寫則始於維科、伏爾泰。不過帝王史外，某些宗教修會組織亦頗好史學，如玻蘭會、聖摩爾的本篤會，他們研究、編輯成噸紀錄，來源上溯古代，幸有他們的妥善保管處理，伏爾泰的作品方能多處得力於日耳曼、瑞士保存的此類史料。他的歷史眼光更影響了同代史家吉朋、休謨和羅伯森；赫德亦受到他的刺激所動（主要係因意見不同）寫下了啟發十九世紀各處史家的史學原則（704>）。

＊ ＊ ＊

稱《憨第德》之類的作品為故事而不稱小說，是為點明一項與歷史意義有關的重點。上一回提及長篇小說，還是在流浪漢題材階段（<173），透著書中主人翁歷盡各種苦頭，循社會階梯向上攀爬，對社會及其成員做出批判。十七世紀之交，雖有勒薩日擴大視野但仍採舊法，拉法葉夫人則另闢跑道走進情愛研究（<519）；必須留待十八世紀，方才有羽毛豐滿長成可稱為長篇小說的文類。菲爾第耶爾在《中產階級小說》描寫階級，可謂向前跨了一步，但是技巧還不大行。劇作家馬里伏則在其《暴發農戶》及《瑪利安生平》，添加了微妙的心理趣味。

於是點點滴滴，真正小說的兩大成分——角色塑造、社會背景，凝聚了注意中心，輪流成為主勢。英格蘭產出了定位模型：理查森的《潘蜜拉》及費爾汀的《湯姆．瓊斯》。《潘蜜拉》書中的內省與家居細節，在作者另外兩部小說再度展現，達於飽滿狀態，使他成為心理小說之父。此類作品雖深，卻不夠廣；《湯姆．瓊斯》則形式平衡，因此理查森若可比做傳記家，費爾汀必是歷史家了——

而且他幾乎等於親口告訴我們，書中每隔一段，就有精采「序言」，解釋作品旨趣。他稱自己這部作品為史詩，而史詩（我們知道）正是以詩寫史。然而湯姆卻非史詩英雄，費爾汀為此所做的解釋，其實有其用意。他曾取笑過《潘蜜拉》，立意自己筆下的故事務必反映人生，因此特意不將湯姆寫成潘蜜拉般的道德英雄。

理查森為法國讀者熱情閱讀，尤其在狄德羅長篇盛讚之後。潘蜜拉的道德高，雖只是名單純女僕，卻聰明伶俐，有辦法抗拒社會地位比她高的人，又善於自我剖析，自尊自重，在在令許多心靈為了她所受的試煉與最後的凱旋而落淚——這個時代正步向感傷風格（601>），連強悍的伏爾泰自己都說，最好的劇本是讓人哭得最凶的作品。狄德羅的兩部劇本（劇本之外也偶一為之）都顯示他最愛皆大歡喜的美好故事：正必克邪、敵人握手言歡、誤會冰釋、家人團聚。費爾汀也無法免疫：《湯姆．瓊斯》的甄可敬先生（Mr. All-worthy，全然可敬）大名就證實此點。不過書中其他部分則描繪事實、情懷，而非感傷情緒。

快樂收場、對白正經，這類劇本既非悲劇亦非喜劇，被稱為中產劇，正顯示蘊涵在背後的哲理：中產階級男女直截了當，不拐彎抹角，禮儀道德簡單樸素——卻絕對體面可敬。而貴族中人雖有「誠正君子」之稱（<516），卻一點也不誠實，喜弄權謀，表面上冠冕堂皇，骨子裡詭詐敗壞。這個宣布人生來平等、國王只是命好、教士騙人上鉤的時代，遂在中產階級身上找到可敬的典型，顯然相當合理。

這般矛盾心態，不僅反映於伏爾泰、狄德羅這類人物的作品與生平，同樣也見於其他人事物，當然更包括他們高舉的聖戰本身。同是啟蒙年代，一方面猛烈攻擊國王與征服者，一方面又熱烈推崇腓特烈、凱薩琳——兩者都被冠上大帝之名，雖然普魯士、俄羅斯兩地均行專制之政——兩種心情，實在很難調和。葡萄牙的龐巴爾、西班牙的阿蘭達和日後奧地利的約瑟夫二世，這些君臣都名列「開明專制君主」俱樂部，受到眾人歡呼喝采。

龐、阿兩位，對伏爾泰、狄德羅，以及柏林、聖彼得堡兩地某些學院人士寵眷有加；這種彼此仰慕之情，同樣也臨及日耳曼地一些開口法文、閉口理性的獨裁小朝廷（574>）。當時的期待是，前衛思想要求的改革，將在國君手裡促成——其實並非全然異想天開：因為除此，誰能改變政體結構？其時沒有任何機關設置為此存在。何況目標如此之難，統治者愈專權，改革愈能實現——假定他的床邊讀物是《百科全書》。啟蒙諸子既不鼓吹民主，也無意於革命，伏爾泰甚至一面鼓動旁人，幫他撲滅惡名昭彰的教會，卻又一面指出依然需要宗教之力，防止群眾亂殺亂搶有產階級——非因人民愚蠢、邪惡，而是因為他們無知、粗蠻。結果，俄、奧兩國的教育、改革大計俱皆失敗，果然證實此事難度太高，亦因此黯淡了所謂開明專制的光芒。

在此同時，一群經濟學者則尋求另一種改革之道，卻可能不為專制君主所喜：此即自由貿易。十七世紀之時，有位布阿吉爾貝爾則已駁斥過重商主義教條，指出刺激出口阻礙入口的積攢黃金之舉，實屬短視不智，雖可令國王歡心，卻對王國有害。經濟的繁榮則繫於最大可能的生產、交換，而且只對生產一方課稅。在英格蘭，也有一名荷蘭醫生孟德威寫了一本流傳甚廣的故事《蜜蜂寓言》力主消費——甚至連奢侈、浪費，都對國家有益，他的格言是「私惡等於公益」。進入百科全書一代，奇奈、杜爾哥、杜邦（日後成立美國企業王朝）因哈維發現血液循環靈感，也發展出一套理論，而且不僅止於修詞上的類比：財貨、金錢自由流通，可供養整個政治體的每一部分。農業是唯一的產源——

工業只是將農產轉型，而無任何附加，因此是單一稅。當時各城、各鎮、各鄉、各省，以及通衢大道的起造者，卻都各徵其稅，有過路費也有關稅——俱應予以廢除。所有的好土都應墾成良田，並使用最新方法。認定農業至上，在機器工業開花結果之前看來頗為合理，重農主義者之名（等同「自然當家」）頗合這批初萌露芽的經濟學家。

事實上英格蘭的農業也確有大幅改良，杜爾發明一種播種機，種植時可以引導種籽方向不致浪費；唐森德子爵發現某些根類作物會重新補足土地養分，大加鼓吹使用，以致以「蕪菁唐森德」外號遠近知名；犁具也見改良，牛隻的育種繁殖更加小心。這一切都愈發強化了那句老話：擁有最多農業人口的國家，最是富強康樂；擁有最多兒女可以下地幹活、照顧老輩天年的人家，最有神賜大福。這幅幸福人生的圖畫，正與狄德羅有時突發**返璞**之情的渴望搭配無間，亦與狄德羅一位友人的心境相合，他兩人交情最密，同時也是一位極受重視的《百科全書》作者，後來卻為前衛中人所懼，視為理性、真理的最大敵人，此人即是

盧騷

他論政體、論道德、論教育，也論社會生活，這些著作確使當時思想路徑猛然一個扭轉。欲知緣由，必須先把過去接觸過的所有印象——凡有關盧騷其人及其思想的說法或暗示，全從我們的腦海抹去。因為學術界一如新聞界，但凡提及盧騷其名，或將之用作形容詞際，往往都是在描述他本人從未有過的思想特色。這些陳設明明與事實相反，卻在某些狀況場合裡一再機械重複，正如作家每思及

「改變」一詞，筆下就一定流出莎士比亞名言：「在海底經歷了變異」（sea change，幡然改觀）一般。因此在此先聲明一下：「高貴的野蠻人」絕非盧騷發明，他也從未醉心嚮往；他更不曾促人「回返自然」，或說過人既生而平等，如今卻受鎖鏈綑綁，因此務將之打破等語。他的政治立論也不是基於社會契約；他既非第一位，亦非最後一位認為演劇有害，而藝術、科學未能改善人類的大思想家。最後在生命終點之際，他覺得自己受到迫害，亦非得了偏執妄想之症。

那麼，到底他所思所言者何？以上各項否定，似乎把他的原創思想及重要性都剝得一乾二淨，且讓我們從頭看起，追蹤他的人生腳步。他在日內瓦出生，來自匠人家庭，其父為鐘表匠，以一種異於周遭喀爾文派的溫和態度，教導他認識「良善」——但是清教徒的影響畢竟極深。年輕的盧騷移居法國發展前途，進入一位貴婦華倫夫人鄉間府中為僕，女士喜好講弄學問。看似她的「半個兒子」，實際卻是情人，於是盧騷學得了上流社會的舉止風度，並改宗天主教。然後又隱居些許時日，下一步即赴巴黎，在那裡與狄德羅為友，情猶手足。迪戎學院有獎徵答，題目是藝術、科學的復興，曾否改善風俗、道德。兩人躍躍欲試，共商對策，由盧騷撰文應答，採取反面意見結果博得大獎。於是一夜成名，因為竟敢和時代的最愛唱反調，否定最出色的人才最引以為傲並致力擴展之物的價值，的確令人矚目。不過切記十八世紀「藝」（arts）的名下，包括所有的「術」（techne）——機械之術及美藝之術，亦即文明開化生活之中的全套「術」，正如《美國憲法》第一條第八款中所見之意。

狄德羅可能也建議這個響亮的「不！」，以增加得獎機會，但是切請注意，首先提出疑問者卻是學院，由大批知識分子組成。不論如何，盧騷本人從未退出這個立場，正與他清教徒的成長氣性相合，他也如此真誠相信。由此遂生出他最具影響力的理念，自然也很合邏輯——那些從此力捧其成為文壇寵兒，以及百科全書潛在作者的眾位人士，卻未能及見於此。適當時機到來，他為這部偉大作品寫下所有音樂文字，因為他擅長這門藝術，當金主來源不穩定時，必須謀生餬口，就是靠抄繕樂譜為生。此時他已娶了一名出身寒微的女子，又有兒女需要養活。

但是不管日子如何，他始終如一地自習不斷：貪婪閱讀、縝密觀察。事業人生高低起伏，使他的社會經歷與眾不同：他曾侍候人進餐，也曾任法國駐威尼斯的專員；他曾與家人在巴黎陋巷節儉度日，也曾為貴人府中貴客；他最後寄居鄉間，在小村落裡隱姓埋名。因此盧騷是唯一的社會批評者，曾從社會所有既有階層看過世事人情——包括為人鍾愛的天才角色。他親身經歷親眼目睹之事，如今則需要大隊博士人馬，配備全幅問卷調查，才能挖掘出來。

得獎之後，盧騷如今四十三歲，再度回歸更正教，又寫了另一篇論述《論人類不平等的起源》。正是此時，那些有關他的觀點的迷思開始出現了：當初第一篇文章就令伏爾泰很不高興，如今第二篇出，大師更覺冒火，遂宣稱盧騷要我們如動物般「四足爬行」，似野人般行為舉止——認為這兩者才是最完美的[23]受造之物。如此闡釋體會，雖儼然言之成理卻實在有欠精確，遂迸出了那所謂「高貴的野蠻人」以及「回返自然」的陳腔濫調。我們在前面看見，距塔西陀十六個世紀之後，高貴的野蠻人再度復活，被用來做成福音派的助手，美洲的發現更證明這種受造物的確存在；其部落式的社會，很快便激起優托邦人士的靈感。同樣類型，也在格列佛四度出航中露面，以「慧駰」，那永遠頭腦清醒判斷正確的馬兒身分存在。簡單地說，這個迷思具現了一個永恆的理想形象，在近世又再度復活，滿足了**反璞歸真**的欲求。每當社會面臨太多的複雜，並斥為人工虛假之際，這個理想形象便會重返人間。

盧騷的確痛斥高度文明的種種特性，可是絕非宣揚回歸野蠻狀態，他認為那樣的世界在多方面欠缺吸引力——道德倫理有限、靠直覺而不靠思想行動，一度連語言也無、生資僅能餬口。但是社會、資產一旦確立，人生而才賦不平等的真相亦經暴露，最合情合理的做法，即是為謀群體之利回饋人才。這個階段，盧騷認為，才是人類歷史最幸福、最持久的階段——不過他卻從未說過回到這段時期。他確曾說過：隨著時間過去，當財富、身分不再與長處、優點相埒之際，就變成一種不公，因而導致不穩。他指出，這項結論只消稍微思索，用啟蒙式的好法子略做推論即可獲得——如此說法，豈屬煽動言論。自然與野蠻人，俱屬**抽象**，一如幾何圖形。

兩篇文章合在一起，對世事現狀做出負面批評；第二篇提出的正面建言，則顯示重建之後的社會，將是上述中段期的修訂版——那裡的「標準人」是獨立農，自主自營，不在任何人之下，這一點就足夠令眾哲人們恨透這名原為友人的傢伙了：他們眼中盧騷最不可恕的罪過，即在他全然否定文明狀況裡的溫雅豐奢，豈不聞伏爾泰即歌頌：「多餘之物，最要之事。」如此的高級資產階級水平，盧騷竟以中等平凡小農的水準替代，正是以鄉村針對城市——真真氣死人也。但是盧騷每有新作推出，不論題目是政治、劇場、教育、宗教，或愛情小說，卻又都大大成功，毋寧怪事。

《民約論》（即社會契約）是盧騷最出名的政治著作，那句被人過度引用，所謂人生來自由，處處受鎖鏈綑綁的名句，即出於此書近開頭處。新聞人式的想法，往往以為此話除「打破鎖鏈」之外，必無他意，對於接下來的一句，卻每每漏而不引；事實上盧騷是說：「本人在此要設法顯示，它們（這些鎖鏈）是如何合法合理。」接著讀下去，又與野蠻人相遇，我們便看見，野蠻人身上雖然不見某些缺點，卻也非倫理道德生靈——非指其不道德，而是無關道德；這樣的材質不能用來建造社會、經營政府——所謂盧騷要我們用「四足爬行」的指控，真相不過如此。

至於社會契約，歷來評家都認為荒唐可笑，洛克在盧騷出生之前的四分之一世紀，即以此為論點出發，卻被譽為立論扎實可靠。契約說法來源甚古，盧騷用以作為書名，立即點明此書主題。他在書中表明，自己並不在乎過去是否真有所謂契約，也不需要靠它達成本身旨趣——亦即界定他所認為最適用於自由人暨道德人的政府體制。純粹的民主政體，全民針對每個議題投票（新英格蘭式的全體鎮民大會），太過理想，人類天生容易出錯，不可能行得通，只能在極小的城國實行。次佳體制，則為代議政治，盧騷精確命名為「選舉制貴族政體」。

盧騷一如洛克，認為人民擁有主權，因此代議士務必為人民的最佳利益行動。可是人有弱點——愚昧、自私，因此「眾意」，即多數的意願，經常受到掣肘，無法遂行「公意」，即共同的福祉；眾人雖都有心，卻往往因某種盲目因素而告失敗。但是這份藍圖，加上一種「市民宗教」，會否為獨裁專制開路（如某些人所認為），則需要引用更多論點反駁，不值得在此一一列舉。較此更為重要者卻是另一則為人忽略的事實：當問及波蘭、科西嘉應立何種政體？盧騷的答覆非如《民約論》所薦般概括言之，而是一本具體精神，堅持應配合該地民情風俗，及人民當前需要而定。一向以來，推論型論述裡的盧騷，常被人拿來與實務型政治家柏克做不利比較——其實很久以前，有過一名美國學者即在她的《盧騷與柏克》裡面，顯示這種對比完全錯誤，兩位理論家的政制24原則，其實非常一致。

學校，是心靈與情感的塑造模成所在，因此盧騷特為共和國公民設出應有的適當教育，《愛彌兒》（其學生之名）一書顯示，應如何利用兒童與生俱來的好奇心及其他本能衝動，以發展其心智並增長學識。在此再度為「實物，而非字句」（<273）。閱讀應予延後，規則應從觀察與思索中來，

才可合理接納。一言以蔽之，這型課程計畫在於正視學生只是一個小孩，而非小大人，他或她正在成長開發，訓練管教必須配合各個變化階段調整，萬萬不可真的去「塑造模成」。後代所有的「進步型學校」，一直以降至一九〇〇年代初期的杜威學說（877>），都是在應用盧騷教育理論的立意。

此書一出，其中論宗教的章節觸怒了所有的人——自然神論、無神論者和天主教派；討論家庭議題處則令許多人欣然。盧騷要母親親授母乳，不要交出去給不認識的女孩代辦，父親不應與子女冷淡疏遠；而愛彌兒若需要另外延師指導，也是因為這項教育計畫必須時時帶領關心。盧騷此書並非一本手冊——他特地如此聲明，所著墨者只在針對個人與心智成長提出新的觀念而已。環境設在鄉間，因此孩子可以學見真實的生命物、四季的節奏、自然的美與變化。每日作息比在城裡單純健康，完全不受因襲成規或流行狂熱打擾，因此沒有變成精乖俗物、游手好閒、膚淺鶩遠之虞。愛彌兒這幅畫像，令我們想起費爾汀的湯姆．瓊斯，他也是一個性情溫厚、本性誠實的好孩子，不幸湯姆的家庭教師斯華肯、史夸爾，卻都令人不敢恭維——姑將這兩位視為十八世紀好人家延聘的教師樣本（也許稍嫌誇張一點），就可以想見盧騷教育理論的魅力之處，而且遙應蒙田之法（<213）。湯姆幸為他對蘇菲的愛所拯救；而蘇菲也是愛彌兒未來妻室之名——意指智慧賢明，身為這位務農公民的幫手與伴侶，她具現了蘇菲此名的涵義。而他，則是傑佛遜心目中合眾國賴以為偉大國家之人，托克維爾造訪該國，所見者也正是他這般的人。

了解了盧騷的目標，也見到他所居的社會發生了何種改變，就必然同意某位學者所言：這名十八世紀麻煩傢伙的座右銘，絕不是回返自然，而是前進至自然[26]。在他生時，除喝采掌聲之外，盧騷也親見社會的落實反應：母親親自授乳、貴婦在自家地產上扮做擠牛乳的女僕——法國王后瑪麗．安東尼特便照規矩穿戴起來，在王家園林內扮演這個角色，對鄉間之趣的意識也日益升高，在盧騷出版了他的林間溪畔漫步之後尤然。如此悠然消磨時光，可以修補城市生活的疲憊與耗損，眾人日發有此信念。如今人人有給薪休假，更經立法明定，即是盧騷《漫步遐想錄》一書的遙遠影響後果。

「先生，你瞧，在你面前這個人，有幸照您《愛彌兒》裡的原則，教大了他的兒子。」盧騷緊盯了他一眼，「那真太糟糕了，先生。對您及貴公子都太糟了。我的意思並非提供什麼方法，我只是想制止當時教育狀況的弊病呀。」
——與安格德先生25的談話紀錄（年日不詳）

「自然」在《愛彌兒》中卻還有另一角色：這個成長於鄉間的青春少年，開始問一些哲學性的問題了：我們是怎麼來到世上的？誰做成的？生命有什麼意義？關於生殖一事，盧騷敦促一旦發問，就應儘速坦白解答——發問之後，不久定有性的欲望伴隨到來，此事也需要討論。至於那更大的創造之問，不可能用令人望而生畏的神學術語，或遙不可及的自然神論抽象解釋。明明可見的自然，它有無限的美、巨大的能力，在在做活神的活見證。宗教是一種感覺，結合了謙卑與奇妙，維繫住深印在個人良心之上的道德紀律。

盧騷將宗教情感置於人類熱情之列，熱情是理性與行為背後的能源。所有的熱情都是好的——只要繫於正確的思維，而這份聯繫則來自良好的培育教養，卻不需要天上永恆賞罰的機制，或地上俗世的儀文開啟。盧騷提醒讀者，世上三分之二的人口，既非基督徒也非猶太人，亦不是穆罕默德門徒，因此可以推想神不可能獨屬於任何宗派、民族。所謂神的要求、命令，神的審判，所有關於這一切的概念全屬人為想像；神只要我們愛他，要我們追求良善，其他事我們一概不知。為了我們永遠不可能知道的事情起爭執、流人血，真真是最下作的不忠、不敬、不信。

《愛彌兒》被巴黎主教譴責，不只因其教導人略過教會這個步驟，也因其暗示全面救贖，更因其否定原罪。盧騷回答道，根據福音，基督已經為贖世人的罪愆死了，洗禮更進一步肯定了祂的救贖，之後便只有個人之罪阻礙人不能得救。在他最後的作品《懺悔錄》中，盧騷以自己的過失與罪行做實例，顯示他對人類的行為不存幻覺。道德立意與實質表現之間的落差，對意志始終是永恆挑戰。

＊＊＊

《百科全書》對音樂著墨極多——洋洋灑灑有平常書的三冊之厚，全由盧騷執筆，因此，我們在此一時還不能打發他走呢。在狄德羅鞭策之下，他一面抗議，一面卻在區區三月之內繳出作業。忙中自然難免有錯，那位令人敬畏的理論家暨作曲家拉摩，就最喜歡拿來宣傳，為的是報復盧騷竟敢視法國本土作品，卻偏好義大利樂——盧騷此評價主要係基於義大利文可以輕易上口、配曲成歌之故。呂利為凡爾賽宮創造的壯觀場面，到了拉摩手裡更加盛大，最近曾製作演出拉摩的歌劇芭蕾《英勇的西印度民》，雖可供人稍微領略十八世紀那豪華的芭蕾與舞台手筆，卻非全貌，只餘那豐富的調和感。法式風格可以標為巴洛克，而義大利則為新古典；義大利音樂也提供了喜歌劇，一種滑稽喜劇，對此法國人學得很慢。

對於這一切，巴黎的歌劇觀眾激烈地爭辯著；盧騷寧取外國貨，卻不喜國產音樂的浮奢、濃烈肌理，這種態度其實不獨他有。他取笑那整套設計表現，並為顯示歌劇也可以樸素，特地編寫了《鄉村卜者》一劇——的確樸素，這是一齣講述田園之愛與慈父之智的故事，歌曲類民謠風，可沒有男女神仙在車駕上的呼嘯吶喊——借用此派對對方風格的偏頗形容。《鄉村卜者》長紅了半個世紀，時至今日，當年那種天真情愫散發的迷人魅力，卻都已經不再。

> 想像一個條板箱，十五呎寬等比例長。每邊都有簾幕，上面粗略畫著代表天上裂痕與洞口的玩意。後面還有一簾，老是扯開著，每當有人在它後頭走動，它就啪嗒作響，倒也不難聽。四片木板，一塊平板，做成了諸神的馬車，用條繩子垂下，懸在一塊意思是雲朵的破布前。你不能想像的，則是那些喊叫，歌劇女主唱的嘶吼，痙攣著，臉上彷彿著火，拳頭緊握抵著胸脯，從肺部硬擠出痛苦呻吟，正是觀眾唯一對之鼓掌叫好的玩意。
>
> ——盧騷論巴黎歌劇（一七六〇年）

在法國巴洛克音樂之前與同時，義大利與日耳曼音樂則雙雙在倫敦首度亮相，如前所見，即韓德爾與鮑農契尼的歌劇與神劇（<483）。至於日耳曼本地，巴洛克音樂則在一位多才多藝（幾乎可稱百科般廣博）的作曲家手裡達於高峰，此即

約翰．賽巴斯欽．巴哈

姓氏之外，他也需要私人的名字以資識別，因為這位巴哈，來自一支三百年間出了五十三位音樂家的家族，同時也因為他有子承業——至少一位，卡爾．腓力普．依曼紐．巴哈受歡迎的程度更勝乃父，雖然天才不及。約翰．賽巴斯欽一生事業平順正常，任風琴手、詩班合唱指揮和教師，在世紀中

期去世，接下來便不為人知，直到一八三〇年代。

然後從此開始，他便獲得了他所配得的全面地位與讚譽，雖然有些最狂熱的崇拜者，往往視他為自成一格。因為他所作的曲子，展示賦格曲的藝術，並使用平均律——使一調性流利轉至另一調性的轉調系統，又寫過許多賦格曲式，遂被看成所謂絕對音樂（又譯純音樂）的超級大師——事實上，他根本不知道也不從事這種專類。除此之外，他的音樂數量豐富而多樣，許多精采作品更能充分發揮獨奏者的精湛技巧，加以世人扼腕自責，竟然忽略這麼一位大家如此之久，因此引發一種崇拜心態，反而對他不公：他遂被高舉為不朽偉人之首，在一種樂類上神聖無謬——殊不知他的作品內容，實顯明更多方面才華的深厚特質。

所幸，稍近有一位樂迷，係以知識與感性回應他的作品，更以詳細研究，向這位不朽樂神投以新的亮光。這位人士是我們世紀的文藝復興型人物，史懷哲，他是音樂家、醫生、哲學家、文學之士和愛心慈善家。他的精細研究，證明巴哈不只是一位能夠掌握複雜音樂形式的大師，而且也善用聲音創造戲劇效果。他的清唱劇、彌撒曲、三大受難曲，以及多數小型作品，都是表情性的音樂，而非「絕對」——如果「絕對」意指只對形式感到興趣。

史懷哲將作曲家分成「詩情」與「畫意」兩種，並將巴哈歸於畫意一類——這些名詞卻有其遺憾之處，原因後面將有說

巴哈心靈中那份畫意氣質，全都令人信服地展示出來了。過去以為巴哈主要只是位「抽象」音樂家的說法，連同音樂美學整體而言，經此一書，必然重做考量。

——恩尼斯特．紐曼，論史懷哲《巴哈》（一九一一年）

明（720>），但是史懷哲證明巴哈的音樂富於表情、效果，這一點卻不容爭議。比方說《馬太受難曲》，或清唱劇《請來，萬邦的救主》，就不是大師在花樣形式上演練技巧，而是形式與戲劇旨趣融而為一：樂中有詞，詞中有景，音樂則吻合字詞與情節。巴哈編曲配樂以副詞義的天才如此出色，甚至在沒有歌詞或標題的作品也充分洋溢；我們看得見它，聽得到它，在巴哈的組曲、協奏曲、變奏組曲中，甚至在類此表現機會似乎微乎其微之際——比如一曲為無伴奏小提琴夏康舞曲即是。戲劇張力就在其中，非詩、非「畫」，卻是「直通肺腑」（visceral）（919>）。

除使用平均律外，巴哈、韓德爾年代也目擊其他創新發明。我們今日欣賞這類概歸為巴洛克的音樂，在聽多了十九世紀雷電風鳴的交響樂後，覺得頗有恬靜之感，遂往往以為巴洛克音樂很內斂，正合文明之耳聆聽。其實關鍵在樂器，那感動了巴哈的表情意圖，同樣也驅使其他音樂家開始要求樂器應予改良，尤其要增加它們的廣度與力道。他們當時有管風琴，可微聲細訴，亦可興風作浪，至少巴哈就在尋找現有的最強音色表現。畢竟在《馬太受難曲》裡，他必須喚出那種伴隨著幔子裂開、地震隆隆的感受。古鋼琴太微弱，無法充分表現這種效果，大鍵琴也只稍微強勁一點。可是此刻正有克理斯托福里在義大利著手改良，他造了一個樂器，稱之為柔亮鍵琴——是一種鍵盤樂器，彈起來「又柔和又響亮」。我們現在卻違反所有經驗，只稱其為一架「柔」琴了（鋼琴，piano 意柔）。

其他精妙工匠，也在同樣目的上有所進展。史特拉底瓦里製作小提琴及其他弦箱樂器，音色之強之厚，至今無人超越。在此同時，雙簧管也做出改良，音色更準；橫笛則取代古簫，都是為使樂音更亮之故。為了另一種不同樂趣，卡斯特爾神父還造了一座「彩風琴」，可以在網幕投出扇形花樣。世紀正近尾聲，圖爾特將小提琴的琴弓向內一彎，又在弓尾加裝一只螺絲，用以旋緊弓弦馬毛，如此一來，擦弦時不但音量增加，更可奏出更多的拉弓變化效果。

種種發明進步，較之紡紗織布方面的進展，同樣不遑多讓：現代交響樂團與工業機械可謂親表兄弟，同始於十八世紀。路易十四在凡爾賽宮聆聽的音樂，是其父由二十四把小提琴家族組成的「大樂團」。呂利請求加上一支十六人「小樂團」，含弦樂器與雙簧管、巴松管，巴黎歌劇院將之擴編為二十一人。至於其他場地，則編制不一變化極大；有時分四部由十至十二支低音管與弦樂對奏，有時伸縮喇叭、短號和鍵樂器也參上一角，為歌劇效果添上顏色——總之沒有標準組合。但是隨著個別作曲家為求音色表情，在特定曲式中嘗試起新的糅合或獨奏段落，標準遂漸漸成形；於是質樸的蕭姆管，也被引入樂團，成為單簧管[27]。當時盛行的器樂形式為序曲（或譯前奏曲），稱為前奏管弦樂，需要以最好的手法展示戲劇氛圍。從這些管弦樂團的前身組合，交響樂式遂開始發展出來——而非先有樂式，後有樂團組合[28]。

> 這項最新揭示的交響（*Orchestre*），或謂全面（*Universelle*）並根本的教學法，從中紳士們（*Galant Homme*）可以對高尚音樂的傑出價值獲得完全概念，形成（*formiren*）他自家的品味（*goût*），認識技術用語，並得以對此高妙之學熟練悟出其中道理（*raisonniren*）。
>
> ——馬提頌《交響》（*Das Orchestre*）（一七一三年）

至於**交響樂團**（*orchestra*）此字，起源甚奇。日耳曼歌劇作曲家馬提頌（早先曾相助年輕的韓德爾）在漢堡出了一本書，書名甚長，orchestre 正是其中一個惹眼新字。他解釋此字之意，係指歌劇舞台正前方的位置，在此用以表示一種新式教學。一般的音樂訓練，係為教會音樂家做準備養成，馬提頌則打算斬斷這層純屬詩班音樂與複式性質的關係——為成**俗世**，須有**解放**來助。透過 *orchestre* 涵義，正指向了歌劇與主調音樂。一種新式器樂便隨之登場，揚棄了魯特琴、巴洛克魯特琴、海號（*trompes marines*，雖有此名，卻是一種弦樂器），因為如今的組合尋求音量、均衡、平滑，及音色的多樣表現，這些舊器不再適用。至於發展中的交響樂團，其側面文化底蘊，可以解析馬提頌書名得知；如此書名，正暗示當代種種現象與心態——法文對日耳曼高級文化的壟斷、有教養的世界人與有品味仕紳（*galant homme, goût*）的形象，以及啟蒙人士的「切口」——理性（*raisonniren*），那門用以發現普世事物法則的藝術。

＊　＊　＊

馬提頌這些令人聯想的用語，將我們的思緒又帶回到《百科全書》，因此亦及於狄德羅，再一觀他又一重大貢獻：沙龍展。一七六〇年起，狄德羅開始定期參觀羅浮宮展出的年度畫展，為的是一個新奇用意——為其他人提供畫評。他的眼光好，又一本其勤研深究的方式與畫家交談，習得他們的術語、效果背後的技巧，寫出外行讀來愉悅、本行閱之有益的文章。狄德羅評畫的主要要求——可以想見：必須具表現力，並忠於自然。但所謂忠實，絕非僅是一絲不差地模效；概念、場景、人物、形式與色彩的協調，整體激發的感覺，都必須令他滿意，才能令他讚賞。二十年間，他評論布雪、梵魯、弗拉戈納爾、蘭可特、維爾內、格樂茲、夏丹，以及其他畫家的作品，而且獨鍾夏丹，特別挑出來奉為「最偉大的魔法師」，正顯其銳利的批評眼光。

狄德羅評畫年間，時興的口味與藝術風格取得了「洛可可」（*rococo*）之名，此字發音，正暗示「不甚嚴肅」的意味。原係指以貝殼、小石子裝飾，首先用在屏風、桌面和家具之上，結果變成細緻精巧與高妙技巧之意，最後更成帶有一點蠢味的伶俐相。在路易十四的沉重肅穆之後，精神、色彩變成輕盈，思緒偏向幻奇，大量的捲曲細飾，都開始大受歡迎，連帶還有對異國風味的模仿，包括中式或其他形式。洛可可是「啟蒙在嬉戲」，在理性之中稍歇口氣，頗合狄德羅、理查森、盧騷那種善感情緒的迸湧，正是「無責任」的形式表現（<601）。

儘管如此，當洛可可席捲上流文化的歐洲之際，的確也在建築、繪畫、雕刻和室內布置上產生傑作。於石材展現的品味成果，可見於德勒斯登的茨溫格爾宮外觀；繪畫上涵蓋的感情範疇，則分別呈現於華鐸、布雪作品，前者將懷舊情緒帶入神話題材，後者則遍現滿不在乎的意味。甚至連宗教主題，也採取了這種風格，如剛特的聖母慟子像所示。

洛可可有其對立風格同時存在，也同樣興旺發達。拉突爾的蠟筆肖像，即是對布雪的輕浮油畫做出無聲斥責。烏東所作胸像（他遍塑世紀名人：伏爾泰、盧騷、狄德羅、富蘭克林、華盛頓）均顯示嚴肅的冥思狀。至於英格蘭，洛可可的影響多在家飾裝潢，平面藝術較微，傑出畫家根茲巴羅、雷

何等的色彩、花樣，多麼豐富的物事與思想啊！這傢伙什麼東西都有，卻沒有真實。誰見過衣著如此優美的牧羊人？是什麼場合，竟將這些個男女兒童、牛啊羊啊狗的、麥稭、水、火、鍋碗瓢盆，全部弄在一起，在這廣闊平野的一座橋下，前不沾村後不巴店的？那個穿得那麼好的肉感女子，在幹嘛啊？那些個孩子，是她的嗎？這個帶著柴火，正要往她頭上堆積的男人，是她丈夫嗎？什麼一大堆亂七八糟不相干的玩意！一看就荒謬極了。可是你卻沒法把眼光移開，反而貪看不已。這等放肆揮毫，無法仿效，簡直就像魔法啊。

——狄德羅論布雪所做田園風光（一七六五年）

諾茲、雷伯恩都不好幻奇畫風，除繪仕女像時某些附帶裝飾是為例外；須知照相術問世之前，只有肖像畫家可以謀得一份好生活，而且非得迎合那些有銜主顧最赤裸的品味不可。不過這一派英格蘭畫風而外，應記得同時也有一流水彩畫家正在作畫，他們力求筆下的風景、房舍、馬匹，都達到唯妙唯肖的逼真境界。

除此兩派之外，還有第一位有意識寓社會批評於畫作的霍迦斯，取用（他本人所言）「現代道德題材，類似舞台戲劇所現」。他觀看貴族中人與社會其他階層的關係，以諷刺畫展現浪子、娼妓、懶散學徒及各種不同層次的殘忍。他以相關系列表現的擁擠畫面，成為圖畫式的小說；而重複於各畫出現的物事，則提供了畫間聯繫，暗示畫中所攻擊的不道德行為的「進展」一如電影（「浪子的歷程」曾為戈登編成芭蕾舞劇，並由奧登與史特拉汶斯基合作寫成歌劇）。霍迦斯油畫作品的題材同樣也百無禁忌，跟他所作的少量肖像畫一般命運，頗不受時人歡迎。因為見到自己所屬的階級、職業，在費爾汀或斯摩萊特等小說家筆下烙上汙名，可比看見畫中活靈活現暴露容易接受得多——那畫中的人物、姿態、裝束和布置，活脫脫就是你的朋友模樣，甚至是你自家德性，簡直相似到豈有此理。

若問百科全書之世，究竟是一批評年代抑或創造年代，持平的答覆應係兩者皆是。沒有它的創作，我們的博物館、圖書館和音樂會都將光禿一片、不可辨認。十八世紀之所以**看來**批評性甚於創作，原因在於這些批評削弱了信仰與制度的根基——而這些信仰、制度，今日依然擁有許多人信奉支持，自然便會恨惡這場引來不信與俗世國度、帶進「術」使之位居高位、主張人人有權的思想「聖戰」。在此同時，對於我們尚未及拜見的約翰生博士、勒度或莫札特這等人物，他們當然沒有任何憎恨、惋惜可言。